新装改訂版

生きる勇気と癒す力

性暴力の時代を生きる
女性のためのガイドブック

エレン・バス＋ローラ・デイビス
原美奈子＋二見れい子──共訳

三一書房

The Courage to Heal
A Guide for Women Survivors of Child Sexual Abuse

新装改訂版発刊にあたって

武蔵野大学教授・精神科医　小西　聖子

当事者にとって本当に頼りになる——それがこの本の一番の特徴だろう。性的虐待を受けた人たちが苦痛に感じていること、困惑していることを、当事者の立場から具体的に考え、対処する。エンパワーする。この本を支えとして必要とする人たちが日本にもたくさんいると思う。再び翻訳が世に出るのはうれしいことである。当事者の立場から見たときに、この本のどこが頼りになるのかは、解説で井上摩耶子さんが語ってくれているので、私は少し離れた立場から見てみたい。

この一〇年の間に、児童相談所で扱われた子どもの虐待の発見数は約一〇倍になった。性的虐待も、今では全国どこにでも見つかるものになった。しかし、たとえ年間一〇〇〇件の性的虐待が児童相談所に持ち込まれたとしても、相変わらず性的虐待の被害の大部分は隠れたままであることも、間違いない。

日本にもたくさんの性的被害がある。このことも、この一〇年でようよう知られるようになってきたと思う。データもある程度は示せるようになってきた。二〇〇六年の内閣府男女共同参画局の調査によれば、日本の成人女性の七・二％が意に反して性交された経験があり、その経験のうちの約二割が中学生までの子どものときの被害である。小学生のときまでの被害に限っても、それだけで被害全体の一割を超える。つまり女性全体の一〜二％の人が子どものときに、意に反する性交の経験があったと答えているのである。子どもの性的被害は性交という形式をとらないことが多いのに、である。調査に強制わいせつに当たる被害まで含めたらもっと数字は高くなっただろう。

大雑把に考えても、女性の一〇〇人に一〜二人という数は、あなたが住んでいるところが人口一〇〇万人の都市だとしたら、五〇〇〇〜一万人の性的虐待の被害者がいることになる。私の住んでいる一五万人の小都市でも、七五〇〜一五〇〇人だ。その人たちの多くが生きていくことに困難を抱えていると想像される。

今のところ、そのうちで、一緒に困難について考えてくれる人を持っているのはごくわずかな人に限られるだろう。性的虐待の被害について自分以外の誰かが具体的に取り組んでくれたことのある人はもっとわずかだろう。多くの人は、ひとりで沈黙の中にいる。それが実情だと思う。

私の専門はＰＴＳＤ（心的外傷後ストレス障害）治療なので、ＰＴＳＤを通して性的虐待を見ることが多いが、性的虐待の被害は、単なるメンタルヘルスの問題にはとどまらない。このことは社会によくわかってもらいたいことのひとつである。人権の侵害の問題をメンタルヘルスの問題に矮小化してはいけない。ＰＴＳＤになろうとならなかろうと被害は被害である。子どもが弱者であり、意のままにできることを利用して、ａｂｕｓｅする――自分のためだけに乱用する――ことが虐待の本質である。その行為そのものが、待ったなしに「やってはいけない」ことであって、子どもの発達に差し支えるから、あるいはＰＴＳＤになるから、虐待をやってはいけないのではない。他の暴力犯罪と同じことだ。

この一〇年で、私はそういう理解が重要だと思うようになった。ＰＴＳＤへの理解が深まり、この領域が専門領域として確固としたものになればなるほど、むしろ被害そのものへの認識が必要になってくる。そういう意味では、先端を追う研究とは異なって、被害を受けた人の側に立つこういう本が、変わらずあることは必要なことだろう。

ＰＴＳＤの概念は米国で生まれたが、その米国でもＰＴＳＤ概念そのものがこの一〇年間で変わりつつある。トラウマ経験の後、一定の症状を生じるそういう障害が実際にたくさんあること、重症になれば普通の生活が全くできなくなってしまうこと、特に性暴力の被害者のＰＴＳＤは高率で起こり、慢性化し、深刻なことなどについては、少なくとも専門家の間では疑う人はほとんどいなくなったといえる。海外の精神医学の専門誌にも、ＰＴＳＤの研究はよく登場する。人はどうしてＰＴＳＤになるのか、どうやったら治療できるのか、どうやったら予防できるのか、そういうことが研究され、不十分ながらも、わかってきたこともある。

その一方で、というかそのような歩みがあるからこそ、ともいえるが、PTSDの「中立化」も進んでいる。PTSDの概念を使うことそのものが、フェミニズムや人権活動への賛同を意味していた時代は、少なくとも米国では終わりつつある。むしろ「実証に基づいた医学」の必要が叫ばれるなかで、PTSD診断にも治療にも科学的な実証性が要求されるようになった。

乱暴に歴史をくくると、米国のPTSD研究には、一九七〇年代のベトナム帰還兵による反戦運動や女性運動と呼応したPTSD概念成立の流れがあり、一九九〇年代の「記憶の問題」やベトナム帰還兵の処遇などをめぐってのバックラッシュがあり、さらにその後の中立化、実証性の強調の流れがあるということになる。

この一〇年、日本でのPTSDの研究はゼロに近いところから始まって、以前の流れも逆流も新しい流れも一度に流れ込んだという気がする。混乱が起こるのも無理はないかもしれない。しかも日本には根強いジェンダーへの偏見や差別がある。一見「中立」に見える概念やシステムの中に差別が潜在していることは、この領域で仕事をしている人は誰もが忘れてはならないことだろう。

しかし、そういう社会的な潮流を超えて、また心理学の技法というレベルを超えて、被害の体験は存在する。性的虐待の被害が、人が生きる基盤として必要とすることをどんなに手ひどく奪い去るか、また人はそこから自分の力をどのように認め、どのように回復していくのかということをこの本は示している。傷ついた人が一歩を踏み出すのは大変な勇気のいることだ。自分が生きていくためにだけでも、大きな勇気を必要とする。

ページをめくる勇気までは出てこないときには、本を持っているだけでもいいかもしれない。本はいつでも待っていてくれる。

二〇〇六年十一月

目次

生きる勇気と癒す力―性暴力の時代を生きる女性のためのガイドブック

逃げ出さないで、葬り去ろうとしないで。何かに没頭したり、食べ物をほおばることで、感情を麻痺させたり、現実を作り変えようとしないで。とにかく記憶を見すえること。手首を切ったりしないで。生きている限り何度でも巡ってくる気持ちなのだから。とても辛いことだけど、やり続けるしかない。これも人生の一部なのだ。

——ソレダッド（一八歳）

この一〇年か一五年間生き抜いてきたのと同じくらいの真剣さで、癒しに取り組めばいい。

——ドリアン（三五歳）

怒りよりも、哀しみよりも、恐怖よりも強いもの、それは希望。

——イーデス・ホーニング（四六歳）

初版　まえがき

エレン・バス

子どもたちが虐待されているのを最初に聞いたのは、一九七四年、私が主催する文章創作ワークショップで、一人の若い女性がジーンズのポケットからしわくちゃになった紙を取り出した時だった。何が言いたいのかはっきりしない、走り書きのようだったが、何か大事な話だと察した。私が、落ち着いてもう少し書いてみるよう彼女に勧めたところ、少しずつ話が見えてきた。彼女は紙の切れ端を握り、父親から受けた性的虐待の苦しみを読みはじめた。私はそれを黙って聞いていた(1)。

少し経って、別の女性が自分のことを話し始めた。そしてひとり、またひとり…。当時は子どもの頃の性的侵害を取りあげるグループもなく、「サバイバー(2)」という言葉もまだ定着していなかった。でも私が話を聞く用意があるとわかると、たくさんの女性が私のところにやって来た。心理学者カール・ロジャーズの話だが、自分がある問題に生涯取り組もうと決心したとたん、まるで電報で報せが回ったように、たくさんの人が相談に来たという。私の場合も同じで、一度子どもへの性的虐待の問題に気づくと、私が安全な人間だと知ったかのように、女性たちが集まってくるのだった。

私は、これほど多くの女性が性的侵害を受けて苦しんでいると知って驚き、彼女たちが耐えてきた怒りに深くつき動かされた。また、破壊的な苦しみに耐え抜いてきた彼女たちの芯の強さ、愛情深さ、そして創造力に深く感動し、世間の人にこのことを知らせたい、と思うようになった。

初めての出産から三カ月後の一九七八年、私は、自分のワークショップの参加者だった五人の女性たちと『誰にも言えなかった――子ども時代に性暴力を受けた女性たちの体験記(3)』を出版しようと、手記を募った。その手記が一九八三年に出版されるまでに、私は、癒しの過程を十分に学ぶことができた。書くという作業が癒しの一つとなることを知ったのも、この頃である。サバイバーのためのグループを作ろうと決め、『誰にも言えなかったワークショップ』を企画して、自分たちの苦しみや怒りに向かい、互いに出会えるような安全な環境を創り始めた。そうすることで癒しが始まると思ったのだ。最初のワークショップでは、私は聞き役に徹した。サバイバーが何を話したいのか、何を聞きたいのかを知りたかった。参加者は自分たちの身に起こった性的侵害について書き、グループのみんなにそれを読んで聞かせた。他のサバイバーと語りあう、これだけでも大きな癒しとなったのだ。

参加者にとって、このワークショップが信頼できるという保証は何もなかったし、多くの女性が子どもの頃、信頼を裏切られた経験があるにもかかわらず、彼女たちは互いを信頼しあった。

すべての人が心と身体を一つに感じ、自分の持つ可能性を発揮したいと願っている。この前提は、ワークショップの場合と変わらない。苗木やおたまじゃくしのように、私たち人間もまた本来の自分になりたいと思い、妨げられない限りそれを実現しようとする。強制からは成長は生まれない。敬意、愛情、誠実さ、自分を探る空間など、適切な環境さえあればそれで十分なのだ。

『誰にも言えなかったワークショップ』を始めて以来、何百人というサバイバーと接してきた。また、サバイバーのパートナーのためのワークショップを企画したり、サバイバーに関わる専門家のための講座も開いた。子ども時代の性的虐待から自分を癒すのに何が必要なのかもわかってきた。これこそ私が皆さんと分かち合いたいと思う知識なのである。

私自身は心理学者としての教育を受けたわけではない。カウンセリングのノウハウは主に実践を通じて習得した。カウンセラー兼グループ運営（ファシリテーター）の仕事を始めた一九七〇年以来、数多くの優秀なセラピストと研修する機会に恵まれた。私がここで説明する過程、提案、エクササイズ、分析、結論などは、すべてサバイバーたちの体験に基づいている。

私自身、サバイバーのパートナーでもある。知り合った当初は、他のカップルと同様、二人の間でも信頼、親密さ、性的感性（セクシュアリティ）などに関する問題が噴出し、ともに性的虐待の影響に苦しんだ。数年を経た今、かつて二人を苦しめた問題は、さほどの影響力をもたなくなっている。性的虐待は、もはや私たちの関係に影を落とすものではなくなった。大きな苦しみの渦中にいる時は、その苦しみが軽くなることなど考えられないものだが、それは確実に変化する。一生同じではないのである。

祖母がよく言っていたように、問題をもたない人は誰もいない。私自身は子ども時代に性的侵害を受けてはいないが、それでも、自分なりの苦しみを癒す必要があった。この本に取り組んで三年、私にも大きな内なる変化が起きた。いまでも同じ家に、同じ家族と暮らし、同じ仕事をしているが、私はもう以前の私ではない。一緒に研修してきたサバイバーたちに刺激され、彼女たちを手本にして、往きつ戻りつしながら、自分の恐怖心、自暴自棄なところ、自分に不都合なサバイバル行動などを少しずつ減らしてきた。「心の傷は癒せます」とおおぜいのサバイバーに語るうちに、これは自分にも当てはまることなのだ、と知ったのである。

時に「いつも性的虐待について考えていて、憂鬱になりませんか」と聞かれる。でも、虐待のことばかり考えているわけではない。癒しについて考えているのだ。女性たちの癒しに関わるのは、出産の手助けに似ている。生命の神秘に間近に触れるのは素晴らしいことだ。柔らかい心で私を信頼してくれるその瞬間、彼女たちの魂をこの腕に抱きとめるような気持ちになり、感動で胸がいっぱいになる。皆が健やかになるのをこの目で確認したい、というのが私の願いだ。自分自身を育み、豊かな生活を始められるようになったら、それにとどまらず、ユーカリの樹や水仙、マンボウ、リス、アザラシ、ハチドリ、そして子どもたちの生命が永遠に続く、そんな世の中を創造できるのだから。

―エレン・バス

ローラ・デイビス

家族からの性的虐待について初めて思い出して、数週間たったある日、私はエレンに電話をかけた。そのときのことははっきり覚えている。一回、二回とベルが鳴り、私は「お願い、電話に出て！」と指折り数えた。五、六、七回、お願いよ……、いまエレンに話さないと午後には自分がどうなるかわからない。八、九、一〇回……たぶん彼女は洗濯物でも取り込んでいて、すぐ電話に出られないのだ。一一、一二回、もうこれ以上苦しみに耐えられない！　心の痛みをもう我慢できない……。

「もしもし、エレンです」　明るい穏やかな声が返ってきた。

「エレン！　ローラよ。お願い、一つだけ教えて。この苦しみは乗り越えられるの？　終わりはあるの？　もう耐えられない。でも、向こう岸に着ける、と一言いってくれれば、あと一週間ぐらいは何とか持ちこたえられるかもしれない」　私の口から次々と言葉が溢れ出た。

「ローラなの？　電話してくれてよかったわ」　彼女の滑らかな声は、私を安心させた。「到達できますとも。癒しに向かって、順調に進んでいるじゃない」

「順調？　よくそんなことが言えるわ。だって眠れないし、眠っていてもいつも虐待の夢をみるし、ほかのことは何も考えられないし。町で子どもを見ると、かならず自分の身に起きた事を思い出すの。セックスだって、食事だってできなくて、全身がまるでゴムみたいに無感覚。いつも涙が出るし、常に昔のことを思い出している。本当に起きたとは信じられなくなったり、あれは自分のせいだと思ったりするの」

「ローラ、それは本当に起きたことよ。そうでなければ、今あなたが経験しているような苦しみをわざわざ通り抜けようなんて、誰も思わないわ。こんなひどい作り話を誰がするもんですか。ローラ、あの時あなたはほんの子どもだったのよ。あの男は何歳、七〇歳？　あなたのほうが被害者なのよ。あなたにはなんの罪もなかった、何も悪いことはしていなかった。あなたのせいじゃなかったの」

エレンはその言葉を何度でも繰り返してくれた。「あなたのせいではないのよ。あなたを信じるわ。必ず癒されるわ。今それをやろうとしているんでしょ。きっとうまくいくわ」

私は次から次へと、考えられる限りの疑問をぶつけた。他のサバイバーの話が真実であることはわかっていたが、私は違うかもしれない。そう、いつも自分だけ違っていたのだ。これまでの人生でずっと。

「抵抗したいなら、それでもいいわ」エレンはきっぱり言った。「でも扉はもう開かれ、否応なしに癒しが始まったのよ」

長い沈黙があった。「出口はないの?」と私は言った。「唯一の出口はこの苦しみを切り抜けることだけ」

私はしばらく押し黙った。「でもエレン、辛いのよ、すごく辛いの」

「ほんとにそうね、ローラ。でもうまく切り抜ける方法がきっと見つかるわ」


私がこの本を書いた理由は、おそらくみなさんがこの本を選んだのと同じだ。自分の人生の中で、大きな苦しみを感じ、それを取り除きたいと思ったからだ。エレンと共同作業を始める六ヵ月前、私は最初の記憶——子どもの頃、祖父に性的虐待を受けた記憶を取り戻した。それを契機に、私の生活は大混乱に陥った。恋人は去り、家族からも疎外され、気が狂うのではないかと思ったくらいだ。自分に何が起きたのか知りたい、こういう思いを経験したことのある女性たちと話したい、そう思った。この本を書く気持ちは、そうした必要性から生まれた。

共同作業を始めた最初の一年は、女性たちの手記を集めるのが私の仕事だった。エレンと私は新聞に広告を出し、ワークショップに参加した女性に手紙を書き、口コミで原稿を募集した。来る日も来る日も、手紙を読んだり、女性たちの体験を聞いた。中には、私たちの広告やポスターを見るまで、自分に起きたことを誰にも話したことがなかった人もいた。

そこで出会った女性たちの多くは、何年も積極的に癒しに取り組んでいた人たちだったが、それでも話を聞くのはけっして容易ではなかった。買い物袋一杯の食料を抱えて現われ、三時間のインタビューの間、ずっと食べ続けている人。話をするのに薬物が必要な人、部屋を浄めるために、セージとシダーのお香を焚く人。泣き出す人もいて、私も一緒に泣いた。

私は、彼女たちの誠実さと勇気に、絶えず励まされた。昔の記憶が甦ってセックスができないときは、みんながどうやって性的癒しを得たかを尋ねた。自分の記憶を元の場所に押し込めてしまいたいと思ったとき、誰かが、癒しは人生の最高の贈物だと私に語ってくれるのだった。

月日が過ぎ、インタビューを重ねるうちに、みんなの話に大きな共通点があることに気づいた。ボストン出身のアフリカ系の元修道女と、マニラ出身の大使の娘が、癒しの過程の一つ一つを同じような形で説明していたのだ。ある種の法則性が見えてくるにつれて、私が経験していることも意味を持ってきた。

自分自身の癒しを進めるにつれ、この本に対する姿勢も変わってきた。自分のニーズが徐々に消え、いま学んでいることを伝えたいという気持ちが大きくなったのだ。初対面の人に、なぜこの本を書いているのか、と尋ねられると、「私もサバイバーだから」と自分のことを話すようになった。

なかには即座に話題を変えたり、顔をそむける人もいたが、驚くほどおおぜいの女性たちが自分の話をしてくれた。「私もそういう目にあいました」「親友が水泳のコーチにいつも触られていたんです」「隣の子どもが、先週、父親の虐待を通報したばかりです」

一冊の本を書くのに多くの段階がある。それらすべてが、私にとってまさに癒しの過程だった。新しい段階に来ると、その場で身体が凍りつき、このハードルはとても越えられないと思ってしまう。とても家族と対決できないとか、書くことなんかできないとか。少したって最初の一歩を恐るおそる踏み出し、それからまた動き出すのだ。

最初の一年は、自分の性的虐待の経験は何も書けなかった。インタビューを起こして編集しているうちに、エレンの方が原稿を書き始めた。私も心の底では、この本に登場する女性たちの人生が、とりもなおさず自分自身の人生であることを知ってはいたが、自分の話をすることだけは、なんとか引き延ばしていた。

私はその日をはっきり覚えている。それはたまたまエレンの原稿の一文に端を発した。彼女の居間にすわって赤ペンを持ち、『打ち明け、対決すること』の章を読んでいた時だ。その中でエレンは、性的虐待を打ち明けた当初は同情していた家族が、後になってサバイバーを攻撃することがあると書き、私のことを引用していた。

ローラが母親に、家族から性的虐待を受けたことを話すと、母親の最初の反応は、お気に入りのガウンをローラにあげて、彼女を慰めることでした。しかし、その後、ローラの言ったことを考えた母親は電話をかけてきました。

その先は空白だった。エレンが電話の正確な内容を忘れたのだ。

エレンの書いた文章を読んで、身の縮む思いだった。震えが止まらなくなり、悪寒がし、不安が全身を貫いた。家庭内で起きた虐待から自分を癒す体験を本にする、という事実は、もはやおとぎ話ではなく、否定したりごまかしたりできなくなったのだ。「これは私の人生の話。話題になっているのはほかならぬ私の母なんだ」

「そこのところを書き直してほしいの」とエレンが気づかいながら、さりげなくつけくわえた。「一人称の方がずっといいと思うから」

そこで、私は原稿の「ローラ」というところを消した。息を殺し、手は震えていた。ローラという言葉も、「彼女」という箇所もすべて「私」に変えた。その文章は、最終的に次のようになった。

母に電話して、家族からの性的虐待を思い出したと伝えたとき、最初に母が言ったのは、私を愛しているし、支えている、ということだった。母は少しほころびのある着古しの綿ガウンがお気に入りだったが、それを小包で送る、とまで言った。母の香りがするものがあれば、自分がそばにいなくても、少しは慰めになるだろうからと。

ガウンが着いた一週間後、母は午前四時の電話で寝ている私を起こし、こう叫んだ。「一晩中眠れなかったんだよ、おまえも起きな。私の父があんな事をするはずがないよ。あたしを困らせようとあんな作り話をして。おまえは『性的虐待』という流行に便乗してるだけさ。何にでもすぐ飛びつくんだから。どうせレスビアンだから、男も家族も憎んでいるのさ。このあたしを殺したいのかい。これじゃ銃で撃たれたも同然さ」

言葉が濁流のごとく紙一杯にあふれ、挙げ句の果てにページの余白まで文字で埋め尽くされた。たくさんの単語が眼の前で揺れていた。「できた」と私はエレンに言った。声はうわずり、緊張していた。「聞きたい？」

「もちろん」

私は文章を読みあげた。彼女は私の声の震えに気づかないふりをして聞き、「すごくよくなった」と言った。

この文章を書いて以来しばらくは、これまでにない、突き刺さるような恐怖感に襲われた。そして、エレンは本当のところ、私と一緒に本を書きたいとは思っていないのだ、と感じるようになった。今までの共同作業が無為に思えてきた。これは何かの陰謀に違いない。日ごとにその不安は増し、段々大きくなっていった。

作家であり、思慮深い友人でもあるオーロラの家に夕食に招かれ、鴨料理をご馳走になって、話を聞いてもらうと、私はようやく落ち着きを取り戻した。彼女は、繰り返し、いろいろな言葉で諭してくれた。「そうね、ローラ。エレンとじっくり話し合ってみたら。でも、せっかく書いたあの文章はどうなるの」

どんな形であれ、性的侵害の話題が出ると、自分が子どもの頃に受けた虐待の恐怖感を思い出してしまう。インタビューに行って、座ってお茶を飲みながらちょっとした世間話をし、「それで、どんなことが起きたの？」と静かに尋ねるとき、相手の顔に浮かぶ恐怖。私の職業を聞いて、急に黙りこくってしまう女性たちの顔に浮かぶ恐怖。その恐怖心こそが、私たちを沈黙させてきたのだ。

私にとって本書は、沈黙を破るだけでなく、この二年半、絶え間ない感動と喜びを与えてくれた。自分を限りなく深く傷つけたものを、一八〇度転換できることを教えてくれたのだ。

あなたにもきっと同じことが起きるよう願っている。

―ローラ・デイビス

（1） この女性、マギー・ホーヤルは後に優れた作家となり、彼女の物語は『誰にも言えなかった――子ども時代に性暴力を受けた女性たちの体験記』［邦訳、築地書館、一九九一年］に採録されている。Maggie Hoyal, "These are the Things I Remember" in Ellen Bass, and Louise Thornton, eds. *I Never Told Anyone* (New York: Harper Collins, 1991)

（2） 訳注・被害を受けたことを強調する「victim＝被害者」に対して、「survivor＝生存者」は被害を生き抜いた人の強さに焦点をあて、敬意をこめた言葉。

（3） Ellen Bass and Louise Thornton, eds. *I Never Told Anyone:*（前掲書）

第三版　まえがき

本書の執筆に入った当初の一九八四年と比べると、現在子ども時代に性的侵害を受けたサバイバーを取り巻く状況は、大きく変化している。当時は、子ども時代の性的虐待からの癒しへの理解は皆無に等しく、支援グループや性的虐待の専門知識を持つセラピストも数えるほどしかいなかった。虐待を打ち明けた人は、誇大妄想だと一蹴されたり、逆にそんなことはないと説き伏せられたりした。

性的虐待という言葉はようやく人々の意識にのぼり始めていたものの、実際に被害を受けた人の役に立つ援助や理論はほとんどなく、とにかく早急な対応が求められていた。私たちが本書を書き始めたのは、サバイバーの側に立った実用的な情報を提供し、共感と敬意をもってサバイバーを癒しの過程へと案内する役目を果たすためだった。

学術用語や心理学的理論、統計値を使うのはできるだけ避けた。性暴力の被害者の声を誰かが代弁する、というこれまでの慣習を破って、私たちは起きたことを当事者に自分の言葉で語ってもらいたかったのだ。被害にあった女性たちの言葉を読みながら、サバイバーたちはひらめきと力をもらった。苦しんでいるのは自分だけではないこと、自分のせいではなかったこと、そして心の傷を癒せることに気づいたのだ。

出版以来六年間、本書が読者一人ひとりにとって何を意味したか、世界中のサバイバーが知らせてくれた。

　六歳の頃から、ずっと精神科の治療に通っています。電気ショック療法も受けました。医者に薬をもらい、カウンセラーにもかかったけれど、本当に役立ったと言えるのは、この本だけです。

　やっと私の思いをわかってくれる人に出会えた、この本を手にしては、時々そんな感慨に浸りました。仮にこの本を私だけのために書いてくれたとしても、あなた方が注いだ時間と涙、いらだち、そして努力は十分報われたと言えるでしょう。

　この本は文字通り、私の人生を救ってくれました。

一九八八年に出版されてから最初の四年間は、本書が論争の対象になることはなかった。ところが一九九二年になって、性的虐待の被害を訴える者の真偽を疑う「反動攻撃《バックラッシュ》」（サバイバー攻撃）がマスコミを賑わし始めるや、本書も攻撃対象の一つとなった。サバイバーのための癒しの手引きとして最も目につく本書が、〈偽りの記憶〉を引き出し、一家離散を奨励し、子どもの頃の性的虐待に対する「集団ヒステリー」を誘発したと非難されはじめたのだ。

筆者たちが学問的資質に欠けているという批判も出た。しかし、人の話に細心の注意と思いやりをもって耳を傾けるのに、博士号は必要ない。むしろ、私たちの一般人としての視点は、サバイバーの苦しみを病理学の対象からはずし、傷ついていてもなお力強い人間像を浮かび上がらせるのに、役立ったと言える。

「一連の批判を受けたいま、本書を書き変えるとすれば、どこをどう変えますか」としばしば尋ねられる。実際、訂正したい箇所はたくさんあるが、皮肉にも、ほとんどが批判されている事柄とは関係ない部分である。

本書は出版以来ずっと成長過程にあるといえる。初版以降、絶えず手直しをして、古くなった情報を削除し、読者からの助言に基づいて新しい資料を分類、追加し、巻末資料を改訂し続けている。読者の知恵や情報、助言の提供によって、本書はより充実したものになってきた。

いま本書を書き直すとしたら、一番大きな改訂箇所は、対象読者を女性に限らないということだ。近年、少年たちの多くが同じように性的虐待の被害にあっていることが明らかになってきた。本書は男性サバイバーについて特に記述してはいないが、多くの男性にとってこの本が癒しの助けになっている事を嬉しく思う。

当時、今ほどの知識があれば、女性加害者による虐待も取り上げていただろう。一〇年前までは虐待者はほとんど男性だと思われていたが、現在では、女性による性的虐待もかなりの数に上ることが、サバイバーの証言によって明らかになっている。当然、こうした体験も公に認知される必要がある。

より潜在的で確認しにくい性的侵害についても、もっと多く取り上げたであろう。きょうだいからの虐待、聖職者やカウンセラーや援助専門家による虐待も、より多く登場させただろう。

現実には起きなかった虐待をセラピストが勝手に想定する事態を予測できていたら、カウンセラーを選ぶためのガイドラインにもそれに関する注意を明記したろう。今回の改訂版では、己の人生を一番良く知っているのは自分自身であることを強調した。誰にせよ、あなたが虐待されたかどうか断定できる人はいない。セラピスト、親、友人、パートナー、そして本書でさえも、それはできない。自分の人生を知り、理解するために悩むのは本人だけである。カウンセラー選びの項で、本書は次のように助言している。

> あなたに性的虐待を無理に告白させようという態度が感じられるセラピストは、良きセラピストとは言えません。道案内の主導権はあくまであなた自身に委ね、到達点を知っているかのような態度をとらないセラピストを選びましょう。（p342参照）

また、部分的に言葉や強調の仕方を変えた所もある。受けた批判がもっともだと思った場合は、初版の文章を変更した。例えばこんな文章があった。

これまで私たちが話した女性の中で、虐待されたのではないか、と感じながら、後にそうではなかったと判明した人はいません。流れは常に逆方向、つまり疑惑から確信へと動きます。自分がもしや虐待されたのではないかと疑い、その徴候が日常生活に現われているなら、虐待は実際に起こったのです。

この文章を書いた後、少数ではあるが、性的虐待を疑って自分なりに追究した結果、それは幼い頃受けた情緒的虐待や他の心の傷によるものだった、と語る女性に出会った。そこで第三版では、この部分を次のように改めた。

性的虐待を受けたと思って、後に間違いだったと判明するケースは稀です。たいていは逆で、「もしや」という疑いの念をたどると、虐待の事実が表面化してきます。虐待されたと強く感じ、生活面でも何かしらの徴候があれば、あなたが虐待を受けた可能性は高いといえるでしょう。確信がない場合は、早急に決めずに根気よく待つことで、時とともに気持ちもはっきりすることでしょう。（p27参照）

性的虐待の長期的影響について書いた『性的虐待の影響』の導入部も書き変えた。この章では、読者が性的虐待を受けたか否かを判断するためのチェックリストを提供したつもりはないので、本改訂版には私たちの意図をはっきり書き記した。また、『思い出すこと』『本当に起きたと信じる』『実家との関係』『カウンセリング』の各項にも情報を追加した。また、初版の『カウンセラーのための手引き』は非常に初歩的なもので、最近はかなり優れた情報が手近にあることから、『カウンセラー』の章を削除した。

最大の改訂は、『真実を見すえる』という章を新たに加えたことである。この章では今日のサバイバーや支援者に対する〈反動攻撃《バックラッシュ》〉を歴史的、政治的文脈の中で分析した。〈記憶〉に関する調査を紹介し、〈加虐的な儀式による虐待〉に関する論争にも触れた。また、記憶を混乱させたり、サバイバーの証言への不信を煽る最近の風潮に怒りを感じている人々のために、指針を提供した。そして自分を大事にしながら前向きに生きて行くために、未来に向けての方向性も示している。

本書を初めて手にする読者には、社会的、政治的状況がどう変化しようと、私たちの確信する真実を繰り返し訴えたい。仮に、子どもの頃に性的虐待を受けても、その影響から自分を癒し、そのうえ人生を謳歌することさえ可能なのだ。本書が初めて出版されて以来、何十万人というサバイバーが自分を受け入れ、人生に意味を見出し、喜びに満ちた新たな生活を築いている。癒しのもたらす数々の喜びが、読者であるあなたの手にも届くことを信じている。

一九九四年一月　　エレン・バス、ローラ・デイビス

序章　はじめに

癒しに向かって

彼は私のパンティから手を出し、指先にツバをつけてこすり合わせた。私のことは眼中になかった。ツバを吐く音に私はぞっとした。それから彼はまた手を突っ込んで、いつもの鼻歌まじりにブツブツ言いはじめた。
玄関の戸が開く音がした。彼は火傷したようにパンティから手を抜き、慌てて私の方を向いてささやいた。「いいか、母さんには絶対に言うな。言ったらどんなことになるかわかってるな」

マギー・ホーヤル『私の覚えていること』

叫べない、声が出ない、息ができない。突っつかれて顔中が痛い。彼の顔は見えない。見えるのはただ太い腕と、ピストン運動する湿って充血したペニスと、黒い体毛だけ。椅子を蹴とばし、爪でその腕を引っ掻いたら皮膚がむけた。すると彼は薄笑いを浮かべ、さらに強く私を抑えつけ、喉元にペニスを押しつけた「おい、舐めろよ、ほら」

エクスピリエンス・ギブズ『一九五二年とその後』

昼寝から覚めると、ベッドの横に父さんが座っていた。太くて重い指を私の下着に入れてクリトリスを触り、「どうだい、気持ちいいだろう」と、尋ねるというより諭すように言った。私はイヤと言えなかった。力が抜けて身動きできず、「うん」と答えるのがやっとだった。

カレン・アシュラ『ダディ・カナギー』(1)

性的虐待を受けてきたのはけっしてあなた一人ではありません。女の子の三人に一人、男の子の七人に一人が、一八歳になるまでに性的被害にあっています。子どもへの性的虐待は、階層、文化、人種、性別を問わず起き、子どもたちは父親、養父、叔父、兄弟、祖父、隣人、家族の友人、ベビーシッター、教師、そして見知らぬ人によって性的に侵害されています。加害者の大多数は男性ですが、叔母や母親など女性による性的侵害もあります。

どんな性的侵害も、何らかの害をもたらします。虐待によって負わされた心の傷は、虐待が終わったからといって消えるわけではありません。子どもの頃、性的虐待を受けた場合、その影響はおそらく生活全般にわたって、長年続くでしょう。

それでも癒しは得られます。それればかりか、人生を謳歌することさえ可能です。人生を謳歌することは、心の傷が原因で現われる数々の症状を和らげたり、応急処置を施して、社会に適応することなどより、ずっと大きな意味を持ちます。それは自分自身の心と身体の一体感、人生や仕事における充足感、本当の愛や信頼、そして、身体的快感を感じることなのです。

これまで子どもへの性的侵害に関する文献といえば、破壊された悲劇的人生に焦点が当てられ、虐待の悲惨さを強調するものばかりで、癒しについて触れたものはほとんどありませんでした。本書は、虐待から回復するには何が必要か、自分を癒すとはどういうことか、それによって人生はどう変わるのかなど、「癒し」に焦点を当てています。

「時がすべてを癒す」とはよくいったもので、ある意味でそれは真実です。時が経てば和らぐ苦痛もあるでしょう。でも、心の底から癒されたいと思ったら、意識的に自分に働きかけねばなりません。子どもの頃受けた性的侵害の打撃から立ち直るには、真剣な取り組みと気長な努力が必要です。自分の人生を根本から変えようと決意し、またそのための的確な手段と熟練した手助けが得られれば、癒されるだけでなく、人生を謳歌することさえできます。奇跡と、たゆまぬ努力を信じましょう。

子どもの頃の性的侵害チェックリスト

幼い時、または一〇代の頃、あなたは以下の行為を強要されましたか。

＊大人の性的欲求を満たすため、触れられたり、キスされたり、抱かれたりした。
＊大人や兄弟を相手にオーラルセックスを強要された。
＊強姦されたり、身体にペニスを挿入された。
＊性行為を無理やり見せられた。
＊身体の性的部位を触られた。
＊露骨な猥談を聞かされた。

*入浴のとき、性器を触られたり、傷つけられた。
*大人の加虐的欲求、性的欲求を満たすために、不必要な医療を受けさせられた。
*セックス・フィルムやポルノ写真を見せられた。
*挑発的または性的なポーズを強いられ、写真を撮影された。
*児童買売春や子どもポルノに巻き込まれた[2]。
*身体的、精神的、あるいは性的拷問を伴う虐待的な儀式への参加を強要された。

　以上のような出来事は具体的に思い出せないが、どこかで虐待を受けたような気がしてならない、という場合もあります。(p27『でも、何も思い出せない…』参照)

　エレンの研修を受けに来た女性たちの中には、自分の被った性的侵害は他の体験ほど深刻でないので、自分には参加資格がないのでは、と気にする人もいます。そういう人は口ぐちに言います。「加害者が家族じゃなくて、たんなる知人でしたから…」「一四歳の時にしかも一度だけだったから…」「映画を見せられただけなので…」「兄とは一歳しか違わなかったし…」等々。

　こうした考えは、性的虐待の深刻さを極力矮小化したがる社会風潮を反映しています。他人がもっとひどい虐待で苦しんでいるからといって、自分の苦痛が軽減されるわけではありません。痛みの比べっこは何の役にも立ちません。

　性的虐待を軽視する方法は色々ありますが、最もひどいのは、身体のどこかにペニスを無理に挿入されなければ性的侵害とは言えない、という主張です。これは明らかに間違いです。虐待の深刻さは、男性性器が介在したか否かによって決まるものではありません。それは、子ども自身の身体と感情と魂にどれほどの打撃を与えたかによって決まるのです。また、明らかな身体的攻撃のみが深い傷になるとも限りません。もちろん強姦は幼い子どもにとって肉体的に非常に苦しい体験ですが、性的侵害の多くは肉体的苦痛を伴わず、目に見える傷跡を残さないものなのです。

　身体にまったく触れない性的侵害もあります。父親が洗面所の前で、トイレに入るあなたに卑猥な言葉や視線を浴びせたり、伯父が、ペニスを誇示しながら裸でうろついたり、性体験を吹聴したり、あなたの身体についてあれこれ詮索したかもしれません。テニスのコーチに「きのうの夜、ボーイフレンドと何をした」と問いつめられたかもしれません。性的侵害の形は実にさまざまです。

　また、心理的な性虐待もあります。たとえば養父が、こっそりこちらを窺っていたり、近所の人が成長期のあなたの身体をじろじろ眺めたり、父親があなたを恋人気分でデートに誘いだしたり、恋文をよこすことなども、性的侵害にあたります。

　虐待の頻度も問題ではありません。背信行為は瞬時に起きるもの。父親が娘の下着に手を滑り込ませるには、三〇秒もあれば十分です。しかしその直後から、その子の人生は一変してしまうのです。

でも、何も思い出せない…

子どもはしばしば、忘れることで虐待を乗り切ろうとします。その結果、記憶が曖昧になったり、子ども時代の記憶のかなりの部分を忘れることがあります。でも覚えていることもあるのです。たとえば、ある方法で触れられると吐き気がしたり、特定の言葉や表情に脅えたり、母親には絶対に触られたくなかったり、中学時代に服を着たまま寝たり、膣炎のため何度も医者通いをしたことを覚えているかもしれません。

ほとんど覚えていないと思っても、記憶の断片を語りはじめると、一連の感情や反応、回想が押し寄せてきて、その実態がかなり判明することもあります。「私は性的虐待を受けていた」と認めるのに、法廷証言の正確さは必要ありません。

性的侵害の認識は、些細な感情や小さな直感から始まるため、内なる声を信頼し、そこから取り組みはじめることが大切です。自分の感情を信じましょう。性的虐待を受けたと思って、後に間違いだったと判明するケースは稀です。たいていは、逆で、「もしや」という疑いの念をたどると、虐待の事実が表面化してきます。虐待されたと強く感じ、生活面でも何かしらの徴候があれば、あなたが虐待を受けた可能性は高いといえるでしょう。確信がない場合は、早急に決めずに根気よく待つことで、時とともに気持ちもはっきりすることでしょう。

支援を得る

たとえどんなに真面目に取り組んでも、子どもの頃の性的虐待をたった一人で癒すのは大変です。被害の大部分は虐待にまつわる秘密主義と沈黙の結果ですから、孤独な沈黙を守りながら癒しにとりかかろうとしても無理があります。

同じサバイバーどうし、支援グループの人々、カウンセラーなど、一人でもいいから自分の苦痛や癒しについて話せる人を見つけましょう。良き伴侶でも、家族の一員でも、同じような被害を受けた姉妹や兄弟でもいいのです。支援者は多いに越したことはありません。（サポートに関してはp338『カウンセリング』参照）

今、自分はどの段階にいるか

本書に目を通している読者は、いま癒しのどの段階にいるのでしょうか。まだ自分をサバイバーとは見なしていないかもしれません。性的侵害とその影響をようやく自分のことと感じ始めた人もいれば、すでに何年も癒しに取り組んでいて、自分の癒しの段階を確認したいだけ、という人もいるでしょう。本書は癒しのあらゆる段階にいる人々を肯定し、具体的な提言や支援を提供します。

本書を読むにあたって

本書を読むことで、ある種のカタルシス（精神浄化作用）を経験するでしょう。過去の出来事がそれぞれ意味を持ち、苦しいのは自分だけではないとわかってくるにつれ、計り知れない安堵を覚えるかもしれません。しかしそれ以外の反応もあります。

本書の執筆にあたって、多くのサバイバーにこの原稿を読んでもらいました。その結果、加害者と対決した人、自分を癒す決意を新たにした人、初めてパートナーに自分のことを打ち明けた人もいました。また、自分の性的感性（セクシュアリティ）を知る突破口を見出した人や、自分を責めるのをやめた人など、その反応は実にさまざまです。

怖れ、憤り、苦しみを味わった、と報告した女性たちもいました。ふたをしていた一連の悲しみと苦悩が掘り起こされ、悪夢を見たり、フラッシュバック（記憶の再燃）に悩まされたり、新たな記憶が甦った人もいました。アルコール依存から一度は立ち直ったあるサバイバーは、本書を読むうちに、また酒を飲みたくなったと言います。恋人と喧嘩した人もいれば、セラピーに通うようになった人もいます。皆、異口同音に自分たちの生活が大きく変わったと言っています。

この本を読んで妙に落ちつかない気分になっても、慌てないで下さい。癒しの過程には、強い感情がつきものです。気楽に読み飛ばせるのは、こういった問題と向き合うほど安心していないからかもしれません。もしかしたら虐待にあった時のように、感情と理性を切り離して読んでいるのかもしれないのです。だとしたら本を置いてひと休みし、誰かに話を聞いてもらい、また後で読み直しましょう。性的侵害に耐える時のように、無感覚で孤独なまま、この本を読破しようと頑張る必要はありません。本を閉じたくなる時は、その章の内容のせいかもしれません。無理をせず、他の章に進みましょう。

自分の考えや感情に注意しながら、内面を見つめましょう。自分とのつながりを深めるという考え方に違和感を持つ人もいるでしょう。私たち女性は、自分のことを考えるのは利己的だと言われ、常に他者の気持ちを配慮するよう教えられてきました。でも自分を癒すためには、まず自らを最優先する心がまえが必要です。

先日の朝、エレンの留守番電話に次のような伝言がありました「本当に癒されていく実感があるんです。それを知らせたくて電話しました。いままで経験した中で一番優しい感情です……心と身体が一つになったような」

あなたもこうした気持ちをもつにふさわしい、価値ある存在なのです。

（1）すべての引用はエレン・バス、ルイーズ・ソーントン編、『誰にも言えなかった』前掲書より。［引用部分は本書訳者が独自に再訳］

（2）アメリカでは五〇万人から一〇〇万人の子どもたちが、買売春とポルノグラフィー製作に巻き込まれている。こうした子どもたちの多くは、近親者からの性虐待の被害者である。詳細は、フレデリック・デラコステ、プリシラ・アレクザンダー編『セックス・ワーク――性産業に携わる女性たちの声』（Pittsburgh: Cleis Press, 一九八七年、邦訳―パンドラ刊、一九九三年）参照。

本書に登場する体験記について

この本のためのインタビューに応じてくれたサバイバーは、二〇〇人以上に及びます。そのうち五〇人が、さらに掘り下げた話をしてくれました。すべてを掲載することはできませんでしたが、個々の経験を部分的に引用しています。

またパートナーやカウンセラー向けの勉強会や、『誰にも言えなかったワークショップ』の参加者の話も加えました。これに関わった男女は皆、自分の体験を本書に掲載することを快諾してくれました。

ここに登場するサバイバーは、さまざまな年齢、経済状況、人種、性指向の女性たちです。パートナーのいる人もいれば、単身者もいます。子どものいる人も、いない人もいます。彼女たちはさまざまな状況下で、さまざまな加害者によって虐待を受けており、癒しの進め方や取り組み方も人それぞれです。

本文中の引用や体験記はサバイバーやそのパートナーによるものです。全体を通して匿名の引用が多く見られます。それぞれの引用は独立し、一個人の体験を表わしています。時には一ページに複数のサバイバーの話が掲載されています。

煩雑さを避けるため、引用は匿名としましたが、内容によって名前が大きな意味を持ったり、本人の要請があった場合は明記しました。本名、仮名、匿名のどれにするかは各人に任せました。また著者として、読者の皆さんと分かち合いたい個人的な経験もあり、それについては私たち二人の名をそのまま使うことで、他の引用と区別しました。

創作文はサバイバー及びそのパートナー、友人、カウンセラーなどの支援者によるものです。男性パートナーや支援者による体験談は含めましたが、男性サバイバーに直接、体験記を募ってはいません。多くの少年が虐待され、男性サバイバーも癒しの助けを必要としていますが、この本は女性である私たちが一番よく理解できる女性の体験を軸として、女性のために書いたものです。癒しの過程の大半は男女を問わず共通しているので、この本が男性にも役立てば幸いです。

文章を書く

エレン・バスは、子どもの頃に性的侵害を受けた成人女性を対象に『誰にも言えなかったワークショップ』を開いています。ここには十数名のサバイバーが集い、支援、秘密厳守、そして安全な場であることを約束された上で、心を開いて自分の受けた虐待を悼み、内なる力を結集し、これまで生きてきた自分を祝福します。

参加者がまずやることは、子どもの頃の性的侵害について書いてみることです。これまで性的侵害の体験は何かにつけて否認され、軽視され、歪曲されてきました。書くことが良き癒しの道となるのは、それによって自分に起きたことの意味が明白になるからです。「これは本当に私に起きたんだ。こんなにひどいことだったんだ。あれは全部大人のせいだ。あの時も今も、私には何の非もない」

過去を振り返り、書き記すことで、その時の感情が再び甦り、起きたことを嘆き哀しむことができます。思い出や苦しみ、怖れや怒りを葬り去った墓を掘り起こし、自分の歴史を再構築するのです。

なぜ書くのか

書くことの利点は、いつでもできることです。夜中の三時でも、独りきりでも、パートナーを起こしたくない時でも、友だちが旅行中でも、カウンセラーが電話に出なくても、飼い猫が外へ遊びにいっている時でも、自分の日記は手元にあります。日記は音も立てず、安あがりで、持ち運び自由です。感情や考えを記述することで、いま何が必要で、何を語りたいのか、この状況にどう取り組みたいかなど、自分を見極める助けにもなります。

誰にでもできる

特定のワークショップに参加しなくても、書くことは自分の癒しに役立ちます。作家のようにかしこまらなくても、書くのが嫌いでもいいのです。学歴がなくても、誤字が多くて作文が苦手でもかまいません。

書くことに特に抵抗のある人もいます。過去に、母親に日記を盗み読みされたり、国語教師である父親に文章をいつも批判されたり、大事な手紙を学校の食堂で親友に回し読みされた経験があったら、文章を書くことに用心深くなるのも当然でしょう。でも、人は誰しも心の奥底に自己表現の欲求をもっています。別の手段を選ぶこともできますが、自分を癒すために書いてみたいのなら、これまでのこだわりにとらわれる必要はありません。最初は気が進まなくても、実際にやってみて良かったと感じる人はおおぜいいるのです。

時と場所

作業が中断されないよう、時と場所を選びましょう。面倒でも、そんなひとときを確保することが大事なのです。毎回三〇分ぐらいが適当でしょう。もっと長くてもいいのですが、ある程度時間を区切ると気持ちが落ち着きます。

性的侵害について書くと、強い感情が湧き起こることがあります。たとえば子どもを迎えに行ってから夕食の支度を始めるまでのわずかな時間に、無理に入れ込むのはやめ、書いた後でその余韻を味わう、ちょっとした時間のゆとりを残しておきましょう。

朗読する

書くこと自体とても役に立ちますが、さらに、それを人と分かち合うことも大切です。あなたの文章に耳を傾け、きちんと反応してくれる人に、書いたことを聞いてもらいましょう。どんな形であれ、あなたを再び傷つけるような人を絶対に選ばないことです。自分自身を守りましょう。

聞き手が身近にいない時は、ひとりで音読しましょう。そうすれば少なくとも、あなたという一人の熱心な聞き手に向かって読んでいることになります。声に出すだけで文章は現実味を帯びてくるものです。

人の書いた文章を聞くのは初めてという人に対しては、前もって自分の希望を伝えておくといいでしょう。文章の批判や評価はしないでほしい、後で質問してほしい、もっと話せるよう助けてほしい、あるいは黙ってただ聞いてほしい、読んだ後で慰めてほしい、そっとしておいてほしい等々、自分の要求をきちんと相手に伝えれば、たいていはそれなりに応えてくれるものです。

書くことの基本

今まで作文について習ったことはすべて忘れ、これからは形式にとらわれず、意識の流れに任せて書きましょう。芸術作品や洗練された工芸品を創ったり、誰かに説明するために書くのではありません。これは、普段の自己検閲機能を外し、本当に言いたいことに到達するための一つの方法なのです。

いったん始めたら中断せずに書きましょう。自分のペースであせらず休まず、書きましょう。途中で言葉に詰まったり、何も頭に浮かばなくなったら、「こんなくだらない作業は初めて！」とか、「お腹がすいた…そろそろ時間かな」などと書いてもいいでしょう。ある女性は自分の体験を書きながら、数行ごとにペンを止めては、「もうこれ以上書けない」と綴り、再び続けました。彼女はときに書き続けることを拒否し、自分にノーと言うことを許しながら、一歩ずつ先に進んだのです。

文章を完成させたり、つづりや句読点を気にする必要はありません。自分の母国語でも、どんな言葉でもかまいません。もし子どもの頃、現在使っている言葉とは別の言語を話していたら、当時の言葉を思い出すこともあるでしょう。まだ言葉を話しはじめる前に虐待を受けた場合、書いた文章が赤ちゃん言葉になっているかもしれません。

第一章　心の棚おろし作業

性的虐待の影響——心の傷を認める

「どうして今さらこんな事をむし返すのか」、よくそう聞かれる。どうしてなのか。それはその出来事が私の生活のあらゆる側面を支配し、あらゆる方法で私を傷つけるからだ。私の生活の中で、大切なものをことごとく壊してきたからだ。そのために落ち着いた気持ちで生活できなかった。すっきりと人を愛せなかった。それは私から子どもたちを引き離し、私の社会的成功を阻んだ。もし快適な子ども時代を過ごしていれば、何にでもなれたろう。今ここで何とかしなければ、これから先、私にとって生涯の足かせとなる。五〇〇年前に起きたとしてもかまわない。いまの今までずっと私の生き方に影響しているからこそ、問題にするのだ。問題はとてつもなく深刻なのだ。

——ジェニローズ・ラヴェンダー（四七歳）

子どもの頃受けた性的虐待の長期的影響は、深く身体に染み込んでいるため、虐待の後遺症を逐一指摘するのは容易ではありません。自己認識、他者との親密な関係、性的感性（セクシュアリティ）、親業、仕事、そして精神状態までもが、ことごとく影響を受けているのです。あるサバイバーは、それが、まるで子ども向け雑誌の一ページのようだと言います。

木の茂みに自転車が隠れ、バナナが人の耳から生え出して、人間がみんな逆さまになっていて、その下に「この写真の間違いを探しなさい」と書かれている。でもほとんどすべてが変だから、「正しいものを探しなさい」って聞かれる方がよほど簡単だ。よく、そう思ったものだ。

サバイバーの多くは生きていくのに精一杯で、虐待によって自分のどの部分が傷つけられたのか意識していません。しかし癒しを始めるためには、自分のどこが癒しを必要としているのか、きちんと認識する必要があります。

人間の発達過程に影響を及ぼす要因は、性的虐待以外にも数多くあるので、どれが性虐待の後遺症か識別するのは困難です。自己評価が低いのは、アフリカ系アメリカ人として人種差別社会で育ったからか、女性蔑視社会の中で育ったせいなのか、それとも九歳のときの性的侵害が原因なのか。今の自分は、何百という要因の相互作用の結果なのです。

　虐待を受けた時のまわりの対応は、その後の打撃や苦痛の大きさと深く関わっています。子どもが虐待されたと打ち明けた時、思いやりのある的確な介入がなされれば、その時点から癒しは始まります。しかし、もし誰もがその子の苦しみに反応を示さず、注意も向けず、逆に咎めたり信じなかった場合、その衝撃は何倍にも膨らみます。虐待に対抗して自分なりに対処した結果、新たな問題が起きる場合もあるでしょう。

　性的虐待の影響の現われ方は人によって違います。仕事や親としては優秀なのに、親密な関係ではトラブルの連続、といった具合に、生活のある面では順調なのに、別の面ではうまくいかないかもしれません。漠然とした不安に悩まされる人もいれば、受けた打撃があまりにも大きく、一生を無駄にしたと感じる人もいます。

　私にとっては人生を盗まれたようなものだ。可能性の芽を摘まれたのだ。若い頃は人並の教育を受けられなかった。結婚は早すぎたし、夫の陰に隠れて、他人と接触することもなく、生活は虚しかった。三八歳になってやっと自分の事に取り組み始めた。遅すぎるとは言わないが、今からすべてを取り戻せるわけじゃない。それが腹立たしい。

> 「いまどの地点にいるか」という質問の中で、私たちは、性的侵害を受けた子どもが経験するさまざまな影響を挙げています。このリストは、虐待の影響が現在の自分の日常にどのような影響を与えているかを、率直に評価するための指針であって、あなたが性的虐待を受けたかどうかを決定する診断基準ではありません。子ども時代の性虐待の影響の中には、セックスの最中に性的侵害のイメージが浮かんでくる、といった、きわめて具体的なものもあります。また、自己評価の低下や気持ちを表現するのが苦手になるなど、他の状況下でも発生しやすい、かなり一般的な影響もあります。ここに挙げた影響の多くは、身体的虐待や情緒的虐待の徴候でもあることを覚えておきましょう。
>
> 　自分と同じ徴候をこのリストに見つけたものの、性的侵害を受けたかどうか不確かな場合もあるでしょう。自分は性虐待のサバイバーだと早急に決めつける必要はありません。自分をいたわり、支援を得て、自分の傷の確かな部分から癒し始め、時とともに過去の経験が明らかになると信じましょう。

　確かに子どもの頃の性的虐待の影響は深刻ですが、その影響が生涯続くわけではありません。この章を読むあなたも、性的侵害が自分の生活に及ぼした影響に初めて気づいて、思わず

「私もそうだ」とうなずいているかもしれません。次ページ以降のリストを見ながら、あなたにとって虐待の影響がどのようなものか自己点検をしてみましょう。一つ一つを認めるのは苦しいことでしょうが、それはすでに癒しの第一歩なのです。

自尊心と内なる力

虐待は、子ども自身の境界線、ノーと言う権利、自己決定の感覚などを侵害し、その子をおとしめ、とるに足らない人間だというメッセージを伝えます。子どもには、それを阻止する術はありません。

誰かに告げた場合、おそらく、無視されたり、作り話だと言われたり、忘れるよう諭されたり、かえって咎められた人もいるでしょう。現実を否定され、歪められたせいで、頭が混乱した人もいるでしょう。加害者や親を悪者にする代わり、自分が悪い子だったから虐待されても仕方がなかったのだと、自分に言い聞かせた人もいます。どちらにしても、言いようのない、孤独を感じたことでしょう。

現に、子どもの多くは、虐待されながらおまえは何もできない、愚かな子だ、セックスしか能がない、などと言われてきました。こんな中でなお、自分を信じ続けるのは困難です。

いまどの地点にいるか

*自分のことを悪い、汚い、恥ずかしいと感じますか。

*自分を犠牲者のように無力に感じますか。

*自分は他の人と違うと感じますか。

*心の奥で、自分はどこかおかしい、と感じますか。周りの人が本当の自分を知ったら、去って行くだろうと思いますか。

*自暴自棄になったり、自殺したいと思ったりしますか。無闇に死にたくなりますか。

*よく自己嫌悪を感じますか。

*自分をいたわったり大事にするのが苦手ですか。楽しい気持ちになれますか。

*自分の直感を信じるのが苦手ですか。

*危険な状況で自分を守れないと感じますか。大人になってからも繰り返し、性暴力、暴行、殴打などの被害を受けますか。

*自分なりの関心や才能、または目的をもっていますか。

*物事に対して意欲が湧きますか。身動きがとれなくなることがよくありますか。

*成功を怖れていますか。

*やり始めたことを最後までやり遂げられますか。

*完璧でなくてはだめだと思いますか。

*自分はだめだという気持ちを、仕事や業績でカバーしようとしますか。

感情

子どもの頃は、恐怖や苦痛や怒りを十分感じる余裕がありませんでした。それが想像を絶する苦しみだったからです。小学二年生のとき、その哀しみの深さに気づいていたら、とても同級生と並んで算数の授業など受けられなかったでしょう。また衣食住を頼っている父親を殺してやりたいなどと思えるはずもありません。

子どもは純粋な愛情や信頼を裏切られると、自分の感情は信頼できないものだ、と学びます。感情を表現しても、無視されたり、嘲笑された人もいるでしょう。無視され、何も心配ないと言われながら、虐待が続いたらなおさらです。

周囲の大人が感情を抑制できないと、感情とは暴力や破滅に結びつくものだというメッセージを子どもに送ります。怒りとは殴られることであり、部屋の向こうから物が飛んでくることを意味したのです。

苦痛があまりに苛酷だったり、泣き顔を見せて虐待者の思うままになりたくない時は、肉体的苦痛を自分の中に閉じ込めてしまいます。特定の感情を選んでせき止めるわけにいかないので、感じること自体をやめてしまうのです。

いまどの地点にいるか

＊自分の感情を認識できますか。それぞれの感情の違いがわかりますか。
＊感情を表わすのが苦手だと思いますか。
＊自分の感情を大事にしていますか。それとも感情を表わすのは単なる甘えだと思いますか。
＊怒りを受け入れられますか。悲しみ、幸福感、やすらぎはどうですか。
＊気持ちが混乱することがよくありますか。
＊さまざまな感情を味わえますか、それともあまり感じませんか。
＊抑鬱状態になりやすいですか。悪夢に悩まされたり、パニックに襲われますか。
＊頭がおかしくなるのではと不安になったことがありますか。
＊自分の感情が怖いですか。感情を抑えられなくなったことがありますか。
＊暴力的になったり、激怒して誰かを虐待したことはありますか。

自分の身体

子どもたちは身体を通してまわりの世界を感じ取ります。性的侵害を受けた時、子どもはこの世が安全な場ではないと学ぶのです。苦痛、裏切り、そして身体感覚の葛藤を体験した子どもたちは、こうした感情を追いやるために、しばしば意識を身体から切り離したり、自分を無感覚にしようと努めます。

いまどの地点にいるか

*意識と身体は一体ですか。自分の意識が身体から離脱すると感じることがありますか。

*アルコール、薬物、食物の摂り方に問題がありますか。

*身体があなたに送る信号（空腹、恐怖、疲労、痛み）に気づきますか。きちんと反応しますか。

*自分の身体を好きになり、受け入れるのが苦手ですか。自分の身体を心地よく感じますか。

*これまでかかった身体疾患で、虐待の影響かもしれないと思ったものがありますか。

*ダンス、スポーツ、ハイキングなど身体を動かすことが好きですか。

*自分の身体を意識的に傷つけたり、虐待したことがありますか。

親密な関係

親密な人間関係の基となる要素（与え、受け入れ、信頼したり、されたりすること）は子どもの頃に学ぶものです。常に愛情ある接し方をされれば、子どもは、いたわり合う関係を築き、維持する術を身につけていきます。しかし不運にも性的侵害を受け、純真な心が大人に悪用されると、本来持っていた信頼感がゆがめられます。「愛してるから、こうしておまえに触っているんだ」とか「いつか良い奥さんになれるように、こうしてあげてるんだよ」などと言われた場合、子どもは性と愛、信頼と裏切りが混然となったメッセージを受けて成長するのです。

いまどの地点にいるか

*人を信頼するのが苦手ですか。親しい友人がいますか。

*健康的な関係がどういうものかイメージできますか。

*思いやりを人に示したり、受けたりできますか。人に優しくしてあげられますか。

*人が怖いですか。疎外感や寂しさを感じますか。

*自分に合わない、あるいは手の届かない相手と深く関わる傾向がありますか。

*これまで虐待者を思い出させるような人間関係を作ったことがありますか。

*人に利用されているとよく感じますか。

*愛情関係がどうもうまくいかない、と感じますか。

*特定の人と深い関係を作るのが苦手ですか。あまり親しくされるとパニックを起こしますか。

＊友達とは親しくなれるのに、恋人とはうまくやれないと感じますか。
＊好きな人にしがみついてしまいますか。
＊何度も人を試すほうですか。
＊人は自分のもとを去るものだと思っていますか。
＊ノーと言えますか。

自分の性的感性（セクシュアリティ）

子どもの頃に性的虐待を受けると、本来備わっている性的な許容力が奪われます。大人の欲求と時間割によって性について教えられるわけですから、自分の性的感性を自然に探索したり、内側から湧き上がる性的欲求を味わう機会を失うのです。性的な目覚めは、恥や嫌悪感、苦しみ、屈辱に繋がるようになり、快感も汚れたものとなり、性的欲求（実際は虐待者の性欲）が、自分を傷つける危険で抑制不能な力を意味するようになります。

加害者との性行為の最中に、子どもの意識が身体を離れることもよくあります。無感覚になったり、「自分」がどこかに消えてしまうことで、性的感覚から自分を遮断するのです。

虐待と愛情表現がセットとされた場合、優しさを求めることが即、セックスにつながり、他の手段で優しさへの欲求を満たすことを学べずに育ちます。

いまどの地点にいるか

＊意識が身体から離れることなく、性愛を楽しめますか。無感覚やパニック状態でセックスしていますか。
＊性以外の欲求を満たす手段に、セックスを利用していますか。他の形で思いやりや親密さを受け入れられますか。
＊セックスを避けていますか。あるいは本当はしたくないのに、セックスを求めてしまいますか。相手に対してノーと言えますか。
＊自分の一番の取り柄は性的魅力だと感じていますか。
＊あなたが敬意をはらう相手と性関係を持っていますか。パートナーに性的虐待を受けたことはありますか。
＊売春をしたり、自分の性を搾取したことがありますか。
＊性的快楽を味わえますか。性欲を感じますか。快楽を悪いことだと思いますか。
＊セックスそのものや、セックスを楽しむ自分を嫌悪したことがありますか。
＊暴力的、加虐的、または近親姦的な性幻想によって興奮しますか。
＊安心するためには、性に関するすべてを自分の思い通りにする必要を感じますか。
＊虐待のフラッシュバックを体験したことがありますか。
＊自ら望んでセックスしていますか、それともパートナーに合

わせているだけですか。

＊誰かを性的に侵害したことがありますか。

子育てと親業

性的侵害が家族の中で起きたり、虐待を受けた時、家族があなたを守り、支えていなければ、その家族はきちんと機能していなかったといえます。家族の中に見習うべきお手本がなかったのです。虐待を進んで直視し、自分で癒し始めない限り、親と同じような子育てを繰り返してしまうことでしょう。

いまどの地点にいるか

＊子どもが周りにいると落ち着かなくなったり、怖くなったりしますか。

＊子どもを虐待したり、そういう怖れを抱いたことがありますか。

＊子どもとの間に明確な一線を引けますか。子どもの要求と自分の要求のバランスがとれていますか。

＊子どもと親密なひとときを持つのが苦手ですか。子どもに優しさを表わせますか。

＊子どもを守るのが難しいと感じたことがありますか。

＊子どもに対して過保護だと思いますか。

＊子どもに自分を守ることを教えていますか。セックスについて率直に話したことがありますか。

実家との関係

家庭内で性的侵害があった場合、家族関係は歪みます。家族ならではの信頼感や共有感覚、安心感の代わりに、秘密主義、孤立、怖れがはびこるのです。家族の一員に虐待された子どもが、「気が変だ」とか「問題児だ」と言われて、家族全員からいじめられることさえあります。その結果、人との暖かい触れ合いを断ち切られ、孤立してしまう場合もあります。

虐待のある家庭では、アルコール依存などの問題が複合していることも多いため、それに対処しなければならず、幼い頃から大人並みの責任を負わされる子どももいます。

また虐待が家庭外で起こったとき、家族が誰も真剣に耳を貸さなければ、その子の味わった苦痛はたいしたことではないというメッセージとなり、子どもは自分を理解し守ってほしくても、とても家族には頼れないと思うのです。

いまどの地点にいるか

＊家族関係に満足していますか。それとも関係が緊張していて居心地悪いですか。

＊性的虐待があったことを家族は認めていますか。家族はあなたを支えてくれますか。

＊家族に会うたびに、気持ちが乱れたり、自分を否定される気がしたり、落ち込んだりしますか。家族に拒絶されたことがありますか。
＊虐待者と対決したり、親きょうだいに虐待について話したことがありますか。
＊家族と一緒にいて安心できますか。
＊家族がいつか変わることを期待していますか。いたわってもらえる日がくると思いますか。いずれあなたを理解し、信じてくれると思いますか。希望を持ち続けていますか。
＊今でも家庭内で性虐待が続いていますか。

虐待の影響から自分を癒す

この章を読んで衝撃を受けた人は、虐待という最もつらい段階はすでに過ぎていることを思い出して下さい。想像を絶する苦難にも負けず、ここまで生き延びてきたのです。あなたをおとしめた性的侵害は同時に、癒しに必要な内面的資質も残しました。すべてのサバイバーが誇れる資質、それは芯の強さです。自分を癒すために何が必要かを理解したとき、その強さは決意となります。ある女性はこう語りました。「もう誰の侵害も許さない」

文章を書く――性的虐待の影響
（p32『書くことの基本』参照）

いまだにこれは虐待の影響だと思うことを書いてみましょう。自分自身、仕事、親密な人間関係、自分の性的感性などについてどう感じていますか。今のあなたの生活はどんな痛みを伴い、どのように制限されていますか。

性的侵害があったために身につけた自分の強さについても書いてみましょう。生き延びるために必要だった事は何か考えてみましょう。何とか生きてこれたのはどの資質のおかげですか。忍耐、柔軟性、それとも自己充足ですか？　誇りを持って自分の強さについて書きましょう。

サバイバル行動の再評価

これまで私の人生はサバイバル行動の連続だつた。
——サバイバー（三五歳）

性的虐待による心の傷に対応してとる無意識の行動や反応を、サバイバル行動（またはコーピング、対処行動など）と言います。サバイバル行動はひとつの連続体として表われます。家出、アルコールや薬物依存、学業やきょうだいの世話において人一倍優れる、自分に起きた事を忘れる、引きこもる、自分の感情を切り離すなど、自分をいたわる術がほとんどない中で、人は活用できることはすべて活用して生き延びようとするのです。

サバイバーの多くは自分自身のサバイバル行動に批判的です。生き延びるためにとらざるを得なかった行為の中には、否定したいものもあるでしょうが、それ自体はけっして恥ではありません。むしろ、生き延びるための手段を知っていた自分を讃えていいのです。サバイバル行動の中には、仕事で成功する、独立心やユーモア感覚を養う、危機にうまく立ち向かうなど、自分の強さとなっているものもあれば、盗癖、薬物やアルコール依存、過食など、自己破壊的な行動もあります。一つの行動が健全さと破壊性の両面を備えていることもあるので、自分を癒すためにはその識別が必要です。身についた強さを喜びつつ、もはや不用になった習慣を変えてゆくのです。

サバイバル行動の種類はさまざまで、サバイバーにほぼ共通するものもあれば、あまり馴染みのないものもあるでしょう。自分の無意識の反応を認識することが、今後の人生において自ら望む変化を遂げる出発点となるのです。

サバイバル行動の基本要素

被害の矮小化、過小評価

矮小化、過小評価とは、たとえば、肘かけ椅子をばらばらに壊した父親を見て、「父さんは、ちょっと機嫌が悪いの」と一言で片付ける、というように、自分に起きた事がたいしたことではなかったと思うことです。日常生活において虐待的な環境で育った子どもは、誰もが同じような体験をするものだ、と思い込みがちです。どんな父親でも娘をこうやって寝かしつけるものだと思ってしまうのです。

確かに私は問題を矮小化していた。「父さんにおチンチンを口に突っ込まれたって別にどうってことないわ」って具合にね。五年前まで、「家族から虐待されていましたか?」って聞かれると、「まさか!」って答えていた。なぜって、私は死ななかったもの。あちこち骨折して入院したことはあっても、死にはしなかった。たとえ血だらけでも、命はあったのだから。

合理化

もっともらしくつじつまを合わせることで、子どもは虐待者の行為を合理化しようとします。「酔っぱらってたから仕方がない」などと虐待者を許す口実を探すのです。「子どもが四人もいたんだから、私が母にかまってもらえなくて当たり前」などといった合理化は常に加害者の立場に立った考えです。

いつも心のどこかで問い続けていた。「いったいなぜ彼はあんなことをしたんだろう? きっと辛い過去を背負った哀れな男に違いない」。自分のことはさておいて、彼の身上話をドラマチックに想像することで、自分の感じている怒りや憤りを表わすかわりに、彼を許す理由を探していたのだ。

否認

否認とは、現実を直視せずにそっぽを向き、いま起きていることや過去の出来事は、実際には起きていないのだ、と自分に言い聞かせることです。「私さえ見ぬ振りをしていれば、いつかなくなってくれるだろう」、これはアルコール依存者のいる家族の基本的パターンであり、性虐待の起きる家庭のほとんどに見られます。

現実を否認すれば、虐待のあったことを誰にも話す必要はありません。子どもにとって、周りの大人が自分を守ってくれないどころか、逆に傷つけるかもしれないという事実に直面するより、現実を否定するほうがずっと楽なのです。

ある女性は、「ゆうべ君が父親にぶたれてたことをみんな知っているよ、泣き叫ぶのが聞こえたもの」と隣の男の子に言われた時、「別の家でしょ。うちの父さんはそんなことしないわ」と言ったそうです。

虐待があったことは認めても、その影響のほうは認めないサバイバーもいます。「その事はもう解決済みだとセラピストに伝えたら、ちゃんと信じてくれました」

忘れること

子どもにとって、忘れることは性的侵害に対処する最も一般的で、効果的な手段の一つです。人間の心は計り知れない抑圧機能を持っています。自分の身に起きている最中でさえ、虐待を忘れることのできる子どもはおおぜいいます。

> 心の中に押し入れをイメージした。そして、自分に起こったことを全部その奥に押し込めて、扉を閉めた。

大人になっても自分がかつて虐待を受けたことに気づかないサバイバーが多い理由も、人間の持つ忘れる力によって説明がつきます（詳細はp78『記憶の糸をたぐる』参照）。また性的侵害の事実関係は覚えていても、その時の気持ちは忘れてしまう場合もあります。子どもの頃、養父と兄に繰り返し虐待されたある女性は言います。「それが不快だってことすら感じないように、完全に抑圧していました」

解離状態

統合感の欠如

虐待を忘れているサバイバーは、自分がいくつにも引き裂かれたように感じることがあります。楽しい子ども時代を過ごしている幼い少女の向こう側には、悪夢にうなされ、部屋の隅で人の気配がすると怯える、もう一人の子どもがいるのです。

多くのサバイバーは大人になってもこれを引きずります。内面ではひどく嫌な気分で、何かがおかしいと気づいていながら、表面上は全く違った自分を装うのです。ローラは次のように回想します。

> 二一歳の時だった。ベッドに横たわったまま起き上がれずに、シーツの上を這う虫をじっとみていた。自殺するか気が狂ってしまいそうだと思いながら。ところがその三〇分後、母への手紙に「私は元気で生活もとても順調です」と書いた。何とかうわべだけでも繕いたいと必死だったのだ。

しかし、そうした見せかけはとても脆いものです。ある五六歳の心理療法士は、自分の解離状態が、どう生活に表われたかを説明しています。

> これまでずっと、すべてを完璧にこなしてきた。できすぎだった。大学の時もずっと特待生で通したし、フルブライトの奨学金をもらってロンドンにも行った。私は類まれな成功者だった。
>
> 私は人の期待に沿うように完全に偽りの人格を形成していき、自分を隠した。人との関係もうわべの交流にすぎなかった。金と地位があったからなんとか暮らせたのだ。
>
> でも自分は病んでいると気づいていた。どこかがひどく間違っているとわかっていた。偽りの人格の裏に空白があり、その空白の向こうに凄まじい怒りがあった。自分の内側にある問題をひとかけらでも見せたら、すべてがボロボロ崩れ落ちて、最後は精神病院か留置場送りになると思い込んでいた。

虐待がひどい場合、このような意識と身体の解離は、多重人格へと発展することがあります。

多重人格

多重人格障害（Multiple Personality Disorder）は、「障害」というよりむしろ「奇跡」であると言っていい。トラウマによって極限状況にさらされた子どもが、こうして生きのびる術をみつけたこと自体が奇跡的だ。これは、痛みや恐怖や絶望から物理的に逃れる道を断たれた子どもが、精神的逃避や解離によってその状況に耐えた結果だ。

人は誰でも多かれ少なかれ解離的なところをもっているので、この状況も一つの連続体の一環とみなす必要がある。そのもっとも穏便な例は、高速道路を走行中の催眠状態や、自分の内部にいる「内なる子ども」に気づくことなど。その対極には、たび重なる虐待の結果、解離状態が高じて、内部システムが別々の人格に固まった状況がある。そうなると他の人格に何が起きているかを、ほとんど、あるいはまったく自覚できなくなる。この両極の中間にもさまざまな度合いで解離を経験する人がいる。「私は多重人格だろうか」というのは多くの人の疑問だが、むしろ「私はどの程度、多重人格的なのだろうか」と問うほうが、答えは得やすいだろう。

多重人格は、普通ならとても耐えがたい痛みへの適応の産物だ。別々の人格の存在を認めることが、自分にとってきわめて困難だったり、困惑や恐怖を与えるとしても、この能力、つまりこれらの人格のおかげで、これまで生きてこられたことを忘れてはならない。要は、自分にこういう「障害」があるから治療しなければならない、というのではなく、こうした適応を必要としたそもそもの原因であるトラウマを見極め、それを癒すことなのだ。

しかし、記憶を回復するために過去を遡る前に、まずは自分自身の各部分をよく知り、健全な形で内的な相互交流や協力関係を学ぶ必要がある。そして、ある程度安定した状態を作り出すことで、すべての人格が身の安全を感じられるようにするのだ。こうした内的交流を奨励し、支える方法はいくつもある。もっともシンプルなのは、どの人格もそこに自由にメッセージや絵を描けるよう、日記や掲示板などを用意することだ。

多重人格をもつサバイバーにとって、自分の内部にいるすべての人格を受け入れ、その価値を認めるのが難しい時もある。敵意や弱さをもつ人格もいれば、何か別の気に入らない部分のある人格もいる。いっそのこと消えてほしい、と思う人格もあるだろうし、実際、消そうとするかもしれない。でもその人格がどんな問題を抱えていたとしても、彼または彼女は、これまでの自分の生存に欠かせない一部だったことを忘れてはならない。すべての人格は必然があって発達し、制約の多い状況にもかかわらず、精一杯その役目を果たして来たのだ。現在振り返って、かつての自分の行動がどんなに理不尽に見えたとしても、すべてはそれなりの論理性と合理性をもっていたのである。

多重人格をもつ者の癒しの過程は、人格が分かれていない者と較べて、より複雑である。すべての人格が何らかの経験を抱えており、それぞれが癒しにかかわる必要があり、そのうえ、互いに協力することを学ばねばならない。しかし、利点もある。内的な協力関係や支援関係は、なにより貴重な財産なのだ。多重人格をもつサバイバーの多くが、内的な援助者、賢者や癒し手、魂の導き手、そして内的危機や混沌をものともせずに仕事に勤しむ頼もしい人格などを宿している。

自分の中にいくつもの人格を形成するというこの現象は、極度の虐待に対処するサバイバル行動として、極めて創造性に富んだ知的な対処法であり、人間の心や魂の柔軟性を証明している。自分の心が、自分を生かすのみならず、力を保持し、補強するためにいかに作用してきたかを理解するにつれて、自分自身を受け入れ、理解し、自分に敬意を表することができるようになるだろう。

意識の離脱

性的虐待や暴力を受けた子どもは、しばしば身体感覚が麻痺し、自分に起きていることを感じなくなります。また意識が身体から離脱し、虐待をずっと遠くのでき事のように見つめる子どももいます。

私は自分の身体を離れて昇ってゆく。椅子に座っていると、フワッと空中に漂うような感じになって、まるで宙に浮いているみたいだ。身体だけが椅子の上に取り残されて、それ以外の自分は身体の外にいるのだ。（詳細は、p222『解離状態から身体に戻る』参照）

人生を管理する

生活の管理は多くのサバイバーにとってまさに命綱です。

私は何事も自分のやり方で運ばないと気が済まない。そうしないと死んでしまうような気がする。些細なことでも、とても手に負えないと感じることがたくさんある。

サバイバーは混沌とした環境で成長するため、しばしば大変な努力をして自分の生活を秩序だてようとします。

毎晩、靴を同じ場所にきちんと戻しておかなくては嫌だ。部屋はいつも片付いている。毎朝、職場につくと、まずペンや鍵をいつもの場所にきちんと置く。どんな小さなことでも管理したい。子ども時代に思い通りにならないことがたくさんあったんだもの。

このような管理ぐせがプラスに働くこともあります。整理整頓の習慣はマネージャーや母親として、あるいは職場で役にたちます。マイナス面は、融通がきかなかったり、交渉や妥協の余地がないことです。

混沌に身を置く

逆に混沌の中に身を置くことで、管理能力を保とうとすることもあります。自分が混乱状態になれば、周りの人は手を休めて、目前の問題に応えてくれるからです。こうして（否定的ながらも）人の注意をひけば、自分が指揮官となれるのです。ローラの父親はいつもこう言っていました。「家族とは、最も病んだ人物によって支配される独裁国家のようなものだ」

アルコール依存者の子ども同様、サバイバーは危機を乗り切ることと、危機をつくり出すことの両方に長けているのです。

人は馴染みのあるもの、居心地のいいものに惹かれるというが、多くのサバイバーがどうして大混乱の渦中に身を置くのかも、それなら納得できる。サバイバーは混沌に馴れ親しみ、しかもそれを見事に処理してきたのだから。私はどんなひどい状況にも対処できるし、そこでなら自分の本領を発揮できる。でも、日常の世界に入ると、気が変になりそうで、ありきたりの状況ではいつもヒステリーを起こしていた。

自分がサバイバーだと気づく前は、どうしていつも自分が混乱の渦中にいるのか不思議だった。ほどほど、というのを知らず、想像さえつかなかった。生活が落ち着くと、何か事が起きないかとそわそわするのだ。他人が平凡な生活に変化を求めている頃、私ときたら変化の連続だったのだから。

——ジェリリン・マニヨン

意識の空白

意識が空白になって、心ここに在らずという状態になることが、サバイバーにはよくあります。それはさまざまな形で現われます。

私は壁やドア、家具によくぶつかった。自分が自分の身体にいなかったからだ。我を忘れているのだから、身体のあちこちに青あざができても仕方ない。

あるサバイバーは、何かに怯えるといつでも、部屋のどこかを凝視します。ちょうど虐待された時のように。

あの頃住んでいた家の部屋の様子を隅ずみまではっきり思い出せる。誰と何を話したかは覚えてないけど、部屋の窓の作りだけは事細かに説明できるのだ。

こうした形で意識を切り離すことは、苦しみだけでなく人生そのものや豊かな人間的感情からも自分を遮断してしまうという問題をはらんでいます。苦痛を避けるために、すべてを手放してしまうのです。

よく意識の空白が生じ、自分不在になったものだ。その才能を自慢したいくらいだ。会話の途中でまったくうわの空になって、しばらくして気づいても、話がどこまで進んだかわからない。その間ずっと喋りっぱなしなのに。不思議なことに、周囲はそれにまったく気づかないのだ。

インタビューの最中も、ローラとこの女性は互いに「自己不在」の能力を較べていました。

私たちは互いに簡単に消えてしまえることを冗談混じりに自慢し合った。インタビューにどのくらい集中できたか尋ねると「七割くらい」と彼女は答え、私に同じ問いを返した。

「そうね、六割強ってとこかしら。今日は調子が悪いわ」

こう言って私たちは笑い合った。家族から性虐待を受けたサバイバーが二人、癒しについてインタビューされながら、どちらも完全にはそこにいなかったというわけだ。そして私たちはその場で約束した。どちらか一人でも心が離れ始めたら、話を中断し、何が引き金になったか話し合おうと。

過剰な覚醒状態

子どもの頃、虐待を避けるため、周囲のあらゆる動きに注意していたことでしょう。今でも部屋の中の自分の位置を気にしたり、背後から誰も近づかないように、入口が見える所にすわっていませんか。過敏なほどに、周りの人の要求や気分を察知しようとしていませんか。ある女性はおかげで誰よりもゴシップ好きになったと言います。人のことを熟知していれば、誰にも脅やかされないからです。

極端な気配りが強みになることもあります。サバイバーの多くは成長して、優秀なセラピスト、思いやりのある医者、果敢に斬り込むレポーター、敏感な親、そして暖かい友人となっています。犯罪研究所で働き、性暴力事件の証拠分析を行うようになった人もいます。人一倍の注意深さを、仕事に役立てているのです。敏感さを超能力にまで高めたサバイバーもいます。

しかし、過剰な用心深さは人や自分を消耗させます。息抜きは誰にでも必要なのです。

ユーモアの感覚

したたかなユーモア感覚、辛辣な機知や皮肉のセンスは、苦境を乗り切る活力となります。人を笑わせている限り、ある種の距離が保たれ、自分を守れます。また、笑いは涙を遠ざけてくれるのです。

> 家族から性的虐待を受けた話をする時の恥ずかしさや苦しさを、ずっと笑いでまぎらわしてきた。きついブラックユーモアの連続で。アメリカン・ドリームを絵に描いたような家の白いフェンスには娘たちが残忍に串刺しにされ、血がしたたっている。理想と現実の隔たりを、皮肉たっぷりに突くユーモアだ。経験してみなければ絶対信じてもらえないようなことに触れる時、これが私なりの真実の伝え方だった。
>
> 以前、私のこんなやり方をどう思うか、セラピストに聞いたことがある。自分の受けた虐待を笑いのネタにするのは、どうも後ろめたかったのだ。答えはこうだった。「ユーモアは悲劇に立ち向かう手段の一つ。自己破壊的行動に走ったり、放火したり、死ぬほど酒を飲む人もいる。深い苦しみと向き合うさまざまな手段の中から、あなたは比較的害の少ない、しかも笑いで人生を前向きに捉える手段を選んだわけで、なかなかいい選択だと思います。後ろめたく感じることは少しもありません」

ユーモアは強さです。人を楽しませ、自分を鬱状態から救ってくれます。コメディアンや役者になれるかもしれません。要はユーモアでごまかすのではなく、それをどう効果的に使うかです。

多忙であること

多忙であることは、今という瞬間に存在することや、感情を持つことを避ける一つの手段です。サバイバーの多くは、毎朝計画を立てその通りに生活します。ある女性はこう語ります。

「もっとゆったりした日々を過ごせないことを、いつも哀しんでいます」

逃避行動

幼い頃や思春期に、どこかへ逃げ出そうとしたことはありますか。もっと受け身な性格の場合、睡眠や読書、テレビに逃避したかもしれません。サバイバーの多くは大人になっても、とりつかれたように読書にふけります。ある女性はこう語ります。

「三文小説を買ってきて眠くなるまで読みふけるの。三六時間ぶっ続けでね」。何時間もテレビの前で過ごす人もいます。

虐待を現実のこととして受け入れられない場合、ほかのことが起きていると信じ込みます。子どもたちはときに物語を作り出し、無力な状況にあって力を欲求する自分を想像します。ある女性は、すべてのドアに鍵のついた、独りで住める小さな家を空想して絵を描きました。復讐を夢見ながら、子ども時代を過ごした人もいます。

テレビで『弁護士ペリー・メイスン』を見ては、父を殺す方法を考えたものだ。それは最高のひと時だった。毎日新しい方法を思いついた。夜、寝床に入ると番組と同じ方法で父を殺すのを想像した。ある日の放送で、男がバスタブの中に扇風機が落ちるように仕掛けて妻を殺した。その日、私は空想の中で、そうやって父を感電死させた。ガラスの粉をミートローフに混ぜて殺したのもはっきり覚えてる。料理人はもちろん私。刺殺したり、射殺したりと、毎晩違う方法で父を殺したものだ。

大人になっても空想に満ちた生活を続ける人もおおぜいいます。

大人になると同じ空想でも、自分が報われたり、この世で力を持ったり、復讐したりするものに変わった。想像の世界で泣くこともできるようになった。私が死んで、みんながこれまで私に犯した過ちを悔いるのを空想するのが好きだった。それまでの空想の大人版というわけだ。何時間も我を忘れて空想に夢中になった。現実の社会で何かを変えるより、頭の中で解決する方がずっと安全だったからだ。

とはいえ、空想は豊かで創造的な生活の源泉ともなります。ある一〇代の女性は逃避の手段としてＳＦ番組『スター・トレック』を現実だと信じました。そのシリーズが終わると、登場人物の声が聞こえてくるようになり、自分だけのエピソードを書き始めたのです。今日彼女はＳＦ作家として活躍しています。

痛みが耐え難いとき

精神疾患

空想と現実の境界がぼやける時に精神に問題が生じます。多くのサバイバーが「気が変になる」のは、当然のことなのです。

ずっと精神を病んできた。精神病院は私にとってある種の休息の場だった。家族から離れられるという意味では、家出の延長だった。生活はすべて父や母が管理し、とても自分の人生とは呼べなかった。まるで他人に糸を引かれたあやつり人形で、病気にでもならなきゃそこから逃れられなかったのだ。頭の中でどんどん先へ進めば、現実に立ち向かわなくて済むからだ。

自傷行為

自傷行為はサバイバーが過去の痛みをコントロールする一つの手段です。虐待者に代わって自分を傷つけるのです。自分をベルトでひどく叩いたり、ナイフで脚を深くえぐった人もいます。

自分に痛い思いをさせたかったから、ナイフで脚を切りつけた。内側の苦痛があまりにひどくて、皮膚を切れば痛みが外に出るかもしれないと思って。げんこつでガラスを打ち割る想像もした。ガラスからしたたり落ちる血を見つめていれば、痛みが消えそうな気がしたのだ。膨らんだ風船みたいに苦しくて、割りたくなるような感じだ。一度やってみると、他の嗜癖と同じで、次から次へと簡単にできるようになる。

新たな記憶が蘇るたびに、そういう衝動にかられる。抑えがきかなくなる。切り傷を見れば誰かが私の痛みに気づくかもしれない。でないと誰も気づかない。私が一所懸命隠そうとするから、よけい見えないのだ。

身体の痛みに気を取られている間は、心の傷を忘れられる。がんじがらめに私を縛り、希望をことごとく奪う心の傷を。（自傷行為をやめるための情報は、p233『自傷行為から自助へ』参照）

自殺未遂

自分の人生がどうにもならなくなって、自殺するしかないと思う時もあります。

これまで数え切れないほど、真剣に自殺を試みた。でもどこかに死にたくない自分がいた。剃刀で静脈を切ったときは鮮血がほとばしったが、私は死ななかった。メプロバメートという強力な鎮静剤を二八錠も飲んだことがある。致死量の倍ぐらい飲んでも死ななかった。私のどこかに生きようとする強い意志があったのだ。

このようにはっきりした自殺願望ばかりではありません。ある女性は子どもの頃、「もし目覚めるまえに私が死んだら……」と祈りながら、それが現実となるようこっそり指を組むおまじないをしたといいます（自殺したくなったら、p215『自殺はしないで』参照）。

嗜癖と孤立

嗜癖は、性的虐待の苦痛に耐えるためのサバイバル行動として現われ、たいていは自己破壊的です。危機的状況、セックス、薬物、アルコール、過食などにのめりこむことで、記憶を抑圧したり、感情を麻痺させようとするのです。自分を癒すためにはこうした嗜癖を抑制する必要があります。（p230『嗜癖から自由になる』参照）

多くの場合、孤立と嗜癖は一体です。人と親しくしなければ、傷つけられる怖れもありません。サバイバーはしばしば自分の生活から他人を完全に閉め出し、たとえ不満足な人生でも独りで生きようとするのです。

虐待を思い出すまでは――サニーの場合

放課後、学校から帰ると決まって、母さんとお酒を飲んだ。カクテルタイムはテレビ番組『マーヴ・グリフィン』で始まる。母は身体に障害をもっていて、私が帰宅すると決まって「一杯ちょうだい」と言っていたが、そのうち「一緒に飲もう」と言い始めた。私が酒を飲んで意識不明になったり、深刻に悩むようになったのは、大学に入った一七歳の頃からだ。

パーティーは好きじゃなかった。バーにもめったに行かず、よく家で独りで飲んだ。酔いつぶれ、瓶が空っぽになるまで飲んだ。これが最後だから、といつも言い訳しながら。

食べるのもこの調子だった。朝起きても何も食べず、ダイエットするつもりで一日が始まるが、午後になると食べ始める。それも普通の食事でなく、アイスクリーム二リットルとか、ドーナツを一ダース買い込んで、あっという間にたいらげてしまう。おいしいなんて思わない。自分に嫌気がさして気分がよけい悪くなる。自分は負け犬だと思うと、最悪の気分。「明日こそダイエットを始めよう」って何度言ったことか。

ＡＡ[1]に行って断酒するまで、この世に私みたいに感じたり、考えたり、行動する人なんていないと思っていた。まるで鼠のような生活だった。外見は普通で、仕事もあって住まいも小ぎれいだった。それなのに、金曜日に帰宅するとカーテンを閉め、ドアに鍵をかけて、古い映画をみながら飲みまくり、食べまくった。

ニュースやパレードや野球には見向きもせずに、現実離れした昔の映画やメロドラマばかり見ていた。登場人物がまるで自分の家族のように思えた。祝日に放送されるのが何よりだった。テレビでホームドラマを観ながら感謝祭やクリスマスをやり過ごせるんだもの。

着替えるのはお酒を買いに行く時だけ。すぐそばにある酒屋まで車を走らせた。家に着くまで待てず、時々車を止めては買ったものを胃袋に流し込んだ。着替えすらしないこともあった。寝巻の上にコートをはおって、店まで車を走らせるのだ。そんな暮らしに嫌気がさしていたが、自分の生き方について考えないようにしていた。何かがおかしいと気づいてはいたが、それが何だかわからなかった。こんな暮らしが普通じゃないことは知っていた。いつかは何とかしようと思っていた。でも今日はその日じゃない、と言い聞かせていた。

友だちなんていなかった。ほんの一握りの人としか接触しなかった。私が死んだら、発見するのは家主さんだ、とよく思った。月初めに家賃を払わないという理由でね。私の人生には誰もいなかった、大切に思える人は誰も。私は信じ難いほど孤立していた。ＡＡに行き始めるまで、ずっと。

摂食障害

摂食障害は、しばしば虐待が原因となります。性的侵害を受けた若い女性が拒食や過食に悩まされることはよくあります。虐待を隠蔽した、一見何でもなさそうな厳格な家族構造の中で、拒食や過食は、助けを求める子どもたちの叫びなのです。セックスを強要された少女にとって、女の身体に成長するのは恐ろしいことです。拒食や過食は、ノーというメッセージと、変化しつつある身体を何とかしたいという意思表示なのです。強迫的な過食も無意識のサバイバル法の一つです。太っていれば性的誘いを受けなくなると思う場合もあります。

九歳の時から、ずっと肥満だった。食べ始めた日をはっきり覚えてる。養父が人前で、私の身体を触ったあの日からだ。着ていた水着を脱がせ、身体を拭くふりをして、私の身体に指を入れたのだ。まっ裸で人目に曝された気がして、その日から大食が始まり、身体が風船みたいに膨らんだ。

体重を増やせば自分を覆い隠して守ってやれると、意識しながら食べる。体重が減ると、裸の自分が曝されるような気がして耐えられない。太りすぎは辛いし、生活のあらゆる面で支障があるけど、それでも身を守る必要があるのだ。

別のサバイバーはこう言います。「自分に何が起きたか話さなくてすむよう、食べ続けました。意識していつも口の中を一杯にしていたんです」

摂食強迫は必ずしも身体の大きさに関係ありません。過食でなくても太った女性もいれば、痩せていてもひっきりなしに食べる場合もあります。アメリカ文化では、太っていることは負い目になりますが、身体の大きさは誰もが生まれつき違い、太っているから何か精神的に問題があるとは限りません。（太っていること、拒食症、過食症、摂食強迫については、p231『摂食障害』参照）

嘘をつくこと

虐待について絶対に話すなと言われたり、家のなかで起こっている事を知られたくない時、子どもは嘘をつくのが巧みになります。虐待の事実を隠し、家族を守るというこの行動パターンは、ときに大人になっても残ることがあります。

盗癖

盗みは我を忘れて没頭できる行為です。つかの間、虐待を含めたすべてを忘れさせてくれ、注意を他に向けたり、興奮を生み出す一つの手段です。また、最初に虐待された時の感情、罪悪感、恐怖、アドレナリンの放出などの再現でもあります。盗みはまた権力に歯向かう行為でもあり、奪われたものを取り戻し、五分五分にしようという試みでもあると同時に、助けを求める叫びでもあるのです。

一年半泥棒をやった。初めて盗みを働いたのはお酒をやめたばかりの時で、それは一種のサバイバル反応だった。モノが欲しくて盗んだんじゃない。盗む瞬間の興奮がたまらなかった。もっともその刺激は三〇秒ぐらいしか続かなかったので、何度も盗みを繰り返した。

勤務先の会社のお金を横領したり、窃盗の中でも重罪にあたる保険金詐欺もした。万引きも。たくさん物が溜りすぎて捨てるほどだった。車の中は盗品で一杯。捕まったことは一度もない。

盗みをやめたのは、五年前のクリスマスの日。それまで、盗みをしない日は一日もなかったけど、その日はお店がどこも閉まっていて、やめるには絶好だった。その日、ようやくAAの人に電話して、自分の問題を話した。誰かに話すだけで解放された気分だった。

ギャンブル

ギャンブルは、魔法のように人生を変えられる、という望みを与えてくれます。いつか自分にもツキが回ってきて、正義が訪れるという願いを試す手段です。大勝ちすれば正義を手にできる、というわけです。

ギャンブルはスリルがあり、日々の生活の問題や困難を回避して、リスクや報酬がきちんと定義されている別世界に没頭する道の一つなのです。

仕事中毒

サバイバーはしばしば、何かを達成することで、自分の中に隠された「悪い子」の埋め合わせをしなければという強い欲求を感じます。仕事の業績に秀でることは自己管理可能なことであり、しかも業績指向のこの社会で奨励されていることです。過剰な働きぶりは、一方で成功への強い動機づけを意味しますが、他方で、内的生活や周りの人との繋がりを避けようとする姿勢の表われともいえます。

　私は一〇〇パーセント業績主義で、大学院に入っても、人と何かを共有したり親密になることに無関心だった。難関である経営管理学修士号をとろうと決意し、仕事のない日は大学で勉強すれば、競争に勝てると信じていた。二年間で年一万九〇〇〇ドルも年収を増やし、とにかく仕事一筋だった。私も何かしら価値のある人間だと証明できるのは職場だけだったのだ。

安全第一

サバイバーの中には社会に出てあらゆる障害を乗り越えようとする人もいれば、身の安全を選ぶ人もいます。従順な娘、優等生、良き妻、献身的な母親となり、リスクを避け、野心を捨て、とにかく自分を守ろうとするのです。身の安全を選ぶことで、根を生やし安定しますが、同時に夢や可能性をあきらめることになるかもしれません。

女性が身の安全を確保するためにとる一般的な手段は家庭を作ることです。

　私は安定した人、絶対に自分を捨てない人、そして何よりも自分を侵害しない男と結婚した。岩のような夫と暮らしながら、私の足元は大揺れだった。月並みな結婚で、私はただ彼にしがみついていた。上昇志向の強い夫の栄光と庇護の下で、二二年間生きてきた。いま思えばそれが私の生き残り策だったのだ。

親密さを回避する

他者と親密にならなければ、誰からも傷つけられません。ある女性が言う通り、「人と関わらなければ、虐待に巻き込まれることもない」でしょう。独りのほうが安全だというわけです。

サバイバーの多くは人との親密さを避けるため多大な労力を費やします。「誰かと親交を絶てば、二度とその人のことを考えないでいられる」と言う人もいれば、遠くに住む男性ばかり選んでつきあう女性もいます。「一人は飛行機じゃなきゃ会えない距離、もう一人は車を持っていなかった。そのほうが好都合だったんです」

もっと見えにくい形で、親密な交流を避けるサバイバーもいます。表面上は開けっぴろげで親しみやすそうにみせていますが、実は正反対なのです。

私は軽く話せないようなプライベートなことを口にするけど、それは相手を信頼して親しくなりたいからじゃない。私の心の中は誰も知らないし、本心を話すことはまずない。

親密さを避けることは確かに身の安全を約束し、時として独立心や自主性といった長所を培う一方、健康的で実り多い関係まであきらめることになります。

宗教にすがる

教義や境界線のはっきりした信仰に入ることで安心を得る人もいます。

私はずっと宗教と神学にのめりこんできた。結婚式もユダヤ教の一派の流儀で挙げた。どんな民族集団の一員にも「なりきれる」。集団依存とでもいうのだろうか。スポンジみたいに何でも吸収する。親切な人がいるところならどこでも、驚くほど自然にとけ込めるのだ。

一二歳の時ユダヤ教に改宗し、九年間は正統派ハシッド教徒だった。ユダヤ教の食習慣、安息日、すべてを守って生活したけど、次第にそれにも飽きて、今度はスワミ・サチダナンダの信奉者になった。ヨガの修行をしてインドに行き、アシュラムで暮らした。

いわゆる伝統的宗教も、ある種の錨の役目を果たします。虐待を自分のせいにしてしまいがちなサバイバーにとって、「神の許し」は大きな魅力に映るのです。

マリリンの場合――生まれ変わる

一五歳の時、生まれ変わりを掲げるバプティスト派に安らぎを見つけた。人間はみな邪悪で、生まれ変わることですべての罪が許される、という話を伝道師から聞かされた。

信者は皆ボブ・ジョーンズ大学に入り、男子はブルー、女子はピンクの歩道を歩く。この大学に行くのが究極の道だった。いつも街頭で伝道したり、パンフレットを渡したり、「生まれ変わる」友人の証人になったものだ。

教会は安息の場だった。そこでは枠組みが与えられ、して良いことと悪いことが決まっていた。教団からの指示に加え、友人どうしの規制もあった。どの店で、どんな服を買い、どんなナイトガウンを着るか。夫とはどんな性行為がよくて、どれがいけないか。みんなが同じ料理を作り、同じように子育てした。そうすれば万事うまくいくとされたのだ。

日常の買い物に至るまで、神が生活のすべてに介入すると信じて疑わなかった。神の光を受けている限り、神のお許しにならないことは何も起きないと信じたのだ。自分で決断できなくても、待っていれば神のお告げがあると思っていた。自分の人生に責任を負う必要はなかった。責任を負うなんて不遜なことだったから。私の仕事は、すべての行為に神の意志を見出すことだった。欲しかったソファがセールで安くなっていたら、それを買うのも神の思し召しだったのだ。

　以前、女性向けの聖書研究会で教えていた。そこで長年教材として使っていたのは『女らしさの魅惑』と『トータル・ウーマン』で、この二つは私の拠り所だった。そこに集まってきた女性たちのことをいま思うと、身の縮む思いだ。あの頃、私の教えたことは捨て去って欲しい。少し反抗的な女性がいると、聖書の言葉や詩を引用しては、夫に素直に従うべきだと言い聞かせたものだ。まったく何の疑いもなく教義を鵜呑みにしたのは、それが一番安全で、そうすれば邪悪な自分が許される、と信じていたからだ。

セックスの渇望と回避

　子どもの頃、虐待が身体的接触をもつ唯一の手段だったとしたら、今でも性的接触でしか親密感は得られないと思うかもしれません。次から次へと性的関係をもったり、性とは無関係な要求まで、セックスを通して叶えようとするかもしれません。

　セックスに逃避するサバイバーがいる一方、多くの女性がセックスの回避に懸命になります。

　私は意識的にセックスレスな男と結婚した。セックスは一年に三回でいい、というタイプの人で、相手としては完璧。妊娠したいときは、基礎体温を計って計画的にしたから、まるで人工受精のようだった。

　また無感覚になって、身体が反応しないようにする女性もいます。

　家族から性的虐待を受けたとき、快感を感じたという忌まわしい事実を前に、私は自分にこう言い聞かせた。「二度と快感を感じまい。セックスは絶対気持ち良くなんかない、だって感じてはいけない快感を味わったんだから」それ以来、何も感じなくなった。セックスに注意を払わないし、セックスなんてどうでもいいからだ。終わった時、相手は幸せそうだけど、私はその場から早く抜け出したくてしょうがない。もう二度とセックスしなくて済むように。

自分を変える

　選択の余地がほとんどなかった子どもの頃に比べ、今は選択肢があります。自分の自己破壊的な傾向も把握できるし、無意識のサバイバル反応の中から取捨選択できます。自分に害となるパターンを捨て、これまで培ってきた肯定的な力を伸ばしましょう。（サバイバル行動のパターンを変えるための具体的提案は、第三章参照）

誰もが平等な機会に恵まれているわけではありません。現在のあなたのサバイバル行動が、人の面倒見がよいとか、仕事で成功しているといった、肯定的な形であれば、逃避のために麻薬に走っている場合より、選択の幅は広いでしょう。刑務所や精神病棟に収容されていれば、自分の生活を管理する能力も制限されてしまいます。また、摂食障害で健康が害されていれば、深刻な壁に直面するでしょう。このほかにも経済的・社会的地位、人種、性的指向など、あらゆる条件が個人の持てる機会の幅に影響を及ぼします。

しかし共通するのは、誰もがまず自分のサバイバル行動のあり方を観察し、自分を許すことから始める必要があるということです。何も恥じることはありません。想像を絶する状況下で、子どもとして最善を尽くし、「サバイバー」という称号を得たのです。今、あなたは自分を変える力の備わった大人です。変化は、自分を受け入れ、愛することから始まります。

文章を書く——サバイバル行動について

（p32『書くことの基本』参照）

これまで、人がものごとに対して無意識に対処するさまざまな方法をみてきました。その内のいくつかはあなたにも思い当たるでしょう。また自分の生活では繰り返し起きているが、ここでは言及されなかったこともあるでしょう。これは、自分なりのサバイバル法の経験を書き綴るいい機会です。どんなことを思い出すか、それは現在も続いているか、今の生活にどう影響しているかなど、できるだけ細かく、自分のしてきたことをねぎらう気持ちで、三〇分で書いてみましょう。

（1）　アルコホリックス・アノニマス（AA）　アルコール依存からの回復を目指す自助グループ

第二章　癒しの過程《プロセス》

全体像をつかむ

「とにかくあきらめないで」。これが、たったいま自分の虐待経験を思い出したばかりの女性に私が贈る精一杯の言葉だ。記憶が甦ってきたときは、これが一番重要だ。こうした経験を生きてきた人が現実にいる。私の言うことが今はどんなにくだらなくて、バカげていて、場違いに聞こえようとも、この苦しみは確実に和らいでゆく。それもそんなに遠い先の話ではない。ここまで独りでやってきたというのは、自分の中に相当の強さがあるということだ。だからどんなに外野がうるさくても、とにかく自分を信じ続けることだ。自分を癒すために何が必要なのか、決められるのは自分だけ。だからけっして自分を見捨てないで。

サバイバーの中には、エレン・バスのワークショップにお金を払って、一週間専念すれば自分は癒されるに違いない、と期待して来る人がいます。ある女性は言います。「いったん自分に起きたことを誰かに話せば、それですべては終わると思いこんでいました。とにかく回復したかったし、それは一夜にして成し遂げられるものだと思っていたのです」

私たちの暮らしは、インスタント食品、電子レンジ、迅速仕上げのクリーニングなどに溢れており、結果がすぐ出ることに慣れっこになっています。しかし、根源的な変化は、本来とても時間のかかるものです。

癒しのプロセスは絶え間なく続きます。それは被害体験を生き抜いた自分、虐待をくぐり抜けて大人になった自分、というように、自分のサバイバル体験を意識することに始まり、自分の人生を謳歌できるようになった時に終わります。それは子ども時代に起きた出来事にもう支配されず、満足のゆく人生を生きられるようになることです。本書はちょうどその道のりにあたる「癒しの過程」を扱ったものです。

ごく最近まで、サバイバーは地図も持たず、行き先もみえず、何のイメージもないまま癒しの旅に出ることを余儀なくされていました。彼女たちはまさしくこの道のパイオニアであり、癒しにとり組んだその勇気から、私たちは多くのことを学んできました。

その一つは、癒しは行きあたりばったりの道のりではなく、すべてのサバイバーが必ず通るいくつかの段階から成るということです。これからの章はそういった段階を見極める地図となるでしょう。それを見るといま自分がどこにいるか、これまで何をしてきたか、これから何が起きるかがわかります。

本書ではそれぞれの段階を順序立てて紹介していますが、皆がその通りに経験するわけではありません。実際は第一段階を終わって、そのまま第二段階に進む人の方が少ないでしょう。癒しの過程は直線的ではないのです。

あるサバイバーの言葉を借りると「どんなことが起きても、自分の癒しにさえ向きあえば大丈夫」です。癒しは、むしろ人生そのものと切り離すことのできない大切な一部なのです。

癒しの過程を描写するのに、よく螺旋のイメージを使います。同じ段階を何度も何度も通過するけれど、そのつど次元も視点も違う空間にいると考えてください。虐待を凝視する期間が一年も二年も続くと思えば、ちょっと一息ついて、現在の自分に焦点を当てるようになるかもしれない。一年後、新しい関係ができたり、子どもが生まれたり、学校を卒業したりと、何かあなたの生活に変化が起きるか、そうでなければただ内なる声にせっつかれて、それまで埋もれていた未解決の記憶や感情が浮上するかもしれない。そうしたらまたそこに光を当てて、二回目、三回目、いや、四回目の自己発見の旅に出るのです。そして回を重ねるごとに、感じたり、思い出したり、自分を良いほうに変える力は強くなります。

癒しのさまざまな段階

以下の段階のほとんどはサバイバーに共通するものですが、初期の危機的段階、虐待を思い出すこと、家族との対決、許しなど、すべての人に当てはまらないものもあります。

＊自分を癒す決意

性的虐待が自分の人生に及ぼした影響を認めたら、こんどは進んで癒しを求める必要が生じてきます。深く癒されるには、癒しをしっかりと選びとり、自分を変えてゆく決意が必要です。

＊第一の危機

抑えこんでいた記憶や感情を直視しはじめると、それまでの人生は大混乱に陥ります。でも、これは癒しの一段階にすぎず、永遠に続くわけではありません。

＊記憶の糸をたぐる

サバイバーの多くは子どもの時に起きたことの記憶を抑え込んでいます。何が起きたかは覚えていても、そのときの気持ちや感覚を忘れている場合もあります。思い出すということは、記憶だけでなく気持ちや感覚を取り戻すことでもあります。

＊それは本当に起きたこと

自分の感覚を疑うことが、サバイバーにはよくあります。実際に虐待を受けて、それが自分を深く傷つけたことを認めるのは、癒しのプロセスの核となる部分です。

＊沈黙を破る

大人になったサバイバーの大半にとって、子どもの頃、虐待は秘密でした。何が起きたかを語ることは、被害者につきまとう羞恥心を払いのけ、深い癒しに繋がる力強い行為です。

＊自分のせいではなかった

子どもはよく、虐待は自分のせいで起きたと思い込みます。大人になった今、性的侵害の責任は加害者本人に返しましょう。

＊内なる子どもとの対話

サバイバーの多くは、自分の弱さを感じとることができないでいます。自分の中の内なる子どもと繋がることで、もっと自分に共感と慈しみを持ち、虐待者に対して怒り、他者との親密な関係が築けるようになります。

＊自分を信頼する

癒しにおける一番の案内役は自分の内なる声です。自分の感覚や気持ち、直感を信じることは、この世界における新たな活動の拠り所となります。

＊喪失を嘆く

子どものとき虐待を受けて成長した人の多くは、自分が何を喪失したのかを感じるゆとりがありません。失ったものを嘆き、悼むことは、自分の痛みを大切にし、それを自分の手から放し、現在の自分をみつめる一つの方法です。

＊怒りは癒しの支柱

怒りは強烈で解放的な力です。虐待者本人、また自分を守ってくれなかった人に真正面から怒りをぶつけることは、怒りをあまり感じてこなかった人にとっても、いつもたっぷり怒りをためている人にとっても、癒しの起点となるでしょう。

＊打ち明け、対決すること

すべての人が、虐待者本人、または自分を守ってくれなかった人と真正面から対決できるわけではありませんが、これは往々にして劇的な精神浄化作用《カタルシス》を及ぼします。

＊許しは必要か

虐待者を許すことは、よく勧められることですが、これは癒しの段階に不可欠なものではありません。真に許す対象がいるとしたら、それは自分自身だけです。

＊精神世界——魂の癒し

自分よりも大いなるパワーを感じとることは、癒しの過程に大きなプラスとなります。魂の力を感じとるというのは、極めて個人的な経験です。それは伝統的な宗教、瞑想、自然の中で、あるいはサポート・グループに参加することで見つかるかもしれません。

＊心の決着と前進

これらの段階を繰り返し通過するうちに、自分の中にある種の統合感が生まれます。感情も視点も安定し、虐待者や家族に対して自分なりに気持ちの区切りをつけられるようになります。起きたことが消えるわけではありませんが、自分の人生により深く永続的な変化が訪れるでしょう。癒しを通して、高い自覚と共感と内なる力を得、よりよい世界を築いていくことができるのです。

自分を癒す決意

癒しに入ると決めたら、すべてを失う覚悟が必要だ。癒しの激流の及ばぬ聖域などない。元の痛みが解放されていくにつれて、これまで弱さや無知ゆえに築いてきた構造や土台は粉々に砕け散る。なんとも皮肉で不公平なことに、偽りの人生を送ってきたツケを払えるのは、自分しかいないのだ。わたしは今、奇跡的にも同じ人生のなかで輪廻《りんね》転生《てんしょう》を経験している。誕生の時よりもはるかに鮮明に。

―― エリー・フラー

自分を癒す決意とは、生きることを肯定する力強い選択です。これはすべてのサバイバーが体験するにふさわしい、価値ある決断です。養子として暖かく迎えられる、親密なパートナーの心づかいを受ける、好きな仕事に打ち込むなど、これまでの人生で誰もが皆、何らかの癒しを経験していることでしょう。いったん自分を癒す決意をし、自分自身の成長と回復をすべてに優先させると、癒しの力が自然と始動し、生活に格別の豊かさと深みをもたらしてくれます。

生まれて初めて、鳥のさえずりや草花や、肌に当たる陽射しの心地よさといった素朴な喜びを味わっている。いい本も読めるし、日向ぼっこもできる。小さいときからこういう喜びを感じた記憶はなかった。今、ようやく目覚めたのだ。これがなかったら私はまだ眠っていただろう。生まれて初めて、生きてるって実感している。欲しかったのはこれだ。

今、私はここにいる。考えることや感情を先送りしてもいないし、過去の記憶のせいで憔悴してもいない。ちゃんと現在《いま》を生きているのだ。一瞬一瞬を鮮明に体験し、一秒たりとも無駄にしていない。

私は自分を見つめる機会を与えられた。おかげで感情表現も楽になり、いろいろ学んだ。悪いことばかりじゃない。本当に癒され、強くなれるのだ。もう、簡単にはへこたれない。私は生き抜いたのだ。

どんな状況が癒しに取り組むきっかけとなるかは、人によって違います。虐待のかどで父親を告発し、裁判所の命令でセラピーに通うようになった少女。二五歳で結婚したとたんに、夫に対する親密さを感じられなくなった女性。自分が性的侵害を受けた年齢に娘が達した時、突然、狂おしい不安が押し寄せた三〇歳の女性。加害者の葬儀に参列して、自分を癒す決意を固めた年配の女性もいます。

中には、「縫い目が裂けてしまいそうだ」とか、「どん底に落ちてから」ようやく自分を癒す決意をした人もいます。ある女性は、摂食障害で入院することになって、ようやく援助を求めました。「私は長年セラピストを避けてきた。自分ではどうしようもなくなって、初めて癒しに取り組むようになったのだ」。癒しの始まりをいつでも自由に選べるとは限らないのです。

> それはある種の切迫感だった。成長したい、自分を丸ごと感じたい、痛みから解放されたい、という切実な欲求は、誰もが持つものだと思う。

たった一度のやりとりが、自分を癒すきっかけになる場合もあります。ある女性は、友だちに「あなたは信用できない。何が本音で、あなた自身の感情がどうなのかまったくわからないから、信頼の情がわかない」と言われ、ショックを受けたそうです。それは本当であり、自分では上手にごまかしてきたつもりだったからです。「まるで心の中に忍び込まれたような気分だった。それまでずっと感じていたことに、彼女が言葉を与えたのだ。それから私はセラピーに通い始めた」

妹の自殺がきっかけで自分を癒そうと決意した人もいます。「彼女は力尽きた。私は妹に起きたことを把握し、自分も死なないように何らかの手段を見つけなければならなかった」

ある若い女性は、大学の課題がきっかけだったと言います。

> あの時、私は二〇歳だった。心理学のゼミで、近親者から性的虐待を受けた人の後遺症の研究プロジェクトを始めた。わざわざそんなテーマを選ぶ人はほかにいないのに。あれは内なる欲求だった。私は祖父を抹殺したかったのだ。論文を書き終わった頃は、あいつを去勢してやりたかった。論文を書けば癒されると思ったら、次々と感情が噴出し、提出時にはもう爆発寸前だった。
>
> それまでもセラピーには行こうと考えていたが、その数日後、実際に行き始めた。

カトリックの修道女だったある女性は、自分が修道院にいる理由を明確にしたいという欲求から、自分を癒す決意をしたと言います。

修道院の生活が大好きだったが、どこかで自分の選択を疑っていた。性的虐待のことを考え始めるまでは、宗教者になるという根拠が果たしてまっとうなものか、常に不安だった。どんな道を選ぼうと、納得のゆく理由が欲しかったのだ。

癒しはけっして楽ではない

自分を癒すことは、報われる経験ですが、その道のりはけっして楽ではありません。虐待に関連する問題を取り上げ始めると、今まで考えもしなかった疑問が生じ、予想外の答えが返ってきます。一度取り組み始めると、これまでの人生は一変します。

私のセラピストは正直だった。「この話をして気分が良くなる保証はない。もっと苦しくなるかもしれない」と言われた。だから最初のひとっ跳びが一番大変だった。でもどっちに転ぶにしろ、その一歩が大切なのだと思う。

私が手放そうとしていたのは、とても頼り甲斐があり、力強く、独りで何でもこなす自分だった。これまで形成されてきた自分の負の性格には長所もたくさんあり、それを失いたくなかった。たとえ最良の生き方ではなくとも、すっかりそれに馴染んでいたのだ。新しい自分が育つ余地を作るために、これまでしがみついてきたものを手放すのは、とても怖かった。どんな真空地帯に放り出されるのだろうか。歩き疲れて筋肉がヨレヨレになったような気がした。

こんなリスクを背負ってまで、自分を癒す価値があるのだろうか、と疑問に思うかもしれません。でも、あるサバイバーはきっぱりとこう言います。「そうしたリスクを背負うことこそ、私の望みだった」

自分を癒し始めると、夫婦や恋人関係、親、親戚、子どもとの関係まで、しばしば混乱をきたします。普通の生活を続けること、仕事や勉強をすること、考えること、笑うこと、そして物事をうまくこなすことが大変になるのです。眠ること、食べること、泣き止むことができなくなるかもしれません。

癒しがこれほど苦しくて、哀しいことだとわかっていたら、自分を癒す決意なんてしなかったろう。でももう後戻りはできない。思い出した記憶は二度と忘れない。長年の間、まったく痛みを感じなかった。身を守るために、痛覚能力が発達したのではなく、退化したのだ。これが一番の問題だった。

癒しの初期の段階にあまりに多くの危機に直面すると、自分が癒しを選んだということ自体、受け入れがたくなることがあります。ローラが虐待の事実を思い出し、セラピストに初めて電話を入れたときは、とても自分を癒す決意をしたようには見えませんでした。

長い間、私は癒しの過程の餌食となった気分だった。これが自分で選んだ道？　そんなはずはない。家族からの性的虐待の記憶が甦ったことも、自分に起きたどうしようもない出来事の一つだ。その記憶はビニール製の折りたたみ式レインコートのように、一度広げたら二度ときちんとたためないのだ。すべては私の力の及ばぬところにあり、まるでハリケーンの襲来のようだった。

この先何が自分を待っているのかをよく知らずに、大きな決断をすることがあります。性的虐待の傷から自分を癒すことも、その一つです。

どこか暗いところに潜り込んで現実から身を隠したい、または、すべて諦めてしまいたい、と思うこともあるが、それでも癒しの作業を続けている。これで私がどうなるのかは知らないが、今は、これからより良い人生が拓ける、という周囲の人の希望や信念だけを頼りに生きている。こんなことに何の価値があるのか、と疑問に思いながらも、なお続けている。癒しとはこういうものなのだ。

積極的に自分を癒そうと決意することは、希望を持つことであり、希望が更なる失望を意味してきたサバイバーにとって、これはとても怖いことです。自分を肯定することがどんなに怖くても、立ち止まって自分の中の魔物と対面することは、大きな安心感をもたらします。恐怖を直視し、そこに自分の姿を見出すことが、意外な解放感をもたらすのです。もう隠さなくてもいい、ただ自分を癒せばいいのだ、と思えるようになるのです。あるサバイバーは言います。「過去を受け入れ、いま自分がいる地点に敬意を払うたびに、私は未来を切り拓いている」

誰もが癒される価値がある

これまで挙げた障害のほかにも、年齢、人種、宗教など、虐待を言葉にして癒しに取り組むことを二重、三重に阻む、さまざまな要因があります。

言えば彼らの思うつぼ――レイチェル・バット・オアの場合

レイチェルはカリフォルニア州オークランドに住むレスビアンの女性で、四一歳。彼女は性虐待のサバイバーが力を取り戻すための援助活動をしています。ユダヤ人の両親から生まれた彼女は、母、父、兄、そして祖父の家族四人全員から虐待された経験があります。自分を癒し、他のサバイバーを援助するなかで、ユダヤ系女性が虐待を受けたことを認め、自分の癒しに取り組むことの難しさを実感したと言います。

親の世代の多くは、貧困や反ユダヤ主義の国々から脱出してきた。だから、若い世代に何が起きても、たいしたことはないと言う。鼠だらけの極貧生活の中、家族バラバラにアメリカに亡命してきた彼らにとって、一つ屋根の下で衣食にこと足りる生活ができれば、不幸とは言えないのだ。だから、どんなに嫌なことが起きても、親はもっと大変だったと思うと、とても口に出せなかった。

その上、ユダヤ系の女性は口うるさくて攻撃的だけど、男は優しくて働き者だとされるため、みんな男たちに同情し、女たちを責める。だから、家で父や兄が私たちを虐待しても、すぐに憎しみがわいてこない。ユダヤ教の教義や文化がことごとく男を称える中で、怒りを感じ続けるのは大変だ。

また、ユダヤ系の男はアルコール依存にもならないし、暴力をふるわないという神話があるから、自分の家族がそうであることを認めるのは難しい。

「隣近所が何て言うか。私たちはユダヤ人なんだよ」という台詞もよく使われる。自分たちの信仰を外部の批判から守ろうとするあまり、家庭内で起きる問題を無視するわけだ。

家族内の問題が、即、宗教問題に還元されてしまうことは、ユダヤ人ならみな知っている。これは紛れもない事実だ。

そして最大の板挟みは「内と外」の二項対立。自分に起きたことを告げる相手は、たいてい部外者、つまりユダヤ系でないばかりか、ユダヤ系家族に敬意すら払わない人だ。それは仲間意識の喪失に繋がるため、とても話しにくい。勇気を振り絞って言ったとしても、仲間であることで得ていた、いくばくかの特権を失うことになる。

遅すぎることはない――バーバラ・ハミルトンの場合

バーバラは六五歳。子どもの時、父親に性的侵害を受けました。大人になった彼女は結婚し、六人の子どもを育て、いまでは孫や曾孫もいます。数年前、自分の経験をようやく語り始めた彼女は、そのとき初めて、子どもや孫も、バーバラの父親や他の加害者から性的虐待を受けていたことを知りました。

彼女は、年とってから自分の癒しに取り組むことの難しさを語ってくれました。

年をとると、女はあらゆる場面で拒絶を味わう。社会全体が、年とった女性をおとしめ、餌食にする。それがサバイバーとしての孤立感をいっそう深めるのだ。年をとって独りの時間が増え、不安が増幅するにつれ、子育て中は水面下に潜っていた体験が、また甦ってくる。問題が解決されたわけではなかったのだ。起きたことは認めたが、それ以上触れないようにして、五〇年間も脇に追いやっていただけなのだ。

これ以上待つのはよそう。けっして消えやしない。いずれは戻ってくるし、そのときはもっと大変だろう。年とった女性も癒しを求めていいのだ。私のようにじっと耐えていた女性が何千人もいるはずだ。どの本も若い女性に焦点を当てているが、いくつになっても遅すぎることはない。もう動けないかもしれない、つらすぎるかもしれない。若い人とは体験も違うし、加害者と対決できないかもしれない。それでも自分を癒したい。もっと自分を好きになりたいから。

恐怖も悲劇も、眠れない夜も味わったが、今ようやく「生きている」と実感できる。何のふりもせず、現実を生きているのだ。謎解きは終わり。以前の自分には戻りたくない。私はまるで別人のように現在を謳歌している。このことを直視する自分の勇気にも気づいた。けっして遅すぎることはない。画家のグランマ・モーゼズが九五歳で成し遂げたことを見てほしい。まだ希望はあるのだ。

モノクロ映画の時代には、画面が白黒だということにさえ気づかず、不満にも思わず見ていた。テクニカラーや立体映画を初めて見たときのことを覚えているだろうか。そのうち人生も極彩色に変わり、心から良かったと思えるようになる。

「なんで今さら…、これまでだって何とかなったのに」と言う人には、こう伝えたい。「あなたはまだ自分の人生の一〇〇分の一も体験していない。自分の中に偉大な芸術家が押し込められているかもしれないのに。自分のために、そして他の人々のために、自己を表現してほしい。一度やってみれば？」

第一の危機

Q：癒しの過程に取り憑かれましたか？
A：それどころじゃなかったわ。初期の頃は、性的虐待の会議に二日間出席して、その晩、徹夜でミッシェル・モリスの『朝の来ない夜』を読んだりしたものです。

最初に訪れる危機をたとえてみれば、仕事に出かけようと玄関を出たところで、階段を踏み外して足を骨折。夫があなたを病院に連れて行こうと車に乗せたら、エンジンが爆発。そこで救急車を呼ぶために家に戻ったら、鍵がかかっていて、しかも鍵は家の中。パトカーがきて、ようやく助けて貰えると思った瞬間、大地震が起き、家も夫も、折れた足もパトカーもすべて地中に埋もれてしまう、といった具合です。

多くの女性が、性的虐待のこと以外何も考えられない、という一時期を経験します。聞いてくれる人なら誰にでも、とり憑かれたように話をしている自分に気づくでしょう。実生活はパニック状態で、どうしようもなくフラッシュバック（記憶の再燃）に悩まされたり、一日中泣いていたり、仕事が手につかない状態になるかもしれません。虐待者が夢に出てきて、眠るのが怖くなるかもしれません。

私は寝食を忘れ、完全に自分を見失っていた。ドーナツ店の仕事だけは何とか続けていたが、家に独りでいるのが怖かった。よく真夜中に一人で外に出て、店の陰に隠れたりした。父の出てくる悪夢も見た。彼がチャックを下ろす音、ベルトの金具のカチッという音、そして一面の血。いろんな妄想にとりつかれた。身体も洗わず、シラミがわいた。シャワーが怖くて、一カ月もお風呂に入れなかったからだ。

こうして、性的侵害の記憶で頭が一杯になる状態は、それまで自分の体験を忘れていた人によく見られます。ローラが初めて記憶を取り戻したときも、そのショックで数カ月間は性虐待のことしか考えられなくなりました。「正直言って子どもの頃の事はあまり覚えてなかった。でも努めて、自慢できるような明るい子ども時代の光景を想い描いた。楽しかったこと、嬉しかったことが嘘だというのではない。ただ、なぜか自分が性的虐待を受けたことをすっかり忘れていたのだ」

認めたくないことを認め、散りぢりになった古い記憶の断片に新たな現実をはめ込もうとすると、完全な混乱状態に陥って身体が凍りつく。まるで、拠り所を奪われたみたいだ。過去にこんなひどい事が起きていたのに、それを忘れていたとしたら、これまで築いてきた自分の人生観や生活は何だったのか。そうやって、すべてを疑ってかかるようになるのだ。

ローラにとって記憶を取り戻すということは、まさに大地震に遭遇するような体験でした。「竜巻に巻き上げられるよう」「雪崩に襲われたよう」「火山の噴火のよう」など、癒しの初期段階を自然災害にたとえる女性はおおぜいいます。

部屋につっ立って、床を見つめている私がいる。「私」というパズルは床にバラバラに散らばり、一つ一つ拾って元の形に戻さなくてはならない。手にとって「これは私ね」「これはここ……」「違った、ここじゃない」なんて言いながら、一つ一つがしっくりはまる場所を捜す。人生のパズルを拾い集めながら私は言った、「これ本当に取っておきたい？　まだ必要？　いったいいつになったら痛みは消えるの？」

こうした危機的段階は、必ずどこかで通過せざるを得ないものです。あるサバイバーの言葉を借りると、「まるで新しい単語を覚えた時のよう。覚えた数日後には、もう目にするものすべてにその単語を見つけてしまう。それまではまったく意識していなかったのに」

危機的段階――キャサリンの場合

キャサリンが初めて自分の性的虐待を思い出したのは、アルコール依存者のためのセラピー・グループに参加したときです。彼女はすぐにセラピストに電話して、こう告げました。「セラピーを受けたいんです。私は性的虐待のサバイバーなんです」それから三カ月して、彼女は仕事をやめました。職場の上司からの言葉の暴力に悩まされていた彼女は、「よけいなストレスを断ち切るため」退職を決意したのです。

この時、彼女は一度に危機的状況に陥りました。

日常の責任から完全に解放され、誰にも気を使う必要がなくなったせいだろう。絶望感が打ち寄せ、私はどうしようもない哀しみに襲われた。

何も手につかず、二メートル大の〈性・虐・待〉の三文字が居間に吊され、毎朝目覚める度に目についてしまう、そんな感じだった。ほかの事は何も考えられず、道行く人が皆、私を性的虐待の被害者として見ているような気になった。私がこんな嫌な人間になった本当の理由を誰もが知っているはずだって。恥ずかしさのあまり、セラピーを受けている理由を、相手かまわず喋ってしまうんじゃないかと、いつも不安だった。

キャサリンは日頃つきあっていた人とほとんど交信を断ちました。「他人や他人の問題につき合う気力がなかった。もうクタクタ。軽いつき合いの人とは会うのをやめ、その分、真の友人だと思う人に前より頼るようになった。セラピーのことや日々の発見について話をした。気楽な遊び友達にはもう電話もしなかった」

疲れきったキャサリンは、毎晩一〇時間から一二時間も眠ったと言います。「とにかく眠って、翌日目を覚ますだけで精一杯だった」

この初期段階で、彼女は自分をいたわるためにいくつかの緊急措置をとっています。

最悪の気分の時でも側にいてくれる人が必要だった。友人の一人は、子どもの頃殴られていた経験があって、わかってくれた。落ち込んだ時に電話すると、食事に呼んでくれた。だから出かけて行って、そこで遠慮なく惨めな気分に浸っていた。彼女は事情を理解して、私から話をするとき以外は、そっとしておいてくれた。

安心して一人になれる場も必要だったので、よく森を散歩したり走ったり、三、四〇キロサイクリングした。独りきりで外で過ごした。家の中で誰かの要求に応えるより、外の方がずっと安心できた。

自尊心を打ちのめされていたキャサリンは、多くのサバイバー同様、精神的な迷路に迷い込みました。「これまで無意識だった行動をいちいち意識するのは、何とも言えず奇妙な感じだった。性虐待の被害者でありながら、買物に行き、車も運転できるなんて。『自分は性的虐待の被害者だけど、まだここに住んでいて、猫は相変わらず私になついているし…』と頭の中を整理する必要に迫られた。外見は何も変わらなくても、心の中はめちゃめちゃだった。丸一年、真空状態にいたみたいで、目の前にあるのはフラッシュバックと叫び声だけだった」

この危機的段階でキャサリンの命綱になったのは、セラピストとのつながりでした。

すべてを絶たれたと感じたとき、救いは、家中にはりめぐらしたセラピストの電話番号だった。小さな紙切れにメモして、浴室の鏡の横に貼ったり、読みかけの本や日記帳の中に忍ばせたり、必要ならいつでも電話できるよう、記憶に焼きつけた。セラピストの留守電に、うわずった泣き声で「話がしたいんです」と伝言を残した。それだけでも、助けを求めていいんだと実感でき、そうすることで、苦痛や絶望とは違った世界があることを思い出せるのだった。崖っぷちに誰かがいて、その人に助けを求めていいんだ、彼女が電話をくれるまで何とか頑張ろう、そう思えたのだ。

キャサリンの場合、何カ月か過ぎると、ようやくそのプレッシャーが軽くなりました。

一年ぐらいすると、何かが変化した。背筋を少し伸ばして、季節の変わり目に気づくようになった。たとえ自分が性虐待のサバイバーであっても、これからも何とか生きて行ける、そんな気になり始めたのだ。一年前に捨てたすべての事をまた拾い集めたくなり、こう考えられるようになった。「セラピーは週一回に減らそう。性虐待の事を考えるのを、週一〇〇時間ではなく、二〇時間に減らそう」選ぶのは自分、ときには考えるのを止めてもいい。そう思えて心からほっとした。

危機を乗り切るには

この危機的段階は癒しのごく自然な一段階であり、必ず終わりがくることを覚えておきましょう。危機感は人を圧倒します。危機のまっただ中では、何も見えなくなりますが、寝ても覚めても性的虐待のことを考える時期もいずれは過ぎ去ります。現在、危機的段階にいる人は、このことを覚えておきましょう。

*自分を傷つけたり、自殺しようとしない。あなたには生きる価値があるのです。自殺したくなったり、自己破壊的になったら、助けを求めましょう。（p215『自殺はしないで』参照）
*決して正気を失う心配はありません。今の状態は、癒しの一段階に過ぎないのです。（p212『パニック』参照）
*話し相手を探す。一人で耐えようとしない。
*熟練した専門家の助けを求める。（p338『カウンセリング』参照）
*他のサバイバーに支えてもらう。あなたの言うことを一番親身に聞いてくれるのは同じサバイバーです。
*今の自分の状態を許す。今の自分を憎むことは、事態を悪くするだけです。
*自分のために、できるだけたくさん良いことをする。（具体的な提案は、p200『自分を慈しむ』参照）
*生活上不必要な事は省き、できるだけプレッシャーを減らす。たとえば、自分を応援してくれない人とはつきあわない、活動量や仕事量を減らす、子どもの世話をしてくれる人を見つける、等々。
*家の中で安全な居場所をつくる。安心できる場所が少なくとも一カ所必要です。（p215『安全な場を作る』参照）

＊薬物やアルコールの摂取に注意する。こうした手段で感覚を繰り返し麻痺させることは、危機状態を引き延ばすだけです。
＊虐待状況から抜け出す。現在虐待されているのなら、そこから抜け出しましょう。（パートナーが虐待する場合は、p250『悪い関係を見分ける』参照）
＊しっかりつかまって嵐が過ぎるのを待つ。この段階では、決断力がにぶります。虐待関係から抜け出すこと以外は、人生の一大転換を図る良い時期とはいえません。
＊自分は勇敢だと言い聞かせる。今はとてもつらくて、怖くて、大変なときです。何もしなくても、生きてそこにいるだけで十分なのです。
＊深呼吸をする。できる限り自分の身体感覚を保ちましょう。（p228『身体とつながるためのエクササイズ』参照）
＊自分よりもはるかに大きな力を信じる。大いなる魂がひらめきと強さを与えてくれます。
＊すべては過ぎゆくと信じる。明日、あるいは来週、来年の生活は今と同じではありません。（p66『自分を癒す決意』参照）

時間をかけて

最初の危機が過ぎても、長い癒しの過程では、程度の差こそあれさまざまな危機が形を変えて訪れます。その苦しい時期を、私たちは敢えて、「自分を癒すための危機」（ヒーリング・クライシス）と名づけています。というのも、この時期は更なる自己成長の絶好の機会となるからです。

人によっては、過去の傷の深さゆえに、最初の危機的段階を通過するのに何年もかかることがあります。日常生活においては目ざましい変化を遂げながらも、やはり自殺したくなったり、自己破壊的になったり、あるいは四六時中虐待の事で頭が一杯だったりするのです。もしそうであれば、できるだけ多く人に助けを求めましょう。この苦しみは永遠でないことを忘れずに。

希望を与えてくれたこと

ある日私はこんな白日夢を見た。トンネルを抜けて、外を見ると青い空が見えた。狭い岸壁に立ちつくした私は、どこにもつかまらずに、落ちないようにバランスを保っていた。両手を広げ、空に飛び立とうとしていたのだ。

私は瞑想修道会の尼僧だったから、物事が変わるには時間がかかることを知っていた。内省的な生活を求めていたから、聖なるものに近づく、つまり神を知るのはとても長い道のりだということも知っていた。一日、一日と、神に少しずつ近づいていくものなのだ。性虐待からの癒しもこれと同じだ。とにかく何かが必ず起こる、眼には見えないけど自分は成長しているのだと、ずっと信じてきた。

気が狂いそうな時、いつも希望を与えてくれたのは、「これは変化の過程の一つにすぎないのよ」とセラピストが繰り返し言った言葉。ほかに頼るものがないとき、この言葉だけが頼りだった。「そうか、これは誰もが通る段階なんだ」って。

私に希望をくれたのはパトリシア。彼女と話していると、なんとなく生きていたいっていう気になる。彼女は世の中がどんなにすてきかいつも話してくれたし、私もそれを信じた。なぜって、パトリシアが大好きで、彼女も私のことを大切に思っていると知っていたから。

姉の闘う姿を見ていると、とても勇気づけられる。姉は私よりひどい目にあった。ナチの恐怖と同じくらい。でも彼女は生きようと闘っている。どんなに辛い体験をしても、生きていこうとする姿を見るのは感動的だ。

私は本を読むことで勇気づけられた。文学を読むと、人間の魂の美しさを心から愛せるようになる。

パートナーと七年間も仲良くやっているサバイバーと知り合って、希望が持てた。

自分の内なる力こそが希望だ。私はとにかく諦めないタイプなのだ。以上。

音楽、特にゴスペルが私の救いだった。ニーナ・シモンの『我が子よ、いつかきっと楽になる。我が子よ、いつか光が見える』や、エスター・サタフィールドの『ザ・ニード・トゥ・ビー・ミー』が大好きだ。

記憶の糸をたぐる

記憶に真正面から向き合い、その息を嗅いだ。もう彼らは私を傷つけられない。

虐待を記憶しているか否かは、人によって大きく違います。はっきり記憶している人もおおぜいいます。たとえ、その重要性や影響を過小評価したり、そのときの感情に無感覚になっていたとしても、起きたこと自体はけっして忘れていないのです。ある女性はこう説明します。「虐待の事実関係なら、買物リストを読み上げるようにスラスラ喋れる。でも、その時の恐怖や痛みとなると別問題ね」

また、何を記憶するかを無意識に選択し、部分的に記憶している場合もあります。

自分が家族と性的関係にあることはわかっていた。「インセスト」（近親者による性的侵害）という言葉を初めて聞いたのは一七歳の時。それまで、そんな言葉があるなんて知らなかった。でも、父が私の胸をつかんだり、キスしていたのは忘れていなかった。

セラピストには「過去に起きた惨めな体験はすべて覚えてます」と言った。ちゃんと覚えてる、これ以上何があるというのか？　そのこと以外何も覚えていないといってもいいくらいだ。でも、強姦されたと知ってはいても、そのときのことはちゃんと思い出せなかった。私は「レイプについては思い出したくない」と言い張り、その後何カ月もセラピストとその理由を話しあった。その間もずっと、初めての性関係の相手は父だとわかっていた。

肉体的虐待や精神的虐待は覚えていても、性的侵害は忘れている場合もあります。また、虐待が起きた前後は覚えていても、具体的な行為は忘れているかもしれません。寝室で泣いていたことなど、出来事の一部は覚えていても、その理由がわからないこともあります。記憶が突然すごい勢いで戻ることもあれば、少しずつ浸透してくる場合もあります。

いつも気になる徴候はあったけど、無視することにしていた。自分の気持ちはさておいて、目標を達成し成果をあげ、生産的に生きることに集中していた。でも実は自分を、誰も近寄りたがらないドブのように感じていたのだ。そして妊娠した。予定外だった。相手の男性を愛していなかった。誰一人愛したことなどなかった。人を愛するゆとりなんてなかったのだ。中絶を考えた。当然すぎる選択だったが、私にはそれができなかった。

生まれてきた子どもを一心に愛することで、私の感情は甦った。締め出すには強すぎるこの愛情とともに、これまで埋もれていたさまざまな感情や記憶が戻ってきたのだ。

思い出すことは、きわめて個人的な作業です。虐待のほぼ全容を記憶している人もいますし、ほとんど覚えていない人もいますが、たいていはどこかその中間に位置しています。はっきり覚えている人も、自分に何か大変なことが起きたと今ようやく感じはじめた人も、自分について知り、自分を理解するための探求と発見の途上にいるといえます。(1)

思い出すってどんなこと？

模範的な思い出し方というものはありません。いろいろ覚えている人もいれば、たった一つの記憶しかない人もいます。記憶を取り戻し始めた頃は、毎日新しいことを思い出し続けるかもしれません。最初の二、三日は複数の記憶が塊になって出てきて、その後、数カ月間は何も思い出さないかもしれません。初めにある特定の虐待者や虐待経験を思い出し、数年たって、二人目の加害者、または別の性的侵害について思い出す事もあります。

日常の何でもないことを思い出すのとは違い、性的侵害の記憶は衝撃的です。そして記憶が甦ってくるとき、そのイメージは往々にしてはるか彼方の出来事のように、漠然としています。

自分が強姦された記憶がまるでトンネルの向う側の光景のように思える。あのとき私は、身体だけその場に置きざりにしたので、思い出すときもその視点からしか見えない。私自身はあの時、その場から遠く意識を切り離していたので、記憶の焦点も合わない。まるで別次元で起こったことみたいだ。

時には記憶が少しずつしか戻って来ないこともあります。

セラピーを受けて車で帰る途中、いきなり断片的な記憶が押し寄せてきた。たとえば血のついたシーツ、おふろに入っている私、ナイトガウンを脱ぎ捨てた私。それまで長い間、レイプの前後は思い出しても、その時のことはまったく思い出せなかったのに。

記憶が断片的に戻ってくる場合、それを起きた順に並べ替えるのは難しいかもしれません。具体的にいつ虐待が始まったのか、その時何歳だったのか、あるいはいつ虐待が止んだのか、わからないかもしれません。記憶の断片を解読するのは、ジグソーパズルや探偵の推理に似た作業です。

心のどこかで、自分が推理小説の登場人物になって、殺人事件を解決しているかのようだった。いろいろな手がかりをたぐるのが嬉しかった。「そう、あのとき時計を見ていたっけ。あれは昼さがりだった。でもどうして？　母さんはどこに行っていたの。ああ、そうか…」何が起こったのかをたどるのは、楽しい作業だった。

エラは、自分の記憶を断片的に思い出したサバイバーの一人です。その記憶の意味を理解するために彼女は、自分自身の奇妙な行動パターンを探ってみました。たとえば、セックスの最中にいつも灯りを見つめるなど、知らないうちに身についた癖の意味づけを試みたのです。

セックスの途中でいつも思う。気持ちのいいことをしているはずなのに、どうして私はここに横たわって、じっと部屋の灯りを見つめてしまうのだろう。これまで住んだ家の照明器具は全部覚えている。どうしてドアの下から漏れる灯りや、チラチラする光がこんなに気になるのか。こんなことが気になるなんて、大人げなくてバカげてると思うんだけど…。いったい何だろう？

これには意味がありました。かつて、夜になると、父親の足音が彼女の部屋のドアの前で止まるかどうか、神経を集中させていたのです。もし足音が止めば、それは父親が部屋に入ってきて彼女を侵害することを意味しました。エラが自分の癖に注意しはじめると、それにまつわる記憶の断片が集まって一つになりました。

すべての記憶が、現実に起きた出来事の忠実な描写とは限りません。象徴的なものもあるし、精神的衝撃のもたらす心の傷の一側面を表わしてはいても、そのすべてが現実に即しているとは限りません。それでも、記憶には感情の本質が宿っており、その経験がその後の自分にどう影響を与えたかを教えてくれます。（『記憶に宿る真実』p91参照）

子どもはなぜ忘れるのか

心の傷（トラウマ、または心的外傷）に関しては、未知の部分がたくさんありますが、はっきりと理解できる事柄もあります。たとえば、地震や難破船、戦争、あるいは強制収容所などの体験者は、そのことを記憶にとどめているのに、性的虐待を受けた子どもは、なぜ自分の体験を忘れてしまいがちなのでしょう。

まず、地震や戦争、船の沈没、そして強制収容所さえも、名づけられた出来事です。部屋が揺れ、壁が崩れ、物が倒れ始めると、それが何という現象かは誰でもわかります。まだ何もわからない幼い子どもにも、年上の人が「これは地震だ、安全なところに身を隠すんだよ、後から小さい地震がくるかもしれない」などと教えます。しかし、強姦されたり、襲われたり、性的侵害を受けた後に「それは性的虐待というんだ。加害者にそんなことをする権利は全くない。誰かに助けを求める必要があるね」などと説明されることは、まずありません。これまで、それが虐待にあたると認める言葉を聞くことは稀だったため、性的侵害を受けた子どもは、その体験を名づけられなかったのです。

公に認知された出来事は、無視され、否認され、けっして話にのぼらない出来事に比べ、より鮮明に記憶に残ります。しかし、たとえ公に認知されても、屈辱感から、性的虐待はやはり地震よりも忘れられやすい出来事なのです。地震体験には、恥や汚点がついてまわることはありません。自分が地震に遭遇した記憶は、その人の自尊心を傷つけたり、自己評価を貶《おとし》めるものではありません。地震が起きたのは彼女のせいだとか、自分の蒔いた種だなどと言われることもありませんせん。また、地震が起きたことを誰かに話したからといって、責められ、暴力を受けるようなこともありません。

また多くのサバイバーは性的侵害を受けたとき、まだほんの子どもで、慰めてくれる大人さえいませんでした。兄弟姉妹が団結している場合は別として、こうした子どもたちは、たいてい心の傷を抱えて孤立します。この点、戦場の兵士は部隊に所属しているし、強制収容所の捕虜も敵味方の区別ぐらいはついたでしょう。虐待を受けた子どもの多くは、味方であるはずの人が敵だったという体験をしているのです。

戦争、災害など、社会的に認知された出来事に遭遇した人々でさえも、その中で特に苦痛のともなう部分については、記憶を喪失することが知られています。自分に起きた事を名づけることも、それについて話すことも、ましてや理解することもできず、逃れる場は想像の世界だけ、という孤立した子どもが、生きてゆくために虐待の記憶を葬るのもうなずけます。

解離すること

衝撃的な心の傷を「覚えていない」とはどういうことなのか理解するためには、解離の過程を知ることです。耐えがたい苦痛や恐怖、暴力にさらされたとき、人はその体験から自分――つまり自分の一部――を切り離すのです。性的虐待のサバイバーは、よく、自分が強姦されるのを見ていた、と表現します。「私は自分の身体を離れ、天井の片隅から自分を見下ろしていた」。そのとき意識は解離し、耐えがたい出来事から自分を切り離します。

こうした状況では、脳は通常の働きとは異なり、生理学的にまったく違った形で機能します。心が過剰に刺激されると、普段のように情報を取込んだり、記憶できなくなり、代わりに、こうした体験を意識から切り離すのです。後になって、そんな記憶の断片が、視覚的イメージや身体的記憶や感覚、自分をさいなむ感情や考えとなって甦ってくることもあります。

性的虐待を受けたときに自分の意識を切り離したサバイバーは、さまざまな感情、身体的記憶、音、匂い、視覚的イメージなどを、断片的に記憶しているかもしれません。その場合、起きた事を順に、わかりやすく話すのは難しいでしょう。

また、逆説的ではありますが、心的外傷は記憶の喪失や断片化をもたらすと同時に、断片的記憶として消しがたく心に刻印されます。そのため、自分に何が起きたのかわからないのと同じ理由で、記憶の断片から逃れられなくなるのです。どちらの場合も、自分の心は、その衝撃的記憶を人生に組み込めずにいます。その結果、性的侵害の体験の全容を理解できず、語れないまま、さまざまな感情や身体的記憶に襲われたり、怖い場面を思い出したりするのです。

実際に起きたことを思い出し、それについて語り、自分に感じることを許し、起きた事を自分史の一環に組み込むことは、癒しの一部です。それによって、サバイバーは苦しみを超え、未来に向かって動きだすことができるのです。

フラッシュバック

フラッシュバックとは、記憶の再燃のことを言います。あまりに鮮明なので、単なる記憶というより、まるで過去の虐待の再現のような気持ちになるのです。フラッシュバックに襲われると、虐待されたときの感情が戻って来たり、逆に他人の人生を映画で見るように、虚ろで硬直した気持ちになったりします。

フラッシュバックは往々にして視覚的です。「ペニスが近づいて来るのが見えた」とか、「顔は見えなかった。見えたのはいつも彼がつけていた太くて黒いベルトだけ」など。こうした視覚的記憶はとても強烈なものです。

> 夫がセックスしようとした時、ある映像が私の頭をよぎった。まるでスライドを早送りするように、断片的なイメージが現われたのだ。誰かが私の膣に指を押しつけていた。とても鮮明で、妄想ではないと確信した。私は意識の中で立ち止まり、横たわったまま、じっくりと注意深く、何度かそのイメージを再生してみた。
>
> 私はひどく混乱した。自分に何かが起きたという確信があって、その時の痛みすら思い出した。何が原因なのか思い巡らした。以前の乱暴な恋人？　いや、違う。もう一度このフラッシュバックを思い起こした。顔こそ見えなかっ

たが、そこに父の存在を感じた。

視覚的なフラッシュバックは全員に起きるわけではありません。何も見えないと憤る女性もいました。ある女性の父親は、車の中で彼女にナイフを突きつけ、うつ伏せにして強姦したのです。だから彼女には何も見えなかったけれど、音は聞こえていました。当時の出来事を、母国語であるスペイン語で書き始めると、父親の脅し、暴力、侵害のすべてが甦ってきました。

フラッシュバックはたいてい五感のどれかに関係します。かつて聞いた音、見た光景、匂い、味、感触などがあまりに鮮明に戻ってくることから、それをもう一度体験しているような気がするのです。

感覚的記憶

ある特定の手触りや、匂い、音などが、記憶を呼び起こす引き金になることがよくあります。虐待が起こった町、家、部屋に戻るとき、あるいは、虐待者がつけていたコロンのにおいを嗅いだときに、当時のことを思い出すかもしれません。

三五歳のエラは言います。「手触り、音、父の家のにおい。ウオッカくさい息。いろいろな感覚が記憶を呼び覚ました」エラは子どもの頃、紫の魔法のキルトを大事にしていました。おばあちゃんが作ってくれた掛けぶとんです。それはエラのお守りであり、それを掛けている限り何も悪いことは起きないと信じていました。その布団は何年間もどこに行ったかわからず、二一歳になってようやく見つけたとき、一連の記憶が甦ったのです。

触覚もまた記憶の扉を開きます。マッサージを受けていて、記憶がもどってきた女性もいます。セックスの最中に身体が硬直して、急に何かが見えることもあります。恋人が耳元で息を吹きかけたのが、かつての虐待者の行為と重なって、その瞬間すべての記憶が噴出するかもしれません。

　セックスの最中、ときどき頭がどこかへ流されるような気になる。まるで肩から上が切り離されたように、頭がとても軽くなり、めまいがする。誰かが頭上で扇風機でも回すように、髪の毛の先まで動いている。頭から外へ出て行くみたいで、自分がどこにいるんだかわからなくなる。

　腰のところで切り離された感じもよく持つ。脚がとても重くなって硬直する。まるで丸太か死人の脚のように重くなり、血が通わなくなる。それからとても気分が悪くなって、吐きそうになった瞬間、すぐ近くにその正体が見える。注意してそれをよく見つめることで、また先へ進めるのだ。

身体は覚えている

記憶は、感覚、気持ち、肉体的反応となって身体に蓄えられます。何が起きたかわからなくても、苦痛をともなう体験の断片は残るのです。そのため説明のつかない肉体的苦痛や、興奮、恐怖、混乱、その他もろもろの虐待感覚に襲われるかもしれません。その恐怖を身をもって追体験したり、身体が硬直したり、息が詰まりそうになることもあります。

身体の記憶だけが甦ってくることがある。私にはどうすることもできない何かが身体から出てきて、叫び声を上げる。それはたいていセックスの最中か直後、あるいはケンカの最中に起きる。気持ちが高ぶったとき、頭の中には何も浮かばないのに、身体の奥からこの叫び声が出るのだ。

どんなときに思い出すか

記憶は、さまざまな状況下で、何かの出来事をきっかけとして浮かび上がります。ようやく安心できる関係を見つけたとき、記憶や感情が浮上することもあります。

困難や苦痛がきっかけとなる場合もあります。離婚や愛する人と死別したことで喪失感をもち、人生の縫い目がほころびていく感じがするとき、あるいは成長してから似たようなことが起きて、それが引き金になる場合もあります。大人になってから性暴力を受けたり襲われたことから、子どもの頃の虐待を思い出すこともあります。

記憶は、つねに劇的に甦るとは限りません。ある女性は、友人と話をしている最中に、これまで自分が知らないと思っていたことを、突然語り始めました。「ずっとわかっていたのに、二、三〇年間、考えなかっただけなんです。この瞬間まで忘れていました」

嗜癖を断ち切ったとき

お酒や薬を断ったり、過食をやめたときに虐待を思い出す人もいます。こうした嗜癖は気持ちを麻痺させ、記憶を閉じ込めるには有効ですが、いったんやめると記憶はまた戻ってきます。アナ・スティーブンスは次のように説明します。

お酒を止めようと決心した時点で、自分の感情を認めざるを得なかった。その感情は虐待の記憶に直結していた。AAに来る人によくあることだが、最初の動揺がおさまったと思うと、今度は記憶と格闘しなければならない。それからが大変なのだ。

親になって

親として無防備な我が子を眼にしたとき、あるいは子どもが、自分が虐待を受けた年齢に達したとき、虐待体験を思い出す人もいます。子どもが虐待されたのがきっかけで、自分のことを思い出す場合もあります。デイナは、三歳の娘クリスティが性被害を受けたことで、セラピーを受けるよう裁判所に命じられました。その時、無意識に娘の名前と自分の名前を入れ替えて話し、自分の体験に初めて気づいたのです。

セラピーで娘のことを話しているとき、「クリスティが」と言うかわりに「私が」と言ってしまった。このことに気づいたのは、私ではなくてセラピストだった。セラピストのほうは、私も虐待されたのではないかとずっと思っていたようだが、何も言わなかった。

彼女に言い間違いを指摘されて、私は「え？　そんなこと言いました？」と尋ねた。自分がまったく気づかないのも不思議だった。

そこでわかったのは、クリスティの受けた被害を、まるで我がことのように受けとめていたことだ。私は、クリスティのことというより、自分に起きたことに対して怒り、傷ついていた。クリスティに何が起きたか知ってズタズタになり、自分の記憶を取り戻したのは、父が私に対してやったのと同じ事を、夫が娘にやっていたからだった。

近しい人の死

加害者が生きている間は、怖くて自分の経験を思い出せない人もおおぜいいます。ある女性はこう言いました。「両親が死ぬまで、思い出すなんてとても無理でした。私を傷つける人が誰もいなくなるまではね」四七歳の女性は、母親を亡くして一年半後にようやく思い出しました。「もう、虐待のことを告げて母を傷つけずに済むから」

性暴力関連の報道を見て

ジェニローズは四〇代半ばで記憶を取り戻しました。ある晩、家で恋人と一緒に、服役中の性犯罪者に関するテレビ番組を見ていました。セラピストが彼らのグループに感情を出すよう勧め、そうしている内に、彼らが子どもの頃の痛ましい出来事を思い出すという場面でした。

番組の最中、ジェニローズは恋人に向かってこう言いました。「こんなセラピストが私も欲しいわ。何か思い出せないことがあるの」そしてその瞬間、父親が初めて彼女にアナルセックスを強要した時の事が眼に浮かんだのです。彼女は四歳半で、母親がお産のため入院していたときの事でした。「それはとても鮮明な映像でした。窓辺で風に揺れるバラ色のカーテンまで見えました」

すすり泣きながら、ジェニローズは恋人に言いました。「これはきっと作り話よ」恋人はただこう答えました。「作り話かどうかよく考えてごらん」ジェニローズは自分が真実を話しているのを知っていたのです。

感情を味わう

記憶が呼び起こされる場合、感情と意識が解離してしまうこともありますが、無力感、恐怖、身体の痛みといった感覚が、現実に起きているかのように感じられることもあります。押しつぶされたり、引き裂かれたり、息が詰まりそうになるかもしれません。記憶が性的高まりを伴うこともあります。さぞかし驚くでしょうが、それは性的刺激に対する身体の自然な反応ですから、恥ずかしく思う必要はありません。

またある種の愛情に包まれた親密感や幸福感を思い出すかもしれません。こうした記憶に伴う感情は、嫌悪や恐怖だけとは限らないのです。「正しい感じ方」というものはありませんが、どんなに混乱しようと、感じること自体が大切です。

初めて記憶が甦ったとき、私は即座に感情の出口を塞いでしまった。心の隅ずみまで指令を出して感情をストップさせ、そうやって自分を守った。だから最初は、「どうりで、男や権威とうまくやっていけないはずだ。だから大人になるまでの事をあまり覚えていないんだ」なんて、まるで頭の体操みたいに自分に言いきかせていた。ようやく感情が出せるようになったのは、九カ月後だった。

虐待があった頃は、怖くて、感じる事なんてできなかったが、そのときの状態にまたのめり込んで行くのがわかった。最初はなんともいえない孤立感、そして圧倒的な恐怖感が襲ってきた。この世はなんて怖いんだろうと思った。いつも喉元に巣食っていた最悪の恐怖が、今にも叫びとなって出ようとしていた。

私は崖っぷちに立たされた。そんなとき、たまたま職場の上司から、業績不振を注意され、とうとう彼に自分のことを打ち明けた。家族に性的に虐待されたことを、男性の上司に話すのは大変だった。彼は親切で思いやりのある人だったが、できるのは、私をそっとしておくことだけだった。

当時、私は社会的プレッシャーに喘いでいた。仕事も危うく、生活はめちゃめちゃで、どうしていいかわからなかったのだ。何とかしなければと思いながら、過食を始めた。そしてこれ以上自分一人では背負いきれないと判断して、セラピーに通い始めたのだ。

感情を味わうことは、記憶を取り戻す過程の中で最も大変なことです。「あの体験をまた、しかも今度は感情を入れて経験するなんて、うんざり」と、ある女性は言います。「今度のほうがひどいわ。感情を断ち切ることができないんだもの」

また別の女性は言います。「最初は、記憶を取り戻そうと力んでいました。何でもとことんやる癖が出たんです。何とか退治してやろうと、躍起になりました。虐待の情景を思い出さなきゃ、と膨大な記憶を取り戻したつもりでいたけど、すべて頭で考えていただけ。まるでタイプの仕事を引き受けるように、『性虐待に取り組もう』って思っていたんです」

その後一年間セラピーに通った彼女は、性的侵害を受けたのは紛れもなく自分自身だった、とようやく実感できるようになりました。「ようやく気づいたんです。感じたんです。これは私に実際に起こったことで、その害はとても大きかったって。記憶を取り戻すだけでは、そこから逃れられないって。これは私自身の事なんです」

愛を交わすとき――ローラ・デイビス

よく晴れた日曜日の朝だった。私たちは長い間、愛を交わしていなかった。私たちは二人で身体をスプーンみたいに重ね、ベッドに横たわっていた。私はまどろみながら、彼女の身体の温もりと両膝のやさしい感触を味わっていた。馴染みのある暖かい息づかいを首筋に感じた。指先で優しく背中を愛撫しながら、彼女は言った。

「ねえ、いい？　あなたが欲しいの」

私は振り向いて、大好きなエメラルドの瞳を見つめた。私の張り巡らした壁と硬い殻をすべて突破してここに辿りついたミラクル・ウーマン。多くの障害物を乗り越え、私の信頼を勝ち取ったこの奇跡の人。二八歳にして初めて、私は安心して人を愛したのだ。彼女に会う前は、いつも一人で、何かを達成するのに追われ、頭だけで忙しく生きて、人を愛することを恐れていた。説明できない恐怖が、私をどこか手の届かないところに遠ざけていたのだ。恋人は何人かできたが、近づきすぎてこちらから別れた人もいた。通りすがりの人もいた。でも私の壁を完全に突き抜けてここまでやってきたのは、彼女が初めてだった。夢にまで見ながら、現実には望むべくもないと思っていた人。のんびりとした週末の朝、傍らの穏やかな存在に、私は変わることない驚きと畏敬の念を抱いていた。

彼女が指先で発した問いに応えようと、私は顔を上げて微笑み、その愛撫を受け入れながら、彼女の顔に触れた。彼女のお腹が身体にあたると、突然、その肌を通して情熱がほとばしった。「この人を愛している」、そう思った。「これからもずっと一緒に生きていくんだ」

彼女は口づけし、ゆっくりとじらすように、私が彼女に応えて次第に高まり、航海中の帆船のように潮風を捕らえ、やがて一緒に舞い上がるのを待っていた。「いい感じだわ」私はそう思った。舌で応えながら、反応しながら、身体をしっかりと彼女に押し当て、ゾクゾクと興奮を感じた。

彼女の瞳が微かに輝いた。長い間この時を待っていたのだ。

「あなたが欲しいの」指先を伸ばし、熱い身体を私にぴったりと寄せながら彼女は言った。「あなたが欲しい」

　その時だった。微かに、しかしまぎれもない何か、痛いほど見覚えのある何か。恐怖の閃光、そしてとばり。二人の間に突然、通り抜けることのできない壁が立ちはだかり、私の身体はぐったりとして切り離され、心は宙に浮いた。自分を呼び戻そうとしたが、もう遅い。「私」は消えていたのだ。

「ワッフルを作るのには卵が足りないけど」私はそんなことを思い浮かべた。「でも昨日の残りのゆでたジャガイモがあるから、おいしいフライドポテトが作れるわ」眼を閉じて、もう一度自分を呼び戻そうとした。「一体どうしたの、ローラ。ここに居たいんでしょ？　愛し合いたいんでしょ？　身体に戻っておいで。ローラ、この人はおまえの愛している人なのよ」

　効果はなかった。私の魂はとっくに身体から遠く離れ、もつれた紐のようにぐるぐる回遊していた。私は完全にコントロールを失っていた。身体は相変わらずベッドに横たわり、動き続けているのに。ああ、一番怖れていたことだ！　昔の哀しみと自己喪失が、再び私に押し寄せてきた。

　私は愛撫の手を緩め、唇を離した。ひとりぼっちの気がした。振り返って、失望で堅く張りつめた彼女の顔を見つめ、呟いた。「ごめんね、だめなの」。彼女は憑かれたように、眼に涙を一杯にためていた。もう少しだったのに。

　こうして自分が「いなくなる」のは初めてではない。二度目でもない、お馴染みの経験だ。二人が近づけば近づくほど、その亀裂は大きくなる。

「いったいどこへ行っちゃうの！」数カ月間の我慢の糸が切れ、彼女が叫んだ。「どこにいるの？　どうしたっていうの？」

　しばしの沈黙。その言葉は私の頭の中で鳴り響きながら、身体の芯に向かって進み、息が詰まりそうになった。これが現実なのだ。自分は今どこで、誰を見ているのか。眼の前で彼女の顔が揺れる。息ができず、何も見えない。すべては止まり、彼女の問いかけだけが探るように身体の奥深くに沈んでいった。

　あまりに打ちひしがれて見えたのか、彼女の顔が和らいで、私を抱きしめた。その瞳は思いやりと愛情に満ちていた。「さあ息をするのよ」

「息を吸って」と彼女は私に語りかけた。

　覚えているのはそれだけ。悲しい時が静かに過ぎていった。何かが起きているのを感じた——真実の小さな気泡が身体の底から湧き上がってきたのだ。身体の芯から名もない記憶が湧き出てくる。長年の霧を貫く、否定しようのない記憶。

　私はすすり泣き始めた。その深く痛ましいすすり泣きに、自ら怯え、混乱し、苦しんだ。私は無力な子どもになった。こんな泣き方をしたのは初めてだった。いったい何が起きた

> のだろう？　私は誰かにひどく傷つけられたのだ。
> 　私の額を撫で、キスを浴びせながら、彼女は言った。「かわいそうに、何があったの？」
> 　私のすすり泣きはさらに激しくなり、身体が震えた。恐怖、真実、そして口にするのもおぞましい記憶が、ようやく殻を破って出ようとしていた。自分の言おうとしているのが何なのかは、口に出すまで分からなかった。
> 「私、虐待されたの」。子どものようなかぼそい声で、この一言を吐いた。快晴の朝の静けさを貫くその言葉を聞きながら、私はそれが真実であると確信した。「私は虐待されたの」

記憶を受け入れる

　自分の記憶を思い通りにできると感じるサバイバーはほとんどいません。たいていは、記憶にコントロールされていて、新たに記憶が浮上してくる時や場所を選べないと感じています。一時的に記憶を追い払うことはできるかもしれませんが、頭痛、悪夢、極度の疲労などの副作用を考えると、無理に避ける価値はないでしょう。

　記憶を取り戻す兆しを誰もが感じるわけではありませんが、胃がもたれる、眠れない、恐ろしい夢を続けて見るなど、何らかの信号をキャッチする場合もあります。また他の形での警告もあります。

> 　思い出しそうな時はそれがわかる。すごく緊張し、とても怖くなるからだ。普段は何でもないことに、苛立ったり、悲しくなったりする。たいていはまず、怒り、不安、怖れを感じる。私には選択権があって、意識的に記憶を取り戻したいかどうか選べる。「思い出したくない」と何度も言っては、そのつど気分が悪くなり、どんどん落ち込んで、理由もなく怒りが込み上げてくるのだ。
> 　今はもう、思い出したくないとは言わない。身体が外へ出したがっているのに、何もいいことはない。癒されるほどに、こうした記憶が私の身体に溜まっているんだから出してやらなきゃ、と思えるようになった。さもないと、一生背負い込むことになるからだ。

時間をかけて

　一連の記憶となんとか折り合いをつけたところで、また別の記憶が表面化することがあります。

> 　虐待と向き合えば合うほど、たくさんのことを思い出し

た。まず兄のこと、そして祖父のこと、それから半年して父のこと、そしてさらに一年後、母が登場してきた。扱いやすい順から思い出したってわけ。家族全員に虐待されたことを思い出すのはとても辛かったけど、何だかホッとした。記憶を取り戻す前の私はもっと大変だったもの。残りの記憶をたどることで、ようやく地に足がついたようで、これまでの人生の謎が解け始めた。

新しい記憶の影響も、時とともに変化します。一〇年間にわたって徐々に記憶を取り戻してきた女性は、だんだん思い出すのがつらくなったと言います。

いま思い出すのは、最初の記憶の波が押し寄せた二五歳の時よりも、もっと鮮明な、細かい状況や微妙な感触だ。最初の精神的ショックやカタルシスは確かに大きかったが、今は自分を信じられる分だけ、もっと大変だ。思い出したことの余波を味わうだけの感情があり、それがどう自分の人生を左右したかが見えるからだ。

ローラもやはり最近の記憶の方が大変だと言います。

ようやく生活が何とか平穏になり、性的虐待の問題はちょっと脇に置けると思った時、別のフラッシュバックに襲われた。それは初期の頃よりずっと暴力的で、怒りがこみ上げてきた。もう終わりにしたかった。また性的虐待と向き合うなんてコリゴリだった。でもこの抵抗のせいで、思い出すのがよけいに大変になった。

一方、時が経つにつれて記憶が扱いやすくなったと語る人もいます。

虐待されたという現実に馴染んでくると、心に甦る新たなイメージ、新たな出来事にそれほどの衝撃を受けなくなった。記憶が戻るたびに、強い葛藤が起きるわけではない。いったんその枠組みができたら、記憶もずっと速く戻るようになった。最初は何週間もショックが残ったが、今は一〇分泣いて、一時間落ち込めば済む。新たな記憶が戻ってきても、それに押しつぶされはしない。

自分がすでに得た癒しを、新たな記憶がくつがえしてしまうことはありません。逆説的ではありますが、思い出そうとすること自体が、すでに癒しの過程にいることの証明なのです。

記憶が戻ってきそうだと感じたら

*安全な場所を捜す。

　仕事中だったらまず家に帰り、家の中で安心できる場所か、親しい友人の家へ行きましょう。（p215『安全な場を作る』参照）

*支えてくれる人に電話する。

　思い出す前、その最中、あるいは思い出した後、友人やサポートグループのメンバー、カウンセラーなど、支えてくれる人と一緒に過ごしてもいいでしょう。また、独りになりたいこともあるでしょう。


*抵抗しない。

　一番いいのは、落ち着いて、記憶が押し寄せるままにしておくことです。薬物、酒、食物などで、無理に記憶を抑え込もうとしないこと。


*それは記憶にすぎない、ということを意識する。

　いまあなたが遭遇しているのは、ずっと前に起きた虐待の記憶です。いま虐待されているわけではありません。思い出すことは癒しの一部であって、虐待の延長ではありません。


*何らかの影響を予期しておく。

　記憶を呼び戻すのは辛く、消耗する作業です。これを乗り切るにはしばらくかかるかもしれません。わき道にそれたり、すぐ別の事をしようとせず、十分に時間をかけましょう。


*自分を慰める。

　思い出すというのはとても不安な体験です。自分をいたわるために何かステキなことをしましょう。（p200『自分を慈しむ』参照）

*少なくとも誰か一人、自分以外の人に話しましょう。

　新しい記憶が甦ったときは、独りでいたいかもしれませんが、誰かに語るのも大事なことです。かつてはたった独りで苦しんだのですから、それをもう一度繰り返す必要はありません。

記憶に宿る真実

子どもの頃受けた虐待を、きわめて正確に覚えていることもあります。加害者の話が聞ける場合、それはしばしばサバイバー自身の記憶とかなり合致します。また兄弟姉妹など、他の家族の証言が得られる場合も同様です。虐待者が家族以外の者だった場合も、同じ人から被害を受けた人々の話は、驚くほど一致しています。

しかし、子どもの頃の虐待の記憶は、他の記憶と同様、起きた出来事の客観的な記録ではないため、ある程度の歪曲化が起こります。起きたことの順番が変わったり、いくつかの出来事が組み合わさることもあります。どういう状況で虐待が起きたかによっても、その記憶は歪められます。たとえばものの大きさ。小さい子どもにとっては、虐待者は巨大に見えますし、その性器が自分の目の前に立ちはだかるように思えます。先生に虐待されたある少女の脳裏には、学校の高い天井と広い廊下が焼きついていましたが、大人になって学校に戻ったとき、その小ささに驚いたといいます。

また、「キャンディを使って虐待された」と思い込んでいた人がいましたが、両親に自分の記憶を話したところ、彼女を虐待していたのは、診察後いつもキャンディをくれる小児科医だったことを思い出しました。この女性の場合、子どもの頃に虐待のことを話していたし、両親の反応も適切なものだったのに、それでも虐待のことはすべて忘れていました。大人になってセラピーを受け、キャンディの残像と膣に感じる痛みの意味を探ろうとして、初めて彼女は記憶を取り戻したのです。

記憶の歪曲が、さらに苦しい記憶から身を守る盾になる場合もあります。ある人はベビーシッターに虐待されたと思っていましたが、後にそれは自分の母親だったと気づきました。

父親が、思春期に入った姉にオーラルセックスを強要するのを見ていたあるサバイバーは、その後で父親が自分にするおやすみのキスが「痛かった」ことを覚えていました。しかし徐々に、父親が自分にも同じことをしていたことを思い出したのです。

不正確な部分があっても、記憶はその時の経験や気持ちの指標として役に立ちます。あるサバイバーは膣にナイフを突きたてられた記憶がありましたが、それが現実ではないことも知っていました。血も流れず、傷跡もなく、どんなナイフかも記憶になかったからです。たぶん、加害者が彼女の膣に指かペニスを挿入したとき、切り裂くような痛みを感じて、子ども心にそれをナイフと思ったに違いない。彼女はそう推察しました。

こうした話は、自分の記憶を見つめるうえでとても参考になります。子ども時代のイメージは、成長するにつれて変化してゆくものなのです。自分の過去を発見し理解し、人生に組み込むことは、すべて癒しの過程の一環です。（記憶の正確さに関しては、p428『記憶の解明』参照）

でも、何も思い出せない

確かに性的虐待を受けた気がするのに何も思い出せない、と言う女性の話をよく聞くと、虐待の具体的ないきさつをうまく話せない、という人が多いようです。しかし、いったん話し始めると、そこから性的な内容を含んだ話や、露骨な性的侵害の記憶が出てくることがあります。

母親によく浣腸されていた、とセラピストに初めて話したときのことだ。母は私をバスルームのマットに寝かして、優しい言葉をかけた。普段は子どもが邪魔で、面倒くさそうな態度をとるくせに、浣腸の時だけは私に全神経を集中し、「いい子だね、リラックスしなさい」って私の脚や太ももやお尻をなでた。どれくらいの頻度かと聞かれ、「毎日学校から帰るとすぐ」と答えたときのセラピストの表情は絶対に忘れない。それ以上の言葉は不要だった。

こうした具体的な出来事まで覚えていなくても、自分の育った環境については意外とよく知っているものです。性的虐待は、健全な家族の中で突発的に起きるものではありません。ほかにも、利用されたり、卑しめられたり、足をひっぱられたり、翻弄されたり、窒息しそうになった体験があるものです。

暴力のことはいつも覚えていた。父が母を殴るところ。そんなに頻繁ではなかったけど、いつ爆発するかわからなかった。父はいつも何かに憤慨していた。私たち子どもたちはベッドに潜りこんで、その音が聞こえないように、枕の下でアニメの主題歌を大声で歌っていた。友だちも呼べず、いつもけんかばかり。寂しくてたまらなかった。

覚えていることに焦点をあてることで、さらなる記憶を取り戻すこともあります。

実際に具体的な形を取らない、境界線の侵害や、淫らな視線、微妙な性的誘いかけや、近親者による情緒的な性的侵害の場合も、はっきりした記憶は得られません。

私は父の奥さん役だった。母が亡くなって、私を妻の座にすえたのだ。花束には「ダーリン」と書き、チョコレートを贈り、私にドレスを着せ、ダイアモンドの指輪までさせた。みんな、「ステキなお父さん」と思ってたけど、あれは病的で、私をすっかり混乱させた。小さな女の子には嬉しいに決まってるし、私も父を崇めていた。でもそれは父の所有欲の現われで、その後の私の恋人関係にことごとく影を落としていく。

父に強姦されたか、何らかの性的侵害を受けた記憶を掘り起こそうと、三年間セラピーに通ったが、そういう行為はなかった。すべては情緒的な侵害だったのだ。

性的虐待のことをまったく思い出せない女性はたくさんいます。癒しが進むにつれて、未知のことや、闇の部分がより鮮明になる場合もありますが、記憶がまったく戻ってこないこともあります。

記憶が完全には戻ってこなくても、性的虐待からの癒しは得られます。三八歳のあるサバイバーは、父親との関係を「精神的近親姦」と表現しました。肉体的な接触は一度も思い出せず、確証がもてないことに、長い間苦しんできました。しかし時が経つにつれて、記憶がないという現実を受け入れるようになりました。

父との間に身体的接触があったかどうか、私は本当に知りたいのか？　真実を知るには強くなくてはいけない。人間の心はよくできていて、自分を守ろうとする。だから私が強くなったら、必ず記憶も甦ってくると思う。

何とか思い出そうと、一年間は悶々とした。そのうち、ただ座って、思い出せないことについて話すのに飽きあきしてきた。それで、虐待はあったと思うことにした。帰宅すると空き巣に入られていて、家の中のものが部屋中に投げ出され、窓は開いたまま、カーテンは風に揺れ、猫がいなくなっている。空き巣に入られたことは確かだけど、犯人はわからない、そんな感じだった。こんな時、人はどうするだろう？　散らかった部屋に座って誰がやったかあれこれ考えるだろうか？　いや、まず部屋をかたづけるだろう。窓に鍵をかけるだろう。誰かがここに押し入ったと思うだろう。「そんなこと証明できるの？」と聞かれるかも知れない。証明なんてできやしないのに。

こうして私は行動した。その症状はあった。性的虐待のグループにはどれも、完全に感情移入できた。いつも警笛がなり、いまだたどり着けない場所、思い出せない事があると感じた。私の癒しはそこで止まっていた。

きちんと思い出したい理由の一つは、罪悪感だった。ある男をこんなに憎んで、もし彼がやっていなかったらどうしよう。彼を責めるなんて、私はなんてひどいヤツだ。だから思い出して、確かめたかった。この社会では、訴える女はいつも責められてきたから。

私は自問した。「どうしていつもこんな気持ちになるのか。何もなかったら、どうしてこんなに不安になるのか」具体的な記憶がなければ、今あるものを認めるしかない。被害だけが残った。あの空き巣のたとえ話のように。私はその被害から回復したい。そのせいでずっと具合が悪くて、ある時こう思った。「いま三八歳。どうするつもり？思い出すまでもう二〇年待つの？」とにかく、良くなりたかった。

自分が強くなれば記憶も取り戻せるだろうか。私の言うことはおそらく本末転倒だろう。もうすでに自分の許容量に応じて思い出してきたのに。このまま気が狂うのはいやだ。世の中に出たい。あの防衛感覚を持ちながら生きたい。私の中に棲むサバイバーはとても賢い。だから状況証拠で我慢することにして、自分を癒すことに専念したい。いろんな性的虐待のグループに顔をだした。「何の出来事も頭に浮かびません」と言い、父についてもあれこれ話すけれど、「ここはあなたの来る場所じゃない」なんて言われたことは一度もない。

記憶を取り戻す過程は、人それぞれ。虐待のことばかりでなく、子ども時代の記憶全般が思い出せない場合、自分の経験をきちんと定義することは難しいでしょう。しかし今あなたが深い苦痛を味わっているとしたら、それには必ず理由があります。それは性的虐待ではないかもしれませんが、ほかに何か名指しすべき問題があるのでしょう。苦痛を感じるのは当然で、気が狂っているわけではありません。

自分の体験をすぐにでも知り、名づけたいという欲求が起きるかもしれませんが、過去を探り、発見するのはとても時間のかかる作業ですから、自分にやさしくなりましょう。あせらないでください。何があったか言えなくても、自分を癒すために大きく前進することはできるのです。

文章を書く――自分に起きたこと

（書くことの基本は、p32参照）

子どもの頃、性的侵害を受けた体験について書いてみましょう。

多くの女性にとって、自分が性的虐待を受けたことを人に語るのはとても難しいことです。あえて口に出したとしても、「兄に暴行されたの」とか、「一〇歳の時に強姦されたんです」など、抽象的な言いまわししかできません。その時の状況をこまごまと語ることがないのは、事実を語ること自体が難しいからでもあり、また話し手が、聴き手に負担をかけまい、自分の話を押しつけまいと思うからです。

しかし「義父が私を虐待しました」といった堅い表現では、自分が実際に生きてきた状況、フラッシュバックの様子、ちょっとしたきっかけで記憶が呼び覚まされたときの恐怖感などは伝わりません。文章にするときは、階段に灯されたあかり、身につけていたパジャマ、彼の酒くさい息、押し倒されたとき肩甲骨にあたった砂利の感触、身も凍るような笑い、あるいは階下のテレビの音など、実際に覚えていること、感覚を呼び覚ますような詳しい描写を、できるだけ多く入れましょう。

もし虐待が長期にわたったり、加害者が複数で、三〇分ではとてもカバーしきれない場合は、まず書けるところまで書いてみましょう。どこから始めてもかまいません。最も書きやすいこと、あるいは取り組む必要があると思うことから始めましょう。これは何度でもできる作業なのです。

何が起きたのか覚えていないのなら、覚えていることを書いてください。虐待の詳細を覚えていなくても、その前後を再生してみましょう。子どもの時どこに住んでいたのか。家族はどうしていたのか、隣近所は、そして自分の生活はどんなものだったか。覚えていないと思っても、実際はかなりたくさんの事を記憶しているものです。ただその映像が順番どおりでなかったり、欠けた部分があるため、「覚えていない」と感じてしまうのです。今あるものから始め、それを十分に活用すれば、おそらくもっといろいろ思い出せるでしょう。

途中で、とても書き表わせないつらいことや、屈辱的なことに出くわしても、とにかく書いてみましょう。誰にも知られたくなければ、人に読み聞かせる必要はありません。ただ、本当に癒されるためには、自分自身に正直でなくてはなりません。あることに関しては絶対に書けないと感じたら、「書けないこと、書きたくないことがある」と書きましょう。それは自分自身の刻印となり、多面的な自分の存在を認めることになります。

話が本筋からそれてしまっても、無理に戻そうとすることはありません。一見無関係のようで、実はより本質に近いこともあるからです。本題に沿って書くのも大切ですが、手綱にはゆとりをもたせましょう。

この作業に正しいやり方というものはありません。年代順に、淡々と、物語ふうに書く人もいれば、感情や感覚を流れるままに書きつけていく人もいます。漠然とした小さな出来事を、糸を紡ぐように少しずつ織りなしていく人もいるでしょう。どのような書き方をしても、自分を裁いたり、自己規制しないことです。自分が書く文章を定型にあてはめようと思ったり、他人と比べたりしないでください。これはあくまで、内に秘めてきたものを打ち明けて癒す機会であり、（自分自身も含めて）誰の期待に沿う必要もないのです。

（1）　子ども時代の性的侵害の記憶に関しては、近年大きな論争が起きている。本書第五章は、こうした議論をとりあげる。

それは本当に起きたこと

三カ月前まで、私は内心、本当に虐待されたとは信じていなかった。「あれは催眠術だったんだ」、「想像にすぎなかった」、「ただ、そう振る舞っていただけだ」と…。性的虐待のサバイバー・グループへ出かけていって、起きたことをみんなに話しても、一人になると「本当にあったわけじゃない」って呟いていた。

私が覚えていることを話すと、母はショックで蒼白になった。「それは昔、住んでたケンタッキーの農場の、おまえの部屋だよ」それで確信できたのだ。

しかし、たいていは虐待の証拠もなく、家族から支えや裏づけを得られるわけでもありません。たとえ自分の記憶が不完全であろうと、家族が何も起きていないと言い張ろうと、それでも自分を信じましょう。自分の経験したことがあまりにも極端で、あり得ないと感じたり、反対に虐待と呼ぶにはあまりに些細なことに思えても、「これは作り話だ」とか「子どもにそんなひどい事するわけがない」と思っても、誰かが自分を虐待した、という現実を受け入れましょう。これは、繰り返し自分に言い聞かせたいことです。

子どもの頃の性的侵害から癒されるには、まず自分が被害にあったこと、虐待が本当に起きたことを信じねばなりません。サバイバーの多くにとって、それは難しいことです。これまで過去の虐待を否認しながら年を重ねてきたり、嘘であってほしいと願っていたり、家族におまえは狂ってるとか、嘘つきだとか言われ続けてきたら、性的侵害を確固とした事実として自分の中に位置づけるのは難しいでしょう。

一方で、性的侵害の事実を認めるのがそれほど難しくない場合もあります。その出来事を覚えている兄弟姉妹がいたり、「でもね、あの人と別れるわけにはいかなかったんだよ」とこぼす母がいる場合、四歳の時のレイプの傷跡、医者の報告書、裁判での証言がある場合。「そう、自分がやった」と認める加害者、虐待の事実を覚えている隣人、何が起きたかを話した友だち。こうした裏づけがある場合、起きたことを認めるのは、よりたやすくなるでしょう。

否認の役割

自分の記憶を否認するためあらゆる手を尽くすサバイバーもいます。本当は夢だったんだ、と言い聞かせたり、「もう過ぎ去ったことだ」と注意を払わなかったりします。ローラも虐待の記憶が甦ったとき、そこで見たものを信じたくありませんでした。

> 絶対信じたくなかった。どこかで真実を認めていても、別の自分がそれを否定しようと躍起だ。起きたことを認めるくらいなら、頭がおかしくなった方がましだと思った。
> 私には素晴らしい家族がいたはずだった。子どもの頃、強姦されるわけがない。敬愛していた祖父に虐待されるはずがない。祖父がしてくれた素敵なことをすべて思い出した。虐待なんて問題外！　絶対あり得ない事だった。

この種の否認は驚きかもしれませんが、実際はよくあることで、衝撃的な心の傷に取り組む際、自分を守るために、不可欠な過程です。自分の中にいる傷ついた内なる子どもとこれ以上向き合えないと思うとき、否認は一時的な休息をもたらしてくれます。そのおかげで、仕事に出たり、子どものために朝食を作ったり出来るわけです。それは一つのサバイバル技術であり、それによって自分のペースを維持するのです。

特に初期の段階では、記憶への信頼が揺らぎます。

> それは霧の中に一瞬、晴間が見えるようなもの。記憶が戻って来て、虐待を再体験する。そしてそれが本当のことだったとわかる。「本当にあったんだ、事実であってほしくないけど、事実なんだ」しかし、そう言ったそばからもう否定している。「でも父さんを愛してる。父さんがそんなことをするはずがない」また心の中で小さな声が聞こえる。「だったら八歳の時のあの膀胱炎は何だったの。私が病院に行ったとき、父さんは私と目を合わせることができなかったじゃない」

エレンのワークショップでも、記憶に揺れる心が劇的に表現されました。作文教室で、ある女性が幼いころ経験した性的侵害について書きました。それをグループの前で読みあげたとき、彼女は完全に子ども時代に退行し、すすり泣いたり、どもったり、震えたりして、虐待を再体験したのです。グループの皆は深く心を動かされました。

ところが同じ日、しばらく経つと、その女性はこう言ったのです。「私が虐待されたなんて信じられない。あれは演技だったかも」グループの一人が彼女に向かって言いました。「喜びや幸せだったら、あんなに上手に演技できたと思う？　それほどの女優なら、どうして同じ場面ばかり繰り返し演じるの？」周期的に自分の体験に疑いを持つのは自然なことです。性的侵害の記憶を受け入れるのは辛いことですから。

疑いが続くとき

本当に虐待を受けたかどうかの疑念が、長い間ついてまわる場合もあります。エミリーの場合、現実が深く歪められた環境で育ったため、自分の感覚を信用できないのも当然でした。

夜、寝る前、よく母さんは私に言った。きょう一日の出来事はみんな夢。そして、眠っている間に起きることが、本当のことだと。母は現実と夢、目覚めと眠りを完全にひっくり返したのだ。

これは極端な例ですが、家族の中で性的虐待が起きる場合、真実が歪曲されることがよくあります。何を信じればいいかわからない。自分の知覚したことと言われたことが違う。そんな家庭で育ったとしたら、性的虐待があったという自分の感覚を信じるのはとても難しくなるでしょう。

一方で、疑念がずっと続く場合、自分が間違っている可能性もあります。自分に何が起きたのか、本当にわからない場合は、けっして自分をせかしたり、他人にせかされて自分にレッテルを貼らないことです。まずゆっくりと自分を振り返り、感情や不安を探りましょう。とにかく自分を信じましょう。時と共にこれまでの体験がより深く理解できるようになるでしょう。

（詳細はｐ439『自分を疑うなら』参照）

自分の生活を見つめる

虐待が本当にあったかどうか確かめ、実際何が起きたのかを探る現実的方法のひとつは、今の生活を見つめることです。現在の自分の感情、反応、人との交流が、過去の体験への手掛りとなるからです。虐待の後遺症らしきものに直面し、癒しに取り組むにつれ、行動パターンがより健全なものに変わっていくこともあります。

一番大変だったのは、虐待が本当に起きたという事実を信じ、受け入れることだった。自助グループに入っていて本当によかった。性的虐待を切り抜けてきた人たちを見て、自分の症状に似ていることに気づいたからだ。自殺したくなる、逃げ出したくなる、痛みを感じない、身体と意識が離れてしまう、何ひとつ達成できない、自分を認められない、いつも孤立状態、といった性的侵害の後遺症の典型が、私にもあったのだ。もう一つ、自分を信じる助けとなったのは、行動パターンの変化を観察することだ。マフィアに捕まるとか、誰かが私の居場所に火をつけるといった被害妄想があったが、父がよくそうやって私を脅し、性的虐待をしていたことを思い出したのだ。父は私をクロゼットに閉じ込め、アナル・セックスをした。火をつけるぞ、って脅しながら。もし私が誰かに話したら、マフィアが捕まえにくるぞって。この一連の出来事が頭の中で結び着いたとたん、私の妄想は消えた。

他者から肯定される必要性

虐待があまりにも日常化しているため、自分に起きたことはごく普通のことだ、と信じているサバイバーもいます。こうした人々にとって、癒しの始まりは、健康的な家族がどうふるまうのか学ぶことです。

家族が私に何をしたか、セラピストに話したら、彼女はこう言った。「それは虐待よ。そんなことがあなたに起きたなんて、ひどいわ」。ショックだった。だって、自分では普通の子ども時代を過ごしたと思っていたから。他人が鏡となってくれて、ようやくそれが虐待だったと気づいた。「家族が私を虐待してた」って、歩きながら何度も自分に言い聞かせた。虐待された事実を受け入れるだけで、一年半かかった。

それは大ごとだった——ヴィッキーの場合

性的侵害が一度きりだったからたいした事ではないと思い込んでいる女性はおおぜいいます。しかし、次の証言が示すように、どんな侵害でも有害です。

父の振る舞いがなんとなく妙だという感じがいつも家に漂っていた。とにかくやたらと私を猫っ可愛がりし、親密過ぎるのだ。キスもいつも長すぎた。私が一〇代になると、それはさらにひどくなった。父は自制心をなくしていったようだ。女友だちは父を嫌がったし、男友だちに対して父は敵意さえ見せていた。

一二歳の時、父に一度だけ侵害を受けた。私は眠っていた。父が部屋に入ってきて隣に横たわった。パジャマのズボンに手を入れて、私の膣をまさぐり始めた。はっとして眼が覚めた。寝返りを打って、背を向け、眠っている振りをした。父は私が起きるのを怖れたのだろう。そのまま出て行った。父の影がドアの向こうに消えて行ったのを覚えている。そのときだけだった。

その事件が起きるまで、私は自分の身体を楽しんでいた。とても快適だった。まさに思春期の真っ盛りに入ろうとしていたときだ。私は社交的で人なつっこい性格だった。ボーイフレンドもいた。すべてが今花開こうとしていた。それなのに私の初めての性体験の相手は父となったのだ。父が私の性器に触れた最初の男だったのだ。

　私は抑えきれない怒りと混乱に襲われた。父を愛していたのに、本当に強い絆で結ばれていたのに。父に侵害されてから、私はひどい抑鬱《うつ》状態に陥り、外界とのつながりを断ち切った。とばりが突然降ろされたようだった。二二歳になるまで、何かが変だということさえわからなかった。埋もれてしまった本当の自分を探さなくてはならなかった。

　起きたことを忘れたことは一度もなかった。ただ水面下に潜ってしまったのだ。その事ばかり考えていたわけではないが、その影響は長期に及んだ。恋人となかなか親密になれないし、恋人関係はいつも自分の思い通りにしないと気が済まなかった。

　父とは五年前に対決し、それっきり連絡を絶っている。父との関係は壊れてしまった。

　状態が最悪だったせいか、起きたことを他の人の体験と照らし合わせはしなかった。それが自分や恋人の生活を耐えがたいものにしていることはわかっていた。一度性的侵害を受ければ、それがどんなにひどいことかわかる。親が境界線を越えたときの衝撃を、子どもは即座に感じ取るのだ。

　もし誰かが、「私にもそういうことはあったけど、あれは単なるいたずら。たいした事ないわ」と言ったら、こう尋ねよう。「他人と深く結びつこうとするとき、どんな気分？　怖い？　自分を閉ざす？　それともその人と完全に一体化する？」みんなも、自分の深いところで、人とどうつながっているか自問してみてほしい。そして、自分がどの程度影響を受けているか、再点検してみることだ。

　そのために誰かと親密になれなかったり、人生が台無しになったり、自分の一部を失ったりしているのなら、その出来事に影響されているのだ。たった一度きりでも、それは大ごとだったのだ。

受け入れるには時間がかかる

本当に性的侵害を受けたとわかってからも、心の奥底ではまだ疑っているかもしれません。何が起きたか認めるのは、ゆっくりとした目覚めのようなものです。

　最初の頃は、自分に虐待が起きたことをよく疑った。比較的安定してからも、なんだか第三者に起きた、遠い出来事のように思えた。時間をかけて、ようやく虐待を自分の人生の一部として受け入れられるようになった。私の人生を語るときに、虐待の話もできるようになった。子どもの頃、家族でよく博物館に行った事と同じくらい自然に、性的侵害について話せるようになった。それはもう、私自身から切り離された恥ずかしい秘密ではない。以前はよく、片方に良き子ども時代があって、もう一方に別の、おぞましく、恥ずかしい虐待があると感じていた。でも今では、同じ一人の子どもである私が、どちらも生き抜いてきたんだと思える。

沈黙を破る

一人の女性が自分の人生の真実を語ったらどうなるか。世界は真っ二つに裂けるだろう。
――ミュリエル・ルカイザー、『ケーテ・コルヴィッツ』より

自分の人生の真実を語ることは、子どもの頃に受けた性的虐待から自分を癒すための本質的作業です。子どもへの性的侵害と、その結果として生じる羞恥心がはびこるのは、沈黙があるからです。沈黙を破ることは、癒しのための強力な道具ですが、これはサバイバーの多くにとって難しいことです。

とても寂しくて心細かった。いつも言いたいことが山ほどあるのに、一度も口に出さなかったのだから。とにかく黙っていることにかけては、人一倍得意だった。私にとって性的虐待とは、沈黙を強いられること、自分で自分の口を封じることだったのだ。

どのように沈黙を強いられたか

自分の虐待について初めて語ろうとしたとき、あなたはまだ子どもだったかもしれません。理想的な環境であれば、信じてもらい、守ってもらい、自分が悪いのではないと言い聞かせてもらえたでしょう。年齢に応じたカウンセリングを紹介され、他の子どもたちと一緒にサポートグループに入ることができたかもしれません。虐待者が家族の一員だったとしても、家から出されたのは、自分ではなく加害者のほうだったでしょう。

残念ながら、こうした対応を受けた人は、ほとんどいません。それどころか、逆に脅されたり責められたり、嘘つきと呼ばれたかもしれません。自分からそれを「望んだ」のだと咎《とが》められたり、「生意気な小娘」と呼ばれたり、虐待の最中、「お母さんが知ったら、ショックで死んでしまうよ」とか、「喋ったら、おまえを殺してやる」などと脅され、そのことを誰にも言わないよう釘を刺されたかもしれません。

誰かに喋ったことで、さらなる虐待を受けた場合もあります。ある子どもが親友に虐待を打ち明け、その親友が自分の父親に話したところ、その父親は詳しい話を聞きたいと言って二人の少女をガレージに連れ出し、聞き出した行為をすべてその場で再現したのです。

虐待を語ることはしばしば加害者を烈火のごとく怒らせます。

一一歳のキャリーは、母親と養父の二人から虐待されました。

一一歳の頃、親友の女の子と乗馬に出かけたとき、私はその子に自分が養父としていることを話した。その子が家に帰って母親にその話をしたら、うちの母に電話がかかってきた。私が家に帰ると、母がすごい剣幕で家から飛び出してきて、私をひっつかんで、馬から引きずり下ろした。そして蹴ったり殴ったりしながら、階段からポーチへ、そして部屋へと私を引きずっていった。「嘘つき」と大声で罵倒しながら、ベッドの上に私を投げ倒した。

私は泣きながら言った。「嘘じゃないわ、本当よ。母さんだって知ってるでしょ」すると、母は私の首を締め始めた。養父は無表情で、母のすぐ後ろで見ていた。

もう息ができなかった。母に殺されそうになったのは、これで三度目だ。ようやく養父が母を私から引き離して言った。「誰もこの子の言うことなんか信じやしないさ。何を喋ろうとな」

たとえ裁判になったとしても、過酷な状況で証言を求められたり、弁護士による集中尋問を浴びたり、何度も繰り返し加害者に対面するよう強いられたかもしれません(1)。

父親が自分を虐待していたのが原因で、母親が離婚したとしたら、両親を離婚させ、家族を引き裂き、「幸福な家庭」を壊したのは自分だ、と罪悪感を持つかもしれません。

目に見えてひどい仕打ちを受けなかった子どもでも、やりきれない沈黙を強いられ、二度とその事を口にしないよう言われる場合があります。家族は往々にして何事もなかったかのように生活を営み、その事をけっして口にしません。こうした場合、子どもは自分の体験ばかりでなく自分自身までもひどくおぞましいというメッセージを、暗黙のうちに受けとるのです。

こうした中で、子どもたちは、信頼できる人は誰もいない、誰かに話しても助けてもらえず、反対に傷つけられたり、見放されたりするので、真実を語るのは危険だ、と学びます。羞恥心と秘密と沈黙を学ぶのです。

子どもはどうやって伝えるか

「私は兄に性的虐待を六回受けた」などと、はっきり言わなくても、すべての子どもが自分なりのやり方で、虐待を誰かに伝えています。言いまわしは曖昧ですが、子どもが「ジョンソンさんは嫌い」とか、「ボーイスカウトにはもう行きたくない」「もうお父さんの家に行かせないで」などと言うのも、はっきりしたメッセージです。

子どもの中には、言葉ではなく行動で伝える子もいます。おねしょをする、親の財布からお金を盗む、寝るのを怖がる、悪夢にうなされる。赤ちゃん返りをする、一人になるのを嫌がる、喘息がでる、食欲がなくなる。学校で問題を起こす。特定のベビーシッターが来ると泣き叫ぶ。性に対して早くから関心を示す。自分の望みを叶えるために性的に媚びた振る舞いをする、などです。

年長の子どもやティーンエージャーの場合は、権威のある人に反抗したり、問題を起こすという形で表わします。落ち込んだり、ドラッグに手を出したり、自己破壊的な行為に走るのです。彼らは人の注意を引こうとしているのですが、その行為が誤解され、「悪い子」とか「不良」と呼ばれます。こうしたメッセージに子どもはなおさら絶望します。「そう、どうせ私はだめな子。あいつが私をこんな目にあわせるのも無理ない」子どもはそう思ってしまうのです。

敏感な親は、変化に気づいて適切に対応します。子どもがそれをどう表現しようと、じっくり耳を傾けるでしょう。しかし最近まで、子どもたちのほとんどは、虐待されても誰にも聞いてもらえませんでした。(2) 誰も聞きたがらなかったのです。虐待状況から抜け出せず、責任感が強いことから、子どもたちはこの秘密の重荷を一人で背負っていたのです。

誰にも何も言わなかったと思っている人は、もう一度よく考えてみてください。自分なりのやり方で助けを求めていたのに、拒絶されたのかもしれません。

思いきって語る――受けとめてもらえると信じて

虐待について語ろうとするとき、侮蔑や無理解にあうのは子どもだけではありません。大人になってからも、サバイバーは叱責や侮蔑、拒絶を受けます。しかし過去の苦い経験を越え、受けとめてもらえると信じて、自分に起きたことを語りましょう。

語ることで変革が始まります。誰かにこれまで受けてきたことを語り、その人が敬意と深い共感を持って聞いてくれた時こそ、癒しに不可欠な自己変革が始まるのです。

キャサリンが初めて虐待について語ったのはグループセラピーでのことでした。

両親が私にしたこと、私にとって家族の中で成長することがどんなに大変だったかを、立ち上がって話す番がまわってきた。私はグループの中で泣きながらこう言った。「とても話せない。話したら、きっと両親が仕返しに来る」とても大変だったけど、みんなの励ましを得て、私はとうとう話をした。

話が終わって家に帰り、ベッドに横たわると、私は文字どおり死を待った。これまで誰にも話していなかった。両親がこのことを知って、絶対仕返しに来ると思っていた。

沈黙を守る人でなく、語る人になろうと決心したのはその時だ。

ワークショップで一人の女性が自分の事を語るとき、その効果は劇的です。もはや自分だけが違っていたり、独りぼっちではないのです。すでに他のサバイバーの話を聞き、それを理解できるので、自分も理解されていると思えるのです。他の女性に聞いてもらい、反応してもらうことで、彼女はまわりの人々の思いやりを感じとり、自分は大切で、価値があり、愛すべき人間だと気づきます。真の感情を味わうことで、ようやく生きているという実感を持てるようになります。語ることで解放されるのです。

家族からの性的虐待についてカウンセラーに話したあとも、虐待はやっぱり大きな秘密には違いなかった。でもグループに行って、そこにいるすべての人に話すことはとても意味があった。それこそが本当のカムアウト（自己表明）だった。

グループで話した後は、サバイバーであることは大変だけれど、悪いことばかりではないと感じることでしょう。ある女性はこう言います。「ここは、勇気あるすばらしい女の集まり——そして誇らしいことに、私もその一人なんです」

語ることで起きる自己変革

＊自分を孤立させる羞恥心や秘密から抜け出す
＊自分に起きたことを否認するのをやめ、真実を認められるようになる
＊理解や援助を得る道を開く
＊自分の感情をもっとよく知ることができる
＊まわりの共感に支えられ、自分の体験、そして自分自身を客観的に見られるようになる
＊正直な気持ちを基盤とした親密な関係が生まれる
＊現在を生き、過去の虐待に取り組む、という自分の立場が確立できる
＊黙って苦しむのはもういやだ、という信念を持つ女性たちの仲間に加わる
＊虐待のはびこる土壌となる沈黙を破ることによって、子どもへの性的虐待に終止符を打つ手助けをする
＊他のサバイバーの手本になる
＊（いずれは）自分を誇りに思えるようになり、強くなれる

語ることのさまざまな段階

虐待について語るといっても、さまざまな段階があります。やっとこのことを口に出したという段階から、ありとあらゆる場所で語り尽くして、それを一つの出来事として自然に話せるようになるまで、語るたびに違う体験をするでしょう。セラピストやサポートグループで話す、パートナーや新しい恋人に話す、友だちに話す、公の場で話す、文章で語るなど、語ることでもたらされる感情は、そのときどきで異なります。

あるときは淡々と、あるいは悲しみをこめて、またあるときは怒りをもって、時にはユーモアさえ交えて語ることでしょう。最近開かれた『誰にも言えなかった夏期合宿』は、通称『インセスト・キャンプ（I．C．）』と呼ばれ、「I．C．サバイバー」とプリントしたTシャツをみんなに贈った参加者もいました。

『誰にも言えなかった』の編集者の一人、ジュード・ブリスターの場合は、虐待について話をするたびに、自分と痛みとの間に距離ができたと言います。話せば話すほど、自分を犠牲者ではなく、力強い一人の大人と見なせるようになったそうです。

何度も自分の体験を語っているエラが、その過程を詳しく語ってくれました。

私には少なくとも語りの段階が三段階あった。まず、話していても何も感じない段階。「私は」と言っても心では他人事で、まだ本当に自分のことだとは信じていなかった。でも実は怒りで一杯で「みんなに言いふらしてやる、今度こそ見てろ」って仕返ししているつもりだった。

次に、つらくて恐ろしい気持ちになった。声の調子が変わり、まるで七歳の子どものように、言葉も子どもっぽくなった。とてもつらかった。そこで自分の感情を発見した。聞いている人も悲しくなったようで、同情してくれた。セラピストや親友、専門家であれボランティアであれ、人の世話をする人たち、自助グループの仲間、そういう人たちを相手に、私は犠牲者というより、むしろ傷ついている小さな子どもとして話をした。

第三段階は、一歩下がって全体像をみるような感じだ。家族の力関係や他の側面、何が起きたのか、なぜそうなったのかが見えるようになった。虐待をふるいにかけると、傷つき怒っているときには見えなかった部分が見えてきた。

振り返ると、怒りから痛みへ、痛みから癒しへと進んで来たようだ。ヘブライ語に「修復」、つまり「癒し」を意味する「ティクン」という言葉があるが、私にとって語ることは、まさにそれだった。

沈黙を破る――女性加害者による虐待

性的虐待の大半は異性指向の男性によって引き起こされますが、女性による子どもの性的虐待もあります。母親、叔母、祖母、その他の女性によって虐待された子どもは、男女を問わず存在します[3]。

性虐待に関するこれまでの文献のほとんどは、父から娘への虐待や男性加害者による虐待に限られていたため、女性に虐待された場合は男性に虐待されたときより、さらに深い孤立感を味わってきました。

一九八〇年にロサンゼルスで開かれたインセスト・アートの展覧会で、ある女性がビデオを上映し、母親による性的虐待を打ち明けました。聴衆はショックを受け、信じられないようでした。

> 家族からの性的虐待について著名な本を書いた女性が立ち上がって言った。「母から娘への性的虐待はありません」じゃあ、おかしいのは私だ、そう思いながら私はそこを立ち去った。

女性を加害者として認めたがらない傾向は徐々に緩和しつつあります。女性による虐待を受けた人のための自助グループも生まれ始めていますが、それでも多くのサバイバーが、未だに自分の体験が軽視されていると感じています。

> 私が話すと気まずい顔をする人がたくさんいる。みんな居心地悪そうで、まるで疑っているみたいだ。だから、ただ話すだけでは済まず、話した後でその説明をしなくちゃならない。
>
> 人は何でも分類したがる。女性が性的虐待の加害者だという話は、女は性的な存在ではない、女は優しい、女は受け身だ、女性が子どもにそんなことできるわけがない、といった神話の数々を吹き飛ばすのだ。
>
> でも「私は性的虐待を受けました、そして虐待したのは実の母です」と語る私の声に耳をかしてほしい。女性も虐待するし、それが表面化するまで癒しは望めないのだから。

この本で扱う問題のほとんどは、すべてのサバイバーに共通したものですが、母親から性的虐待を受けた人特有の問題もあります。母親と子どもとの絆は最も強いことから、母に虐待された場合、自分と加害者との境界線が大変保ちにくくなるという、深刻な結果をもたらします。

> しばらくの間、母との間に境界線が引けなかった。母に

心を握られていて、私の考えはすべて母に筒抜けだと信じていた。母は私の中に巣くっている悪魔のようで、私は母にとりつかれていて、いずれはのり移られると思っていた。自分の嫌いなところをよく観察したら、それは私の中の母の姿じゃないかって怖れていた。母はもう私の中にはいないんだ、ってようやく思えるようになったのは、この数年間でだいぶ成長したからだ。

自分の肉体が成熟して母に似てくるのを怖れる女性もいます。

長いこと、自分を大人の女だと思えなかった。一八歳で家を出てからも、自分は「少女」だと思ってた。「女」という言葉は性的な存在を連想させ、それがたまらなく嫌だった。母は女、でも私は少女。女になることが母のようになることなら、まっぴらごめんだ。この自己嫌悪をぬぐい去るのに長い時間がかかった。

女性から虐待を受けたサバイバーの苦痛や、裏切られたという思いを軽視してはいけません。すべてのサバイバーが癒される価値があるのです。

これは男性の加害者にも言えることですが、女性の加害者も、露骨に性的、暴力的な場合もあるし、もっと微妙で曖昧なこともあります。母親による性的侵害は、子どもが幼い頃に始まることが多く、日常の世話や可愛がり方と区別がつきにくい場合もあります。また、父親が別個に、または共謀して虐待している場合、子どもにとっては二重苦となります。

女性加害者によってもたらされる痛みと裏切りの経験を過小評価してはいけません。すべてのサバイバーは癒される権利があるのです。

話す相手を選ぶ

すでに安心できるカウンセリング[4]を受けていたり、サポートグループに入っているのなら、虐待について語り始めるいい機会です。初めて語る時は、恐怖を覚えるかもしれませんから、思いやりを持って聞いてくれる場所が必要なのです。

パートナーや、恋人、親友に語ることも大切です。周囲の人たちに、どうして自分が、時に悲しんだり、怒ったり、動転したり、忙しすぎたり、あるいは一人になりたがるのかわかってもらいましょう。どうして友人を容易に信頼できないのか、恋人とのセックスに難色を示すのはなぜか、どうして急に殻を閉じたり、しがみついたりするのか、知らせる必要があります。いい関係を作り上げるには多くの労力が必要ですし、あなたにはそうした味方が必要なのです。出会う人すべてに打ち明ける必要もないし、それが適切とも思えませんが、自分が親しくなりたいと思う人に聞いてもらうことは大切です。

出会う人すべてに、自分は性的虐待の被害者だって言いまわっているわけじゃない。それだけで定義されたくないから。でも、そういう時期も過去にはあった。誰かに会うと、まず口にするのは虐待のことだった。「私、性的虐待の被害者なの」「そうなの？　言ってくれてありがとう」っててね。ブラック・パワーやゲイの権利運動なんかでもそうだけど、どんな運動でも、ある種の自己定義を試みて、そう主張する時期があると思う。私にもそういう時期はあったけど、段々その必然性も薄れてきた。今では自分の気持ち次第。言いたくなければ口にしない。

自分について語ることに、より深い意味をもたせる女性もいます。こうした女性たちにとって、語ることは政治的な選択であり、必然なのです。現在、一〇代の若者向けの性的虐待ワークショップを開き、家族からの性的虐待について書いた自作の詩を朗読しているドリアン・ローはこう説明します。

自分が性暴力を受けたことを隠さなきゃいけないと思っている女性は、まだおおぜいいる。身体を見れば、誰かがそれに気づくんじゃないかって、とても脅えているのがわかる。私はそれが嫌だ。バレるかどうか怖れることはない。私は虐待について語る時はいつも本名を使う。私にとって、それは政治的発言だ。私が恥じることは何もないのだから、匿名にする必要もない。その事で、私の生活に悪影響が起きたとしたら、それは不当なことだ。その影響を受けるべきは、加害者のほうなのだから。

私が名前を隠せば、秘密という世界は守られる。性的虐待を隠すことはない。逆に、堂々と出て行って言う必要があるのだ。「私は〇〇です。私にはこういうことが起きました。そして私はその事で怒っています」ってね。

それに、私はバランスのとれた人間として、一緒にやっている若い人たちの手本にもなっている。だから口に出して自分のことを語るのは、とても大切なのだ。

どのように語るか

自分の虐待体験を語る相手が、熟練したカウンセラーやサバイバー・グループの場合には、特に前もって計画を練る必要はないでしょう。こうした人たちは、あなたがどんな風に語ろうと、話が聞けるはずです。しかし友人や家族に初めて打ち明ける場合は、できる限り環境を整えておきましょう。（ただし、これは支えになってくれそうな家族に伝える場合のこと。思いやりのない家族や、反応が予測できない相手に語る場合は、p146『打ち明け、対決すること』参照。そこでは語ることが全く違った意味をもつ）

　賢い選択によって、支えは倍増します。誰かに語ろうと考えているのなら、まず以下の項目を自問してください。

＊この人は私を気づかい、尊重してくれているか
＊この人は私の幸せを考えてくれているだろうか
＊この人とこれまで感情について話ができたか
＊この人を信頼しているか
＊この人といて安心できるか

　右の質問にすべて「はい」と答えられれば、支えになってくれそうな人を選んでいるといえます。

　友人、恋人、パートナー、いとこなどに、とても個人的でつらい話を聞いてもらいたいと伝え、都合を尋ねましょう。もし都合が悪いなら、別の機会にしようとつけ加えましょう。こうしておけば、相手が五分後に仕事に行くのでは、という心配もなくなります。またその人も、話を先延ばしにするか、いま聞くかを選べるわけです。

　もし自分が特定の反応を望んでいるか、避けたいなら、前もってそれを伝えましょう。たとえば、聞いてほしいが、助言は欲しくない。質問してほしい、ただ黙って聞いてほしい、抱きしめてほしい、絶対触らないでほしいなど。どう援助すればいいか、どう質問したらいいか相手にはわからないこともあります。良き友であれば、あなたの提案を歓迎するでしょう。

　また、自分が語ることを他言してほしくないときは、そう伝えましょう。自分で沈黙を破るのは大切ですが、自分が選んだ人と、自分のペースで進むようにしましょう。

人間関係の整理——心の草むしり

　他人の人生の真実に耳を傾けるというのは、特権であり栄誉でもあります。あなたが自分を語る時も、そう受けとめられるべきです。しかし実際は必ずしもそうはいきませんから、起こりうる否定的反応に対して、心の準備をしておきましょう。

　話を聞いて脅威に感じる人もいれば、無反応になったり、ショックを受ける人もいるでしょう。こういう人たちは、ひょっとしたら自分自身の虐待を思い出しているのかもしれません。まだ自分の記憶を取り戻していない人の場合、それを思い出すまいとして、防衛反応の警笛が鳴るかもしれません。怯えきってしまう人もいれば、はじめはまったく信じない人もいるでしょう。また驚くほど無神経な人もいます。三人の子どもを産んでから、夫にようやく性的虐待について話したある女性は、彼に「俺が最初の男じゃなかったのか」と言われました。

　サバイバーが打ち明けたがらない理由は、次のようなもので

す。「長い間、他人の反応を怖れていました。みんな犠牲者が好きなんです。人間の中には動物的なところがあって、よってたかって犠牲者を喰い物にするからです」また中には、サバイバーの話に刺激されて、虐待の様子を事細かに聞きたがる人もいます。子どもへの性的虐待の話が性的興奮の題材とされる社会では、これも驚きではありません。

こうして時には、敵意に満ち、無神経で、侮辱的な反応に会うこともありますが、それでも語ることは大切です。本当の自分、そして本当の気持ちを分かち合い始めたとき、あなたの人間関係にある種の取捨選択が起きます。場合によっては、この挑戦に耐えられずに関係が崩れ、その喪失を嘆くことになるかもしれません。あるいは完全には諦めずに、表面的な関係だけでも維持しようとするかもしれません。

期待はずれの反応もあるでしょうが、ローラが語ったように、暖かい思いやりに満ちた反応を得ることもあります。

> 初めて虐待を思い出したとき、私は打ちのめされた。友だちに電話するのもやめて、かかってきてもうわの空で、虚ろだった。ついに一番の親友カレンが傷ついて怒り出し、私と絶交すると言ったので、初めて虐待について話した。私が何に直面しているのかを知った彼女は、それ以来、献身的に私の支えとなってくれた。

過去に受けた傷や怒りを隠さず、ありのままの自分でいられる関係をいくつか持っているのは大事なことです。そうした関係を作り上げる唯一の方法は、自分について正直に語ることです。正直な自分を知ってもらった時こそ、本当の親密さを感じることができるからです。

---

(1) 最近、州によっては、子どもが証言台に立つ場合に備えて、特別の配慮をするよう法律改正が始まった。変化には時間がかかるものの、画期的なプログラムが導入されている。地域によっては、判事が堅苦しい法衣をまとったり、高座に座ったりする慣習も廃止された。誰もが子どもと眼の高さが同じになるよう、一つのテーブルを囲んで座り、より多くの支援者や家族が入廷を許される。裁判所の中には特別に子どもの擁護者を任命し、出廷前後に子どもに付き添ったり、裁判の前に子どもが加害者に会わなくていいよう手配し、友人として子どもの支えになれるよう配慮する所もある。

ワシントン州には実際に子ども用法廷がある。子どもも判事もおもちゃに囲まれて床の上に座り、そこで証言するのだ。部屋にはマジックミラーが備わっており、被告は向こう側にいるため、子どもは被告と顔を合わせなくて済む。

ビデオ録画による証言は、まだ法廷証拠として有効と認められていない州があるが、すでに全国で使われている。録画された子どもの証言は被告と対決するのに使われ、多くの場合、有罪を認めさせるに十分な威力を発揮する。

また「伝聞法案」がさまざまな州で検討されている。これが認められると、セラピストなどの第三者が子どもの代理として証言できることになる。イスラエルではこの制度が用いられ、家族からの性的虐待の場合、子どもが出廷する必要はない。警察によって指名された青少年カウンセラーが、法律に則って子どもの証言を集め、その人物が代理人として証言するのだ。

こうした改革に対して、近年、巻き返しの動きが強くなってきた。告発された虐待者や被告弁護団、被告側の証人となる専門家などが、性的虐待に関する子どもの証言の信憑性を弱めるよう、さまざまな手段を講じているからだ。これからも、子どもたちの勝ち取ってきた権利を失わないよう、子どもたちを擁護していかねばならない。

（2）　虐待された子どもに対して深い共感が必要だと認識する親や専門家が増えるにつれ、この状況は変わりつつある。願わくば近い将来、この言葉が不適切になって欲しいものだ。子どもたちが、迅速で熟練した、親身な援助を受けられれば、心の傷を癒すのもそれほど大変ではなくなるだろう。

（3）　女性虐待者に関する統計は、Faye Honey Knopp and Lois B. Lackey : *Safer Society Press*（The Safer Society Program, P.O.Box 340, Brandon, VT 05733）参照。

（4）　現在のカウンセラーやサポート・グループが、こうした事を話し合えるほど安全な場ではないと感じているなら、p338『カウンセリング』を読んで、信頼するのが苦手なだけなのか、あるいは、別の人や場を捜したほうがよいのかを判断しよう。

自分のせいではなかった

あの時、私はたった五歳だったけど、とても利発だったから、何とか逃れられたはずなのに……。

性的虐待の被害者は、よく自分に非があったと思い込み、大人になってからもそう信じ続けます。おおぜいの幼児や少年少女が性的に虐待されていますが、それは決して本人のせいではありません。しかし、なぜ自分のせいだと思ってしまうのか、それにはいくつもの理由があります。

直接責められたサバイバーもいます。「おまえは悪い子だ、いやらしくて、汚い子だ。だからこんなことをされるんだぞ」「本当はこうして欲しいんだろ？　わかってる」「おまえは、なんて魅力的な少女なんだ。とても自分を抑えきれないよ」などと、加害者に言われた場合です。

虐待を受けたと知られて、かえって罰を受けたかもしれません。何か言おうとしても、恐ろしい嘘だ、作り話だと言われたり、まわりの大人が話を避け、何も言うなというメッセージだけが伝わったかもしれません。

宗教の教えから、自分は汚れた罪人で、地獄へ落ちると告げられて、神にさえ愛されないと思ったかもしれません。「虐待を受けた私の内なる少女は、今でも雷に打たれるのを待っています。なぜなら、自分に起きたことを人に話したから。加害者は父さんだ、なんて言ったら地獄の炎で焼かれるでしょう」

ある女性は幼いころ加害者から、「虐待する自分を止めてくれ」と哀願されました。彼は、自分がしたことは間違ったことだ、二度と許してはいけない、と言いながら、再び虐待行為を働いたのです。

私は心底、自分を邪悪だと感じた。ホラー映画に出てくる悪魔の子ダミアンのように。純真な幼子の仮面を剝がすと悪の種子がある。私という存在自体が、人に不快感を与え、悪いことを引きおこす、そう思っていた。私さえ変われば、何でも変わると思っていた。例えば、オール5の成績をとれば、父は触ってこなくなるだろうとか、私の態度いかんで、何事も左右できると思っていたのだ。状況をコントロールできる大人は誰もいなかった。この歪んだ感覚を今でも引きずっている。

被害者が自分を責める理由には、もっと微妙なものもあります。本当の自分がいかに傷つきやすくて、無力かを認めるのは、怖いことです。自分が何らかの働きかけをしたせいだと考えれば、たとえ幻想でも、ある種の力を得られます。これが自分のせいなら、これから良い子になれば事態は好転するはずだ、と思うのです。

しかし実際には、子どもには虐待を招く原因は何一つなく、それを防ぐ力も備わっていません。信頼できない大人が自分を抑えきれず、子どもの健康な身体や心、そして命までをも危険に曝《さら》す、そんな世界に住んでいたのです。こうした現実を認めるのは、子どもにとって辛いことです。本来、自分を愛し、保護してくれるはずの大人にそれを望めないとしたら、いったい何を信じればいいのでしょう。

自分のせいではなかったと認めることは、愛する人から守ってもらえなかったという事実を受け入れることです。あるワークショップで、自分を責める女性に出会いました。彼女は一二歳の時、ようやく父親に「ノー」と言い、そのとき以来、父親は虐待しなくなったと、しきりに自分を責めました。「虐待が始まった四歳の時、どうしてすぐノーと言えなかったんだろう。自分にはやめさせる力があったのに」

これを聞いて、別の女性が答えました。「私はノーと言ったけど、父はやめなかった。格闘して、蹴ったり叫んだりしたのに。加害者はノーと言われただけではやめないわ。あなたの父親がやめたのも、時期が来たからじゃない？　あなたが一二歳の時が、やめ時だったのよ。幼い子が好みだったのかもしれない。子どもは自分で思うほど、相手を抑える力を持っていないものよ」

お金や贈り物、その他の特典を受けたことで、自分を責める女性もいますが、どんな小さな物でも、そうした代償を得ることができた自分を、むしろ評価すべきです。加害者から自転車をもらったある女性は、それに乗って家から離れた森へ行き、木々に囲まれて安心感を味わうことができました。彼女は自転車をもらった自分を責めていましたが、これだけ殺伐とした環境で、自分のために何かを獲得できたことは、むしろ称賛に値します。

ぬくもりが欲しかった

関心や愛情が欲しくて、相手の性的な接近を拒まなかったり、そうした接触を求めたことを、この上なく恥ずかしく思うサバイバーもたくさんいます。そのぬくもりが心地よく、虐待者を崇拝していたかもしれません。おじいちゃんのお気に入りであることが誇らしかったかもしれません。女性たちは口々に「背中をさすってほしいと頼んだのは私なんです」「自分から、彼のところへ行きました」「一緒にベッドに入ったんです」などと言います。

いずれにせよ、あなたのせいではありません。子どもは皆、関心や愛情を求めるものです。関心や愛情は本質的な欲求であり、たとえどんな形で提供されても、子どもはそれを受け入れるものなのです。

でも、気持ちよかった

性的虐待を受けて、痛みを感じたり、感覚が麻痺することもあれば、性的興奮やオーガズムを体験することもあります。虐待自体が混乱と恐怖をもたらす破壊的体験であっても、同時にある種の快感を覚える場合もあります。虐待にまつわる快感は、多くの人にとって最も対処しにくいものです。

気持ちいいと思ったこともあった。これは本当に話しづらいことだ。母と性的に接触して興奮した時のことを考えると、たまらなく恥ずかしくなり、吐き気がする。

一〇代の時、集団強姦を受けた別の女性は、その時オーガズムを感じたことをこう語っています。「神がこんなふうに私の身体を作ったことが、残酷な冗談に思えた。それを身体が快感と感じたことが恥ずかしくて、何が起きたかさえ忘れていた」

最初に強姦を思い出したとき、彼女は一晩中性的虐待の体験記を読み耽って、虐待の最中にオーガズムを感じた人が他にいないか探しました。そうした経験をしたのが、自分だけではないことを知りたかったのです。

性的感覚を持つのは自然なことです。虐待されたとき、性的快感を覚えたからといって、あなたに非はありません。

身体は刺激に反応するようできています。性的接触に対して生理的快感を覚えるものなのです。それは必ずしも思い通りに調節できない、自然な身体反応です。サンドイッチを食べると、胃が自動的に消化し始め、それを止められないのと同様、性的な刺激に対する身体の反応を止められないこともあるのです。

性的虐待を受けたときオーガズムを感じたからといって、虐待を望んだわけではないし、性的に反応したからといって、性的快感が悪いわけではありません。なにより大事なのは、身体が自分を裏切ったのではないということです。身体は当然の反応をしただけ。裏切ったのは、身体ではなく、虐待者のほうです。サファイアは羞恥心を乗り越えるために、自分を心から愛することにしました。

私が性的に興奮したのは、虐待を好んだからではなく、身体が情熱を体験するようできていたからだと気づいた。身体が触覚的に反応した、それだけのことだ。それを弄《もてあそ》ぶ権利は、誰にもなかった。この怒りに支えられて、恥ずかしさを克服した。

もう子どもじゃなかった

子どもが虐待されると、ノーと言ったり、自分の境界を設定する力が著しく阻害されます。虐待が大人になるまで続いたとしても、自分のせいではありません。こと性的侵害に関しては、ある年齢に達すると被害者に急に責任が生じ、望んで協力するパートナーになる、なんてことはありません。たとえ三〇歳になるまで父親とセックスしていたとしても、子どものせいではないのです。たとえ年齢的には成人でも、まだ幼い無力な子どもの視点で反応しているからです。

メアリーは、子どもの頃、義父と兄弟から再三虐待を受けていました。二一歳のとき、一つ年上の兄や彼の友人たちと一緒に旅行にいき、二人は同室に泊まることになりました。「兄がしつこく迫ってきて、私はその夜、浴室の床で眠りました。セックスしたいと懇願され、つかみかかってきたんです。とうとう、私は浴室に逃げ込み、鍵をかけました」

このことについてメアリーは長い間、罪悪感を抱いていました。兄とは一つしか年が違わなかったし、自分にも大人としての分別が足りなかった、初めから旅行なんかに行くべきではなかった、すべて自分が悪いのだと。

メアリーに事態が見えはじめたのは、セラピーに通い出してからです。「二一歳の時に起きたことは、八歳で父にお風呂に入れられたときとまったく同じだ。私はノーと言うことを教わってこなかったのだ」

これまで常に自分の領域が侵害されていたとしたら、突然、境界線を確立しようとしても無理というものです。大人になって、家を出て独立したからといって、急に自己主張のできる力強い人間に変わるわけではありません。年齢や関係がどうであれ、より力のある者が性行為を迫れば、それは侵害なのです。

絶対に自分のせいではない

子どもに自分の身を守ることを期待するのは不公平です。子どもはさまざまな形で大人を試すものです。子どもはこの世界がどんなものか知るために、境界線や人の態度など、あらゆることを試します。そんな子どもたちを尊重するのはあくまでも大人の責任なのです。

たとえ、一六歳の娘が裸で居間に入ってきて、父親の上に身を投げ出したからといって、それが彼女と性的接触をもつ理由にはなりません。責任ある父親なら「こういうのは少し問題だな」と、彼女に服を着るように言い、よく話し合い、必要なら専門家の助けを求めるでしょう。年齢やその時の状況を問わず、性的虐待に言い訳はないのです。子どもと性的に関係を持たないこと、これは全面的に大人の責任です。

子どもの頃、あなたには自分を守る術も力もありませんでした。今日、学校では子どもへの性的侵害を防止するためのプログラムがあり、子どもたちに「安全で、強く、自由に」生きることの意味を教えています（p312注参照）。子どもに「ノー」という権利があることを教える親も増えています。しかし、これはごく最近のことで、私たちが出会った女性の中で、子どもの頃、自分の身体を自分でコントロールする権利があると教わった人は誰もいませんでした。また、抵抗すると、ますます強制されたという例もたくさんあります。

羞恥心を乗り越える

羞恥心が薄らいでくるのは、癒しの大事な徴候だ。自分に起きたことを人に話す時、相手の腕時計でなく、まっすぐ顔を見られるようになる。そして、相手から蔑まれるのではないかと心配せずに、目を見て話ができるようになる。「私には問題ないわよね？」と尋ねる代わり、「私は大丈夫」と言えるようになる。

羞恥心を乗り越えるにはさまざまな方法があります。中でも最も力強い手段は、自分の受けた虐待について話すことです。恥は、秘密という土壌で増殖します。自分の人生の真実を率直に話すことで、羞恥心は薄らいでいくでしょう。

「真実を語ると自由になる」という言葉があるが、まさにその通り。もう檻の中に閉じ込められていないし、鉄格子もない。そして何より、もう首を絞めつける秘密は何もない。私を絞めつけるのは毒でも憎しみでもなく、秘密を守ることだった。秘密を持てばいつかは人に知れる、という不安から逃れられず、意味もなく人生を破壊される。秘密を捨てて、私は生まれ変わった。怖れる理由がなくなったからだ。

自助グループに参加する

サバイバーのグループに参加するのは、羞恥心に打ち勝つ強力な手段です。他の女性たちがそれぞれの受けた虐待について語るのを聞き、彼女たちに自分の話を、誠実に、敬意をもって聞いてもらう、という体験をすることで、虐待に共謀した被害者として自分を恥じるのではなく、サバイバーとして自分を誇ってよいと思うようになるでしょう。ある女性はこう語ります。

「一人のカウンセラーに『あなたのせいではなかった』と言われるのもいいけど、八人から同じことを聞くのは、すごく説得力があります」

公の場で話す

公の場で話すこと、たとえば、他のサバイバーに話をしたり、子どもの虐待防止のための活動や、性暴力防止プログラムなどに参加することは、羞恥心を自分の存在価値や力へと変革する有効な手段です。二〇代に売春婦となり、窃盗を働いたジェニローズにとって、語ることは羞恥心を捨てる手段でした。

性的虐待に向き合ってしばらくすると、他の人を助けたくなった。それで、学校の生徒や、専門家トレーニングに出かけて行って話をした。その一つは、警察官のグループだった。売春をしてたのは二〇年も前のことなのに、私は売春婦に見られることをいまだに気にしていた。その日、私は警察官たちの前に立って、こう宣言した。「私は、泥棒でも売春婦でもありません」。その瞬間、私の人生が報われたと感じた。私は敵と向き合ったのだ。

子どもたちに目を向ける

子どもたちと共に過ごせば、虐待が自分のせいではなかったと確信できるでしょう。子どもの姿を見ながら、あなたがどんなに幼くて、無力だったか思い出すでしょう。ある母親はこう語っています。

娘が成長するのを見ていると、「いったい誰が、子どもにあんなひどいことをするんだろう」と思えてならない。これは自分と向き合うだけでは感じ得なかったことだ。長い間、自分が受けた虐待を正当化してきた私だったが、夜、子どもを寝かしつけながら、その小さな身体と無力な姿を眼のあたりにして、あの頃の自分がどんなに傷つきやすかったかを実感した。そして虐待は許されないことだと痛感したのだ。私にはなんの責任もなかった、とようやく思えるようになり、少しずつ自分を許せるようになった。

この女性は、一〇代の子どもたちを対象に性的虐待のワークショップを行う時、自分が三歳の頃の写真を見せます。「私は子どもたちにこう言います。『私の父は、この子と性行為をしていたの。ゴムのズボンと編み上げ靴をはいたこの子とね』いつもこの写真を見せて、それが私のせいではなかったことを、子どもたちに知らせるのです」

子どものいない人でも、子どもを観察する機会はたくさんあります。今度、学校の校庭やショッピングモールの近くを通ったら、はじめて虐待された頃の自分と同じ年齢の子どもを探してみましょう。子どもたちの行動を観察し、甲高い声を聞き、身体の大きさをみてください。虐待を受ける理由のある子どもは一人としていないでしょう?

それでもまだ虐待されたことに責任を感じる人は、愛情を求める子どもの純真さを忘れているのです。ある女性はこう語ります。

友人の家に行く途中、車のなかで六歳の娘が、いきなり私の恋人になりたいと言い出した。娘は「恋人」という言葉の意味をよく知らなかったが、何が欲しいかはわかっていたようだ。私が、「それは無理よ」と優しく伝えると、娘はすぐこう付け加えた。「今は小さいから、大きくなったらね」「それも無理なの。あなたが大きくなっても、私はあなたの母親だし、あなたは私の娘。それはずっと変わらない、特別な関係よ。恋人同士にはなれないけど、特別な愛を分かち合っているのよ」

娘は納得して、「絶対変わらないよね」と言って車を降りると、私の方を向いて口早につけ加えた。「お母さん、このことは内緒ね、いい？」「もちろんよ」。私はこう言って彼女の手を取り、友人の家に向かった。

虐待者はこうした純真な愛情を悪用するのです。

内なる子ども

内なる子どもを許す、という話を初めて聞いた時、「ふん、どうせまた西海岸特有の戯言さ」と思った。そんな小さな女の子なんて私の中にはいない。いたとしても、そんな弱々しくて無力な子に会いたいなんて思わない。その子のおかげで私はこんなことに巻き込まれたんだ。やっかいな問題児とは一切関わりたくなかった。

内なる子どもという概念は、サバイバーの多くにとって、なかなか受け入れ難いものです。しかし、自分を癒すにあたっては、内なる子どもを許すことがとても大切な要素となります。内なる子どもはたいていの場合、憎しみや非難の的になったり、逆に完全に無視されます。幼かった自分、愛情を求めていた自分、「虐待を許した」自分を憎んでしまうのです。

現実の世界に暮らしている「自分」と、今でも臆病な犠牲者である「内なる子ども」の両極に引き裂かれる感じがするかもしれません。「これまでのすべての成功が、一つの大きな嘘のように思われてならなかった。というのも、過去を克服できずに、屈辱と苦痛の人生を送っている幼い子どもを、まったく無視してきたからだ」この女性は自分のイメージを、スーツ姿で颯爽と職場へ向かうキャリアウーマンとして頭に描いていました。しかしその傍らで幼い少女が、「仕事に行かないで、私のそばにいて」と、しくしく泣いているのも見えたのです。

これまで、大人である彼女の反応はいつも「あっちへ行って。あんたなんか大嫌い。その悲しそうな顔を見て、一日中家にじっとしてるなんて耐えられない！」というものでした。しかし、その子の凍りついた苦痛を無視し続ける限り、自分自身の一体感を味わうことはできません。

その小さな少女と折り合いをつけるのは、本当に大変だった。本当の敵はまったく別の場所にいるのだと気づく必要があった。当時その子がどんな事態に、どれだけうまく対処したかに気づいた時、その子がこれまで生きてきたこと自体がいかに驚異的だったかわかった。その子を受け入れ、愛せるようになるには長い時間がかかったが、最近ようやく許せるような気がする。

なぜ、大変なのか

その幼い少女に心を開くことが、どうしてそんなに難しいのか。その理由を考えてみましょう。一つには、生き延びるために、その子の傷つきやすさを隠す必要があったからです。かつて子どもだったと認めることすら脅威に感じる人もいるでしょう。自分を守る力を持っていなかった頃を思い出すからです。虐待が羞恥心、傷つきやすさ、そして痛みを思い出すのです。虐待が本当に自分に起きたと認めねばならないからです。

ある女性は、家族に性的虐待を受けたことをどうしても認められず、大人になった自分の作り話だ、と思っていました。多くのサバイバー同様、この女性は何年もセラピーを受けながら、子どもの頃のことをまったく思い出せませんでした。セラピストに、幼い頃の写真を持ってくるように言われて初めて、性的侵害を受けたあの子が自分だったことに気づき始めました。セラピストは写真を指して、こう言いました。「これがあなた。これはあなたに起きたこと。この子はこんなに小さいのよ。この子が自分だということがわかる?」

子どものいるサバイバーは、我が子の傷つきやすさを目にすることで、内なる子どもと繋がることができるといいます。ローラの体験もこれと似ています。

以前は子ども好きだったのに、家族からの性的虐待を思い出してから数カ月間は、子どものそばにいるのが苦痛だった。子どもたちが無邪気にはしゃぎ回り、女の子たちがスカートをめくり、白い木綿のパンティを見せたりすると、「なんて無防備なんだろう、なんて小さいんだろう」と、一瞬ギクリとしたものだ。

記憶を取り戻して初めてのハロウィーンは、友人の家で過ごした。近所の子どもたちから逃げたかった。あの無邪気な幼い顔を見るのが辛くてたまらなかったのだ。「お菓子をくれないと、イタズラするぞ」という子どもの台詞を聞いても、頭に浮かぶのは「誰かがあなたたちの人生を台無しにするのよ」なんてことばかり。どの子も標的に見えた。

ふと玄関の呼び鈴が鳴った。友人に頼まれてドアを開けると、母親と小さな少女が立っていて、少女は金の縁どりのあるフワフワした白い天使の衣装をまとっていた。ブロンドの髪は内巻にカールし、頭上にはアルミホイルと針金で作った輪がのっていた。年を尋ねると、その子は「五歳半」と、誇らしげに答えた。

私の眼はその子に釘付けになった。あの頃の私にそっくりだ。二五年前の自分の姿を鏡に映したようだった。彼女から目を離さない私に気づいて、母親は娘を守るように肩に腕を回し、私をにらみつけた。私は、彼女にチョコバーをあげてドアを閉め、そのまま放心状態で居間に座り込んだ。

「あいつが無理じいしたとき、私はあんなに小さかったんだ。よくあんなひどいことができたものだ」激しい怒りと悲しみの涙がこみ上げてきた。私に罪はなかった。自分を守る術もなかった。私は何も悪いことをしていない。「ほんの小さな子どもだったのに」私は誰もいない居間で叫んだ。五歳の子どもの姿が、突然現実となって私の中を駆け巡った。

内なる子どもと繋がる

自分の中に幼い少女がいないということは、大切な何かが欠けていることを意味します。少女の優しさ、信頼感、純粋な驚きなどの感覚が遮断されているのです。内なる子どもを憎むことは、自分の一部を憎むことです。自分を心からいたわるには、その子をいたわらねばなりません。最初は不信感や矛盾で一杯でも、その子をあなたの一部として受け入れることで、癒しが始まるのです。

私は真剣に内なる子どもに問いかけた。「今日は何をしてほしい？　あなたを安心させるために何ができる？　あっちへ行けなんて言わないから」心からの献身を誓って、こんな風に語りかけた。「わかった、今起きていることを、あんまり多くの人に喋ってほしくないのね」「わかった、今日の昼休みに五分間だけ話したいのね」

それは素晴らしい体験だった。私の中に突然、この子に対する心からの忠誠心が湧き上がり、自分の一部として認めたいと思い始めたのだ。それはこれまで味わったことのない感情だった。ついこの間までは、「こんなやっかいな悪ガキなんか、どっかへ行っちまえ。邪魔しないで」などと思っていたのに。

彼女の親になれると感じたのは、驚きだった。両親のようになりたくないから子どもは絶対いらない、これが私の口癖だったのに。自分に対して親らしいことができるというのは、とても意義あることだった。

内なる子どもと親密な関係を築くということは、その子の深い苦しみに目を向け、恐怖と向き合い、慰めてあげることです。これは容易ではありませんが、内なる子どもを抱きしめることで味わう感情は、苦しみだけではありません。それは、自分自身を大切にいたわることでもあります。たとえばジュリー・マインズは、自分のために誕生パーティーを開きました。

二五歳になった時、三〇歳までこの先五年間の癒しを逆算して誕生日を祝うことに決めた。五歳の誕生日は、童話とチョコレートケーキでお祝いした。今度の金曜日は、私の癒しを支えてくれる女性たちと「三歳」の誕生日を祝う予定だ。シーツでテントを作り、中で懐中電灯をつけて、お話を読むことにしている。テントの天井には、またたく星もつけようと思う。小さい子になるのが大好きだ。

　ある女性は自分の中の傷ついた子どもたちのために遊び部屋を作りました。その年齢に応じた安全な場所を作り、年相応のおもちゃや縫いぐるみを用意したのです。お気に入りの絵葉書やスケッチ、たくさんのやさしい言葉を添えて。

　絵を描いたり、薄明りの中で隠れんぼするのもいいでしょう。ある女性は、毎晩寝る前に、夫に子どもの本を読んでもらいます。また寝る前に、内なる子どもに手紙を書く女性もいます。「その子にいろんな素敵な話をするの。そして朝起きたらそれをもう一度読んでみるんです」

　あなたの役目は、その子を喜ばせ、話を聞くことです。ジゼルはこう説明します。

　私は内なる子どもの話にしっかり耳を傾け、何かしてあげることから始めた。彼女の母親になりたくなったのだ。私の中に自分を癒す力が目覚め、その子の要求に応えはじめた。肌触りのいい服を着たいとか、アイスクリームを食べたいとか、テレビの『ルーシー・ショー』を見たいとか、外に出てお花畑に座りたいなど、その子は自分に何が必要かちゃんと知っていたのだ。

　日ごとに新しい発見がある。その子が私を導く。傷ついたのは彼女なのだ。抱きしめてほしい時も、ちゃんと知っている。髪をすいてもらいたいだけの時もある。その子はすべてわかっているので、私はできる限りのことをする。自分自身を抱き寄せ、撫でたり、そっと揺すってみる。その子を安心させるために。

内なる子どもと知り合う——エレノア

　男性から身を守るために、太ったままでいたいと、セラピストに話すと、セラピストは、私の内なる少女がどうしたら安心できるか想像するよう言った。目を閉じると、マシンガンを抱え、弾丸や手榴弾の詰まったベルトを肩にかけ、カウボーイ・ブーツにナイフをさした少女が道を歩いていた。その子どもは自分で自分の面倒を見なくてはならないと思っているが、彼女を守るのは実は大人である私の役目だ、とセラピストは言った。私が守ってあげれば、その子は過剰に体重を増やしたり、他の防衛法を見つけなくて済むというのだ。

　その後、想像の中で私はその少女に近づき、守ってあげたいと伝えた。少女は砂場で、おもちゃの兵士や戦車で遊んでいた。カーキ色の半ズボンとTシャツ姿で、軍隊用ヘルメットをかぶっていた。少女は振り向かず、そっけなく「あっ、そう」と答えた。それでも彼女は私の言葉を信じ、私がそう感じとったことに気づくと、こうつけ足した。「でもだからといって、私がスカートをはいたり、友だちに優しくなるなんて思わないでね」。心配ない、どんな見返りも必要ない、と私は言った。

その日の午後になって、少女はときおり本当の姿を垣間見せた。強がりを言うかと思えば、頼りなげで優しく、女性的で可愛らしく、怯えた少女の姿だ。再び彼女に近づくと、今度はジーンズにTシャツ姿で、迷彩帽をかぶっていた。長くて柔らかな巻毛が帽子からはみ出して、肩から背中にかかっていた。何かできることはないか、と私は少女に尋ねた。

少女はすかさず答えた。「そうね、あの食べすぎ、やめてくれない？」

「どういう意味？」私は驚いて尋ねた。「それを欲しがったのは、あなたでしょ」

彼女は大きく舌打ちして、「誰かが大人にならなくちゃ、わかる？　私が何か欲しがっても、与えればいいってもんじゃないの。息子がどんなにダダをこねても、あんなに食べさせないでしょう？　同じように私を愛してほしいの。こんなこともわからないの？」

この少女と話ができてとてもうれしかった。ちょっと脅威にも感じたけれど、私は「よく考えてみる、魔法の解決策があるわけじゃないから、私があなたの親になれるまで辛抱強く待って欲しい」と答えた。彼女は大人不信だが、私のことはまだマシなほうだと思っていて、いくらか好きなようだ。私が息子を育てるのを見て、親として誠実に生きている、見込みがある、と見極めたようだ。

この少女は賢くて、いきいきしている。彼女が信じてくれる限り、私はやり通せる。彼女には人を見る目があり、私には希望がある。今、新たなチャンスの扉が開き、私は第一歩を踏み出そうとしている。

文章を書く——内なる子ども

（書くことの基本はp32参照）

これは、内なる子どもに話しかけるいい機会です。内なる子どもを愛し、安心させたいのなら、大人としてこの子への想いを表現できるのなら、手紙で知らせましょう。その子とのやり取りを書きましょう。まず大人として書き、次に子どもとして答えるのです。

その子に、まだ何の親近感も優しさも絆も感じなくても、自分の正直な気持ちを書いてみましょう。「あなたが大好き、いたわってあげたい」などとお世辞で書かないで、こんな風に始めましょう。「そこにいるかどうかわからないけど、あなたに書いてみます」、「まだ、あなたに共感できない」、「あなたが大嫌い、あなたのせいでこんなひどいことに巻き込まれたのだから」どんな形でも、それは出会いの始まりです。出会わなければ、愛情ある関係も望めません。まずは第一歩を踏み出しましょう。

内なる子どもとまったく切り離されていると感じる人は、あなたが性的虐待を受けたときと同じ年齢の、別の子を想像してみましょう。そしてその子に手紙を書いてみましょう。

共感できない場合、何度か繰り返してみましょう。回を重ねるうちに、虐待はその子のせいではなく、彼女には何の責任もない、自分が守ってあげる、と告げられるようになるでしょう。

自分を信頼する

「自分を信頼しなきゃ」私は心の中で何度もつぶやいた。身体が私に止まれと言えば、止まる。進めと言えば、進む。これまではよく無理をして病気になったが、身体の声を聞くようになってからは、度を超すことがなくなった。今では自分を信頼している。自分を癒すために何が必要か知っているのは、自分なのだ。身体の声を無視している限り、どんな優れたセラピストの力を借りても自分を癒すことはできない。

子どもが虐待を受けると、自分の知覚そのものに脅かされます。ブランコをこいでくれたり、誕生日のプレゼントをくれた隣人が、ペニスを自分の口に押し込んだ男だと認めるのは耐え難いことです。自分を養うために働き、夜更かしして人形の部屋を作ってくれた父親が、自分の性器に触れながら恐ろしい笑いを浮かべていたとは、怖くて認められないでしょう。そこで、子どもは、そんなことはなかったと信じ込むか、たいしたことではなかったんだ、と自分に言い聞かせ、自分の知覚を驚くほど歪めてしまうのです。

夜、父が部屋に入ってくると、こう思ったものだ。「これは父さんじゃなくて、エイリアンなんだ」そして自分がされていることを見て、「インベーダーが人間の身体を乗っ取ってるんだ」と言い聞かせた。私にこんなことをしているのはインベーダーで、本物の人間は別の場所にいる。どうして戻ってきてくれないんだろう。「父さん、エイリアンにどうして身体を乗っ取られてしまったの？」よくそう思ったものだ。

日々の生活に不可欠な存在である大人たちが虐待を否認したり、事実を歪曲したとしたら、子どもは混乱して苦しみ、何が現実なのか分からなくなるでしょう。

父親が娘の胸に触りながら、「服を直してあげてるだけだよ」と言ったり、養父が妙な触り方をすると母親に言いつけても、「そんなの思い込みよ」と軽くあしらわれるかもしれません。

このような否認をするのは、家族だけではありません。教師や牧師、カウンセラーたちも、少女の告発に対してこう返答します。「それは誤解だ、ジミーおじさんは教会の役員なんだぞ」

またセラピストには、「もうそれくらい克服してもいい頃では」とか、「自分の兄さんでしょう？　子どもは皆そういうことをするものです」などと言われます。

自分自身の内なる声を怖れているうちは、その声を信じるのも容易ではないでしょう。あるサバイバーはこう説明します。「自分の内なる声に耳を傾けたら、母のように気が狂うんじゃないか、それが一番怖かった。『おまえには私と同じ力が備わっている』ってよく母から言われたから、もし自分の声を聞き始めたら、母のように頭が変になる。内なる声を聞き始めた途端、自分の狂った内的世界を放浪する羽目になる、そう思っていた」

自分の知覚をなかなか信じられない場合でも、内なる声を信じる力を少しずつ育てることができます。

内なる声

人は誰でも、その時々の感情を教えてくれる内なる声を持ちます。その声がかき消されていたり、きちんと耳を澄ます訓練がないうちは、その声はとてもか細いものです。でも内なる声は確かに存在します。きちんと耳を傾け、その声に沿って行動すれば、それはだんだん大きく、はっきり聞こえてくるようになるでしょう。

子どもの虐待防止プログラムでは、何かがおかしいと警告する内なる声に気づく訓練をします。それは直感だったり、「何か変だ」という気持ちだ、と説明されます。これを奨励すると、子どもたちはすぐ、「あっ、なんか変だぞ」という危険信号に気づくようになります。

こうした直感は、たとえば道を歩いている時も危険を知らせてくれます。道を渡った方がいいとか、反対側を歩いたほうがいいと教えてくれる、いわゆる第六感です。

人は、自分の内なる声をさまざまな形で体験します。悪夢を見る、頭痛がする、くたくたに疲れる、突然お菓子がたまらなく欲しくなる。一日二回も部屋の掃除をしたことに気づくかもしれません。大事なのは、何を体験するかというより、それが何らかのメッセージであることに気づくことです。

数年前にエレンは、自分のためにならない決断をしようとする度に、胃の辺りがキュッと締めつけられることに気づきました。

振り返ると、これまでもずっと身体の警報は鳴っていたのに、耳を傾けたことがなかった。「ちょっと待て、この締めつけられるような感じは何だろう」と立ち止まって考えたこともなかった。この感覚に注意を払い、きちんと受け止めるようになって以来、自分のためになる決断を下せるようになった。今は、警報を感じるとすぐ、その時やっていることを中断し、数分間はその声がどこから来るのか

考える。これは私にとって、とても大切で価値ある情報源だ。（内なる声を聞くことに関しては、p202『感情』参照）

喪失を嘆く

ときに、あまりの哀しみのために死んでしまう、と思うことがある。二時間泣き続けて死んだ人はいないかもしれないが、本当にそんな気がするのだ。

性的虐待のサバイバーは、さまざまな哀しみを抱えています。感情の喪失と見捨てられた哀しみ。過去と現在を想い、これから癒さねばならない心の傷、それにかかる時間とお金、壊された人間関係、持てなかった歓びを想う哀しみ。性的侵害の傷になんとか対処しようと必死で、さまざまな機会を逸してしまったことを嘆くのです。

この喪失はきわめて個人的なもので、人それぞれ違います。

私は自分が処女だった頃を覚えていない。みんな初めはそうなのに、なんて不公平なのだ。私にとってはとても辛いことだ。自分の大切な一部が奪われたことに、今でも怒りを抑えきれない。何の許可も求められずに、奪われてしまった。大切な人にあげられなかった。これは単なる「アメリカン・ドリーム」かもしれないが、女なら誰でも持つ夢だと思う。今それを人がどう思うかは別として、私には大切だったのだ。

子どもの頃「幸せ」だったという幻想を抱いていた人は、幸せだったはずの子ども時代の喪失を嘆き哀しむ必要があります。虐待者が親であったり、そうでなくても自分を守ってくれなかったり、話を聞いてくれなかったとしたら、親というものは子どものために最善をつくすはずだという想いを捨てる必要があります。喪失を嘆くのは、子どもの頃、家族に対して持っていた無条件の愛を、現実に即して見直すことでもあります。ひどい子ども時代を過ごしたかもしれないし、反対に、虐待はあっても、良い思い出もたくさんあるかもしれません。もし虐待者に対して愛着を抱いているなら、その愛情と、その人が自分を侵害したという事実との間に、折り合いをつける必要があります。

自分の子どもたちが大家族で暮らせないこと、将来遺産を受け取れないこと、あるいは家族の縁を断ち切ったことを嘆きましょう。この世が公正であり、子どもは守られ、人は互いに尊重し合うものだという世界観が壊されたことを、哀しみましょう。無邪気さや信頼感の喪失、そして生き残れなかった自分の一部を、嘆き悼むのです。

内なる子どもに逢いに、私は自分の中に入った。最初に気づいた子は、私のお腹のくぼみに座っていた。頭を両手で抱えて座り込んだその子は、とても悲しそうだ。かと思うと、いきなり狂ったように飛び跳ねる。それから心臓の辺りには、部屋のドアにもたれてしゃがんでいる子がいた。その子は、時々ドアを開けては外を覗き、また閉める。何かを怖がっているようだ。死んでいる子もいた。いつ目覚めるかとずっと待っていたが、ある日ベッドに横たわって泣いていた私が、「さあ、もう起きる時間よ」と言ったら、すでに彼女は死んでいた。自分の中の死んでしまった子を想って、私は嘆き哀しんだ。家族や、人の善意を信じたいと願っていた私の一部が死んだのだ。

サバイバーの中には、自分のために嘆くだけでなく、加害者が受けた虐待も含め、過去何世代にもわたる虐待の犠牲者に想いを寄せて哀しむ人もいます。母親に虐待された女性は、次のように語ります。

普通の人のような家族が私にはなかったと悟った時、底知れぬ哀しみに涙した。とても辛く、今でも心が痛む。その感情は波のように打ち寄せ、とても深いところから涙が溢れる。それは自分が持てなかったものへの哀しみであり、母のための哀しみでもある。母がこれほど病んでいて、一度も母自身の美しさを認めたことがないと思うと苦しくなる。ひどい自己嫌悪に苦しみ、私を虐待した母。私はずっとそのことを怒っていたが、この頃、不思議と母を想って哀しむようになった。母は美しく愛情深い人なのだ。ただ彼女の病んだ側面が、それを覆い隠していたのだ。

埋もれた哀しみ

埋もれた哀しみは毒となり、喜び、自発性、そして生きていく上でのさまざまな能力を侵します。心を傷つける体験から癒されるには、その感情を表現し、人と分かち合うことが不可欠です。それは子どもの頃できなかったことです。苦悩、恐怖、激怒といったあらゆる感情を、何の支えもなしに受け入れるのは不可能です。しかし、自分が抑えつけてきたそれらの感情は、消えたわけではありません。

辛い感情を解放し、前向きに生きて行くためには、逆説的でも、子ども時代を再体験する必要があります。今度は、自分をいたわってくれる人、そして大人の自分に支えられながら嘆き哀しむことです。

特別な神秘体験をする必要はありません。それは驚くほど単純ですが、サバイバーの多くにとってなかなか理解し難いものです。必要なのは安心と人の支え。両者の力を借りてあなたの苦痛の源に戻り、当時抑圧せざるを得なかった感情を取り戻し、それを人に聞いてもらい、慰められ、そして自分を安心させることを学ぶのです。

こうして自分は変わりはじめます。ある感情を心ゆくまで味わい、理解し、肌で感じて生活し、人と分かち合い、行動することで、その感情もまた変化します。哀しみや痛みを乗り越えるには、それらを十分味わい、尊重し、人とともに表現する必要があります。そうすることで、子どもの頃の出来事を、大人の人生に組み込んでゆけるのです。

嘆きについて

ずっと昔の出来事を想って、今さら嘆くのは愚かに思えるかもしれませんが、哀しみは表現されるのを待っています。嘆きを抑えていると、それは心に巣食い、あなたの生命力を抑えつけ、病気にさせ、愛情の許容力を狭めます。

嘆きには独自のリズムがあります。「よし、これから嘆こう」というわけにはいきません。嘆きたくなったらば、そのための空間を作らねばなりません。嘆きの感情に場所を与えるのです。そのための時間、安全な場、そして哀しんでもいいと自分に許可を与えて初めて、心から嘆き哀しむことができるのです。

セラピーに通い出して数カ月後、感情を表わせる環境に身を置いた私は全身全霊で反応しはじめた。ビルの階段を上り、受付を済ませるまでは、足取りも軽く笑顔でいても、いったんセラピストの部屋に入りドアが閉まると、椅子に座る間もなく泣き出してしまう、という週が続いた。こうした感情をこれまで自分の奥深くに抑え込んでいた。時が来て、共感する人が現われるのを、ずっと待っていたのだ。

喪の儀式

哀しみの感情を沈滞させないために、親しい人が死んだ時のように、喪の時間を真剣に持ちましょう。両親から虐待されたあるサバイバーは、彼らがまだ生きているうちに「両親が死んだ」と人に告げ、数カ月間、喪服を着て過ごしました。また、加害者への弔辞を書いた女性もいます。彼の墓前に立つ自分を想像し、彼がどんな人間だったかを言葉で正確に伝えたのです。通夜を持った人もいます。こうした喪の儀式は、嘆きを解放する強力な回路になります。

私は母に絶縁状を書いた。ヘソの緒を切ろうとして、母に邪魔される夢に悩まされていたからだ。母からどうやって自分を切り離せるか、わからなかった。母とはもう話もしないし、顔も見ていないのに、繋がりが強すぎると感じていたのだ。

儀式の類に魅力を感じない人もいるでしょう。ただ泣いていたいという人もいます。ある女性はこう語ります。「長い間泣いたことがなかったのに、最近ようやく泣けるようになった。でも喜んでいいかどうかわからない。時にナイアガラの滝のように涙がこぼれるから」

どんな嘆き方をするにしても、これまで懸命に塞いできた感情の解放を自分に許しましょう。喪失を嘆くことは、大きな解放感をもたらすのです。

文章を書く――喪失を嘆く（書くことの基本は、p32参照）

自分の失ったもの、奪われたもの、壊されたものについて書いてみましょう。その傷の深さについて、嘆き哀しみたいことについて書きましょう。自分の痛みに声を与え、失ったものについてどう感じているか言葉にしましょう。

怒りは癒しの支柱

怒るのは、自分にそれだけの価値があると思っているからだ。

——シェイマ（二五歳）

怒りを癒しの原動力として肯定的に受けとめる女性はごくわずかでしょう。女は昔から人あたり良く、優しく、思いやりをもって、礼儀正しく振る舞うよう教えられてきました。怒りを表わせば、男嫌い、男勝り、いやな女などというレッテルを貼られます。ニューエイジ（超心理学）的な心理療法でさえ、怒りは通過すべき一段階であり、除去すべき害毒だとみなしています。ほとんどの宗教や精神世界の教義は、許しと愛のみを奨励します。このため、多くのサバイバーが怒りを抑圧し、内向させてきました。

私の皮膚は色素欠乏のため、少しの太陽光線でもひどく日焼けする。子どもの頃、私は家の中の出来事によく腹を立てた。でも、家では怒りを出せなかったので、何も言わずに、天気のいい日にわざと日よけ無しで外出し、帰宅する頃には顔中水ぶくれになって熱を出すのだった。

怒りを一生抱えて生きてきたサバイバーもいます。家族が反目し合う環境で育ったため、生き延びるために闘うことを、幼い頃から学んできたのです。怒りは闘いのための鎧でした。時には、怒りと暴力の境が曖昧になり、破壊的な力となることもあります。

激しく怒り狂う大人を見て育った。両親も親戚も皆そうだった。あるバーで「汚いメキシコ人はお断りさ」と言われた母が、その女をひっぱたいたのを覚えてる。そして、父と母は怒りを向け合い、私たちまで巻添えにした。私の中で、怒り、暴力、自己防衛は渾然一体となっている。

怒りそのものは抑圧すべきものでもなく、破壊的であるとは限りません。むしろ侵害に対する健全な反応であり、状況を変革する強力なエネルギーなのです。

否認と屈折した怒り

怒りは虐待に対する当然の反応です。虐待された当時は、怒りを感じ、表わし、行動に移すことができなかったり、怒る権利があることにさえ気づかないかもしれません。むしろさまざまな形で怒りを抑え込んで、屈折させてきたことでしょう。

サバイバーが怒りを抑える方法の一つは、虐待者の立場に立って、自分自身の感情的つながりを断ち切ることです。これは社会で広く奨励されています。被害者を擁護して毅然と立ち上がるより、虐待者に同情する方が、多くの人にとって楽なのです。被害から時間が経過し、虐待者が年老いて、子どもが成人している場合はなおさらです。人々は加害者を哀れみ、彼がほんの少しでも和解の姿勢を見せれば誉めたたえ、逆に、怒り続けるサバイバーを非難するのです。

しかし、怒りの矛先を虐待者に向けないと、それは別の所に向かいます。サバイバーの多くは怒りを自分に向け、抑鬱《うつ》状態や自己破壊に陥ります。わが身を傷つけたり、自殺したくなることもあります。自分が悪い、自分のせいだ、自分には価値がないと思い込みます。過食によって怒りを抑えこんだり、酒に溺れたり、薬物で感覚を麻痺させたり、病気になる人もいます。エイドリアン・リッチはこう書いています。「多くの女性が自分の怒りに触れることさえできず、ただ錆びた釘のようにそれを自分の中へ打ち込むのだ(1)」

自分を責めることを身につけた女性たちは、内なる子どもに怒りをぶつけます。傷つけられたこと、自分を守れなかったこと、愛情と関心を求めたこと、性的に興奮したこと、オーガズムを味わったことなどに。でも、その子には何の罪もないのです。怒られるようなことは何もしていません。

やつ当たり

サバイバーの中には、怒りをパートナーや恋人、友人、同僚や子どもたちなど、（たいていは）悪気のない相手に向ける人もいます。怒りを抑えきれず、子どもを壁にたたきつけたり、恋人を殴ってしまうのです。

よく、つきあっている人に暴力をふるった。ケンカせずにはいられなかった。怒りを感じるとすぐこれ。（片手でピシャリともう一方の手を叩く）だって、そうやって育ったんだもの。誰かに腹を立てるたびに、アドレナリンが腕の中を巡るのがわかった。筋肉が堅くなり、拳を握りしめ、汗が噴き出す。すっかり誰かを殴る用意ができて、ケンカがしたくなるのだ。

暴力が生活の一部になっていて、人や自分を傷つける形で怒りを表現しているのなら、すぐに誰かに相談しましょう。怒ることは正当ですが、暴力は違います。（p211『虐待的な怒りを制御する』参照）
暴力をふるわなくても、言葉でケンカをふっかけたり、何かと人のあら探しをしてはいませんか。息子に宿題をするよう言うはずが、怒鳴ったり罵ってしまったり、車のオイルを忘れた夫を愚か者呼ばわりしていませんか。身体的暴力ばかりでなく、言葉による虐待も破壊力を持つのです。

向けるべき所に怒りを向ける

怒りを確実に、そして正当に虐待者に向ける時がきています。起きたことで自分を責めるのはやめて、虐待の責任と自分の怒りをきちんと虐待者に向けましょう。


なかなか自分の怒りを父に向けられなかった。例えば「お父さんがあなたを抱え上げて壁に投げつけたとき、どんな気持ちだった？」とセラピストに聞かれ、私はこう答えた。「そうね、ひどいって思ったけど…」

セラピストはそれ以上何も言わなかった。

何年もセラピーを続け、ある時セラピストが父について何か尋ねた。私はいきなり握っていた鉛筆を部屋の向こう側に投げつけて、叫んだ。「あのバカ野郎！」はっきり父に対する怒りを表わしたのは、それが初めてだった。もちろん父のことをずっと怒っていたが、その怒りはことごとく違った方向へ向かっていた。これまで生きてきて、笑いや皮肉やしりごみなしに、父にストレートに怒りを感じたのは初めてだった。とにかく「あん畜生！」って怒りがこみ上げてきたのだ。

自分の怒りに触れる

その気になっても、怒りが出てこない時、自分の怒りに触れる手段は色々あります。水を汲むときに呼び水をするように、怒りを出しやすくするのです。きっかけを作れば、あとは自然に流れ始めるものです。

自分のためより、人のために怒るほうがたやすい時もあります。はじめのうちはそれでいいでしょう。愛する子どもが自分と同じ目にあったと想像してみましょう。フェミニスト向けの雑誌や自叙伝などで、他のサバイバーの手記を読んでみましょう。集会やワークショップ、少人数のサポート・グループに行って、人の話を聞いてみましょう。一人一人の哀しみの表情を見て、心を動かされ、激しい怒りを耳にすると、自分の気持ちも刺激を受けます。人のために泣いたり怒ったりすることで、自分の哀しみや怒りに触れているのだということを忘れずに。

怒りを態度で示すのも助けになります。身体で怒りを表わしたり、脅す格好をしたり、しかめっ面を作ることで、本当の怒りを呼び起こすのです。怒るより傷つけられたと感じることが多い、と語った女性は、ある日セラピーで声を立てずに泣きました。

セラピストが膝が触れるほど近くに椅子を寄せた。そして手の平を私の方に向け、その手を押すように言った。言われた通りにすると、今度は彼女が押し返した。私がもっと強く押すと、同じくらいの強さで彼女が押し返す。いつの間にか夢中になり、怒りがこみ上げてきた。さっきの涙はどこかへ消え、私は怒りで一杯になった。とても力強い感情だった。

セラピーやサポート・グループは怒りを引き出すには格好の場です。

ものすごく怒っていたが、それをきちんと認めたことはなかった。怒りを表わすのはとても難しかった。ある日セラピストが丸めたタオルを差し出して「この椅子にお父さんが座ってると思って、これで叩いてみて」と言った。その気になるまで時間がかかったが、いったん始めたら今度はやめられなくなった。ヘトヘトになるまで叩いては、叫んだ。それはなんとも言えない解放感だった。私にとってこれが大きな転機となった。以来、ベッドを叩いたり、叫んだり、死んだ父に怒りの手紙を書いたりした。サンドバッグも叩いてみた。

ロールプレイも怒りに触れる効果的な手段の一つです。セラピスト、友人、またはグループのメンバーに、自分が怒りを向けたい相手役を演じてもらいます。自分を怒らせた相手の仕草や身振り、使われた言葉などを説明して、その場面を再現します。そしてそれに対して怒りで反応し、解放感と安心感を味わうのです。

この種のエクササイズを安全に行うためには、これに関わる人々が信頼でき、強い感情を受け止められる人でなくてはなりません。怒りを表現する際は、例えば人も自分も傷つけないなど、何らかのガイドラインが必要でしょう。そして、もう十分だと感じたらいつでも止められるようにしましょう。

文章を書くことも、怒りを引き出す方法の一つです。虐待の影響と思われることを箇条書きしてみましょう。これをていねいにやっていると、必ず怒りが出てきます。虐待者に手紙を書くこともできます。「おまえなんか大嫌いだ」という文で始めてみましょう。

エバ・スミスは、怒りを放出する格好の手段を見つけました。

陶芸をやる友人が、私のために失敗作をとっておいてくれた。夜中にそこへ出かけて行っては、裏庭の壁めがけてそれを投げつけた。隣近所の人が警察を呼ばなかったのが不思議なくらいだ。

虐待者に対する怒りを、より正当化しやすい怒りに便乗させるのは、自分の内部で無意識に働く怒りの自己検閲を打ち破るいい方法です。南アフリカのアパルトヘイトのような国際的課題に怒りがこみ上げてくるなら、そのまま向き合いましょう。いよいよ怒りが本物になってきたら、白人が黒人を虐待するのと同じ精神構造で、虐待者が、屈折した抑えきれない欲求や恐怖、冷酷さをあなたにぶつけたことを思い出しましょう。世界のあらゆる社会病理に自分の心の傷（トラウマ）を重ね合わせることで、心の底から本当に自分のために怒れるようになるかもしれません。

母親を責める傾向

　私たちの社会は、怒る女性には批判的でも、女性に対して怒りを容赦なくぶつけてきます。中でも母親はその矢面に立たされます。父親が子どもを虐待して、母親が責められるのはその最たる例です。

　娘を虐待した父親はよく妻を責めます。心理学者や社会学者の多くも、ことあるごとに、セックスや精神面で夫を満たさなかった妻の落ち度を指摘してきました。飲酒、病気、夜勤をはじめ、さまざまな事情による妻の不在を、虐待の原因としてあげ連ねます。そして当の父親は頼りなげに肩をすくめ、「それで、つい娘のほうに走ってしまったんです」と哀願口調でつぶやくのです。

　こんなバカげた話はありません。子どもを虐待した責任は、当人以外にあるわけがありません。いかに母親が至らなくても、彼女の行動にどんな問題があっても、父親が子どもを性的に侵害する言い訳にはなりません。男たちの行動の責任を女たちにかぶせるのはもうやめるべきです。

　これまで、父親から娘への性的侵害があった家族の中の母親の立場は、間違った認識と扱いをされてきました（p389参照）。たいていの母親が虐待の事実を知っていて、気づかない振りをしていただけだ、と思われてきました。母親は虐待に共謀する、弱くて受け身な存在であり、自分の感情を出さず、注意に欠けるというレッテルを貼られてきたのです。確かにそういう母親もいます。母親の身代わりに、父親の性的対象に供された経験を話すサバイバーは、けっして少なくありません。

　でも、すべての母親がそうではありません。本当に虐待の事実を知らなかった母親もいます。また、どんなに母親が努力しても、虐待を阻止できないこともあります。訴えても、恨みがましい、被害妄想だなどと、裁判官や福祉職員にとりあってもらえなかったり、親として不適格であるとして親権を失う母親もいます。こうした障害を乗り越えて、我が子を守り通した母親もいます。虐待する父親から子どもを守るために、母子で身を隠した人もいます。また、子どもを引き渡すように、という裁判所命令に従うよりは、服役することを選んだ母親もいます[2]。

子どもには保護される権利があります。そして、保護されなかった場合は、怒る権利があります。虐待の事実を伝えようとしても聞いてくれなかったり、母親が虐待的な、あるいはアルコール依存の男性と別れなかったり、自分が必要としていたぬくもり、関心、理解を差し伸べなかった場合、親としての責任を問う権利があります。

自分の怒りをすべて母親に向ける人もいれば、母親に怒りを向けること自体をひどく怖れる人もいます。母親の抑圧状況に共感するあまり、自分自身の怒りを軽視したり、否認してしまうのです。この家父長制社会で、同じ女として母親と同盟関係を結ぼうとしている場合、母への怒りを認めることで母子の絆が切れてしまうのを怖れるのです。でも、もし母親が守ってくれなかったり、見て見ぬ振りをしたり、虐待を仕向けたり、子どものせいにしたとしたら、あなたは今も怒りの感情を引きずっていることでしょう。この感情を吟味し、意味づけし、表現しましょう。これは権利であるだけでなく、癒しの大切な一要素です。

一方で、母親が加害者でない場合、すべての怒りを母親に向けないようにしましょう。性的虐待の最終責任は、虐待者本人にあることを忘れてはいけません。あなたの正当な怒りは、誰より虐待者本人が受けとめるべきです。

怒りが怖い

サバイバーの多くは、過去に、怒りにまつわる嫌な思いをしてきたため、怒ることを怖れます。あるサバイバーはこう語ります。「私には、まだ怒りと暴力の区別がつかない。大きな物音を聞くと誰かに追いかけられている気がする」家族の中で、制御できない破壊的な怒りを見てきた人もいます。でも、あなたの怒りは、自分が納得のいく、新しい形で出すことができるのです。

暴力と無縁に育った女性でも、いったん自分に怒りを許したら、人をあやめるのではないかと怖れる人がいます。

自分の怒りに気づいている。でもそれを感じるのが怖い。怒りを自分に向けて、優しくなれないのでは、と心配にな

> る。人が傷つけ合うのを見て育ったから、自分だけは虐待者になりたくない。どうすれば怒りを安全に放出できるのか、私にはわからない。

子どもの頃虐待された相手に、怒りを暴力的にぶつける女性は稀です。また、これまで暴力をふるっていない女性にとって、怒りが人を傷つけるのでは、という怖れは非現実的です。

怒りは感情の一つであり、それ自体は誰も侵害しません。怒りを感じることと、その怒りを形にすることの違いを、はっきりさせる必要があります。自分の怒りを認めたら、今度はそれを表現したいか、だとしたらどんな形で表現したいのか、選べるようになります。怒りは決して抑えきれない感情ではなく、制御できるものなのです。怒りを進んで受けとめ、それに馴染むにつれ、ちょうど暴れ馬をのりこなす熟練した騎手のように、自分の望む方向へ向けられるようになります。

怒りと愛情

怒りと愛情の関係は時に誤解され、滞った感情の解放を妨げます。怒りと愛は相いれないものではありません。愛する人や、一緒に暮らす人に腹を立てることは誰にでもあります。しかし、身近な人や、楽しい体験を共有した人に虐待を受けた場合、その人との関係や、子ども時代の楽しい思い出まで否定したくないために、自分の怒りを認めたくないこともあります。

怒りは、大事にしたい思い出まで否定しません。良い思い出はそれとして残せるのです。怒ることで失くなるのは、虐待者が何もしていないという幻想だけ。他に失うものは何もありません。

サバイバーの多くは、怒りで擦り切れてしまうのではないかと怯えます。自分の怒りの根深さを知っているだけに、いったんそれに触れたら、永久に怒りの渦に巻き込まれ、敵意と苦痛に満ちた人生を送る羽目になるのでは、と不安になるのです。しかし、怒りが執念となるのは、それを抑圧したり、誤った方向に向けたときだけ。心を開いて自分の怒りを受け入れ、それを名づけ、熟知し、適切な方向へ導けば、怒りは自分を解放する真の力になります。

殺してやりたい

サバイバーの多くは、自分をあれだけひどく傷つけた虐待者に復讐したい、という思いに一度は駆られます。殺人や去勢の夢を見ることもあるでしょう。鮮明にそうした場面を想像するのは、快感かもしれません。復讐したいと思うのは、自然で正常な衝動です。心ゆくまで空想してください。復讐を思い描くことを自分に許すことで、かなりの満足感が味わえます。

でも、空想を実行に移したいと思い始めたら、その行動が自分の将来に与える影響を考えてみましょう。現実的に考えて、暴力的な仕返しは賢明ではありません。それは自分を犠牲者として永続化させることだからです。

そういうとき私は自分にこう言い聞かせる。「ちょっと待て、私は刑務所にも、警察にも行きたくない」子どものころ、家によく警察がきた。暴力をふるって、留置場に行くのはごめんだ。

虐待行動を永続化させるか、悪循環を打ち破るか、決めるのはあなたです。ソレダッドはこう語ります。「私は命を大事にすることを学びました」

暴力を使わない仕返しもあります。虐待者を告訴したり、警察に告発することもできます。ある女性は配達証明つきの電報を虐待者に送りつけました。

私がなぜもう連絡しないかわかりますか？　私にはよくわかっています。あなたに監視をつけました。もし今度あなたが少女を侵害したら、たとえ卑猥な目つき一つでも、私は裁判に持ち込み、そして勝ちます。

——バーバラ・リトルフォード

この電報は一月二一日午後二時一九分に配達されました。

受取人　ジャック

当社をご利用いただき有難うございました。

——ウエスタン・ユニオン社

祖父から虐待されたある女性は、彼の死の床に赴き、親類が集まっている病院で怒りを表わし、虐待の事実を突きつけました。

仕返しは自分のすべきことではないと考えるサバイバーもいます。ある敬虔なキリスト教徒の女性は、「神が彼を裁いて下さいます。裁きは私の仕事ではありません」と言います。睾丸癌で死に瀕した父親を見て、これは彼自身がもたらした病であり、もはや仕返しの必要はなくなった、と言った女性もいます。

自分が健やかに生きることが、最高の仕返しになることもあるのです。

怒りの力——三つの物語

六五歳になるバーバラ・ハミルトンは、自分に起きた虐待とその癒しについて書いています。彼女が初めて自分の怒りに触れた時のことです。

私は急いでセラピストのところへ戻り、彼女が帰宅するところをつかまえた。怒りが込みあげてきて、私は大声で怒鳴り散らした。私の声はナパ病院精神科全体に響き渡った。すべてが一度に噴出し、あらゆる卑猥な行為がつながった。私や子どもたちに対する男たちの侵害が、全部つながって見えたのだ。これまで頭では、父に対する怒りをずっと抑えてきた。でも、この時は感情が噴出して、その場で吐き出した。我を忘れて、眼鏡を壁に叩きつけた。とても気持ちいいとは言えない体験だったが、私にとってはひとつの転機となった。怒りの原因が明白になったからだ。この日以来、私は自分を責めるのを少しずつやめるようになった。

怒りを長年抑えていると、どこかで爆発することがあります。しかし、どんなに激しい怒りでも、危険につながるとは限りません。エスター・バークレーは自分の怒りを信じ、目の覚めるような結果を得ました。

記憶を取り戻すにつれて、私の感情は恐怖から、両親への激しい怒りへと変化していった。ある夜、大きな叫び声で目を覚ました。その叫びは自分の足の裏から出ていた。はっきりと意識が戻ってくると、両腕で自分の身体を抱きしめ、ほっとして泣いた。どうなるかはわからなかった。それから間もなく、カウンセリングで父に対する激しい怒りを表わした。かなり辛いセッションだったけど、その結果、二つの変化があった。まず、視覚が変わり、色がいつになく鮮やかに見えた。そして、数日間は背中や足に痛みを感じた。まるで、大きな根っこが、たくさんの小さな根っこと共に引き抜かれたようだった。

そしてイーデス・ホーニングの体験は、怒りのもたらす劇的な効用を示しています。

私は親しい男友だちとセラピストの間に座り、こんな想像をするようセラピストに言われた。自分は映画館の二階席に座っていて、遠くのスクリーンに父が小さく映っている。それがだんだん間近に迫ってくる。なんとかして父を止め、無力にするために、両脇の二人が励ます。『『近寄るな』って言ってごらん！』と。これを繰り返して三回目にようやく大きな声が出た。突然、身体の中からとてつもなく強い感情が押し寄せ、思わず叫んだ。「近寄らないで！やめて！」すると父の姿はだんだん小さくなっていった。父の姿がほとんど見えなくなるまで、私はスクリーンを叩き続けた。それ以来、父が自分より力を持っているという気持ちが消えた。両親をかばうのもやめた。可哀そうだと思わなくなった。父も母も自分の行動を自分で選んでいたのだ。私にも選ぶ権利はある。自分で選んだことの責任は取るべきだ。二人には責任があって当然なのだ。

怒りを前向きに表現する

虐待者と対決する時も、独りで自分の怒りに向き合う時も、何らかのはけ口を作ることが大切です。こんなことを試してみましょう。

*人前で口に出してみる
*手紙を書く（実際に送るか、ただ書くだけでもよい）
*テニスのラケットでベッドを叩く
*古い食器を割る
*叫ぶ、友人に一緒に叫んでもらう
*怒りの儀式を考案する（浜辺で人形を焼くなど）
*武道教室に参加する
*エアロビクスをやりながら、虐待者を殴ったり蹴ったりするのを想像する
*サバイバーのパレードを企画する
*リサイクルセンターのボランティアを引き受け、ガラスを粉々に砕く
*怒りのダンスを踊る

このほかにもさまざま手段があります。創造的に怒りを表わしましょう。怒りは癒しにつながります。

支えとなる怒り

『誰にも言えなかった』の序文でエレンは、子どもの頃、配達人に性的侵害を受けそうになった時、母親の怒りが彼女を守ってくれた、と語っています。

> 母はカンカンに怒り、彼をクビにした。男を庇うのでなく、私のことを心配してくれた。彼の気持ちや過去の苦しみを思いやれなどと、一切言わなかった。彼にもう仕事が見つからないかもしれない、なんて気にしなかった。母は私の心配をしてくれたのだ。私という存在が大切で、守られる価値があり、だからこそ母が激怒するのだという気持ちが伝わってきた。

まだ自分の怒りにしっかり触れていないときに、他人が怒ってくれるのを嬉しく思うこともあります。本来、カウンセラーは、依頼人につられて感情を出さないよう訓練され、親は子どもが虐待されても「おおげさに」反応しないよう注意されますが、第三者の怒りが、サバイバーの内に秘めた怒りを感じる助けになることもあるのです。「まだ怖くて彼に対して怒れないけど、あなたが怒ってくれるのを見るのはうれしい」エレンは何度もこういった反応に出会いました。

怒りは仕事の原動力だ。私のすさまじい怒りのエネルギーは、仕事の中で出会う女性たちにも伝わる。そしてそれはときに避難場所となり、閃光となり、新鮮な息吹となり、お手本にもなる。ちょっと怖いけど、わくわくするような肯定的感情だ。

このように、一人の女性の怒りが別の女性に道を開くこともあります。ワークショップに参加したパトリシアは、父の虐待行動を無理して正当化していました。ある日、長い間沈黙していた別の女性が、激しい感情を抑えきれずに言いました。「どうして平然としていられるの。私はとても怒ってる。こんなふうに感じるのは自分だけみたいで、孤立感で一杯だわ」この突然の感情表現を、威圧とも批判とも感じることなく、パトリシアは向こう側にすわっていた彼女に駆け寄り、手をとりました。この女性のおかげでパトリシアは、これまで馴染んできた静かな怒りの境界を越え、自分の中の秘めた怒りに触れたのです。力強い怒り、というかけがえのない贈物を受け取ったパトリシアは、感謝の気持ちで一杯でした。

怒り、それは生活の一部

怒りを経験し、表現するのに慣れるにつれ、それは日常生活の一部となります。押し込めさえしなければ、怒りは恐ろしい怪物ではなくなり、さまざまな感情の一つとなるのです。

怒っていることを、衝撃的な形でなく、より自然に伝えられるようになった。まるでこの世の終末のように感じることなく、「私は憤慨してる」と言えるようになったのだ。

子どもを怖がらせずに、怒りを安全に出すこともできます。エレンの家には、友人がガレージセールで二ドルで買ってくれた大きなカエルのぬいぐるみがあります。

娘か私のどちらかがすごく怒っている時は、そのぬいぐるみを踏みつける。まだ幼い頃から娘はこう言っていた。「このカエルさんは生きてないから、叩いてもいいの。ぜんぜん痛くないから」そして、私の機嫌が悪いと、娘はこう言う。「ママ、カエルさん持ってきたら？　大声を出してもいいよ。ここは二人きりだし、あたしは気にしないから」

怒りから行動へ

私たちの使命は、苦痛としての怒りを、変革をもたらす決意としての怒りへと変えることだ。実のところ、それは革命の定義となるだろう。

バーバラ・ディミング著『怒りについて』より(3)

配達人の性的侵害からエレンを守った母親は、怒りを感じ、それを表わし、行動に移しました。彼女はその配達人をクビにし、もしエレンに再び話しかけたら、彼の妻に何もかも話すと脅しました。肝心なのはエレンの母が行動力を示したことです。

三〇代後半のある女性は、いかに行動が必要かに気づきました。

> 七〇年代初め、自己成長やセラピーのワークショップに参加して、怒りを表現するよう言われた。やってみて、自分にも埋もれた怒りがたくさんあることに気づいた。わめいたり、椅子を壊したり、クッションを叩いたり、ドアをバタンと閉めたり、私は何年も激怒を表わしていた。当時、私は性格の合わない相手と結婚していて、お互いによく怒りをぶつけあっていた。それもひどく感情を傷つけるやり方で。それでも、私の気持ちは何一つ晴れなかった。怒りを感じてもそれを表わすだけでは不十分だ、と気づくのに長い時間がかかった。欠けていたのは、怒りを行動に移すことだった。ようやくきちんと意識して、離婚という行動をとった。その後、怒りでどうしようもなくなることはなくなった。

行動に移す、つまり怒りを動機づけとすることは、癒しの重要な要素です。自分の怒りに耳を傾け、それを案内役とすれば、怒りは貴重な資源となって自分自身を変革へとつき動かしてくれるでしょう。

女たちの怒りは虐待者と関係を絶ち切るきっかけを与えます。感謝祭の七面鳥を食べようとしているときに、男たちがお尻を触ったり、不快な冗談を言ったり、酔っ払って言い寄ったりするのを、これ以上耐え忍ぶ必要はありません。女たちの怒りは、横暴な上司のいる職場を離れたり、暴力的な夫と離婚したり、薬物やアルコール依存から立ち直る糸口となってきました。怒りに的確に焦点を当て、その矛先を自分から虐待者へと移すことにより、自分を受け入れ、育み、前向きに行動する道が開かれるのです。

---

(1) Adrienne Rich, "Disloyal to Civilization," *in Lies, Secrets, and Silence* (New York : W.W. Norton, 1979), p.309

(2) 事例としては、別れた夫に娘への面会権を認めた裁判所命令に従わず、二年間の実刑に服することを選んだエリザベス・モーガン博士の一件が有名である。

(3) Jane Meyerding 編、*We Are All Part of One Another: A Barbara Deming Reader*, (Philadelphia : New Society Publishers, 1984) より、Barbara Deming, "On Anger", p.213

打ち明け、対決すること

母親に話したいなら、加害者につきつけたいなら、実行しよう。その人は明日死ぬかもしれない。そうなったら一生後悔する。私たちを縛り続けるのは、闇に埋もれた叫びなのだ。

だれもが真実を語る権利を持っています。ほとんどのサバイバーが秘密を守るよう言われてきましたが、この沈黙は加害者にとって好都合であるうえ、現在加害者の身近にいる子どもたちをも危険にさらします。

真実を語りたいと思うサバイバーはたくさんいます。しかし、秘密というタブーに触れることを考えると、恐怖と混乱に襲われます。自分の語る権利すら疑ったり、動機づけが不純だと自分を責めることもあります。こうした感情に襲われるのは、とても強い文化的・個人的抑圧を受けているからです。あなたは今、虐待的な家族構造の基盤となる秘密主義に挑み、自分自身とすべての子どもたちを尊重する画期的な一歩を踏み出そうとしています。自分の力を行使しようとしているのです。

虐待者に真実を突きつけ、人に打ち明けたいという動機はさまざまです。ひょっとして兄弟や姉妹が同じ被害にあったのか、あるいは虐待を目撃したのか、確かめたい人もいるでしょう。自分の記憶の断片をつなぎ合わせるための情報が欲しい人もいるでしょう。加害者や守ってくれなかった親など、他の人たちに、自分に起きたことの衝撃を感じてほしい、あるいはその人たちが苦しむ姿が見たい、復讐したい、沈黙を破りたい、金銭的補償やセラピーの支払いを要求したい、周囲の人に子どもたちがまだ危険に曝されていることを警告したい（これはもっともな動機です。虐待者がこれ以上子どもを傷つけることはないだろうと楽観している間に、実の娘や親類の子どもたちが新たな被害にあった例は数知れません）、いい人間関係を築きたい、支えてほしいなど、例を挙げればきりがありません。真実を語ろうとする人の目的はひとつではなく、すぐ実現できるものも、そうでないものもあるでしょう。

真実を打ち明けたり、対決するのに、正しい手順というものはありません。打ち明ける時期や方法、そしてそれを実行に移すか否かも人それぞれです。けっして無理はしないようにしましょう。虐待者との対決や家族との対話は、癒しの過程に不可欠なものではありません。

何をするにしても、自分のためにしましょう。自分の決断を反すうし、公正を求め、起きたことを明らかにするために最良の方法を選び、それを実行に移しましょう。

打ち明ける決意

打ち明ける決心をする前に、自問してみましょう。

＊誰に話したいのか。それはなぜか
＊この対決に何を期待するか。それは現実的か
＊真実をつきつけ、打ち明ける動機は？
＊必要としている情報を与えてくれるのは誰か
＊その行動をとることで得るものは？　失うものは？
＊事業や遺産など、家族から譲り受けようと期待していたものを諦めることになるか
＊家族の集まりから除外されることになっても耐えられるか
＊愛着を感じている家族と疎遠になっても耐えられるか
＊落ち着いた気持ちでいられるか。気が狂っていると言われても耐えられるか
＊全面否認されても、自分にとっての現実を信じていられるか
＊相手が無反応でも大丈夫か
＊その間、またはその前後に、一貫して自分を支えてくれる友人やグループ、セラピストなどがいるか
＊これによって生じる最悪、および最善の結果を現実的に予測できるか
＊どちらの場合も、それに耐えられるか
＊加害者と対決する準備が整っているか

世界は崩壊しない

事実をつきつけないと決意した人は、それが羞恥心や、家族や虐待者を守るという理由からでないかどうか、自問してみましょう。（p156『対決しない場合』参照）

詩人であるセリアは、家族からの虐待について書いた詩を公表するに及んで、恐怖を感じました。自分の言葉が家族を破壊すると思ったのです。虐待された多くの子どもたち同様、彼女もまた自分の力に過剰な幻想を抱いて育ちました。「自分の言葉や行動一つで世界が崩壊し、すべての人間が抹殺されるという奇妙な感覚を、私は抱いていた。忘れていたのは、虐待があった長い年月の間、家族は普段と変わらぬ生活を送っていたという事実だ。いま私が口を開き、真実を語ったところで、その家族の結びつきを壊すことにはならない」

セリアがついに作品を発表したとき母親は、親子の絆を断つつもりか、と怖れたようです。しかしその後もセリアは、変わらず家族に会うことを選びました。「こうすることで、母さんに『憎しみも愛も両方感じている』ことを伝えたかった。秘密を明かしても世界が崩壊しないことを示したんです」

今度こそ愛してくれる

秘密を打ち明けたり、事実を加害者に突きつける際は、その後の反応を現実的に予測しておきましょう。虐待者が突然、あなたの要求に敏感になることはまずありません。同情や共感を伴った反応はあるかもしれませんが、真実を明かすことは、否認という既存の家族機能を阻害することです。中には、それが表面化することを恐れ、否定したり、軽視したり、サバイバー自身を責めることで問題の責任を転嫁しようとする家族もいます。父親から虐待されたことを母親に告げた女性は、ある日、母親から手紙を受け取りました。そこには、「話を聞いて辛かったけれど、おまえが父親とセックスしたことを許す」と書いてあったのです！　別の女性は、地下室で「警官ごっこ」をしているとき、祖父に性的侵害を受けました。そのことを母に告げると、「おまえが仕向けたんだろう、そうでなきゃ地下室で遊ぶはずがないじゃないか。おまえがしたかったんだ」と言われたのです。

こうした極端な防衛反応はよく見られます。虐待を受けたとき母親が守ってくれなかったのなら、今になって打ち明けても、理解を得る可能性は低いことを胆に銘じておきましょう。

中には、他の家族も虐待されていて、そのことを抑圧したり、それに極力触れまいとする場合があります。生の感情と向き合うことは、怖くもあり、変化をもたらすため、家族はサバイバーに耳を貸そうとしないか、完全に無視しようとするのです。ですから対決の際は、自分に焦点を当てることが大切です。相手の反応を気にするのではなく、自分が言いたいこと、言うべきこと、そしてその状況をどう処理したいかについて、はっきり考えをまとめておきましょう。

サバイバーの話の信憑性をおとしめるような社会的攻撃が勢いを増す中、個々の家族が起きたことを否認する風潮も強まってきました。これまでの言い訳に加え、サバイバーはセラピストに〈偽りの記憶〉を植えつけられた犠牲者だ、と言うのです。マスメディアに無実を訴え、報復としてサバイバーが通うセラピストに対して訴訟を起こす家族も出現しました。

自分が真実を打ち明けさえすれば、子どもの頃得られなかったものをすべて取り戻せると、淡い期待を抱くのは禁物です。また「正しく」語りかければ、支援や愛情を受けられるはずだ、と期待してもいけません。ほとんどのサバイバーが、多かれ少なかれそんな反応を望むものですが、再び裏切られないためにも、これははっきりさせる必要があります。虐待を打ち明けたり、加害者につきつけたりするのは、幻想を捨て現実を生きるためです。家族から大切にされるだろうという幻想も、捨てる覚悟が必要です。

もし、以前は守ってくれなかった親、親類、または虐待者が誠実に話を聞き、理解を示し、支えてくれるとしたら、その時こそ真の人間関係が築けるでしょう。

母娘の歩み寄り――ヴィッキーの場合

父に虐待されたことを母に告げたのは、母のセラピストが取り決めた面談でのこと。母に話すのが一番辛かったので、私はこう電話した。「大事な話があるの。今から飛行機でそっちに行って、二人で母さんのセラピストに会いたいわ。その方が話しやすいから」

「何かあったの？」と聞く母に、私は「大丈夫よ」と答えた。それから彼女のセラピストに直接電話して話の主旨を告げ、二週間後に予約した。その間、母とは二、三度話したが、母は内容について詮索はしなかった。でもやはり怖かったようだ。

母は空港まで迎えに来て、セラピーに向かう車の中で、私に尋ねた。「一つだけ質問があるの。不治の病にかかったの？　それとも何か深刻な問題？」私は心臓が破裂しそうだった。「どっちでもないわ」と私が答えると、母は「少し気が楽になったわ」と言った。

父から虐待されたことをようやく告げた時、母の反応は私がずっと求めていたものだった。「本当にごめんね」、そう言いながら、母は私を抱き寄せた。まるで怪我をした子どもを抱きしめるように。その行為は見せかけではなく、純粋だった。母は生身の人間らしい感情で接してくれた。

あれから二〇年が経っていた。「どうしてこんなに長い間、母に話さなかったのだろう」母の思いやりが心に染みていった。

母は何も否認しなかった。セラピーの半ばで、母は親として至らなかった自分を責めはじめた。それから父への激しい怒りを表わした。父の頭をピストルでぶち抜いてやりたい、とまで言う母の言葉が、私には嬉しかった。

母に打ち明けたことで、私たちの距離は近づいた。今では前よりずっと正直に向き合えるようになっている。

家族外の加害者との対決

虐待者が家族の一員でない場合、和解の心配をしないで、自分のためにだけ行動できます。また家族もあなたを支えることをそれほど怖れないでしょう。母親にとっては、夫や父親や息子など、身近な家族が娘を虐待したと聞かされるより、隣人や教師が加害者の場合の方がずっと気が楽でしょう。

しかし状況の違いがあるとはいえ、対決にともなうさまざまな影響を軽く見てはいけません。担任の教師に虐待された女性は、彼の名前を電話帳で見つけただけで、身体が震え出し、一晩中眠れなくなりました。沈黙を破ることで、自分の世界が根底から揺らぐこともあるのです。

対決に備える

人の反応は予測できないもので、納得できない、思いやりのない、無責任な対応を受けることがあります。言いたいことを伝え、結果を評価する際は、どんな反応を受けたかではなく、自分が何をしたかに照準を合わせましょう。

相手が自己防衛から攻撃に転じる可能性も予測しておきましょう。子どもの頃は、自分を守る手段をもたないまま、虐待を受けました。でも、今は自分を守れるのです。

自分を守る方法はたくさんあります。家族全員に一度に告げるより、一人ずつ話した方がよいかもしれません。耳を澄まして内なる声を聞き、機をうかがいましょう。ひとまず、味方になりそうな人にだけ話すこともできます。

いったん語り始めると、事態は次々と展開していくものです。秘密を守るよう頼んでも、守られるとは限りません。これまで互いを尊重し合ってこなかった家族と渡り合う場合、再び裏切られることもある、と心しておきましょう。

気持ちが固まるまで待つ

反応の予測できない家族に話す前に、自分の気持ちを整理しておきましょう。自分に本当に起きたのか疑っていたり、たいしたことではないと思ったり、今でも自分のせいだと思っているなら、対決する好機とは言えません。そんなあなたを見抜いて、相手が攻撃してくることもあります。

虐待の記憶が曖昧で、細かい点を相手につかれることもあるでしょう。ローラは親戚の一人から証拠を示すように手紙で迫られました。

　強姦や近親者からの性的虐待は、最も凶悪な犯罪に類するもので、二五年前の断片的な記憶では、彼を有罪にはできない。これは重大な告発であり、それを立証する具体的な証拠を提出すべきだ。

これはもちろん理不尽な要求で(1)、あなたに虐待を証明する責任はありませんが、こうした攻撃に耐えられる強い精神力があるか、前もってよく点検しましょう。気持ちがぐらついているなら、今はあなたを否定する人より、支えてくれる人を探すほうが得策です。まず自分自身の基盤を先に築きましょう。

自分の要求が第一

真実を打ち明けたり、対決するとき覚えておきたいのは、子どもを守るためという理由以外は、すべて自分自身のためだということです。焦らずじゅうぶん準備しましょう。あらゆる条件や限界を決め、時期や場所を選ぶのは自分なのです。

ルイーズは長い沈黙の末、父親と接触し、性的侵害の事実を突きつけました。やりきれない手紙のやり取りが一年ほど続き、これ以上手紙で言いたいことを伝えるのは無理だと思うようになりました。自分が納得するためには、父親と直接会うしかなかったのです。

これを聞いた夫は、セラピストに立ち会ってもらうよう提案しました。「向こうに頼める人は誰もいないわ」と彼女は答えました。

夫は驚いて言いました。「向こうって、君が父親の家に行くって言うのかい？　なぜ味方がいる場所を離れて、わざわざ出かけて行くんだ？　父親をこっちに呼べばいいじゃないか」

「それもそうね、考えもつかなかったわ」

このようにサバイバーの多くは、自分を守る方法をなかなか思いつきません。しかし対決を考えるなら、まずは自分の要求を優先させ、その上で、場所や時期を慎重に決めましょう。

対決の計画は、実践と同じくらい大切です。セラピーの中や、支援してくれる仲間と、やり取りを演じてみてもいいでしょう。言いたいことをどうやって伝え、それに対するさまざまな反論にどう答えるか練習しましょう。相手に伝えねばならないことを書き出して、特に重要なことを頭に叩き込みます。動揺したときでも、大切なことを忘れないように。

まずは自分の要求を人に話してみましょう。何が言いたいのか。目的は何か。確実に実現可能なこと（たとえば、父に強姦されたことを母に伝えたい）、幻想にすぎないこと（たとえば、母に心から受け入れられたい、母に離婚してもらいたい、告訴する際、母に支持してもらいたい）など事前に予測を立てましょう。中には敵意に満ちたものもあるかもしれません。起こり得る最悪の反応を考えてみましょう。それに耐えられますか。

ある女性は、父からの虐待を母に告げる計画を立てながら、母が真実に耐えられないかもしれないと不安になりました。


母に攻撃されたり、拒否されない自信はあったけど、母が食べ物を受けつけなくなったり、眠れなくなり、心臓発作を起こして死ぬんじゃないかと怖かった。セラピストに、母が万一死んでも耐えられるかって聞かれた。とても辛かったけど、たとえ母が死んでも、その原因は自分ではないって思えた。病気になって死ぬのも、母の選択だ。私の虐待にはほかにもいろんなやり方で反応できるはずで、もし母が死を選ぶなら、それはもう私の責任を超えている。そうなったらとても悲しいし、自分を責めるだろうし、事の顛末を悔やむと思う。でも私は死なないし、自分を癒したい。それが私の選択だから。

結果として、彼女の母親は病気にもならず、死にもしませんでした。しかし、娘としては、真実を話す前に最悪の事態に対処できることを知っておく必要があったのです。

自分に焦点をあてる

虐待者や近親者、友人とのやり取りの中で、子どもの頃のような不安な状態に陥ることがあります。現実に起きたことを疑い始めるかもしれません。そこで、加害者や家族に接触するときは、たくさんの人に支えてもらいましょう。自分を見失ったり、気が変になっていると思い込まないで済むよう、今の自分を客観的に見てもらうのです。

気をしっかりと保つ上で役立つのは、会話記録を残しておくことです。手紙を書いたら、コピーをとりましょう。電話ならメモを取り、後で会話の内容をノートに書きつけ、外泊するときは日記をつけましょう。自分から出かけていく場合は、今の生活を思い出させるようなもの、例えば写真、枕、好きな友人からの贈物などを持っていきましょう。現実を確かめるために、留守中、自分の家に電話してもいいでしょう。証人として友人を連れて行けるなら、それに越したことはありません。ただその際、同伴の友人は慎重に選びましょう（家族の一員を連れて行くのは望ましくありません）。自分の望みを友人にはっきり伝え、それに応じてくれるかどうか確認しましょう。

対決の時

対決の際は、言いたいことを口にして、要求をきちんと伝えましょう。たとえ、要求が受け入れられなくても、思い通り主張したという満足感は残ります。要求は具体的に伝えましょう。謝罪してほしい、責任を自覚してほしい、真実だと認めてほしい、補償や賠償をする意思を表わしてほしい、現在の関わり方を変えてほしい（抱きしめたり、キスをしないなど）。または性的虐待に関する本を読んでほしい、セラピーを受けてほしい、等々。多くの場合、虐待者が急に心を入れ替えることは期待できないので、相手の態度に変化を求めるより、具体的な行動を指定する方が効果的です。相手があなたの要求に応えているか否か、その後も判断しやすいでしょう。

直接会う、電話する、手紙を書く、電報を打つ、誰か使者を送る、など真実を突きつけたり、打ち明ける方法はたくさんあります。カリフォルニアのサンタ・クルズでは〈性暴力と闘う女たちの会〉のボランティアが、被害者と一緒に加害者の職場へ出かけていきます。二〇人近くの女性が加害者を取り囲んで見守る中、彼がしたことを被害者が語るのです。こうして対決は効果的で劇的なものになります。

兄の結婚式で、秘密を暴露した女性の話を聞きました。彼女は兄が自分にしたことを正確に書き出し、コピーして封筒に入れ、来賓全員に一言添えて渡しました。「兄の結婚に対する私の気持ちです。どうぞ家に戻られたら読んでください」

初めての対決は、話し合いの場ではありません。虐待者の話を聞く場でも、他者の反応に対処する場でもありません。ただその場に出向き、言うべきことを言って帰ってくるのです。迅速に行い、相手との対話は次の機会に回しましょう。

きっと追いかけて来る！

真実を語り、虐待者に突きつけた後で、再び傷つけられるのではないかと怖くなることがあります。父が自分を殺しに来る、と思い込んだ女性もいましたが、実際にはその父は姿を消し、完全に彼女を避けるようになりました。この場合怖くなったのは、父親の方だったのです。実感しにくいかもしれませんが、真実を語り、対決しようとする時、計り知れない力が備わるのです。

しかし時には危険が伴うこともあります。その際は、身を守るために、必ず人前で会う、現住所や電話番号は知らせない、証人に同席してもらうなど、何らかの策を講じましょう。たとえば、相手がひどく暴力的だったり、行動が予測できない人物であれば、対決しない方が賢明なこともあります。

対決のあと

対決の後は、気持ちが落ち込んだり、高揚したり、揺れ動いたりして、さまざまな反応に見舞われます。真実を語ると、母親は発狂し、父親は自殺し、叔母は離婚し、教師が懲戒免職になるなど、一大異変が起きるのではと不安になることもあります。そうした変化が現実に起きる場合もありますが、家族が何も聞かなかったことにして、普段と変わりなく機能する場合もあります。

初めは同情的でも、その深刻さがわかるにつれて、態度を翻す人もいます。逆に、初めは否定的でも、あなたの言うことを少しずつ受け入れ、先々支えてくれる家族もいるでしょう。同じ家族でも、支える人と拒絶する人にはっきり分かれることがあります。アリシアは両親宛の手紙で、伯父に虐待されたことを知らせました。

母からの返事は、私が挑戦的だとする非難で一杯だった。わずか二ページの手紙で、母は「虐待」という言葉を一二回も使っていた。私がいかに母を虐待しているかが、何度も書いてあった。私たちの関係で、母自身が虐待された子どもになりたがっていたことは確かだ。一方、父は自分の兄弟のことなのに、私に好意的だった。初めての返事にこう書いてあった。「私はスティーブをかばう気はない。ただ幼い少女だったおまえのことを思っている。その子の頭を撫でて『つらかったろうね』と言ってあげたい」

　まさに私が求めていた言葉だった。父に信じてもらえて、なんて幸運な娘なんだろうと思った。

　それから数カ月後に両親を訪ねた時、車の中で父がこう尋ねた。「虐待について聞いてもいいかい?」

「いいわよ」父が詳細を聞きたいのだと思い、私はそう答えた。

　でも、父が知りたかったのは全然別のことだった。「おまえは大丈夫かい?　出口が見えるかい?」父はそう尋ねた。

　胸がつまった。父は伯父の心配など微塵もしていなかった。「それは確かなのか?」とも聞かなかった。父の関心は、私が大丈夫か、どうしたら私を支えられるか、の二点だけだった。どうすれば事実を明らかにできるか相談にのりたいと言い、当時、伯父が国内にいた時期、いなかった時期を調べよう、と申し出た。父は虐待の前後のことを一緒になって調べてくれた。

　母についても、父は一言「私と母さんではこのことに関する感じ方が違う。二人の反応が違っても驚かないでほしい」と言った。


　対決したり、打ち明けるのは大変なことで、恐怖感や苦痛など、多くの代償を払います。しかし、これは沈黙という歪んだ秘密の掟を破って、感情を直接表現すること、自分の境界線と要求を主張し、恐怖感を克服し、自分のために行動することなのです。それは「虐待の犠牲者」という枠から抜け出すための、力強い一歩です。

　結果のいかんにかかわらず、さまざまな感情が渦巻き、ある種の解放感を味わうでしょう。秘密という重荷が消え、隠れる必要がなくなります。虐待者のそばにいたくなくて、クリスマスや新年を一緒に祝わないときも、いとこの結婚式に出ないときも、そのたびに別の言い訳をする必要がなくなります。

　打ち明け、対決したあと、虐待者や他の人々とどの程度連絡をとりたいか、一切連絡を絶ちたいかは、よく考えて決めましょう。虐待者に二度と会わないと決める人もいれば、粉々になった関係を建て直したいと思う人もいるでしょう。（p313『実家との関係』参照）

子どもたちを守る

多くの子どもたちが、教師やカウンセラーなど、職業上子どもと関わる人々によって虐待されています。近年、サバイバーの多くが、他の子どもを守るために加害者に立ち向かい、虐待の現場となった学校や諸機関に警告を与えています。

虐待者が教育や医療関係者であろうが、隣人であろうが、家族の一員であろうが、子どもの現在と将来の安全を考えることは極めて重要です。子どもの性的虐待がはびこるのは、人々が過去をそのままにし、何もしないで傍観するときです。虐待者に立ち向かい、被害を受ける可能性のある子どもの親に警告し、キャンプや学校の責任者に注意を促し、必要ならいつでも話を聞く用意があることを子どもたちに知らせる責任が、すべての大人にあるのです。

子どもが危険に曝されている切迫した状況では、自分の気持ちを考えたり、マイペースで慎重に対処することが難しくなります。自分の痛みと向き合い、さまざまな体験に押し潰されそうなとき、ふと姪や孫のことを思い出すかもしれません。

父がしたことにようやく怒りを感じ始めた妹が、父と一五年も連絡を絶っていた私に電話をよこした。私たち二人は幼い頃から父に性的虐待を受けていたが、これまで妹は父を許してきた。妹は電話で、義理の妹が自分の娘を父に預けて外出している、と知らせてきた。私たちは、父がまたこの幼い子を虐待する危険があるから、義理の妹に電話で警告しようと決めた。最初、妹はためらった。ひょっとしたら自分がしていることは、父への復讐心からではないかと言って。「だから何なの？　彼は何年間も私たちにやつ当たりしてきたのよ。何より、この子を守らなくちゃ」私はそう答えた。

義理の妹に電話して、父が私たちや他の里子を何年も虐待してきたこと、そして彼女の娘の安全がとても気がかりなことを伝えた。彼女はこの話を冷静に受け止め、私に感謝した。怖かったけれど、力づけられた気もした。私たちがしてもらえなかったことを、その小さな少女にしてあげられたと感じた。真実を語ることで、その子を守り、秘密よりも彼女の安全を優先したと実感できたのだ。

他人のために自分を犠牲にすべきではありませんが、子どもたちにも守られる権利があります。あらゆる点を考慮して、こうした状況でどうすべきか決めましょう。

＊子どもたちへの危険がどれほど切迫しているか

＊自分自身の心の準備にどれくらいの時間が必要か

* 加害者に立ち向かう前に、子どもの両親に告げる方法は
* とりあえず、今できることはあるか

選択肢は、思ったより広いかもしれません。児童保護サービスに電話し、匿名で虐待を通報することもできます。子どもの先生やかかりつけの医師に話すこともできます。兄が家で子どもたちを虐待しているのではと思ったある女性は、誰かに話すことを勧める〈子どもの虐待防止〉の本を、その子たちに贈りました。別の女性は、隣の子どもたちが、彼らの父方の祖父に虐待されていることに気づきました。子どもたちの父親に話しても、彼が防衛的になり、敵意を抱くかもしれないと心配して、母親に話すことにしました。彼女は祖父と血縁でないので、話を受け入れやすい立場にいたのです。

対決しない場合

対決しないと決めることが、恐怖心からではなく、強さゆえの決断であることもあります。大変な思いをして対決した他のサバイバーの話を聞いて、プレッシャーを感じる女性もいます。「私は乗り越えた。あなたにだってできるわ」こういった仲間からの圧力はむしろマイナスです。対決をした人の方が、しない人と比べて「より癒されている」ことにはなりません。

対決しない理由はたくさんあります。現実に危険を避けたい、周りの支えが十分でない、これ以上ストレスの原因を増やしたくない、自分で事実だと思っても確信がない、親きょうだいと縁を切る覚悟ができていない、両親が学費を負担していて、経済的自立のめどが立っていない、または話しても信用してもらえない、気が変だと言われるのはご免だなど、どれも正当な理由です。

> 対決してもプラスになるとは思えない。彼は実に悪知恵にたけている。これまでも何度も結婚し、離婚の理由はいつも同じ。妻が正気でないことを医学用語を並べて説明する。同じ扱いを受けるなんてまっぴら。家族に話しても無駄だろう。認めてもらえるあてもないのに、あんな男に労力をそそいでも意味がない。だから、必要な情報をくれる人、自分を肯定してくれそうな人にしか話さないと決めた。

どんな理由であれ、自分の準備ができていない、または必要と思わないのに、義務感から対決する必要はありません。加害者と対決しなくても自分を癒せます。

加害者が死んだら？

誰もが、虐待者と対決したり、家族に打ち明けるという選択肢を持っているわけではありません。加害者が何者かわからなくて、対決できずに悔しく思う人もいるでしょう。虐待者がすでに死んでいる場合、対決や話し合いの機会が持てないことに憤りを感じながらも、他のサバイバーのような辛い対決をしないで済むことに、内心ほっとする人もいるでしょう。善良に生き、辛抱し、祈っていれば、いつか事態が好転するだろう、そんなはかない望みにすがらずに済むことに、安堵を覚える人もいるでしょう。

虐待者が死んで安心する人もいるでしょう。それは当然の感情です。父が死んだら墓に唾を吐きかけたいと、その日を待ち望んでいる人もいます。また、こう語る女性もいます。

> 死は父にとって幸運だった。生きていたら私が殴り殺していただろうから。父は八〇すぎて、私に撲殺されたろう。すべてを否定する父に私は激怒し、無我夢中で彼を殺し、刑務所に入ったろう。

この女性が実際に父親を殺すことはなかったと思いますが、こう考えることで気は晴れたことでしょう。対決の場面を想像して怒りを向け、力とすることができます。父親が死んだから、感情のもつれが解けなくなるとは限りません。この女性が失ったのは、父親に面会する可能性だけです。

虐待者や他の人物が不在だからといって、その人との関係を解決できない（あるいはする必要がない）わけではありません。面と向かって話せなくても、未解決の感情に取り組むことは大事です。

それでも解き放てる

直接相手と対決できなくても、それに近い満足を味わい、心を浄化させることはできます。たとえば、実際には郵送しない手紙を書く（p162参照）、性的侵害についての詩を書く、それをサバイバーのためのニュースレターに載せる、サポート・グループや関連組織に寄付する、自分なりの儀式を考え出すなど、心の中で加害者と向き合って、これまでの関係を断ち切る象徴的手法は数多くあります。

> その日、私は伯父を海に葬り去った。それは先住民の儀式だ。私は弔いの歌を唄い、泣いた。伯父の身体と過去の行為のすべてを小さな箱に詰め、彼が遠くへ逝くのを想像した。そして彼の写真を燃やした。

ワークショップやセラピーの場でできることもたくさんあります。サイコドラマ（心理劇）は、対決を試みるのに特に有効です。グループの中の何人かに、自分の人生に関わった人物を演じてもらいます。各人物がどんな人で、どんな言葉使いをしたかを教えて場面を設定し、劇の中で彼らとかかわるのです。これは時として非常に現実味を帯び、現実の対決ができない場合、それに代わる効果的な方法です。

実行に移す――キャサリンの場合

キャサリンは二八歳、中西部の田舎町で育ち、現在はラジオ番組のプロデューサーとして、西海岸で生活しています。両親ともアルコール依存で、父は医者、母は精神科の看護婦でした。幼い頃、父に虐待されたキャサリンは、この対決の一年前に虐待の記憶を取り戻しました。

私は両親のどちらかに打ち明けたくなった。ある週末、母から電話があった。私が落ち込んでいるのがずっと気になっていて、家族を避けているのが気掛かりだと言う。私は起きたばかりだったが「そろそろ言いどきかな」と思った。「実は、私は性的虐待の被害者で、加害者は父さんだと思うの」「何てことを、なぜそんな寝ぼけたことを言うの？　今さら言ってどうなるっていうの？」内なる声がそう囁いた。

電話の向こうで、母が息をのんでいるのがわかった。辛かった。話している間、母はずっと泣いていた。私も泣いた。

はじめ母は慰めてくれた。母の第一声は、「あなたを一〇〇パーセント信じるわ。とても正直な子だもの。こんな場合、妻は夫の味方をするものだけど、私は違う」

数日後、母から来た手紙は、これからどうやって父と暮らしていけるか心配に溢れていた。母の態度が一変したのはこのあとだ。今は、性的虐待が起きたことさえ否定している。

父との対決

機をみて自分で話すから、父には黙っていて欲しい、と母に念を押したが、母はすべてを父に話してしまった。一週間後、父が怒って電話してきて、「性的虐待って何の話だ？」としつこく問い詰めてきた。

この時点で私も心を決め、二時間かけてすべてを話した。私たちは、本当に父がしたことなのか、なぜこれまで私が何も言わなかったか、そしてなぜそれを思い出せなかったのかについて怒鳴りあった。父は「いつもおまえはそうやって俺を非難する」と言って、私に触れたことは一度もないと言い張った。会って証拠を示せ、とも言った。私は「今は会いたくない。会う時は、時間と場所をこちらから指定する」と言って電話を切った。父に押しきられずに毅然としているのは容易じゃなかったけど、実行できた自分が誇らしかった。

話の間ずっと自分の立場は揺るがなかった。性的侵害があったこと、私が傷ついたこと、怒っていたこと、そして父は一切弁解できないこと。泣きながら、知性と感情の両方を使って事実を話したのだ。真実は何より力強かった。

家族療法

私は、一緒に家族療法を受けるよう両親に頼み、二時間のセッションを受けた。一〇〇マイルの距離を運転してセラピーに行った。セラピストが到着するまで、私たちは疑いの視線を交わし、三人とも緊張していた。

まず、これは私が虐待にまつわる感情を語るために設定された場だ、とセラピストから主旨説明があった。また前置きとして、私たちは率直さと思いやりという二本の細い線に沿って歩くこと。万が一、それらの線から逸れても、最低限の正直さは守ること。このセッションで、過去の悪いことが話されるからといって、良い思い出まで否定するものではないこと、などが説明された。

私が話す番になった。その日のねらいは、私がどんなに傷ついたかを両親に示し、そこで泣き、起きたことを言葉で告げることだった。ひどく敵意に満ちた人たちの前で、傷ついた自分を見せるのは大変だった。

セラピストの前で両親が優しく理性的に振る舞って、人を虐待するような素振りも見せずに、私が嘘つきに思われるのではないかと心配したが、ものの五分もしないうちに、両親は怒鳴ったり叫んだりする、日頃の姿を露呈した。家族の中でどんなことが起きていたか、第三者に見てもらえてホッとした。

家族療法の一番の収穫は、両親がいつか変わってくれるという幻想が急激に消えたことだ。本当はいい両親なのかもしれない、という淡い期待は粉々に砕かれた。

セラピーの間、両親の言うことに耳を傾け、その姿を見ながら、二人がどんなに虐待的な親だったかを実感した。両親にどう対応すべきか、私の考えは変わった。両親のことを気にかけず、自分に焦点を当てられるようになったのだ。両親には私を助けようという気がまったく無いことがわかったのだ。

対決してよかった

両親に話してよかったと思う。生涯で最も不愉快な体験だったが、自分を虐待した人たちに真実を告げたときの解放感は格別だった。セラピーの前も、その最中も、終わってからも、すごく不愉快だったが、これまでのように、四六時中そのことで頭が一杯ということはなくなった。

これから対決しようと考える人に、家族療法の何が役に立ち、どんなことが怖かったかを伝えたい。怖くて言いたいことが十分言えないのではないかと不安な人は、その日のセラピーが終わった直後に、両親が死んでしまう場面を想像してみるといい。私は、自分だけ生き残って惨めな人生を送り、手を震わせながら「あのときどうして言わなかったんだろう?」とオウムのように繰り返す、惨めな自分の姿を想像してみた。おかげで私は大胆になれ、相手に気兼ねすることなく最悪の言葉を口にし、単刀直入に話ができたのだ。

最も難しく、怖かったこと

ローラはこの本を一章書き終えるたびにこうつぶやいたものです。「ああ、この章が一番たいへんだった」「『それは本当に起きたこと』が一番難しかった」「いや、『記憶を取り戻す』が一番たいへんだった」。でも書き進めて行くと、「やっぱり『家族にどう接するか』が一番辛かった」など。要するに、何であれ、現在自分が取り組んでいる課題が一番辛いのです。

サバイバーにとって一番辛かったこと

*毎週セラピーに出かけていくこと

*一家揃って私に向けた怒りと嘘。まるで化け物か大きな影のように家族が覆いかぶさり、私の言うことは嘘っぱちだ、と言うのだ

*愛し慈しんだ父という存在が、こんなにも深く私を侵害したという事実を受け入れること。もう一つは父が三年前に死んだため、『なぜあんなことを私にしたの?』と二度と面と向かって聞けないこと

*父との対決が、今なお頭から離れないこと

*母と話をすること。絶対に聞こうとしない母にどう接するか

*自分の感情に気づくこと。悲しみを感じたり、泣けるようになること

*今でも私の身体が侵害されていることが、やりきれない。彼が私の身体に触れたのは、もう何年も前のことだけど、私はまだ安心してセックスができない。彼が触れなくなっても、その侵害の影響は続いている

*いいようのない孤立感、これまでどんなに孤独だったかを感じること。昔、どんなに世の中が怖かったかを思い出すこと

*忍耐

*私にとって今でも一番難しいのは、男性との一対一の親密な関係。なかなかうまく行かないけれど、相手の男性の問題じゃない。すべて私自身の問題

*セックス。自分一人でやれることは限られていて、相手の

協力が必要だから
＊自分を癒すことの中で一番大変なのは、癒しに終止符を打つこと

一番怖かったこと

＊一番怖いのは、自分独りでやるしかないということ。たとえどんなに多くの人が共感を寄せてくれて、必ずできると言ってくれても、それをやるのは自分だけ。とても一人で抱え切れないほど膨大な作業だから
＊親密さが一番怖い。本当に恐ろしい
＊一番怖かったのは、虐待が実際に起きたとき。癒しがどんなに大変でも、実際の虐待とは比べようがない
＊自分は娼婦だったんじゃないか、すべて私のせいだった、と思うこと。私が悪いのなら、死ぬしかない
＊自分を傷つけたり、自殺したくなるのが怖い
＊セラピーを受けても終わりがなく、何の進歩もないと考えると、とても怖くなる
＊一番怖いのはパニックすること。自分が消えてなくなりそうなのに、何にもすがれない。押さえ切れない恐怖が押し寄せてきて、何とかしなければという思いが身体の中から突き上げてくるのに、何もできない
＊語ること
＊一番怖いのは、自分の精神疾患について話すこと、薬を飲むのを止めること、もう一度自分を信頼すること
＊心と身体が離れないよう努めること
＊男性の権威者に向かってノーと言うこと
＊母は父を愛していて、彼を選び、私は母をも失ったという事実を受け入れること
＊私も母のように気が狂うんじゃないかと思うこと
＊一番怖かったのは、本当に自分で乗り切れるかわからなかったとき。これ以上知って、感じて、事実だと認めるより、死んだほうがましだと思った。いっそ彼が私を殺してくれたら、と思った
＊堂々巡りだけど、やはり自分の中の怖れと向き合うこと

文章で対決する

『沈黙の共謀』の著者サンドラ・バトラーは、セラピストのためのトレーニングを行い、サバイバーのための文章創作ワークショップを開いています。彼女の主催する〈癒しの文章創作〉ワークショップでは、一連の力強いエクササイズを通して、サバイバーが自分の感情に触れる手助けをします。これはまた対決の準備としても役に立つトレーニングです。

参加者はまず、子ども時代に関わった重要な人物で、いまだ釈然としない感情を抱いている人を一人選びます。「その人に対して言い足りなかったことをすべて書いて

みましょう。その人は今、あなたをさえぎったり、脅したりできません。ただ座って聞くだけです。怒り、失望、裏切り、哀しみ、喪失、思いつくことはすべて言ってみましょう。『あなたに聞かせたい、とても大事な話がある』という文で書き出しましょう」

一〇分から一五分後、サンドラは言います。「今度は、書きながら相手が反応してくるのを想像しましょう。相手の身になって、自分の想像通りの反応をしてください。先ほど自分が言ったことに対して、同じぐらい力のこもった反応をみせてください」

さらに一〇分経過すると、サンドラは再び言います。「ここで、自分自身に戻って、話を続けるために必要な、基本的ルールを作ってみましょう。書き出しはこうです。「この話をしたからと言って、これまでの私たちの関係を改善できるとは思いませんが、いくつかの基本的ルールを作りたいと思います。はっきりさせておきたいことがあるのです」

そしてまた一〇分後に中断し、言います。「ここからは二つの声で、納得いくまで、できるだけ生き生きと力強く対話しましょう」

文章を書く―打ち明け、対決する

（書くことの基本は、p32参照）

加害者に手紙を書きましょう。実際に送るのを前提にした手紙ではないので、冷静に書く必要はありません。もちろん実際に送ってもいいし、多少書き直してから投函してもいいでしょう。まずは、反論など気にせず、言いたいことを書けるよう、送らない前提で書きます。自分の傷ついた心や怒りをありのままに表現し、一種の浄めのつもりで書いてみましょう。

こうした手紙は何度でも書けます。加害者が複数の場合もありますし、虐待者に対する気持ちが時とともに変化することもあるでしょう。守ってくれなかった親など、第三者に手紙を書いてもいいでしょう。

（1）　p411『法的原則は癒しにそぐわない』参照。

許しは必要か

父を絶対に許せない。向こうからやってきて、「おまえをひどく傷つけてしまって本当にすまない。セラピーを受けて何とかこの問題に対処したいと思っている」とでも言われていたら、話は違っていただろうが、父はそんな気配すら見せたことはない。
もし許してもらいたいなら、父は、私が一七の時から振り絞ってきたのと同じくらいのエネルギーを使って、必死に努力せねばならない。でも父の余命は長くない。だから私が父を許す可能性は皆無に近い。

癒しのさまざまな段階について話をする際、必ず許しについて聞かれます。癒しにとって唯一必要なのは、自分自身に対する許しです。加害者や、守ってくれなかった親きょうだいを哀れんだり、許すことは、癒しの必要条件ではありません。それを願ったり、目標にする必要すらないのです。許しはけっして最終目標ではありません。
癒しが進むにつれ、いずれは自分の過去と折り合い、前進するために何らかの決意をするでしょう。この決意に許しを含めるかどうか、それはあなた次第です。加害者を許さなくても、何も問題はありません。

許す？　とてもできない。受け入れることはできても、許すなんて無理。彼が何者で、自分に何が起きたかは受け入れる。これぱかりは変えられないから。でも許すことはできない。私の二〇年間の人生を奪った張本人なのだから。

懸命に許そうと努め、どうしようもない袋小路に入り込んでしまう女性の話をよく聞きます。虐待者を許せそうもないから、完璧な癒しは望めない、と絶望してしまうのです。エレンはワークショップでこう言います。「とんでもない。すべてを奪った加害者たちが、今度は許しまでも欲しがるって？　そこまで甘やかすことはないわ。これ以上何も与えなくていいのよ」

許し――得をするのは誰か？

「許し」という言葉を辞書で引くと、次のように定義されています。

一・加害者に対して怨念を抱くのをやめること

二・加害者への補償要求を放棄すること、支払いの軽減や中止を認めること

つまり、俗に言う許しには二つの要素があるようです。一つは、怒ることをやめ、これ以上加害者を責めない。虐待者がしたことを放免すること。もう一つは、加害者から何らかの償いを得ようとするのをやめること。慰謝料や罪を認める書状、謝罪、敬意、愛情、理解、その他いかなるものも、これ以上望まないこと。これらの二つの要素を分離することで、性的虐待から癒されるために何が必要で、何が必要でないか見えてきます。

いずれ、虐待者から何らかの償いを期待するのをやめねばならない時がきますが、急ぐことはありません。どんな手段であれ、抗議の気持ちを表現するのは当然であり、勇気のいることです。しかし、ある時点で獲得不可能なものを得ようとして、その罠から抜け出せない自分に気づきます。加害者に振り回されることなく、自分や今の生活や、将来の方が大切だと思える日がくるでしょう。今の問題の多くが、過去の虐待のせいだと認めながらも、満足のゆく変化を遂げる力があることを、認められるようになるでしょう。「私が主人公。虐待者がどうなろうが、私は私の人生を生きる」

こうした考え方は、怒りと共存できないわけではありませんし、虐待者を許したり大目に見るわけでもありません。

友人が不注意からあなたの気持ちを傷つけ、謝ってきた場合は、相手を許し、それ以上責めないでしょう。こうして関係は修復されます。仲直りして、怒りを引きずらず、これまで通り、信頼と敬意ある関係を続けられます。子どもの頃の性的虐待の痛みを癒すには、この種の許し（怒るのをやめる、加害者を大目にみる、信頼関係を修復する）は必要ありません。虐待者を許す人のほうが徳が高いとか、より勇気があるわけではないのです。

「水に流して、忘れなさい」

虐待者を許すように助言するのは、サバイバーへの侮辱です。こうしたアドバイスは、サバイバーの感情を過小評価し、否定するものです。しかし、サバイバーの憤怒を受けとめきれない人や、管理したがる人は、許しを繰り返し持ち出します。もちろん、永久に怒り続ける必要はありませんが、人に説得されて、許しという「高尚な美徳」のために、怒りを放棄する必要はありません。

キリスト教など、強い宗教的繋がりがある場合、許すことを神聖な使命と感じるかもしれませんが[1]、そうではありません。聖なる許しというものがあるとしたら、それは人間ではなく、神のなせる業です。癒しの過程で、同情や許しの感情が自然に湧いてくるなら、それは癒しの強力な推進力になります。しか

し、義務感からくる許しに意味はありません。

相手を許そうと努めるのは、無意味で短絡的です。許しに「到達」しようとあせることは、自分の足を引っ張ることです。他人を許すことが癒しの一部となるとしたら（もちろんその必要はありませんが）、それは記憶の回復、哀しみ、怒り、前進といった段階を経た後のことでしょう。許しは一種の副産物であり、それほど重要ではありません。

癒しが得られるかどうかは、虐待者ではなく、自分自身を許せるかどうかにかかっていると思う。加害者を許そうと時間を費やしても何の意味もない。ヒットラーを許そうと努力する人はいない。人生にはもっと大事なことがたくさんあるのだから。

まず自分を許せるようになれば、その気持ちは自ずと他者へと広がっていく。人間性なるものを少しずつ理解し始めるのだ。誰かが正しいことをすれば、それが見えるようになる。人間的で愛情のこもった行為に、応えられるようになる。それこそが本当の許しだと思う。

加害者に同情してしまったら

それでもかまいません。他人に対して同情を抱くのは心地よいものです。自分に思いやりを持てるようになったり、親きょうだいに対して、これまでと違った見方をするようになった結果、こうした気持ちになることもあります。

ときおり兄を許せそうな気がする。兄も私も、同じように混乱していたのだ。兄は本当に私のことを気づかっていたし…。

家族における母親の立場が理解できるようになって、自分を守ってくれなかった母を許そうという気になった女性もいます。

母は私たち同様無力だったのだ。母も犠牲者だったのだ。父が風呂場で弟を殴っている間、子どもたちと一緒に廊下に立ちすくむ母の姿が目に浮かぶ。私たちは「父さん、父さん！」って叫び、母は「ドン、やめて、お願い！」って叫びながら、みんなで泣いた。あの時、母にはそれしかできなかったのだ。ほかになす術がなかったのだ。

ローラも、文章創作ワークで同じような体験をしました。このワークは癒しの他の側面にも有効です。（p168『文章を書く―家族史の再構築』参照）

二週間、文章創作ワークショップに通った。そこでの課題の一つは、実際には知りえない、自分の家族史のある出来事をとりあげて、持てる限りの情報を使って、何が起きたのかを創作する、というものだった。それで私は、母の子ども時代の話を書くことにした。

最初はほとんど書けなかった。知っていたのは、祖父母が移民で、客がきて英語で応対しなければならないときは、賢かった母がいつも駆り出されたこと。母はそんな家族が恥ずかしくて、近くの映画館に通っては、夢の世界に逃避していたこと。あの祖父が母の父親で、毎日の生活を共にしなければならなかったこと。迷子のようにおどおどして内気な、母の写真を覚えている。それ以外は私の創作だ。

それは素晴らしいワークショップだった。母を自分の親としてだけでなく、私が生まれる前から生きている、一人の女性として見られるようになった。どうしてあのような対応をしたのか、母の立場で理解しはじめた。バラバラだった断片が繋がりはじめたのだ。母に同情を感じ、自分でもいい気分だった。

こうした愛しさは、予期せぬときに自然と訪れるものです。家族四人から虐待されたある女性は、絶対に彼らを許さないと宣言し、絶縁状を書いて自分の生活に専念していました。しかし数カ月後、ユダヤの贖罪の日にあたるヨム・キッパーになると、ユダヤ教寺院に行きたいという衝動に駆られました。ヨム・キッパーとは、これまで自分が犯した過ちや、人から被った不正をすべて水に流す、ユダヤ教の祭日です。意識したわけでもないのに、彼女は突然すすり泣きはじめ、驚いたことに、自分だけでなく家族のことも心から許していました。「その日以来、私は自分の人生を手に入れた。生まれて初めて家族から離れられたのだ」許しは、彼女に大きな変化をもたらしましたが、これは意図したことではありませんでした。

同情や許しを自然に感じるようになって、新たな自由を実感するようになった女性もいます。

哀しみ、怒り、喪失感を感じた後、なぜか許しが訪れた。彼女の行為は許せなくても、彼女のことは心から許せた。怒りを解き放ったから、もうその重荷を背負わなくていいのだ。背筋を伸ばして歩ける。彼女を許すことは、自分を癒す一つの手段だった。

＊　＊　＊

彼を許してからというもの、これまでの激しい感情がだいぶ消えたことに気づいた。彼の写真に切りつけたい、そう思いながら目覚めることもなくなった。何年も思い出せなかった彼の顔が、最近夢に出てきても「もうあんたの顔なんか怖くない。もうあんたの名前に怖気づいたりしない」と言えるようになった。

許しを感じたとしても、それは何よりも自分への許しであることを忘れずに。他者が人生で犯した過ちを、あなたが解消することはできません。虐待者が癒されるとすれば、それは彼ら自身が自分の加害行為を認め、償いをし、自己の痛みを探り、自分を許せるようになったときです。

加害者や親きょうだいに対して、サバイバーが常に同情を感じるとは限りません。

私は許せない、彼は大人だったのだ。あくまでも彼の責任だ。誰であれ、あんなことを子どもにするやつは許せない。万一私の子どもに同じことをしようとしたら、即座に殺してやる。惨めで孤独に死ねばいい。彼が死ねば虐待行為も死ぬ。彼が自分のしたことの重圧におし殺されるのを、喜んで見届けてやる。死ぬのは私じゃない。

不幸な子ども時代のせい？

福祉関係の仕事をしていたローラの母は、帰るとよく、職場で接する常軌を逸した問題児の話をしたものでした。

母はマクドナルドに私たちを連れて行き、ポテトを食べながら一六歳の殺人犯や一五歳の強姦犯の話を、面白おかしくしたものだ。コーラを飲みながら私たちはいつも同じ質問をした。「でも、どうして？　どうしてそんな事をするの？」。すると母は決まって、チーズバーガーを頬張りながらこう言った。「彼らは不幸な子ども時代を過ごしたからよ」

たしかに加害者の多くが、子どもの頃虐待を受けており、性的虐待は世代を越えて繰り返されています。しかしそれは言い訳にはなりません。多くの女性が性的に侵害されていますが、その大多数は虐待者になっていないのです。子ども時代にどんな痛みを負っていても、決して虐待する言い訳にはならないのです。

冗談じゃない。私の魂を奪ったやつの過去に何があったかなんて関係ない。私だって虐待されたけど、子どもに矛先を向けなかった。そんな言い訳クソくらえ！　まったくバカげてる。

＊　＊　＊

たとえ何万年経っても、私は父を許さない。彼は私を性的に侵害することを選んだのだ。私だって同じように難しい選択をしてきた。失敗もするけど、同じ過ちを繰り返さないよう必死に努力している。父が努力したとは思えない。衝動を感じるたびに、それに屈していたのだ。

自分を許す

唯一必要な許しは自分に対するものです。自分が人を必要としたこと、幼かったこと、できる限りこの状況に対処してきたことを許しましょう。ある女性はこう語っています。「私は性的侵害に反応した自分の性器を許し、父を疑わず虐待を防げなかった自分を許す必要があったのです」

大人としての自分の限界も許しましょう。犠牲者のパターンを繰り返してしまったこと、子どもを守るすべを知らなかったこと、あるいは誰か他の人を虐待してしまったことを。癒しに時間がかかることを許し、できるだけ深い思いやりと理解を自分に向けましょう。この種の許しこそ、必要なのです。

文章を書く——家族史の再構築

（書くことの基本はｐ32参照）

『キーパー・オブ・アカウンツ』の著者で、優れた教育者でもあるアイレナ・クレフィッツが開発したエクササイズを用いれば、自分でも知らない過去や、家族史を構築することができます。著者が「想像力による復元」と呼ぶこの思い出し手法は、親きょうだいや家族のパターンをよく知るための効果的な手段です。実際には知り得ないことを書くわけですが、結果は往々にしてハッとするほど現実に近いものです。

自分では知るよしもない家族の過去の出来事をとりあげましょう。父親の子ども時代でもいいし、自分を守ってくれなかった母親の生活でもかまいません。知っている限りの事実を用いながら、自分なりの話を創作してみましょう。持てる限りの知識を駆使して、実際に起きたかもしれないことを想像しましょう。

（1）子ども時代の性的虐待からの癒しにおいて、キリスト教的許しがもつ役割の秀逸な分析として、Fortune, Marie M. *Sexual Violence : The Unmentionable Sin : An Ethical and Pastoral Perspective.*(New York : Pilgrim Press, 1983) を参照。マリー・フォーチュンは宗教学的視点と、性暴力のフェミニスト的分析を組み合わせている。

精神世界――魂を癒す

「きっとたどりつける」内なる声がこう語りかけ、勇気と希望を与えてくれた。癒しには段階があり、その一つ一つに意味があり、必ず目的地に到達できる、そう確信した。それは魂のささやきだった。

自分の魂と出逢うことは癒しの重要な側面となります。これは一二段階《ステップ》プログラム（依存症から抜け出すよう、多くの人々を手助けしてきたAA、アラノン等のグループ）では、久しく認められていることです。しかし、魂という言葉に拒否反応を起こす人も多いようです。この言葉から、剃髪や、教会での整列の強制、信仰心に名を借りた虐待者の偽善、形式ばった堅苦しさなどを連想する人もいるでしょう。牧師や神父から虐待を受け、信仰心を喪失したサバイバーもおおぜいいます。

私は二〇年間とても保守的な宗教集団にいた。長い間、イエス様にすがれば癒されると思っていた。ひどい慢性の偏頭痛が治らないので、三八歳の時、催眠療法を受け、性的虐待を思い出した。最初にこう思った。「これまで信じてきた神様はいったい何だったのか？」幼い女の子が殴られ強姦されたのに、神様は何もしてくれなかった。そう思うと怒りがこみ上げてきた。牧師に会いに行ったら、それは人間のなせる悪であって、神に怒りを向けるべきじゃないと、長々と説教された。

よくよく神に見放されたものだ。私が思っていた神は存在していなかったのだ。いったいあれは何だったのか。私はひどい喪失感にさいなまれた。これまで私を支えてきた魂が行き場を失ったのだ。存在の基盤と生きる目的を無くし、いたたまれなくなった。教会の友人にも拒絶され、以来、信じられる神はどこにもいない。

癒しにつながる精神世界とは、こうした孤立感とは正反対のものです。それは生への情熱であり、他と繋がっているという感覚、つまり、自分が世界の一部であると感じることです。大自然の中で、打ち寄せる波を見たり、広大な平原を見渡したり、砂漠を歩いたりするとき、多くの人はこうした感覚を体験します。あるいは誰かと本当に親密になったとき、歌を歌うことで気持ちが高まったとき、子どもを見て感動したとき、何か自分を超える大きな力に触れるのです。万物を育む生命力というものがあり、それが稲妻や山脈や見事な果実をつくり出すのです。子どもを身ごもり、産み育て、赤ん坊が寝返り、おすわり、ハイハイをするのを見届けるのは、生命の奇跡です。オタマジャクシは蛙に、さなぎは蝶に、傷ついた人は健やかに、命あるものはすべて本来の姿になろうとする力があります。癒され、健やかな自分をまるごと感じたいと願うこと、これが魂の営みなのです。すでに癒されている小さな部分が、残りの部分を癒しへと導いてくれるでしょう。それは、自分への信頼を取り戻す、内なる声なのです。

雲の切れ目

ローラは以前、年間平均降雨量が四〇〇〇ミリ以上という、雨の多いアラスカ州のケチカンに数年間住んでました。「毎日雨ばかり。島はいつも灰色で、どんよりと雲が垂れ込め、風雨が強かった。太陽がどんなだったか忘れるくらい。でもそこを飛行機で飛び立つのは、なんとも神秘的な体験だった。飛行機がいつものように雨の中を離陸すると、数秒後、厚い雲を抜け、きらめく太陽の輝きの中に突入する。地上から見えなかっただけで、太陽はずっとそこにあったのだ」

癒しにも同じことが言えます。こうなりたいと思っている自分は、ただ見えないだけで、すぐそこにいるのです。行く手の遠さばかりを気にして、来た道のりを振り返らないと、太陽は頭上にあるのに、嵐にとらわれて前が見えません。自分の中の静寂を取り戻すと、自分が、虐待の痛みに泣いてばかりいる子どもではないことを思い出せます。虐待を乗り越えるとか、自分の「悪い」ところを取り除くのではありません。むしろ自分を膨らませ、すべてを抱擁するのです。これまでの葛藤から離れたところにいる自分自身が見えるようになるのです。

信念を持ち続けること

いまの問題や痛み、そして癒しの進み方ばかりにとらわれていると、先の見通しを失いがちです。ある程度のめり込むことは避けられませんし、ときにはそれも役に立ちますが、度を越すとむしろ自分を苦しめます。自らの決心で癒しに取りかかったんだという確信がゆらぐと、こうした強迫観念が忍び込んできます。一瞬たりとも気をゆるせないと思ってしまうのです。これでは自分を癒せません。

たとえば怪我をしたとき、傷口を押さえつけて、すぐに治れと命令しても無理でしょう。きちんと傷の手当てをして、ほかのことをしている内に、傷は自然に治るものです。

突破口は自然に見つかります。懸命に努力して、ふと立ち止まると、成長した自分に気づきます。自然に任せるには、ある種の信頼が必要です。自分を癒す力が十分にあることを信じなくてはなりません。信じるたびに少しずつ前進し、うまく行っているという確信が強まるのです。

信仰の厚い人は、宗教が癒しに大きな役目を果たすでしょう。サバイバーであり、数年間を尼僧として過ごしたメアリーはこう語ります。「ろうそくを使って祈りに集中するように、イエスさまの絵を見つめて言った。『もうたくさん！　これで終わりにして下さい。私の心はこれ以上の痛みを抱えきれません。神は人の能力を越えた無理を強いられないそうですが、もう限界です』すると、不思議に苦悩は消えて、重荷を降ろしたような気分になる」

どんなに強い信仰があっても、それなりの決意が必要です。神にすべてを委ねればすむものではありません。メアリーはこう説明します。「私は神の愛を受けているからこそ、挫折しないで癒しに取り組めると信じている。これまで生き抜いてきたのも、神に強い心を授かったおかげだ。私は毎週セラピーに通うことを選んだ。元の自分に戻り、これまで通り何もしないで静かに苦しんでも構わなかったのに。でも私はそこで、選ぶという恩寵を得た。六五パーセントは神の力、そして残りの三五パーセントは自分の力だ」

宗教を通して神を信じる人、生命の流れや魂を感じる人、自分の直感を信頼する人。形はさまざまですが、移ろいやすい自分の感情や思考より、もっと強力で普遍的な何かを信じることは、癒しの過程で大きな慰めとなるでしょう。

知っていることの再発見

何かを決断しようとするとき、「一晩寝てよく考えれば？」と言われるのは、その決断を一度意識の外においてみるという意味でしょう。これはなかなか効果的です。どうしていいかわからず眠りについても、目が覚めると、とるべき行動がはっきりすることがあるからです。

魂に触れるということは、自分の聡明さを見つけ、ちょっと休息することです。静寂で穏やかな場所、自分が中心となって周囲を観察できる中立地帯を見つける手段です。これによって何が不可欠で、何が二次的かを見極めることができます。

そこには安らぎがあります。それは夜、眠る間際に訪れる安らかな空間であり、朝目覚めてその日の雑念が押し寄せてくる前の、穏やかな静寂でもあります。心が和み、しょい込んだ重荷を束の間でも降ろせる場。再び闘いに入る前に立ち寄って、自分を元気づける場。砂漠の中のオアシス。赤ん坊が母親の胸に抱かれるように、怖いときに抱きしめ、慰めてもらう、そんな慈しみと再生の場なのです。

愛情の源泉

性的虐待のサバイバーの誰もが、限りない愛情と支えを必要としています。多くの女性はいつも満たされない思いで、子どもの頃不足していた愛情や安心感を補おうとします。魂とふれ合うことは、豊かな愛情の源泉と繋がることなのです。

サバイバーの例にもれず、私の中にも渇いた底無しの空洞がある。人の力だけでそれが満たせるとは思えない。それは誰にも与えられないもの。その空洞を満たす愛がこの宇宙にあるとしても、それは人間の愛ではない。

あるサバイバーはこう説明します。「その深い穴が永遠に埋まらないとは言わない。愛情は、両親だけから受けるとは限らないから。自分で自分を慈しむこともできるし、人から愛されることもある。神だって私を愛することがあるのだ」

こうした愛情は、帰属感や安心感、癒しへの深い信頼をもたらします。この愛は相手に左右されません。それは誰も奪うことのできない、自分自身とのつながりを基盤にしているからです。

精神世界の探求と逃避の違い

魂のよりどころを求めることは、自分の癒しを推し進めることであって、逃避ではありません。それは癒しの段階を短縮するものでもなければ、怒りを感じ、痛みと向き合い、被った損害を十分に認識することの代用でもありません。むしろ癒しをうながし、その過程で安らぎやひらめきをもたらす源となるものです。

特定の宗教、宗派、また精神修行の中には、感情、特に怒りの感情を回避するよう奨励するものがあります。そうした教義は許しを強調し、たいていは虐待者との対決に否定的です。いま何らかの精神的修行をしていて、それが積極的に癒しに取り組むあなたの要求を否定しているとしたら、それは助けとは言えません。

とても個人的な体験

魂のよりどころは人によってさまざまです。そういう話はすべて眉唾ものだから関わりたくない、と思う人もいれば、漠然とであれ、言葉では言い表わせない何かに惹かれる人もいます。明確な教義に沿った生活を実践している人もいれば、自然の中で安らぎを感じる人、毎週通うサポートグループに元気づけられる人もいます。どのやり方が正しいかは誰にも言えません。魂の体験は一人一人違うのです。

毎日、今日がこの世で最後の日だと思っている。これが最後の瞬間だとしたら、私にとって何が大事か。日々の出来事について歌った『グラシアス・アラ・ビダ』（人生よありがとう）という唄にこうある。「文字よありがとう、言葉よありがとう。音楽の聴ける耳よありがとう。よく見える眼よありがとう」毎日立ち止まって一つ一つの当たり前の事に感謝する、これが私の大切な癒しだ。今日に満足すること。心の安らぎのために、手を休め、小さなこと一つ一つに満足することが、私には必要なのだ。

心の決着と前進

今は居場所を見つけ、解放感がある。まだまだ課題は多いけど、やればできる、って思える。自分の役に立つ道具と、その使い方を知っているから。今や私の性的虐待の話に登場するのは、多くの癒し、達成感、そして喜びなのだ。

——サファイア

性的虐待のサバイバーであり、アルコール依存の家庭で育ったジーン・ウィリアムズは、子ども時代の性的虐待の癒しに長年取り組んで来ました。その彼女は最近、従来の考え方を大きく転換する経験をしました。

数カ月メキシコで生活した。異文化での暮らしは、本当にたくさんのことを教えてくれた。家に戻ると、自己成長のためのセミナーのチラシや、自己啓発講座の案内で郵便受けが溢れていた。それを見て思った。「自分を高めるのはもうたくさん！　セラピーなんてコリゴリ！　私はこのままで十分だ」この一一年間ずっと成長しようと努めてきた。もうそろそろ、自分がとっくに成長していることに気づいてもいい頃だ。今度は自分を変えるためでなく、楽しむために何かしたい。私はもう癒されている。一人の人間として、先に進んでもいいのだ。

サバイバーにとって先へ進むのはなかなか難しいことです。急かされたり、押しつけられてもできないことですが、プレッシャーは必ずあります。初めて性的侵害の事実を口にした瞬間から、「忘れなさい」とか、「過去にこだわらないで」と言われるでしょう。しかし、人を喜ばせるための前進は自分のためになりません。

癒しの過程がとても辛くて、「前進」したくなる時もあります。怒り、親、加害者、または内面的脆さに直面したくないために、先へ進もうというのは、逃避であって解放ではありません。

真の前進は、癒しのさまざまな段階を通り抜けた結果、自然に訪れるものです。それはゆったりと、時には驚きとともに訪れます。

ゆとりを感じること、それは朝、目覚めて鏡を見た瞬間、「ああ、また今日も虐待のことか！」って呟く必要がなくなること。そのことを思い出す前に、歯を磨き、少なくとも朝食を半分ぐらいとれること。あるいは、映画を見て笑いころげ、その間、虐待について一度も考えずにいられること。

落ち着きを得る

過去との折り合いは、さまざまな感情が落ち着き、今後の見通しが立ち始めた頃に起きます。感情の起伏が穏やかになり、自分に起きたことにもはや疑いを持たなくなります。そして、虐待に反応する以外にも人生があることに気づくのです。

人が私の子ども時代を垣間みたら、なんたる悲劇だ、と思うかもしれないし、実際それは嘘ではない。でも、同時に飛びきり美しい思い出もあったのだ。私にはその素晴らしい思い出の方がずっと大切だ。

子どもの頃、虐待の一方で、楽しいひと時もあったというあるサバイバーは、計算機を持ち出して、子ども時代に虐待された時間を可能な限り算出しました。忘れている分を加味して、その数字を五倍し、その合計を子ども時代の総時間数と較べてみました。すると虐待されていない時間が虐待時間をはるかに上回ったのです。「おかげで、子どもの頃も、自分を形成した肯定的な力があったことを認識できた。いろいろな出来事が私を支えていたのだ」

前進とは、自分が培ってきた強さを確かめることです。自分自身の弾力性と、健やかであろうとする力を認めることです。真実と思えることのために、立ち上がることです。自分の中の闇を直視し、生きて還ることです。そして、変えられることは変え、どうしようもないことは放念することなのです。

虐待者や家族との関係に区切りをつける

癒しを進めるには、虐待者や、守ってくれなかった人や、今でも支援してくれない人との関係に決着をつける必要があります。一人一人についてどう考え、どう感じるか、自分なりに明確にしておきましょう。

いつか変化が訪れ、彼らが謝罪し、自分の気持ちをわかってくれる日がくると望み続ける限り、幻想の世界から抜け出せません。叶わぬ願望の上に人生を築いたり、来るはずもない救助を待ち続けるのをやめたとき、現実の豊かな人生への道が開けます。

家族や虐待者と一線を画す決意をすると、その効果は目を見張るものがあります。長年の渇望につぎこんでいたエネルギーがすべて放出され、あなたは一気に現実へと飛び出すのです。虐待やその影響は目に見えて軽減され、自分や周りの世界と、ずっと満足のいく関係を結べるようになるでしょう。

愛し、慈しんでくれるはずだった人々に侵害され、惨めな思いをし、挙げ句の果てに、一切を真っ向から否定された。この現実を受けとめるには長い時間がかかった。自分の家族を、幸福な家族のイメージに無理やりはめ込もうと、躍起になっていた。

おかげで、世界観が一八〇度変わった。自分の生活の軌道に戻れた。永遠に到達できない幻にしがみついていた頃は、ずいぶん拘束されていた。過去に霧がかかったまま、将来に向けて一歩を踏み出すのは至難の技だ。もし家族の実態を受けとめきれなかったら、すべてを再び繰り返すはめになっただろう。

心の傷を解き放つ

癒しを進めながら、性的虐待しか見えなくなり、これだけの時間とエネルギーを注ぐのにはそれなりの理由があるということを忘れる時があります。心のどこかで、もうやめたいと思っているかもしれません。

よく、癒しにかかる時間が長いと、サバイバーから苦情を聞きますが、性的虐待からの癒しに取り組むサバイバーであることは、ある種のアイデンティティ（自己認識）でもあります。そのアイデンティティはこれまで生き抜いてきた人生と密接につながっているため、そう簡単に手放せないのです。

怒り、憎悪、そして怖れで身動きがとれなくなる人は多い。でも私はそれにとらわれる必要はないと気づき、そうした感情は、咳をして出すしかない痰の塊だと思うことにした。私を白い眼で見る奴はみんな打ちのめしてやりたい、なんてもう思いたくない。では、どんな気持ちになりたいのか？

安心して生活したい。自分の力を感じたい。そこで、実生活でうまくいっている部分や、自分が力を出せる場面について考えてみた。

傷口を無理に切開し「もう少し奥まで突っ込めば、血糊が見える」なんて呟くのはやめよう。もう重荷を背負う必要はない。ある時点で、その荷物を降ろしたのだ。

ときおり、ポーターがその荷物を運んできて「はい、どうぞ」と言う。私はそれを開いて中身を点検し、「もうこの荷物に用はない。もう一度自分の生活に戻りたい」と言う。すると人生はもっと楽しくなる。四六時中苦しむのをやめるのは、何とも言えない解放感だ。

それは否認とは違う有機的な変化だ。「罪悪感地帯、無事通過。これより癒しの新地帯」なんていう道路標識はない。それはまるで、お風呂上がりに湯気で曇った鏡を見ているようなもの。湯気が消えるにつれて曇りが晴れ、自分の姿が少しずつ見えてくる。自分の輪郭がだんだん明確になるのだ。

　これまでの自分より、これからの自分を意識するようになった。自分の重荷を降ろし、新たな側面に踏み込むと、別の自分の姿が見える。それは見せかけじゃなく、本物の私。虐待される前の私の姿なのだ。

内なる子どもを安心させる

　傷ついた内なる子どもを裏切るように感じてしまうのは、前進を阻む障害の一つです。子どものころの痛みになかなか触れられなかった場合、今度はそれを手放したくない自分に驚くかもしれません。エヴィ・マルコムはこう説明します。

　弁解ではなく、気持ちの上では、心の傷を解き放つというのは、まだ身体の中に生きている、あの一一歳の少女を見捨てることだ。誰にも支えてもらえず、誰にも耳を貸してもらえなかったあの子を。私の傷が癒えて跡形もなくなると、あの子の声は誰にも聞こえなくなる。それはあの子を決定的に裏切ることなのだ。

　だから、私は起きたことを否認せずに自分を癒し、いろんな症状を乗り越えようとしている。いま話しているのは、あの一一歳の少女じゃなくて、知的な「私」。でもあの子は手を放したがらない。これはとても強い感情だ。頭では正論を展開しても、感情的にはとても子どもっぽかったりする。私の中のあの臆病な子どもは、忘れて欲しくないと言う。だから、私が快復しても、あの子を見捨てたりその痛みを否定するわけじゃない、そう言って、あの子を安心させなくてはならない。

　自分を癒すことによって内なる子どもを置き去りにするわけではありません。むしろ、癒しによって、その子がいきいきと生活できる、安全で健やかな空間を作っているのです。

自分自身の統合

　前進することの大きな意味は、一人の人間として自分を統合することです。自分自身を、各部分の寄せ集めではなく、一つの有機体とみなすことです。自分の身体や性的感性（セクシュアリティ）、感情、知性などはすべて互いに繋がっていて、自分という一個人の一部なのです。それは、人間ならではの、灰色で曖昧な部分まで受け入れることです。

　一番難しいのは、逆説的状況を受け入れることだ。それは白黒はっきりしないし、整然ともしていない。すべてが完璧ではない。このパラドックスを抱え込めるかどうかが、私にとっての癒しの目安だ。これからも嫌な気持ちになると思うと、気が滅入る。一度癒されれば、いつも気分爽快でいられると思っていたが、そうはいかない。今でもときどき落ち込む。できればユーモアや温もり、愛情、楽しさだけを選びとり、恐怖や怒りといった「否定的感情」は捨ててしまいたい。でも、すべては人間であることの証しなのだ。

自分自身の統合とは、一生を通じた自己成長の見通しを摑むことです。スーザン・キングは自分の癒しの旅に出て、素晴らしいイメージを見つけました。

よく姉が持っていたロシアの入れ子人形を思い浮かべる。私は鮮やかに塗られた木の人形に夢中だった。手に持って腰の所でひねると、中にもうひと回り小さい人形が入っている。またひねると、また一つ、また一つ、そしてしまいには、おしめをしたちっぽけな赤ちゃんになる。自分の中にもっと小さな自分がいて、今の自分は、未来の賢い白髪のスーザンの中にいる。私はあのロシア人形のように、丸くて完全な形をしているのだ。

危機的状況から自分を解き放つ

目に見える苦しみや癒しの際の混乱に慣れっこになってしまうことがあります。常に危機に瀕していれば、自分の方向性を変える必然に向き合うこともないからです。危機的状態に慣れてしまったサバイバーは、そこから離れるのがいかに困難かを身にしみて知っています。

私は取り憑かれ症候群にかかっている。いつも何かに熱中していて、それが一段落すると落ち込んでしまう。次は何について大騒ぎをすればいいのか。何にのめり込めばいいのか。今度は何によって、私の心にあの馴染み深い荒野の嵐を再現できるのだろうか。

それはほとんど薬物依存と同じだ。自分流の劇的人生がもたらすアドレナリン刺激に溺れているのだ。熱中癖から脱することは、私にとって一種の乳離れだった。今ではようやく実生活のなにげない充足を体験できるようになり、それに気づき、楽しんでいる。

ストレスや混乱を手放すことは、癒しの大きなステップとなります。心が高揚して、誇らしく思うかもしれません。しかし当初の勝利感が冷めると、心のどこかで虚しさを感じることもあります。新しい何かが育つ土壌を開拓したと同時に、すべての装飾を落としてゼロ地点に立つという、宙ぶらりんで落ち着かない状態に陥るかもしれません。

自分がどう変わろうとしているのか、その感覚を摑めるようになるまで、しばらく時間がかかるかもしれません。それまでの空っぽな時間が怖いかもしれませんが、いずれ自分なりの方向を見つけ出すでしょう。そして、これまで以上にしっかり自分を実感するようになります。

現実を生きる

危機的状況に身をおく必要がなくなると、豊かで変化に富んだ日常生活の色合いを感じるゆとりが生まれます。やりがいのある仕事や創造的な事業に取り組んだり、思い切って誰かと親密な関係を作るなど、よりストレスの少ない刺激の源泉を新たに発見するでしょう。

前進するということは、日常の中にある興奮と平穏を、バランスよく経験できるようになることです。実践するうちに、音楽を聴いたり、料理をしたり、散歩したりと、ささやかなことにも満足を感じるようになります。自分が何を望むかを穏やかに見つめ、そのための一歩を踏み出すことができるのです。

自分の望むことがまだ見えないなら、今こそ可能性を探ってみましょう。したいことやなりたい者のリストを作りましょう。こうした自己発見は誰にも奪われないものですし、危機を抱え込むより遥かに報われる作業です。過去の影響を捨てられるようになったとき、将来が開けて来るでしょう。

家出して以来、散々苦労し、精神病院の入退院を繰り返した。先がまったく見えなかった。今はすべてが変わり、自分に対する見方も違ってきた。四七歳の私には、一五歳の時のような選択肢はないけれど、それでも扉を閉ざすどころか、むしろたくさんの扉を開きつつある。

どれだけ癒されれば十分か

やっと山頂まで押し上げた大岩が転がり落ちてきて、その下敷になってしまうような、終わりなき闘い。癒しとは、けっしてそんなものではありません。いずれは、自分が過去の虐待、あるいは癒しの過程の犠牲者である、と感じなくなる時が訪れます。

最近エレンは、二年間セラピーに通って積極的に癒しに取り組むある若い女性と話をしました。初期の段階で彼女は、癒しの作業に全力投球するため、多くの活動を切り捨てました。しかし時とともに、癒しに取り組みながら他の責任も果たせるようになり、まずは学校、パートの仕事、そして恋人までも自分の生活に加えました。

その後、ほかの町へ引っ越して、恋人と一緒に住み、望み通りの学校に入る機会に恵まれた彼女は、エレンに相談にきました。「完全によくなるまで待った方がいいでしょうか？　セラピーもまだ終わっていないし、好きなことをやるにはどのくらい癒されればいいのでしょう？」

エレンは笑って、やりたいことをやるよう言いました。自分のやりたいこと、充足感と心地良さをもたらすことを始めるのも、癒しの一部です。なにも待つ必要はありません。

癒しに終わりはない

完璧な癒しなど存在しません。過去を消すことはできないのです。虐待は確かに起こり、それは自分に多大な影響を与えました。その事実は変わりません。それでも、過去と折り合う地点に必ず到達できます。

自分が完全に癒されるかどうかはわからない。例えば、傷口はいったん治ったように見えても、内部が化膿していれば、健康な組織を育てるために切開して取り除かなければならない。そうすればその後の傷跡は痛々しくても、もう痛むことはないからだ。たとえ傷跡が盛り上がっていても、触ってももう痛くない。悪い部分は取り除かれた。

もちろんすべての傷を手当てできるわけじゃない。何年かして、また見つかる傷もあるだろう。必ずまた何かを思い出すにきまってる。完全に癒されることなんてあり得ない。この世に対する信頼の中核にメスを入れられたのだ。完全にそれを超越するなんて無理だ。人間はそんなに単純じゃないのだから。

癒しの作業は一生続くことを受け入れましょう。家族からの性的虐待が形を変えて表面化するたびに、自分を否定し、自己嫌悪しながら年月を過ごした女性もいます。

虐待体験も自分の一部なのだ、とようやく認められるようになった。排除できるものではない。対処の仕方は変わっても、いつもそこにあるとしたら、ある時点でそれと折り合うしかない。それが自分をまるごと愛することだ。自分を愛する気ならすべてを愛そう、虐待も私の一部なのだ。

サバイバーの多くが、自分の痛み、羞恥心、そして恐怖感を癒そうと決意しますが、その試みは最初は重荷に思えます。しかし、過去との折り合いをつけ、前進できるところまでくると、自分が成し遂げた癒しの深さを実感できるようになります。癒しとは痛みを軽減することだけでなく、生涯続く自己成長の始まりなのだ、と思えるようになるでしょう。あるサバイバーはこう語ります。「やめようとは思いません。生きている限り成長し続けます」

自分を癒す価値

時々、おとぎ話の主人公のように長い眠りから覚めたばかりに思える。泣くことひとつとっても、今になって泣く自分がいる。八歳の時に泣かなくなって以来のことだ。また、くすくす笑って子どもと大騒ぎすること。本音を言うこと。安全なやり方で遊ぶこと。愛してる人に腹を立てること。五分後とか五年後とか、いつも後手にまわることなく、何かが起きた瞬間にそれを感じること。これまでは思い切れなかった冒険をすること。それは目覚め、たとえて言えば、花が咲くようなものだ。今、すべてが出てきたのだ。

独りでいることを、大切に思えるようになった。前はひどく寂しかったけど、もう寂しくなんかない。

＊　＊　＊

以前のように人が怖くない。長い電話番号リストが手元にあって、実際その人たちとよく話す。他者との壁が、だいぶなくなった。

これまで私を苦しめてきたことを、逆に役に立つものに変えてきた。それは、サバイバルのための道具であり、それを実生活でも使えるよう磨いてきた。そのことをとても誇りに思う。

＊　＊　＊

生きていることを、前よりずっと強く実感できる。痛みも、良いことも。公園を散歩しながら、ひどく頭にきたとしても、周囲の美しさはちゃんと見えている。

＊　＊　＊

心がとても落ち着いて、今じゃ自分を正気に思える。これ以上重荷を背負う必要がないから。

＊　＊　＊

これまでやっと生き延びている感じだったが、今は人生を楽しんでいる。ものを見る目が全く変わり、前よりずっと自分を好きになれた。そしてたいてい幸せでいられる。自分のすべてを認められるようになり、いつでも自分でいられる。

より幅広い取り組みへ

癒しが進み、豊かでバランスのとれた、まるごとの自分を実感できるようになるにつれ、自分の内部に、創造的で生を肯定する行動力が脈打っていることに気づくでしょう。日々の生活に対処するのみならず、外の世界に働きかけ始めるのです。

サバイバーが持てる力の二割ぐらいを使えばこの世で機能できる、というのは実に驚異的なことだ。もし残りの八割をフルに発揮すれば何ができるか想像がつくだろうか？　私たちが癒され、虐待をやめさせ、みんなを癒すことができれば、素晴らしい世の中になるだろう。

これまで阻まれてきたあらゆる成長、指一本で持ちこたえるために費やした莫大なエネルギー、虐待の重圧でよろけて享受できなかったはかりしれない楽しみを書き連ねると、膨大なものになります。さらに、時代を何十年、何百年も遡って、同じように葛藤してきた無数の女性の数とその時間を掛け合わせると、それは気が遠くなるような時間です。

すべての女性が癒され、すべてのエネルギーが、生き延びるためだけでなく、創造性、育み合う関係、政治犯の解放、軍備拡張競争の終結などに使われたら、と想像してみましょう。世界への影響は計り知れません。

有史以来、女性が集団として力を得た時代は未だありませんが、その計り知れない豊かさを想像してみましょう。

癒しは中核から広がる

まずは、つねに自分自身に誠実であらねばなりません。自分のニーズを無視して人の正義のために走りまわっても、解決するどころか問題をさらに増やすだけです。女性はこれまであまりにも長い間、自分を犠牲にして人を助けることを期待されてきました。

それは飛行機内での酸素マスクの使い方に似ています。幼い子どもと旅をすると、搭乗員は、まず親が先にマスクをつけてから子どもを手伝うよう指示します。まず親は子どものマスクを先につけたいと思うでしょうが、大人が気を失ってしまうと、どちらも命を失うのです。まず自分の身の安全を確かめてから人を助ければ、皆が助かります。

責任ある癒しは自分自身を起点としますが、それに留まりません。どんな虐待や侵害も、恐怖、憎悪、喪失感、身勝手、そして無知によってもたらされますが、子どもへの性的虐待も同じです。こうした姿勢は私たちの社会構造に細かく織り込まれ、社会全体に対する抑圧として働きます。そして核廃棄物、季節労働者の苛酷な労働環境、白人至上主義団体ＫＫＫの凶暴な人種差別行為などの形で噴出しているのです。

自分を癒すことは、地球を癒すことでもあります。自分の価値や一体感を肯定するにつれて、世の中に対しても、生を肯定する力強い働きかけができるようになります。

正義と不正、虐待と敬意、苦しみと癒しといった両極を知っているあなたこそ、質の高い人生を存続させる聡明さと勇気、思いやりをかね備えた人間なのです。

第三章　行動パターンを変える

自己変革の過程

長い間、自分を傷物のように感じ、「どこかおかしいのだろうか」という不安にとりつかれていた。しかし私はひるまなかった。心のどこかで、自分はこのままでは終わらないとわかっていた。私の細胞は七年ごとに完全に入れ替わる。いまだに傷物だなんてあり得ない。私は変化しているのだ。

――サファイア

最初に虐待経験を思い出し、その影響を認識したとき、大きな解放感を感じたかもしれません。とうとう問題の原因が見つかった。責めるべき人物や事件が存在する。しかし、そのうち物事はそれほど単純でも公平でもないことを発見します。あるサバイバーはこう言います。「祖父は死んでも、私は生きていて、相変わらず同じ問題を抱えていた。もし違った人生を送りたかったら、何かをしなければならないという事実に直面したのだ」

ある女性は、自分の人生を変えられるのは自分しかいない、と気づくまでに、家庭内の性虐待セラピーに十年間も通いました。

これまで、週一時間のセラピーの中で取り組んでいた性的侵害からの癒しを、実生活の中に組み込む必要がでてきた。そろそろ一時間四〇ドルのセラピーをやめて、何らかの行動に移るときだと気づいたのだ。セラピーに頼るより、暇を見ては自分を癒す方がよっぽど安くつく。セラピーについて専門家と論じることはできても、実生活では自分を大事にしていなかった。

私は自分の生活を変革し、自分に起きることの責任を取る決心をした。そして「自分はどうやってがんじがらめにされたのか。なぜ私は虐待関係にとどまったのか」と自問し始めた。

私は自分の面倒を見るようになった。人間関係を変え、仕事も変え、住居も変えた。やるべきことをやり始めた。元恋人に対して暴行のかどで裁判を起こした。貸していたお金を取り戻した。前夫と子どもの養育権を争った。腹を立てるようになった。泣くようになった。外見も話し方も変わった。自分の人生を意図的に変革しはじめたのだ。

自己変革の方法

自己変革の基本

＊変えたいと思う行動パターンに気づく

＊その行動パターンが生じた理由を考える

そのように感じたり、行動した最初の記憶はいつか。そのとき何が起きたか。その行動パターンが、自分になぜ必要だったのかを理解する。

＊自分が過去にしたことに対して共感する

必ずしも賢明で健全な選択でなかったとしても、当時は最善だと思ってしたことだ。今、より良い選択をしようとしている自分に焦点を当てる。

＊現在の自分にあった新しい方法を見つける

変革によって、これまで満たされなかった要求が新たに表面化することも多い。それを真剣に受け止め、新たな対応手段を見つけられれば、変革を維持できるだろう。

＊支援を得る

周囲の環境、出会う人々は、自己変革力に影響を与える。自分なりに成長し、変わろうとする人は、励ましたり、自ら手本となって、支援してくれるだろう。自分が打ち破ろうとしているパターンを現に生きている人々は、しきりにあなたを後戻りさせようとするだろう。他者の影響力を重視しよう。

＊何度もやってみる

ときに気分が高揚することはあっても、自己変革は、さほど栄誉もときめきも得られない、コツコツとした積み重ねの連続である。こういった日々の積み重ねが、深い変化や報われる人生へと自分を導くのだ。

＊諦めないで続ける

生活を変えるには、継続性が肝心。タバコを一本吸わないだけでいいなら、禁煙はさほど難しくはない。

変革を阻む障害

自己変革は真空状態で起きるわけではありません。新たな選択は周囲の反響を呼び起こします。自分を変える決心は、周囲の人にとって脅威かも知れません。なぜなら、それは自分たちも変わらねばならないことを意味するからです。たとえより良い生活のためであれ、人がいつでも積極的に、より健康的な生き方を取り入れるわけではありません。四六歳のあるサバイバーは、自分がセラピーに通い始めたときの夫の反応をこう説明します。「どんどん変化する私に、ジョンは恐怖を感じていました。自分の結婚した女に何が起きたのだろう。三人の子持ち未亡人のようだった私が、突然、今にも飛び立とうとしていたのです」

自己変革には仲間の支えが必要です。最も近しい人々から支えが得られないときは、新しい友達やカウンセラー、サバイバー・グループなど、どこか別の所で支えを見つけましょう。

恐怖を認める

自分の恐怖を名づけることは、自己変革の役に立ちます。物事を名づけると、その支配力が弱まるからです。慢性的な抑鬱《うつ》と無気力に陥っていたある女性は、彼女が癒されたとき直面しなければならない事を、書き出してみました。それは広範囲にわたるものでした。自分の仕事上の成功や失敗に直面すること。恋人との親密な関係が脅やかされること。自分の問題を家族のせいにできなくなること。家族の自分に対する（敗北者であるという）イメージとの訣別。病んだ人間、あるいは犠牲者としてのアイデンティティ（自己認識）の喪失。失望や不安で被い隠さずに、本当の感情とつき合わなくてはならないこと。同情ではなく、実力で人を惹きつけなくてはならないこと。このリストを眺め、彼女は自分が怖がっていた理由がわかりました。

怖いからといってやめることはない

人生における未知の、劇的な飛躍をするとき、よく恐怖が伴います。初めてみんなの前で歌ったり、自分を虐待した人と対決するときや、本当にやりたい仕事に応募するときの、膝のガクガクするようなあの感覚です。何か新しい挑戦をするときは、エネルギーが必要です。それは一種のホルモン刺激です。人は、自分のために不可欠なステップを踏みだすとき、こうした恐怖を感じるのです。

恐怖心があるからといって、やりたいことをやめる必要はありません。たとえ怖くても、変えたいと思うところは思い切って変えればいいのです。こわごわでも、不器用でも、とにかくやってみましょう。震え、汗をかきながら、あまり優雅でも冷静でもないけれど、まずはやってみるのです。

習性は抵抗する

行動パターンとは習慣化した行動様式のことです。これは心身に深く刻まれ、反復によって習慣化し、常に決まった結果をもたらします。その結果が、最終的に自分の望むものではなくても、予測がつくので安心できるのです。習慣化した行動パターンはたいてい、行動の選択肢が限られているとき、サバイバル行動として無意識に始まります。これは役に立つ一方で、それなりの犠牲も伴います。

行動パターンはそれなりの生命力を持っていて、生き延びようとする力はたいへん強く、抹殺しようとすると激しく抵抗してきます。自分のパターンに気づき、それを打ち破ろうとすると、それがますます増幅する場合もあります。ローラはこう言います。

> もっと地に足をつけたい、強い感情を経験するたびに意識が空白になるのはもういや、そう心に決めた。ところが、いつもの自分が激しく抵抗し、前よりもずっとひどくなった。絶え間ない解離状態も限界にきて、これを乗り越えるのはとても無理だと思ったとき、それは消えた。私は、地に足をつけるという奇跡をこわごわ手に入れたのだ。

虐待的な恋人関係をつぎつぎと結んでいた別の女性は、このパターンを変えようとしていました。しかし、もう少しで過去のパターンを脱するかと思われたときのことです。「三週間の短い関係の中で、これまでの破滅的な関係を全部再現しました。まるでチャップリンの映画のように、すごい速さでね」

こうした危機が訪れても諦めないでください。「もう限界」と感じることは、あんなに目指した自己変革にいよいよ近づいた証拠かもしれません。

スプーン一杯の自己愛

こういうときは自分にやさしくして、気長に待つことです。赤ちゃんは、一日では歩けるようになりません。赤ちゃんがよろけて転んでも、大人たちは苛々したり、腹を立てません。結局は転んでしまったとしても、赤ちゃんの第一歩を喜ぶでしょう。

あと戻りすることを自分に許したり、自分に優しくすることは、それ自体がパターンを崩すものです。あるサバイバーは、時がたつにつれて、自分に対する態度がどのようにやわらいだかを語ります。

> 古い習性にはまりこむと、窮屈になった靴を履いているのだ、と思う。再びそれを履いてタップダンスを踊ろうとしても、うまくいかない。最初は「こんなくだらない靴をどうしてまた履くのさ」と自分を責め、自分は決して変われないのだと、意気消沈したものだ。
>
> 癒しを進めるにつれて、「あ、またやっちゃった」という具合に、自分にもっとやさしくなれるようになった。そして自分がすぐに気づいたことを喜び、「今度は何がきっかけになったんだろう」と自問する。自分を責めまくる代わりに「この次は自分を大切にしよう」と言い聞かせ、その方法を見つけるのだ。

自分の力を評価する

人はしばしば、何かをする前から、その難しさを痛感しています。そして、怖れや迷いの中、ありったけの力と勇気をかき集め、予定したことを何とかやり遂げます。そしてうまくいくと、「さて、次はなあに」と目を未来に向けるか、あるいは自分に対して眉をひそめ、「なぜあんなに大騒ぎしたんだろう。たいしたことじゃなかったのに」と言うのです。

でもそれは実はたいしたことだったのです。それを認めるべきです。

エレンのカウンセリングを受けていたある女性は、好きでもない男性と関係を続ける自分自身に困惑していました。彼女を求める人は、もう一生見つからないのではないかという怖れ、つまり孤独を怖れるあまり、その関係にしがみついていたのです。ときおり、彼と別れる勇気を奮い起こしても、そのたびに迷い、思いとどまっていました。何カ月も経って、ようやく彼女はその関係に別れを告げました。その週のカウンセリングで、彼女はほとんど他のことばかり話していましたが、ようやくその男性と別れたことに言及しました。そして、今いやな気持ちでいる、なぜならまだ自分の気持ちが曖昧で、戻るべきかどうか迷っている、と言うのです。

「ちょっと待って」とエレンがさえぎりました。「彼と別れたの?」

「ええ、でも私、確信がないんです…」

エレンが再びさえぎりました。「それでも別れたことは事実でしょ。たとえまた戻ったとしても、本当にやりたいと思っていて、実行するのが怖かったことを一度はしたのよ。自分でそれをやり遂げた。それなのに、それを一言で片づけてしまうの?」

ようやく彼女は、自分が達成したことを実感できる落ち着きを得ました。そして、どんなに自分のためになる行動でも、慣れない行動を起こすとき、人は誰しも不安を感じるものだ、という言葉に耳を傾けました。

自分を誉めよう

ゴールに到達したとき、自己変革が起きたとき、懸命に努力したときは、自分を誉めましょう。その祝い方は、お祭り騒ぎでも厳粛なものでも、自分の気持ちにぴったりくるものであれば何でもかまいません。伊勢海老を食べたり、素敵なカードを買って自分宛に郵送したり、ろうそくに火をつけたりして、自分だけのとっておきのお祝いをしましょう。

文章を書く——行動パターンを変える

(書くことの基本は、p32参照)

自分が癒しのどの段階まで到達できたか、評価する時間を持ちましょう。まだ始めたばかりか。それともある程度進展したか。何を達成したのか。何を誇りに思うか。どんな障害を乗り越えたか。どんな大小の成功を収めたか。具体的に、自分をきちんと評価しましょう。

既に多くを成し遂げたとしても、やることはまだあります。現在の癒しの目標は何か、どういった方法でそれに向きあうのか、自分の生活を築くために、これから何をする必要があるかを書きだしてみましょう。「自分をもっと大切にしよう」というような漠然としたものでもいいし、「居間に掛かっている加害者の写真を燃やしてしまわねば」といった具体的なものでもかまいません。

自尊心と内なる力

ひどい抑鬱《うつ》状態でドン底だったときは、自分にこう言っていた。「私は善人なんかじゃない、悪い人間なんだ」優等生のチアリーダーという姿はただの見せかけ。完璧なうわべを装うことを強いるのは、心の奥底にある小さな邪悪の種子だ。良い人のふりをし続けることで、邪悪な自分の埋め合わせをしているのだ。

自分の価値を認めることは、女性にとって基本的な課題です。私たちの文化は女性の価値をおとしめるため、女性はよく自分を力不足だと感じては、自信の喪失と闘うはめになります。性的侵害を受けると、問題はさらに大きくなります。幼い頃心に打撃を受けると、自分の核となる部分が壊されます。自分は愛されるに値する存在であり、力が備わっていて、そのままでい い、という現実が否定されてしまうのです。自分を好きになるべきときに虐待されると、汚されたと感じ、自分を責め、その後の対処法によっては、自責の念がさらに強まり、自分を恥じるようになるかもしれません。

今でも自分の価値を認められず、絶えず自分はダメだと感じたり、まだ努力が足りない、やり方が悪い、自分にそんな資格はない、といった内なる声にさいなまれているかもしれません。感情に激しい波があったり、普段は自分が好きでも、喪失、転機、愛する人との口論など、何かのきっかけで、批判的な気持ちが目を覚まし、突然、自分の良さが見えなくなることもあります。あんなに大切に育てた自分への愛に、手が届かなくなってしまうのです。

自己嫌悪の感情は、なんの脈絡もなく突如噴出するように見えます。ちょっとしたやりとりがきっかけとなって、自信喪失や不安の大雪崩が来ることもあります。大学の試験で一問間違えただけで、「私はなんてバカなんだ。もう救いようがない」と思うかもしれません。あるいは、つきあっている人が自分にとって良くないと判断して別れても、境界線を引いた自分を誇らしく思えず、もうきっと誰も愛せないと、見捨てられた気分になるかもしれません。自分を大切にしているのに、なぜか、また憂鬱《ゆううつ》になってしまうのです。

自尊心は瞬間、瞬間に感じるものです。自己評価は、癒しの過程で上がったり下がったりします。記憶を取り戻したばかりで、自分に起きたことを真実として受け入れようと闘っているときや、虐待者について考えているときは、自己嫌悪が前より強まった、と感じるかもしれません。虐待の記憶とともに押し込められてきた羞恥心、無力感、嫌悪感などが、記憶が甦るにつれて浮上してくるのです。

しかし、癒しに伴うのは痛みだけではありません。自分を愛することも学びます。犠牲者ではなく、生き抜いてきた自分を誇らしく感じるようになるにつれて、希望や誇りや満足感の煌めきを感じるようになるでしょう。これらは癒しの自然な副産物なのです。

この本は、自尊心を高めるために書かれたものです。現在、内なる子どもと向き合っている人、自分の怒りを発見しつつある人、セックスの問題に取り組んでいる人、自分の過去について悲嘆にくれている人。みんな自分自身とのより優しい、愛ある関係を築いているのです。この章は、独りで、人間関係の中で、あるいは仕事の中で自分を好きになれるよう、具体的な手助けを提供します。

内面化された自己嫌悪

虐待された場合、直接的にせよ、間接的にせよ、虐待を受けた人が責められることがよくあります。おまえが悪いとか、愚かだからだと言われたり、侮辱されたり、嘘つきと呼ばれたかもしれません。ろくな人間にならないと言われた人もいます。今でもこのメッセージを受け続けているかもしれません。あるサバイバーは、地元の新聞に自分の詩が掲載されたので、母親にコピーを送ったところ「初心者のまぐれよ。これが最初で最後でしょうね」と言われたそうです。

また別の女性は、屈折した自己像を持っていたため、高校の女王《クィーン》に選ばれても、きっと友だちが哀れみから自分を選んだに違いない、と思い込んでいました。

たとえ否定的な言葉を聞かされなくても、虐待によって、自分は無力で孤独な存在であり、守られ愛される価値のない人間だ、というメッセージを受けとります。無視されたり、放置されることで、基本的価値が否定され、自分は世の中に何の影響も与えられない、どうでもいい人間なのだと学んでしまうのです。

自尊心が何度も否定されると、自分はどこかおかしいと思うようになります。子ども時代に受けた否定的メッセージのせいで、自分はセックスしか取柄がない、愛されない人間だ、自分には生きる価値がない、とさえ思えてきます。エレンは言います。「性的侵害を受けると自己破壊性が植えつけられ、そのやり方を身につけてしまうと、虐待者が近くにいなくても、ひとりでに自分をおとしめてしまいます。その間、加害者はゴルフを楽しんでいるかもしれないのに」こうした自己破壊性は、あなたを支える肯定的な価値観と闘っています。

自分には二つの人格があるような気がする。ある水曜日、私は自殺用の拳銃を買おうとした。ガンショップは六時に閉まる。店まで三〇分かかるので、職場で販売会議があったが、出席しなかった。

一日中、拳銃のことを考えながらも、一方で好きな物のリストを作った。店にいく途中で、やっぱり銃は買いたくないと思い、代わりにクマの縫いぐるみを買って、マッサージの予約をした。とても観たかったショーのチケットも買った。

こんな風に自分の中に二人の自分がいると思うことが頻繁にある。健康になろうと努力する私と、もう一人の打ちのめされた私。その子は、父の行なった虐待を引き継いでいるのだ。

内面化されたメッセージを変革する

癒しが始まると、自己嫌悪のメッセージが絶え間なく聞こえてくるかもしれません。しかし、根底にある自己像が変化するにつれ、その度合は減り、自分自身への好意的な気持ちと切り離せるようになります。

自己嫌悪は理由もなく浮かぶように見えても、現実には、何かきっかけがあります。自己嫌悪を感じるたびに、その感情を誘発した考えや事柄を見極めましょう。最初は難しくても、練習を重ねるうちに、原因究明のための簡単な自問自答ができるようになります。

＊いつからこんな感じ方をするようになったか
＊誰かと心の動揺を引き起こすような会話をしたか。または、そうした電話や手紙を受けたか
＊自分を怖がらせたり、怒らせたりする出来事があったか
＊いま特に傷つきやすい状態になっている理由はあるか
＊いつから自分が好きでなくなったのか

自己嫌悪のきっかけとなった事柄や考えがわかったら、これが馴染み深い感情かどうか自問してみましょう。初めてそう感じたときのこと、初めてそうした嘘を言われた時のことなどを思い出して下さい。どういう状況で誰に「おまえは我がままだ」と言われましたか。誰があなたを邪魔者扱いしましたか。自分が悪い、と思うようになったのはいつですか。

子どもの頃の痛みを感じることを、自分に許しましょう。その子のことを思い、その子を傷つけた者への怒りなど、さまざまな感情が湧き上がってくるのを認めましょう。そうした感情を認め、表現することは、内面化された自己嫌悪の支配力を解き放つ手助けになります。

自分に告げられた嘘を再確認することで、それを取り除くことができます。ある女性は、自己嫌悪の声を「委員会」と呼んで、その根絶を試みました。

自分が嫌になりかけたら、私はこう言う。「おまえはダメだ、おまえにはできない、と言うのは委員会のどのメンバー？　パパ？　ママ？　怯えた子ども？　傷ついた子ども？　それともおばあちゃん？」
　私の意識を占拠した委員会のメンバーが、私の視覚や感覚を邪魔しているのだ。私はその声を特定し、黙らせ、会のメンバーを追い出す。私は言う。「やめなさい。これは私の頭の中！　決めるのは私。あんたたちには私をコントロールすることはできない。ここから出て行きなさい」

　自己否定の源を特定するだけでも、自己嫌悪に歯止めをかける劇的な効果があります。否定的イメージの起源を探り、それにはれっきとした原因があることを認識するのです。それが本当であるから信じているのではなく、そう感じるよう条件づけられているのです。
　偽りのイメージを拒絶したら、それを真実に置き換えましょう。もし、愛されるに値しないと思うなら、自分に向かって言いましょう。「私は素晴らしい、価値ある人間だ。生きているだけで、愛されていい存在だ。これ以上何もしなくていい」。これは真実です。たとえまだ心から信じられなくても、言うだけ言ってみましょう。（p197『自己肯定の言葉とイメージ想起』参照）
　特に初めの頃は、友人の視点が大きな支えになります。ローラは親友と二人でユニークな方法を編み出しました。

　どちらかが健康な大人の自分ではない、自己嫌悪的なことを言ったら、相手が愛情を込めて「トマト」という秘密の暗号で会話をさえぎることにしている。私が、「ああ、絶対うまくいきっこない。できるわけないわ」と言い始めたら、彼女は「トマト！　トマト！」と、私が笑い出すまで大声で言うのだ。特に調子の悪い日には、彼女はまるで子どもに対するように、私のトマト発言がなぜ間違っているのか説明してくれる。そして彼女の思う真実にそれを置き換えてくれる。「ローラ、あなたは強い女性で、私の親友でしょ。もちろんできるわ」彼女のような友だちを持つと本当にありがたい。

よく聞く台詞

＊自分が大嫌いだ

汚れた油が内側から染み出ていくみたいだ。自分は邪悪に満ちており、その邪悪さが人に感染するとわかっていたから、誰も人を寄せつけなかった。

＊私にはそんな価値がない

私は「闘い」に生きている。仲間づき合い、くつろぎ、楽しみといった、普通の人々が享受する喜びは、とても手に届かない。媚や虚勢の仮面の下で、自分は誰にも愛されない、孤独な運命なのだ、と信じている。

*私にはとてもできない

子どもの頃、私は大人になることを要求された。料理をし、家の中を片づけなければならなかった。九歳か一〇歳ぐらいから、すべてを任されていた。でも、子どもがどれだけ家事をこなせるだろうか。私はいつも失敗ばかりで、みんなにいつも批判されてばかり。今では、やる気さえ起きない。やってどうなるのか。何一つちゃんとできないのだから。

*完璧であらねば

うちの家庭は失敗には寛容でも、成功はなかなか認めなかった。だから、「本当によくやった」と誰かに誉めてもらっても、「ええ、でもここに欠点があるわ」と言ってしまう。自分の良い所を認めるのは難しい。どうしても粗探しをしてしまうのだ。

*何をしても不十分

自分が賢いのは知っている。いろんな技術も持っている。いったん仕事を引き受けたら、間違いなく貫徹する。しかも、半分の時間で。問題は、自分がどんな報酬にも値しないと感じていること。報酬や評価や安定を得る資格が自分にあるとは思えない。どんなに素晴らしいことをしても、それは子ども時代に起きたことの代償に過ぎない。業績をあげて、自分をゼロに引き上げるだけなのだ。

*やってみる価値はない

私には、向上心が欠如している。商売上手なのに、自分のためには使わず、いつも他人の利益のために使う。なぜなら、その場を切り抜けること、生き延びる以上のことを欲していないからだ。普通以上になりたいと思ったことはない。人生には、いいものがたくさんあるのに。

*私の望みはとるに足らない

私は、家ではやつ当たりの標的となった。家族四人全員から虐待された。学んだことは、虐待を受け入れることだけ。長い時間、自分の身体に留まることができなかったので、自分が物を書きたいのか、絵を描きたいのか、遊びたいのか、未だにわからない。自分が何をしたいのか知ることを学べなかったのだ。それで、来る仕事は何でも引き受けることにした。

限界と境界線の設定

限界を設定する能力は、自分自身を好きになるために不可欠です。サバイバーの多くは、自分の時間を持つこと、身体を守ること、自分を優先すること、ノーということを知りません。

私は、人に要求されれば常に時間を割いてきた。自分の時間だと思っていなかったからだ。小さい頃から、誰もが、欲しい物を私から取っていった。私の境界線感覚は弱い。呆れるほどつき合いの良い人間で人に頼まれれば何でもする。そうすれば、誰もが自分を好きになってくれる。好かれることが、私にとってとても大切なのだ。

ノーと言うのを学ぶのは難しい挑戦ですが、やりたくないことをやめると、肩の荷がおります。限界の設定によって、自分自身を守ることと、自由を得ることの両方を学びます。他人にノーと言うことで、自分自身にイエスと言い始めるのです。

しかし、断るのは、容易ではありません。女として私たちは他者を喜ばせること、他者の要求を優先させることを教えられてきたからです。

デートについてのワークショップに参加した。私たちはペアになり、互いを架空のデートに誘うよう言われた。誘われた方は、ノーと言うよう指示されていた。誘いを断らなければならないのだ。しかし、女性たちがグループに戻って報告すると、驚くほど多くの人がイエスと言っていた。食事を作ると申し出た人さえいた。

もし、ノーがなかなか言えないようなら、その状況を設定して練習しましょう。一緒にロールプレイをする友だちを見つけ、自分がやりたくないことをするよう頼まれたり、言われたりする場面を演じ、ノーと言ってみるのです。そのときの感情に注意しながら、ともかくノーと言ってみて下さい。もし「どうしても言えない」と思うのなら、どうしてそうなのか自問してみましょう。もしノーと言ったら、何が起きるのか。あなたや相手がそれに対応できないと思うのか。そうだとしたら、それはなぜか。自分の気持ちを話してみましょう。そしてノーと言うのです。それから役を交代し、相手のノーの言い方を聞いて下さい。そのスタイルを真似してみましょう。

今度は生活の中でも、ノーと言いたい状況に注意を向けましょう。一番たやすいものから始め、だんだん難しいものへと移行します。ピアノを弾こうと思っていたら、友人からランチに誘われた場合（とてもピアノを弾きたかったら）、ノーと言いましょう。六歳の娘に、「牛乳をとって」と頼まれたら、「きっと自分でうまくできるよ」と言いましょう。

もし、今までに一度も（またはほとんど）ノーと言ったことがないなら、初めての試みはぎこちなく、無礼にさえ思えるかもしれません。自分はノーと言う権利がない、と感じている場合、または、それに慣れていない場合、まわりくどい弁解をつけ加えたり、必要以上に強く拒否したりするかもしれません。しかしノーと言うのに、なにも大声を出したり、敵意に満ちた言い方をする必要はありません（自分がそう望む場合はそれでもかまいませんが）。自分のノーと言う権利に対して確信を持つにつれて、さらりとノーが言えるようになります。たとえば、「やりたくないの」「いいえ、結構です」「あんまりしたくない」など。

もし、今までずっと他人の世話ばかりして、イエスと言い続けてきたのなら、ノーと言い始めたとき、怒りの抵抗にあうかもしれません。今のあなたはわがままだとか、昔のあなたの方が好きだ、と言われるかもしれません。一方、その正直さと明快さに対して敬意を払い、あなたがようやく自分を大切にするようになったと喜ぶ友だちもいるでしょう。

ノーと言うのが怖いこともありますが、その見返りも十分にあります。巻き込まれたくない状況から自分を守ることで、より安全に感じる。欲しいものが得られるようになる。自分が犠牲になっているという感じがしなくなる。より大きな自信、力、誇りを感じるなど、自分の価値が認められるようになってくるのです。

肯定的な自己像を創る

自分のために生きる

私たちは皆、自分の満足のいく選択をする権利があります。私たちには自分の価値、ライフスタイル、ものごとの優先順位などを決定する権利があります。他者を喜ばせたい、誰かに認められたいと望む限り、どんなに頭がよくても、痩せても、成功しても、際限ありません。

自分の人生に、外側からではなく内側からアプローチしてみましょう。父親の期待は脇に置き、親友と自分を比較するのもやめ、自分は何が好きか、誰と一緒にいたいのか、何に価値を置いているのかを考えましょう。

これらの変革に徐々にアプローチしましょう。自分で考え、自分で決定を下していくのは、怖いことかもしれません。他人の期待に沿うのを諦めると、しばらくの間、空虚な気持ちになるかもしれません。しかし、自分の選択を貫く独立した大人の自分を見出せば、自分自身をあるがままに受け入れられるようになるでしょう。自分の決定を信頼し、自分の目標に近づくにつれて、自分への敬意は自然に育まれます。

自分が誇りに思えることをしよう

自分が誇りに思えないことをしながら、自分を肯定するのは無理です。たとえば、賭け事に取り憑かれている場合、子どもと過ごす時間が十分でない場合、または、行くべきセラピーを避けている場合、自分を肯定する感情は持てないでしょう。自分への敬意の心を育むには、誇りに思わないことをするのをやめ、尊敬や賞賛に値することを始める必要があります。

自己肯定の言葉とイメージ想起

肯定的な自己像を創造する際、自己肯定の言葉が役に立つことを、多くの女性が発見しています。「私は大切にされる価値がある」「私は自分が好きだ」「私は愛される人間だ」「私は自分の知覚を信用できる」などと言葉にするのです。これを毎日、繰り返し声に出したり、紙に書くことで、自分のいいところを絶えず肯定しましょう。

まだ心底そう思えなくても、自分がこうありたいと思う姿を口に出すこともできます。たとえば、自分は力強く人生を生きたい。以前と比べると、より力強く感じるけれど、まだ十分とは思えない。それでも「私には力がある」と自分を肯定することで、将来の自分像を創り上げるのです。そうやって、自分を自分の望む姿に近づけるのです。

自分のなりたい姿を想像することも、目標に近づく効果的方法です。自分がより力強い人間であることを表わす、さまざまな場面をイメージしてみましょう。陪審員の前で素晴らしい論議を展開する姿でもいい。空手の黒帯を授与されるところでもいい。背筋を伸ばし、前をみて歩いているところでもいい。健やかな人間関係を持っている自分をイメージしてもいいし、楽しく遊んでいるところでもいい。大がかりな筋書きを想像してもいい。自分が汚され、汚物にまみれたように感じていたある女性は、それを全部こすり落として、虐待者に投げ返すところをイメージし、とても気分がよくなったと言います。

自分の価値に目を向ける

自分を無能で無価値だと思うことに慣れっこになると、素晴らしい側面が見えなくなります。自分がうまくできることをすべて書き出してみましょう。「完璧な目玉焼きが作れる。」「正しい音程で口笛が吹ける。結びめを解くのが上手だ」好きなところも書き出しましょう。「聞き上手なところが好きだ。足が好き。頑固なところが好き」そして、自分に批判的な気分になったときは、声を出してこのリストを読みます。自分を大事にしてくれる友人にも、リストを読んでもらいましょう。あなたのどんなところが好きか友だちに尋ね、それをよく聞いてメモしましょう。

大きい変化も小さい変化も等しく認めましょう。サバイバーであり、かつて夫から暴力を受けていたエバは、自分に対するイメージがどれほど変化したかに気づき、勇気づけられました。

以前の私は、自分の言うことは重要ではない、人は私の言うことに耳を傾けはしない、と感じていた。自分が嫌いだった。いま思うと私は、前夫が私に言ったことや、自分について思いこんでいたことの証明を求めて、わざわざ過去の出来事を探っていたのだ。自分自身や考えを人に支配されないような、独立した女性になるには、長い時間がかかった。

でも、すべては大きく変化した。自分の存在に自信がもてるようになった。若い頃、自分の中で好きだったところを、いま取り戻したのだ。かつて私はこの世で一番大胆な女だと自認していた。人がなんと言うかが気になった時期もあるが、もう気にしない。私はありのままの自分でいい。それに我慢ができないと言うなら、おあいにくさまだ。

やることを見つける

自己嫌悪や自暴自棄の流砂に沈みそうになったとき、簡単な仕事をこなすことが、現実にとどまる手助けになることもあります。家の掃除をしたり、スープを作ったり、花を植えたりしてもいいでしょう。惨めな気持ちになったときは、何かをやり遂げることが助けになる、とエレンは言います。

私はよく机で手紙の返事を書いたり、請求書の支払いをしたり、溜った書類の整理をする。物を捨てるのも気持ちがいい。それから、温かいお湯で皿をきれいに洗い流す。晴ればれした気分、とまではいかなくても、少なくとも何かを片付けたという充実感がある。

一息つく

性的侵害の傷に直面しようと没頭している最中は、自分のことを「性的虐待の被害者」としか見なせない、と感じることがあります。セラピーを受け、サバイバーの集会へ行き、大声で泣き、怒りを表わし、パートナーとともにもがき苦しみ、嗜癖から脱し、性的虐待について語り、その夢を見るのです。深くかかわる時期は必要であり、それは大切な経験でもありますが、こういうときこそ立ち止まって、自分が歩いてきた道のりを再評価しましょう。自分が癒されていないとか、依然として同じ問題を抱えていると感じたら、自分の一面を見ているだけだ、と自分に言い聞かせましょう。実際は、問題の深刻さは軽減され、自分の対応も根本的に変わっているかもしれません。

一息つくと、自分という人間が、受けた侵害に反応して生きているだけの存在ではないことがわかります。生活の別の側面を認めることで、自分がさまざまな側面を持った複雑な人間であり、たとえ性的侵害が自分の人生に大きくのしかかっているとしても、けっしてそれが自分のすべてを支配しているわけではない、と確認しましょう。

自分を大事にした人間関係

健やかな自己像を作るうえで大切なのは、自分を肯定的に映しだし、自分の強さや、良さや、人生を切り開く力を信じている人と共に過ごすことです。

あなたに敬意をもち、あなたを理解し、誠実につき合う人たちと接するよう、生活設計しましょう。これこそ子ども時代に持てなかった関係であり、自分自身の価値を信じるために、いま必要なことなのです。

夫であれ、恋人であれ、何かとあなたを利用する隣人であれ、生まれ育った家族の一員であれ、虐待者であれ、自分を自己嫌悪に陥れる人から離れましょう。そうした人々の代わりに、あなたを尊敬し、理解する人々との関係を育むのです。

あなたの良さを正当に評価する人はたくさんいます。友人でも、ただの顔見知りでも、カウンセラーでも、同僚でも、先生でも、家族でも、他のサバイバーでも、サポート・グループのメンバーでもいいのです。

自分にはつき合う人を選別するだけの価値がある、と考えましょう。（例えば、必修課目の教師など）自分に敬意を払わない人と完全に関係を断つことができるとは限りませんが、自分をおとしめるような人物はできるだけ排除しましょう。そうすれば、自分を肯定する声が聞こえてきます。その声に耳を傾け、その言葉を信じましょう。

私はまわりの人から、勇気があると言われて、よく驚く。私は、自分のしていることに勇気が必要だとは思えない。そうせざるを得なかっただけだ。でも、人に勇気があると言われて、別の見方ができるようになった。

大好きなクライエントが、恋人がいないことや、親友が少ないと不満を漏らしたとき、エレンは、自分自身を好きになるにつれて、人とも深くつき合えるようになる、と彼女を励まし、「あなたは人に好かれる人よ。私はあなたが大好きだもの」と言いました。

その女性は、まるで何も聞こえなかったように、話を続けました。「あなたのことが大好きだと言ったの聞こえた？」とエレンは尋ねました。

彼女は、エレンを訝しげに見て、「いいえ」と答えました。

「じゃあ、もう一度言うわ。あなたが大好きよ」とエレンは言いました。

「あなたは別よ。私はそのために料金を払っているのだもの」と彼女は異議を唱えました。

「それは違うわ」とエレンは答えました。「あなたが私に支払うのは、あなたの癒しを手助けするため、あなたがどんな人間になりたいかに心を砕くため。お金をもらっても、人を好きになんてなれないわ。たまたま私がそう感じているのよ」

彼女は再びエレンを見て、うなずきました。ほんの少し彼女の言葉を信じたようでした。

評価されることにあまりにも不慣れだと、最初は自分に対する他者の素朴で純粋な評価にも、気づくことができません。人があなたに向ける誉め言葉が聞こえるよう、練習しましょう。その誉め言葉が無駄にならないように。

「慈しむ親」のエクササイズ

ホーギー・ウィッコフは自著『女性の問題解決』（現在絶版）の中で、「慈しむ親」のエクササイズを紹介しています。まず、大きい紙に「愛している」「おまえはきれいだ」「そのままのあなたが好き」「あなたを誇りに思っている」など、「慈しみ深い理想の親」に言ってほしいことを書きます。より子どもに近づくために、クレヨンを使い、利き手でない方の手（右利きなら左手、左利きなら右手）で、その文章を書きます。リストが完成したら、一人ずつ立ち上がって、自分が聞きたいような言い方で、暖かく、愛情を込めて、ゆっくり、優しく読み上げます。次に、自分のリストをパートナーに渡し、パートナーの膝の上で、そのリストを繰り返し、愛情を込めて読んでもらいます。それから役目を交代します。

自分を慈しむ

自分を愛し、育む方法は数えきれないほどあります。気分が良くなることを選んで、頻繁に実行しましょう。これは、いい気分になるためには不可欠なことです。少なくとも一日一度、自分のために何かすてきなことをしましょう。

* 「私はお寿司が大好きだから、よく寿司屋に行く」
* 「よく大好きな映画を観たり、本を買う」
* 「いつも週末になると、気に入った場所に出かける」
* 「週一回は、家で性的虐待のことをまったく考えない時間を作る。また、虐待については一切話さない約束をして、友だちと出かける」
* 「私は、熱いお風呂に入って、マッサージしてもらう」
* 「運動量を増やした」
* 「人生について気楽に話せる人を確保して、自分の人生から秘密をなくすよう努力している。どんなコーヒーが好きかと人に尋ねるのと同じくらい、虐待について気軽に話せるようになりたい」
* 「サポート・グループのメンバーと親しく交流し、一日おきに話す。そして、自分を傷つけたくなるくらい最悪な気分になったときは、互いに電話しあう。私たちは本当によく支え合っている」
* 「部屋中に、自分を肯定する言葉が貼ってある。そこに

これは、自分が必要とする慈しみの一端を経験する素晴らしい方法です。グループでもできますし、信用できるパートナー、友人、カウンセラーとでもできます。(1)

（1）どんなエクササイズでも、ある人に役立つことが、別の人にとっては脅威となるかもしれない、ということを常に意識する必要がある。身体接触を安全に感じないサバイバーもいるし、性的でない接触とはどういうものかについて、明確なガイドラインを決めていないグループもあるからだ。どんなグループ活動でも、メンバーの一人一人が批判されることなく参加、不参加を自分で決めるゆとりが必要だ。また、たとえば抱いてもらう代わりに、言葉で肯定的なことを言ってもらうなど、特定のワークをニーズに応じて修正することもできる。

は、『私が傷つけられる筋合いはない』、『私の身体に悪いところはどこもない』、『私は自分が好きだ』、『私は自分に対して優しく、寛容だ』、『私はいい人だ』、『私は自分を許す』などと書いてある」

*「大変なセラピーの後は、どんな気分であろうとも、必ず自分のために花を買う」

*「ちゃんと朝食を食べることで自分を大切にする。これが、自分へのせめてもの気づかいだ」

*「文章を書いている」

*「私は紅茶を入れ、寝ながら本を読む。また上等のバスオイルを入れた熱いお湯に浸かり、本を読む」

*「私はうんと華やかな服を持っている。去年は流行の、豪華なエメラルドグリーンのドレスを買った。とてもよく似合ったからだ。それは、自分への最高の贈物だった。安いから買ったのではないというのは、大きな前進だ」

*「庭仕事は、私にとって素晴らしい癒しのメタファーだ。こうした仕事は初めてだった。私たちが家を買ったとき、庭はぼうぼう。私は、剪定ばさみを持ちだして庭木を刈り、二〇杯も出たゴミをごみ捨て場に運んだ。シャベルで土を掘ったり、新しい木を植えたりするたびに、これは自分のためにしているのだと思う」

*「なるべく自然に接し、ハイキングやスキーをする」

感情

四人のサバイバーに感情について尋ねた。
「感情？　何のこと？　そんなものどこにあるの？」
「なんて言ったの？　ちゃんと聞こえなかった」
「私の感情はたいてい頭の中です」
「一日に一種類の感情しか扱えません」

私たちは、気づこうと気づくまいと、常に感情を持っています。感情は、毎日の出来事への反応として起きます。脅やかされれば怖いと感じ、誰かに傷つけられれば、心が痛み、腹が立ちます。安全で要求が満たされれば、満足します。これは自然な反応です。常に自分の感情を認識し理解できるわけではありませんが、感情は確かに存在しているのです。

長い間、自分を何も感じない人間だと思っていた。あまりに長い間、内面からの合図を無視していたので、自分には感情など一切ないと思い込んでいた。感情というのは、調合して作り出すもので、すでに機能している自分の一部とは考えなかった。私の中に感情があるとしても、それは無感覚や抑制といった安全な中立地帯に戻れるよう、急いでやり過ごさねばならない、切り離されたものだった。

子どもの頃、自分の愛情や信頼感が裏切られ、その苦しみ、怒り、怖れがあまりにも大きいと、感情を味わいながら普通に生活していくのは不可能です。そこで、生き残るために自分の感情を抑えつけるのです。

私のなかで、ある種の感情は水面下に潜ってしまった。幼い頃に持つのをやめてしまったのだ。身体の感覚もなくなった。殴られても、痛みを感じなかった。一三歳になると、もはや怒りさえ感じなくなり、それとともに、愛情も湧かなくなった。自分の人生で最もなじみ深いものは、退屈だった。これは実は感情の欠落だ。すべての感情の波が取り除かれたのだ。

しかし、誰にでも感情は必要です。感情は、洞察を深め、賢い選択をするための有効なメッセージです。たとえどんなに辛い感情であっても、感情は自分の内面で何が起きているか、人生のさまざまな状況にどのように対応したらよいかを教えてくれる、大事な味方なのです。

感情はセットで届く

心を開いて感情に直面したときに、そこから好きなものだけ選ぶことはできません。感情はセットなのです。エレンの依頼人で、何年にもわたって父親に虐待された人がいました。エレンのところに通い始めた頃、彼女は自分の感情が麻痺している、感情を持ちたい、と言いました。それから数カ月間、彼女はカウンセリングに来ては泣き、家で泣き、友だちと出かけては泣きました。ある日、彼女は部屋に入って泣き出し、それから笑い出しました。「欲しかったのはこれなんです」

そうです、彼女は感じていたのです。都合のいい感情だけを選ぶことはできません。自分が感じようと決めたとき、そこにある感情を感じるのです。この女性には、たくさんの痛みと哀しみと怒り、そしていくらかの怖れがありました。しかし、こうした扱いにくい感情の合間には、誇り、希望、喜び、自分を大切にする心、満足感の芽生えなどが紛れ込んでいました。

感じるためには、感情のさまざまな領域に心を開く必要があります。

感情というものに取り組み始めたときは、たんなる概念に過ぎなかった。私は考えられるすべての感情を、いい気持ちといやな気持ちの二種類に分類した。感情を持つたびに「これはいやな感情？　それともいい感情？　この感情は持ってもよいのだろうか」と考え、それを感じるか、抑えるかした。「正しい」感情なんてない、ということを受け入れるのはとても難しかった。

感情を取り戻す

自分の感情を無条件に受け入れられるようになるほど、感情を味わい、直視し、そこから学ぶことができるようになります。

身体で感じる

自分の感情を取り戻すためには、自分の身体を感じ、その感覚に注意を払うことです。感情とは、のどのつかえ、震え、胃のもたれ、息切れ、目ぶたや股間の湿り、胸の暖かさ、手のしびれ、胸が一杯になるなど、身体に現われるものなのです。

もし長い間、自分の身体を無視し続けてきたのなら、これらの感覚に波長を合わせると、妙に落ち着かない気持ちになるかもしれません。身体で感じるという感覚を言葉にできても、それが何を意味するかわからないかもしれません。

幼いときは、「怖い」と言う概念をまだもっていません。代わりに、「おなかがいたい」などと言います。大人がその感覚に名前を与えることで、子どもは、その気持ちを感情と結びつけることを覚えます。

もし、あなたがどう感じているかに注意を払う人がいなくて、感情を名づけることを学ばなかったら、身体が表わすメッセージを読み取る訓練を、一から始める必要があるでしょう。

注意を払う

私たちはみな感じ方も、その度合も違います。自分の感情を知ることは、この世にたった一人しかいない自分を知ることです。

サバイバーの多くが、自分の感情に一歩先んじようと躍起になって、人生を過ごしてきました。「自分は今どう感じているのか」と自問できる程度に、速度を落としましょう。自分が無意識に行動しているのに気づいたら、身体の感覚を確かめましょう。自分の身体の中にいますか。どんな感覚がしますか。それは何を訴えていますか。

自分の行動にも注意を払いましょう。もし、台所で癇癪を起こしたり、些細な事で泣き出したりするなど、その場にそぐわない行動をとっているなら、自分では気づいていない感情があるのかもしれません。ローラはこう思い起こします。

> 自分の感情に注意を払い始めたばかりの頃、最も頻繁に感じたのは、濃い霧の中で迷子になる感覚だった。退屈、混乱、自暴自棄、絶望、不安などの感情に圧倒されることもあった。でも、これらは実際の感情というより、自分の感情にかぶせた「ふた」だということが徐々にわかってきた。生の感情がちらりと顔を覗かせると、私はすぐに、厚い毛布を覆いかぶせていたのだ。退屈の下にあるのは、たいてい怒りであり、不安の下には恐怖が隠れていた。絶望と抑鬱《うつ》は、内向した怒りだった。

もしこれまで自分の感情をずっと隠してきたとしたら、元の気持ちを感じる間もなく、他の感情が素早く自動的に心を占領するかもしれません。幸せに感じ始めると、不安になってしまう。腹が立つと、即座に自分を憎悪してしまう。こうしたパターンは人によって違いますが、憂鬱《うつ》、混乱、やましさなどに圧倒されるときは、たぶんその奥に、特定の事柄が引き金となって、何らかの感情が起きたと思っていいでしょう。

何かを感じ始めたとたんに、ある思考パターンが忍び込むこともあります。自己嫌悪のような古い思考パターンに陥っている底には、埋もれた感情があるのかもしれません。「自分は絶対に変わらない」とか、「自分は人に嫌われている」というような考えは、たいてい、埋もれた感情の表出です。子どもは、「私は父さんが大きらいだ。殺してやりたい」とはとても言えないので、自分が悪いのだ、虐待は自分のせいだ、などと百も理由を見つけては、代わりに自分を憎むのです。こうなると泥道にできた轍のようなもので、何百台もの車がその上を走り、タイヤがその轍を深くしていきます。思考法についても同様です。最初に感じ始めた怒りを「自分のせい」に転嫁するのが長年の習慣なら、その轍を意識的に外し、習慣の裏にある感情を探る必要があります。（否定的な思考パターンを変えるには、p191『内面化された自己嫌悪』を参照）

感情を知るエクササイズ

＊創造性

アートや創作は、自分の感情とつながる手助けとなります。音楽をかけて、動きに感情をこめて踊る。ブルースを歌う。雑誌から言葉や写真を切り抜いてコラージュを作る。こうした方法で自分の気持ちを表現するのに、著名な芸術家やダンサー、音楽家である必要はありません。これは公演ではなく、自己表現なのです。

＊気持ちを絵にする

カリフォルニアに住む創作アートセラピスト、エイミー・パインは、自分の今の気持ちを描くことを提案します。気持ちを表現するため、色、形、手触り、力の入れ具合、空間の使い方などを工夫しましょう。具象的な写真や絵を使ったり、子どもが描くような絵でもかまいません。次に、自分が感じたいと思う気持ちを描いてみます。描いた絵を誰かに見せましょう。何を表現していますか。絵を見てどんなことに気づきますか。一枚目の今の気持ちと、二枚目のなりたい気持ちを繋げるには、何が必要ですか。三枚目では、この二枚の絵を繋げるのに必要な要素を描いてみましょう。どうやって繋ぎましたか。これは現実の行動とどんな関係がありますか。

＊知性を駆使する

自分の気持ちがはっきりわからない場合、知性の助けを借りましょう。自分に尋ねてみて下さい。「恋人が去って行ったのに、私は何も感じない。ほかの人ならどう感じるだろう。こういう状況に共通する感情について、本や映画や友人から何を学べるだろうか。安堵か、怒りか、哀しみか。のどの詰まったようなこの感じは、そんな感情なのだろうか」

次に挙げる二つのエクササイズは、ダニエル・ジェイ・ソンキン、マイケル・ダーフィー共著『非暴力的に生きる方法』（Daniel Jay Sonkin, and Michael Durphy. *Learning to Live Without Violence.* San Francisco: Volcano Press, 1989）からの抜粋で、自分の感情を見極めるのに役立ちます。

＊感情対思考

感情は、よく思考や観察と混同されます。たとえば「私はそれを不公平だと感じる」、「私はあなたが離れて行くように感じる」というときの「感じる」とは、あくまで自分が「どう思っているか」の表明であり、「どう感じているか」の表明ではありません。ある表明が「思っている」ことの表明かどうかは、「感じる」を「思う」に置き換えてみるとわかります。それで意味が通じれば、それは感情の表明というより、おそらく思考か観察の表明でしょう。上述の「どう思考しているか」の表明を、「どう感じているか」の表明に変えると、こうなります。

「あなたがやったことに、私は傷ついた」

「あなたが私から離れて行くのではないかと怖れている」

＊感情とは何か

以下の言葉は感情を表わすものです。声を出して言ってみて下さい。一語ずつ声の調子を変えて、大きい声や小さい声で言ってみましょう。一つ一つの言葉を発しながら、自分の気持ちに注意を払いましょう。それはどんな感覚をかきたてますか。身体はどんな感じがしますか。ぴんと来る言葉と、ぴんと来ない言葉がありますか。自分の気持ちを特によく表わす言葉を足して下さい。それから、自分が最も強く反応する言葉三つを選んで下さい。

わくわくする・欲求不満・傷ついている・（　　）

優しい・怖い・うらやましい・（　　）

悲しい・満足感・愛しい・（　　）

淋しい・憂鬱《うつ》・高揚・（　　）

いらいらする・臆病・幸せ・（　　）

自分の感情を尊重する

自分の中の素直で純粋な感情の動きに気づいたら、まずは「これが感情か」と意識することです。悲しいときは、悲しみを感じましょう。何も心配せず、パニックを起こさず、何か行動をしなければと考えず、ただ悲しみを感じるだけでよいのです。感情は危険なものではありません。いったん感じ始めると、たいてい、感情に触れるのはそれほど怖いことではないと気づきます。

感じれば感じるほど、自分が楽になっていく。感じることが怖くなくなった。物事を脇へ押しやる力をなくし、大きな痛みを感じるようになったが、ほっとした気持ちが広がった。感情そのものよりも、感情への怖れや、感情を抑圧するストレスの方が、もっと辛いことに気がついた。昔の感情を再体験するのは、想像通り大変だが、それも永久に続きはしない。

感情それ自体は独立した存在ですが、慣れないうちは、理由のない感情に対して怖れを感じることもあります。

強い感情が起きるといつも「こう感じるには、きっと理由があるに違いない」と思う。そして理由を見つけると「こんなに腹を立てた原因はこれだったのか」とこの上ない安堵を感じる。理解できる感情ならば、さほど怖くないのだ。

なぜ特定の感じ方をするか、その感情はどこから来るのかが理解できれば安心できますが、常にわかるわけではありません。それでも、感情は大切です。

自分の感情の価値を認めて、信じるには時間がかかります。そのうち、感情を自分の一部と見なせるようになるでしょう。

私は自分の感情を生活に統合させた。もう感情を味わうために、わざわざ時間をとる必要がなくなった。道を歩いていて悲しくなったら、泣き出せばいい。家に着いて、泣くための時間をとるまで我慢することはない。感情は私の一部であり、身体から切り離されてはいない。もう、自分の感情に触れるのに、予定を立てなくてもいいのだ。

潮の満ち干のように変化するのが、感情の本質です。激怒した一時間後に悲しくなり、そのまた一時間後に愛に満たされることもあります。痛みは激怒に、怒りは安堵に変わります。滞りなく流れている感情は、この世の中の自分の経験に沿った自然のリズムで移り変わるものです。逆説的ですが、ある感情を解消する最良の方法は、それをたっぷり感じることなのです。感情を受け入れて表現すれば、それは変化していくでしょう。それは消火ホースに似ています。塞がれてしまえば、内側の圧力は爆発点に達し、水が噴出してほとばしるでしょう。しかし、水流や水圧が均等な場合、水は一定の勢いでホースから流れ出し、その役目を果たします。

長い間否定されてきた感情に向き合う場合、今の感情のようには素早い変化は起きないでしょう。しかし、いったん解き放たれれば、どんな感情もいずれは変化します。

感情表現の支え

子ども時代に感情を否定されたり、批判されると、感情を安心して表現できるようになるまでに時間がかかるでしょう。カウンセリングの場で、この安心感を初めて経験する女性もおおぜいいます。

ある日、セラピストが私にこう言った。「あなたが何をしようと、私はあなたを見捨てません」。そのセッションが終わらぬうちに、私は彼女に初めて腹を立てた。

自分の感情を重んじ、それと向き合える人と一緒に過ごすことで、自己学習を速めることもできます。相手の感想や経験を聞き、優しさをもらうことで、自分自身の感情と繋がることを学ぶのです。

どうすれば独りで感情に触れられるのか、最初はわからなかった。恋人やセラピストや親友に会うまで、私の感情は麻痺していた。彼らが私の感情をひき出し、それを見極める手助けをしてくれた。抱きしめてもらったり、話しかけてもらって、少し涙を流したり、静かな怒りを感じることができた。他人の慰めや許しがなければ、自分の感情を感じることができなかったのだ。

自分の感情と繋がりをもち始めるとき、周囲に愛情深く支えてくれる人がいれば幸いですが、そのうち、独りでも安心して心を開けるようになります。人があなたに言ってくれた励ましの言葉を、心の中で、あるいは声に出して自分に言ってみましょう。「泣いてもいいよ」「私には怒る権利がある」、自分を慈しみ、守る存在を呼び覚ますことで、怯え、傷つき、怒りに満ちた内なる子どものために、賢く優しい親になるのです。自分の髪を撫でたり、揺り椅子にのせて揺すったり、自分のために暖かい蜂蜜入りミルクを作ったり、枕を叩いてもいいのです。自分自身の触媒となり、産婆役となって、自分に許可を与えるのです。

感情を伝える

自分の感情に触れても、それをすぐ表現するのは難しいものです。

私の顔の表情は本心と違っていた。私はいつも笑顔だった。高さ一メートルのゴミの山に埋もれて落ち込んでいるときも、秘密が外に知れないよう、必死で微笑み続けていたので、どれほど私が辛い思いをしているかは、誰も知らなかった。こうすれば、人に邪魔されることもなかったのだ。

ローラはこう思い起こします。

私にはいつも問題があった。感情的になっても顔に出ないため、誰も信じてくれないのだ。心の底から悲しいときも、出るのはせいぜい数粒の涙。自殺したい気持ちでも、気が狂いそうでも、友だちには、蚤に喰われた程度にしか見えないのだ。長い間私は、自分はどこかおかしい、もっと劇的に振る舞わなければ感情ではない、と思っていた。素手で電話帳を破り捨てなければ、本当に怒っていることにはならない。本当に幸せなら有頂天になって宙に舞い上がるはずだと、と思っていたのだ。

感情を表わす方法はさまざまで、誰もが独自のスタイルを持っています。要は、自分が満足し、人にも伝わる方法で、自分の感じていることを表現することです。

感情の伝え方によって、相手にも耳を傾ける態度が出てきます。「ええ、怒ってるわ。あなたは時間に遅れるし、電話もしない。心配だから、次回は必ず電話してね」と言うほうが、「ずいぶん思いやりのない人ね。私の気持ちなんて全然考えてないんだから」と言うよりもより良い反応を得るでしょう。

タイミングも大事です。相手がじっくり聞ける態勢にないときに、大切な話や微妙な話を切り出すと、自分を不利な状況に追い込みます。自分のためにも相手のためにも、きちんとしたタイミングで切り出しましょう。

状況を見極める

理想的な世の中なら、自分の本当の気持ちをいつでもどこでも表現できるでしょうが、この社会ではそうはいかないため、自分の気持ちを表現するかどうか、バランスのとれた決定を下さねばなりません。それは感情、知性、判断にもとづいた決定です。

誰かと親密になるには、自分の感情を表わす必要がありますが、たとえば、スピード違反を取り締まる警官に腹を立てるのは、賢い方策とは言えません。

感情解放ワーク

子ども時代の埋もれた感情に触れるより、現在の感情を認識して表わす方が、容易かもしれません。しかし、過去に戻って子ども時代の感情に触れることは、癒しの一段階です（p130『喪失を嘆く』参照）。

感情解放ワークは、古い感情を吐き出す方法の一つです。記憶と感情は身体に蓄積されているので、身体を通して感情に触れることは、語ることを補完する力強い作業です。適切な安全対策と、責任ある援助者の手助けさえあれば、感情解放ワークによって、重荷となっている感情をうまく解消することができます。

バイオエネルギー療法やリバージング（再誕生療法）、プライマルセラピー（初源療法）やサイコドラマ（心理劇療法）などのセラピーには、心の浄化作用（カタルシス）をともなう感情解放ワークが含まれます。こうしたワークは（ときに虐待を受けた当時の感情にまで遡ることがあるほど）強烈なので、深い苦しみの表現を受けとめられる、経験に富んだ援助者の立ち会いが必要です。

感情解放エクササイズ〈発案者エイミー・パイン〉

＊怒りの解放

援助者のいるところで、テニスのラケットをマットレスかクッションの山に打ちつける。声や言葉を発してもいい。すべてを吐き出すように最初から力一杯打ってもいいし、ゆっくり始め、徐々に力を込めてもいい。援助者に励ましてもらったり、元気づけてもらい、後でそのときの気持ちを話し合うこともできる。

＊哀しみの解放

泣きたいのに泣けないとき、自分の気持ちと表現を繋げるため、呼吸をする。大きく呼吸してみる。長く息を吐いて、震えながら息を吸って、できれば声も出してみる。涙が出なくてもいいから、自分の感情や想い、感覚を認識すること。

＊緊張の解放

身体を使う。友だちとレスリングをしたり、薪割りをしたり、水泳をする。

感じることへの恐怖

サバイバーの多くは、いったん自分の気持ちを解放したら、制御不能になるのではないかという恐怖を感じています。

私は自分の怒りが恐ろしかった。もし自分に起きたことを笑い飛ばさなかったら、即座に気が狂い、邪魔な人間を皆殺しにしてしまうと思っていた。

たとえ長い間、怒りを抱えていたり、深く哀しんでいたとしても、そうした感情はけっして手に負えないものではありません。

感じることを少しずつ自分に許すに従って、感情のバルブを全開するか、完全に閉めるか――手に負えなくなるか、完全に制御するか――の二者択一ではないのだと悟った。自殺したいと思わずに、いやな気分を味わうことも可能なのだ。恐怖に怯えずに、怖いと感じることもできる。感情にはさまざまな段階があるのだ。自分の感情の手綱を弛めたら、思っていたよりも感情を制御できるようになった。

感情を長い間抑えつけていると、用心深くなるものです。しかし、強い感情があるからといって、自分を制御できないわけではありません。怒り狂って枕を叩いたとしても、凶暴になったわけではありません。むしろ激しい感情を、安全な枠組みの中で積極的に表現した方が、感情の暴発防止に役立ちます。カウンセラーやサポート・グループの見守る中で枕を叩いた後、殺人を犯す人はまずいないでしょう。

虐待的な怒りを制御する

もしあなたが、自分の子どもを叩いたり、仕事仲間を怒鳴りつけたり、日常生活におけるパートナーの些細な侵害に激怒するとしたら、自分の怒りを間違った方向へ向けているのかもしれません。その怒りは、現状に誘発された、もっともな怒りかもしれませんが、同時に、子ども時代の古井戸から汲み上げている、怒りの水かもしれません。この二つの境界がぼやけると、実際に起きたことと不釣合いな反応をしがちです。

自分の感情が現実にそぐわないことに気づいたら、まずはひと休みしましょう。その状況から身を引いて、古いことと新し

非暴力的に生きる方法

ダニエル・ジェイ・ソンキン、マイケル・ダーフィー共著『非暴力的に生きる方法』（前掲書）は、虐待的な怒りの表現パターンを変えるための、健全で実践的な指針を示した素晴らしい本です。これは男性に向けたものですが、女性にも役立ちます。

自分の怒りを認識する

怒りと暴力は違います。怒りは一つの感情であり、暴力はそれを表現する行動の一つです。多くの人は、怒りが爆発点に達するまで、自分が腹を立てていることにすら気づきません。自分自身の怒りの合図を認識できるようになれば、暴力も自分で制御できるようになります。以下の質問形式は、悲しみや怖れなど、他の感情を認識するためにも有効です。

身体の合図

腹を立てている（悲しい、怖い、幸せを感じる）とき、自分の身体はどんな感じか

*首、腕、脚、顔の筋肉が硬張る

*汗をかいたり、寒気がする

いことを見分けましょう。もしこれが難しいのなら、古い怒りに焦点をあてて、積極的に表現するための、感情解放ワークが役立ちます。これは、拒絶された気持ち、見捨てられた気持ち、傷ついた気持ちなど、どんな感情にも当てはまります。

暴力は、他者に対して力を誇示する方法の一つです。それは、短期的には効果がありますが、犠牲があまりに大きすぎます。それは、他者を虐待しながら、子ども時代の性的虐待の影響から自分を癒すことはできません。もしあなたが暴力を振るっているか、振るわれている、または、繰り返し争ったり、暴力を振るったり、危険な状況に陥っているなら、即座に援助を求めましょう。

パニック

パニックは、自分の感情が怖くなり、冷静になる術がないと感じる気持ちです。また、必死に感情や記憶を抑えつけようとするときに起きます。パニックは、脈絡もなく急に起きるように見えますが、常にきっかけがあります。それは、意識していない虐待経験を思い出すときにも起きます。

ランディ・テイラーは、赤信号で停止するたびにパニックに陥りました。押しとどめられて動けないという感覚が、性的虐待を受けたときに感じた「逃れられない」という気持ちを呼び覚ましたのです。

パニックに陥ったときは、たいていこうした関連づけはでき

＊呼吸が深くなったり、速くなったり、浅くなったり、遅くなったりする
＊頭痛や腹痛がする

行動による合図

怒りを感じているとき、どのような行動をとるか

＊意地悪になったり、他人を責める
＊過剰に親切になる
＊笑いだす
＊皮肉っぽくなる
＊心を閉ざしてしまう
＊約束を破る。遅れて行ったり、早く帰ったりする
＊食事や睡眠が困難になる。または、よけい食べたり眠ったりする

小休止をとる

小休止をとるのは、暴力制御の基本です。これによって自分の虐待的パターンを打ち破る構造をつくります。小休止は、暴力を止めるだけでなく、信頼を建て直すのにも役立ち、そのルールは簡単です。

＊自分が怒り出したのを感じたら、「腹が立ってきたから、小休止をとりたい」と言う。こうして相手に直接伝えることで、自分の感情に責任を持ち、暴力を制御している

ません。ただ、制御力を失ったと感じるだけです。心臓が高鳴り、身体は爆発しそうで、走り出したくなります。視覚的感覚も変わり、気が狂うのではないかと怖くなります。何が起きているのかわからないという状況が、事態をさらに悪化させるのです。

ローラは、二〇歳のときに、初めて激しい不安感に襲われました。

> 私は怖かった。怖いという感情が恐ろしかった。そして、すべてが雪だるま式に、制御できないほど膨らんでいった。その恐怖は分刻みに高まり、どうやって放出していいかわからなかった。どうにか親友に電話し、「このままじゃ神を見るか、気が狂うか、自殺するしかない」と言ったのを覚えている。彼女のアドバイスは、的を射ていて簡潔で、それ以降も、多くの困難から私を救った。「息をして、ローラ。とにかく呼吸するのよ」

パニックを感じたら、まず呼吸し、その気持ちをじっと感じましょう。恐怖心から逃れるために何とかしなければとあせりがちですが、そうした気持ちは、むしろ恐怖心を煽ります。あわてて行動に移す代わり、いくら強くてもこれはただの感情だ、と自分に言い聞かせましょう。

パニックから行動に出ても、ろくなことはありません。ガラ

ことを示す。

＊一時間席を外す

＊飲酒、薬物使用、運転などはしない

＊身体を使う。散歩をしたり、走ったり、自転車に乗る。運動は、身体の緊張をほぐすのに役立つ。

＊一時間たったら戻って来る（それ以上でも、それ以下でもない）。相手との合意を守ることで、信頼が築かれる。

＊自分が腹を立てている人に、話し合いたいかどうか確かめる。同意があれば、何が自分を怒らせたか、なぜ小休止を必要としたのかを話す。それでもまだ話しにくければ、時間をおいてもう一度やってみる。

酒と薬物

酒や薬物が暴力の原因ではありませんが、あなたが既に暴力の問題を抱えているならば、酒や薬物は、その事態をさらに悪くする可能性があります。酒や薬物で感情を抑え込むと、自分の怒りに気づきにくくなり、小休止したり、怒りを適切な場に向けたり、暴力的衝動を制御する能力が低下します。暴力的行動をやめたいと願い、なおかつ酒や薬物が生活上の問題となっている場合、そうした嗜癖に対処しなくてはなりません。

ス窓に手を突っ込んだり、車のスピードを出しすぎたり、上司を怒鳴ったりすれば、その悪影響は倍増するでしょう。

平静時（怖がっていないとき）の判断力を呼び覚ましましょう。自分が極端に怯えているときにその感情を表現すれば、恐怖から解放されますが、それは安全な場での話です。セラピーの場は、深く埋もれた感情に触れる良い機会です。しかし、車を運転しているときはやめましょう。悲しみを感じたり、夜空に向かってわめきながらでも、安全運転はできるでしょうが、強姦の恐怖を再体験しながら、運転するのは無理です。今いる場所が、自分の感情を表現したり、行動に移すのにふさわしくない場だと思ったら、気持ちを静める手だてをとりましょう。

気持ちを静める

パニックに対処する最も効果的な方法は、それに早く気づくことです。いったんパニックが高じると、それを止めるのは難しくなりますが、少なくとも、自分自身や他の人々を傷つけないよう、肯定的な自分に焦点をあてましょう。

気持ちを静めるためには、とるに足らないことに思えても、自分にとっていいことなら何でもやってみましょう。試行錯誤しながら、役立つことのリストを作ってみましょう。触覚、聴覚、視覚、味覚、嗅覚などに、できるだけ心地よいものを挙げてみましょう。実際にリストを作って、そばにおきましょう。

パニック状態では、明瞭で創造的な思考ができないものです。

事前に書き出しておけば、そのリストを取り出し、順番にやってみるだけでいいのです。

私が自暴自棄に陥っているときにすべきこと

*呼吸する
*くまの縫いぐるみを抱く
*リラックス用のテープをかける
*揺り椅子に座る
*ナタリーに電話する。（電話番号）
*ナタリーが留守の場合、ヴィッキーに電話。リストに載っている友だちに順番に電話する。（名前と電話番号）
*猫を撫でる
*熱いお風呂に入る
*「私は安全だ。自分が大好き。私を愛してくれる人がいる」または、「リラックスしても大丈夫」と一〇〇回書く
*家の周りを三周走る
*安らかな音楽を聞く
*祈る
*呼吸する
*枕に顔をうずめて怒鳴る
*テレビ番組か古い映画を観る。推理小説を読む
*クラフトのマカロニグラタンを食べる

＊もう一度始めからやる

リストの中身は人によって違います。途中で変えてもかまいません。しかし、どのリストにも、必ず誰かに助けを求めることを含めましょう。安全でさえあれば、すべては気持ちを静めるための良い方法です。全部やってもまだ落ち着かないときは、もう一度リストの最初から始めましょう。

何をしても効き目がないとき、ローラは困難に直面したときのお父さんの口癖を思い出しました。「この困難もやがては過ぎ行く」

安全な場を作る

家の中に、恐怖を感じたときに行ける、安全な場を作っておきましょう。その場所にいる限り、自分自身や他人を傷つけない――自分は安全だ――という取り決めをしておくのです。自分が制御しきれない、あるいは、何をするかわからないと感じたら、その場所へ行って、感情が通り過ぎるまで一息ずつ呼吸をしながらじっとしている、と決めておきます。

安全な場は窓際の椅子、ベッド、お気に入りの肘かけ椅子、あるいは誰にも見つからない隠れ家かもしれません。押し入れに入り、自分の靴の上で眠る女性もいます。彼女は子どもの頃、安全な場のない家の中で、自分を慰めるためにそうしていたのです。

自殺はしないで

私は、記憶を取り戻す過程でとても自殺したくなり、「自殺衝動を抑えられなくなるような場所に行ってはいけない」と自分に言い聞かせるほどでした。自分が生きてゆくための大切な力の源泉が破壊されたようで、希望をなくしたのです。再び日々の計画を立て始めたのは、ここ二、三カ月のことです。ようやく、生きたいと思い始めたのです。

ときには、死にたいと思うほど辛いこともあります。苦しみ、自己嫌悪の念があまりに強くなり、恐怖心がつのり、生きていくのが辛くなるのです。これは真の感情であり、それを否定することはありませんが、それに沿った行動を起こさないのも、また大事です。最悪の破壊的感情を感じてもかまいませんが、自分を傷つけてはいけないのです。

私たちは既にあまりにも多くの仲間を失いました。あまりにも多くの女性が、年齢を問わず、適切な支援を得られないまま、絶望の末、自ら命を絶っています。これ以上仲間を失うわけにはいきません。あなたを失うわけにはいかないのです。あなたには生きるだけの価値があるのです。

怒りについての章を再読しましょう。あなたは怒りを内どんなに奇妙に見えてもいいから、しっかりと自分をいたわりましょう。ローラは、すべての試みが失敗したとき、テディ・ベアーと温かいミルクの入った哺乳瓶を持ってベッドに潜り込みました。

環境を変える

意識的に環境を変えることで、パニックから救われることもあります。それは、寝室から出て、お茶をいれるために台所へ行く、といった簡単なことかもしれません。家を出て、近くを散歩したり、自然の中で、星や樹々を見上げることで将来の見通しがつくかもしれません。

過去の虐待を感覚的に思い出して、気が動転することもあります。特定のコロンの香りや、誰かの声の調子、コーデュロイの擦れる音などが、強い不安感を引き起こすこともあります。

ある日、台所で急に憂鬱になった私は、気持ちを静めようと自分にこう言い聞かせた。「大丈夫、すぐ過ぎ去る。いつもそうだから」でも、何の役にも立たなかった。どうしたら自分をいたわればいいかわかっていたので、私は基本に戻って、呼吸することを思い出し、最後に食べたのはいつか自問し、夕食の野菜を切り始めた。それでも、気分は悪くなるばかり。とうとう私は、台所の灯りが薄暗いことに気がついた。天井の灯りをつけると、すぐに気が晴れた。あ

に向けるよう教わりました。死にたくなるほど辛いときは、子どもの頃自分を傷つけた人に対して、もう一度怒りを向ける必要があります。その怒りに触れるに従って、自己憎悪は消え、自分の命を破壊するのではなく、維持したいと思うようになります。

これには時間がかかります。その間は自殺しないで、援助を求めましょう。最初の援助が役に立たなかったら、別の援助を求めましょう。諦めないで下さい。死にたいほど辛いときは、別の感じ方ができるなど想像し難いものです。しかし、それは可能だし、やがてそうなるでしょう。あるサバイバーは日記にこう書いています。

私は命が大きらい！　自分が大きらい。自分のしていることがきらい。暗い地中に潜って自分を埋めてしまいたい。思い出さねばならないのがいやだ。自由な人生を見つけるために、虐待を何度も追体験しなくてはならないのがいやだ。なぜもう一度生きたいと思うのか。これ以上辛くならないとどうして言えるのか。こんなに先が見えず、雲を摑むようなことに向かって、努力しろなんて誰が言えるのか。

それでも私は生きている。私の中に信じられないような力があるのだ。なぜなら私は、三度の自殺未遂と、多くの幻滅と絶望を生き抜いてきたからだ。そしてそ

あいう薄暗い灯りは、いつも私をひどく憂鬱な気分にさせる。自分の育った家を思い出すからだ。

こうした徴候に気づくようになれば、それに直面したときも、自分を守る準備ができるでしょう。

一歩踏み出す

人の力が必要なときほど頼みにくい、ということがままありますが、孤立から抜け出すために、愛情をこめて自分を後押ししましょう。信頼できる人に抱き締めてほしいと頼むこともできます。独りでいるときは、誰かに電話できるよう、前もって取り決めておくと良いでしょう。パニック状態のときは疎外感でいっぱいになり、自分と親しくなりたい人はおろか、力を貸してくれる人さえ思い浮かばないかもしれません。今サポートグループやセラピーに通っている人は、グループのメンバーかセラピストに電話できるよう頼んでおきましょう。また、必要なときは互いに電話し合おうと、友人と合意を結びましょう。いざとなると、とても電話する気になれないかもしれませんが、こういうときのために合意を結んだこと、理由はともかく、これが最善の方法であることを思い出し、受話器をあげてダイヤルしましょう。

の力は今も自分の中にあって、私を動かし続け、記憶を呼び起こし、罪の意識と闘い、怒り、泣き、感じ、人とそれらを分かち合うよう、私を駆り立てる。生命と呼ばれる未知の世界へと私を押しやるのだ。

もし死にたい気持ちになったり、自分を傷つけたい衝動を感じたら、すぐ援助を求めましょう。自分の行動を制御できないと感じたときのために、カウンセラーや友人と前もって約束しておきましょう。必要が生じる前に調べておいた『命の電話』に連絡しましょう。

感情はいずれ過ぎ去ります。感情による消耗があまりに激しく、もう耐えられないと思っても、次第にその感情が薄れていくのを待てるようになります。それは難産に似て、陣痛の最中にはもう限界だと思っても、耐えるうちに、それもいつしか過ぎ去るのです。

自分を傷つけずに心の痛みに耐え、身の安全を確保し、助けを求めたり、苦悶の中で自分の味方になることで、闘いの精神は強くなっていきます。加害者の洗脳と闘って勝ったのです。彼らがあなたを破壊するのを許してはなりません。

避けるべきこと

パニックの対処法としては、効き目があれば何でもいいのですが、避けるべきこともいくつかあります。

*ストレスの多い、危険な状況に身を置かない
*車の運転はしない
*飲酒したり、薬物を用いない
*重要な決定は下さない
*自分や他人を傷つけない

落ち着いてきたら

パニックや自己嫌悪や絶望状態を通り過ぎたら、リラックスしてちょっとひと休みしましょう。こうした激情は、大変消耗するので、エネルギーの充電が必要です。バランスを取り戻したら、何がきっかけになったかを考えてみましょう。

*感情が高ぶる前に、最後に覚えていることは何か
*誰と、どこにいたか
*その直前に動揺するようなことが起きたか（職場、友人、恋人とのいざこざ。気持ちを動転させる電話、手紙など）
*パニック状態になる前に、何か感じたことはあったか。それは以前に感じたことのある気持ちか
*いつもと違ったストレス状況にあったか。時間的、金銭的なプレッシャーはどうか
*心に浮かんだことを、不愉快だからと隅に追いやっていないか。それは、馴染み深いものではないか
*これらのいずれかが、虐待の記憶を呼び起こしたか

こうした質問が、パニックの根っこを見つけるのに役立つこともあります。その根源を特定できるまでは、同じような力関係が何度か再現されるかもしれませんが、一考の価値はあります。こうした自己分析によって、次に自分が同じサイクルに巻き込まれるのを防ぐことができるのです。

肯定的感情も脅威となる

時とともに、自分の中で肯定的な感情は増してきます。幸福感や、高揚感、満足感、愛情、安心感、そして希望が、より頻繁に表われます。でも最初は、こうした「良い」感情が心地よくないこともあります。

サバイバーの多くは肯定的な感情を脅威に感じます。子どもの頃、幸福が、これから起きる災いの前兆だった場合もあるからです。もし友だちと遊んでいるとき、叔父が自分を呼び寄せて性的に侵害したとしたら、もし安眠中に父親に虐待されたとしたら、もし祖父母の家で日曜の晩餐中にいきなり侮辱されたとしたら、その幸福は信頼できないものになります。また、内心苦しんでいるのに、幸せそうにしていたとしたら、今でも幸

福とは、単なるごまかしに過ぎないと感じるでしょう。

　いつか幸せな気持ちになれるかもしれない、という考えさえ、脅威に感じることもあります。希望を持たないことに決めた女性がいました。彼女は子どもの頃、今日こそは父親が機嫌良く帰って来て、優しくしてくれるかもしれない、虐待をやめるかもしれない、と希望を抱き、毎日幻滅を味わいました。そしてとうとう、自衛のために希望を持つことを諦めたのです。

　安らかさや満足感に困惑することもあります。心の平安に不慣れで、どうすればリラックスしてそれを享受できるのかわからなくなるのです。予期せぬ幸せな気持ちと折り合うのが難しいこともあります。


　私は生まれてからずっと不幸せだった。性的虐待のことを思い出したとき、その理由がようやくわかったが、それでも相変わらず不幸せだった。自分を癒すということは、恐ろしく辛い経験で、人生は相変わらず苦闘と苦悩の連続だった。セラピーを始めて数年後、幸せを感じはじめた私は、自分自身に呆然とした。これまでの努力はすべて、幸せな気分を味わうためだとも知らず、新たな苦しみの一つだと思っていたのだ。私の人生は変わった、私は幸せなのだ、私は実際に満足しているのだ、という現実に慣れるまでには、かなりの時間がかかった。


　幸せな気持ちを感じることを自分に許していくのは、癒しの最もすてきな部分です。いったん始めてしまえば、もっとほしくなるかもしれません。与えられた機会はすべて利用しましょう。朝、お茶を飲む静かなひととき。寝る前に子どもにお話を読んであげること。夢中になれる映画。ただ声を聞きたくてかかってきた友だちからの電話。完璧なオムレツ。こうした幸せを見つけ、自分が幸せを感じていることを認めましょう。最初は一瞬でも、そのうちもっと長くなるでしょう。

　好かれたり、愛されたり、感謝されたりするのを、サバイバーの多くは脅威に感じます。眼に見えるということは、人目にさらされることでもあります。感謝されると恥ずかしくなることもあります。他者が自分に向けた高い評価と、自己嫌悪とのギャップに苦しむこともあります。そして自分自身は尊敬に値する、価値がある、誇れるといった肯定的感情が、はるか遠く手の届かないものに思えるかもしれません。それでも、こうした感情はとても心地よく、馴染む価値はあります。誰かに誉められたとき、すぐに自分の欠点をあげつらわずに、「ありがとう」と言ってみましょう。プレゼントをもらったら「とっても嬉しい」と喜びましょう。昇給があったら「私の仕事が認められてよかった」と言いましょう。多くの苦しみを味わっている人にも、素晴らしい気分を味わう機会はたくさんあります。そのチャンスを摑みましょう。あなたには幸せを感じるだけの価値があるのです。

自分の身体

これまで、自分の腕が自分の一部だという実感がなかった。手で触れても「誰かの腕があるな」と思うだけ。外側から皮膚に触れるだけだった。自分の心臓の鼓動さえ感じることができなかった。意識が身体から離れていたので、身体感覚が稀薄だったのだ。

——レイチェル・バット・オア

自分の受けた性的侵害について話したり、感情を言葉で伝えるのは、自分を解き放つための大事な作業です。しかし、十分に癒されるには、この解放が身体レベルでも起きる必要があります。虐待を受けたことで、呼吸のしかた、食べ方、感じ方など、自分の心と身体との関係はことごとく影響を受けます。さまざまなレベルで虐待を受けた場合、さまざまなレベルでの癒しが必要となります。

子どもはまず、身体を通して自分自身と世の中との関係を学びます。飢餓感、不安、愛情、受容、拒否、支え、いたわり、恐怖、誇り、支配、屈辱、怒りなど、いま感情として認識しているものはすべて、元来、身体レベルの感覚や動きとして始まったものです。子どもにとって身体は、信頼感、親密さ、守られること、慈しみなどを経験する媒体です。しかし性的侵害を経験することで、この世が自分のニーズを満たせる安全な場所ではない、と教わるのです。

子どもが世の中を危険な場所と認識した場合、さまざまな適応のしかたがあります。例を挙げれば、解離、無感覚、依存症、自傷行為など、サバイバーが身をもって経験するすべての問題は、元来、生き残るための試みです。

自分の意識を身体から切り離すには、もっともな理由があったわけですが、今となっては、この解離状態を癒す必要があります。自分の身体を疎外することなく意識と統合し、身体への嫌悪と否定を、愛と受容へと変える必要があるのです。

身体への嫌悪を、愛情に変える

性的虐待は、自分の身体に起きたことです。サバイバーの多くは、自分の身体が魅力的であること、女らしいこと、あるいは小さいこと、大きいこと、傷つきやすいこと、刺激や快感に反応すること、感じやすいことなどを責めます。だから自分の

身体を愛することを学ぶのは、癒しの大切な要素です。(1)

ワンインチ・エクササイズ

サンフランシスコで、性的虐待のサバイバーのために『癒しの文章創作ワークショップ』を主宰するサンドラ・バトラーは、自分の身体を受け入れ、いたわるための素晴らしいワークを行なっています。自己嫌悪を自己愛に変えることが不可能に思えたら、一インチずつでいいから、自分の身体のなかで「ステキだな」と感じる部分を探しましょう。首、膝、耳の裏など、どんな部分でもかまいません。愛しいと感じるところを見つけ、一週間そこに注意を向けましょう。そこを撫でて、サテンの布地や香油など、何か贈物をしましょう。こうして毎週一インチずつ広げ、これを繰り返しながら、自分の身体を少しずつ取り戻してゆくのです。

自己肯定の言葉

自分自身や自分の身体を肯定する、実感のこもった言葉を書いてみましょう。最も受け入れやすいものから始め、自信がつくに従って、難しいものに移行しましょう。たとえば、

「私の身体は強くて健康で、とても役に立つ」

「私の脚はどこでも行きたいところに連れて行ってくれて、感謝している」

「私の手は器用で、赤ちゃんを抱いたり、タイプを打ったり、卵焼きを作ったり、庭を掘ったり、いろいろなことができる。こんなに良い手があってありがたく思う」

「私の魂は輝いている。愛に満ちている」

「私の頭はとても形がよくて、短い髪がよく似合う」

こうした肯定の言葉を自分に言い聞かせ、日記に書いたり、壁に貼ったり、財布の中に入れておきましょう。

鏡を見つめてみよう

虐待のときに受け取った歪んだメッセージを打ち破るもう一つの方法は、鏡を見ること、それもじっくりと見つめることです。邪魔されないよう、自分のために少し時間をとり、自分の顔と身体を見てみましょう。批判的に眺めてはいけません。自分の身体を知り、身体になじみ、自分とともに生きるこの身体を、加害者や社会、恋人、母親、裁判官の視点からではなく、自分自身の眼で見つめるのです。自分を裁くためでなく、絵描きのように見つめてみましょう。これを毎日五分間行ない、それについて書いてみましょう。

自画像を描こう

自分の身体のイメージを変えるもう一つの方法は、絵を描くことです。アーティストであるアルテミスは、自分の体験を思い起こしながら、自画像を何枚も描きました。

最初のうちは、苦痛に満ちた絵ばかりだったが、それも少しずつ和らいできた。当初は描線も硬く、黒くとんがっていたが、それでもなお鏡の前に座り、裸の自分を描いた。女性の身体の官能的な柔らかさを描きたかった。柔らかいタッチを出せるよう木炭を使い、官能的に描けるまで、自分の身体を描き続けた。そうやって、自分の身体を愛することを学んだのだ。

自分自身を慈しむ

自分の身体を大切にするのも自分を愛する方法の一つです。リラックスしてお風呂に浸かったり、サウナ風呂に入ったり、バスオイルやボディローション、パウダーを使って楽しみましょう。

洗うとき自分の身体に注意を払うだけでも違います。ある女性は、この方法でとてもいい気分になりました。「朝、シャワーを浴びるとき、身体を流し台のようにゴシゴシこすらず、石鹸や水で身体の曲線をなぞったりして、もっと自分の身体を楽しんでみたら、とセラピストに勧められたんです」

暖かいソックス、柔らかいパジャマ、ネルの寝具、絹の下着など、心地よく感じるものを自分のために買いましょう。身体の中でも、特に傷つけられた部分があれば、癒しになるものを身に着けましょう。首を絞められた経験をもつある女性は、よく緊張と不安を首に感じるため、柔らかくてきれいなスカーフを巻いて、首を大切にしていました。スカーフの暖かさや、優しく守ってくれるような感触がとても気に入っていたのです。

解離状態から身体に戻る

性的虐待という耐え難い経験に対する子どものサバイバル法として、その経験から逃れるため、心と身体が解離することがよくあります。サバイバーのほとんどは、ある程度こうした経験をしています。もっぱら意識だけで生き、もの想いに耽り、心ここにあらず、といった状態に始まり、極端な場合は、文字通り意識が身体を離れてしまいます。この状態に到達するのに何十年もかける修行者がいるというこの離れ業も、深い心の傷を負わされた子どもにとっては自然な現象です。物理的には逃れられないため、意識が肉体を離れてしまうのです。大きくなってからも、怖いと感じるとすぐ解離状態になってしまうサバイバーはおおぜいいます。

よく私は、自分が自分の身体にいない感覚を持つ。まるで、首から下が空洞で、そこにかかった梯子を上ったり下りたりする小さな私が、眼窩から外を眺めているような感じがするのだ。

多くのサバイバーはこの解離状態を、宙を漂いながら天井から自分の身体を見下ろす感覚だ、と説明します。

「それは、身体から抜け出るような感覚だ。椅子に座っているとき、自分が身体を抜け出して、空中を漂っているのがわかる。まさに宙に浮いてる感じだ。身体は腰掛けたままなのに、意識は身体の外に出ているのだ。

自分がどこへ行ったかわからなくなる人もいます。「自分の身体を離れたとき何が起こるか、うまく説明できません。だって、そこにいないんだもの」

こうした解離状態は意識的に選ぶこともできますが、真剣な会話や性愛の最中など、起きてほしくないときに無意識に起きることもあります。

意識を身体にとどめる

＊呼吸するのを忘れずに

怖いときは、呼吸を止めがちになります。自分の身体にとどまりたいとき、あるいはいったん離れてしまってから戻る場合、最も簡単で基本的な方法は、呼吸することです。

＊どんなときに意識が身体を離れるか

何が起きていますか。その直前に何が起きましたか。どんな感情が湧き起こって、自分を脅やかしましたか。

＊感情を味わうよう心の準備をする

自分の恐怖心やニーズに耳を傾けましょう。自分に対してもっと優しく、敏感になりましょう。そうすることで、現実がより安全に感じられ、そこにとどまり易くなります。

＊無意識に解離しないよう努める

意識が身体を離れかけたとき、それに気づくよう努めましょう。そのままでいいのかどうか、意識的に決めましょう。

＊支援を求める

解離状態とは、とても寂しく孤独な状態です。自分に起きていることを誰かに話すことが、意識を引き戻す助けになることもあります。前もって親しい友人に話しておき、自分の気が散漫になったときは注意してもらい、何が起きたか聞いてもらえるといいでしょう。

無感覚から感じることへ

無感覚になることも、感じることを避ける方法の一つです。性的侵害という傷を受けた子どもは、ちょうど外科手術の際に麻酔をかけるように、自分の感覚を麻痺させます。当時は、身体感覚を麻痺させることが、解離と同様、理にかなった効果的な自己防衛でした。苦痛や、混乱した性的感覚を遮断したのです。しかし、無感覚でいることはもはや役に立ちません。自分の身体感覚をより強く感じるためには、身体的現象にもっと注意を払いましょう。自分の呼吸に気づき、息が自分の身体を出入りするのを感じ、空気が鼻孔を通って、胸やお腹が膨らんだりしぼむのを感じましょう。呼吸作用の細部に気づくだけで、身体感覚は甦ってきます。

この覚醒状態を普段の活動にも当てはめましょう。歩く、歯を磨く、猫を撫でる、水を一杯飲むなど、怖くないことから始め、自分の身体がどう感じるかに注意を払いましょう。冷たさ、熱さ、手触り、のどの渇き、味覚、圧迫、ふるえ、心臓の鼓動などの身体感覚を意識に刻むのです。

いたわりある触れ合い

自分をマッサージすることは、身体感覚を知り、緊張をほぐし、快適になるための素晴らしい方法です。足や首を自分でマッサージしましょう。

誰かに安全な触れ合いを求めてもいいでしょう。いくら喋り続けても、言葉よりもっと根源的な傷があるものです。誰もが触れ合いを必要としていますが、自己防衛からくる無感覚から解放されるためには、安心できる環境が必要です。

安全な触れ合いを共有できる友人やサポート・グループの仲間に頼んでみましょう。けっして性的な接触にはしないこと、どちらかが居心地が悪くなったら必ず言うことを、きちんと決めておきましょう。

あなたの気持ちを尊重してくれる、腕のいいマッサージ師にマッサージしてもらうのも、身体を覚醒させるいい方法です。ただし、いやな接触や性的侵害が繰り返されないよう、必ず信頼できる人を見つけましょう。

子どもの頃の性的虐待を癒すためにマッサージを受けたい、とあらかじめマッサージ師に告げておけば、安心して泣いたり、マッサージをやめたり、感情を呼び戻せるでしょう。こういう触れ方はいやだ、ここは触れて欲しくない、などと限界を設定することもできます。最初は慣れないでしょうが、自分の要求を相手に直に伝えるのは、自分を大切にする成熟したやり方です。

マッサージが激しい感情を解放することもあります。入念なマッサージに慣れていない場合、マッサージの最中、あるいは終了後、何らかの感情が浮上するかもしれません。初めてマッサージを受けるときは、足、首、肩などから始め、マッサージが終わってすぐ自分の気持ちを話せるカウンセラーか友人がいるといいでしょう。

自分や人が身体に触れているとき、身体感覚が麻痺するようなら、まずは接触を中断しましょう。そして、感覚麻痺が始まった瞬間の思考や感情を振り返りながら、話したり書いたりしてみましょう。虐待の最中に起きたことと同じパターンを繰り返しても、なんの役にも立ちません。無感覚の間は接触をやめるべきです。

身体の声に耳を澄ます

面倒ばかり起こすからと、自分の身体を無視するサバイバーもおおぜいいます。身体の要求を無視するというのは、病気なのに働くとか、寒いときにセーターを着ないとか、もう一仕事終わらせるまでトイレを我慢することなどです。

このような世話の放棄が深刻な結果を招くこともあります。腰椎障害のため早期退職を余儀なくされたある女性保安次官は、障害をもつに至ったいきさつをこう説明します。

私は、自分の身体と疎遠だった。六カ月間重い症状を完全に無視し続けた結果、脊椎を手術する羽目になったのだ。

かかりつけの医者もいたし、医療保険もあったし、私の医者通いを阻むものは何もなかった。でも、私は自分が病気だと思いたくなかった。当時、ほかにやりたいことがあったのに、身体に裏切られたような気がした。学校にも通いたかったし、卒業もしたかった。だから、自分の計画を強行したのだ。

兄たちが私を虐待していたとき、身体的快感を感じたことで、自分の身体に裏切られた気がしたのを思い出したのは、それから何年もたってからだ。あのとき私は自分の身体を憎み、以来、とんでもない時におなかがすくとか、都合の悪いときにどこか痛くなるとか、身体が私の意に反した状態になると、ひたすらそれを無視した。その結果、脚の神経を損傷し、椎間板ヘルニアを引き起こしたのだ。

私たちの身体は、偉大なる知恵の源泉です。身体のメッセージに耳を澄ますことは、肉体的な健康維持に役立つだけでなく、自分の感情や要求を実感するためにも必要です。私たちの身体は、生命の根源とつながっているからです。

身体の声を聞くためには、まず感じることを自分に許すことです。そうすることで怖れや痛みを感じるかもしれませんが、心地よさを感じる時間を持てるようになります。自分の身体を無視することに慣れっこになっている人にとって、これは根源的で、嬉しい変化となるでしょう。

私はいつも、寝る直前にシャワーを浴びる。シャワーは最上の愉しみだ。何か大きな気がかりがあるとき以外は、リラックスした気分になれる。それでも以前は、緊張したり、冷えたり、イライラして、昼間にシャワーを浴びたくなっても、仕事がすべて終わるまで我慢した。

ある日、まだ宿題がたくさん残っていたにもかかわらず、私は夜七時頃シャワーを浴びることにした。そして、パジャマとバスローブを着てお茶をいれ、ゆったり座って勉強した。とても気持ちが良かった。暖かく、リラックスしていたため、仕事もはかどった。心地よく感じることと、働くことが両立できないわけはない。心地よさを感じることを、いつも後回しにする必要はないのだ。

身体を動かす

人間の身体は動くように作られています。楽しみながら身体を動かすのに、オリンピックのマラソン選手や水泳選手になる必要はありません。単に歩くだけでもいい運動になります。身体を動かすと、血液循環はよくなり、内臓はほぐれ、筋肉は鍛えられ、元気が出ます。運動は緊張を解放し、滞った感情をほぐし、怒りを発散させ、自分に敬意を払う素晴らしい方法です。ジェーン・ヘイブはこう言います。

今日もまた泳いだ。水の中に身を沈め、身体に力をつけるのはとても気持ちいいことだ。私にとってこれは、生きるための鍛練だ。

もし運動することに慣れていないなら、楽しくやれそうなことを選び、少しずつ始めましょう。無理なゴールを設定して筋肉を酷使し、疲労のあげくやめてしまうより、少しずつ量を増やしていく方がやる気が出ます。運動は苦行ではなく、身体を使って生きるという、健康的な営みなのです。

不眠

不眠は、ストレスを感じる人々に共通の問題ですが、サバイバーのストレスはただでさえ相当なもの。寝ているときや眠ろうとしているとき、ベッドの中で虐待された人も多く、睡眠中に悪夢を見たり、恐ろしい記憶が戻ってくることがあります。

不眠で苦しんでいるとき、やってみること

＊床に就く前に、温めた牛乳かカモミール茶を飲む
＊寝る前に暖かいお風呂に入る
＊運動は、夜より午前中にする
＊寝る直前に心が乱れるようなことはしない
＊疲れる前に床に就かない
＊午前中に、悩みと向き合う時間を必ず三〇分とる。寝室以外の部屋で、自分の強迫観念を書き出す
＊気の静まるような音楽か、リラクゼーション用のテープをかける。テレビは音を低くする。眠くなるよう、リラックスすることを想い描く
＊安心できるような環境を作る。窓に鍵をかける。ベッドの上の壁に親しい人の写真を掛ける
＊不安にならない範囲で、マスターベーションやセックスで身体をリラックスさせる

それでもまだ眠れないのなら、それに逆らわないこと。自分に腹を立てたり、眠りの必要性を自分に説いたり、翌日やるべきことを思い浮かべたりしないで、横たわって静かな音楽を聞きましょう。それだけでも身体は休まる、一晩や二晩寝なくたって死なない、そう割り切りましょう。起き上がってバスローブをはおり、大好きな本（または、何かひどく退屈なもの）を読んでもいいでしょう。日記をつけたり、絵を描いたり、時差のある街に住む友人に電話をかけたり、確定申告の計算をしたり、子どもにハロウィーンの衣装を縫ったりと、夜は自分だけの静かなひとときです。

不眠はストレスの結果であり、より一層ストレスを助長します。たとえ眠れなくても、自分をいたわりましょう。癒されるにつれて、自然と楽に眠れるようになります。

病んだ身体を、より健康に

虐待の結果、身体疾患を抱えこんだサバイバーもいます。虐待に対処するうちに、病気になった人もいます。若いころの心の傷やストレスによって偏頭痛、環境病、骨盤障害、生殖器疾患、喘息、関節リューマチなど、さまざまな病が引き起こされます。たとえば、オーラル・セックスを強要された場合、あごが痛むなど、身体の傷ついた部分が、後に何らかの症状を示すこともあれば、慢性疲労、免疫の低下、風邪をひきやすいなど、より曖昧な形で問題が表面化することもあります。

しかし、病気が必ずしも虐待に起因するとは限りません。性的侵害を受けていなくても関節炎になる人はいるし、環境汚染による公害病は劇的に増えています。西洋医学に頼らないオルターナティブ・ヒーリングの流派には、「病は気から」という諺どおり、患者が肯定的な感情をもちさえすれば治ると主張し、病気を患者本人の気の持ちようのせいにしてしまうものもありますが、これはあまりに短絡的で危険です。

病気に感情的要素が影響することは事実です。病気の心理的要因については懐疑的な医師もいますが、感情の解放によって癒される病が多いことから、感情と病気の治癒の相関関係は、もはや無視できません。いま苦しんでいる病気が虐待に起因するかもしれないと思うなら、それを意識することで何らかのとっかかりが生まれるかもしれません。

西洋医学以外の癒しの方法もさまざまで、その多くは、身体と心の両方に働きかけます。針治療、カイロプラクティック、薬草を使った民間療法、マッサージ、瞑想、イメージ・トレーニングなどは、あらゆる癒しに応用できる貴重な治療法です。いま医者にかかっているなら、こうした方法をとり入れられるかどうか尋ねてみましょう。医者も、最近は西洋医学以外の治療法を評価する傾向にあるので、西洋医学とそれ以外の治療法を並行してとり入れることも可能でしょう。

身体とつながるためのエクササイズ

これらのエクササイズの大半は独りでできるものですが、なかにはパートナーを必要とするものもあります。

＊腹式呼吸

呼吸が止まってしまいそうに思うとき、またはそれに近い状態のとき。腹式呼吸は、パニックに陥ったときに行なえる素晴らしい呼吸法です。呼吸が浅く不規則になるのは、呼吸するとき胸の上部だけを使っているからです。腹式呼吸をするには、仰向けに寝て、片方の手を腹に、もう片方は胸に当てます。もし胸に当てた方の手が上下するようなら、胸で呼吸をしているのです。腹に当てた方の手が上下するようになるまで、息をもっと深く送りこむ練習をしましょう。意識的に口から息を吐いて、腹に空気を入れていきましょう。

＊リラクゼーション――身体の力を抜く

① 仰向けに寝るか、楽な姿勢で横になる。身体を締めつけないよう、靴を脱いでベルトを外し、何回かゆっくりと息を吸ったり吐いたりする。足から始め、注意を集中させて足の緊張を感じる。次に自然に息を吐きながら、緊張を解きほぐして足の力を抜く。足首に移り、緊張があるかどうかみて、息を吐くと同時に緊張をほぐす。呼吸を続けながら、足、足首、ふくらはぎ、太もも、尻、ちつ周辺、腹、胸、背中、肩、腕、手、首、顔、頭、と徐々に上に移動し、全身がすっかりリラックスするまで繰り返す。これは寝る前に最適なエクササイズです。

② 足を床につけて座るか、立ったまま楽な姿勢をとる。自分の呼吸に注意を向け、息を吸うとき、吐くとき、そして間の時間を意識する。自分の呼吸を無理に変えようとせず、注意だけ払う。身体が中心から膨らみ、中心に戻っていくのを感じる。次第に深く息をお腹に下ろす。腹部を柔らかくして、息を吸うときは希望、自己愛、勇気など、良いものを取り入れ、吐くときは恐怖心、緊張、自己批判など、いらないものを吐き出す。これを五分か一〇分やる。

＊地に足をつけるエクササイズ

① 自分が一本の木で、地中深くに根を張っていると想像してみる。この根が、自分の脚、足の裏を通って、地球の中心まで到達し、そこでしっかりと根を張っている。

② 歩くこと、特に裸足で歩くことは、（気候や場所が許す限り）地に足をつけ、自分の中核を探る助けとなります。浜辺や森が最適ですが、安全な場所であれば家のそばでもかまいません。深呼吸をして地面を感じ、まわりを見回しましょう。前もって歩く距離を決め、自分のペースを知る

ことも大切です。

③　パートナーと向き合って立ち、手のひらを合わせ、「ドン」の合図で、できるだけ強く押し合う。後ろに障害物がないか確かめながら、順番に、相手を部屋の（または庭の）隅まで押してみる。もしどちらかが気分が悪くなったら、一時休止してもかまわない。終わったら、自分の身体や反応について気づいたことを話す。また、同じ動きを背中合わせでやってみる。

これは競争心を煽るのでなく、支え合うためのエクササイズで、目的は地に足のついた確かさを感じることですが、自分の身体に戻るときにも役立ちます。

＊意識を身体に戻す

①　足をしっかり床につけて、座るか立つ。相手と視線を合わせ、相手の眼をじっと見つめる。注意力がなくなってきたら相手の手をぎゅっと握る。しばらく手を握ったまま、互いの呼吸に合わせて呼吸する。このエクササイズをしながら、どんな感じがするか相手と話し合う。

②　関節をできる限り動かす。指、手首、肘の順番で始め、肩、背骨、腰、膝と移動させ、身体のすべての関節を動かしてみる。

＊身体感覚とつながる

①　身体を動かし、自分に何が起きたか日記をつける。身体の一部を選んで、五分から一〇分程、気ままに動かす。身体の他の部分が一緒に動いてもいいが、意識は自分の選んだ部位に集中させる。どれが正しいやり方というのはなく、ほぼ静止状態でも、微かに動いてもいいし、動作や音が大きくてもいい。つま先、手、手首、目、口、骨盤など、どの部分を選んでもいい。その動作がどんな感じか、自分にとってどんな意味があるかに注意を向ける。五分か一〇分経ったら、自分に何が起きたか書き出し、信頼できる人に読んでもらう。

②　開く／閉ざす、強い／弱い、隠れる／踏み出す、抑鬱《うつ》／高揚、自分を中心に据える／据えない、など自分の生活に関連深い言葉を選び、動きでこれを表現する。なにもダンサーである必要はありません。その間、パートナーに証人としてその場で見守ってもらい、証人は、動作をしている人の体験をあれこれ解釈しないよう注意する。後で感じたことや気づいたことを話し合う。

③　自分の身体の各部分に声を与えて喋らせる。パートナーは、話を引き出すために質問する。あなたの胃は「ここ一週間、ずっと緊張している。もううんざり」と言うかもしれない。「何がうんざりなの？」と友人が尋ねたら、胃に答えさせる。よく分からないなら、想像でいい。即興で何が飛び出すかを見る。

嗜癖から自由になる

嗜癖は、逃避したり、ホッとしたり、自分を守ったり、制御したり、自分の気分を良くするための方法の一つです。しかし一方で嗜癖は身体を壊し、意識を自分の感情から切り離し、自分を大事にする心を打ち砕き、人間関係に支障をきたし、時には命を奪うこともあります。嗜癖をやめるには、まず自分が変わりたいと思うことが肝心です。問題を正直に見すえ、それがどんな役割を果たしているか見極め、それが生きる術であると同時に、自分を破壊するパターンである、という両方の現実を見なければなりません。援助を得て、そうした習慣から脱け出しましょう。

アルコール依存と薬物使用

サバイバーの中にはアルコールや薬物に依存している人もいます。薬物やアルコールには、感情を麻痺させ、記憶を抑圧し、辛さから逃れる一時的効果があります。しかし、自分を癒すには、感情を認識し、人生をはっきり見すえる必要があります。アルコールや薬物に依存していてはけっしてそれは実現できません。自分を子ども時代の性的侵害から癒すには、嗜癖から脱け出さねばならないのです。嗜癖とまでいかなくても、感じることを避けるために薬物やアルコールを使っているとしたら、やはり癒しの障害になります。

たった独りで嗜癖から脱け出すのはたいへんです。AAやNA（薬物依存者のための自助グループ）は、アルコールや薬物依存から脱するための確かな援助を提供します。依存の程度によって、共同生活しながらの治療が必要な場合もあります。

サバイバーの多くはアルコール依存の親をもっていますが、ACA（アダルト・チルドレン・オブ・アルコーホリックス＝アルコール依存者の子どもだった成人の会）は、アルコール依存者のいる家族の共通パターンに気づく助けになります。また、もしあなたがアルコール（または他の嗜癖の）依存者のパートナーであるなら、アラノンなどの団体が貴重な援助を提供してくれるでしょう。

喫煙をやめる

タバコをやめるのは、性的侵害からの癒しに不可欠というわけではありませんが、自分の力を肯定し、健康な身体になるための一つの選択です。感情を抑制する喫煙をやめることで、もっと自分の感情に触れるようになるでしょう。それに、性的虐待からの癒しの大部分が目に見えないのに較べ、これは実にわかりやすい目標です。禁煙は、自分の身体にも、自己評価にも目を見張るほどの変化をもたらします。

一度にいくつもの嗜癖を脱するのはたいへんです。もしあなたが飲酒（または薬物）と喫煙の両方に依存しているなら、まずはアルコールや薬物との取り組みを優先しましょう。それらは、喫煙とは違って、直接癒しを阻害するからです。そして、健康上の選択の一つとして、禁煙することも考えておきましょう。

摂食障害

摂食障害について話す前に、女性の身体に理想のサイズや体型はいっさい存在しないことを強調しておきます。この世には、背の高い人、低い人、骨張った人、丸みのある人もいれば、小さい人、大きい人、筋肉質の人も、ふくよかな人もいます。そして、これらの資質に優劣はありません。

私たちの文化は、女性がある特定の容姿であるべきだ、という強いメッセージを送っています。その容姿には、白い肌から長いまつ毛まで無数の特徴が含まれており、中でも最も容赦ない特徴の一つは、痩せていることです。今日のマスメディアは痩せていることを賞賛し、太った女性を非難します。これは痩せていない人にとって抑圧的です。私たちはその規準を永続させたくありません(2)。

これから論じるのは、身体の大きさやスタイルではなく、摂食にまつわる問題です。私たちがどのように食べるか、食べないか、それが私たちにとってどんな意味をもつか明らかにしたいのです。

摂食強迫

強迫的に食べる理由はさまざまです。自分の感情を麻痺させるために過食することもあります。食べることに没頭して、山盛りのアイスクリームを口に運ぶつかの間でも、他の苦しみや、怖れや飢餓感を遠ざけたいのです。強迫的に食べることは逃避の一つです。一時間後に自己嫌悪に陥るとしても、食べている瞬間だけはホッとできるのです。

傷ついているときは、強迫的に食べることが、自分を慈しむ唯一の方法であるかもしれません。誰かに抱きしめてもらいたい。独りきりの時間が欲しい。もっと充実した仕事も必要。しかし、自分に何が必要かを認め、それに応じられないので、食べてしまうのです。必要なものの代わりに、自分に食べ物を与えるのです。

自分を守るために過食する女性もいます。私たちの文化には、太った女性は性的魅力がないという思いこみがあるため、太っていればそれほど性的関心をひかず、自分を危険にさらすことも少ない、と思う人もいます。まだ身体が小さい子どものとき虐待された場合、太ったほうがより安全に感じるかもしれません。しかし、身体が大きいから自分を守れる、とは限りません。女性はその身体の大小にかかわらず、性的誘いかけや性的攻撃を受けるのです。

必ずしも身体のサイズが、食べる量や食べ方に関連しているわけではありません。多くの人は食事のパターンに関係なく、体質的に太っていたり、痩せていたりします。その一方で、太るためにわざと大量に食べる女性もいます。一〇代の終わりに、性的侵害を避ける唯一の方法は太ることだ、との結論に達したある女性は、甘いものを始め、あらゆるものを無理に食べて、これなら魅力的ではないと思えるまで自分を太らせました。

なぜ自分が今のような食べ方をするのか、それは自分にどんな影響を与え、どんな要求を満たしているかに目を向けましょう。要求を食べ物で満たそうとする自分を責めてはいけません。自分の要求をもっと健康的な方法で叶えてあげましょう。

もし、この世をより安全に感じたい、自分を力強く感じたいがために食べているなら、同じ安心や力を得るために、別の方法を考えましょう。もし望まない性的接近を避けるために食べているなら、相手にノーと言うことを覚えましょう。それは単純で直接的な方法です。「ノー」と言う練習をしましょう。たいていの場合、きっぱりと「ノー」と言うことで、食べること以上に自分を守ることができます。

拒食と過食

拒食と過食は、痩せることを賞賛し、太ることを軽蔑することの文化にはびこっています。こうした価値観を内面化し、太ることを怖れる少女や女性がおおぜいいる中で、性的侵害は問題をさらに増幅させせます。

性的侵害を受けた少女の多くが、思春期になって拒食になります。胸やお尻が丸みを帯びなければ、魅力的な女性にもならず、結果として誰からも性的存在になることを強要されないだろう、と感じるのです。成熟した女性になるのが怖いという気持ちは、十分理解できます。少女時代にこんないやな思いをさせられるなら、大人になったらどれほどひどい目にあうだろうか、と考えるのです。

拒食は、強迫的に食べることと同様、自分を守り、自分の管理能力を確認する一つの試みです。身体が何を摂取し、何を摂取しないかを厳しく管理することで、子どもの頃に奪われた力を取り戻そうとするのです。

絶食や、健康を害するほどの小食は、生きることを拒否する一つの方法です。人生が、虐待と恐怖と苦しみと屈辱しか与えないとしたら、こうした行動をとっても不思議ではありません。拒食の場合、すぐさま自分を殺すわけではありませんが、生命維持のためのギリギリの量、あるいはそれさえ食べられなくなることもあります。

過食は、暴飲暴食をしては吐く、というパターンです。体重を増やしたくない、あるいは、理由なく嘔吐の衝動を感じたことが、このパターンが始まるきっかけである場合もあります。

過食は、拒食と同様、自分の身体現象を自分で管理しようとする試みです。嘔吐は、拒絶を表明する一つの方法です。サバイバーの多くは、子どもの頃、指やペニスや異物を身体の中に押し込まれた経験があります。ペニスを口の中に押し込まれ、むかついたり吐いたりしたかもしれません。そうした物をいまだ身体の外へ排出しようとして、吐くのかもしれません。

ここで問題なのは、食物が栄養素であることです。嘔吐を繰り返すことで、身体から大切な栄養素が奪われ、歯や消化器系統を駄目にします。最終的には、そのために命を落とすこともありますから、別の方法でノーと言えるようになることが不可欠です。

摂食障害を抱えるサバイバーのためのワークショップで、エレンは、ある女性が過食との闘いで劇的な転機を迎える援助をしました。

自分の書いた文章を読んだある女性は、その直後、辛く屈辱的な記憶に襲われ、吐きたいという強い衝動にかられた。もしこれが、ほとんど吐いたことのない女性であれば、私は洗面器を持ってきて、吐くことを勧めただろう。めったに吐かない人にとって、嘔吐は精神の浄化作用があるからだ。しかし過食症である彼女にとって、嘔吐は自己破壊的行動の繰り返しを意味する。それで私は彼女に、別のやり方でペニスを口から吐き出すよう勧めた。彼女は、怖がって震え、子どものように小さく丸まってしまった。しかし、励ますうちに徐々に起き上がって座り、ノーと言い始めた。彼女の声は少しずつ大きくなり、すごい勢いで目の前の枕を叩きながら叫びはじめた。「ノー！　私の身体から出ていけ。いやなものは絶対に入れない。いやだ、いやだ、いやだぁ！」。彼女は疲れ果てるまで叫んで枕を叩き、ぐったりと後ろにもたれかかった。そして汗をかき、震え、微笑みながら、私たちに言った。「吐くよりずっと気持ちがよかった」

拒食と過食は、生命を脅かす危険のある行動パターンです。もし、今そのどちらかに陥っているのなら、自分の感情と精神を癒す間、身体機能を維持する手助けをしてもらえるよう、すぐさま優れた援助者に連絡をとりましょう。

自傷行為から自助へ

サバイバーの多くは、自分を身体的に傷つけた経験があります。身体をナイフで切り刻んだり、タバコの火を押しつけたりして、繰り返し自分を傷つけるのです。サバイバーが自己虐待に陥るのも当然です。子どもの頃、虐待を教え込まれ、他の方法を知らないまま、自分でそのパターンを繰り返しているのです。

自傷行為は強い感情放出や解放感を作り出します。これは一種の自己管理、自己懲罰、怒りの表現法であり、感情を味わう方法の一つです。自己虐待は、虐待状況を再現して、慣れ親しんだ感情を呼び起こす手段なのです。

　ある女性は、夜になると激しい恐怖と膣の痛みに襲われて我慢できなくなり、膣に物を挿入して自分を傷つけることで、ようやく安堵の眠りにつくと言います。

　一見理解に苦しむことですが、どんなサバイバル行動にもそれなりの論理があります。子どものとき彼女は寝床に入っても、父親に虐待される、という恐怖にかられ、父親が実際にやって来て、彼女の膣に物を入れたり、たばこの火を押しつけたりして痛めつけるまで、眠れないまま横たわっていました。父親が出て行くことで、その晩の苦しみは終わり、やっと眠りについたのです。

　彼女には、自分の行動の理由がよくわかりませんでした。ただ、苦しみの後に安眠がやって来ることを知っていて、自分を傷つけずにはいられなかったのです。子ども時代の虐待との関係を理解し始めた彼女は、この自己破壊的な衝動を止める第一歩を踏み出しました。自傷行為がいつも明白なわけではありません。あるサバイバーはそれを事故に見せかけていました。

> 　人の関心をひいたり、世話をしてもらう唯一の方法は、病気になるか、ケガをすることだった。スポーツの最中にわざとケガをしたり、工事現場で仕事中に手を切ったりした。仕事柄、怪我をする理由には事欠かなかった。私のやり方は、手首を切るより遥かに巧妙だったが、明らかに意図的だった。

　自己虐待は、押さえがたい羞恥心と屈辱をもたらしますが、これについて話すことが大切です。なぜなら、子どもへの性的虐待と同様、こうした自傷行為は、秘密という土壌でさらに深刻化するからです。

　自傷行為を止めるには援助が必要です。適切な技術を持ったカウンセラーであれば、いまのあなたに必要な援助を提供できます。もう自分を傷つけることはありません。あなたは、他者からも自分自身からも優しくされていいのです。

> 　自分を傷つけるのをやめるため、私は「自分が好きだ」「自分を傷つけない」「私はいい子だ」「痛みを感じてもいい。痛いと言ってもいい」などの自己肯定の言葉を手首に書くことにした。しばらくは毎日違うことを書き、自分のしたくなることをグループの仲間やセラピストに話した。

　子どもの頃、自分の腕に「助けて」と刻んだある女性は今、自分の身体と仲直りがしたくて、全身にやさしい愛の言葉を書きました。

　いったん自分を傷つけないと決めたら、解放感を得るための健康的な方法を見つけましょう。身体を使った運動や、感情の解放は、どちらも効果的です（p209『感情解放ワーク』参照）。

自己虐待のパターンを破るには、感情を直接的に表現する必要があります。怒りを感じているなら、その怒りをそれ相応の場所、つまり自分を虐待した人々に向け直しましょう（p134『怒りは癒しの支柱』参照）。もし恐怖を感じたときに自分を傷つけてしまうなら、別の方法で恐怖心に対処する練習をしましょう（p212『パニック』参照）。

護身術──犠牲者から勝利者へ

すべての女性は暴力の標的になります。たとえ最良の判断をし、確かな護身術を身につけ、自分自身を護る権利があると堅く信じていても、暴力からは逃れられません。サバイバーの場合、そのリスクは更に高まります。

子ども時代に性的侵害を受けた女性の多くが、大人になってから性暴力や暴行、殴打などの被害を再び受けています(3)。サバイバーは、しばしば自分を責めるか、自分は被害を受けて当然と思いがちですが、そんなことはありません。子ども時代に虐待の犠牲者となることに馴らされるとその後も攻撃を受けやすくなる場合があるのです。

自分の感情がわからなかったり、他人の意図を推し測ることができない場合、危険に気づかないこともあります。意識が身体から離れてしまうと、警報にも気づきにくいし、恐怖に凍りついてしまうと、適切な行動がとれません。自分は侵害されて当然、犠牲になって当然、と思いこんでいる場合、それだけ自分を守るのは難しくなります。

心地よくリラックスした状態でいるには、身を守れる自信が必要です。通常は、きっぱりとノーを言って、危険な状況から抜け出せれば、身の安全は十分確保できます。しかし、加害者が言葉だけでは退散しない場合、知恵と直感を駆使した護身術を使い、叫んだりわめいたり、蹴とばしたり殴ったりして、暴力から身を守らねばなりません。この社会では、女性が自分のために闘うことは奨励されていませんが、誰しも自分の面倒を見る権利と責任があります。

暴力に抵抗する決意を支える護身術もさまざまあります。たとえ技術的に完璧でなくても、激しい抵抗を示すと、加害者が驚いて逃げ出す場合もあります。

もちろんうまく反撃できないときや、抵抗すればよけい危険な状況もありますが、基本的な護身術を身につければ、力と自信がつき、ある程度自分を護ることができます。

襲撃を想定した護身術(4)

襲撃を想定した護身術は、従来の武道が女性のニーズに合っていないことに気づいた武道家グループが、一九七〇年に考案したものです。女性の身体の強さは男性と異なり、女性は男性と違った形で攻撃を受けます。また、女性は一般に、他者を致命的に傷つけないよう条件づけられています。襲撃を想定した護身術は、女性が短期間で、闘う力と強い闘争心を身につける目的で組み立てられ、さまざまな女性がシミュレーション状況で、性暴力に対抗する最大限に強烈な反撃法を学びます。

　このコースは、女性指導員と犯人役として特別訓練を受けた男性との二人一組で教えます。犯人役は全身を完全防備し、たとえばバス停で卑猥な言葉を吐きながら近づいて来たり、ぐっすり眠っているところを起こすなど、現実的な筋書きに沿って女性を襲撃し、その女性が、防具なしであれば加害者を完全にノックアウトできるぐらいの決定的一撃を喰らわすまで、攻撃を続けます。受講者たちはインストラクターの指導を受けながら、犯人への抵抗を実際に経験し、強烈な一撃を食らわせる感覚を身体で覚えます。ほとんどの女性にとって、力一杯闘う経験は生まれて初めてのことです。

　襲撃シミュレーションを使った護身術は、気分を爽快にし、安全と力強さを身につける効果的な方法です。このコースに参加して、昔の虐待経験の恐怖と苦しみを再体験するサバイバーも多くいます。しかし今度は以前と違って、自分自身が勝利者なのです。インストラクターや他の受講者の支援を得て勝つのは自分です。参加者は、加害者をノックアウトして、歓声と拍手の中を立ち去ります。

　子どもに護身術を教える非営利団体キッドパワー[5]は、年齢に応じたシミュレーション護身術のプログラムを用意しています。自分の子どもが自分を守る術を知っているというのは、サバイバーにとっても大きな安心です。こうした護身術を習うことによって子どもが得る自信と恩恵は計りしれません。

　どんな護身術を身につけるにしろ、自分を守ることを学ぶのは、自分の力を取り戻す大切な要素です。年齢、健康状態、障害などを理由に諦めることはありません。ある新聞記事によると、八〇歳になる車椅子の女性が力強く自己防衛したところ、震えあがった侵入者は窓から逃げ出したといいます。

（1）自分の身体を愛せないのは、サバイバーばかりではない。女性のほとんどが自分の身体を嫌悪するよう教えられてきた。Marcia Germaine Hutchinson, *Transforming Body Image* (Freedom, CA: Crossing Press, 1985) 参照。

（2）肥満者解放に関する力強い著作集、Lisa Shoenfielder and Barb Weiser, *Shadows on a Tightrope: Writings by Women on Fat Oppression.*(San Francisco: Aunt Lute, 1983) 参照。

（3）大人になって暴力を受けるまで、子どもの頃の虐待の記憶がなく、これをきっかけに初めて以前の記憶を取り戻す女性も多い。

（4）襲撃シミュレーションを使った護身術は、いくつかの違った名前 (IMPACT, Model Muggling, Worth Defending, Core Dynamics, Powerful Choices など) で存在している。プログラムなどの詳しい情報は IMPACT Foundation, P.O.Box 1212, Santa Cruz, CA 95061-1212.

（5）　KIDPOWERは、虐待や誘拐の防止法と逃れ方を教え、子どもに大きな自信と力を与える目的で一九八九年に創立された。家族向けワークショップでは、子どもだけでなく、親も含めたトレーニングを行なっている。そこでは、全身に防具を身につけた指導員による全力訓練が実施される。KIDPOWER　P.O. Box 1212, Santa Cruz, CA 95061-1212.

親密な関係

今の私の周りには素晴らしいものがあり、素晴らしい人々がいる。二、三年前とは違い、私の経験していることを内面から理解してくれる女たちとつきあい始めた。恋人もできた。私の癒しを支援し、私を見て怖れたり腹を立てたりせず、より深く記憶を取り戻すために通る地獄のような時を、ともに過ごしてくれる恋人が。この人たちには嘘をつく必要も、体面をとりつくろう必要もない。誰か他の人のために自分の人生の見通しをつける必要もない。私は独りではないのだ。

——エリー・フラー

親密な関係とは、信頼、尊敬、愛情、そして深い共感を基盤とした人間どうしの絆です。私たちは恋人やパートナー、友だちや家族と親密な関係を作りながら、互いに思いやることを学びます。

サバイバーのほとんどは人を信頼するのが苦手です。子どもの頃から何事も独りで処理し、自分で自分の面倒を見るしかなかった場合、親密な関係に不慣れで、怖れを感じるかもしれません。サバイバーはよく、親密な人間関係は息がつまるとか、領域を侵されるようだ、と言います。誰かが近づくと閉塞感を感じるのです。親密な関係や深い共有を許容することを学ぶのは、一種の挑戦です。サファイアは長年、誰とも愛情ある関係をもっていませんでした。

私を気づかってくれる人、私の身体に触れる人は誰もいなかった。私もまた、他者の感情に触れることはなかった。どうしたら感情を表現できるのか知らなかった。誰かと関係が築けそうな兆しがあると、どうしようもなく不安になる。その怖さはとても口では説明できない。これは命にかかわる大問題だ。人はこうして死ぬのだ。「内気」というのは「痛み」のもっとも婉曲な表現だと思う。

また一方で、適度な自立性を許容できず、愛する人にしがみついてしまうこともあります。あるいは、自分の問題に没頭しすぎて、他者に注意が向かないかもしれません。

私に必要だったのは、そばにいて欲しいときはいてくれ、別世界にいたいときは放っておいてくれる人。誰かのそばにいたい時より、自分の世界にいたい時のほうがずっと多かったから、自分のほしいものはまず得られなかった。とても辛かった。何も返さなくても、ただ抱き締めて、愛して、気づかってくれる友人が見つかるなら何でもする、そう切望して一晩中泣き明かしたこともあった。

どうやって人を愛したり、受け入れていいのか分からない場合もあるでしょう。身体的な接触が、脅威や混乱を呼び起こすかもしれません。友だちとは親密になれても、恋人とは親密な関係になれない人。すべての友人関係に性的意味合いを与えてしまう人。あるいは性的な関係が始まりそうになると逃げ出してしまう人。ある程度までの親密さなら大丈夫でも、それ以上関係が深くなったり、家族関係のようになると、パニックになってしまう人。わざと親密な関係を自分から壊したり、壊れるかどうか繰り返し試す人。基本的要求が満たされない関係の中で、疎外感や寂しさ、閉塞感を味わう人。ノーと言ったり、自分なりの境界線や限界を設定できない人。健やかな関係というものがどういうものかまったくわからない人。こうした状況は、とうてい乗り越えられないように思えますが、その方法さえ学べば、人生の支えとなる愛情を得ることも可能です。親密さを受け入れる能力は、自分の内面にあるものです。子どもの頃もっていた完璧な信頼感と親密感が奪われたのです。自分を癒すとは、それを取り戻すことです。

いい人間関係とは

親密な関係は、独りではできません。それは紛れもなく他者との関係であり、それなりのリスクを伴います。いかなる人間関係も、その半分は自分にはどうにもならない他者にかかっているからです。しかし子どもの頃とは違い、愛する人に傷つけられたり、失望することで、人生がだいなしになるわけではありません。信頼関係が壊れればもちろん傷つきますが、もう、そうした裏切りに打ちのめされずに、態勢を立て直すことができます。以前より頼りになる、より完璧な自分を築いてきたのですから。

いい人間関係を築くために、なにも結婚したり、恋人をつくる必要はありません。親友との関係でも、親密さについて多くを学べます。

もし既に、十分に親密なパートナーや友人がいるなら、その関係の質を評価するために、次のことを自問してみましょう。

＊私はこの人を尊敬しているか
＊この人は私を尊敬しているか

＊この人と私は、意思の疎通ができるか
＊対立をうまく解決しているか
＊どちらも歩みよれるか
＊お互いに与えあい、受け入れあっているか
＊相手に対して正直になれるか。本当の感情を見せることができるか
＊二人の関係の良い点と問題点の両方に、共に責任を負っているか
＊子ども時代の虐待が自分たちの関係に及ぼす影響について、話し合えるか
＊この関係の中で、自分の成長と変革の余地はあるか
＊この関係の中で、自分の目的を達成できるか
＊この人は、自分の望む変革に協力的か
＊この人には、自分を支援する意思があるか

質問のほとんどに「はい」と答えられるのであれば、確固とした良い関係といえるでしょう。答えが曖昧であれば、その関係が始まってまだ日が浅いか、あるいは深めていないため、何が自分のためになって、何がためにならないか、わからないのでしょう。もし、ほとんどの質問に「いいえ」と答えたのなら、その関係を変えるか終わらせるかを、真剣に考えるべきでしょう。（p250『悪い関係を見分ける』参照）

自己変革が関係に与える影響

家族や他者との関係において、一人が変わればすべての均衡が変わります。人々があなたの変化を喜ぶこともありますが、既存の秩序がひっくり返されると、前の状態を保とうとするのが人の常です。

自分の要求や権利を意識するようになるにつれて、自分を肯定するようになった。そしてもちろん、それはすぐさま親密な関係に反映された。何であれ、新しい技術や道具を手にすると、熱が冷めてすっかり馴染むまでは、やたらそれを振りかざしたくなるものだ。「一生泣いて暮らすのはもうごめん。これからは自分の思いどおりにするわ」と私は宣言した。

するとパートナーに、「セラピーに行く前のあなたのほうが良かった。以前はいつも私を喜ばせようとしてくれたのに今ではちっとも私の思いどおりにならなくて、つまらない」と言われた。

私がさらに自己主張すると、彼女はカンカンになって「わかったわ。勝手に自分を大切にすれば。バカみたい」と本音を吐いた。私が、ようやく自分を大切にし始めたというのに。

癒しが進むに従って、自分も変わります。健やかで有意義な関係を作るには、愛する人々も一緒に変わることを要求されます。これはしばしば大きなストレスになりますが、双方の人間的成長のためには、変化を肯定的なものと見なして歓迎するか、少なくとも許容していく必要があるでしょう。

二人の関係がうまくいくためには、恋人も大きく変わる必要に迫られた。そのほとんどは本来、彼が望んでいた変化だった。彼はもっと自立し、セックスに対する執着を減らし、リラックスしたいと思っていた。私が変化を望んだことで、彼の自己変革を後押ししたわけだ。

自己変革によって、親しい人に変化を要求することになっても、それが健やかさと充足に向けての変化であれば、最終的には二人の関係と人生をより良いものにするでしょう。

リスクを予測する

親密な関係づくりを学ぶのは、居心地の悪い経験でもあります。「自分の安全を確保することは、孤独になること」という女性もいます。親密になるというのは、誰かを受け入れるために、自己防衛の壁を剝がすことです。それは、自分にとって居心地の良い場所から、もう一歩踏み出すことです。でも一歩でいいのです。二〇歩も踏み出す必要はありません。

自分の深い思いをすべて吐き出すかわりに「怖い」と言いましょう。すぐに恋人と一緒に暮らさず、とりあえず一緒に週末を過ごしましょう。地道な一歩一歩があればこそ、関係も長続きするのです。

決まったゴールなどありません。親密感は、絶えず変化する流動的な関係のなかで、瞬間的に感じるものです。人との親密さは、失敗や小さな成功、後戻りなどを繰り返しながら、ゆっくりと学ぶものです。

より深い次元の親密さに到達するには、リスクを予測する必要があります。これは向こうみずに行動することとは違います。向こうみずな行動とは、目を閉じて、すべてが魔法のごとく順調にいくことを願って突き進むことです。たとえば、相手が妻と別れるに違いないと信じて、既婚の男性とつき合う。赤ん坊が生まれれば不安定な関係を救えると期待して妊娠する。会って一週間の友だちに、自分の一番の秘密を打ち明ける。こうした向こうみずな行動は、めったに良い結果をもたらしません。

リスクを予測するということは、確率を考慮にいれ、硬いと確かめてから氷の上に足を踏み出すことです。親密な関係においては、何事も一〇〇パーセント確実ということはありませんが、自分で前もって熟考し、パートナーに思いやりがあれば、気持ちを伝え合ったり、より親密になったり、満足を得られる確率も高まります。

信頼することを学ぶ

サバイバーは、誰も信頼しないか、完全に相手を信頼しきるというように、信頼を絶対的なものと見なしがちです。この二つの間を行ったり来たりして、誰一人信頼しない状態から、触れ合いが欲しくてたまらなくなり、対象になりそうな最初の人に心をさらけだす、というように揺れ動くかもしれません。たいていの人は、そういう追いつめられた状況に対処できないため、結局あなたは失望し、見捨てられたと感じ、やっぱり人は信頼できない、自分は愛されない、愛情など価値がないと、日頃の不信を深める結果になりがちです。

他者を信頼できるようになる前に、まずは自分を信頼しなければなりません（p127『自分を信頼する』参照）。自分の面倒を見ることができるようになれば、誰かが自分の世話をしてくれるのではと期待して、無闇に信頼を託す必要はなくなります。そうした絶対的愛情は、子どもが両親に対して感じるものであり、二人の成熟した大人が互いに感じるものではないのです。

> 私は何度も、信頼の問題に直面した。自分をもっと愛せるようになれば、他人ももっと愛せるようになる。今では、愛は怖れよりも強くなった。

健やかな関係においては、自分と相手との間に何が起きているかによって、信頼の度合いも変えることができます。自分の要求が満たされているか、自分たちの関係が望みどおり発展しているか定期的に評価しながら、段階的に信頼を深め、信頼に値するとわかったら、さらに心を開きます。信頼とは、時間とともに深まり、積み重ねによって得られるものなのです。

人を信頼する試み

自分が信頼できれば、他者を信頼する基盤ができます。いつでもやめられることなので、まずは試しに誰かを信頼してみましょう。難しいかもしれないけれど、「つきあう人間や状況によっては人を信頼しても安全だ」という前提で、徐々に試してみましょう。

成功する確率の高い、簡単な状況を選びましょう。「あなたがどんな場合でも私を絶対裏切らないと信じてる」と言うかわり、仕事で遅くなった晩に夕食を作ってくれるようパートナーに頼みましょう。サポート・グループの仲間に、暖かい抱擁を求めましょう。悲しいとき友だちに電話して、少しの間一緒にいてほしいと頼みましょう。

今、他者を信頼する練習が自分にとっていかに大切かを説明し、その人たちが応じてくれたら、それを自分の世界観に反映させ、自分の得点表をつけましょう。信頼は、子どもの頃と違って、それほど危険ではないかもしれません。

試みが失敗に終わってがっかりしたら、何が起きたのか分析しましょう。何ごとも学習です。自分にこう問いかけましょう。

＊誰を信頼の対象として選んだか
＊その人をどのぐらいの期間、知っていたか
＊コミュニケーションはうまくいっていたか
＊どんな事柄についてその人を信頼したか
＊自分の試みを説明し、それが自分にとってどんなに大切かを知らせたか
＊自分の期待を明確にしたか
＊その人とのやり取りに、自分の元々の虐待経験に類似した要素があったか

質問の答えから、信頼してもいい場合、いけない場合を学び、もう一度やってみましょう。ジェリリン・マニヨンは、試行錯誤によって信頼を学んだサバイバーの一人です。

> 私は他者を、自分を、そして世の中を信頼することを知らなかった。私はずっと、信頼とは生まれもった才能のように思っていて、自分でも身につけられる能力だとわかるのに、かなり時間がかかった。信頼するというのがどんな感じで、どうやってそれを得るのかは知らなかったが、自分に必要だということはわかっていた。長い間、私は人を信頼できず、信頼すべきでない人を信頼し、信頼できる人におかど違いな期待を託していた。
>
> 自分をもっと理解し、受け入れ、自分に責任を持てるようになるにつれて、自分次第で現実を変えられることがわかってきた。信頼するに値する時と人と場所があるのだ。良きも悪しきも、来るものはすべて受け入れなければと思い込んでいたが、そうではなかった。選択の余地のなかった三歳の頃はそれも真実だったが、三〇代の私は、初めて本当に自分の人生を歩き始め、選択し始めたのだ。初めは混乱したが、時とともに上手になっている。

関係を試す

人間関係が新しいうちに、それを試してみるのは当然ですが、サバイバーの多くは極端な行動をとります。パートナーをなじって、その人が自分を殴るかどうか試したり、恋人の親友と寝て、恋人が愛想をつかして離れていくかどうか試す場合もあります。ある女性は、デートを三回すっぽかしても、四回目もつきあってくれる人だけを友だち候補とみなしていました。

> 関係が始まった頃、私はマルコムを試そうとあらゆる手をつくした。三年目でようやく楽になった。彼は耐え抜い

て、私の難しい試験に合格したのだ。

人が自分の要求を満たしてくれるかどうか確かめるために他者を試すのは、理に適っていますが、友人や恋人を過剰に試すとしたら、子ども時代に経験した裏切りを再演しているのかもしれません。誰も合格できないような試験を人に課すとしたら、それは試すというより、別れたいと言っているのです。

「約束どおり、本当に週二回子どもの世話をしてくれるかどうか確かめたい」とか、「自分の今の気持ちを話しても、変わらず私に心を開いてくれるかどうか、確かめたい」など、試験はもっと公平にしましょう。

そして、その評価が理に適っているかどうか確かめるため、自分の要求について友だちや恋人と話し合ってみましょう。

過去と現在の混同

人間関係とは必ず侵害を伴うものだと思っていると、たとえ自分を純粋に愛してくれ、尊敬できるパートナーや友人がいても、そうは感じられないものです。

私は、再び侵害されるのがとても怖く、すぐに誰かが自分を虐待していると考えがちだった。はっきり物事がわかるようになるまでは、子どもの頃に身に付けた基準で人を判断していた。私の経験では、男の九五パーセントが虐待者だったから、男性を見るたびに「彼はどう自分を虐待するのだろうか。肉体的、精神的、それとも情緒的？」などと思うのだった。

誰かがあなたを本当に侵害しているのであれば、その状況から逃れましょう。（p250『悪い関係を見分ける』参照）しかし、自分が虐待されていると思いこんでいるだけだとしたら、自分を気にかけてくれる人と、虐待者の区別を学ばねばなりません。こうした認識を打ち破るため、自分の現実をチェックしましょう。

＊父は私にとって大切な話に耳を傾けなかった。ビルはたいてい聞いてくれる。

＊「いつかは変わる」が母の口癖だったけれど、何も変わらなかった。モーリンとの関係は理想にはほど遠いけれど、確実に変化している。

＊友人のジョンは真っ直ぐな茶色い髪をして、ラフな格好をしている。叔父は黒い巻き毛で、服装はいつも一分の隙もなかった。

こうした区別をよりはっきりさせ、現在自分の身近にいる人々が、自分を虐待していないことを確認しましょう。

近寄らないで

よくサバイバーは、自分と愛する人との間に距離を置きたがります。親しさに恐怖を感じ、身を引いてしまったり、怖くて離れる理由が欲しいので、相手の心をズタズタにしたり、身体はそこにいても、心は一〇〇万マイルも離れてしまうのです。

自分は離婚するとわかっていた。どんなに努力しても、うまくいくわけがない。彼のそばにいたくない、ただそれだけ。私はその場を去りたかった。この言葉こそ、子ども時代の虐待の直接の産物だ。子ども時代、自分の身を守る唯一の方法は、家や、寝室や、地下室を去ることだった。私は子ども時代の半分を、果樹園や木の上や馬上や、誰もいない場所で過ごした。安心できるのは独りのときだけ。人のいる場所は、けっして安全ではなかったのだ。

距離を置くのは、ときには良いことです。自分の人生の別の側面を大切にし、関係をみつめ直すために、親しい人と離れることも大事です。人と一緒に過ごし、しばし独りになり、また人に近づくというのは、健やかな関係から生まれる自然なサイクルです。しかし、不安を感じるたびに心を閉ざしてしまうと問題が生じます。

自分がどんな時に、どんな理由で心を閉ざすのかに、目を向けましょう。その状況で自分が何をしたいのか、それは適切か、それとも子ども時代から引きずる無益な行動パターンかを見極めましょう。距離をおきたいのであれば、健全な方法を練習しましょう。やたらケンカを売ったり、秘密の情事を始めるのは良い距離のとりかたとはいえません。

本当は親密になりたい、心を閉ざしたくないと思うなら、習慣的に心を閉ざす自分を叱咤して、一歩踏み出さなければなりません。「うまくいきっこないから別れましょう」と言う代わり、「私は怖い。話し合いたい」と言うのです。何週間も友だちに電話をしないでいるより「今とても辛い」と伝えましょう。親密な関係を深める鍵は、パニックになったときそれを隠して逃げ出すことではなく、自分にいま起きていることを正直に表明することなのです。

自分を守る防護壁が必要なら「今晩は人と一緒に過ごすけど、明晩は独りで過ごそう」といった具合に、自分に小さな条件を課しましょう。

物理的というより、むしろ精神的に距離を置いている場合、きっかけを特定するのはもっと難しいでしょう。どんな場所で、どんな時に意識が空白になるのか、親しい人に注意してもらいましょう。目の焦点が合っていないとか、声のトーンが落ちたとか、何となく心ここにあらずのような気がする、などと指摘されたり、自分で気づいたら、立ち止まって、その時なぜ心を

閉ざしたのか、理由を確かめましょう。(p49『意識の空白』参照)

愛情が怖い

愛していると言われた人に虐待されたり、放置されたりしたら、愛するのが怖いと感じるかもしれません。

私は人に愛していると言うのが苦手だ。父はいつも優しく愛情深く、「おまえを愛してるよ。母さんよりも愛している」と私に言いながら、あんなひどいことをした。だから私は「愛してる」と口にするのが本当に怖い。

家族に対するような感情を人に抱いたり、愛したりすることは、更に怖いことかもしれません。内なる子どもは、今でも自分を委ねることと、逃げ場のない状態に閉じ込められることを同一視しています。だから、親密になるにしたがって、昔の防衛や記憶が甦り、感覚が麻痺してしまうことがあります。

セラピストに「私だってあなたが大好きよ」と言われ、私は彼女を憎んだ。私は金切り声をあげ、彼女と口もきかなくなった。愛されることは、見捨てられるか虐待されることにしか思えなかった。それでも彼女は毎週そこに座って、「あなたが大好きよ」と言い続けた。おかげで、私はようやく怖れるのをやめて、その愛を受け入れたのだ。

愛情と責任がどういう意味を持つか、親しい人に聞いてみましょう。そして「愛」という言葉がのどにつかえるようであれば、「あなたと出会えてとても嬉しい」、「あなたのお陰で自分が特別な存在に思える」、「あなたのことを考えるだけで幸せな気持ちになる」など、自分の気持ちを自分の言葉で語ってみましょう。

愛という言葉は、ひどく誤用されています。愛情とは、自分の子ども時代の経験以上のものであることを、あるワークショップで発見したアイリーンは、希望をもつようになりました。(p326『こんなにおまえを愛してるのに…』参照)

子どもの頃、自分が受けてたのは「愛情」ではなかったと気づいて、とても悲しかったが、「あれが愛情じゃないのなら、私が怖れていたのは『愛情』じゃなかったんだ」と気づいたとき肩の荷がおりて、新たな始まりを感じた。

しがみつくこと

私たちの文化は、女性は元来、依頼心が強く、自分の面倒を見られず、男性との関係がなければ不完全だというイメージをふりまきます。こうした社会的条件づけに加え、子ども時代に十分な愛情を受けなかったり、息もつけないほどかまわれて、家族から離れることを許されないと、今でも独りになるのが怖くて、しがみついてしまうのです。

不健康な依存状態を乗り越えるのは、二歳児が一人遊びを覚える過程に似ています。子どもは、数分間おもちゃで遊んでから居間に走っていって、母親がいるかどうか確かめます。撫でてもらったり、微笑んでもらうと安心して、再び母親の顔を見たくなるまで、また遊び続けます。安心して一人で過ごせるようになるのにも、同じような練習と肯定の繰り返しが必要です。独りで楽しめる時間を少しずつ増やしましょう。友人やパートナーに「私はいつでもここにいるよ」とか、「あなたのことを誇りに思う」などと、励ましてもらいましょう。前もって計画を立てて、独りで過ごした日は、パートナーと夕食をとってもいいでしょう。ペット、自然、創作など、人以外のものにも愛情を注ぎながら、自分を大事にする方法を増やせば、一人の人間に依存する度合いは減ります。

境界線の融合（マージング）

境界線の融合は、極端な依存状態です。独立した自己認識の感覚が弱いと、自分の考え、気持ち、ニーズなどを他人の要求と混同し、どこまでが自分でどこからが他人かわからなくなってしまうのです。

前夫と私は二人とも、あまりにも親密感に飢えていたので、互いの生活に完全に融合した。私たちは、共通点にだけ目を向け、本質的な違いには目をつむった。同じような服を着て、同じ健康食を食べ、同じ本を読んだ。二人の見分けがつかないときは、緑のセーターを着ているほうが私だ、とよく冗談を言ったものだ。

とても寂しかったり、孤独になるのを怖れている場合、こうした親密さは一見魅力的ですが、不健康でもあります。強い絆は、共に分かち合う二人の人間によって作られるものであり、そのためには自立した「自己」が必要なのです。

私を踏みつけにして

子ども時代に健全な境界線を引くことを学べないと、関係の中で境界を設定するのが不得意になります。与えるだけの関係だったり、ノーという権利がないと感じるかもしれません。しかし、関係の半分を自分が担っているとしたら、決定権や力を行使する権利も半分は自分にあります。

バランスのとれた関係では、双方がうまくいくよう貢献します。あなたは与えるばかりでなく、愛情を受けるにも値するのです。過度な自己犠牲は美徳とは言えません。

境界を引くのに慣れていないなら、「ルームメイトが寝ているから、夜一一時以降は電話をしないで」とか、「牛乳を全部使ったら、また買っといてね」というような、小さなことから始めましょう。

少し練習を積んだら、より大きな課題に移りましょう。家族のために毎晩夕食を作りたくないのなら、「私は火曜日と木曜日は料理をしない」と宣言し、パートナーや子どもたちと話し合って、新たな責任分担を決めましょう。たとえ協力が得られなくても、ノーと言うことはできます。

自分の引いた境界線を誰かが気に入らないからといって、引き下がる必要はありません。火曜日の午後五時になったら、果物と本でも持って自分の部屋へ行きましょう。もし不平を聞きたくなかったら、公園へ散歩に行くのもいいでしょう。

家族は不平を言って、大騒ぎするかもしれませんが、餓え死にはしません。上の息子が料理の楽しさを発見するかもしれません。そして自分でも、境界線を引くことの良さを発見できるでしょう。

対立にどう対処するか

人間関係の衝突は多くの女性にとって脅威ですが、サバイバーにとってはなおさらです。意見の衝突と暴力が結びついたり、対立関係が完全に抑圧された環境で育つと、うまく対立に対処できず、どうしたらいいかわからなくなります。凍りついたり、心を閉ざしたり、それに直面せず、自分の必要を満たすために状況を操作したり、自己主張をすると見捨てられるのでは、と怖れます。自分が傷つくことや他人を傷つけることを怖れる場合もあります。また、意見の相違がエスカレートし、本意とは違うことを言ったり、したりするかもしれません。

しかし「二人の人間が同意ばかりしていたら、独りでいるも同じ」とエレンの母親がよく言ったように、衝突は当然のことであり、避けられません。それは、親密さの一部なのです。

風通しをよくするには、自分も相手もともに尊重しながら、直接対話するといいでしょう。問題を感じたらすぐ自分の気持ちを伝え、恨みや失望を溜め込まないようにしましょう。自分がどんな気持ちでいるのか、何を望んでいるのかを伝えましょう。そして友だちやパートナーの言うことを、さえぎらずに聞きましょう。

対立が手に負えなくなるのを防ぐため、前もって、暴力を振るわない、ののしらないなど、いくつかの基本的ルールを決めておきます。今の問題から逃げない、関係を断ち切らない、など合意することもできます。こうした基本的ルールは、安全な場をつくるのに役立ちます。

これまで私は、怒りをなかなか表わせなかった。ある意味で、怒りは究極の親密さだと思う。大切な人に怒りを表現できるほどの安心感があるなら、それは本当に親密な関係なのだ。いまの相手との関係は、私が怒りを表わせる初めての場だ。

対立が常に怒りを伴うわけではありません。ときには、単に物の見方やそれぞれの欲求の違いだけで、双方が納得できる妥協案を見出せるときもあります。いずれにせよ、互いの意見をよく聞くことが大切です。これが自然にできない人は、タイマーをセットして、相手の話に五分ずつ真剣に耳を傾けましょう。また、役割をとりかえ、相手が感じているであろうことを相互に言ってみるのもいいでしょう。

たいていは、双方の要求を満たす解決法が少なくとも一つ、あるいはそれ以上あります。自分にとって大切なものを諦める必要も、友人やパートナーの要求を否定する必要もありません。ていねいに上手に交渉する術を身につけ、気持ちよく対立を解決するたびに、信頼は築かれていくのです。

与えること、受けとること

親密な関係には、与えることと受けとることとの、二つの側面があります。そのうちのどちらか、またはどちらも苦手な場合もあるでしょう。いずれにしろ、実践あるのみです。与えることが苦手な人は、相手を誉めるとか、好きな食べ物をあげるとか、自分にとって最もやりやすいことから始めましょう。そして、相手がそれを認め、感謝してくれるよう頼みましょう。認められることは、大きな励みになるからです。

そして徐々に、より難しい段階に進みます。与えたいものを、あげたいときにあげるのは比較的楽です。子どもは贈物を、受け取る人の趣味というより、自分の趣味で選びますが、大人は、相手が必要とするものを、必要なときに与えることができます。恋人は、あなたに料理をしてほしいのではなく、大切なイベントに同行してほしいのかもしれません。映画に招待したい友人は、あなたと話がしたいと思っているかもしれません。これは、ノーと言わないこととは違います。相手に半分歩み寄り、譲る能力を持つことです。

受け取ることは、いったん慣れてしまえば素晴らしいことです。しかし、心を開くことがどんなに怖いかを、まずは認めましょう。子どもの頃、自分独りが譲歩させられたり、欲しいものに交換条件がついていたとしたら、愛と育みは手に入らないか、危険なものだと学んだことでしょう。しかし今では、受け取ることで、恩を着せられる心配はありません。

少なくとも一日一回、「お茶をいれてもらえる？」、「出かけるついでにこれを販売部に届けてくれる？」など、どんな小さなことでも、自分の望みを人に言ってみましょう。

自分が何が欲しいのかを伝え、人から受け取ることを学んでいるのだと知らせれば、パートナーがお弁当の中にラブレターを入れてくれたり、娘が学校の帰りに花を摘んできてくれるかもしれません。

健やかな人間関係では、与えることと受け取ることのバランスがとれています。もしいつも片方に偏っているのなら、もう一方に焦点を当てましょう。安心感が増すにつれて、与えることと受け取ることの両方が、自然なリズムで訪れるようになるでしょう。

危機に直面して

子ども時代の性的侵害から自分を癒すことにすべての注意を向けているときは、人に何も与えられないかもしれません。あまりにも自分に没頭し、一時的に家族や友だちの要求に応じたり注意を彼らに向けなくなるかもしれません。

こうした没頭は、感情を取り戻す際の副作用ともいえますが、四六時中自分に没頭し、なおかつ親密な人間関係を維持するのはとても無理です。関係を相互的なものにするには、それなりの努力が必要です。

人にきちんと注意を払えない場合は、今はこれで精一杯だと謝り、たとえお返しはできなくても、自分を愛してくれる友だちの誠実さに感謝の気持ちを表わしましょう。そして、何か自分にもできることがあるか、考えてみましょう。たとえ自分の考えにとらわれていても、恋人のために洗濯ぐらいはできます。たとえ不十分でも、できることはしましょう。

無理に与えるふりをする必要はありません。まったく何もできないときもあるものです。そういう場合は、自分の限界を知らせ、他人の要求を責めずに、自分の限界を認めましょう。

一般的に、絆が深ければ深いほど、試練にあってもその関係はもちこたえます（p353『パートナーへ』参照）。癒しの過程における危機が、関係の成長を促すこともあります。しかし、たとえ強い絆があっても、癒しにまつわる要求は、パートナーや友人にとって苦しいものとなるでしょう。

悪い関係を見分ける

人は誰でも、子ども時代のパターンを繰り返す傾向にあります。サバイバーの場合も、支えてくれない、冷たい、あるいは虐待する家族から逃れたはずが、また似たようなパートナーと関わることがあります。

つきあっている男と喋っていると、突然彼が、私を虐待した父や、前の夫のように思えてくる。つきあい始めて一、二カ月ははっきりしないが、ある出来事をきっかけとして、突然すべてが明確になる。私は繰り返し自分の父のような男を選んでいたのだ。

悪い関係に陥っているときは、たいてい気づかないふりをして、状況が変わることを期待します。明らかな虐待が起きていないから、この関係は大丈夫、と思いたいのです。しかし、生を実感できない関係、信頼できない関係、または単に退屈な関係は、心を満たしてくれません。もしパートナーがあなたを、勇敢で、傷つきやすく、それでいて強い女性として認めていないなら、今の関係を問い直してみるべきでしょう。

自分を見下すパートナー、暴力を振るう夫、自分の真価に敬意を払わない友人が変わるとは期待できません。人は誰でも変わる――それは真実ですが、その人たちがいつ、どんな方向へ変わるかは、特定できません。関係を変えるためにできることは、自分を変えることだけです。

あなたには行動することができます。これまで認識不足だった自分を許し、ノーと言い始めましょう。自分を最大限変え、それでも関係の中で自分の要求が満たされないなら、関係の解消を考えましょう。親密さと、裏切りや放置や侵害が渾然一体となった関係を持つよりは、まったく関係を持たない方がいいでしょう。（子どもを巻き込んだ虐待関係の解消は、p302『子どもたちを守る』参照）

明らかに危険なものと、潜在的な危険をはらむものがありますが、どちらも他者への敬意が欠如し、威嚇することで相手を従わせようとする意図が見えます。ある程度虐待を受け入れてしまうと、その行為は頻繁になり、さらに危険なものへとエスカレートしていく傾向にあります。どこまで我慢し、どうする

これって虐待関係？

サバイバーの多くは、侵害されて当然という家庭環境で育っているため、大人になってからの生活で、虐待を見極めたり認識するのが苦手です。『自由になること』[1]の中で、ジニー・ニカーシーは、虐待関係を識別するためのガイドラインを示しています。パートナーから、以下の行為を受けたことがありますか。

身体的虐待

＊押したり小突いたりする
＊出て行かないよう押しとどめる、家から締め出す
＊平手打ちしたり、噛みついたり、蹴ったり、首を絞める
＊ぶったり殴ったりする
＊物を投げつける
＊危険な場所に置き去りにする
＊あなたが病気やケガ、妊娠しているとき、手助けを断る
＊運転中に危険な目にあわせる、または運転を妨害する
＊性暴力をふるう
＊凶器で脅したり、傷つける

性的侵害

かを決められるのはあなただけです。自分が受けた行為を認識し、それを我慢する必要のないことを知りましょう。

離別

不本意な関係を解消するのが難しいこともあります。関係が一度も望み通りにならなかったことが、ときにはよけい別れを難しくします。何とか関係を改善しようと長い間努力してきたため、今さら別のことをするのが怖くなり、異次元のことのように思えるのです。どうしても別れられない理由があるかもしれません。経済的依存、精神的安定、希望を持っていたいなどの理由から、現状を維持する場合もあります。パートナーを救うという使命を自らに課すこともあります。また、人の世話をするとか、よくない関係を持つというような過去のパターンを繰り返しているのかもしれません。

不健康な関係を手放す第一歩は、いま自分に何が起きているのか、自分がどう感じているのかを、正直に見極めることです。いつかは自分やパートナーが変わると信じ、絶えず未来に希望を託していませんか。カップルとしてではなく、個人としての自分をよく知り、大切にしてくれる人に意見を聞いてみましょう。

それから、自分のために何かを始めましょう。興味のある講座に参加する、プロジェクトにかかわる、友だちを作る、独りで短い休暇を取るなど、独立して行動することで、独りでも心

---

*女性を侮辱する言葉を吐く
*女性をセックスの道具とみなす
*嫉妬で怒りくるう
*あなたが望む以上に挑発的な服装をするよう強要する
*セックスに対するあなたの感じ方を過小評価する
*あなたの性的部分を批判する
*望まない愛撫を強要する
*セックスや愛情を差し控える
*あなたに対して性的暴言を吐く
*あなたが望まないのに服を脱がせる
*ほかの女性に露骨に興味を示す
*互いに一対一の関係に合意したのに、ほかの女性と情事を交わす
*性交を強要する
*望まない性行為を強要する
*殴った後にセックスを強要する
*加虐的な性行為を行なう

精神的虐待
*あなたの気持ちを無視する
*女性一般をバカにしたり侮辱する
*あなたの大切にしている信条、宗教、人種、伝統、階級を侮辱する

地よく過ごせるようになり、自分の感情や状況をしっかり把握できるでしょう。

完璧な関係などありませんし、多くの関係が試練に直面することも事実です。しかし、虐待的、不健康、または不満足な関係を続けるのは、けっしていい選択ではありません。これは結婚や恋愛関係だけでなく、友人関係にもいえます。別れを決断するのは大変でしょうが、ゆくゆくはより大きな充足と親密感が得られるでしょう。

生き方を変えることが、自分にとってよくない人を遠ざけるきっかけになる場合もあります。もし自分を癒すために酒をやめることにしたら、かつての飲み友だちとは疎遠になるでしょう。また、自分の受けた性的虐待について話すたびに、そんなの嘘だ、という人との友情も終わるでしょう。

こうした変化はどれも困難なものです。たまらない寂しさや喪失感を味わうかもしれません。よりよい生活空間を作るためだとわかっていても、慣れ親しみ、いいところのある人たちと別れるのは辛いことです。これは、古いものを捨て、新しいものをまだ得ていない、宙ぶらりんで居心地の悪い時期です。

寂しいときは、誰かに自分の気持ちを話し、この気持ちはいつか過ぎ去ると自分に言いきかせ、むかし友だちに聞いたたとえ話を思い出す。新鮮な生命の水で満たせるのは空のコップだけだと。

＊罰として、賛同や愛情を控える
＊あなたを批判し、悪態をつき、怒鳴りつける
＊あなたの家族や友だちを侮辱する
＊屈辱を与える
＊あなたに合わせることを拒否する
＊あなたが働くことを阻止したり、あなたのお金を管理したり、すべての決定を下す
＊仕事をすること、お金を共有することを拒否する
＊車の鍵やお金を取りあげる
＊いつも出て行くと脅したり、出て行けと言ったりする
＊あなたやあなたの家族を傷つけると脅す
＊あなたに腹を立てたときに、子どもたちに罰を与える
＊別れるなら子どもを誘拐すると脅す
＊あなたを傷つけるためにペットを虐待する
＊嘘や矛盾した言動であなたを操作する

自分は豊かな関係を持つ価値がある

もし間違った理由で関係を選んでいるなら、そのパターンを壊すことができます。虐待者を思い出させるような、年上の権威ある男性に繰り返し惹かれ、過去の経験から、そういう人の前では自分を無力に感じるとわかっているなら、その人から離れてほかの人を探しましょう。自分の望まないものが何かわか

っても、何を望んでいるのかわからない場合もあります。五〇代半ばのある女性は言います。

私は、男性をもっとよく知る必要があると思う。本当に何も知らないのだ。父はとても冷たく、暴力的だったし、叔父たちも夫もよそよそしかった。だから息子ともうまくいかなかった。私には、いい男性と暖かくつき合うというお手本が何もなかった。だからいまそれを育てているのだが、不思議と、男性に対する自分の見方が変わってきた。突然みんな親切に見えてきたのだ。

誰と関わるか選択の余地がない、と感じる人もいます。

誰かに親切にされたり、何かを望まれたら、応じなければいけないと思っていた。私を望む人がいるなんてこと自体、奇跡なのだから。たとえ尊重されなくても、好きでなくてもかまわない。もう二度とチャンスは来ないかもしれない。当時は、とても断わる余裕などなかった。

自分を大切にする気持ちが育つにつれて、他人が自分のことを好きになったり、愛することが当然に思えてきます。そして人にノーと言ったり、自分から相手を選んでもよいことに気づきます。

親密な関係の実践の場として、新しい人間関係にとりくみましょう。私たちは皆、人間関係を長さで判断するよう教わっています。よい人間関係は永久に続くはずであり、それ以外はすべて失敗と見なすのです。しかし関係の中には、短くても価値あるものもありますし、そこで自分に必要なものがすべて得られなくてもかまいません。もしそこに意思の疎通や信頼、互いを対等に思いやる関係があれば、それは自己成長と親密感を育む健やかな基盤となるでしょう。

そろそろ楽しんでもいい頃

努力、努力
もう努力なんてうんざりだ
（Wicked Stance "Work On It" より）

サンタクルズの女性バンドがコンサートでこの曲を演奏すると、必ず観客はどっと沸きます。努力し過ぎて煮詰まった関係に、誰もが思い当たるからです。

そのうえ自分を癒す努力――甦る記憶、対決、怒り、哀しみ――が加わり、さらに洗濯物、子どもの世話、仕事までするのは大変な負担です。遅れを取り戻そうと空まわりしていると、楽しみはつい後回しになりがちですが、それが間違いのもとです。

パートナーと会うのが、疲れきってベッドにもぐり込むときだけだとしたら、そもそもなぜ二人が一緒になったのか、わかりません。友人に会うたびに性的虐待のことしか話さないのであれば、彼女はもう来なくなるかもしれません。たとえ友だちや恋人がいたとしても、楽しく一緒に過ごせる時間は持てないでしょう。

健やかな関係を大切にしたいなら、愛する人々といい時が持てるような生活を築きましょう。ローラは、同じサバイバーである友だちと、うまく折り合いをつけました。

> 私たちが初めて出会った頃は、会うと夜通し重苦しい憂鬱なことばかり話した。二、三カ月後には、互いに会うことにあまり心が弾まなくなった。そこで私たちは、やり方を変えることにした。月に一度、何か楽しいことをする約束をしたのだ。先月はゴールデンゲート・パークの回転木馬に乗ろうと私が彼女を誘った。今月はボウリングに行くつもりだ。

楽しむことは、癒しの過程のおまけではなく、最大の収穫の一つなのです。

（1） NiCarthy, Ginny. Getting Free: *A Handbook for Women in Abusive Relationships* (Seattle, Seal Press, 1986) は、女性が虐待的な関係から脱け出すための一歩一歩を解説する優れたハンドブック。［邦題『夫・恋人の暴力から自由に』、現代書館、一九九五年］（巻末参考資料参照）

セックス

Q、「性的虐待の問題に取り組んでいる間、セックスをしましたか」
A、「はい、……うーん、やっぱりノーかな」

本章で紹介される性的感性（セクシュアリティ）についての見解は、同性愛であれ異性愛であれ、すべての女性に当てはまります。両者が遭遇する問題には違いもありますが、共通点の方がずっと多いと言えます。（自分の性的指向がはっきりしない人、それについてもっと知りたい人は、p288『レスビアン、そしてサバイバーであること』参照）

本章で「恋人」というのは、性的関係をもっている相手のことです。気軽なデートの相手から、長年の恋人や配偶者との関係も含みます。癒しの進め方はさまざまで、いま誰とも関係を持っていなくても、誰かとつきあい始めたばかりでも、長年の交際相手がいても、自分を性的に癒すことはできます。（サバイバーのパートナーに関しては、p353『パートナーへ』参照）

性的な癒しを必要としているのは、サバイバーだけではありません。私たち女性は、健やかで、自分を大事にした性的感覚を育みにくい文化に生きています。生まれて間もなく、女の子は性について複雑な信号を受けとります。性は隠したり、否定したり、抑圧するものだと言われるかと思えば、一方では利用したり、あげてしまうものだと教わります。性はメディアの中でも常に、権力、誘惑、そして取り引きの手段に歪められています。こんな状況下で、たいていの女性はセックスについてさまざまな葛藤を抱きながら成長するものですが、性的侵害を受けた場合、こうした問題は一層深刻になります。

サバイバーはさまざまな性の問題を抱えていますが、これは性的侵害を受けたことによる当然の結果です（p38参照）。虐待の影響がそのままセックスの問題となって表われることもあります。たとえば、試合が終わるたびに学校の更衣室でソフトボールのコーチに胸を触られていたため、胸を触られるのに今でも抵抗があるかもしれません。暴力的に強姦された経験があるため、今でも膣に痛みを感じたり、性交が怖いかもしれません。

特定の虐待行為に結びつかないまま、性の問題を抱えていることもあります。性的な状況になると何となく怖くなる、すべての欲求をセックスで満たそうとする、セックスに集中できない。こうした問題は自分のせいではなく、虐待と同様、強いられたものです。幸いなことに、今はまったく違った性的感覚を味わうことができるのです。

長い間、自分のことを性的敗北者だと決めつけていた。でも、心のどこかでは諦めきれなかった。五年前はとても克服できないと思ったのに、驚くことに、今ではほとんどその形跡はない。もう何年もフラッシュバックを体験していないし、今ではセックスの主導権をとることもある。性愛が好きだと言える。本当に好きになったのだ。自分の情熱がもう怖くない。セックスは恋人との関係の中のとても刺激的な要素の一つとなったのだ。

自分本来のセクシュアリティを呼び戻すのは時間がかかり、痛みを伴います。記憶を取り戻し、抑え込んできた感情を解放するにつれて、性行為が以前より難しくなることもあるでしょう。昔のように妥協している方がまだましに思え、癒しに取り組んだ意義さえ疑うかもしれません。でも、あなたはもっと多くを望んでいいのです。

快感を味わおう

性的快感や親密感は往々にして相反する感情を喚起します。

肉体的快感が高まるのが怖い。こんな気持ちになっていいのかと思う。快感が強すぎて耐えきれず、身体が破裂してしまいそうだ。どんな痛みにも耐えられるこの身体は、快感にだけは耐えられない。

虐待されたとき、サバイバーの多くは痛みや無感覚を体験しますが、性的興奮やオーガズムを感じることもあります。こうした快感が、恐怖、混乱、羞恥心、裏切りなどの感情に絡まってしまうと、成長しても性的快感に罪の意識を感じます。「〈セックス〉と〈快感〉が両立すると思えるようになったのはごく最近の事だ」とある女性は述懐します。

セックスをしても何の高まりも感じないこともあれば、オーガズムを感じながら、それに深い罪悪感を抱くこともあります。葛藤や絶望を感じることもあるでしょう。「私にとって快感は喜びにつながらない。オーガズムを感じるたびに吐き気がする。嫌悪感で一杯になって、叔父のことが頭に浮かぶのだ」

身体の自然な反応を悪用することは、たいへんな侵害ですが、性的快感自体は悪いものでも、虐待的なものでもありません。大人になった今は、もう快感を感じても大丈夫です。今や、いつ、どこで、誰と、どういう性関係を持つかを自分で決められます。快感を感じることを自分に許しましょう。性的感情自体は危険でも破壊的でもありません。火と同じように、誰が何のために用いるかによって、その性質や効用は変わってきます。

セックスはお休み

セックスの休憩は、すべての女性に必要なわけではありませんが、自分を見極める一つの糸口になります。性愛に対して怖れや嫌悪感を持っていたり、性欲が湧かない、またはセックスを拒否できない状況なら、今こそ境界線をきちんと設けセックスをお休みしましょう。これは性的プレッシャーなしに自分の身体を知る好機です。またセックスに依存していたり、虐待的なセックスをしている人にとっても、セックスの休憩は、自分の行為を吟味し変革するいい機会になります。セックスレスの期間をどの程度にするかは自分次第。一年または数年でもいいし、一カ月で足りるかもしれません。

ノーと言うことを学ぶ

子どもたちは二歳頃から「やだ！」と言うことを学び、ある時期その言葉を連発します。これは自己主張の一環であり、拒否することや、自分にも発言権があることの表明です。幼児はほとんどすべてに対してノーと言います。これはとても健全なことです。ノーをはっきりと効果的に言えないと、イエスも意味を失い、十分な満足感が得られません。

性的癒しを進めるには、望まないセックスに対してノーと言えるようにならなくてはなりません。歯を食いしばって耐えるセックスはもう二度としない、と自分に誓いましょう。望まないセックスは、さらなる虐待であり、犠牲的な行動パターンを繰り返し、癒しを遅らせるもとです。

セックス以外にも目を向けよう

ある女性は、恋人とのセックスを拒否するだけでなく、自分自身に一切の禁欲を課した、と語ります。彼女は、いかなる性的刺激からも遠ざかろうと、自分の性器に触れることすら自分に禁じました。

サバイバーの多くはセックスだけが取柄だ、という暗黙のメッセージを受けとってきました。自分の性的要素が過度に強調される一方で、他の素質や能力、ニーズや願望は軽視されたのです。こういう場合、しばらくセックスのプレッシャーや問題や快感から離れてみると、人生には、そして自分にはセックス以外の価値がある、と思えるようになります。

いま誰かと恋人関係にある場合、長期にわたる禁欲は関係に緊張をもたらすでしょう。相手のニーズを受け入れるために、ある程度の妥協が必要かもしれません。でも、そのために自分の要求を否定しないように。禁欲期間が必要なときに、望まないセックスを自分に強いることは、結局は二人の関係にも自分の癒しにもマイナスです。

自分自身から始めよう

性的感覚を試したいと思ったら、ゆっくりと意識的に始めましょう。「自分とセックスできなければ、他人と試してもうまく行きっこない」とある女性が言うように、こうすることで、最良の恋人は自分自身だと気づくこともあります。

自分の身体に触れるのが何となくいやだと思っても不思議ではありません。女性はたいてい、身体に触れるのは恥ずべきことだ、汚れたことだ、と言われて育ちます。他人に触れられるのは良くても、自分自身には触れてはいけないというわけです。こうした態度はちっとも自分のためになりません。自分の身体に触れる一番の権利はあなた自身にあるのです。

身体を嫌悪するサバイバーはたくさんいます。加害者に、おまえの身体や性器は忌まわしい、と言われたり、いつも右手で祖父のペニスをつかむよう強要されたため、今でも自分の右手を忌み嫌う人、虐待があまりにひどくて、それに関わった自分の全身を否定する人もいます。

でもあなたの身体はけっして忌まわしいものではありません。身体は豊かで素晴らしい、あなただけの身体なのです。

自分自身との性愛

どんな方法でマスタベーションするかはとても大事です。セックス同様、意識を切り離したままアプローチする人もいます。「バイブレーターを使うことは、性愛や親密感とは無関係よ。身体の緊張と弛緩を機械的にもたらすだけなら、たいして時間もかからない。回転数を上げれば、もっと早くできるかも」とある女性は言います。

せっかく穏やかな良い気持ちで始めても、なかなかオーガズムを感じられず、なんとかクライマックスに達しようと必死になることもあります。「これじゃまるでレイプよ。楽しむどころか、自分の怒りと強迫観念の表われね」

自分の身体に触れるのを回避していたり、過去のマスタベーションが即物的な刺激と弛緩にすぎなかったなら、しばらくは落ち着いた穏やかな状態でくつろぎましょう（p228のエクササイズ参照）。熱いお風呂に入り、ろうそくを灯し、大好きなニーナ・シモンの曲でも聴きましょう。シーツを替え、お香を焚き、寝室に花を飾ってくつろぎましょう。身体にボディオイルやローションを塗って、素肌や筋肉に触れてみましょう。いきなり性器を触らず、はじめは手や腕を撫でてみます。どんな風に触れると気持ちがいいですか。無感覚やパニックの中でセックスしていると、身体に触れられるのを実感できません。最初は、片方の肩に触れるだけでもいいでしょう。急ぐことはありません。次回はもう一方の肩に触ってみましょう。

回を重ねるにつれ、より多くの感覚や高まりを味わえるようになります。性的興奮は、感じても感じなくてもかまいません。

慣れてきたら、けっして急ぎすぎないで、乳房や性器の膨らみ、クリトリスや膣にも触れてみましょう。目的は単に手早くオーガズムを得ることではなく、感覚を味わい、身体に快感を与え、自分の身体を知ることです。やめたくなったらいつでもやめ、何を居心地悪く感じたのかを点検しましょう。身体と意識が離れないよう、しっかり繋げておきましょう。

もし注意が散漫になり、意識が身体から離れたり、明日何を着て行こうかなどと考え始めたら、そこでやめましょう。少しずつ速度を落として休止し、大きく深呼吸し、自分の身体と心を結びつけるのに役立つことは何でもやってみましょう。セックスとは、自分の意識と肉体の繋がりなのです。

意識的に自分の身体を統合している。性愛の最中ですら、身体の各部位がつながっているのを瞑想する。身体中が液体と光で満たされ、それが爪先から流れて全身を洗い流してくれるのを想像する。この瞑想をすると、なぜか自分自身が統合されるのだ。

フラッシュバック

自分の身体に触れているとき虐待のフラッシュバックが起きても、慌てないようにしましょう。それは自分の体験を理解する一つのきっかけであり、貴重な情報と洞察を得て、長年抑圧してきた感情を解き放つ機会でもあります。（p78『記憶の糸をたぐる』、p267『フラッシュバック――パートナーといる時』参照）

動揺が激しいときは、目を開いて現実に戻りましょう。万一マスタベーションが虐待の記憶を呼び戻したとしても、いま身体に触れている行為は、侵害ではありません。優しく自分の身体に触れるのは大事なことで、その快感を味わってもいい、と自分に言い聞かせましょう。今やっていることは何の害もなく、恥ずかしいことでも、間違ったことでもありません。これは自分を癒す、良いことであり、あなたは優しく触れる価値のある存在なのです。

オーガズム

オーガズムをなかなか得られない人は、マスタベーションの時、試しにしばらくオーガズムを避けてみましょう。マスタベーションをする際、オーガズムを意識しないで、むしろ性的なエネルギーを膨らませて、そのまま身体に溜めこみます。オーガズムに近づいたと思ったら、少し休んで刺激を減らし、エネルギーが落ちるのを待ちます。きまった終わりはなく、いつやめてもかまいません。

オーガズムを目標とせずに性器に触れるのは、ホッとする経験です。オーガズム「達成」のプレッシャーはもうありません。がんばったり、あせったりする必要もありません。ただ、ゆっくりと感情の流れに身を委ね、気持ちの高揚やそのときどきの快感を感じ、思い込みを解き放ち、あるがままの自分の反応を知りましょう。プレッシャーがなくなれば気分が楽になりますし、これ自体とても楽しい試みです（パートナーと一緒の場合は、双方ともオーガズムを得ないことにする）。

この種のエクササイズで、かえってプレッシャーを感じる人もいます。子どもの頃、オーガズムが虐待に終止符を打つ合図だったとしたら、オーガズムのない状態を脅威と感じるかもしれません。「オーガズムのない性愛が怖い。なぜって、セックスに終わりが来ないから」

これまで一度もオーガズムを体験していないなら、セックスに関する本はとても参考になります。バイブレーターに興味があるなら、試しに一度使ってみてもいいでしょう。

性的虐待の問題を解決する過程で、オーガズムに変化が生じることもあります。障壁が少なくなり、滞っていた感情が放出され、もっと豊かな身体感覚が生まれるのです。また、感情を出すエクササイズによって、それまで瞬間的放出だったオーガズムが、力みなぎる全身感覚へと変わることもあります。

パートナーとのセックス

どのくらいの期間、独りで性的感覚を模索するかは自分次第です。ほかの誰にもわかりません。身体と感情の反応をみながら、そろそろ大丈夫か、それとも時機尚早かを見極めましょう。

しばらく恋人とのセックスを中断している人は、義務感や衝突を避けたいという理由で、または恋人に捨てられるのではという不安から、先を急ぐのはやめましょう。無理してセックスするのは、自分にとっても、二人の関係にとってもマイナスです。

セックスする動機を探ろう（1）

この時期に自分の性的感覚を模索する理由を率直にみつめましょう。まず、自分の性的感覚について変えたい点を挙げ、次になぜそう思うようになったのかを書きます。リストの一方に、自分のために変えたい理由、もう一方に、恋人のために変えたい理由を並べてみましょう。

サバイバーにとって、自分のニーズや欲求を区別するのは難しいかもしれませんが、性愛を交わすときには、「生活の大事な一部が欠けていると感じるから」とか、「快感を味わいたい」、「過去に支配されたくない」、「親密な性関係を持ちたい」など、自分なりの動機が必要です。

自分の何かを変えたいという強い欲求があってこそ、変化は持続します。たとえ、恋人が苛だっているのが気になるとか、関係を失うのが怖い、というのが当初の動機であっても、性的癒しは最終的には自分のためのものです。心がまえができる前に性的関係を持っても、葛藤や失望ばかりで、得るものはほとんどないでしょう。

虐待の記憶を取り戻すと、すぐに性欲がなくなった。恋人に数カ月セックスを中断したいと言ったが、拒否された。関係を失いたくなかったので、それから半年間、無理にセックスをしようとしたが、うまくいかず、彼はよけい怒り出し、私も心を閉ざしていった。最後はそれが理由で別れたが、その半年間はひどい状態だった。最初の感覚に忠実にセックスを拒否し続けていたら、たとえ同じ結果でも、こんなに惨めな気持ちにはならなかったのに。

自分に準備がないのに、外圧から性的感性の問題を解決しようとしても、無理なことです。子どもの頃、他の誰かの意思に添ってセックスを強要されたとしたら、このパターンを打ち破る必要があります。セックスは自分のためにするものです。そうでなければ、長くて辛い癒しの過程に直面する意味もありません。まだ心の準備ができていないなら、焦ることはありません。当面は他の領域で癒しを進めましょう。セックス以外にも大事なことはあるのですから。

セックスってなあに？

恋愛小説に出てくる性愛では、恋人の胸に抱かれると、魔法のように衣服が剝がれ落ち、恐怖や不快感などは言葉にする必要もなく、二人は高まる情熱の中で一体となる、などと描かれますが、性的虐待の癒しに取り組んでいるときは、そううまくは運ばないでしょう。

パートナーとの性関係を始める前に、セックスとは何か、もう一度よく考えましょう。よくサバイバーは、無感覚か、その感覚が好きになれないまま、あるいはパニックを感じながらセックスします。セックスとは、キスして、触れあって、性交して、オーガズムに達し、眠る、という一連の行為だという思い込みを捨て、自分と相手を愛し、率直さ、快感、親密感を体験するための交わりだと考えましょう。たしかに始まりがあり、変化があり、終わりもありますが、それ以外はどんな形をとってもいいのです。

新しい関係を始めるとき

たいていの場合、性的癒しをもたらすには、本人と恋人の双方の取り組みが必要です。感性豊かで、理解ある恋人がなかなか見つからないのは、サバイバーだけではありません。欲求不満や焦りを感じているのは、あなただけではないのです。

交際を始めたばかりの時は、自分の抱える性の問題を負担に思うかもしれません。癒しが進むほど、新しい関係を始めにくくなったという女性もいます。

自分の性的な問題を意識するにつれ、新しい関係をつくる自信がなくなった。意識が身体から離れていた昔のほうが、事は単純だった。私も相手も、私の怖れや解離状態に気づかなかったからだ。もうそんな振りはできない。癒しが進むにつれて、自分の受けた傷がもっとよく目に見える。長年一緒にいるカップルでさえ大変だというのに、新しくつきあう人に何を期待できるというのか。これじゃ、始める前から新しい関係に死の宣告を与えているようなものだ。

人は誰でも未解決の問題を抱えながら、出会いを繰り返すものです。無傷の人は誰もいません。自分がオーガズムを得られなかったり、フラッシュバックに悩まされている間に、恋人もまた、セックスの主導権をとること、感情をどう表現するかなど、別の問題で悩んでいるかもしれません。誰もが問題を抱えているのです。

自分の傷が深すぎてとても性関係を持てないと感じる場合、むやみに関係を壊さずに済むよう、誰かの援助を得て、怖れの解決に取り組みましょう。自分の強さに目を向けるのです。恋人はあなたの良いところを見て恋に落ちたのですから、問題ばかりでなく、長所をみつめましょう。

自分の性的問題が新しい恋人にとって重荷になるのではないかと不安なら、ゆっくりと関係を深めましょう。すぐに性関係を持ち、またすぐに性的に閉ざしてしまったら、それ以上関係を維持する基盤がなくなります。しばらく性関係なしにつきあっていれば、そこで育まれた友情が、後に来る苦難の時期を支えてくれるかもしれません。

よく知らない相手と関係を始めた場合、早急に性的に親密になることで、不安を覆い隠そうとすることもあります。知らない人に自分を開くのは怖いものです。情熱的な性愛は、一時的安心という心地よい幻想をもたらします。でも性愛だけでは、親密さを持続させ、支える基盤にはなりません。関係づくりに時間をかけるのは、後戻りのように見えても、長期的にはプラスにつながります。二人の強い絆を築くためにも、性関係に跳びこむ前に、信頼感や親しみを育てましょう。

一昔前の交際法を試してみましょう。まず、何回かデートを重ね、情熱と信頼の高まりを愉しみます。相手と触れ合っても良いと思えるようになったら、手を握ったり、おやすみのキスを交わすことから始め、情熱的な愛撫を試みてもいいでしょう。セックスをしても良いと思えたら、その準備ができたことを確認し、一瞬一瞬をしっかり味わいましょう。

計画的に性愛の儀式をとりおこなったカップルもいます。初めから性関係をもとうと思ってはいましたが、二人の情熱が高まるのをじっくりと待ち、互いの感情や関係への望みなどを話し合いました。ろうそくを灯し、その瞬間の大切さと傷つきやすさを意識しながら、ゆっくりと関係を深めてゆきました。そうやって互いの怖れを和らげ、信頼を築き、共に過ごすことの素晴らしさを祝い合ったのです。

相手と交流しよう

◇新しい恋人と話し合う

生命をも脅やかす強い性感染症が広がる現在、初めての相手とはセックスの前に必ず話し合うべきです。セックスの話はぎこちなくなりがちですが、自分の性的感覚について率直に話すきっかけとなり、感染症の説明の合間にそれとなく虐待の話を入れこむこともできます。

新しい恋人には、自分から性的に何を期待できるか、包み隠さず話しましょう。怖かったり、自信がなかったり、ゆっくり交際したいと思っているのなら、そう伝えます。自分の限界を説明し、気持ちに沿わない性愛は絶対したくない、フラッシュバックがきたら性愛を中断したい、など自分で決めたことを伝えます。後で疎外感を感じたりごまかさなくても済むよう、必要な情報はできるだけ伝えましょう。

「そこまで話し合えるほど相手をよく知らないから」と言う人もいます。それなら、まずは相手を知ることから始めましょう。あるサバイバーはこう語ります。

> 話さえできない人と性関係を持つべきじゃない。それじゃ、以前と同じパターンだ。ノーと言えない相手と性関係を持つのは、父親と寝るのと同じだ。

また、詳細を必要以上に語ることで、相手が圧倒されることもあります。悲惨さを強調するより、いまは積極的に癒しに取り組んでいて、時間が経てば変わるだろうと伝えましょう。何か問題が起きたら、そのつど話し合える下地を作っておきましょう。

対話は両方通行です。自分が心を開くことで、相手も性に対する怖れやニーズ、欲求について語りやすくなります。正直な交流が相手の負担になることはまずありません。むしろ、満足するセックスは突然魔法のように空から降ってくるものだ、という思い込みから解放されるかもしれません。

◇長年の恋人に打ち明ける

セックスに対する正直な気持ちを初めて打ち明けたとき、恋人は愕然とするでしょう。実はこれまで何も感じていなかった、性欲が起きなかった、たまらなく嫌悪した時もあった、などと聞かされた相手は、自分が責められていると思いがちです。もう愛されていないのだと勘違いしたり、相手の状況に責任を感じたり、これまで隠していたことを怒ったり、あるいは二人の関係が壊れることを怖れて、その話を真っ向から否定するかもしれません。

自分を正直に語ることで、相手から否定的な反応を受ける可能性はあるものの、これは最も強力な味方を得る好機でもあります。すでに何か問題があると相手が気づいている場合は、真実を知らされて、むしろ安心するでしょう。あなたの受けた傷をともに哀しみ、癒しの協力者になるかもしれません。自分を偽らずに問題に立ち向かえば、二人の絆は深まります。

自分を癒すには、恋人の反応のいかんにかかわらず（これも時と共に変化するかもしれません）、真実を語る必要があります。

◇話し合いの基盤

関係の長さにかかわらず、いくつかのポイントを押さえることで、性に関する難しい話もしやすくなります。

*前もって言いたいことを考えておく
*カウンセラーや友人を相手に、恋人の反応を予想しながら、ロールプレイをする。しっかりと言いたいことが口に出せるようになるまで練習する
*自分の感情と向き合う。恋人を追いつめないよう、関係の外で自分の怖れに取り組む
*ベッドでの話し合いは避ける。きちんと服を着て、より中立的な場を選ぶ方が、互いに安心して話ができ、聞ける
*話す時間帯を選ぶ。出勤前や、忙しいときは避ける
*恋人を遠ざける手段としてこの話をしない。あくまでも二人を近づけるために話し合う
*すべては話すに値することであり、自分には愛情深い支えと、癒しの協力者が必要だということを忘れずに

◇甘い囁き

必ずしもつらそうに、深刻な表情で話す必要はありません。優しく語りかけたり、冗談を言って笑ったりして、自然に感情を分かち合いましょう。

一カ月ほど前、ナンシーが私を優しく抱きしめて言った。「あなたとセックスしている時ってこんな気分よ」初めて聞く言葉に何かが閃いた。彼女の言葉を聞いてうれしくなり、「もう一度言って。もう一度、消えてしまわないように」と私は子どものように繰り返した。

数日後、セックスのとき、また同じことを言って欲しいと彼女に頼んだ。それはとても感動的だった。よく性的興奮を言葉にする彼女だが、その夜は、セックスをしながら感情豊かな言葉をずっと囁いてくれた。それは自分の身体と心の繋がり、彼女との繋がりを感じる素敵な性愛だった。フラッシュバックや恐怖を感じることなく、ずっと一緒にいることができた。

特別な問題がなくても、セックスの最中に言葉を交わすことで、互いに近づき、気持ちを確認し合えます。

いつもセックスの途中で話をしたり、相手の声を聞きた

くなる。男の人は面喰らうみたいだけど、二人の繋がりを確認するために、わざわざジュースを頼んだり、もう一枚毛布をもらったりする。

語りかけて欲しいと言うのは、言い出しにくいものですが、これも恋人と繋がりたいという心からの欲求です。言葉を交わすことも、セックスの一部なのです。

あせらないで

恋人との性愛はいつでも中断できます。感情を味わいながら、自分にとって心地よいことだけをゆっくりと進め、独りのときと同じく、いつでもひと休みしましょう。

怖くなったら相手にそう伝えましょう。そうすれば相手はペースを緩めてあなたに合わせ、安心させ、語りかけ、何があなたを怖がらせたのかを知ることができます。その後セックスを再開するか、起きて別の事をするかは自分次第です。

相手の特定の言葉やふるまいがきっかけで不快になったのなら、そう伝えましょう。それが子どもの頃の体験に関係があるなら、それも伝えます。過去との関連性を認識するのは、癒しの大切な一部です。

私には性的興奮が高まるとおしっこを漏らす癖があり、あるときそうなって思い出した。兄に暴行されたとき、おしっこをするのが唯一の防御法だったことを。そうすればセックスをしなくて済むと思ったことを。私はすぐ休憩して、恋人にその話をした。

性行為の中にも、気にならないものといやなものがあります。触れられて心地よいところ、いやなところを相手に伝えましょう。一つのことにオーケーを出したからといって、すべてに当てはまるわけではないし、一度イエスと言ったからといって、毎回応じる必要もありません。

相手と話をし、感情を分かち合い、今の自分の許容できる範囲で、親密感や触れ合いを感じましょう。スイスイといかなくても、「最後まで」できなくても、恋人と気持ちのいい時を過ごせます。親密感、率直さ、そして心地よさがあれば、「最後まで」などというゴールはありません。

意識の空白

私にとって、セックスは二人でソロを歌っているようなものだ。誰かが側にいるのはいいことだけど、自分はそこにいない、ただの傍観者だ。独りぼっちで、怖くて、居心地が悪くて「早く逃げ出したい」とあせりで一杯になる。誰かが私を好きになってのめり込むほどに怖くなり、身体と心が離れてしまう。そして天井のひび割れを見つめている自分に気づく。

夫とセックスしている時も、意識は別のところにある。彼の肩ごしにフットボールの試合を観ては、「また一〇ヤード進んだ」なんて考えているのだ。性行為のあいだ中、「まだなの？」なんて思いながら窓の外を眺め、気を紛らわすあらゆる方法を探す。セックス自体については余り覚えていない。自分がそこにいないのだから。私の意識が身体から離れているのに、相手がそれと気づかずに関係が続くことが信じられない。私がそこにいないことすら、見えないっていうの？

性愛の最中に意識が空白になったり、心と身体が離れてしまったら、セックスをやめるか、ペースを落とし、相手の目を見て話をしたり、名前を呼びましょう。ポプリの瓶をベッドサイドにおいて、気が散るたびにその香りをかぐ人もいます。ポプリの強い匂いが、心をとどめるのに役立つのです。

それでも心が離れてしまったら、性行為を中断しましょう。怖くても、ためらいがあっても、恥ずかしくても、現実に戻り、自分と相手が、率直に気持を通わせることができるようにしましょう。

フラッシュバック――パートナーといる時

性愛の最中、よくフラッシュバックを味わった。部屋の灯りが影を落としていたある晩、恋人が起き上がってトイレに行った。目を開けると彼女はドアの横に立っていた。頭では彼女だとわかっていても、目に映ったのは私を暴行する兄と、それをじっと見ている父の姿だった。

フラッシュバックに悩まされたら、話をしましょう。ある夫婦は、妻がフラッシュバックにあったら「ゴースト」と言うことに決めました。この暗号を聞いて、彼女が過去に戻っていると知ることで、夫は的確に反応できました。

どう対応するかは人それぞれです。フラッシュバックに襲われたら、独りになってそれと向き合い、過去の情報を知りたいと思う人もいるでしょう。現実にとどまりたい時は、恋人にこう頼んでみましょう。「あなたと今ここにいたい。過去に戻りたくない。だから話しかけて、名前を呼んで欲しい。あなたが誰だか思い出せるように」

ある女性は恋人に「目を開けて、イーデス、目を開けて」と言ってもらうと、過去に引き戻されずに済みました。目を開けると、彼と自分の部屋が見えて、現実に戻れるのです。

もう自分のベッドに加害者がいないことを定期的に確認することで、現実にとどまり気持ち良く過ごせるのなら、それに越したことはありません。最初は「セックス？　まずいな」と思っていても、こう自分に言い聞かせましょう。「いや違う、このセックスは楽しい。彼はジェイムズ。従兄弟《いとこ》じゃない」

創造的になろう

カップルの一方が性的虐待からの癒しに取り組んでいる場合、二人の性愛が教科書どおりに運ぶことはまずありません。その場合、話し合いながら互いに満足できるやり方を探しましょう。恋人がセックスを望んでも、自分はしたくない場合もあるでしょう。断わることはできても、毎回それで済むとは限りません。

セックスはしたくなくても、何か代わりになるものを提案することはできます。マッサージする、キスをして抱きしめる、手をつないで散歩する、一緒にお風呂に入る、親密に語り合う。これらはセックスの代わりにはならなくても、互いを身近に感じたり、親密感を高めることになります。恋人としても、完全に閉ざされるより、何らかの方法で気持ちを分かち合えるほうがいいでしょう。こうした非性的な触れ合いが安全だとわかれば、あなたもリラックスできます。パートナーとのセックスに一度ノーと言ってしまうと、罪の意識にさいなまれ、相手を益々遠ざけてしまうものです。セックス以外に恋人に寄り添う方法を見つけましょう。今こそ親密さと信頼を築く好機なのです。

両者が納得できる性愛を探ることで、よりスムーズに性的な問題に取り組めるようになります。恋人に触れられることを侵害と感じて嫌悪しても、自分から相手に触れるのは抵抗ない場合もあるでしょう。反対に、触れたくはないけれど、相手に触れられるのは大丈夫かもしれません。あるいは、どちらもいやでも、マスタベーションする恋人を抱きしめるぐらいならできるかもしれません。

性的虐待を思い出したときは、津波に襲われたようだった。本当に誰にも触られたくなかった。でも、努力してようやく少し性的に自由になれたところだったので、そこで終わらせたくなかった。だから、触られるのも、セックスするのもいやだったが、互いの要求に応え、これまで通り親密に、しかも安心できる新しい方法を考えた。

色々模索した結果、安全な性愛の方法をいくつか見つけた。もちろん、ただひたすら文章を書いていたかったり、泣きたかったり、静かにしていたかったり、何もしたくない時もあった。癒しに取り組んでいる間は、ときに抱擁すらいやなこともあった。

どんな性的やりとりを望むか望まないかは、人それぞれです。恋人を眺めたり、電話でセックスの話をするのが好きな人もいるし、いつか二人で楽しみたいすてきなセックスを物語にして、送ってもいいでしょう。いま自分が抱いているセックスのイメージを少し広げるだけで、思いがけない可能性が開けます。

私たちはバイブレーターが好き。あれは最高！　それほど親密な交わりなしでも、オーガズムが得られる。性愛よりもオーガズムが欲しい時だってあるし。バイブレーターで一騎打ちなんて、二人でずいぶん愉しんだものだ。

カップルで性を愉しむのに、わざわざ絡みあう必要はない。私は彼女に抱きしめてもらって、バイブレーターを使う。他人がいるところで使うとは思ってもいなかったけど、最高にいい気持ちだ。

ティーンエイジ・セックスはいかが

あるときから自分を性的に閉ざし、これ以上成長できないと感じる人もいます。サバイバーの多くは虐待によって、まだ心身の準備ができないうちに無理にセックスを強要されたり、性に目覚める頃を巧みに利用されます。大人の性がいまだに脅威なら、今度こそ自分のペースに合わせて性に目覚める機会を作ってはどうでしょう。

自分の内なる衝動にしたがって、ゆっくりと進めましょう。唇にキスしたいという欲求を感じるまでキスはしない、身体が欲しないうちは相手を抱き寄せない。それはキヨスが言うように、すてきな結果をもたらすかもしれません。

私はサバイバーである友だちと性関係をもち始めた。互いに触れ合いながら、色々試すことができるし、二人ともありのままでいられる。それは性的な次元で、内なる子どもを呼び戻すようなものだ。私は行動しながら学んでいる。

大事なのは相手に触れられて自分がどう感じるかだ。それが世間でいうセックスにあてはまるかなんてどうでもいい。相手を利用して快感を得よう、なんて思っていない。愛し合っているからこそ一緒にいるのだ。オーガズムの直前にすすり泣いてもいい。突然怒り出してもいい。フラッシュバックが来ても気にしない。癒しに必要なのは、何が起きても現実にとどまれるという安心感だ。

性は私にとって、もう問題ではなく、むしろやりがいのある挑戦だ。二人一緒に情熱を模索するのだ。自分のセクシュアリティが力だと気づいて以来、それを受けとめることができるようになってきた。これからも一生、楽しく模索し続けて行きたい。

恋人をお手本に

恋人にとってセックスが葛藤や問題とは無縁な、豊かな生活の一部であるなら、自分にとってもそれは脅威ではなく、理想的なお手本となるかもしれません。

彼女にとって性愛は特別な行為だった。どうやったら私が心地よく感じるかを知りたがった。あんなに辛抱強く情熱的な人は初めてだ。みんなこれほどセックスを大事にしているのだろうか？　彼女のことを一年半見てきて、次第に私も自由になりたいと思い始め、少しずつ「こうしてもいい？」と聞けるようになった。

彼女とセックスするとき「そんなの、いやらしい」と言うと、「どこが？」と答える。最初は、「そうね」と言いながらも、心の中では「やっぱりいやらしい」と呟いていたが、徐々に「それほどいやらしくないかもしれない」と思えるようになった。やっとリラックスできるようになったのだ。

二人は味方同士

恋人たちは、自分や互いを責めるのではなく、難題を乗り切るために連帯する味方同士になれます。両者のニーズが違うのは、どちらか一方が間違っているのでも、責められるべき問題でもありません。お互い、同じ課題に立ち向かう味方同士になればいいのです。

恋人との取り組み——キャサリンの場合

私の場合、自分の望む性愛と現実とは何万光年もかけ離れていた。バーバラとは、快適で楽しく遊び心のある性関係を持ちたかったのに、実生活では緊張がどんどん高まり、ついにはセックスができなくなった。性愛にあまりにも多くの意味合いが付与されてしまったのだ。彼女がオーガズムを感じないと、「やっぱり私が性的虐待の被害者だから、セックスしたくないんだ」と思ってしまう。私が悪い、二人の性的問題はすべて自分のせいに思えて、セックスの小さな変化に過敏になっていった。

私は絶えず彼女の後押しを必要としていた。性的虐待を直視するという私の決断を受け入れ、自分の過去を人生に組み入れる過程で、一時的に性的感覚が変化することを、認めて欲しかった。彼女はただひたすら忍耐を要求された。

また、性的な形をとらない愛情表現がたくさん欲しかった。性的プレッシャーなしに、言葉で愛情を示して欲しかった。私を愛するのは、性的満足のためだけじゃない、身体だけでなく人格も求めてる、今でも一緒にいたい、そう何度も言い聞かせて欲しかった。さっさと虐待のことを乗り越えればいいのに、なんて思ってほしくなかった。

どちらかがセックスを不快に思ったら止めよう、と二人で決めたとき「これでもうしなくていいんだ」と私は内心ホッとして、ノーを連発し始めた。バーバラはとても怒った。「いつもダメ！　ノーと言うのはいつもあなた。私のどこが悪いの？　性的虐待の癒しはもうウンザリ！　私はあなたの父さんでも母さんでもない、あなたを傷つけたのは私じゃない！」関係はさらに険悪になり、自分がとてもひどい人間に思えてきた。

状況が変わったのは、こう言えるようになってからだ。「私のせいじゃない。あなたが怒るのはわかるけど、私だって怒ってる。私だって快感を感じたい。怒るならほかでやって。それができないなら出て行って！」こうして私たちはゼロから再出発した。怖いけれど、二人で取り組んでいる。それだけの価値はあるのだ。

性欲を感じる空間

「正常」な性欲レベルなどありません。一日何度も性欲を感じる人もいれば、一週間に一度、一月に一度、一年に一度の人もいます。同じ人でも性欲のレベルは変わるものです。この変動は、ストレスや失望、抑鬱《うつ》状態、人生の大きな変化（たとえば禁酒、身近な人の死、恋人との同棲など）をきっかけにして起きる、自然な現象です。

虐待の直接の影響として性欲の欠如を経験するサバイバーはおおぜいいます。性欲欠如の理由は、望まないセックスから身を守るため、性的怖れの表われ、自分の身体と心が離れている徴候、あるいは性欲自体を危険に感じるためかもしれません。

これまで性欲を感じたことがない。数知れない性交経験がありながら、性欲がないなんて不思議だ。「じゃあ、どうしてセックスしたの」って聞かれるが、面倒くさかったし、夫とセックスするのは当然だと思っていたから。セックスした理由はいろいろあるが、自分から欲望を感じたことは一度もない。

これまで自分の性欲を自覚する機会がなかったのかもしれません。小さいときに無理やり性を押しつけられると、自然な性的感覚が育つ機会は奪われ、この状態は大人になっても続くことがあります。

幼い頃の虐待に向き合い始めると、性欲がなくなった。恋人のニーズや性欲に合わせるので精一杯だった。怖くて気は散るし、苦痛や恐怖にさいなまれて、セックスをする気も失せた。セックスの序奏ではない、暖かく愛情のこもった触れ合いや親密感が欲しかった。

子どもの頃、性欲を制御できない加害者の都合に振り回されたり、性欲が武器として使われた場合、今でもひょっとして自分の性欲が虐待に繋がるのではないかと、脅威に感じる人もいるでしょう。

性的興奮に身を任せ、情熱的に恋人の上になったその瞬間、自分が虐待者になるのでは、というぞっとする感覚に襲われた。一瞬にして身体が凍りつき、気持ちが醒め、子どもの頃レイプされたときのフラッシュバックを経験した。恐ろしくて、その後何カ月も性的な気分になれなかった。

性愛の最中に襲ってくるフラッシュバックや苦痛が、性欲を消すこともあります。私たちがセックスをするのは、いい気持ちになり、つながり合い、心と身体の一体感を感じたいからです。セックスが辛さ、悲しみ、そして苦悩を蒸し返すとしたら、性欲がもてないのも当然です。

これまで一度も（あるいはほとんど）性欲がなければ、セックスを一時中断しましょう。他人のための性愛をやめることで、自然に性欲が生まれることもあります。（p258『セックスはお休み』参照）セックスを遠ざけることで、初めて性欲を感じるようになったある女性は、その自覚のしかたがちょっと恥ずかしかったといいます。

最近になってようやく性欲が湧いてきて「セラピストとセックスしたい」と思うようになった。彼女にとても惹かれていて、カウンセリングでもそう言っている。私の性幻想の主役は彼女だ。

性欲の概念を広げる

『レスビアン・セックス』の著者ジョアン・ローランは、従来の性欲概念を創造的に再定義し、それは多くの女性にとって啓発となりました。ローランは性欲を、知性、感情、身体の三つの次元で説明します。知的性欲とは、セックスしたいという決意、情緒的性欲とは、親密さを感じる誰かとセックスしたいという願望、そして身体的性欲とは、セックスしたいと意識に訴えかける身体感覚を指します。これら三つは共存することも、しないこともありますが、どれもそれなりに存在意義がありまます。

ローランは、まず性欲の既成概念（恋人の裸に興奮する、チャンスさえあればセックスしたい等）、そして自分にとっての性欲を書き出して、両者を比べるよう提案します。二つのリストは違ってくることでしょう。社会の文化的な既成概念は、必ずしも個人の感覚にあてはまらないからです。大切なのは、自分自身の内なる欲望に注意を払うことです。

これまで抱えていた性欲に関する思いこみを捨て、その概念を広げれば、自分が想像以上に豊かな性的感覚を持っていることに気づくでしょう。

これまで、私にとってセックスとは、寝室での夫との行為だけだったが、今では、アイスクリームでさえ挑発的だ。一日に一〇回もセックスしたいわけじゃないけど、見るもの、触れるものすべてが性的に感じられるようになった。感覚を取り戻したのだ。今では生活全般がとても刺激的だ。

セックスする意思

セックスを楽しむには、性欲を感じたり、興奮しなければならないというのは、根強く残るセックス神話の一つです。女性の性的反応周期に関する従来の研究モデル（マスターズ&ジョンソン、ヘレン・シンガー・カプラン）では、性欲の自覚か性的興奮をセックス開始の必要条件としますが、ローランはこの神話を打ち破る新しい理論を提示しました。

ローランのモデルの性的反応周期の起点は、そのどちらでもなく、セックスをしようという意思に置かれています。ここでいう意思とは、自分自身、または誰かと一緒に性的領域に踏み込み、そこで起きることに心身を委ねようとする姿勢を指します。意思とは心がまえであり、セックス開始の表明です。

性行為の起点としての意思を認めることによって、性欲を自覚しない女性も、セックスをずっと身近に感じられるようになりました。肉体的欲望や情緒的興奮、その他いかなる欲望も感じなくても、セックスは始められます。これは女性の性に対する画期的で解放的なアプローチと言えます。

セックスをしようという動機は人それぞれです。セックスがもたらす快感が欲しいから、いったん始めれば楽しめると知っているから、恋人と一緒に性的問題に取り組みたいから、あるいはマスタベーションをしたいから、等々。

多くの女性は、意思という概念に大きな安堵を覚えます。「自分は本当にセックスを欲しているのだろうか」とか「性欲を感じないなんておかしいのでは」と自問するかわりに、始めたいかどうか尋ねれば良いのです。意思が起点となるのであれば、まさにこの時点から性的探求を開始できることになります。性欲を起こそうと躍起になる代わりに、「やってみようかな」と言えばいいのです。

快感の広がり

ローランのモデルによると意思は、性的周期の他の段階――閉ざし、欲望、興奮、貪欲、オーガズム、そして最終段階である快感――に繋がります。これによると、快感をもたらすのは、必ずしもオーガズムや肉体的興奮、または性的高揚のみとは限りません。快感とは、主体となる女性個人によってのみ決定される、独自の体験なのです。

優しく自分の性器に触れる時間が持てたから、長い禁欲期間の後、ようやく性行為を始める気になれたから、あるいは虐待の記憶が浮かび上がったとき自分をうまく世話できたからなど、快感を覚える理由は人それぞれです。こうした個々の状況が、セックスを気持ち良く感じるゆえんです。セックスを始める動機の枠を広げ、そこから得るものの多様性を認められれば、快感はさらに増幅するでしょう。

性への恐怖心

サバイバーの多くがセックスに対してある種の恐怖心を抱いています。

私は五三歳、結婚したことはない。何人か親しい友人はいるが、いつも誰かが私に性的な関心を示し始めると、とても怖くなる。叔父は別として、これまでセックスは二回体験した。最初の男性とは性交までいけなかった。二番目の男性とは、性行為の最中嫌悪感でいっぱいで、早く終わって欲しかった。それ以来二度と会わなかった。今でも怒りがこみあげてくる。それは性暴力に対してというより、自分の人生そのものへの怒りだ。五三歳の今でも、誰かと親密になることを知らず、いいセックスができないのだ。

子どものときの虐待によって、性的感覚が恐怖心へと連結されると、成人しても性的な刺激を受けるたびに恐怖心を抱くようになります。性愛のたびに襲ってくる辛い感情が怖い、という場合もあります。

私の場合、虐待の記憶と性的情熱は同じ場所に蓄積されている。セックスをしなければそれを刺激せずに済むが、情熱的に心を開くたびに、虐待の記憶が甦ってくる。まるでパンドラの箱を開けるように。

自分や相手を傷つけるのが怖いときもあります。

私の中で、情熱と怒りはどこかでつながっている。情熱を感じると、怒りが噴き出してきて、人を攻撃したり傷つけるのではないか、と怖くなる。だから情熱を感じると、相手を傷つけないようにすぐに心を閉ざしてしまうのだ。

人に親しくされると息苦しくなったり、威圧感を感じるので、誰にも近づいてほしくないという人もいます。自制心を失ったり、自分の境界線を見失うのが怖くなるのです。これらはすべて虐待の自然な結果であり、対処法はいくつかあります。

*ゆっくり進む。自分に最適なペースを守る
*中庸を見つける。サバイバーの多くは、自分を性的に閉ざすか、すべてを投げ出すかの両極端を揺れ動きます。
*現実に留まる。触れ合いの感覚に注意を払う
*内なる恐怖の声に耳を傾ける。
それは何を囁いているのか。今の状況が危険なのか。それとも、それはあなたが乗り越えたいと思っている、埋もれた恐怖なのか。

＊セックス以外に自分自身とつながる手段を探す
別の場面（たとえばセラピーなど）で、辛い感情や過去の記憶に向き合えるようになると、内なる自分と深く交流する接点はセックスだけではなくなります。情熱、自己解放、親密感などと虐待との関連性が少しずつ薄れていくでしょう。

＊恋人の気持ちを確認する
強い性的感覚を持つことで相手を虐待してしまうのを怖れているのなら、どう感じているか恋人に聞いてみる（恋人はあなたの情熱が好きかもしれません）。

＊少し自分を後押しする
セックスしたいのに怖れがあるなら、もう一歩踏み出してみる。相手や自分から心が離れないよう、コミュニケーションを密にする。さまざまな感情がよぎることを覚悟し、性愛が単純に運ぶことを期待しない。

＊必要なら性愛を中断する
自分の期待と実際の体験があまりに違ったり、恐怖心が高まってきた場合は休憩し、親密になれる別の方法を捜す。

性器への嫌悪感

虐待者が男性である場合、男性の性器に恐怖心や嫌悪感を持つようになります。ジゼルの場合もそうでした。

セックスの再開は簡単ではないと自覚している。よく、恋人とのセックスを想像するが、すべてが完璧に運んでいても、彼がペニスを出すやいなや、私は床一面に吐いてしまう！　だから、私の状況を理解し、すぐに自分を責めない人でないと一緒になれない。性的感覚と格闘する私を優しく支援してくれる人が必要だ。

静かな時間を設けて、恋人の身体をじっくりと観察してみるのも一案です。

私の場合、「見て、左曲がりよ」とか「こうやって触るとどうなるの？」とお医者さんごっこをするのが役に立った。勃起してないときの彼のペニスは、小さくて柔らかくて、とても私や彼自身を支配する武器には見えない。

恋人に全身マッサージをしてあげてもいいでしょう。これはセックスの前ぶれというより、彼の性器に慣れるのが目的です。子どもの頃、自分を侵害した男の性器と構造こそ同じでも、これはけっして自分を侵害しない、と確認するのです。恋人が性的に興奮してきたら手を休め、自分の気持ちを言葉にしながらすすめましょう。安全でコントロールのきく状況にあれば、内なる怖れを分散できます。

恋人が女性の場合、自分の身体を知るのと同じ方法で、彼女の身体を知ることができます。加害者が女性の場合も、同じプロセスが当てはまります。恋人の身体に馴染み、よく知って、邪魔になる思い込みを取り除いていきましょう。

愛情を感じるなんて

「親密さを抜きにしてセックスは語れない。問題はそこです」と、ある女性が語るように、サバイバーの抱える性的問題の根っこにあるのは、たいてい不信感です。

これまで身体と心がバラバラだったから、いつでも男と「やれた」。こういう言い方がピッタリだ。「愛を交わす」なんてものじゃなかった。

子どもの頃、愛し信頼していた人に虐待された場合、性、愛情、信頼、裏切りなどが複雑に絡みあいます。他者と性関係を持てるようになり、それなりに満足していても、ひとたび相手を深く愛するようになると、突然、強い恐怖心に見舞われることがあります。感情を閉じ込めている内はなんとかセックスできても、深い感情とともに昔の痛みが甦ります。それはまさに以前受けた虐待の再現なのです。

窓ごしに近より、私を外に引っぱり出してくれた人、それが今の夫だ。一言の批判もなく、無条件に私を愛してくれた。ようやく何の見返りも要求されない愛にめぐり会えたのだ。最初はとてもいい友だちで、相性も良く、彼の気性が好きだった。

出会って二カ月は不安の連続で、胃がキリキリと痛んだ。感情的に親密になり、互いをさらけ出すようになると、セックスの時、私の意識は身体から離れ、自分の性的感覚を意識できる時が、だんだん少なくなっていた。心を開いたら、自分を見失うのではないかという不安から、自分の一部をバリアで取り囲んだのだ。

信頼できる愛情関係にめぐり会って、ようやく虐待を思い出す女性もいます。虐待の記憶が戻ってくるには、それだけの安心感が必要なのです。

父が死んで八カ月後、いまの夫に出会った。それまで前向きで健全な関係を持ったことがない私にとって、彼こそ待望の人だった。虐待の記憶が最初に戻ってきたのは、その一年後だ。

恋人関係が意味を持ち始めたとたんに仲たがいしてしまう、という事態を避けるためにも、自分のこうした傾向を理解する必要があります。関係の中で問題が浮上したら、それは深い感情を味わうための大切な布石であり、信頼と安心感を取り戻す絶好の機会なのです。

私の言う通りにして

性体験をすみずみまでコントロールしたいという欲求は、多くのサバイバーに共通しています。特定の体位のときだけ、灯りがついているときだけ、自分から言い出したときだけ、朝だけ、あるいは朝はダメなど、条件をこと細かに指定し、それ以外は安心してセックスできないかもしれません。恋人にとっては苦痛でも、安心できる状況を造りだすには、こうした限界設定や制限は不可欠です。大事なのはコントロールがきく状態を造ることです。

セックスとはコントロールを手放すことだ。その行為は好きだが、コントロールを放棄するのは怖い。それでつい躊躇してしまう。「自分は本当にセックスしたいのか、それとも人の誘いに応じているだけなのか?」自分から誘う方がずっと楽だ。自分の性的な気持ちを実感し、侵害されていないと確信できるから。

自分を責めずに、内なる管理欲求を認めて相手に応じることは大きな力となります。

私を求め、触れようとする男性がいるというだけでも脅威だった。誰かが何かを求めて近づいてくることが、受け入れ難かった。セラピストは、夫が必ず許可を得てから私に触れるようにしてはどうかと提案した。しばらくそれを試すうちに、だんだん脅威に思わなくなり、触れられることと攻撃との違いが識別できるようになった。「この人は私を追いかけた父ではない、私の夫なんだ」

性的な場でも自分は安全だ、と感じられるようになるにつれ、管理欲求も次第に弱まるでしょう。

つらいのは自分だけじゃない

たとえある期間、セックスに関するすべてを自分で管理しなくては気が済まなくても、いずれは恋人の要求もある程度受け入れる必要が出てきます。

「カレンが心を閉じて、無反応なとき、どんな気持ちがしますか」ある日、セラピストがロジャーに尋ねた。「二人の間が壊れてしまうのではと、怖れと不安でたまらなくなる」と彼が打ち明けるのを聞いて、この凄まじい感情を味わっているのは自分だけじゃない、と気づいた。ここにもう一人、私の深く愛する人が傷ついている。その一部は、自分のことに夢中になっている私が負わせた傷なのだ。

癒しの段階には必ず、他の人の要求や感情を気に留められない時期がありますが、あなたの苦痛と癒しは当然周りの人々にも影響します。最も顕著なのが性の領域です。サバイバーのパートナーは、しばしばサバイバーの性的変化に混乱し、傷つき、欲求不満と怒りを感じます。これほど意識的にセックスに向き合わなくてはならないことに怒りを覚えたり、あなたの性の問題を自分のせいにするかもしれません。別れ話を持ち出して、脅しをかける人もいるでしょう。

私の性的恐怖心に対して、恋人はずっと拒絶感と怒りを抱いていたが、それは日増しに強くなり、今にも爆発寸前だった。その一方で、ようやく芽生え始めた私の性的自覚は次第に萎えていった。「あとどのくらい？　すぐ良くなるって約束したのに、どうしてこんなに長引くの？　人生の大事な部分を逃しているのよ。私のことなんか何もわかってないのね」。頻繁にこう問い詰められると、ますますセックスをする気がなくなり、よけい彼女を怒らせた。今ではまったくセックスする気になれない。とうとう一昨日の晩、彼女は私との関係を解消して、誰か別の相手を探したいと言い出した。

サバイバーなら誰でも、性的な癒しに取り組む間は、恋人が献身的に理解を示し、忍耐強くあって欲しいと願うでしょうが、これは現実的とは言えません。どんなに協力的な恋人でも、それなりの感情や要求があります。無理に性的関係を持たないままでも、できる限り恋人の気持ちを汲む必要はあります。関係を続けたいのなら、これは不可欠です。

＊相手の言い分に耳を傾ける

恋人にはあなた以外に話を聞いてもらえる人が必要ですが、ときには直接、相手の欲求不満や怒りを聞くことも大事です。

＊恋人の気持ちを認める

恋人にも自分なりの欲求があり、傷ついたり、怒りや不満をもつ権利があります。状況が逆になれば、それは自分にも当てはまります。

＊恋人の立場にたってみる

セックスをしないといって怒る相手の気持ちが理解できなければ、自分にとって大切なもの、たとえばコミュニケーションを例にとって、もし恋人が自分に話しかけなくなり、いつその気になるかも分からなかったら、どう感じるか想像してみましょう。

＊セックスを望む恋人を糾弾しない

いま自分にとってセックスが脅威であるからといって、セックス自体が悪いわけではありません。恋人の欲求は健全であり、生活の大切な一部です。

＊恋人を責めない

問題はすべて虐待者のせいであることを忘れずに。

＊できるだけ一貫した姿勢をとる

時に難しくても、恋人があなたの気まぐれに翻弄されていると感じないよう、自分の境界線はできるだけ明確で一貫したものにしましょう。

＊気持ちを伝える

今の自分の状況を恋人に知らせましょう。

＊時がくれば必ず変化が訪れることを恋人に伝える

あなたも今の性生活を変えたいと思っていることを、相手に何度でも伝えましょう。

＊良いことを口にする

セックスできるようになりたいと思うなら、恋人を魅力的だと感じたら、何度でも口に出して言いましょう。

＊できるだけのことをする

セックスができなくても、それに近いことをしながら、少しずつ自分の枠を広げて行きましょう。

＊息抜きをする

人生、そして二人の関係には、セックス以外にも大事なことがたくさんあります。

セックスを使ってほかの欲求を満たす

サバイバーにとって、性の問題といえばセックスの回避が多い一方で、正反対の問題を抱える場合もあります。セックスなしではいられず、本来性的ではないものも含めて、あらゆる要求を満たすためにセックスを使う場合です。

離婚後、憑かれたようにセックスにのめりこんだ。ある種の解放感と抱擁、慰めを得られるような気がした。でもそれはとても刹那的なので、繰り返し続けるしかなかった。

温もり、親密感、あるいは交わりが欲しいとき、自分が愛されている、価値があると実感したいとき、誰かにかまって欲しいとき、気持ちが塞いでいたり、落胆したり、怒っているとき、その代償にセックスを求めることがあります。子どもの頃、関心や愛情を性的な形で受けてきた場合、大人になってからも非性的な欲求をセックスに結びつけやすくなるのです。

私にとって愛されることは、性関係をもつことだった。だから性的に接してこない人は、私を愛していないんだと思っていた。

自分の気持ちや欲求をごまかすために、無責任にセックスを利用する、虐待者の接し方を身につけてしまったサバイバーもおおぜいいます。

寂しかったり、何かに怯えたり、夫と一緒にいたくなると、いつでもそれを性的な欲求だと誤解していた。明らかに感情的な触れ合いを必要としている場合でも、いつも性的対象でいないと不安で、望んでもいないのに、誘惑的に振る舞ってセックスを求めた。セックスができないとイライラして自制心をなくし、怖くなった。強さを示していると思っていた行為が、実は歪んだ欲望感覚の現われだったのだ。

セックスですべてを満たそうとする習慣はやめることができます。どんな気持ちの時セックスしたくなるかに、注意を払いましょう。自分の欲求や願望が性的なものなのか、あるいは単なる習慣でセックスを求めているだけか、自問してみましょう。人の温もり、親密感、くつろぎ、安心感が欲しいのか、あるいは、認めてほしい、何か確信が欲しい、力を感じたい、感謝されたい、心配や問題から逃れたい、などの理由からか。生理的に気持ちよくなりたいからか。自分が何を望んでいるのかをしっかり見極めましょう。

その著書『自由になること』で、ジニー・ニカーシーはセクシュアリティを、愛情、官能、エロティシズム、親密感、ロマンスの五つの要素に分けています。この五つの要素のうち、セックス以外の方法で満たせないのは、エロティシズム（定義＝オーガズムとそれに関連する性的な高まりと緊張）だけです。

広範囲な要求を性的な手段で満たそうとする傾向があるなら、大変でも、思い切って他のアプローチを試みましょう。ただ抱きしめてもらうだけで、セックスよりずっと満たされることもあります。率直な語り合いが、より深い満足感をもたらすこともあります。ある時は、水泳、ダンス、音楽鑑賞、絵を描くことなどで、いい気持ちになれます。セックスを楽しむのをやめるのではなく、自分の要求を満たすレパートリーを広げることで、より多くの自由と創造性を手に入れればいいのです。

これはまた、自分自身が単に性的な存在ではない、という自分への明確なメッセージにもなります。確かにセックスは素晴らしく神秘的な生の側面ですが、あくまでもその一面に過ぎません。自分という人間は、さまざまな側面を持つ集合体であり、そのすべてと接点を持てるのです。

虐待の繰り返し

サバイバーが、繰り返し虐待に遭うこともあります。虐待傾向のある恋人と結婚したり、次々と危険で屈辱的、あるいは退屈極まりないセックスに甘んじる場合もあります。無制限に他人に身体を許し、そのたびに傷つけられるのです。

売春

アメリカでは一〇〇万人以上の女性が、売春婦として働くことで全収入、または収入の一部を得ており、その多くは性的虐待の体験者です。

　売春は虐待の犠牲者となるもう一つの道だった。私が売春を始めたのは、お金を稼いで子どもたちを育てるためだ。自己解放するにはあまりにも若かった。公的扶助は何も受けていなかったし、おしめや食べ物を買うために、売春以外なにも思いつかなかったのだ。

サバイバーが売春婦やストリッパー、トップレスダンサーなどになることは、虐待のパターンを繰り返すことです(2)。奪われっぱなしの昔と違って、今度こそちゃんと報酬を受けている、と正当化してみても、自分の価値はひとえに性的な存在に限定され、しかもそこでは自分自身の充足のためではなく、他者のための性的存在という役割を再び演じることになるのです。

　二番目の夫と離婚して子どもと別れた私は、カリフォルニアにきて三週間もしないうちに、暴力的な客引きと手を組んで街娼を始めた。当時私は二四歳。五年間売春婦として働き、ひどい虐待を受けた。そいつからは何とか逃れたが、売春はやめられなかった。いま思いかえすと、なぜあんなことを自分に課していたのか理解に苦しむ。それしかないと思い込んでいたのだ。まるで子どもの頃と同じように。

　よく、好きで売春してる、って言う女性がいるけど、本当は違う。それ以外に選択の余地がないのだ。私もその罠に落ちた。子どもの頃、父に虐待されるたびにごほうびをもらった。父はいつもセックスの後、私がほしがっていたもの、以前にはくれなかったものをくれたのだ。そうやって「おまえはセックスだけが取柄だ」と教えられた私にとって、街娼はその延長に過ぎなかった。

現在売春をしていても、積極的に自分を癒す余地がないわけではありませんが、性的癒しの深まりは、売春をやめるまで著しく制限されるでしょう。

暴力とセックス

暴力的に虐待された女性にとって、セックスと暴力は深く繋がっています。

　幼い頃、母がヒステリックに叫んだり、物を投げ始めると、きまって後で父が私の寝室にやってきた。暴力的場面とセックスは繋がっていた。大人になってもその繰り返しで、私はそれを「別れ＝仲直り症候群」と呼んでいる。喧嘩の後のセックスは、慣れ親しんだあの感覚だ。前の恋人に殴られたとき、蹴られて床に倒れ込んだら、かつての母の姿が記憶に甦ってきてギクリとした。誰に殴られているのかわからなくなった。髪を摑まれた瞬間、これを終わらせるには、右のドアを開けて外へ逃げるか、左のドアを開けて寝室へいくか、どちらかしかないと感じた。

健康的な性的感性を育てるには、このパターンを変えねばなりません。今の関係が暴力とセックスの両方をはらんでいるなら、その二つの繋がりを解くか、その関係から抜けだす必要があります。また、セックスと暴力の結合に興奮する場合は、そうした指向を変える体系的な取り組みが必要でしょう。（p284『自分の望む性的感性とは』参照）

虐待と幻想

過去の虐待を想起しないと性的興奮を感じない、というサバイバーもいます。父親の顔を思い浮かべないとクライマックスに達しない人もいれば、縛られて強姦されたり、自分が虐待者になるのを想像する人、子どもの頃、隣人に受けたような性的刺激を受けないとオーガズムを得られない人もいます。性的虐待の本を読みながらマスタベーションする人もいます。

何週間も性的虐待の本を読みふけった。『朝の来ない夜』を左手に、バイブレーターを右手にね。

こうした感情や幻想があることを認めるのは、恥ずかしいものです。子どもの頃、浣腸による虐待を受けた五六歳の心理療法士は、こう説明します。

私は自分の性的感性にうんざりしていた。グロテスクで病的で、いつか病院行きになるのではと怯えていた。性的虐待の生々しい話を聞かされると、興味をそそられた。他のすべては色あせ、飢えた野良犬みたいにその話にのめりこんだ。

七年半のセラピーを経た今、これまで強い羞恥心に覆い隠されていた、とてつもないＳＭ幻想が表面化してきた。病院幻想、強制収容所幻想、肉体を切り刻む幻想。これまで生命の源泉である自分の性的感覚を封じ込めておいたのも無理はない。恥ずかしくて、自分がどうなるのか恐ろしかったのだ。

セラピーで初めてその幻想が現われたとき、自分を破壊したいほどの強い怒りを感じ、自殺したくなった。あんな事で興奮する自分を認めるのが怖かった。今思うと、虐待的でサディスティックな状況に興奮することへの羞恥心、

> 恐怖、絶望感といった感情こそが問題の核心なのかもしれない。

虐待やＳＭ行為に興奮する自分を責める必要はありません。根拠もなくそんな幻想を創り出したわけではないのです。それらは、数々の忌まわしい手や、ペニスや侮蔑と同様、過去の虐待で、意志に反して無理やり押しつけられたものです。

初めての性体験の状況は、その後の人生に深い影響を及ぼします。セックスと同時に起きたことは、すべて一緒に心に刷り込まれます。冒瀆、屈辱、恐怖などを興奮や性的快感と同時に体験すると、喜びと痛み、愛情と屈辱、欲望と力の不均衡などの要素が絡まり合って結びつき、感情や身体にその痕跡を残します。そのため羞恥心、秘密、危険、禁断などに興奮するようになるのです。

サドマゾヒズム（ＳＭセックス）

性的興奮や性的エネルギー放出の手段と称して、性と暴力の歪んだ結びつきを、ＳＭ行為という形で実践する人もいます。両者の合意の上でのＳＭ行為は、力関係を探求する実験の場である、というのがＳＭセックスの肯定者たちの主張です。しかし、虐待の条件づけから脱し、癒しに取り組もうとする女性にとって、ＳＭ（痛みや屈辱をもたらし、一方がもう一方を思い通りにするセックス）への関わりは理に適ったものではありません。それはアルコール依存の人が、特別に設定された環境で飲酒することによって自分を癒そうとするのに似ています。

一定期間、ＳＭにのめり込んでいたサファイアは、自分を裏切るような感じだったと語ります。

> あの頃はＳＭが自分の性的感覚を広げてくれると思っていたが、振り返るとけっしてそうではなかった。当時はＳＭの謳い文句を信じていたけど、いま思うと、癒しには逆効果だった。役割を演じるだけで、感情と向き合う必要はなく、自分の性的感性を正面から見据えなくて済むからだ。
>
> ＳＭとは、リスクを冒して相手を信頼する行為だ、と言う人もいるけど、私にとって、Ｍ役は冒険でもなんでもなかった。実生活で同じことを体験し、現実に誰かの慈悲にすがるしかなかったのだから。ゲームはゲーム、リスクでも何でもない。私にとっては、誰かに触れられた瞬間に、自分の感情を味わう方がよほど覚悟が要ることだ。そのほうがずっと深い信頼関係が必要だ。ＳＭとは、自分の性的感性と向き合うのを避ける一つの手段だったと思う。
>
> ＳＭの影響は寝室にとどまらない。最初はおもしろいゲームだったが、徐々に私たちの関係に侵入し、日常生活に影響を与えていった。ＳＭで恋人を足蹴にすることが、癒しになるはずがない。

ＳＭを実践していなくても、誰でも「良いセックス対悪いセックス」という社会の二極対立の罠にはまることがある。でも私はもっと別な方向を目指したい。誰かに触れる瞬間に、役割を演じるのではなく、自分の情熱をあるがままに受け入れたいのだ。

自分の望む性的感性とは

痛みや屈辱の絡みついた性的興奮の鎖から自分を解き放つことは可能です。これまでの条件づけを変え、この連鎖を壊し、情熱と興奮をあわせ持った自分本来の性的感性を創り出しましょう。

*自己変革の決意
「もうやりたくない」と口にするのは、力強い第一歩です。
*その決意を行動で裏づける
虐待的なセックスに関わるのは一切やめましょう。
*まず自分から始める
以下に登場するサファイアのように、まず自分の幻想に向き合いましょう。
*現実に留まる練習をする
幻想に流されず、自分のありのままの感情を味わってみましょう。達成すべき目標は何もありません。
*自分の体験を正直に話す
たとえ話しづらくても、羞恥心を克服して先へ進むには、話

水の贈物――ジャンヌ・マリー・ヴォーン

ここでは、過去の否定的な性幻想を、新たな慈しみと癒しのイメージに置き換えようと試み、水を題材に選んだ。お風呂は自分の性的感覚を感じるお気に入りの場所だ。以下は自分のために書いた短編からの抜粋だが、私にとってこれは単なる性幻想を越えた瞑想となっている。

私は海に浮かぶ小舟の上にいる。夜は明けたばかりで、水は鮮やかな紺碧色。風もなく、あたりには静けさが漂い、小舟の微かな揺れが心地よい。私は腰のあたりに布を巻きつけ、胸をはだけて座っている。空気、肌、口の中が潮の匂いに満ちている。髪の毛が風にそよぎ、やさしく頬をなでる。私は小鼻を膨らませ、潮の匂いを肺一杯に吸い込む。

ボートを漕ぎながら、筋肉の躍動を感じ、オールが水面を打つ音を聞く。暖かな陽差しが乳首、背中、そして肩に当たる。玉の汗が腋の下に噴き出し、くすぐるようにゆっくりと身体を伝う。肺は力強く膨らみ、私は朝の光と音と香りに歓喜する。

島が近づいて見える。ここは以前にも来たし、いつかまた訪れる場所。それは女たちが幾度も戻ってくる場所だ。

腰布をまとめ、股間で結びあわせると、水の中に足を入

をする必要があります。セラピスト、信頼できる友人、そして恋人に率直に話しましょう。

刷り込みを変える――サファイアの場合

レイプやＳＭを想像しないと性的に興奮しなかったサファイアは、性的虐待からの癒しに取り組み始め、これまでのパターンを取り除こうと決意しました。

性的指向が生まれつき決まっているとは思えない。性虐待を受けたことと同様、まず、こうした幻想を持つ自分を責めるのはやめようと思った。どちらも根っこは同じだからだ。罪悪感を捨てることから始めたが、私はもう一歩進んで、こうした幻想に終止符を打ちたかった。

自分を興奮させる感情の核心は何か、注意しながら、マスタベーションの回数を増やした。登場人物や衣装は変わっても、核となる感情は同じだった。「私は完全に激情の虜。あなたの望むことなら何でもする」これが情熱を感じる唯一の方法だった。誰にも力を奪われずに、自分の責任において性的情熱を味わうことができなかったのだ。

この幻想と向き合い続け、ようやく自分の感情を見極めたら、次は、オーガズムや情熱を幻想と切り離す、プログラムの組み替え作業に入った。この二つを分離するのは難しかったが、誰の助けも借りずに独力でやった。結果は予

れ、小舟を浜に曳きあげて、ジャングルへと向かう。風は熱く湿気を帯び、むせるような植物の匂いがたちこめる。裸足の私は一瞬いばらに用心して、道端に立ち止まる。地面を見ると、道はよく踏み固められている。ここでは何の心配もないのだ。

しばらく歩き続けると、視界が開けてくる。そこは池の真ん中にある小さな洞窟だ。頭上から細い竹をつたって水が一点に流れ落ち、水の中から覗く古代の岩盤へとこぼれ落ちる。ここは捧げ物をする祭壇であり、私は自分自身を捧げにやってきたのだ。

苔の上に腰布を脱ぎ捨てた私は池に入り、岩の上に身を横たえる。呼吸しながら身をかがめ、岩にもたれ掛かると、丸く暖かい岩の窪みを背中に感じる。何世紀にもわたってこの場を訪れ、同じように横たわった女たちの身体で形作られた窪みだ。

私はゆっくりと両脚を広げて身体を開き、滴る水に身をさらす。流れ落ちた水は、やさしく私の性器を愛撫する。生命の炎が鳩尾に浸透し、太股から尻へと暖かく広がる。ひたひたと浜辺に打ち寄せる波のように、その水は私のクリトリスを舐める。私の身体は太陽の光の入り混じった水を呑みこみ、完全に満たされ、浄められ、癒され、力づけられる。私は水と光の贈物で精いっぱい膨れあがるのだ。

想できず、自分の欲求すら確信できなかったが、誰かの指示をただ待っているのはいやだった。自分は変われると信じていた。

私だって情熱を感じてもいいし、それは必ずしもあの幻想と一体ではないと思ったらずいぶん気が楽になった。ようやく、その幻想は本当は「私のもの」ではない、とわかってきた。虐待によって押しつけられたものなのだ。そのうち、SMや父に虐待される場面を想像しなくても、オーガズムを感じるようになった。

いったん感情と幻想を分離した後は、滝の流れなどの力強いイメージを意識的に重ね合わせるようにした。SMを押しつけられたのなら、それを滝に置き換えることもできるはずだ。自分でプログラムを組み替えたのだ。「お望みなら何でもするわ」と言う代わりに、滝を見つめて同じくらい強い情熱を味わうことも可能なのだ。

ひと休みして気晴らしを

性的自己変革の途上で、行く手が険しく見えることもあるでしょう。「努力」という言葉にうんざりしたり、自発性や楽しみから余りにもかけ離れてしまった、と感じるかもしれません。こんな時はユーモアのセンスを発揮して気晴らししましょう。

性愛に対してあまりに生真面目に忠実に取り組むと、自発性がなくなり、視野も狭くなる。笑いや愉しみや戯れを忘れた四角四面の生活は、ひどく単調でつまらない。私たちに必要なのは、そんな堅さを意識的に減らし、ベッドでもっと戯れ、愉しむことだ。

性的癒しに時間をかける

性的癒しは時間がかかっても必ず得られるものです。今日の性的体験と一、二年後のそれは違っていることでしょう。現在は解決不可能に思える問題も、後にはたいしたことではなくなるかもしれません。また、当初はセックスができた人が、癒しの段階を深めるにつれて、できなくなる場合もあるでしょう。

セックスは、二人の親密度、力関係の差、そして相手の状況によっても大きく変わります。性的虐待の癒しに取り組み始めたエイドリアンには何人かの恋人ができましたが、相手が変わるたびに性体験は激しく変化しました。

アランに会う前も、恋人はたくさんいた。セックスはまあまあで、特に問題は感じなかった。でも初めて心底好きになったアランとは、相性が悪かったのか、うまくセックスできなかった。セックスをとても大事にしていたアランは、次第に苛立ち、プレッシャーをかけるようになった。

私は完全に自分を閉ざし、二人の関係はどんどん悪化し、結局は別れてしまった。私は人生の敗北者だった。

それからというもの、人と関係を作るのが怖くなり、自分には何かが欠けている、問題がある、という思いが離れなかった。ランスに出会ったのはそんなときで、しばらく友人としてつき合ってから恋人同士になった。今度は前もって自分の問題を話し、彼はそれを受け止めてくれた。ランスは素晴らしい恋人で、プレッシャーもなく、セックスもうまくいった。彼のおかげで、セックスを探求し、すべてを管理できるようになった。私はずいぶん癒され、彼と別れる頃は、自分の性を肯定できるようになっていた。

もうセックスの問題はすべて解決したと思っていたので、新たにジョンと関係を持ち始めたとき、敢えてこの話は持ち出さなかった。私たちは激しく燃え上がり、私もこれまでになく情熱的になった。ところが二カ月後、新たな虐待の記憶が蘇ってきて、関係が一気に破綻し、セックスなんてとても考えられなくなった。もう解決済みだと思っていた問題が、また現われたのだ。でも今回は自己嫌悪には陥らなかった。どうしたらいいか少しは知っていたからだ。

同じ人物と関係を続けていても、セックスは変化します。新しい恋人の場合、急激な情熱の高まりが、問題を一時的に覆い隠してしまうこともありますが、関係が落ち着くにつれ、性的問題に再び注意を向ける必要が生じるでしょう。親密な感情が深まるほど、性的に閉ざすかもしれません。あるいは信頼感が強まるにつれ、予想を越えた深い身体的癒しを体験するかもしれません。

性的な癒しには時間がかかり、その進み具合が見えないときもあるでしょう。しかし、起伏は多くても、きっといい方向に向かっています。より充足した性的感性を育てたいなら、辛抱強く今の自分を受け入れ、自分の力を信じましょう。

自分を受け入れるのは大変だった。過去の体験のせいで、性欲が人より強かったり弱かったりするのかもしれない。でもそれが何だというのか。私はわたし、自分を愉しむ！　一人の女には千の顔があり、どの顔をしてもいいのだ。パートナーには合わせてもらうしかない。性とは毎晩の性交だけじゃない。自分が何者かを探り、それを怖れないことなのだ。

かつて性を乱用されて苦い思いを味わっていても、大人になった今、自分の価値観をまるごと反映させた、本来の性を取り戻すことができます。

セックスは、作詞作曲や踊りの振り付けと同様、力強い創造的なうねりです。こうした創造的行為は万全の注意と集中力を必要とする、きわめて密度の濃いものであり、新たな実りをもたらします。恋人とともに、リスクを背負い、スリルを味わい、深い信頼感を勝ち得ること。こうした試みに乗り出すことで生命力、喜び、強い絆を実感し、その情熱はそのまま、生きることへの情熱に繋がるでしょう。

恋人がいなくても、自分の性的感性を取り戻すのは価値あることです。年をとったあるサバイバーは、長い葛藤の末、それを実感しました。

再び誰かと恋人関係を持とうとは思わない。性的な気持ちになる、と思うだけでもゾッとする。ただ最近ちょっと見方が変わった。セックスは生命、生きていることの一部だ、と思えるようになった。たとえこの先、自分の身体の中でその感覚を味わうだけだとしても、一度も行動に移さなくても、充分価値ある事だ。それは生命、そして生きることの肯定だった。

レスビアン、そしてサバイバーであること

「お父さんに虐待されたから、レスビアンになったのね」とよく言われるが、これほど頭にくる言葉はない。人はこうやって私の選択権を奪おうとするのだ。もし私が人殺しだったら、それが性的虐待の影響だと言われても致し方ない。性的虐待が培うとすれば、それは暴力や憎悪であり、人を愛する能力とは関係ないのだ。

癒したいのはあくまで性的虐待の破壊的影響であって、レスビアンであること自体ではない。これは明白なはずですが、なかには、レスビアンになったのは何か良くないことがあったからだ、と思うサバイバーもいます。性的虐待さえ受けなければ異性愛になっていたろうし、その方が良かった、と思うのです。

私は、父にひどい虐待を受けたせいでレスビアンになった、と信じていた。虐待された時点で、情緒的な成長が止まったのだと思っていた。後に、何の虐待も受けず幸福に育ったレスビアンに出会って、ようやく考えが変わった。彼女はとても安定した人で、家族もレスビアンである彼女を受け入れており、その事で何の問題も抱えていなかった。彼女に会って初めて、自分の性指向の原因を探さなくてもいいとわかった。過去に何が起きたかは関係ない、と思えるようになったのだ。

確かに、男性に虐待されたことで、性生活や情緒面で男より女と関係を作るようになる女性もいます。しかし男性に虐

待されたという理由だけでレスビアンになる人はいません。異性愛の女性の多くは、男性に虐待されているにもかかわらず、自分のパートナーやセックスの相手に男性を選んでいます。もし虐待が性指向を決定づける要因であるなら、レスビアン人口は今より遥かに増えていることでしょう。

私がレスビアンなのは女を愛するからで、男を憎んでるからじゃない。私は（女だけで生きようとする）分離主義者でもない。息子が大好きだし、大切に思う男性もいる。けっして男嫌いではない。むしろ異性愛の女性の方が、男を憎む理由は私よりずっと多いはずだ。

レスビアンであることはしごく健全なことであり、虐待の後遺症として克服すべき問題ではありません。レスビアンであることを何かと病理化したがる風潮に対して、ワークショップ参加者の一人が皮肉をこめて言いました。「もし虐待のせいでレスビアンになったとしたら、少なくとも一つは良い影響があったってことね」

◇自分の性的指向がわからないとき

自分の性的指向に自信がないなら、しばらく時間をおきましょう。今わからなくても、過渡期であっても、ちっともかまいません。心と身体が離れていたり、表面を繕っているだけだったり、あるいは自覚がなくて、自分の性をよく知らなければ、自分の本当の反応を発見するのにしばらく時間がかかります。その間、性的指向のあいまいな自分を大目にみてあげましょう。

性的指向とは一種の連続体です。純粋な異性指向、あるいは同性指向の人間はひと握りで、たいていの人はどこかその中間にいます。自分は生まれながらのレスビアンだと思う人もいれば、レスビアンであることを選んだという人もいます。思春期、大人になってすぐ、結婚後何年もたってから、あるいは更年期を迎えてからなど、女性は生涯で幾度も、他の女性に惹かれたり、女性を愛する経験をします。決断はすべてあなた自身にかかっているのです。

レスビアンになりさえすれば、問題をすべて解決できると思うのは間違いです。以前は不可能だったことが可能になることはあっても、レスビアンになることはけっして、万能薬ではありません。

自分の性的指向を見直したいなら、親密な関係に自分が何を望むのか考えましょう。その考え方は誰から受け継いだものですか。現実に人と関係を作るとはどんな事ですか。その時々の自分の感情を確認していくうちに、何らかの兆しが見えてくるでしょう。

自分がレスビアンかもしれないと思ったとき、怖くなったり戸惑うのは自然なことです。誰でも自分の性指向を認める過程で疑問や不安を抱きます。レスビアンであることを自然に受け入れている人の手記や、自己表明（カミング・アウト）の話を読んでみましょう。どんな選択をしても偏見なしにあなたを支えてくれると思える人に話してみましょう。大事なのは時間をかけることです。プレッシャーをかけたり、早急に自分にレッテルを貼る必要はまったくありません。

◇レスビアンであることが居心地悪いなら

レスビアンであることは性的な自己認識であるため、性を受け入れられない限り、レスビアンであることも受け入れられないでしょう。レスビアンだと言うだけで、自分の性的側面が過度に強調される気がするからです。レスビアンであることには性的側面以外にも多くの意味があります。レスビアンであることには性的側面以外にも多くの意味があります。そこには音楽、美術、政治、文化があり、支え合う仲間がいて、女どうしの情緒的、哲学的繋がりや、魂の繋がりがあるのです。

レスビアンでいることの居心地悪さは、時に周りの環境に起因します。同性愛を忌み嫌う人々に囲まれて、自分の性的指向を隠さないといけなかったり、レスビアンである自分を自然に受け入れている人が周囲にいない場合です。レスビアンであることを安心して表明できる場がありますか。恋人と手を繋いで歩けますか。自分は独りぼっちではない、と感じられますか。

居心地が悪いのは、自分のことを誰にも話せないと思うからかもしれません。これは、どんなレスビアンにとっても大きなストレスですが、サバイバーの場合、これは特に辛いことです。秘密、孤立、羞恥心、露見を恐れる気持ちは、虐待されたときに抱いた感情と似ています。レスビアンであるというもう一つの秘密を抱え込むことで、未解決の恐怖心、孤独、苦痛が噴出することもあります。

自分の性的指向を世間に表明しなくても、孤立を防ぐ手段はあります。レスビアンのためのニュースレターや雑誌を購読しましょう。女性音楽祭や女性会議の案内を取り寄せましょう。あなたはけっして独りではありません、仲間を求めましょう。レスビアンであるという自己認識を、力強く肯定的な人生の錨と見なして生きる女性はおおぜいいます。

虐待に取り組み始めた頃は、すべてに疑問を抱いていた。文字通り、すべてに。自信があったのは、レスビアンを選んだことだけだった。それは自分にとって健康的で正気に思える唯一の選択だった。自分にも地に足のついた確固としたものがある、と大きな安堵を感じた。

（1）この考え方は『レスビアン・セックス』の著者ジョアン・ローランによって提唱されたもの。Loulan, JoAnn. *Lesbian Sex.* (San Francisco: Spinsters Ink, 1984) 性的感覚、性の問題、性的癒しに関して、レスビアンだけでなく、すべての女性にとって有益な本。

（2）働く上で不可欠な保護を獲得しようと、組合を結成した売春婦もいる。売春を安全で、社会的に認知された職業にしようと努めるC.O.Y.O.T.E.（Call Off Your Old Tired Ethics＝古くさい倫理観を棄てよう）などの団体だ。売春を肯定的に受け止め、売春は犠牲を強いるものではないと主張する売春婦もいるが、子ども時代に性的虐待を受けた女性にとって、売春が過去の虐待の繰り返しになるのは避けられない。

W.H.I.S.P.E.R.（Women Hurt in Systems of Prostitution Engaged in Revolt＝買売春制度に傷つけられ叛逆する女性たち、P.O. Box 65796, St.Paul, MN 55165-0796）は、売春や性産業から脱け出したいと思っている女性や少女を支援する団体である。The Council for Prostitution Alternatives（売春に代わる生業協議会:65 SW Yamhill St., Portland, OR 97204）は、売春から逃れる女性への具体的支援のほか、経済的援助、カウンセリング、法律相談などを行なっている。

子育てと親業

子どもたちが私に希望をくれた。あの子たちの笑い声やお茶目な振る舞いに接すると、落ち込みから脱け出せる。まさに『バック・トゥ・ザ・フューチャー』って感じで、また一歩先へ進める。子どもを育てる責任があるという自覚が、癒しの何よりの動機となった。子どもがいなければどうなったかわからない。子どもたちに対しては、責任ある大人でいたかった。もう虐待を繰り返したくはなかったのだ。

子どもたちと心の通い合う家族関係を作れるのは、生みの親だけとは限りません。本章で取りあげる親としての心構えは、拡大家族や新たに家族となった友人にも当てはまる事柄です。

子どもたちと共に過ごすのは、刺激的で試練の多い癒しの方法の一つです。子どもとの触れ合いを通して、虐待を受けたのは自分のせいでなかったと知り、内なる子どもに出会うきっかけがつかめます。子どもを持つことは、自分を癒す動機とも支えともなり、子どもと過ごすことで家庭生活の良い面を体験できます。しかし一方で、子どもと接することで未解決の感情が湧き上がることもあります。昔の記憶が刺激されたり、親とそっくりな自分を発見したり、自分の傷つきやすさを思い知らされるかもしれません。

子どもを持つか持たないか

選択の余地なく母親になる女性がおおぜいいる一方で、意識的に産む、産まないの選択をする女性も増えています。サバイバーの場合、この決断が自分の癒しと関連する場合も少なくありません。

妊娠を望むあるサバイバーは言います。「子どもを持つこと自体が自分の癒しになると思う。悪循環を断ち切ることができるから」

一方、子どもを持たないと決めたサバイバーもいます。

これまでずっと灰色のモヤの中、人生を半分も生きずにさまよってきた。ようやく立ち直りかけて、ここで子どもを持つためにまた人生を中断するわけにはいかない。今は生きているだけでとても刺激的だ。だから、夫はパイプカットを受けた。

今は子どもを持つ気になれなくても、将来もしかしたらと思っている人もいます。

子どもを持つとしたらまだ何年か先、自分の癒しがもっと進んでからにしたい。今はまだきちんと愛情と関心を注いで子どもを世話できそうもない。私という、自分の内なる子どもを愛することで精一杯なのだ。

癒しが進むにつれて、気持ちもまた変わります。子どもの頃の自分を受け止められるようになるにつれ、自分に対する認識も大きく変化するでしょう。ずっと子どもが欲しいと思っていたが、本当に望んでいたのは子どもの頃の傷を癒すことだ、と気づいた人もいます。また、これまで子どもを怖れていたのに、今では子どもと過ごすのが楽しくなったという人もいます。

子どもに教わる

親としての最大の喜びの一つは、子どもたちがいつも遊びの世界へ誘ってくれることです。

子どもを持とうと決心した本当の理由は、一緒になって楽しく遊びたいから。それは私が子どもの頃できなかった経験だ。

サバイバーの多くは子ども時代を持てませんでした。幼い頃から大人の責任を課せられたり、無理な要求を押しつけられたのです。仮に遊ぶことができても、秘かな重荷を抱えて、心から楽しめなかったかもしれません。今ようやく心おきなく遊べるチャンスが巡ってきたのです。公園を走り回ったり、ブランコに乗ったり、ハロウィーンの仮装をしたりできるのです。

三五歳のエラにとって、子どもを持つことは癒しの大事な一部でした。

子どもを愛することで私も愛をもらう。子どもの愛はけっして無理強いできない。セックスは無理強いできても、純粋な愛は誰にも強要できないからだ。これまでやってこれたのは、この愛があったからだ。あの子たちを見てると、自分がよくこれまで生きてきたと実感する。いま親の役割を果たしていること自体、いかに自分が癒されているかの証しだ。子どもたちを見ていると、私は大丈夫なんだって思えてくる。自分は人生の勝者だ、欲しいものはすべて手に入る、何でもできる。子どもたちに囲まれていると、そう思えてくるのだ。

子どもは親の成長を促します。ついためらいがちな一歩でも、我が子のためなら、思い切って踏み出せる場合もあるでしょう。

まず私ができるようにならなくては。「ママを見てごらん、強いでしょ。ほら、できた。あなただって強いんだからきっとできるよ」って言えるようにね。たとえば、怒りを表現する、思いっきり泣く、傷ついた時はそのことを口にする、誰かに温もりを求める。私はこういうことができなくて、これまで全部内に秘めて来たし、娘も同じだった。でも今は二人とも変わりつつある。

子どもの頃虐待されたり、放置されたり、ちゃんと世話をしてもらえなくても、自分の子どもとの関係は和やかで、子育ての悩みも人並みで済む場合もあります。しかし一方で、大変な試練を抱え込むこともあります。親として、子どもとの間に適切な境界線が引けなかったり、子ども時代に経験した自分の親の未熟な振る舞いや虐待を繰り返してしまうこともあります。困惑と恨みと圧迫感で一杯になってしまうのです。

親になる技術を身につける際に、良い手本が身近にいれば最高です。自分の親に支えられて育った人は、無理なくその技術を身につけられるでしょうが、たとえ自分の親が模範とならない場合でも、自分の目指す理想の親になる方法は学習できます。

親になることを学ぶ

エレンは子どもを持って初めて、子育てがいかに大変かを知りました。

睡眠不足、二四時間労働、そして絶え間なく子どもの要求に応えることにホトホト疲れきった。おまけに誰もほめてくれない。これまで詩集を出版するたびに、高い評価を受けて認められてきた。母親業はそれよりずっと大変なのに、世間はおかまいなし。育児がいかに不当に軽んじられているかを痛感し、周りの親たちがとても他人とは思えなかった。

親業は最も複雑で要求の多い仕事の一つです。どんなに状況が整っていても大変なのに、それを一から学ぶわけですから、苦労もひとしおです。

自分にも、息子たちに対しても自信が持てなかった。私は、親業の基本となる正しい振る舞いを知らなかった。間違った基礎を教え込まれたため、自分の直感には頼れず、頭で考えなくてはならない。だから子どもたちを傷つけないよう、常に細心の注意を払ったものだ。

こうした自覚を持つのは大変ですが、それなりに有益です。この社会では、子育ては自然に身につくものと見なされ、子どもへの接し方にはあまり注意が払われません。でも、意識的に育児に取り組めば、きちんとした選択ができるようになり、悪しきパターンを無自覚に踏襲することもなくなります。

子育てにはかなり意識的に取り組んでいる。自分が得られなかったことで、子どもに必要なのは何かもわかっている。好ましい接触、望ましい身体の触れ合い、一人前の人間として話しかけることなどだ。でも、どうすればそれが実践できるのかわからなかった。まずは自分自身が学ぶ必要があった。良き家庭とはどういうものか観察し、たくさんの本を読んだ。良い家庭のイメージを積極的に描いた。初めはぎこちなかったが、だんだんそれが自然に思えてきた。

自分に自信がなければ、親どうしのサポート・グループに入ったり、『親のための実践講座』を受けたり、参考書を読んだり、親として見習いたい友人の話を聞いてみるとよいでしょう。

親どうしが自分の体験を話し合い、助言し合う場は、貴重な支えを提供してくれます。ローラもエレンも過去七年間、それぞれのパートナーとともに、月一回集まる母親どうしのサポート・グループに参加しています。エレンはこう語ります。

私とパートナーが難しい決断を迫られたり、子どもがやりたいことに関して二人の意見が割れたとき、私たちは母親仲間に意見を求める。一二人の母親が集まれば、文殊の知恵。最近では、子育てに関して二人の間で議論することはまずない。疑問があると、すぐ母親仲間に相談するからだ。

親業に試行錯誤はつきものです。子どもと一緒に親も成長するのです。これはけっして容易ではありませんが、親として自分なりの理想に近づくのは、豊かで報われる経験です。

私にとって親業とは克服すべき課題だった。初めは、自分の親の悪い点を帳消しするような、非の打ち所のない親になろうと意気込んでいた。でもそれはとうてい無理な目標だった。そこで私は自分を見つめ直した。「きっとうまくいく。思ったほど簡単じゃないけど、毎日小さな勝利を積み重ねればいいんだ」私にもできると思うと、とても心強かった。そして精一杯取り組んだ結果、何とかやり遂げたのだ。

自分の強さや弱さと向き合う

自分の強さと弱さに直面するのは不可欠なことです。完璧な親などどこにもいません。目標は完璧さではなく、むしろ健やかに成長する親子関係です。

以下の事柄を自問自答しましょう。

*何がうまくいっているか。どんな時に親として成功していると感じるか
*どんな事に自信が持てるか
*自分が未熟だと思う事があるか。具体的にはどういう時か
*子どもとの関係で何か変えたいことがあるか
*何かで混乱しているか。それはどんな事か
*子どもとの接し方が、親きょうだいを想起させることはあるか。昔のパターンを呼び覚ます事があるか
*どんな時に行き詰まりを感じるか
*どんな時に抑制が効かなくなるか
*子どもをしっかり守ってやれるか
*親業に関するパートナーとの食い違いに、どのように取り組んでいるか
*相談できる親どうしのサポート関係があるか

子どもとの関係を客観視するのはとても難しいものです。「やれるだけのことはやった」と自己弁護したくなったり、子どもの事を批判されると、親である自分が非難されているように感じるかもしれません。

「甘やかしすぎよ。なんて口のきき方！」息子の私に対する態度がひどすぎる、と親友に注意されたときは、とてもショックだった。確かに息子が近ごろ生意気な口調になったのには気づいていたが、どうしていいかわからなかった。本当はとても優しい子なのに、なぜわからないの？

子育ての問題を指摘されても、あまりムキにならず、思いあたる節があるかどうか考慮し、なければ聞き流しましょう。もし、その指摘が当たっているなら、親子双方にとって今がその状況を変えるチャンスです。

娘が五歳の頃、私たちの家はとても小さかった。子どもにプライバシーが必要だと思い、娘にドア付きの部屋を与えたが、間取りの関係で、娘はいつも私の寝室を横切っていた。夜トイレに行くたびに、娘は私のベッドの上を這いまわり、しまいには私のベッドで寝てしまうのだ。

その頃、新しい恋人がよく泊まっていったが、次第に彼女はこれに我慢できなくなって、ついに怒り出した。私に

はその理由がわからなかった。彼女は、私もプライバシーを持つべきだ、二人きりになる時間が欲しい、四六時中、娘がベッドに来るのはいやだ、と言った。
　最初はとても頭にきた。私の子育てを批判するなんて。でも朝になって、彼女の言うとおりだと気づいた。娘を私のベッドから出し、自分がドア付きの部屋を持つ時期にきていたのだ。その夜、私は部屋の配置替えをした。

心を開いた交流

　良い関係を保つためには率直なコミュニケーションが大事です。親と子どもが互いの考えや感情を伝え合い、耳を傾けることで、そこに信頼、安心感、そして親密感が育ちます。

　子どもに嘘はつかない。その時に起きていることを正直に話し合うようにしている。私が子どもの頃は、現実について何一つ話されなかったからだ、ただの一度も。

　たとえ話題が苦痛や怖れを伴うものであっても、話すことは必要です。数年前、エレンはある会議で核時代に生きる親としてスピーチを頼まれました。

　出かけるとき娘に「どこへ行くの」と聞かれたので、行き先を言い、彼女にこう尋ねた。「核兵器について子どもたちにどう話すべきかわからず、子どもを無闇に恐がらせたくない、と心配する親が多いの。あなたはどう思う」娘は即座に答えた。「伝えるべきよ。親が子に話さなくっちゃ、子どもだって親に話せないから」

　これはとてもいいアドバイスであり、日常のあらゆる難題に当てはまることです。サバイバーであれば、沈黙がはらむ危険性や痛みについて知りつくしていることでしょう。

虐待体験を子どもに語る

　子どもはとても勘が鋭いものです。親が怒っていたり、注意散漫だったり、混乱していると、すぐ気づきます。無理して何事もなかったように振るまうと、かえって子どもを困惑させたり、自分の感覚がおかしいと思わせてしまいます。事実を教えないと、子どもは自分なりの結論を出し、問題を自分のせいにしがちです。まずは、子どもたちのせいではないことを知らせましょう。
　子どもの年齢に応じて、話し方を工夫しましょう。細かい説明はいりません。「小さい頃、お父さんに傷つけられたの。だからこの頃よく集まりに出かけたり、泣いたりするのよ。ママが悲しいのは、あなたたちのせいじゃないの。早く元気になるために、助けてもらっているの」などと説明し、子どもを安心させましょう。

もっと知りたいと思う子は、さらに聞いてくるでしょう。六歳の子が「どうやっていじめられたの？」と尋ねたら、「子どもの頃、お父さんがおチンチンを無理に触らせたの。とても怖かったわ」、一四歳の子に「ボビー叔父さんにどんなひどいことをされたの？」と聞かれたら、「私をレイプして殴ったの」などと答えればいいでしょう。

質問には正直に答える一方、そのときどきに必要な情報だけを伝え、子どもが聞きたがらない内容まで押しつけないよう、気をつけましょう。

答えたくない質問があれば、それもきちんと伝えましょう。たとえば、「今はこれ以上話せないけど、私が取り乱しているのはあなたのせいじゃないの。それをわかってほしくて、今の気持ちを伝えておきたかったの。時がきたら、あなたの質問にもっと答えられると思う」と。

子どもたちが成人していても、語ることは大切です。五人の成人した子どもの母親は、家族に打ち明けた時の様子をこう語ります。

自分が性的虐待を受けた経験を子どもたちに打ち明けたのは、性暴力救援センターで働いていた頃だった。子どもたちは一様に驚いて私を励ます一方、自分たちの祖父に対して複雑な感情を抱いたようだ。「おじいちゃんがそんなことをするなんて信じられない」とか、「私にはあんなに優しいのに」といった気持ちは今でもあるようだ。娘のうち二人は父と同じ町に住み、よく食事を共にする。二人は性的虐待についてすべて知っている。彼女たちはこう言う。「おじいちゃんは私たちにとても良くしてくれる。過去にしたことは嫌だけど、いま会うのはかまわない」二人は相変わらず父と行き来があるが、同時になぜ私が会わないかも了解している。

どこまで話をするかは人によって違う。息子は虐待について何も話したがらないが、他の子たちは話したがる。無理強いはしない。心の準備ができていなければそっとして置く。子どもたち一人一人との関係を、今は何よりも大事にしている。

子どもが、親の受けた虐待や癒しについてもう聞きたくないと言ったら、無理強いしてはいけません。親が虐待されたという事実を受け入れるのに時間がかかる場合もあります。子どもの前で一言一句気を使うことはありませんが、励ましの言葉や、聞き役になってもらうことは期待しない方がよいでしょう。まずは基本的な事実だけを伝え、相手の反応を見ましょう。

どんな問題でもそうですが、虐待とその影響は一度話せば済むことではありません。共感し合える開かれた家庭環境を創り出すには、子どもたちと話し合いを続けることが大切です。

この家では性的虐待はもう秘密じゃない。子どもたちと本物の関係を作り、できる限り一緒にこの問題に取り組むつもりだ。性的虐待のこと以外にも話し合うべきことはある。たいていの家庭には隠し事がつきものだが、私は子どもたちに、父親のアルコール依存、結婚の破綻、私がレスビアンを選んだ事など、すべて話している。

境界線を引く

子どもの頃、自分の境界線が侵害されると、親になっても子どもと適切な距離が保てなかったり、ちょうどいい距離がわからないことがあります。

子どもを持って初めて本当の絆というものを味わった。赤ん坊との肉体的、性的、情緒的絆を。それは抗し難い力となって、子どもたちを呑み込んでしまうのではないかと怖かった。この激しい不安は何年も続いた。

情緒的境界線

明確な境界を保つことで、子どもと自分は別個の人間だという感覚が持てます。子どもの考え方や感じ方は親と同じではないし、またそうあるべきでもないと気づくでしょう。子どもの興味や要求は親とは異なり、必ずしも親の意にはそぐわないものです。親が自分の個性を保ちながら、その子なりの個性を認めていくのが理想ですが、それはけっして容易ではありません。

私はくつろいだ格好が好きで、いつもカジュアルな服を着る。娘は正反対で着飾るのが大好き。いつもフリルやリボンのついたお姫様みたいな格好をしている。汚れるのが嫌いで、服選びにもすごく時間がかかる。時々、こちらがイライラしたり、たまには泥んこ遊びでもしてくれたらと思うけど、彼女はそういう子ではないのだ。

子どもは自分なりの考えや信念を持っており、独りの時間、考え方、そして場所を持つ権利があります。しっかりしたプライバシーを持つ親は、子どもがよく真似をするのに気づくでしょう。三歳の息子が縫いぐるみの熊を持って、「独りになる」ために部屋にこもったり、彼の部屋に入る時はノックをするよう要求するかもしれません。子ども部屋がなくても、家の中や庭で特にくつろげる場所を見つけるかもしれません。子どもたちの孤独への欲求、たとえば本を読んだり、何かに夢中になったり、ただボーッとしている時間を大事にしましょう。

子どもを聞き役としてあてにしたり、同情や助言を期待するのは望ましくありません。親子の情緒的結びつきは、親が子どものニーズに合わせるためのものであって、子どもを親に合わせるためのものではないのです。親子の情緒的境界がはっきりしないときは、子どもの反応に注意しましょう。子どもが遠ざかることを許し、話したくなったときは応じ、子どもを縛らないようにしましょう。

性の境界線

子どもに対して官能的な気持ちを抱くこともあります。特に幼い子どもの世話には身体的な触れ合いが伴うため、母親の性的感覚を刺激しても不思議はありません。四六時中だったり、抗し難いものでない限り、それはごく普通のことです。しかし、子どもに対する強い性欲が持続するなら、すぐに援助を求めましょう。

感情に駆られて行動に移したり、子どもにこの事を打ち明けてはなりません。それは子どもを虐待する事になります。

子どもは性的側面に限らず、あらゆる面で親の限界を試します。親との親密感や、距離感、身体による愛情表現がどこまで許されるかを実験します。親の性器に触れようとしたり、逆に自分の性器に触れさせようとするかもしれません。子どもの試みに気づいたら、優しく、はっきりと境界線を教えましょう。

息子が八歳の時、しきりに私にディープキスをしたがった。私が恋人とキスするところか、テレビのシーンを見て、興味をそそられたのだろう。息子には、「自分もやってみたい気持ちはわかるけど、大きくなってから同じ年頃の子とするものよ」と教え、何度もダメだと言い聞かせた。それでも諦めないので、私が「もう言わないで」と言うと、彼は泣きながら「一度させてくれたら、もう二度と頼まないって約束する」と言った。私は絶対にダメと断言し、代わりに三つのお願いを聞く、と言った。彼のお願いは、セロテープ一個と、寝る前の子守歌と、色粘土だった。

子どもの「性的欲求」がいかに無邪気なものかはこの話にも窺えます。だからこそ親子の身体的触れ合いで何が望ましく、何が望ましくないかをはっきりさせる必要があります。

虐待しそうで怖い

サバイバーの場合、自分の行動が子どもに害を与えたり、子どもと適切な距離を保てないのではないかと怖れ、子どもに苦手意識をもつこともあります。

私は絶えず境界線を意識せざるを得ない。幼い子どもと触れ合ったり愛情表現するたびに、「こうしても大丈夫かしら。境界線を踏み越えてるんじゃないか。これは性的だろうか」と考えてしまうのだ。

こうした反応は、過去に虐待を受け、自分の境界を侵された者にとって当然です。実際に暴力的な気持ちや考えを抱いたことがあるかもしれません。でも、これまで子どもを虐待しておらず、現在進んで癒しに取り組んでいるなら、これから先も子どもを虐待することはまずないでしょう。（子どもを虐待してしまった場合は、p309『子どもを虐待してしまったら』参照）それでも不安ならカウンセリングを受け、自分に虐待の危険性があるのか、心配しすぎなのか見極めましょう。問題は、不安になることではなく、行動に移すことなのです。

優しくできる強さ

子どもの性的虐待に終止符を打つために不可欠なのは、子どもが自分も含めて個々の命を尊ぶ人間に育つことです。暴力を美化し、偏見を黙認し、旧態依然とした性別役割を助長する社会では、これは至難の技です。メディア、広告、そして日常の生活慣習の中で、男の子はたくましく鈍感に、女の子は受け身で人の求めに応じるよう奨励され、どちらも辛い感情を押さえて、自分の真の要求を無視するよう教えられます。私たちは親として、強くて思いやり溢れ、自分も人も尊重できる価値観や態度を、子どもたちの中に育てようとしています。

健康的な触れ合い

たとえ相手が親であろうと、子どもはあらゆる触れ合いにノーということができます。自分の身体は自分のものであり、誰も許可なく触れることはできないと教えましょう。どうしていいかわからない時は、「いま抱っこしてほしい？」と聞いたり、「フレッド叔父さんにキスして」と言う代わりに「フレッド叔父さんにおやすみを言って」と、子どもに決定権を与えればよいのです。愛情表現は大人の要求より、子どもの要求に合わせるべきです。

一方で用心深くなりすぎて、人間同士の触れ合いに対する子どもの純粋な欲求を否定しないよう心がけましょう。

> 私自身は人に触れるのも触れられるのも嫌だ。でも子どもには、自分が得られなかった身体の触れ合いの良さを体験させたいと思う。「じゃあ誰がやるの」と自問すると、そこにいるのは自分だけだ。こうして、子どもたちに触れることが、段々私の癒しの一部となったのだ。

自分を大事にできるようになれば、自然に子どもに何かを与えられるようになります。自分に適切な境界線を引く力があるとわかれば、子どもの必要とする暖かくて安全な触れ合いを与えるのが、もっと楽になります。そして次第に自分自身も、親密な触れ合いの喜びを味わえるようになるでしょう。

寝る前に本を読んだり、おやすみのキスをする時の子どもの感触は、何とも言えず気持ち良い。娘が身体をすり寄せると、甘い子どもの香りがする。子育てにともなう身体の触れ合いが私は大好きだ。

子どもたちを守る

過去の虐待を思い出せなかったり、その影響を充分認識していない場合、子どもが危険な目にあっても、気づかなかったり効果的に対応できないことがあります。自分の受けた虐待を忘れていたある女性は、六歳の娘に起きた出来事を次のように語ります。

同じ教会に通う若い男性が、娘に興味を示した。娘はもちろん大喜びだ。彼は娘を乗馬に誘い、自分の家に連れて行っては写真を撮った。それが毎日のように続いたが、私たちは気に止めなかった。あるとき木に登った娘の写真を見ると、スカートがめくれ下着もまる見えの、とても性的なポーズだった。不愉快に思ったが、夫も私もそれが子どもへの性的侵害なんて思いもしなかった。

しばらくして、友人の娘も彼に同じ事をされていると知って、私たちはようやく教会の牧師に相談した。そこで紹介された心理学者に「その男は子どもの虐待者ですよ。お子さんを彼に近づけないように」と言われ、やっと娘を引き離した。もうずいぶん前の事だが、今でもそのことを娘に話せないでいる。私が娘を守れなかったばかりに、何か起きたんじゃないかと思うと怖い。もしそうだとしたら、とても耐えられない。

自分の子どもが虐待されていると知らされても、途方に暮れるだけで、適切な行動がとれない場合もあります。

兄が私の娘の一人を虐待したと聞いて、目の前が真っ暗になった。ベッドの中にいる九歳の少女のように、身体が凍りついた。夢の中で「どうして彼が？　なんてひどいことを！」と叫ぶ自分の声が聞こえる。「お願いだから何とかして！」と叫ぶ娘を前に、私はただ目を逸らすだけだった。

明らかな虐待行為がなくても、子どもを守る必要はあります。大人の目の行き届かない友だちの家で子どもを遊ばせていたり、音楽教師の過剰な厳しさ、ベビーシッターの怠慢、幼稚園での問題などを放置していることもあるでしょう。

よくない保育環境を放置することで、自分の払った犠牲のつけを娘に回していることに気づいて、とても動揺している。娘たちは暴力こそ受けていなかったが、けっして愛情と敬意を払われていなかった。そんなとき、母親は自分を守る気がない（守るのが怖い、あるいは守る力がない）のだと、娘たちに暗黙のメッセージを送っていたのだ。これでは自分を守ってくれなかった私の親までも許すしかない、ということになる。何も手出しせず、いつか良くなるのを待とう、という安易な方向にいかに流されやすいか、身にしみてわかった。

犠牲者として、ひたすら対決を怖れてきた私にも、加害者や自分を守らなかった人と向き合う必然性が、だんだんわかってきた。まず直面すべきは、私の中にあるこの漠然とした恐怖、そして自分や愛する人のために立ち上がることに対する恐怖だった。癒しを進める絶好の機会だというのに、私は未だに隅っこに隠れ、心の中で問題が魔法のように消えてくれたらと願っているのだ。

まず自分の情緒的癒しに取り組みましょう。閉ざされた記憶や怖れは視野を狭め、子どものために行動する足枷となります。長い間続いた無視や否認や隠し事の習慣を打破するのは難しいでしょうが、これは親としての義務でもあり、その労苦を遥かに上回る報酬をもたらします。子どもたちを守れるだけでなく、あなた自身がより勇気と力あふれる人間になれるのです。

過保護

過保護とは、子どもを守りたいという健全な欲求が行き過ぎた状態です。原因不明の怖れを抱いていると、子どもの身の上を過剰に気にしがちです。

子どもを預ける人が逐一気になり、子どもの様子がちょっとでも違うと、その原因を追及した。できるだけ子どもだけにしないようにしたし、絶対に夫と一緒におふろに入れなかった。それが信頼の欠如だと意識していなかったが、明らかに夫を信じていなかった。すべては自分が虐待を受けたことを思い出す前のこと。理由もわからず、無意識に警戒していたのだ。

行動を制限することで、子どもを守りたいと思うかもしれませんが、子どもにも、年齢相応の行動の自由があります。子どもに怖れを投影するより、まずは自分の怖れを克服しましょう。

娘に短パンをはかせないよう躍起になっていた時、兄弟同然の友人が、私の浅はかさを指摘した。「理由あっての事だと思うけど、あまり君が短パンにこだわると、彼女の性感覚に影響を及ぼすよ」彼の一言が、私と子どもたちの関係を軌道修正してくれた。

どこで境界線を引けばよいか迷ったら、他の親たちと話してみましょう。人と話すと、自分が過保護かどうかの目安がつきます。

子どもを守りたいというのは当然の欲求ですが、自分にできることとできないことを区別する必要もあります。どんなに注意しても、子どもの生活全般は管理できません。子どもたちは親の目の届かないところで生活するわけですから、自分で自分を守ることを教えましょう。子どもたちが力をつけられるよう、教育しましょう。できるだけの備えをさせ、大きく深呼吸して、あとは子ども自身に任せるのです。

自分を守る術を教える

子どもを怖がらせたくないからと、性的虐待について教えるのをためらう親もいますが、現実の子どもたちは既に危険に気づいています。テレビのニュースや、牛乳パックに刷られた行方不明の子どもの顔を毎日見て、恐怖を抱いているのです。子どもの頃、恐怖があなたを虐待から救ってくれなかったように、恐怖心は子どもの力になりません。

自分を守る方法を教えることで、子どもの持つ恐怖心を自信に変えることができます。このための優れた書籍やプログラム[1]も開発されています。

子どもたちに、自分で決めていいこと、ノーと言っていいこと、そして自分を守る力のあることを知らせましょう。

> 娘が小さい頃、誰かが変な風に話しかけたり、身体に触ったりしたら、すぐ私に言いなさい、とよく言い聞かせた。そして自分の身体は自分だけのものだと教えた。たとえ両親でも、不愉快な方法で身体に触れてはいけないって。
>
> ある時、実際に事件が起きた。娘が友だちと外で遊んでいた時、知らない男がキャンディをあげるから車に乗れと誘ったのだ。二人はすぐ家に駆けこんできて私に言いつけた。警察がきて、その男が数カ月前から指名手配中だった性犯罪者だとわかった。二人の少女の協力のおかげで捕まったわけだ。
>
> これはすごいお手柄だ。二人のおかげでたくさんの子どもたちが救われた、町のヒロインだ、と私は二人の強さと勇敢さを誉めた。今でもあの時、いかに的確に振るまったかを話すことがある。現在、娘は他の子どもたちを助ける仕事をしている。とても強い子だ。

家族や加害者への対応

虐待者が親族である場合は、子どもとの接触を阻むべきか迷うでしょう。たとえば、祖父と孫の間にすでに行き来がある場合、今さら子どもたちの「おじいちゃん像」を壊したくないかもしれません。自分がそばにいるから大丈夫だ、と思うこともあるでしょう。しかし慣習や罪悪感から、家族のつながりに固執するのは子どものためになりません。子どもには虐待者とつきあわなくてはならない理由も義理もありません。虐待の余波はあって当然なのです。虐待者がセラピーに通い、心から生まれ変わったら会わせてもいいかもしれませんが、これは稀なことで、しかも慎重な監視が必要です。

自分の子どもが虐待者や他の親族とどう関わるかを決めるのは、あなたです。(p313『実家との関係』参照）関係を絶つというのは辛い決断です。「大家族が夢だったのに、子どもたちに祖父母がいないなんて」とある女性は嘆きます。

子どもを祖父母に会わせていなかったり、訪問を取りやめた場合は、その理由を年齢相応の言葉できちんと説明しましょう。性的侵害があった事実を隠すことは、加害者を守り、家族の秘密という慣習を強化することになります。

健全な家族にふさわしい人々が親族にいないなら、代わりに、愛情豊かな友人に子どものお手本になってもらってはどうでしょう。

親としての役割

虐待こそしないけれど、とても容認できない接し方をする親族もいるでしょう。子どもにお菓子やお金を無制限に与えたり、泣くなと叱りつけたり、食べ物を無理やり口に押し込んだり、バカにしたり、叩いたりするかもしれません。

子どもの頃、自分もこうした扱いを受けていたとしたら、その頃と同じような反応をすることもあります。身動きできなくなったり、目をそむけたり、追従したりして、本当の気持ちを表わせない時は、いまは親なのだ、と自分に言い聞かせましょう。親には、子どものためのルールを決めたり、適切に物事を管理する責任があるのです。

ある日、祖父母の家に招かれた夕食の席で息子がソーダをこぼすと母が怒鳴った。「それみなさい、端っこに置くからよ、もっと気をつけな、ホントにバカな子だ」あまりに馴染み深いその罵声に、私はまるで子ども時代に返ったように、しばし無言となった。しかし、恐怖に目を見開き、今にも泣きそうな息子の表情を見て我に返り、母に言った。「そんなに怒鳴らないで、誰だってこぼすことはあるでしょ」そしてタオルを取りに息子と台所に行き、彼を抱きしめて「何も悪くないんだから、たとえおばあちゃんでも、あんなふうに怒鳴ってはいけないの」と教えた。

子どもが知るべきこと

ここに挙げた内容は、フローラ・コラオとタマー・ホザンスキー共著『子どもが知るべきこと』からの引用です。そこでは、子どもが危険な状況をどう察知して逃げればよいか、またどうすれば暴行や虐待から身を守り、身の安全と力強さを感じられるようになるかを教えています。

子どもに自衛手段を教えるには、率直に話すことが大切です。自衛手段は火災予防や交通安全の説明と同じように、わかりやすく実用的な方法で教えましょう。

自己防衛は、たとえば、後をつけられたら道を渡る、電話による質問に答えない、見知らぬ人がきてもドアを開けない、いやだと言う、大声をあげる、大騒ぎをする、助けを呼ぶ、走って逃げる、攻撃者と冷静に話をする、加害者に協力する振りをする、攻撃に身体で抵抗するなど、子どもが危険な状況を逃れるためのあらゆる手段を含みます。自己防衛とは、子どもが心身ともに快適で安心できる状況を作り、自分の安全が攻撃者の感情に優先すると信じ、自分の安全は自分で確保できるという認識を言うのです。

虐待を効果的に防ぐには、子どもでも自分の身体や感情に対して権利があるのだと認識する必要があります。それには以下の権利が不可欠です。

子どもの安全権利法案

一、自分の直感や、何か変だという感覚を信頼する権利
二、プライバシーを持つ権利
三、望まない接触や愛情表現を拒否する権利
四、大人の権威を疑い、要求や依頼を拒否する権利
五、嘘をついたり、質問に答えない権利
六、贈り物を拒む権利
七、無礼で非協力的な態度をとる権利
八、逃げたり、叫んだり、騒ぐ権利
九、かみつき、叩き、蹴る権利
十、助けを求める権利

これらの権利を子どもに教えるときは、わかりやすい言葉で、簡潔に具体的に話しましょう。『あなたならどうする』ゲームや子どもが参加できる寸劇を使ったり、童話や自分の子どもの頃の出来事を話しながら、さまざまな想像を喚起して、子どもが自分で考える時間を持てるよう配慮します。予期せぬ状況でも自分なりの問題解決ができるよう、必ず子どもの考えを取り入れながら進めましょう。

我が子が虐待されたら

子どもが虐待されたことを打ち明けたら、まずその言葉を信じましょう。（子どもはどうやって伝えるかはp104参照）性的に侵害されたと嘘をつく子どもはほとんどいません。自分のパートナーやかつての加害者、他の親族、子どもの保育者などが子どもを虐待しているのでは、という疑いをもったら、すぐ行動しましょう。虐待を受けたのは自分だけだと信じていた多くの女性が、だいぶ後になって、実は我が子や孫、ひ孫までが犠牲になっていたことに気がつくのです。

家族の中に虐待が蔓延していると気づいたとき、バーバラ・ハミルトンは五〇代後半、自分を癒し始めたばかりでした。

娘たちまで性的虐待を受けていたと知ったとき、私の癒しにブレーキがかかった。あの辛さは言葉では表現できない。自分の時よりずっと大変だった。母親のよく陥るパターンだ。打ちのめされて、自分の虐待に取り組む気力など残っていなかった。

父をはじめとする男たちは、私だけでなく、娘たちの子ども時代まで奪い、私たちの生活や思い出を根こそぎ奪い取ろうとしている。まるで、私たちを地上から抹殺しようという巨大な力が働いているようだ。男による虐待の濁流に巻き込まれた私たち母娘はともに流される。せめて娘たちだけでもそこから引き上げたいのに、私にはそれができない。小さな子が先に溺れてしまうのだ。

我が子が虐待されているという最悪の事態を知って動転しない親はいませんが、子どもたちを守るためには、ここで奮い立たなくてはなりません。息子を保育所に行かせるのをやめる。もう父親を訪ねない。二度と兄弟に子守りを頼まない。性的侵害は一度で止むことはなく、必ずまた起きるものです。

家族全体が危機に立たされている今こそ、沈黙を破って助けを求めねばなりません。子どもの虐待ホットラインに電話すれば、救援サービスを紹介してもらえます。地域の女性のための一時避難所や、助けてくれそうな友人や隣人に電話しましょう。そして州または連邦の子ども保護機関にも通報しましょう。虐待の通報は恐怖をともなう衝撃的なことですが、子どものために、家族のために、そして加害者のためにも不可欠です。

通報を受ける人々の仕事は、性的侵害をやめさせ、その再発を防ぐことです。通報は他の子どもたちを守ります。通報することで、虐待は子どものせいではなく、子どもは守られる必要があり、加害者にすべての責任があることを、はっきりと表明することができます。また多くの場合、性的侵害を通報して法に委ねることが、加害者に治療を受けさせる唯一の道です。

虐待者から遠ざかる

「母のようには絶対になるまい。自分の子どもは絶対あんな目に遭わせない。私だったら夫と対決する」というのが私の口癖だった。でも、いま思い返せば、私は母とまったく同じ事をしていた。虐待とは縁を切り、二度とあんなことはないと思っていたが、そうではなかった。私には何も見えていなかったのだ。結局、私は父親そっくりの男と結婚し、夫は私を殴り、娘を虐待した。

現在、虐待者と一緒に住んでいるのなら、唯一の解決策は彼に出て行ってもらうか、自分が子どもを連れて出て行くことです。子どもを虐待者と一緒に住まわせてはなりません。家を出るのは怖いことでしょう。いかなることがあっても家族は共にいるべきだ、という社会的圧力に反することですし、経済的にも困窮するかもしれません。でも経済的依存や怖れは、子どもの犠牲を正当化する理由にはなりません。

性的虐待に取り組むさまざまな機関の中には、家族の統合を最終目標として掲げるところもありますが、これはとても危険です。一〇〇パーセント子どもに有益なら、家族の再統合も認められますが、それはきわめて稀です。カウンセリングやグループ・セラピーを何回か受けたからといって、虐待者が子どもを安全に世話できるようにはなりません。どんなに経済的にギリギリ（あるいは悲惨）な状態でも、一人の安心できる親と暮らす方が、虐待者と住むより、子どもにとってどれほど良いかわかりません。（虐待的環境から抜けだすための実践的アドバイスは、p250『悪い関係を見分ける』参照）

悪循環を絶つ——デイナの場合

サバイバーの娘であり、母であり、自分自身もサバイバーであるデイナは、娘のクリスティが虐待されたのを知って、前夫を裁判所に訴えました。ここでは、代々続いた虐待の連鎖を打破するため、彼女が行動を起こしたときの家族の抵抗と、そこで味わった孤立感を語っています。

姑と裁判所で居合わせたときにこう言われた。「デイナ、どうしてこんな大騒ぎをするの？」

「彼が何をしたか知ってるでしょ？」と問い返すと、「私も子どもたちもジャックに叩かれたけど、我慢したわ」と姑は言った。自分や子どもが夫の暴力に甘んじていた事と、自分の息子が妻子にしている事の関連が、彼女には見えていなかった。

母方の祖母と食事をした時、私が子どもの頃のことを尋ねると、祖母は言った。「なぜこんな事を今さら持ち出すんだい？　それで何が変わるというのかい？」

「変わるわ」と私が答え、祖母が若かった頃、家族に何が起きたのか尋ねると、祖母は重い口を開いた。「私の母さんと父さんはよく喧嘩してた。母さんは何かにつけ父さんを目のかたきにしてたから、母さんを黙らせるには手をあげるしかなかったんだよ。あれは自業自得さ」

この二人の女が、クリスティに至る二家族の女主人だ。何というつじつま合わせだ。いま起きている虐待は、これまでの行動パターン、人間関係のあり方、子どもに対する姿勢、そして子どもの価値に関する暗黙のメッセージが受け継がれた結果なのに、その事実に誰も目を向けたがらない。これでは、何世代も虐待が引き継がれるのも当然だ。

さらに信じ難いのは、この二家族の中で異議を唱えているのが、私だけだということだ。祖母には九人の子があり、義理の母も父も各々一一人きょうだいだ。こんなにおおぜいの親族の中で、「ちょっと問題なんじゃない？」と声を上げたのは私だけ。私はたまらない孤立感に襲われた。でも誰かがこの悪循環を止めなきゃならない。だから私は行動したのだ。

子どもを虐待してしまったら

一四歳の時、二歳くらいの女の子のベビーシッターをしていた。おしめを替えるために両足を開いて寝かせると、その無防備な姿に無性に腹が立ってきた。「そんな格好じゃダメ！　いつまでも無邪気な女の子じゃいられないの！」気がついたら、その子の膣に指を入れていた。数分間は、その子への怒りで一杯だった。その無防備な姿が憎らしく、こうやって守ってあげているんだ、という歪んだ気持ちだった。「こうすれば免疫がついて、本物の虐待者が来ても、さほど傷つかなくて済むでしょ」

幼い女の子は皆こんな経験をするものだと思っていた。子どもを傷つけることに躊躇はなかった。彼女の無垢な部分が怖くて、とにかくそれを打ちのめしたかったのだ。

女性や少女も子どもを情緒的、性的、そして身体的に虐待することがあります。自分自身が虐待を受けた記憶が埋もれている場合、そのパターンを繰り返す可能性が強くなります。

母についての最初の記憶は、私の髪を洗いながら水に沈めようとしたことだ。蛇口の下に私の頭を押さえつけ「おまえを愛せないのよ、ごめんね」と泣いていた。生まれてから、母に安らぎや温もりをもらったことは一度もない。母はいつも酔っぱらって私を殴った。私を愛したことは一度もない、と言い渡されたのは、一八歳の時だった。祖母によると、私がお腹にいる頃から嫌っていたらしい。

私は一七歳で妊娠し、家を出た。男の子が生まれ、夫と暮らすようになったが、一年もしないうちにまた妊娠した。

今度は女の子だった。まだお腹にいるときからその子が憎らしく、産みたくなかった。九カ月間ずっと吐き続け、何度も流産しようとした。

娘が産まれてからも、その気持ちは変わらなかった。どうしてもその子を愛せなかった。一度も抱きしめてやらなかったし、気にかけなかった。娘が泣くたびに、ひっつかんでソファに投げつけた。自分の怒りを抑えられなかったが、母が私にしたことと、自分がしていることの繋がりはまったく見えなかった。記憶すらなかったのだ。一方で、こうして娘を虐待している間も、息子に対しては素晴らしい母親だった。

子どもを虐待している自分を認めるのは恐ろしいことであり、加害者のほとんどが虐待を否定します。万一、あなたが子どもを虐待しているなら、その行為の深刻さを認識し、即座にカウンセリングを受け、その行為の責任をとらねばなりません。その子とまだ一緒にいるのなら、経験豊かな専門家のセラピーを子どもに受けさせましょう。虐待の長期的影響は無視できません。癒しに積極的に取り組まない限り、虐待がその後の人生にいかに影響するかは、自分を見ればわかるはずです。いま適切に介入することで子どもの癒しが始まれば、その長期的影響もくい止められるのです。

虐待しそうで怖い

自分が子どもを性的、身体的、または情緒的に虐待しそうだ、と感じたらすぐ援助を求めましょう。

ある日、ジェリをベビーシッターの所へ連れて行こうとしたら、行きたくないと泣き出した。仕事には遅刻するし、彼女はかんしゃくを起こすし、頭にきて思わずそこにあったクレヨンの箱を摑んで投げつけた。あの子はとても怖がった。

ようやくベビーシッターの家へ連れて行き、仕事に行きかけたが、戻って階段に座り娘に言った。「さっきママがしたことはとてもいけないことなの、ごめんね。どんなお母さんも娘にあんなことをしてはいけないの。この頃ずっとあなたに意地悪だったけど、もうあんな事をしないよう誰かに助けてもらうわ」

家族療法のカウンセラーを見つけ、まずは娘が一人でプレイセラピーを受け、それから親子で面談した。おかげでプレッシャーがなくなり、親子関係はとてもよくなった。

親のストレスに対応するグループが各地にできています。孤立をなくすことで、親としての対応能力は増します。援助を求めるのを恥じることはありません。いま何が必要かを認識し、その問題に取り組むことが、子どもを守り、自分を助ける最善の道なのです。

それでも子どもの前で自分を制御できないなら、子どもから一時的に離れて、安全な家に預けてはどうでしょう。子離れが、子どもの安全のため、または自分の癒しのために必要な場合もあります。子どもにとっては、たとえ親がそばにいなくても安心できる環境で暮らす方が、親に虐待されたり放置されて生活するより望ましいのです。たとえ辛くても、安心できる親戚や、思いやりのある里親に子どもを任せるのは、親として責任ある行動だといえます。何よりも子どもを守ることを第一に考えるべきです。ジェニローズはこう回想します。

四歳半と一一カ月の二人の子どもを、二番目の夫に渡した。面倒を見られないほど取り乱していたからだ。後になって、どうしてあの時、子どもたちを手放したのかわかった。四歳半と言えば、私にとって最悪の時期の始まりだったからだ。子どもたちを預ける数日前、息子を初めて殴った。息子の背中を叩きながら、このままだと両親が私にしたように、息子を本当に傷つけてしまうと感じた。子どもたちを愛していて、傷つけたくなかったから、離れたのだ。さもなければ本当に傷つけていただろう。

遅すぎることはない

親がいくつになっても、どんな過ちを犯していても、子どもたちは常に親に変化と成長を迫ってきます。子どもたちと別れてから、ジェニローズはずっと罪悪感でいっぱいで、何度も子どもたちを捜し出そうとしましたが、居場所を突き止めそうになるたびに、子どもの父親と継母は引っ越してしまいました。そしてある日、とうとう子どもたちが彼女に会いにきたのです。

上の息子が一八歳のとき私を捜し当て、一週間泊まっていった。その後、一四歳になる下の息子が来て、数週間を過ごした。

何年も音信不通だったけれど、ここ数年、二人とかなり親しくなった。上の息子に「母さんの過去を知りたい」と言われ、何通も手紙を書いてすべてを伝えた。以来、隠し事がなくなって息子と本当に親しくなれた。私がどういう人間かを知ってもらったのだ。

私が息子たちを手放したことを怒っているかと尋ねると、二人とも「前は怒っていたけど、今はすべてを理解した。もう怒っていない」と言った。息子たちを守るために離れたのだ。私があの子たちを可愛がれるはずはなかった。

その後、彼らの継母が亡くなった。子どもたちを育ててもらい、とても感謝しているが、彼女が亡くなってからは、再び息子たちの母親になれるような気がする。孫娘ができて以来、息子二人ととても親しく行き来するようになり、今では本当に素敵な関係だ。ようやく子どもが持てたのだ。

子どもたちが成人してからも、親は子どもの人生に影響を与えます。子どもたちを慈しみ、その支えとなり、模範になりながら、子どもの癒しに寄与する機会は続きます。子どもの傷を癒すことは、ときに自分自身の虐待に終止符を打つことに繋がるのです。

私は世代の狭間に立っているような気がする。自分の親と向き合うことで自分を癒すことはできなくても、子どもたちと向き合い、別の方向から自分を癒せるかもしれない。そうして、ようやくあの虐待にピリオドを打つことになるのだ。

---

(1)　CAP(子どもの虐待防止プロジェクト)は学校や地域における子どもの虐待防止訓練のモデルとして、全米で展開されている。このプログラムは、ロールプレイやテーマに沿ったグループ討論によって危険な状況を察知し、より安全な選択ができるよう子どもを訓練するものだ。子どもの行動を狭めるのではなく、むしろ子ども自身の力を強化し、自己決定権を支援するという思想を根底にもつCAPは、自己肯定、護身術、子どもどうしの助け合い、大人への援助の求め方、関連機関への通報などの自己防衛法を子どもたちに伝授する。

ETR Associates(教育・訓練・研究協会、P.O. Box 1830, Santa Cruz, CA 95061-1830)では、子ども、親、教師に向けた性的虐待防止に関する本を始め、各年齢層にあったプログラムを多数扱っている。ETRでは、思春期の子ども向けの虐待防止教育プログラムの開発を支援する講座も開催している。

一九八九年に設立されたKIDPOWER(前掲)は、虐待防止法と上手な逃げ方を教えることで、子どもたちがより安全に、自信をもって生きてゆけるようにと、防具を身につけた加害者役を交えた本格的な護身術を教えている。

実家との関係

　こんな光景が目に浮かんだ。私は光を浴びて立ち、肉親や別れた夫の親族が暗い洞窟の中に窮屈そうにうずくまっている。私は新鮮な空気を胸いっぱい吸って、太陽の光を浴びる。戻って来いと言う声が聞こえるが、私は戻らない。やっと日の当たる場所へたどり着いたのだ。彼らが出てくるとも思えない。彼らを連れ出したり、救う必要はないと、ようやく気づいたのだ。

　加害者が家族の一員である場合や、親きょうだいがあまり支えにならなかったり、批判的だったり、消極的だったりする場合は、実家（原家族）との関係を維持できなくなることもあります。親身な対応や心からの理解を示す家族もありますが、共感と反発や無理解が相半ばするときもあります。家族に対する見方が変化する中で、サバイバーの多くは、旧態依然とした因襲に縛られる家族を、遠い風景のように客観視するようになります。家族という枠組みから抜け出すにつれて、自分の居場所を失うという不安に直面します。

　ずっと、家族は無条件に私を愛し信じてくれると思っていた。でも、家族から性的虐待を受けたことを打ち明けたことで、そうした幻想は崩れ、現実に直面させられた。安心したい、守ってほしい、という幼い少女の願いを手放すのは辛いことだったし、家族で共有した価値観を捨て、真実を主張するのは恐ろしかった。自分が、虚空の大宇宙に浮遊する一片の塵のように感じられた。

　性的侵害の事実を打ち明け、いま必要な癒しについて話したときの家族の反応はまちまちです。理解を示すのは一人か二人で、残りの家族はすべてを否定する場合もあります。

　兄は完全に私の味方になってくれた。これまでもずっとそうだった。兄だけがいつも変わらず、私を大切してくれたし、両親が私に辛く当たっていたことも知っている。私を不憫に思い、必要なら自分の所に来てもいい、と言ってくれた。

　反対に、姉は完全に私と絶縁した。口もきかない。私が

> 悪意でこの事を持ち出して両親の生活を台なしにしたと思っている。性的侵害など絶対あり得ない事で、そんな事を口にする私のほうがおかしいと言うのだ。

こういう状況では、家族を一つの集団とみなすのはやめましょう。その内の何人かとだけ関係を維持し、残りの家族とは連絡を絶ってもいいのです。

親族に味方がいるなら

親族の中に、あなたを尊重し、心から支援してくれる人がいるなら、それは自分の癒しのための貴重な財産です。あなたに共感し、あなたの現実を肯定し、その記憶の間隙を埋めることのできる兄弟姉妹。我が子が侵害されたことに本人と同じくらいの怒りを感じ、できることは何でもしたいと思う母親。幼いときから見守っている叔母、叔父、いとこ、祖父母などが、共感や情報や愛を与えてくれるかもしれません。そうであれば、それらの関係を最大限に活かしましょう。

ときに、家族から完全に離れたい、と思うかもしれません。しかし、たとえ一握りでも、誠実に心配してくれる家族がいるなら、応援をもらわない手はありません。

ある女性は、自分の母親の支援を受けるようになったいきさつを、次のように語ります。

> 兄からの性的侵害を初めて思い出したとき、母に言おうとしたが、うまく伝わらなかった。一度は耳を傾けてくれた母が、その後心の引き出しにしまい込んでしまい、私は見捨てられた感じだった。
>
> 数年後、私は虐待を直視しようと決意したが、母には知られたくなかった。守ってくれなかった母、初めて打ち明けたとき聴く耳を持たず、事態を把握できなかった母を憎んだ。母のすべてが憎かった。怒りに震える私には、母の援助を受けるなんて考えられなかった。
>
> しかし時とともに、私の怒りも静まってきた。かつては自分の感情で、私の気持ちをかき消していた母も、少しずつ注意を払うようになり、何が必要かを私に尋ねるようになった。私が覚えていない幼い頃のことを、たくさん教えてくれて、おかげで記憶の断片を繋ぎ合わせることができる。ここまで来るのは大変だったが、今では母を味方にして本当に良かったと思っている。ときには抱きしめて欲しいと頼めるまでになったのだ。

一度損なわれた家族関係を修復したり、健やかな関係を一から築き直すには、当事者どうしの弛まぬ努力が必要です。でも、家族の誰かにその意思や力があるのなら、それは双方にとって深い満足感を得る好機となります。[1]

でも、その人と関係を修復する価値があるか、相手が利害関係なしに支援してくれるか、それが自分にとって最良の選択か、そうした事を最終的に決めるのは自分自身であることを忘れないようにしましょう。

親族との関係を見直す

家族とどのような関係を持ちたいかを決めるのは自分です。和解への努力は癒しの必要条件ではないし、だからといって無理に家族と縁を切る必要もありません。どちらかがより勇気ある行動だということではなく、自分自身にとって最良でさえあれば、どちらを選んでも、あるいは中間をとっても良いのです。まずは、自分と親族の一人一人との関係を冷静に見直しましょう。


*現在、家族と行き来があるか。どういう理由で、どういう時に行き来するか。自分が望むからか、それとも義務感からか。会おうと言い出すのはどちらか。

*家族の誰かに打ち明けたか。その人はそれを認めたか。あなたの癒しを支援してくれるか。

*家族と話すとどんな気持ちになるか。

*家族といると、薬物やアルコールの摂取量が増えたり、過食や拒食になる傾向はないか。

*あなたを批判したり、侮辱したり、感情を傷つけたり、あるいは問題に無関心の態度をとるか。

*家族を訪ねた後、どんな気持ちになるか。抑鬱《うつ》、怒り、あるいは自分がおかしいと感じるか。暖かく受け入れられた感じがするか。くつろげるか。まあまあだけど、最高とはいえない、といったところか。

*この関係から得るものは何か。


家族間の力関係と、そこでの自分の役割を見極めましょう。それは心地よいものですか、変えたいと思いますか。家族から性的虐待を受けた場合、虐待はまだ続いていますか。成長して家を出たからといって、家族からの性的侵害が終わるとは限りません。叔父がベッドに忍び寄ることはなくても、あなたの身体つきについてあれこれ言ったり、最近「やってるか」どうか聞いて来るとしたら、それもまた性的侵害です。

家族との接触によって、まるでタイムマシンで連れ戻されたかのように、幼い頃の状態に戻ってしまうことがあります。自分はもう三五歳なのだとわかっていても、休日で実家に帰るやいなや、弱々しく怯えきった子どもに逆戻りし、加害者がもはやくたびれた七〇歳の老人でも、未だに彼を怖れるのです。悪夢にうなされ、もうとっくに棄てたはずの嗜癖が戻ってくるかもしれません。

両親に会ってすっかり動揺したある女性は、自己破壊的な抑鬱《うつ》状態に陥り、自動車事故に巻き込まれ、その後何週間も再起できませんでした。もし、家族と会うたびに打ちのめされるのであれば、そろそろ自分を苦しめるのをやめるときです。

　このあたりで家族との関係を見直し、再点検しましょう。自分が得るものは何か、どんなツケが回ってくるか、一つ一つの関係に何を望むのか、よく考えましょう。あなたの期待は現実に即したものですか。

　こういうときに自分の内なる子どもに任せっ放しにしておくと、いつか時がすべてを解決してくれる、という微かな望みを託して、破滅的な関係を続けがちです。再び自分を犠牲にしないためには、成熟した判断力を行使して、客観的かつ率直に家族を再評価する必要があります。

基本的なルールを決める

ルールを作るのは自分です。家族に会うか否か、いつ、どのように会うかなどは、すべて自分が決めていいのです。サバイバーの多くは、いったん親族と接触したら最後、すべてを明け渡さねば、と思いがちです。子どもの頃は、どちらか一方の選択肢しかなかった人が、いま家族と接触することを選んだとしても、過去と同じようなパターンを繰り返す必要はないのです。

　初めて母の日のカードを送らなかった時は、今にも天変地異が起き、神の逆鱗に触れて殺されるかと思った。自分

ノーと言ってるのよ、ママ　――　ローラ・デイビス

離反　①　気持ちの上で離れること、疎遠になったりよそよそしくなること
　　　②　慣れ親しんだ環境や人間関係から離れること
　　　③　愛情、好意または友情が薄れ、敵意や無関心が高まること　同義語：乳離れ。
乳離れ　①　子ども（幼い動物）が母親の乳から離れるよう、慣らすこと
　　　②　かつては受け入れたり欲していたことに愛着を失うこと。強い愛着を持っていたものからの分離の意を含む。
　　　　　　　　　　　　　――ウェブスター英語辞典より

マイアミにいるポールが電話してきた。「ママを恨むな、許してあげるんだ」と言うために。アイダホにいるドッツィからも葉書が来た。「お母さんがあなたの事を心配してるわ」

　父さんから聞いたわ。わざわざアメリカ大陸の端まで電話して、私が神経症じゃないかと尋ねたそうね。私の手紙をそんなふうにしか受け取れなかったの？　娘が実の母と関係を絶ちたいなんて正気で言うわけない？　あなたの可

に嘘をつきたくなくて、カードは送らなかったが、結局、天罰は下らなかった。

家族と会う場合、守ってほしいルールを前もって手紙で伝えておくのも一案でしょう。話し合う事柄を限ったり、連絡は自分からとることにしたり、母には会いたいけれど、父が不在の時だけとか、姉とは話し合いたいけれど、その内容は他の家族に漏らさないでほしい、などと頼むこともできます。自分の要求が通る保証はありませんが、まずは頼んでみて、その結果で判断すれば良いでしょう。

電話番号を公表しない、連絡なしに訪ねてほしくないと伝える、連絡は電話か手紙のみにして、直接会わない、など家族との交流を限定する方法はたくさんあります。大事なのは、自分にとって居心地悪いことにノーと言うことなのです。

限界を設定する——ライラの場合

「いま睡眠薬を一瓶飲んだばかり。これから死ぬ」母はよく午前二時ごろ電話してきては、私にこう告げた。私はすぐに駆けつけ、救急車を呼んで彼女を病院に連れていく。母がどんなにつらい思いをしてきたか知っている私は、彼女が哀れで、毎月これに付き合った。でも、もう限界だ。

ある夜、私は母に言った。「こうして胃の洗浄に来るのもこれが最後よ。自殺するかどうかは、母さんが決めるこ

愛い娘が、「もういやだ！　関わりたくない」なんて、言えるはずがないと思っていた？

ママ、どうやったのか教えましょう。少しずつ煉瓦を積みあげたのよ。慎重に、用心深く確実に、二人を隔てる分厚い壁を築いたの。分厚くて不透明な壁を。壁の向こう側に立つと、私はもうママの手には届かない。その壁は、古代からの怒りで平たく滑らかに塗り込められ、記憶と一緒にヤニで固められた。厚く、黒く、生々しく。

生まれて初めてママから離れ、後ろに下がって壁の出来ばえを見た。この空間の本質は何？　大きさは？　奥行きは？　再びママと向き合う前に、どこまでこの内奥に入って行けるのか。離反するってどんなこと？　空間をとること？　距離を置くこと？　境界線を引くってどんなこと？　ノーと言うこと？

私はノーと言っているの、ママ。私はこの壁が気に入っている。

それは否認、沈滞、制止の壁ではなく、自分に許可を与える壁だ。堅くて分厚い境界線の後ろには動きがある。身体を伸ばし、手を差しのべる。何を与えられ、否定されたのか。何が欠けていたのか。良かったこと、健やかなること、正しかったこと。聞かされた嘘の数々を思い出すのだ。

この二八年間、ママと痛みを分かちあったことは一度もない。うまくいったときだけ、いいとき、楽しいときだけ。

と。もうこれ以上関われないわ。電話しても、もう来ないからね」

「女どうし助け合わなくっちゃ。男たちには頼れないんだから！」という母娘の連帯感を失うのはつらかった。母を味方につけておきたかったが、そこを思い切って絶ち切った。すると、どうだろう？　母の自殺癖がやんだのだ。それ以来、私の人生は劇的に改善し、日常生活も目に見えて変わった。パンがうまく焼ける。以前にはなかった自分への信頼が芽生えていたのだ。

道は二つに一つ——デイナの場合

デイナはサバイバーであり、彼女の母も娘もまた性的侵害を受けています。（p308の手記参照）

娘のクリスティが五歳の頃、私に聞いた。「どうしてうちのパパはあたしにあんないやなことをするの？　誰にもあんな悪いパパはいないのに」私は、実はああいうパパがほかにもいること、何を隠そう、私も幼い頃に自分のパパにいやなことをされたことを話して聞かせた。

その後、祖母の家を訪ねたクリスティは、子どもらしい正直さで言った。「パパがあたしにしたのとおんなじことを、おじいちゃんがママにしたんだって」

するとおばあちゃんは答えた。「なんだって？　そんな

悲しみ、怖れ、怒りを表わしたこともなかった。自分が人と違っていることの埋め合わせをするので必死だった。ママに愛され、認められ、祝福されようと躍起になっていた。でも、もうやめた。そのままの自分を受け入れた。

この壁が見える？　人はこれを離反と呼ぶけど、私はそれを自由の壁と名づける。この分厚い壁の内側では、自然に感じ、ママの目を意識せずに振る舞える。私はママの望みどおりの娘じゃない。それはわかっていた。でも、この壁に囲まれて改めて見ると、ママだって私の望みどおりの母親じゃない。何でも知っていて、献身的で、私を守ってくれる母じゃない。この壁の内側からは、物事がありのままに見え、自分の勇気を見出せる。失ったものを悼むこともできる。この高く、すべすべして、まっすぐな壁の内側では、叶わぬ望みを捨て、心の中でもう一度ママとの関わりを見つけられるような気がする。そしてすべてをやり終えたら、少しずつ、慎重に壁を取り壊して、ママをしっかりと見よう。

人はそれを離反と呼ぶけれど、私はそれを愛と名づける。

ことするはずないよ！　おじいちゃんは、母さんをとっても大事にしてたんだから、悪いことは絶対してない。なんかの間違いさ」

翌朝、傷ついたクリスティは怒って私に言った。「おじいちゃんはママになにもしてないって、おばあちゃんが言ってたよ！」

私は即刻、母に電話した。「いいこと？　ここに来てクリスティに真実を伝えるか、二度と私たちと顔を合わせないか、道は二つに一つよ。そういう嘘が、これまで私たちを追いつめてきたんだから。それで母さんも、私もクリスティも虐待を受けたのよ。今度起きたら容赦しないわ」

この言葉は、母にとっても私自身にとっても衝撃的だった。こんな言い方は初めてだったからだ。でもその晩、母は家に来て、私が買い物に行っている間にクリスティに言った。「思い出すのが辛くて、何もなかったふりをしたくなるときがあるんだよ。嘘をついてごめんね」

限界設定の波紋

ルールを設けることで、なんとなく落ち着かなくなったり、罪の意識を感じるかもしれません。あなたは現状維持を否定し、自分の要求を主張しているのです。家族に逆らったり、ノーと言うのが初めてかもしれません。だとしたら、おそらく周囲か

自分の行動を誇りに思う――イーデスの場合

イーデス・ホーニングは四七歳。ある企業の人事部長を務めるかたわら、牧場で馬を飼育している。三人の子どもはいずれも成人した。彼女は、子どもの頃に家族から受けた性的侵害について、これまで両親に対してさまざまな形で働きかけてきた。

私は両親を愛しているし、両親も私のことを精一杯愛している。でも幸運にも、私の愛する力のほうが、何倍も大きい。彼らにはその許容能力が無いのだ。

私は長い間、父より母に怒りを向けていた。女性は「男は意志が弱くて抑えがきかないけど、母親はいつも強くあって、子どもを守るべきだ」と思いがちだ。私もそうだった。

しかし、成長して自分も子どもを持つようになると、いかに自分に子どもを守る力がないかを思い知らされ、そのことで、以前より母に共感を感じるようになった。

ここ数年、母はようやく家庭内の性的虐待を断片的に思い出した。数年前はまったく否定していて「九歳の私の話に耳を貸そうとしなかった頃とちっとも変わってないじゃない」と私が言うと、母は「そんなこと一度も聞いてないよ」と言った。

らかなりの抵抗に会うことでしょう。わがままだとか、何か邪心があってみんなの生活を台無しにしようとしている、などと言われるかもしれません。

最悪の場合、家族が自分の要求に沿わず、家族をとるか自分の尊厳をとるかの決断を迫られるかもしれません。自己主張することで、親族とのつきあいの限界に直面するかもしれません。

今のあなたに必要なのは、敬意、支援、そしてまわりが真実を認めてくれることです。人格を傷つけるような親族のもとに留まっても得るものは何もありません。事実、多くのサバイバーが家族とのつながりを断ち切ることで、癒しへの大きな一歩を踏み出しています。

とはいえ、過激な変化を一度に自分に課す必要もありません。それぞれの段階において試行錯誤しながら進めていきましょう。うまくいった方策を振り返り、状況の変化に応じて対策を変えればよいのです。大事なのは、変化し、選択し、そして限界を設定する権利を自分自身で持つことなのです。

加害者とどう接するか

親族と接触する際の留意点は、かつての加害者と関わる際にも重要となります。もちろん、接触など望まないかもしれませんし、虐待者が見知らぬ人だったり、ほとんど関わりのない人物かもしれません。身を危険にさらす場合もあるでしょうし、

「九歳の時、『父さんが部屋に入って来て、私のパジャマをおろすの』って言ったわ。『よく父さんだってわかるね』って言われて、『脚に髭が触れるから』って言ったら、母さんは『きっと夢だよ』って答えたけど、あれは夢じゃなかった。九歳だったから、ちゃんと覚えてるわ」

それでも母は「そんな事は聞いてない」と言い張った。

あれは一一月のことだったが、翌年一月になって母が電話してきた。「思い出したよ。おまえの手をとって、ずっと歩いたことをね。角を通り越して、どこにも行き場がないことに気づいて、もと来た道を引き返したっけ」

私は、「思い出してくれてよかった。私がどんな気持ちだったか、何が起きたかもわかるでしょ。でも自分を責めないで。母さんはできる限りのことをやったのよ。逃げ場がないこともあるの」。母の言葉が初めて心にしみた。母がどんなに無力であったか理解できたのだ。

テレビに出演して、家族からの性的虐待について話そうと決めたとき、私は両親にそのことを話した。許可を求めたのではない。知っておいて欲しかったのだ。本名を使うつもりだと言うと、母は「顔を隠さないの？」と聞いた。

「顔を隠すですって？　何を言ってるの！」

「みんなに知られてしまうよ」

「そりゃそうね」

「世間になんて言われるだろう」

虐待者を心底憎んでいて、強いて関係を維持しようと思わないことだってあるでしょう。

たとえ加害者がすでに一定期間治療を受けていて、完全に責任を認めていても、無理して接触する必要はありません。あなたに加害者の癒しや今後の生活を助ける責任は何もないのです。両者が健全な関係を築けるかどうかは、加害者がどれだけ変わろうとしているか、どれだけ責任を認め、自分の癒しに取り組もうとしているかなど、加害者自身の行動にかかっています。

かつての虐待者との関係を維持したいなら、適切な歯止めを設定することが不可欠です。自分が許容できることとできないことを、はっきり確認しましょう。相手が完全に改心している場合は別として、たとえば、卑猥な冗談を言わない、人の身体についてコメントしないなど、具体的な注文をつけましょう。挨拶がわりの軽い抱擁、さよならのキス、背中を叩く、といった身体的な接触は一切やめるよう伝えてもいいでしょう。

虐待者と必要以上に親密になるのは有害です。マッサージ・セラピストだったある女性は、病気だった父親にマッサージをしましたが、そのため激しく動揺し、その後何日もひどく落ち込みました。境界線をきちんと設け、それを守ることは容易ではありませんが、これは何より重要なことです。

家族からの性的侵害はまだ終わっていない。私が止めたから一応はやんだが、母のふるまいは相変わらずだ。今で

母はいつもそれだ。「世間が自分をどう思うか」

「たぶん過ちを侵したと思うでしょうよ」

「よくこんなことができるね」

「たいへんだけど、やってみせるわ」

私がテレビに出るというと、父は近づこうとせず、とても脅えた。私がもう弱い娘ではなく、自立した女性だと知って怖れをなしたのだ。告訴したことがわかると、父は私を死ぬほど怖れるようになった。私が父になんの許可も求めず、自分のしたい事を伝えたからだ。彼が小さくなるのが私にはわかった。それでも、私が彼を負かそうとか、潰そうとしているのではないことは理解したようだ。「父さんにとっても、私にとっても辛いけど、虐待を止めるためには必要なことなの。私が話すことで、今起きている虐待が一つでも止むなら、その価値はあるわ」

テレビ出演の際は、家族の名誉を守ろうなどとは考えなかった。私を守ってくれなかった家族を、どうして守る必要があろうか。彼らはもう大人なのだ。

子どもたちにも知らせたが、彼らは恥ずかしがるどころか、私を勇気づけてくれた。会社の社長に自分の計画を話すと、彼は「投げた網に小魚一匹でもかかれば、やった甲斐はあるね」と言ってくれた。私はそれを実行し、やって良かったと思っている。

も電話をかけてきて「スザンヌ、一週間でいいから帰っておいで。ママのベッドでまた抱きしめてあげるから」という。私は「パパとすれば？　私はイヤ」と言って電話を切る。唇にキスしようとしたら、私の方から離れる。母は「どうして？」と聞くが、私は「いやだから」の一言で済ませ、いちいち言い訳しない。

実家訪問

実家訪問は、思ったより大変なことで、子ども時代の性的侵害から自分を癒しているときは、休暇と言うより、むしろ仕事に近いものとなるでしょう。たとえば、会えることを証明したい、しないと不自然、親やきょうだいが仲直りしたがっている、息抜きのつもりなど、癒しとはかけ離れた理由で訪問するのは止めましょう。

敢えて実家を訪問する場合は、それが自分のために役立つことを見極めてからにしましょう。なぜ家族に会おうとするのかきちんと確認し、心の準備をしておきましょう。

以下のことを自問しましょう。

＊実家を訪問する理由は何か
＊何を期待しているのか
＊その期待は現実的か
＊今が適当な時期か。癒しのこの段階で、実家を訪ねる必要があるか
＊訪問中または訪問後、どういう気持ちになるか。今回も同じ、あるいは今回は違う、と確信できる理由はあるか

訪問の日時は自分の都合に合わせましょう。何かと煩わしい祝祭日ではなく、平日に訪ねるとか、実家には泊まらず別に宿をとる、一週間も滞在せず半日だけ充てる、というのも一案です。支えになる友人を同伴してもいいし、どこか中間地点で会う、自宅にきてもらうなど、様々な段取りを考えましょう。実家訪問は、事実を掘り起こしたり、記憶を取り戻したり、自分史を見直したり、両者の記憶を照らし合わせたりして、全体像を浮かび上がらせる共同作業の機会ともなり、壊れた人間関係を修復する好機にもなります。逆に、昔の状況は思った通り悲惨だった（あるいは今でもひどい）と再確認するかもしれません。これは辛いことで、その結果、二度と家族を訪ねたくなるかもしれませんが、これも癒しに集中するきっかけとなります。

加害者がサバイバーに接するときの指針

サバイバーへ

　加害者との連絡を完全に絶ち切る人が多い一方、関係を修復しようと試みる人もいます。その結果、いい関係になることは稀ですが、加害者と折り合いをつけようという試み自体は、サバイバーにとって十分意味があります。もし現在、加害者となんらかの接触があるなら、以下のようなルールを決めるのも一案です。

加害者へ

　サバイバーの役に立ちたいと心から努力する加害者は多くありません。そんな素振りさえ見せない場合もあります。一見役立つようにみえて、実はそうでない場合もあります。その行動パターンが、実は虐待が起きた当時と同じ力関係――つまり力の乱用――を再現していることが多いからです。たとえそこに性的要素がなくても、それは明らかな侵害です。

　法的手段に訴えると娘に言われたある加害者は、娘のカウンセリング費用を支払うことに同意しましたが、月毎の支払い契約を結んだにも関わらず、ときには五カ月も支払いが滞りました。このため、娘は気まずい思いをしたうえ、もし父親が支払わなければセラピーを中止せざるを得ない、という危機感に見舞われました。彼女自身は学生で収入もなかったのです。それでも父親は自分の気前良さを自慢し、娘に感謝するよう要求しました。

　役立つようにみえることと、本当の援助とは違います。もし本当に助けたいのなら、自分自身に対してもサバイバーに対してもごまかしはやめて、以下の指針を目安としてサバイバーに接するべきです。

＊いつ、どの程度交流するかは彼女が選ぶこと

　相手の限界、境界線、そしてペースを尊重すること。自分の要求を主張せず、相手のニーズに合わせるべきです。たとえば、彼女が会いたいと言った場合、どこが相手にとって一番居心地のいい場所か聞き、そこまで足を運ぶためには仕事を休むぐらいの気構えが必要です。

＊サバイバーが距離をとる必要性を尊重する

　相手が連絡を取りたくない場合、無理に会おうとしてはいけません。彼女のほうが主導権を取るときだけとか、手紙のみの交流に限るなど、さまざまな条件がつくのは当然、という姿勢で接すること。

＊サバイバーの怒りを尊重する

　彼女があなたに怒りをぶつけるのは当然で、必要不可欠なことです。それに足る理由があるのですから、彼女の怒りを軽く見たり、批判せず、ただ耳を傾けること。そして

彼女の言うことをまるごと受け入れましょう。

＊自分の行為とその結果に関する責任を全面的に認める

性的侵害の責任はすべて自分にある、ということを明確にすること。これはけっして、「二人の間に起きたこと」ではありません。自分が一方的にしたことなのです。虐待が彼女に与えた影響、そして現在もなお彼女が直面している問題の責任が自分にあることを、はっきり表明しましょう。

＊言い訳はしない

性的侵害の言い訳は何一つありません。

＊自分がしたことは悪かった、申し訳ないとあやまる

＊今後二度と不適切な行動をとらないと約束する

二度と誰に対しても性的侵害は行なわない、というのは当然ですが、これは、サバイバーの前で猥談をしない、目の前にいる人や第三者の体型、性的感性についてコメントしない、挨拶のキスや抱擁などの身体的接触を控えるなど、さりげない日常行動にもあてはまることです。もし、彼女が身体的接触を望まないなら、それを尊重すること。サバイバーに限らず、誰に対しても自分の態度に細心の注意を払い、どんな態度が好ましく、何が好ましくないのかを見極めるため、自覚を高めましょう。

＊サバイバーを自分の闘いの支えに利用してはいけない

自分の問題に対処するには、自分自身のための支援体制が必要です。サバイバーにそのときの状況や説明を求められたら、きちんとした情報を提供すること。しかし、彼女はあなたを助けるためにいるのではなく、あなたが相手を助ける立場にいるのです。過去や現在における自分の問題に焦点を移してはなりません。

＊進んでセラピーに通い、治療に取り組む

こうした場こそ、自分自身の要求、問題、闘いに焦点を当てるためにあります。経験豊富なカウンセラーを見つけ、ただ慰めてくれるだけでなく、自分を厳しく問い直せる自助グループに参加しましょう。尊敬され、信頼される人物になるため、自己変革を進めましょう。

＊自分にできることはあるか、何をして欲しいか、サバイバーに尋ねる

たとえば、相手が望むときに虐待の話を聞く、家族の誰かに自分の責任を認める、彼女のセラピー費用を負担するなど、できることはあります。

虐待の影響によってサバイバーの教育や職業訓練の機会が制限された場合、サバイバーがそれに対する金銭的補償を要求することもあります。フルタイムの仕事を持ちながら、自分の感情を取り戻す癒しの作業を進めるのはとてもたいへんだからです。こうした場合、一定期間、経済的援助をする必要があるかもしれません。

＊サバイバーの求めに応じる

たとえ自分がやりたくなくても、あるいはできないと思っても、サバイバーの求めに応じること。自分がかつて作り出した危機に、いま対処しているのです。何とか対応策を見つけましょう。

＊犯した行為は償えない

完全に償うのは不可能です。いったん侵害された権利は回復できません。でも、だからといって、それを何もしないことの言い訳にしてはなりません。

＊サバイバーに赦しを求めない

必要な赦しがあるとしたら、それは自分を癒す中で、自分自身を赦していくことでしょう。

サバイバーとの関係が必ずしも修復できるとは限りません。すべては、あなた自身が自己変革の意志と変化を遂げる能力を持ち合わせているかどうか、そして、あなたの変化とは無関係に、あなたとの関係を保つことがプラスになるとサバイバー自身が判断するか否かにかかっています。どちらにしてもサバイバーの決断は尊重しなければなりません。上記の指針に沿って行動すれば、必ずサバイバーの癒しに役立つことでしょう。

祝祭日

祝祭日は一般的に家族や親戚一同が集まって祝うものとされています。家族と共に過ごしたいという自然な欲求がある一方、そうあるべきだという文化的慣習の圧力も相当なものです。家族との関係がぎくしゃくしていたり、絶縁状態でいるとしたら、こうした祝祭日や誕生日、記念日が来るたびに、大きな喪失感に見舞われるかもしれません。寂しさや孤独を感じ、友人の帰省を羨ましく思うかもしれません。祭日を一緒に過ごす親友がいない場合、なおさら孤独感が募り、愛されていないと感じるかもしれません。死にたくなるかもしれないし、自分のためにならないと知りながらも、やはり家族と一緒に過ごそうと思うかもしれません。

弱気になって妥協しようかと迷うかもしれませんが、あらゆる手を尽くして自分を守りましょう。これまで述べてきた親族に接する際の指針は、すべて祝祭日にもあてはまります。心から納得できなければ、贈物をしたり、カードを送ったり、訪ねる必要はありません。あなたには、意識して自分の行動を選択する権利と責任があるのです。普段やる気になれないことは、たとえ祝祭日でもやらない方がいいでしょう。

哀しみをそのまま感じましょう。本心を隠して楽しんでいる振りをする必要はないのです。

家族と会うのをやめてから、初めての祭日は感謝祭だった。知り合いの家に食事に呼ばれて、楽しそうに振る舞ったが、内心とても辛かった。それで、もうこの二の舞はいやだと思い、クリスマスは祝わないことにした。そのころ私は大学院生で、一月に提出する課題が山ほどあったから、クリスマスなんて無視して一日中勉強した。結果的にはそのほうがずっと良かった。心が落ち着いて、よくはかどった。

生まれ育った家族と一緒に祝祭日をまったく、あるいはたまにしか過ごさないと決めたら、自分自身の慣習を作りあげましょう。子どもの頃、特に好きだった祭日はありますか。今でもやってみたいことがありますか。周囲の人々の祝い事で取り入れたいものがありますか。祝祭日は、それぞれの価値観や人間関係を確め合う儀式です。たいていの人は家族や宗教、あるいは文化的慣習に従って、そうした儀式を執り行っていますが、必要に応じてそれを修正して、自分で選んだ人と新たな儀式を創造することもできます。

過ぎ越しの祭りは私にとって大事な祭日だった。家族の長たる祖父がいつもその祝宴を執り仕切った。彼もまた私を虐待していた。家族の祝宴に行くのをやめたのは、一族が集まって祖父をほめ称える光景に耐えられなかったからだ。その代わり、自分なりの祝宴を開くことにした。

毎年馴染みの親友たちを招いて、マッツォー（平たいパン）、堅ゆで卵、苦よもぎといった伝統的な食事をして、歌を歌う。そして従来の礼拝ではなく、自分たちで創った礼拝を執り行なうのだ。過ぎ越しの祭りはユダヤ人の自由の闘いを記念するものだから、自由の闘いが今の私たちにとって何なのかを語り合う。私の場合はサバイバーとして、束縛から逃れることが新しい意味を持つ。古き伝統と新しいものを組み合わせると、解放的な気分になる。それが過ぎ越しの祭りの意味なのだ。

こんなにおまえを愛してるのに……

自分を侵害したり、守ってくれなかったり、信じてくれなかったり、あるいは今でも心から支援してくれない親族が「愛」を口にすると、困惑し不快感を覚えるでしょう。

彼女がそこに座って、優しく微笑んで「おまえを愛してるよ」と言うと、怒りがこみ上げてくる。あのか細い悲しげな声でいつも「でも、おまえを愛してるのよ」というのだ。

こうした場合、愛という言葉に込められた強い感情が、条件つきのものであることを嗅ぎとるでしょう。家族にとって、「愛」とは沈黙を守ることだったり、従いたくもない義務に縛られることかもしれません。愛という名の下で虐待された人もおおぜいいるのです。

真の愛とは相手の幸福を思う献身的行為のことです。

母が私を愛しているとか、すまないとか言っても、信じられない。もしそれを認めてしまえば、愛する娘があんなひどい目にあうのを黙認していた彼女の行為をどう理解すればいいのか。母はそれを愛と呼ぶけど、それは本当の愛じゃない。誰かを愛しているのなら、その人のためには殺人だってするものだ。必要に迫られれば何だってできるはずだ。私には母の愛が信じられない。雌ライオンが子どもを守るような、そんな本能的な愛情が欲しいのに、母にはそれがないのだ。

このような強くて明確な愛情を家族から受けられなかったサバイバーは少なくありません。代わりに受けたのは、隠し事や、ごまかし、支配、あるいは絶望に満ちた「愛」でした。相手を思いやらない愛情には価値がありません。自分の正直な気持ちや価値観、癒しなどを後回しにしなければ成立しない愛など、結局のところ愛情とは呼べないのです。

しかし、どんな愛でも拒否するのは怖いものです。よく「愛がすべて」と唄われるように、誰でも愛されたいと願い、家族や親密な関係を求めるものです。こうした家族からの愛しか知らないとしたら、この先、自分に良いことが起きるとは思えないかもしれません。深い思いやりと屈折した要求が混ざりあっている場合、その愛を拒むのはさらに厄介でしょう。しかし、自分を消耗させる愛情に対してノーと言い始めると、もっと思いやりに満ちた愛情に心を開き、それを受け入れられるようになります。

愚言に惑わされないで

自分の癒しに家族が理解や思いやりを示さないことがよくあります。真っ向からの非難や、無理解な言動は耐え難いものですが、明確な拒絶よりも厄介なのは、一見味方のようでいながら、何かにつけトゲのある言葉を投げられる場合です。

慣れてくれば、自分を疑ったり動揺することなく、こうした「トゲ」を即座に知覚し、拒絶できるようになります。参考までに、サバイバーが家族によく言われる最悪の台詞をいくつか挙げてみました。

こうした言葉を聞いても、真に受けてはなりません。母親がどんなにあなたのためだと言っても、かつて祖母がどんなにいい助言をしたとしても、関係ありません。こうした言動はおそらく、あなたの今の行動を受け入れられず、できればやめてほしい、という気持ちの現われなのです。

こうした台詞は現実ではないのですが、少なくともこの中のいくつかは実際に聞かされることになるでしょう。こう言われるのはあなただけではありません。一足先に読んでおきましょう。

＊それは昔の事だ。水に流してもっと前向きに生きた方がいい。過去にこだわるのはやめよう

＊実際はあの人にいったい何をされたの？　お父さん（叔父さん、兄さん、おじいちゃん）が、そんなことするはずがない

＊おまえはいつも変な子だったけど、とうとう気が変になったのかい。こんな作り話をして

＊家族からの性的虐待が世間で話題になっているから、その風潮に便乗しているのさ

＊いまさら私にどうしろっていうの？

＊誰でもこういう経験をして成長するものさ

＊これは前世からの因縁に違いない

＊おまえはよほどセクシーな少女だったんだろうね

＊なんでこんな事を引き起こしたんだい？

＊一生これにしがみついて生きて行くつもり？

＊そんなにひどいことじゃなかっただろう？

＊たった一度のことでしょう？　何を大騒ぎするの？

＊でもペニスを挿入されたわけじゃないんだろ？

＊でもおまえも楽しんだんだろう？

＊どうして止めなかったの？

＊どうして私に言ってくれなかったの？

＊信じられない。母親が子どもにそんなことするわけない

＊兄さんの事も考えてみなさい。おまえがいなくて寂しがっているんだよ

＊許して、忘れなさい

＊セラピストに洗脳されたな。偽りの記憶を植えつけられたんだ

＊おまえも「偽りの記憶症候群」の犠牲者か

＊母親にやられたから、レスビアンになったのね

＊父親に暴行されたから、レスビアンになったんだな

こうした愚言に即応する方法をみつけ、言われたら、そのまま相手に投げ返しましょう。そんな言葉は二度と聞きたくないと、相手にはっきりと伝えましょう。

時間をかける

あなたが虐待を受けたことを初めて聞いた親族は、きっとショックを受けるでしょう。最初は手ごたえがなくても、当初のショックが収まれば、時とともに信頼できる支援者に変わる場

合もあります。あきらめず時間をかければ、自分の味方になる人が出てくるかもしれません。

ショックや否認ゆえではなく、単なる無知から、すぐにあなたの味方になれない家族もいるでしょう。「二〇年前に起こったことでしょ、今さらどうしろっていうの？」という人は、性的虐待の長期的影響についてまったく無知なのです。親族を教育するのがあなたの仕事ではありませんが、少し情報を提供すれば、懐疑的な人も支援者に転じるかもしれません。この本を贈ってもいいでしょう。それでも態度が変わらない場合、原因は無知ではありません。

あなたの受けた性的虐待に直面できない人でも、その問題が自分の生活の中で表面化したときに、大きく変わることがあります。あるサバイバーが祖父から虐待されていたことを従姉に告げたとき、その従姉は急に関係を絶ってしまいました。

彼女が私の元を去ったのは、私が最も彼女を必要としていた時だった。ものすごく腹が立ち、見捨てられた、裏切られたと感じた。何カ月も連絡が途絶えた後、ようやく一通の手紙を受け取った。彼女も祖父に虐待されていたため、とても私の話を聞けなかった、と謝ってきたのだ。その後、一緒に中華料理を食べながら、私は自分に起きたことをすべて話し、彼女がいなくなってどんなに怒りを感じたかを伝えた。彼女も自分の怖れや痛みについて話してくれた。

以来、私たちの絆は一層強くなった。

虚しい期待は抱かない

家族の誰かと関係を修復したいなら、まずはどれくらい見込みがあるか予測しましょう。何十年間も虐待を否定してきた父親が、この場に及んで立場を転換することはまずありません。「父は七二歳で、私は四六歳。父からは四〇年間何一つ返事がない。今さら何を期待できるっていうの？」と、ある女性は言います。

しかし一方で、人は絶対に変わらないとも言い切れません。一〇〇万ドルの宝くじのように、誰にでも可能性はあります。だからと言って、宝くじに当たる前に仕事を辞めて、南の島でのんびり暮らす計画を立てる人はいないでしょう。実現する見込みがほとんどないのですから。

離別

離別は、互いの関係が順調に発展した結果とも言えます。家族内では虐待や黙認とともに、心暖まる関係もあったことでしょう。癒しが進むにつれて、その暖かい一面にもう一度触れたいと思うかもしれません。一時家族から離れることで、良し悪しの区別がつき、救いとなる一面が見つかるかもしれません。

現実的な大人の考えが、子どもの頃の願望にとって替わるかもしれません。

家族の誰かから離れる際は、それ以上期待するのはやめましょう。家族と距離をおくのは、自己管理できる生活環境で癒しに取り組むためです。和解する日が来ないとは言えませんが、離別を決めてなおかつ、いつかまた関係が良くなる日を待ち望むのは自滅行為です。自分が管理できるのは自分だけ。健やかな絆を望んでも、相手にはそれに応える気がないかもしれません。人が自分の望みどおりに変わることを期待しても、欲求不満をため込むだけです。

癒しのために家族と別れようと決めたなら、後は成り行きに任せ、哀しみとともに前へ進みましょう。先々どこかで和解したくなったら、保証はなくても、やってみることはできます。

逆に、決定的な離別が平穏な生活をもたらしてくれると思うなら、それもまた立派な決意です。

幻想を捨てる

家族との離別にも増して辛いのは、家族がこうあってくれたら、という幻想を捨てることです。これまで実生活に於て自分の要求が一度も叶えられたことがなくても、内なる子どもは、いつかは家族がわかってくれる、という淡い期待を持つものです。アルコール依存症の父親から虐待を受けたある女性は、長年音信不通だった父が危篤だという知らせを受けたとき「父が死んだら、もう二度と愛されることを望めないと思うと、怒りがこみ上げてきた」と言います。

幻想を捨てる――ローラの場合

家を出て六カ月後、母が私を訪ねてきた。私は彼女に向き合って座り、自分が母になったつもりで書いた私宛ての手紙を読み上げた。それは一番辛かった時期に、欲しかった母からの手紙だった。

私の可愛いローリー

今日あなたの手紙を受け取りました。こんなに苦しんでいたのね、ほんとうにごめんなさい。これまで、あなたが言ったことを信じるのは大変なことでした。私の実の父が、あなたをこんなに傷つけたなんてとても思いたくなかったのです。はっきり言って、不愉快な現実はなかったことにする、これが母さんのこれまでの生き方でした。でも、あなたがどんなに深く傷ついているかを聞いて、私はこれ以上否定するのをやめ、一歩踏み出してあなたを支えたいと思います。母さんはあなたの言葉を信じます。おじいちゃんがしたことはひどい蛮行であり、あなたの人生がこれほど深く傷つけられたのもうなずけます。いっそのこと思い出さなければよかった、と思うこともあるでしょうが、これで、今までの人生における疑問のいくつかが解けることでしょう。

ローリー、あなたに起きたことを心から悲しんでいます。私が見ていなくて、止められなくて、本当にごめんなさい。そして、いまだにあなたが苦しんでいることも、とてもかわいそうです。私の最大の後悔はあなたを守れなかったことです。でも、ローリー、当時はあなたにそんなことが起きているとは考えもつかなかったんです。

残念なことに、これはもう取り返しがつきません。でも、私たちは今、二人の大人の女性としてここにいます。あなたがこの苦難を生き抜くために必要な愛と心づかいを、母親として、できるかぎり与えたいと思っています。もちろん、急ぐことはありません。この出来事が人生に与えた影響から自分を癒すには、時間がかかるでしょう。あなたは既に二〇年もの間、このことに密かにさいなまれてきたわけですから、それだけでも大変なことです。でもローラ、二人でこれに打ち勝つまで、私はあなたを全面的に応援しているってことを忘れないで。おじいちゃんは勝てません。あなたも私もそんなことは許しません。だから何かできることがあったら教えてください。

去年は私にとって生涯で最も辛い年でした。丹精込めて作り上げた父親像を打ち壊し、私を育てた父の犯した行為を認めるのは地獄の苦しみでした。なんでこんな恐ろしい事を持ち出すんだ、とあなたを憎んだこともありました。でも、考えればこれはけっしてあなたのせいではなく、すべて父のせいなのです。このことがはっきりしてからは、自分の怒りを吐き出し、少しずつあなたの身になって考えられるようになりました。こんなことを言う日が来るとは夢にも思わなかったけど、今ではあなたに教えてもらって良かった、と思っています。あなたが自分自身を守れなかったあのときに、私が与えられなかった愛と支えを、今こうして与えることができるのも、あなたのおかげです。

ローリー、あなたは本当に勇気のある娘で、私は誇りに思います。人生の真実に向き合うあなたの意志の力に、私も触発されました。私もあなたと同じくらいの勇気と信念を持って、自分の人生と向き合いたいと思います。しばらくの間、家族からの性的虐待の問題が、私たち家族をずたずたに引き裂き、すべての愛を破壊してしまう、と怖れていました。でも今になって、私たちが常に望んできた健やかな母娘関係は、真実のうえにのみ築けるものなのだ、と知りました。この癒しによって私たち二人の絆がより強くなることを信じています。愛をこめて。

母

私は泣きながらこれを読み、何回も中断した。読み終わると、部屋は沈黙で静まり返った。母は私のほうを向いて、とても自分には書けない、と言った。

「私の愛するローリーがここに座っているから、慰めてあげたいと思うけど、すぐ隣に、私の父にひどい中傷を投げつける怪物のような子がいるんだもの」

「それはどっちも私よ、母さん。全部セットなの。その怪物のような自分を受け入れて、愛するのに一年以上かかったんだから、いくら母さんのためでも、今さらその自分を切り離すことはできないわ」

　このやりとりですべてが鮮明になった。私が望むことは母から得られない。そして母も欲しいものを私からは得られないのだ。私は自分なりの人生を生きるしかなかった。

絶縁状態

　子どもたちにとって祖父母はいないも同然だ。私の母も父も祖父母も健在だが、誰も会ってくれない。近くに住んでる叔父も叔母も、姉もまた然り。すべては家族からの性的侵害のせいだ。私は大家族が欲しくてたまらない。


　家族と縁を切るのは辛いことですが、もっと辛いのはいつまでも奇跡を待ち続けることです。ある三六歳の女性は、母親とちゃんと会いたいと何年間も接触を試み、訪問が失敗に終わるたびに、「どうして母とうまくいかないのだろう」と自分を責めました。いざという時に電話できる友人の支えを得て、また試みるのですが、結局失敗に終わるのです。

　ようやく彼女は母親に会うのを諦めました。「耐え難い状況に毎回身を置くのに嫌気がさした。どうして自分にこんな事を課すのだろう。しばらく休息することにした。実現不可能なことをしようと無理をするかわり、もっと好きなことをやろうと思い立った」

　この女性は、現実を受け入れた時点で、自分を苦しめるのをやめました。「母とは手紙が一番。手紙ならお互いに優しくなれる。同じ空気は吸えなくても、手紙の中では私の母なんだ」

　兄たちに虐待されたあるサバイバーは、姉を訪問する計画を立てました。


　姉に手紙を書いて、彼女の家でパーティーを開いてもいいかと尋ねたところ、快く引き受けてくれたので、招待客のリストを送ったら、こんな返事がきた。「母さんは招待しない方がいいわ。以前顔を合わせたとき、気まずい思いをしたでしょ。兄さんたちを招待すれば？」兄さんたちだって！　私の気持ちを知っているくせに。姉はさらにこう書いてきた。「兄さんたちはあなたの事をいつも気にしてるのよ。あなたをとても愛しているの。それから友達を招待することはないわ。いつでも会えるでしょう」まったくお話にならなかったので、姉にこう返事を書いた。「手紙を読んで考え直し、代わりに田舎に行くことにします」

何年間も揺れ動いた結果、家族関係を「乗り越えた」サバイバーもいます。「もう家族はいらない。彼らはずっと破滅的な形でもたれ合ってきた。もう一切関わりたくない。人生は短いんだから」

これはみな、自分の気持ちに正直になった結果です。誰もが自分に優しくなって、心の安らぐ行動をとっていいのです。

記念日を祝う

大きな喪失感を味わった時、その変化を人生に組み込んで先に進むための儀式があると役立ちます。家族との別れや、その苦悩をきちんと受け止めましょう。

両親と正式に縁を切るため絶縁状を書いた人や、姓名を変えることで加害者との家族関係を抹消した女性もいます。また、周囲の人々が何かにつけて父親の愛を説くのにうんざりしたある女性は、自分が死んでも父の隣には埋葬しないで欲しいと遺書を書きました。

自分を虐待した母親との親離れの儀式を執り行なった人もいます。

母の日が近づくにつれ、底なしの穴に沈むように気持ちが落ち込み、不安になった。何とかしなければと思った。それで儀式を開いて、性的侵害を癒す自助グループにいる女性たちを呼んだ。

みんなが愛情の印として、ろうそくや、ワインや、小さな贈物を持ってきてくれた。哀悼を表わすユダヤの伝統に則って、母がくれたドレスに切り込みを入れ、それから母の膝に座る幼い私の写真にはさみを入れて、私と母を切り離した。

この儀式は強力な節目となった。魔法のように何かが変わったわけではないけれど、自分の目指すものが明らかになったのだ。

他にも、砂漠のような大自然の中に身を置く、通夜をあげる、パーティーを開く、いい思い出を散りばめたアルバムを作るなど、様々な儀式があります。自分自身にとって格別意味深く、自分の気持ちや決断に沿った形を選びましょう。

気持ちに区切りをつける

家族との問題は完全に解決できるものではありません。だいぶ楽になったとしても、まったく平気になることはないでしょう。不安を感じたり、生活環境が変わったり、限界を設けた理由を忘れてそれを破ったりすると、再び痛みに襲われるかもしれません。しかしその影響も時とともに減少し、いずれ地に足がつくようになるでしょう。

　生まれ育った家族があなたに幸せをもたらさないなら、必要なサポートをほかで探しましょう。実の母や父、姉、あるいは叔母はたった一人でも、人生でそれに代わる自分なりの家族を作ることはできます。身近な友人、自助グループのメンバー、パートナー、自分の子どもたちに目を向けましょう。失ったものを取り戻すことはできなくても、豊かな愛情、親密な関係、くつろぎを与えてくれる人が見つかるでしょう。健全な家族に必要なのは、まさにこれなのです。

文章を書く——家族は今 （書くことの基本はｐ32参照）

　現在、生まれ育った家族との関係で満足しているのはどんなことですか。自分を支えてくれるのは誰ですか。誰といると楽しく感じますか。家族と関わることで得るものは何ですか。良いことはありますか。良くないことがありますか。破壊、イライラ、怒り、怖れ、苦痛などを呼び起こすのはどんなことですか。敵対しているのは誰ですか。誰といると居心地が悪いですか。家族と過ごすときの問題は何ですか。

訴訟を起こすべきか(2)

　サバイバーが、子どもの頃受けた性的虐待に対し、損害賠償を求めて個人訴訟を起こすことが、ここ十年の間に、アメリカの多くの州で可能となっています。子どもへの性的虐待は、何世紀もの間黙認され、許容されてきましたが、近年、子ども時代に受けた性的虐待の及ぼす深刻な打撃がようやく法的にも認知され始め、サバイバーが法的手段に訴える道が開かれるようになりました。

　こうした訴訟を起こすことで、サバイバーは真実を語り、沈黙を破り、自分を虐待した者と公の場で対決することができます。そしてセラピー費用や逸失利益や精神的打撃への慰謝料として賠償金を得て、加害者が自分の犯した行為の深刻さを思い知らされるのを見届けるのです。

　子どもへの性的虐待が社会に蔓延している現実と、被害の深刻さを訴えるという意味では、こうした訴訟の社会的意義は大きいと言えます。多くの成人サバイバーの代理人を務める弁護士、メアリー・ウィリアムズはこう語ります。

> アメリカ人の意識のなかで、法制度はたいへん重要であるから、加害者を告訴することは何よりの社会教育だ。性的侵害の被害者が裁判に持ち込めば、人々が虐待を黙認したり、口を閉ざすことはできなくなり、虐待者は否が応でもその事実をつきつけられる。社会はこれ以上虐

待を隠蔽できなくなるのだ。

しかし一方で、訴訟はサバイバーにとって大変ストレスの多い作業です。お金も時間もかかり、容赦ない裁判には誰しも強い苛立ちを覚えるでしょう。結果が良ければ、それなりの報いもあるでしょうが、訴訟の代価をけっして過小評価してはなりません。もし加害者を告訴しようと考えているなら、訴訟のプラス面とマイナス面を天秤にかけ、自分自身をよく知り、自分にとって最良の選択は何かを率直に自問したうえで決断しましょう。以下は訴訟を起こそうとする際、必ず自問すべき重要項目です。


*どうして訴訟を起こしたいのか。それによって自分は何を得たいのか。

*自分は何を期待し、どんな展望をもっているのか。金銭的には？　精神的には？　これらの目標は現実的か。

*勝訴の可能性はどれくらいあるか。その過程で、諦めねばならないものはあるか。

*もし敗訴した場合、どんな気持ちになるか。敗訴によって再び虐待の犠牲者の気分にならないか。

*この訴訟は自分の癒しにどんな影響を与えるか。自分の力や強さを感じたり、自分で自分を守れるんだ、と感じられるようになるか。それとも、さらに攻撃され、貶められ、その過程で気持ちをズタズタにされるだろうか。

*訴訟の進行中も、癒しを進めることができるか。それとも、当面、自分の気持ちは脇に置く必要があるか。

*法的手段に訴えるにあたって、周囲から十分な支えが得られるか。

*現在の段階で、自分の人間性や信頼性を攻撃されても持ちこたえられるか。

*訴訟は生活にどんな影響を与えるか。子どもの世話は大丈夫か。仕事は続けられるか。学業はどうか。訴訟の緊張をほぐせるような、リラックスできる楽しい活動を取り入れるゆとりがあるか。とてもそんな心の余裕はないか。訴訟によって危機が訪れることはないか。

*訴訟によって、現在同居している家族（パートナー、子ども、新たに家族になった人たち）や生まれ育った家族との関係がどう影響されるか。その変化を受け入れる価値があるか。


サバイバーの多くは、虐待者に自分の行為を認めさせ、責任をとらせたいがために告訴するわけですが、裁判制度はそれを達成するよう作られてはいません。メアリー・ウィリアムズはこう説明します。

残念なことに、訴訟は被告に自分のしたことを認めさせるための最良の手段とは言えない。訴訟がもたらすのは、金銭を得ることとくらいだ。訴訟によって被告が改心し、心から謝ることは期待できない。それどころか法廷では、被告は対抗して否認し、原告の主張を覆そうとするのが常だ。それでも、裁判制度を通して自分の力を感じることはできる、とメアリー・ウィリアムズは言います。

気持ちの上で納得できる結果は期待できないにしても、訴訟によって法制度の中で対等な大人、そして自分自身を守る一市民として、サバイバーが加害者と対峙することは可能になる。

これまで数人にしか言えなかった虐待経験を、被告を尋問する検事や裁判官の前で証言するのは、被害者にとって、精神浄化作用を伴う爽快な体験だ。それは自分のために立ち上がり、真実を語るという体験なのだ。

訴訟の終結後は、報われた気持ちと辛い気持ちが交錯します。サバイバーの多くは、訴訟によって情緒的に成長し、より強くなり、自分の力強さと価値を実感できたので、訴訟をした甲斐があったと言います。

しかし、メアリー・ウィリアムズが指摘するように、しばしば失望感と落ち込みにも見舞われます。

裁判に圧勝することはめったにない、勝ち取った権利のすべてを手にできるとは限らない。また、訴訟中はとても省みる余裕のなかったあらゆる感情が、その後、一気に押し寄せてくる場合もある。たとえ、訴訟が原告に有利に解決しても、それによって虐待の影響が消えてなくなるわけでも、楽になるわけでもない。情緒面での立て直しが不可欠となってくる。

それでも、サバイバーの多くはこの上ない解放感と勝利感を味わう。訴訟を起こすことが一種の通過儀礼となり、そこに健全な区切りが生まれる。原告になったことで、加害者との関係をある意味で終わらせ、より充実した気持ちで先に進めるようになるのだ。

提訴を望むか望まないかは、あくまで本人次第です。訴訟など考えたこともない人もいれば、自分の住む州の法律や個人的な事情が告訴を阻んでいる場合もあります。

これから訴訟を起こそうと考えている人は、現在、法廷が戦場と化していることを認識しましょう。第五章『真実を見すえる』（p381）で説明しているように、現在アメリカで起きているサバイバー攻撃は、サバイバーが加害者の法的責任を問うようになったことへの反発だからです。いま法廷で争った場合、あなた自身の記憶やかかりつけのセラピストが、被告側証人となる専門家から攻撃されるでしょうし、メディアもあなたの信憑性を疑い、加害者は濡れ衣だとして激しく抵抗することを覚悟しましょう。だからといって、訴訟を起こしても勝ち目がない、というわけではありません。勝訴は可能ですが、訴訟が以前にも増して複雑でエネルギーを要する作業となったことは確かです。特に、虐待が起きたという証明が困難な場合、たとえ裁判に持ち込んでも、正義が立証され、癒しが得られることはまず期待できません。

法廷で正義を追求する機会は、すべてのサバイバーに保証されるべきものです。しかし、この決断があなた自身にとって最良のものかどうかは、簡単に決められません。提訴に伴うリスクと課題を認識し、訴訟が癒しの過程に与える打撃の大きさや、法律によって得られるものを現実的に把握したうえで、一人ひとりが自分の決断を、慎重に天秤にかける必要があります。

（1）既に成人した子どもとの関係を改善しようと奮闘している親には、Shauna Smith, *Making Peace With Your Adult Child.* (New York: Plenum, 1991) が参考になる。

（2）ここに掲載された情報の大半は、本書の第一版、第二版に掲載された弁護士メアリー・ウィリアムズとのインタビューに基づくもの。

カウンセリング

あるカウンセラーが私に言った。「いま癒しの真っただ中にいるのはあなたで、私はその道具の一つに過ぎません」そう、これが本来の癒しの姿だ。

——サファイア

熟練したカウンセラーの力を借りることは、あなたの癒しに大きなプラスとなります。良きカウンセラーはあなたの気持ちに寄り添い、癒しの証人となってくれます。カウンセラーは、一貫した心の支え、励まし、希望、情報、そして鋭い洞察を提供することで安全な場所を確保し、その中で私たちは自分を受け入れることを学ぶのです。ローラはこう説明します。

自分が信じられなくなった時、とても乗り切れないと思った時、カウンセラーが私の力を信じてくれた。何週間もただじっと座って、私の痛みと変化を暖かく見守ってくれた。何を言おうと、どう振る舞おうと、そのままの私を肯定してくれた。生まれて初めて誰かに受け入れられて、自分が何かしら価値のある人間だと感じられた。何もしなくてもありのままの自分でいい、それが彼女の最高の贈物だった。

カウンセラーは安全な場を提供することで、これまでクライエント（依頼人）が内に抱え込んできた秘密や痛みを吐き出す助けをします。

私にとってセラピーの一番の意味は、話を聞いてくれる人がいるということだ。説教したり、たしなめたり、話を遮ったりしない。責任を転嫁したり、巧妙なやり方で人を貶めたりしない。言いたいことは何でも言える、一番心に引っかかっていること、他人には絶対言えないようなことも口にできる。

セラピストとは自動車の修理工みたいなもので、そこへ行くと部品として扱われ、修理されるみたいでいやだという人もいる。でも、本当に良いセラピー関係にはそんなことはない。ゆくゆくは確かに「治る」し、癒されるものだけど、それは自分が必要とし、自分の気持ちに沿った形で起きる。良きセラピー関係は心地良い安心感をもたらす。

身近な人から傷つけられたサバイバーにとって、再び人を信頼する機会を得るためには、良きセラピストとの出会いはとても重要です。

私はなかなかカウンセラーを信頼できなかった。そうなるまでには双方ともかなり苦労した。私がカウンセラーに課した難題をいま思い返すと、苦笑してしまう。カウンセラーが一週間の休暇をとると言って留守にしたことがあった。七日後に電話したが、まだ戻っていなかった。結局、彼女は九日間の休暇をとった。私は裏切られたような気持ちになり、傷つき、怒り狂った。休暇明けに、私はその怒りを彼女にぶつけた。彼女は労働日を数えれば一週間だけど、週末も含めて九日間という意味だったと説明し、私の気持ちを汲んで、今後はもっと正確に伝えると約束してくれた。こんなことで私に謝り、今後気をつける、と約束するには、よほどの忍耐が必要だったろう。でも、あの頃の私はこうした対応を求めていたのだ。それから少しずつ、本当に彼女を信頼することを学んでいった。

セラピーの中で魔法のように、ある種の変化を体験することもあります。感情が呼び戻され、古傷が癒え、生命が甦り、将来の可能性が開けてきます。以前にはとうてい不可能だと思えたことにも、手が届きそうに思えてきます。セラピーは変化のための強力な受け皿となり得るのです。

カウンセラーを選ぶにあたって

カウンセラーを選ぶにあたっては、労を惜しまないことです。初めて予約をとったカウンセラーに決める必要はありません。たとえ辛さに耐えきれなくて、誰かの助けなしには一週間も持たないように思えても、しっかり下調べするまでは、長期にわたるセラピー関係を結ばないようにしましょう。

友人や他のサバイバーまたは家族に聞いてみましょう。暴力を受けた女性のシェルターや性暴力救援センターなど、女性の問題を扱っているセンターで情報を得るのも良いでしょう。

電話で質問をして予備調査しておけば、お金と時間が節約できます。カウンセラーによって異なりますが、たいてい、一〇～二〇分くらいは無料で質問に答えてくれます。

候補を絞り込んだら、気に入った二、三人と面談してみましょう。一週間に一人ずつカウンセラーに会い、六人目でようやく決めた女性もいます。

カウンセラーを評価する際に、覚えておくべき大事な指針がいくつかあります。

良きカウンセラーは

*あなたの体験や痛みを軽視しない
*子どもの頃性的虐待を受けた女性の癒しについての全般的知識を持っている（または進んで情報を得る気がある）
*焦点を、加害者ではなくあなたに当てる
*自分の過去を模索する余地をあなた自身に与える。勝手に人の過去を決めつけない
*和解や許しを押しつけない
*カウンセリングの外で交友を求めない
*自分の個人的な問題を語らない
*今も将来もあなたと性的関係を持とうとしない
*哀しみ、怒り、憤怒、悲哀、絶望、喜びなど、さまざまな感情を大事にする
*あなたが望まないことをけっして強いない[1]
*セラピーのほかにサポート関係を作ることを薦める
*子どもの頃に性的虐待を受けた他のサバイバーとの出会いを薦める
*自分をケアする方法を教える
*セラピー関係の中で起きてくる問題を進んで話し合う
*自分が起こした過ちに責任を持つ

いくつかの質問を通して、カウンセラーの姿勢、経験、仕事ぶりを感じ取るようにしましょう。このほかにもあなたにとって重要なチェックポイントがあるかもしれません。たとえば、アルコール依存や摂食障害について詳しい人がよいかもしれません。多くのサバイバーが女性カウンセラーを望むのは、男性に被害を受けたから、あるいは微妙な感情は女性どうしの方が話しやすいという理由からです。一方、安全な関係の中で男性を信頼することを学びたいから、男性セラピストがいいという女性もいます。男性、女性どちらのセラピストが良いかは自分で決めましょう。また人種、経済的背景、性的指向、宗教面などで自分と一致するカウンセラーを選びたい人もいるでしょう。

私は尼僧なので、精神的な話のできる尼僧のカウンセラーがいいと思った。へたなカウンセラーに行くと、「神など存在しない」などと、平気で言われる。私のカウンセラーも尼僧だった。尼僧のための性的虐待のサバイバー・グループに入ることができたおかげで結婚相手や性的パートナーの話に煩わされずにすんだ。そこでは誰もが、「善良」であることへのこだわりと罪の意識を持っていた。一般の人がいたら、性的なことを話すのにとても緊張したと思う。自分が尼僧であること、それが人の興味を引くという事実を十分意識していた。でもこのグループなら安全だった。自分にとって重要なことに集中できたのだ。

自分の要求がはっきりしていない場合もあるし、居住地によって選択の幅も限られます。それでも、その中で自分に最適の人を探す努力をしましょう。

　複数のカウンセラーと話したら、どう感じたかを比較しましょう。誰と最も強い結びつきを感じたか。どの人が一番気が楽だったか。あなたの関心にそれぞれどう反応したか。通いやすさ、信条、費用も比べてみましょう。

　カウンセラー探しは、人を雇おうと思っている賢い消費者の感覚で進めます。カウンセラーを求めるのは、情緒面のニーズを満たすためですが、消費者となれば、いくつかの権利が発生します。セラピストに求める資質を自分で決める権利、敬意をもって接してもらう権利、セラピストのどんな要求でも断わる権利、満足するサービスを享受する権利、セラピーの中で起きるどんな問題でも自由に話し合う権利、自分の利益にならないセラピー関係を終える権利などです。

カウンセリングの回避

　注意深く選ぶのは大事ですが、あまり多くを求め過ぎると、誰も基準に合う人がいなくなります。


　　いつでもやめられるカウンセラーばかり選んでいた。七人ものカウンセラーに、一回か二回ずつ通ってみた。わざわざ家から遠い人を探しては、「遠すぎる」という理由で簡単にやめることもあった。楽をしたくて、非伝統的なセラピーを選ぶこともあった。やりたくもないのに、過去生を見てもらうカウンセラーを選んだこともある。

　　追いつめられた気持ちで予約を入れても、一、二回セラピーを受けて気分が少し持ち直すと、そこでやめてしまうのだ。


　ソレダッドは、レスビアンでメキシコ系で、性的虐待に対処できるカウンセラーでないと嫌だと思っていました。彼女の地域にはこの条件に見合う人は一人もおらず、セラピー自体を諦めようとさえ思いましたが、それでも誰かに助けを求めることが先決だと判断しました。妥協はあったものの、結果的には腕のいいカウンセラーとともに癒しを進めることができました。

良きカウンセリングとは

　良きカウンセラーのセラピーを受けていれば、理解され、支えられていると感じます。カウンセラーに人間的な温かさを感じ、それがセラピーの初期の段階で起きるでしょう。

　しかし、セラピーの善し悪しは、ある瞬間だけでは判断できません。カウンセリングを天国のように感じてその日を待ち切れない人もいれば、毎回怖くて、重い足を引きずって行く人もいます。「セラピーにいくのが怖くてしょうがない時があった。よくあそこまで出かけていってドアを開けられたものだ、と我ながら感心する」とある女性は語ります。カウンセリングはいつも快適とは限りませんが、良きカウンセラーと出会えれば、徐々に自分を大事にする方法を身につけていくものです。一時的にひどく依存したくなることがあっても、いずれは自立できるようになります。ジゼルのカウンセラーは、その一例です。

ずいぶんカウンセラーに助けてもらった。苦しくて何度も言ったものだ。「これからどうすればいいの！」するとと彼はこう答えた。「自分を信じて。これまでしてきたことを信じるんだ。君ならできる」彼の最高の贈物は私への信頼だった。いつも私に智恵と力と自分を癒す能力が備わっていることを思い出させてくれた。何であれ答えをもらったことは一度もない。癒してもらった覚えもない。自分の力、身体、直感、勇気、そして内なる声への信頼を取り戻すのを助けてくれる人は、本当に大事な存在だ。

セラピストとの関係は極めて重要ですが、そこにすべてを委ねてしまわないよう注意しましょう。癒しの主役はあなた自身であり、良きカウンセラーも自分の人生を作る素材のひとつにすぎないのです。

問題を感じたら

敬意が感じられず、わかってもらえない、あるいは自分の体験が軽んじられ、歪められていると感じたら、セラピーがうまく行っていない証拠です。セラピー関係に何か問題を感じたり、カウンセラーに対して怒りを覚えたら、それをカウンセリングの中で話してみましょう。話をきちんと聞いてもらい、理解されたと感じれば良いのですが、カウンセラーがあなたの気持ちに無神経だったり、自己弁護に走るようであれば、必要な敬意を受けていないことなので、ほかを探しましょう。

あなたに性的虐待を無理に告白させようという態度が感じられるセラピストは、良きセラピストとは言えません。道案内の主導権はあくまであなた自身に委ね、到達点を知っているかのような態度をとらないセラピストを選びましょう。〔訳注・日本での援助機関については巻末資料を参照〕

万一、カウンセラーがあなたと性的関係を望んだら、即座にカウンセリングを打ち切り、そのセラピストの所属する許認可団体に通報しましょう。セラピストがクライエントと性的関係や恋愛関係を持つことは許されません。

カウンセラーとの関係で傷つけられたら怒って当然ですが、一度いやな体験をしたからといって、必要な援助を求めるのを諦めないで下さい。虐待にまつわるあなたの感情をきちんと受けとめ、癒しを支える優れた本が、多くのカウンセラーによって書かれています。カウンセラー評価の指針を載せた書籍もあります。[2] 次のカウンセリングを始める前に、自分が望むことを整理してみましょう。これから先の自分を守るために、きちんと時間をかけ、今ある資源を活用しましょう。

サポート・グループ

自分以外のサバイバーと出会うことは癒しの大事な側面であり、グループに参加することは、虐待を受けた他の女性たちと共に癒しに取り組む一つの理想的方法です。グループは羞恥心や孤立感、秘密に立ち向かい、自尊心を高めるのに特に有効です。他のサバイバーと話をすることは問題解決の助けになります。どんな問題であろうと、少なくとも一人はそれに対処する提案をしてくれる人がいるものです。

サバイバーは、互いの癒しを支え合うために定期的にグループで集まります。期間限定のものもあれば、そうでないものもあります。怒りや性的感性といったテーマを決めて話すこともあれば、特に決めない場合もあります。リーダーのいないグループ（たいていは無料）では、すべてのメンバーがグループ運営の責任を共有します。訓練されたファシリテーターやカウンセラーがついたグループは、通常週ごとや月ごとに費用がかかります。

グループに参加することで、子どもの頃の性的虐待のサバイバーと共に、感情、闘い、そして勝利を分かち合う機会を得られます。多くの痛みや問題を抱えながら、強く美しい、まるごとの人間として生きている女性たちに出会えます。虐待が自分のせいでなかったこと、自分に落ち度はなかったことを実感できます。他の女性たちの分まで怒り、彼女たちの苦しみに共感することができます。これまで自分にかけたことのない優しい気持ちが生まれるかもしれません。自分も彼女たちと多くを共有していると気づいた時、同じような肯定的な眼差しで自分を見られるようになるでしょう。

サバイバーであるジェニローズ・ラベンダーは、サポート・グループから得た恩恵をこう語ります。

> サバイバーのグループに参加したとき、生まれて初めて誰かと繋がったと感じた。これまでずっと独りだと思っていた。誰も信頼できず、いつも自分を孤立させてきた。セラピーにかかっていた何年かは、精神科医を翻弄した。彼らが望むようなことを口にして、本当の怖れや悩みなど一度も話さなかった。
>
> でも、今はもう独りではない。同じ理由で、同じ症状に苦しむ人がいる。私は心を開いて、友人を作り始め、何とも言えない安堵感を味わった。
>
> 六歳の時からセラピーにかかってきたが、これまでの四

一年間で、自分の役に立ったのはグループ・ワークだけだ。私にとってグループに参加することは、セラピストと一緒にいるより遥かに有効だ。サバイバーは理解するよう教わったのではなく、心から理解してくれる。そして他者の話を聞くことで、自分の記憶が刺激されるのだ。

良きグループの条件

良きサポート・グループは、安全で、個々人が大事にされる場所でなくてはなりません。メンバーの期待が明確で、参加者は時間と関心を平等に分かち合い、誰かが会を独占したり、逆に排除されないような場、自分が受け入れられていると感じられ、自分の体験や感情を正直に話せる場所です。虐待体験や苦しみを誇張しないと、他のメンバーの関心を惹けないような場であってはなりません。サバイバー同士が極度に傷つきやすい一面を語り合う性質上、サポート・グループは対決や批判の場には向きません。むしろ各自の癒しの過程に焦点を当てましょう。

癒しの旅の共有

カウンセラーを信頼し、自分の癒しを支える証人になってもらう時、その人はあなたを深く見つめ、知り、心のひだに触れることを許されます。この大いなる栄誉と特典を託されたカウンセラーは、持ちうる最高の知識と経験と共感をクライエントに示さねばなりません。あなたにできることは、進んで自分の過去に立ち向かい、できる限り正直に取り組むことです。両者の共同作業の結果、自分を癒し、成長し、豊かで満足できる人生を作りあげることができるのです。あるサバイバーはそれをこう表現します。

セラピストがある日私に言った。「心理療法があなたの運命を正面から見据えて、『ノー！』と叫んでいる」虐待者たちによって、自分は価値のない人間だと思わされ、気が狂いそうだった私は、セラピーで、外からの客観的な評価、話のできる場所、支えてくれる人との繋がり、恐怖や苦痛や喜びを分かち合う場所を得た。

おかげできちんとした物の見方を身につけた。子どもの頃バカにされていたのは、私が悪いからではなく、虐待の影響のせいだったとわかった。誰も私を殴ったり、強姦できない。誰も沈黙のうちに、あんな暴力を強いることはできないのだ。

何より大事なのは、人間性の尊さを学んだことだ。この世は性犯罪者の巣窟ではなく、私のような人間が多く生きていることを知った。私にとってセラピーは、遥か故郷への旅、子どもの頃、居場所のなかった生まれ故郷へと戻っていく旅のようなものだ。長い間、みにくいアヒルの子として過ごした自分が、本当は白鳥だったことを、セラピーが教えてくれたのだ。それはすばらしい贈物だった。

カウンセリング以外にも癒しを可能にする手段はたくさんあります。アート、音楽、文章創作、野外探検、精神世界、社会活動など、サバイバーはあらゆる方法で癒しに取り組んでおり、友人やパートナー、家族や仲間から、必要な支えをもらっています。そんな中でも、やはりカウンセリングはサバイバーを支えるサポート体制の核となり、安全な場を提供することで、個人の成長と変革の手助けとなっています。

---

(1)　唯一の例外は、自殺指向が強かったり、人を傷つけると脅迫している場合。万一、クライエントの話から現在子どもが虐待されていることが明らかになれば、クライエントの意志に関わらず、カウンセラーはその虐待を報告しなければならない。多くのカウンセラーがこうした通報義務が生じた際は、クライエント自身で報告するように勧め、必要な援助を与えている。

(2)　〈訳者注〉巻末資料では、邦訳のあるもののみ紹介するが、ほかにもセラピーを選ぶ際の指針となる英語の本が、原書の巻末資料欄に掲載されている。

第四章　サバイバーを支える

支援の基本

子ども時代に受けた性的虐待から自分を癒そうと積極的に取り組んでいる女性を身近で支えるのは、一種の挑戦です。深い癒しの過程に関わることで、計り知れない成長や親密さが生まれる可能性がある一方、あなたをさまざまな葛藤や無力感や怒りの渦に巻き込みます。そのため、怖くなったり、不安になったり、戸惑ったり、何を期待していいのかわからなくなるかもしれません。これらはすべて、人間の複雑でつらい状況に対する、自然で当たり前の反応です。

こういう時こそ自分をいたわり、まずは自分自身の要求に応えましょう。サバイバーの求めに力が及ばないと感じたら、自分の限界を認め、他の場でも支えを求めるよう勧めましょう。そして休息をとり、自分のために助けを得ましょう。性的虐待の生々しい傷と向き合うのはとても困難な作業です。まずは支える側が自分自身の怖れや苛立ちを表現できる場が必要です。サバイバーから虐待の話を聞くたびに極端に防衛的になったり、動転してしまうなら、自分が抑え込んできた過去の経験に反応しているのかもしれません。これはよくあることです。他者の痛みはしばしば自分にも苦痛をもたらします。自分自身の未解決の感情と向き合うため、支えを求めましょう。あなただって大切な存在なのです。

友人、恋人同士、家族など、すべての親密な関係には多くの共通点があります。『パートナーへ』（p353）には、たとえサバイバーのパートナーでなくとも役に立つ具体的な情報が載せてあります。

支援の仕方

サバイバーが子どもの頃の性的虐待を語るとき、彼女は、つらく、恐ろしく、傷つきやすい人生の一部をあなたに委ねています。その信頼に応え、彼女の癒しを支えるために、以下の助言が役立ちます。

＊サバイバーを信じる
ときに本人ですら自分を疑うことがあっても、記憶が曖昧でも、話があまりに極端に思えても、彼女を信じましょう。虐待について作り話をする女性は稀です。どんな事にも耳を傾ける用意があること、心が痛み動揺するけれど、共にその試練に立ち向かう覚悟があることなどを伝えましょう。

＊サバイバーと共に性的侵害の傷を直視する
どんな虐待も有害です。暴力的でなくても、一見身体的接

触がなくても、たった一度でも、性的侵害は深刻な影響を及ぼします。けっして肯定的、中立的な経験とはなりません。

＊性的侵害はけっして子どものせいでないことを確認する

加害者を誘惑する子どもなどいません。子どもが求めるのは愛情や関心であって、性的侵害ではありません。たとえ、その子が性的反応を示したとしても、無理強いされていなくても、抵抗しなかったとしても、けっして子どものせいではありません。いかなる場合にも子どもに性的に接しないことは、大人の責任です。

＊性的侵害と癒しに関する知識を身につける

サバイバーがどんな感情を経験するかについて基礎的な知識があれば、より良き支えとなれるでしょう。

＊加害者に同情は禁物

サバイバーには、あなたの絶対的な信頼が必要です。

＊怒り、痛み、怖れなど、サバイバーのさまざまな感情を受け止める

これらの感情は健全であたりまえの反応です。サバイバーはさまざまな感情を抱き、表現し、聞いてもらう必要があります。

＊思いやりの気持ちを表現する

彼女の苦痛に対して、自分も怒りや共感、苦痛を感じたら、それを言葉にしましょう。心からの人間的な反応は何よりの慰めになります。ただし、あなたの感情が強すぎて彼女を圧迫しないよう心がけましょう。

＊癒しに要する時間と空間を尊重する

癒しはゆっくりと進めましょう。けっして急かしてはなりません。

＊サバイバーがほかにも支えを求められるよう協力する

あなたのいたわりの他にも支援を求めるよう勧めましょう。（p338『カウンセリング』参照）

＊サバイバーに自殺の怖れがある場合は即座に助けを求める

自殺指向を持つサバイバーは多くはありませんが、子どもの頃の虐待の痛みが、死にたいほど耐えがたい場合もままあります。万一こうしたサバイバーが身近にいるなら、即座に援助を求めましょう。（p364『自殺の怖れがある場合』参照）

＊癒しが進むにつれ、二人の関係も大きく変化することを覚悟する

彼女が変化するにつれて、あなた自身もまた変化を迫られるでしょう。

＊サバイバーを犠牲者とみなさない

サバイバーは自分の人生を取り戻そうとしている、強く勇敢な女性であることを常に意識しましょう。

サバイバーを支える家族へ

子どもの頃の性的虐待を直視するのは、ただでさえ大変です。肉親が過去に性的虐待を受けたと聞けば、当然、強い感情がこみ上げてくるでしょう。罪の意識、怒り、怖れ、絶望感、脅迫感、閉塞感を感じたり、サバイバーの話を信じられなかったり、攻撃や非難を受けたと感じるかもしれません[1]。一方で、彼女の苦痛に対する深い共感や哀しみを感じたり、混乱、喪失感、無力感に襲われるかもしれません。虐待者が家族の一員だったとしたら、あなたの家族観そのものが揺さぶられます。特に加害者が、自分の夫、息子、兄弟、父親、肉親の誰かであれば、苦痛に満ちた選択を迫られるでしょう。離別、離婚、家庭内の分裂にともない、つらい決断を強いられ、生活が混乱に陥るかもしれません。

これまで抱いてきた良き家庭像が壊れるのは辛いことですが、家族全員にとって今は、長年の不健全なパターンを直視する貴重な瞬間です。発覚した時点できちんと対処しないと、子どもの頃の性的侵害は往々にして何世代にもわたって繰り返されます。これはサバイバーだけでなく、家族全体にかかわる深刻な問題なのです。

虐待しなかった親へ

自分の子どもを守れなかった、と認めるのはとてもつらいことですが、まだ親としてできることはあります。娘が虐待されたことを打ち明けたり、癒しに取り組み始めたら、支えになりましょう。その経験や痛みを否定したり、過去にできなかったことを悔やんで、自分を責めている場合ではありません。自分自身の感情を受け止め、表現できる場、自分を支える場も必要ですが、今こそ目の前にいる成長した娘のために、理解ある親となってあげましょう。親の共感と勇気と前向きな姿は、何より心強いものです。

娘は、性的侵害から守ってもらえなかった、と親に強い憤りを感じているかもしれません。自分以外の誰かが子どもを虐待した場合、あなたに直接の責任はありませんが、子どもが保護者に守ってほしいと思うのは当然のことです。

もしあなたが母親ならば、この社会では、怒りの矛先が男よりも女に向かう傾向があることを覚えておきましょう。子どもが虐待されているのに気づかなかったり、子どもを守れなかったことの責任は母親にもありますが、虐待そのものは常に加害

者の責任です。〔p138『母親を責める傾向』参照〕

まずは娘を守れなかった自分の責任を認め、謝りましょう。当時、もっと注意深く見守っていればよかったとか、あるいは怖くて真実を認めたくなかった、立ち上がって娘を守れるほど強くなかったことなど、自分の胸の内を伝え、今こそ彼女の味方になりましょう。自分や虐待者の弁解をするのではなく、彼女の気持ちを認め、我が子のために立ち上がりましょう。

自分の複雑な胸のうちを整理するためにカウンセリングを受けることもできます。個人カウンセリングや、あなたと同じ立場にいる親のためのグループ・カウンセリングが役立つでしょう。(2)

虐待された子どもの親のための本もたくさん出版されています。対象は主として幼い子や思春期の少年少女の親ですが、なかには成長した子どもの親を対象としたものもあります。〔巻末資料を参照〕

姉妹、兄弟へ

もし自分の姉妹が親族によって虐待されていたり、あるいは家庭内に他の虐待的要素（アルコール依存、暴力、放置など）があった場合、あなたもまた同じ家族の力関係の影響を受けています。裏切りや秘密、痛みや怖れの入り交じった家庭で育ったわけですから、形は違っても苦しんだことには変わりありません。

あなた自身が性的な虐待を免れている場合、罪の意識を感じたり、姉妹を守れなかった自分を責めることもあるでしょう。誰かが傷害を受けたり殺されたりした現場に居合わせた人は、しばしば罪の意識から「なぜ自分だけ助かったのか？」と自問し、情緒的にも精神的にもこの理不尽な悲劇となんとか折り合いをつけようと苦しみます。こうしたストレスの多い状況では、誰もが助けを必要としています。

逆に、自分も虐待を受けていて、まだその事を直視していない場合、姉妹の告白を脅威に感じるかもしれません。その言葉によって否応なしに過去の虐待に直面させられるからです。でも、彼女の取り組みを非難したり、見捨ててはなりません。その代わり自分のために、性的虐待の知識のある経験豊富なカウンセラーを探しましょう。あなたもサバイバーなのです。いつまでも応急処置で我慢しないで、きちんとした助けを得ましょう。あなたにも自分の心の傷を癒すだけの価値があるのです。

虐待の記憶を遮断することによって生き延びてきた子どもはおおぜいいます。あなたもその一人かもしれません。姉妹がこの問題を持ち出すたびに、とても不安になったり、怒ったり、動転する自分に気づいたら、同じ事が自分にも起こったかどうか振り返ってみましょう。

たとえ直接虐待を受けていなくても、同じ家族の中で育った者どうしは、話し合うことで互いに助け合えます。彼女が忘れた記憶をあなたが覚えていたり、あなたが謎に思っていた記憶の断片を、彼女が示してくれるかもしれません。サバイバーの多くは、役割があまりにも歪められ、傷つき、混乱した家族の中で育っているため、自分の記憶さえ信じられません。二人の記憶を照合することで、当時の状況がいかに大変だったか、そして、どちらの記憶も確かであると、確認できるかもしれません。サバイバーにとって、現実を認めてくれる家族は、一人でも貴重な存在です。今あなたは素晴らしい贈物ができる立場にあり、同時に自分自身の子ども時代の傷を癒す機会を手にしているのです。

（1）「偽りの記憶」がマスメディアで取り沙汰されている現在、娘の性的虐待の記憶はセラピストに植えつけられたものだ、という説明にすがりたくなるかもしれない。これに関しては、p381『真実を見すえる』参照。

（2）この場合、あなた自身がサバイバーでなくても、子ども時代の性的虐待について十分配慮できるセラピストが望ましい。いいカウンセラーの必須条件についてはp338『カウンセリング』参照。

パートナーへ

自分の心が安定していないうちにサバイバーと関わると、古傷がぱっくり開いて、全人格が試されることになる。バーブに対する僕の感情はありとあらゆる段階を通り抜けてきた。「なんであんな混乱した女と関わらなきゃならないんだ」という心境から、「二人でこれを乗り切れば、自分の人生は計りしれないほど豊かになる」と思えるまでになった。

――あるサバイバーの夫、フィル・テンプルズ

この章でとりあげる情報は、既婚・非婚、異性・同性を問わず、すべてのカップルにあてはまることです。異性愛と同性愛では、文化的条件づけ、力関係、期待される役割など、明らかに違う点もありますが、片方もしくは両方がサバイバーである場合、カップルが直面する問題に関しては、違いよりも共通点のほうが遥かに多いと言えます。

　本章は主にサバイバーのパートナーのために書かれていますが、この提言はサバイバーの家族やサバイバー自身にとっても十分役立つものです[1]。

　子どもの頃の性的虐待の癒しに積極的に取り組んでいるサバイバーのパートナーであることは、苦悩と恩恵の両方に与ることです。もっとも、苦悩のほうが恩恵よりもはるかに目立つことは確かですが。

　サバイバーは一般的に、信頼、親密感、セックスなどの問題を抱えており、それらはすべてパートナーとの関係に直接影響を及ぼします。一定期間は、サバイバーの苦悩と癒しへの取り組みが二人きりの時間を奪ってしまうこともあるでしょう。癒しの段階によって違いますが、サバイバーは、怒ったり、落ち込んだり、他のことには目もくれない状態かもしれません。自虐的になったり、自殺を考えるかもしれません（その場合はp364『自殺の怖れがある場合』参照）。生活の隅々まで自分で管理しないと気が済まないかもしれません。幼い頃から身につけた虐待のパターンが、あなたや子どもたちにふりかかってくることもあります。

　パートナーであるあなたには、目の前で起きていることが理解できないかもしれません。問題を解決できない自分を情けなく思ったり、相手を心から支えられないことに罪悪感を抱くかもしれません。誰にも言えず、孤立感を感じたり、癒しに膨大

な時間がかかることに耐えられず、苛立つこともあるでしょう。時には、彼女を虐待した家族と接する必要も生ずるでしょう。また、あなた自身の家族の記憶が痛みと共に呼び起こされることもあります。その間も、自分の欲求に応えるのは二の次になるかもしれません。

カップルの双方がサバイバーである場合、虐待が二人の関係に及ぼす影響は複雑です。癒しが進めば、互いに計り知れない支えと信頼と理解を示し合えるでしょう。しかし、互いの葛藤が高まったり、昔の記憶や問題行動が呼び覚まされたり、力関係のもつれから痛みが倍加することもあります。

虐待を受ける側の多くが女性であるため、これまでもこうした状況はレスビアンのカップルによく見られましたが、子ども時代の虐待被害を明かす男性が増えるにつれ、異性愛者にもサバイバーどうしのカップルが増えてきました。カップルの双方がサバイバーの場合、リスクとチャンスの両方が備わっているわけです。自分にも相手にも忍耐強く、格別の思いやりを持って接しましょう。経験豊富なセラピストによるカップル・カウンセリングを受けてもいいでしょう。

自分はいまどの地点にいるか

*パートナーが性的虐待を受けたのではないかと思うが、本人にはまだその自覚はない。

*パートナーが、虐待の記憶を取り戻し始めたばかりで、側にいてどうしたらいいかわからない。

*パートナーは、虐待を受けたことは認めているが、現在の生活や人間関係との関連性はないと言う。自分はそうは思わないが、彼女は話し合いを拒んでいる。

*パートナーが問題を抱えているのはわかるが、それが自分とどう関係があるのだろう。彼女個人の問題だと思ってきたが、本当にそうなのだろうか。

*この数年間、サバイバーと共にこの問題に取り組んできた。意思の疎通もできているし、基本的には落ち着いて対処しているが、二、三の課題で手助けが必要。

*セックスに関して手助けが必要。

*つきあい始めたばかりの人にこの本を渡され、一読を勧められた。

*二人は別れる寸前、これが最後のチャンスだ。

*パートナーに自殺の怖れがあり、自分の生活も崩壊寸前。すべてが混沌として、どうしていいかわからない。

*サバイバーである女性と別れたばかり、なぜうまくいかなかったのか理解したい。

恩恵

子ども時代の性的虐待からの癒しに取り組む人と親密な関係になることは、それ自体大きな意味を持ちますが、人はなかなかそれに気づきません。サバイバーのパートナーの集まりで、エレンは参加者がサバイバーとの関係から得るものについて書いてみるよう提案しました。つまりパートナー自身にとってのプラス面は何かについてです。与えられた十五分の間、困惑した様子で座っていたある男性が言いました。「訳がわからない。妻を助ける方法を学びに来たのに、自分にとっての恩恵を書けって言うのか」

パートナーも、そしてサバイバーも、大きな苦痛やストレスを感じている中で、その恩恵を見出すのはとうてい無理に思えるかもしれません。しかし、サバイバーのパートナーであることは、貴重な恩恵に浴することです。

癒しに積極的に取り組む人と共に過ごすということは、停滞した関係ではなく、成長し合える関係を持つことです。

人は無意識に、同じように成長できる相手を選ぶというが、僕たちもまた然り。二人とも性的感性が傷ついていて、一番相手に耳を貸せない領域だ。カレンとつき合ってなかったら、こんなに深く自分の苦痛の源を探ることはなかった。この問題がなかったら、二人とも、隠された自分を直視することはなかったろう。

乗り切るべき第一の課題は「自立」だと気づいたパートナーもいます。

彼女はとても自立している。自分の世話をする術を心得ている。でも人と親密になるのはあまり得意じゃない。私は人と親密になるのが上手。誰にでも同化する。彼女と過ごして、私も自立することを学んだ。

また感情表現の能力が高まったと語る人もいます。

この半年間を振り返って、二人がどれだけ成長したか実感する。言いたいことを言葉にするという点で、僕はいつも遅れをとってきたが、今は自分の感情を表現できるし、感情をそのまま感じることができる。以前には考えられなかったことだ。口論の最中に、自分の感情が怒りから悲しみに変わるのがわかるようになった。そして、泣けるようになったのだ。

さまざまな感情、恐怖、子ども時代の影響などを見極め始めたばかりのときは、いきなり自分に焦点を当てるのは難しいでしょう。これは自分の内的成長を促す貴重な機会です。二人で努力することで、関係はより親密になり、確固とした基盤ができ上がることでしょう。

荒波を乗り越えるたびに、私たちは見つめ合って誇らしげに言う。「やったね！」一緒にやり遂げたというのは、二人の関係にとって大切なことだ。

深い癒しの過程に立ち会うことで奇跡と感動を知ります。それは多くのエネルギーを費やすと同時に、素晴らしい特権でもあります。与えることも、受けることも、どちらも報われる行為なのです。

個人攻撃ととらない

親しい人から虐待を受けたサバイバーにとって、親密さは逆に作用することもあります。かつて自分の愛情と信頼が裏切られたため、関係が親密になり「家族的に」なればなるほど、サバイバーにとってそれは脅威となるのです。この力関係に気がつかないと、すべてが奇妙に思えることでしょう。

表面的には、無難に人間関係をこなしてきたサバイバーもいます。癒しに積極的に取り組み始めるまでは、短期的な関係、ときに長期的な関係さえ維持してきた人もいるでしょう。それほど深い関係でなくとも、その時々の状況に対処しながら、一応は生活をこなしてきたのです。

互いに心から愛し合っているのに関係の浮き沈みが激しい場合、関係自体に問題があるとは限りません。むしろ、あまりにも心を開いているため、相手が脅威を感じているのかもしれません。相手が人と親密になることを怖れているとわかれば、拒絶されて悶々としたり、喧嘩したり、関係が壊れるのは避けられるでしょう。

サバイバーはよくパートナーに、「あなたを責めてるんじゃない」と言いますが、パートナーにとってはまさに「自分のこと」であり、受け流すのは難しいものです。

僕の持つ性的恐怖は常に拒絶にまつわるものだ。自分の大きい身体が人に脅威を与えるのを気にして、心の隅で「そうさ、どうせ俺は怪物さ」といった怖いイメージを抱いている。男らしさにまつわる怖いもの、有害なものをすべて自分が体現しているように感じる。カレンが身を引いた時、こうした感情が一気に噴出した。

消極的になる、怒る、哀しむ、独りになりたがる、セックスをいやがる、といったサバイバーの態度はすべてパートナーに直接影響します。しかし、これらの行動様式は必ずしもあなたや、二人の関係に対する反応とは限りません。実際は、あなたに出会うずっと前から持っていたサバイバル行動を繰り返していたり、いま癒しに取り組んでいる最中なのかもしれません。彼女の反応は、あなたのせいでないことが多いのです。

癒しの過程への心からの共感と、適度な距離と独立を保つことを、うまく両立させること。子ども時代の性的虐待から自分を癒そうとしている女性を支援するには、このバランスが大切です。彼女を励ましながら、自分のことも大事にして健全な関係を築き上げれば、危機の時だけでなく、生涯役立つことでしょう。

羞恥心を乗り越える

パートナーのための勉強会で、一人の男性がエレンに「羞恥心の克服について話してください」と言うので、エレンは虐待されたこと、性的な高まりを経験したこと、関心が欲しかったこと、自分なりの対処法を恥ずかしく思う感覚など、サバイバーが抱く羞恥心について説明しました。話が終わっても彼が無表情なので、エレンが「質問の答えになりますか」と尋ねると、彼は「違うんです」と言いました。「今日この勉強会に来るため、職場の同僚に行き先を言わなければならず、嘘をついたんです。その時に抱いた羞恥心の事を聞きたかったんです」

あなたもまた何かを恥ずかしく思っているかもしれません。問題があってはいけない、自分の性生活は申し分なく、パートナーとの関係は完璧であらねばならない、カウンセリングや勉強会、ましてや人の助けなんて必要としてはならないなど。

パートナーはサバイバー同様、助けを求めたり、行き先を人に言いにくい、といった壁に直面します。なかでも羞恥心はその最たるものです。何も恥じることはありません。傷を癒そうと努めている女性を愛すること、虐待によって生じたさまざまな問題を経験することは、なんら恥ずかしいことではないのです。あなたの苦痛、怒り、あるいは不安を恥じる理由はどこにもありません。

支援を得る

サバイバーが癒しの過程で支えを必要とするように、パートナーにも支えは必要です。彼女が支えてくれることもあるでしょうが、そんなゆとりの無い時も多く、あてにすべきでもありません。あるサバイバーはこう語ります。「側にいる誰かが心臓発作に襲われたとき、病院に駆け込んで、自分がどんなに動転したかを延々と本人に聞いてもらいはしない。第三者に自分の動揺を話すことはあっても、病人の前では回復を信じて疑わないかのように振る舞う。サバイバーに対しても、同じように接してほしい」

とは言え、パートナーにも自分の痛み、不安、苛立ち、混乱などを聞いてくれる人は必要です。思いやりを受けることもまた大切なのです。

　パートナーとして途方に暮れている。何の情報もないし、彼女の拒絶にどう対処していいかもわからない。相手に何が起きているのか知らなかったら、とてもこの関係を守り続けられなかった。友人に、家族から性的虐待を受けたことのある人がいたので、話を聞いた。おかげで、虐待の影響がよく理解できた。

どんな感情でも安心して表現できる時間と空間が必要です。怒りや苛立ちや絶望を、外気にさらしましょう。時には地団駄を踏んで「もういやだ！」と叫び出したい時もあるでしょう。サバイバーがパートナーの感情を聞くことも大切ですが、あなたが話したいと思うたびに聞けといっても無理でしょう。

＊カウンセラーに話す
カップル・カウンセリングや個人セラピーなどに支えを求めましょう。

＊聞き上手な友人に話す
話してもよい事、話す相手について二人で事前に話し合い、その範囲内で話を聞いてもらいましょう。感情的に孤立するのは、自分のためになりません。

＊サバイバーのパートナーどうしで会う
サバイバーのパートナーどうしはかけがえのない安らぎや支えを与えてくれます。あなたの住む地域にパートナーのためのグループがあればベストです。なければ、パートナーのいるサバイバーを知らないか、彼女に聞いてみましょう。地元のカウンセリング・センターに問い合わせてもいいでしょう。すでにカウンセリングを受けている人は、パートナーのためのグループ作りについて、カウンセラーに相談してみましょう。

パートナー向けの情報はあまり多くありませんが、相互支援ネットワークを作る価値はあります。自分のことを話したり人の話を聞くことで、ずいぶん安心できます。ある男性はこう語ります。「自分が求めすぎるからとか、辛抱が足りないからとか、つい自分を責めていたが、他の人も同じように感じているのを知って、一気に肩の荷が降りた。セックスをしたいと思う自分を加害者のように感じる必要はない。自分をひどいヤツだと思うこともなくなった」

自分の面倒を見る

愛する人の苦しみを自分のことのように感じることもありますが、過度の感情移入はマイナスです。中には自分のことより相手の問題に目を向ける方が楽だという人もいます。あるいはこれまで家族の世話役を果たしてきたため、単なる習慣から相手の面倒を見てしまうこともあります。サバイバーのケア役に徹することで、自分の問題から目をそらしている場合もあるのです。

もしこれにあてはまるなら、難しくても先々のために、相手の欲求や願望と、自分自身の感情をはっきり区別しましょう。(2)あらゆる方法で自分の時間を確保し、パートナーの問題とは別個に自分と向き合う方法を探しましょう。

楽しみを見つける

たいていの人は情緒的な触れ合いやコミュニケーションをまず恋人や伴侶に求めます。しかし彼女が癒しに専念している間は、あなたの要求に応えるだけの時間や気力が残っていないかもしれません。サバイバーのパートナーとして、また自立した個人として、恋人や家族だけに安らぎを求めないようにしましょう。

ほかでも人間関係を作り、自分自身が満たされる活動を見つけましょう。自分にとって心地よいことを定期的にやりましょう。これまで常にカップルで楽しみを共有してきた場合、何かを奪われたような苛立ちを感じるかもしれません。そうならないよう、これまでの習慣を変えましょう。

ある人は、いつも恋人とカップルでハイキングを楽しんでいましたが、最近恋人が他のサバイバーやサポート・グループの仲間と過ごす時間が増えて、あまり一緒に外出したがらなくなりました。最初はがっかりしましたが、代わりに友人とハイキングに出かけることにしました。恋人が一緒でなくて寂しい想いもしましたが、家で独りポツンとしているよりはずっと楽しく過ごせたと言います。

エレンもサバイバーのパートナーとして、独りで楽しむことを学んだと言います。

> 私の場合、つい働きすぎる。だから恋人と過ごす晩は、留守電にして、書斎のドアを締め、くつろぐことにしていた。でも彼女が留守だったり、独りになりたがるときは、机に向かって「さあ仕事」となってしまう。最近、それはなんてつまらない習慣だろうと気づいた。恋人がいないと、自分の楽しみまで奪われるわけだ。ここ数カ月、独りで夜をゆったりと過ごしている。ラジオを聴いたり、刺繍したり、映画に行ったり、ベッドで小説を読んだり、忙しい日中にはできないことをする。一人で家にいて、隣の部屋にいる娘の寝息を聞き、膝の上で猫を撫でる、こんな日は、寝る前にとても満ち足りて穏やかな気持ちになり、人生っていいもんだって思える。

味方どうし手を繋ぐ

二人がいま直面している問題の原因は、相手にはないという事実を忘れてはなりません。ある男性はこう言います。

> 二人の関係が難しくなったのを、彼女のせいだと思ったことはない。それこそ罠にはまることだ。そう思ったとし

たら彼女に対してひどく失礼だ。悪いのは彼女じゃなくて、彼女の父親だ。僕たちの関係が始めから条件つきだったわけじゃない。二人とも予期しなかったことだ。それは、成長し、信頼し、長い人生の扉を開くという営みの中で、一つの扉の奥にあったわけだが、全体から見ればごく一部にすぎない。

サバイバーに起きた虐待は、あなたの人生にも影響し、あなたの問題ともなります。虐待に取り組まざるを得ない自分に気づいて、パートナーの多くは憤りを感じますが、相手に気がねしてそれを隠そうとするかもしれません。エレンもそうでした。

二人の関係が難しくなった時、怒っているならそう言って欲しい、と恋人に言われた。「怒りを溜めこまないで。怒ってるなら言ってよ」でもなかなかできなかった。一〇〇パーセント理解し、支えてあげたかった。だって、私は癒しの専門家だもの。これまで何百人も女性たちを助けてきたのに、自分の恋人に怒りを感じるなんて。でも、確かに私は怒っていた。怒りながらも、一方で助けたいと思っていた。私も色々な面を持った普通の人間だ。そのすべてが本当の私で、それぞれが表現を求めている。理解したいと願うだけの私ではないのだ。

こういった苦難の時期にも、自分の感情を大切にして、率直に気持ちの交流をしましょう。あなたもパートナーも、どちらも意味ある感情と要求を持っているのです。どちらも間違っていないし、責められる理由はありません。二人は敵どうしではなく、共通の問題に取り組む味方どうしだと思えば、互いの異なる要求を共存させる方法が見つかるでしょう。

コミュニケーション

良い関係にコミュニケーションは不可欠です。すべてが順調なときもそうですが、大きな問題にぶつかった時はなおさらです。パートナーに自分の感情や考えを伝え、相手の気持ちを聞きましょう。コミュニケーションは、理解、思いやり、そして建設的な問題解決の鍵となります。

ロジャーの場合

二人の間のコミュニケーションは次第に薄れていった。カレンがセラピーを受け始めてしばらくのことだった。セラピーから帰った彼女に様子を尋ねると「辛すぎてそのことに触れたくないの。話したくない」と言われ、僕は拒絶感で一杯になった。信頼されていない、きっと狼のように思われてるんだって。

もっと話をして欲しかった。僕の気持ちにも注意を向けて欲しかった。僕が彼女を支え、励ましているのと同じくらい、励ましてもらいたかった。そして僕はついに爆発した。「それじゃわからないよ。いま君がどういう状態なのか教えて欲しい。僕の気持ちもわかって欲しい。コミュニケーションが欲しいんだ。ただノーと言われても納得できないんだ！」やっと言いたいことを言った。カレンはこれに驚いて大ゲンカになったが、二人の間の亀裂がこれ以上広がるのが僕には我慢できなかったのだ。

その後確実に変化があった。話し合いも増えたし、前よりずっと希望が持てるようになった。彼女が直面していることや、僕たちが立たされている状況が少しずつ理解できるようになったのだ。

頼んでみる

どんなに良いサポートグループがあっても、ほかに話を聞いてもらえる友人がいても、やはりパートナーの関心が欲しい場合もあります。ほかの誰にもこの代わりはできません。彼女と一緒にいたかったり、愛していると言って欲しかったり、助けて欲しいこともあるでしょう。そんな場合、思い切って相手に頼んでみましょう。

これが素直にできないパートナーも多いようです。サバイバーに何かを求めるのが怖いのかもしれません。サバイバーはとても傷つきやすいと思っているのかもしれません。しかし要求を口に出すことと、突きつけることは違います。要求を率直に口に出すのは、なかなか難しいものですが、効果的なコミュニケーションの手段です。

僕の場合、何か要求があるときには、たいてい愚痴という形をとった。「もう長いこと愛してるって言われてない」とか「もう四日もセックスをしてない。月曜の夜は学校、火曜日は映画に行ったし…」こうなると妻は即座に守りの姿勢になり、心を開くどころか、むしろ閉ざすのだ。「そばにいて欲しい」「背中を撫でてくれる？」、「不安なんだ。愛してるって言って欲しい」と口にすると自分が崩れそうな気がした。批判的に出す方が、要求をそのまま口にするより楽だった。

あなたのパートナーが必ずしも要求に応えられるとは限りませんが、相手を脅かさないような言い方で頼めば、むしろ可能性は広がります。たとえば、パートナーから無視されていると感じるなら、一週間のうち一晩だけ性的虐待の話から離れて、ただ一緒にゆったりと時をすごしたい、と頼んでみましょう。その代わり、他の日は一緒にいなくてもいいことにするのです。できると思えば相手も同意するでしょう。一時間でも一〇分でもいいと言ってみましょう。要するに「いま自分に何かして欲しい」ということなのです。大変な時期には、ノーという答えが返ってくるかもしれませんが、たいていは少しの時間なら一緒に過ごせることでしょう。

サバイバーに何を求めていいものか、何カ月も何年も尋ねあぐねる人もいます。何を期待できるかはっきり聞くのが怖いのかもしれません。率直に相手と話し合い、交渉することは、よそよそしく事務的に思えたり、冷たい感じがするかもしれません。拒絶されることへの怖れもあるでしょう。しかし、批判という形ではなく、あなたの要求をはっきりと聞くことで、彼女はむしろ安心するでしょう。話し合いなくして解決はできません。うまく行けば、その話し合い自体が問題解決の鍵となることでしょう。

限界を設定する

パートナーを支えようと決めたからといって、問題が生じた時や必要とされた時に、いつでも応じなければならないわけではありません。何事にも限界があり、自分自身の要求にも応える必要があります。許容量を越えて相手に応じようとすると、強い憤りに襲われ、すでに与えたものの価値すら揺らぐことがよくあります。常に側にいられるわけではないことを正直に認めた上で、相手を愛し信頼していると伝え、自分の生活を続けましょう。

パートナーが心の傷を癒すことに専念しているからといって、何でも独力でやろうと頑張るのは現実的ではありません。どんなカップルでも、一人が危機に立てば、もう一人も影響を受けます。自分のことをおろそかにすると、必ずどこかで二人の関係につけが回ってきます。

癒しの過程について事細かく聞きたくないときもあるでしょう。たまになら良いけれど、毎回はいやだと思うかもしれません。ある女性はこう語ります。「彼女に起きたことは本当にひどいと思うけれど、ときどき聞きたくないと思うことがある」この女性はこう感じる自分に罪悪感を抱いていましたが、誰しも神様ではありません。あなたも彼女も、最善を尽くしている限り、ノーと言っていいのです。

限界は人それぞれ。限界を越えるまで黙っていると、怒りっぽくなり、効果的なコミュニケーションができなくなります。限界を感じたら、それを口に出しましょう。

痛み、悲嘆、抑鬱《うつ》とどうつき合うか

子どもの頃の性的虐待の癒しには、生々しい痛みと深い哀しみが伴います。摑みどころのない抑鬱がこれを覆い隠していることもあります。パートナーにとってこれはとても困難な状況です。ある人はこう言います。「あんなに深い痛みを目のあたりにして何もできないなんて、つらくてたまらない」

私たちは人が痛みから早く回復できるよう何とかしたい、と思いがちですが、たいていの場合、できることはあまりありません。避けられない痛みもありますし、本人にしか癒せない痛みもあります。あなたにできるのはそれを楽にすることではなく、大変な時期に愛情深いパートナーでいることなのです。

＊話を聴く。座って彼女の話を聞きましょう。
＊理解を深める。できる限りの思いやりを注ぎましょう。
＊彼女に必要なものは何か尋ねる。できる限りの安らぎを与えましょう。
＊彼女の感情を無視しない。受け止める場を作る。
＊なだめたり、取り繕おうとしない。
＊彼女を安心させる。感じるままでいいと伝える。
＊自分の気持ちが不安定になったら、誰かに支援を求める。
＊気長に待つ。
＊できるだけ彼女の負担を減らす。たとえば、家事をひとつ多く引き受ける、普段よりまめに子どもの世話をする、暖かい食事を作るなど。

こうすることで、サバイバーの支えとなるだけでなく、健やかで愛情深い人間関係という新たな贈り物をすることができます。

危機に直面したら

サバイバーの多くは、痛みがあらゆる感情を凌駕する時期を経験します。これは最初の記憶を取り戻し、初めて虐待の長期的影響に直面した時や、自分を傷つけた人々と対決する時に起こりがちです。サバイバーがこの危機段階に直面すると、日常生活が送れなくなり、あなたの要求どころか、自分のニーズにすらうまく対応できなくなるため、パートナーは手一杯となるでしょう（p72『第一の危機』参照）。

深い痛みの渦中にある人を愛するのは、大きなストレスを伴います。たとえ自分の面倒を見ることができても、苦悩している相手と一緒にいれば、必ずなんらかの影響を受けます。それだけでなく、サバイバーは怒りを感じているかもしれません。あなたを責めたり、ケンカを売るかもしれません。一方あなたは、子どもの世話をしたり、セラピーの費用を払ったりと、肩にかかる重圧に音をあげるかもしれません。どうしてよいかわからなくなり、怖くなることもあるでしょう。

ある集まりで、一人の男性が妻と娘の世話の間で葛藤し、罪の意識を感じていると語りました。「土曜の昼下がり、突然妻が泣き叫ぶ。彼女を慰めたいけど、四歳の娘もびっくりしているので、僕は娘を散歩に連れ出す。妻の側で支えてやれなくてとても後ろめたいけど、娘を放っておけないんだ」

グループの誰もが彼の対応の適切さを認めたので、彼は安心しました。彼は子どもの世話を引き受けることで、妻に感情を味わう場を与えているのです。抑鬱状態の妻に代わって子どもを世話するのは、彼女を支えることに繋がります。この男性は自分が妻を見捨てているわけではないと確信しましたが、二人の生活は依然混乱していました。「それがいつ起きるか予測できないんだ」

「よくわかるよ」と別の男性が言いました。「僕も家に帰るまで、何が起きているか予測がつかないからね」

「理性的な人間と理性的な関係を持ったと思っていたのに」と漏らす人もいます。

こうした危機的状態は、いずれは通過する癒しの一段階です。あなたとパートナーのために支えを確保し、うまく自分自身の世話をする方法を見つけましょう。

管理欲求

サバイバーにとって、妥協したり支配権を放棄するのは困難なことです。すべてを思い通りにしたがるようにみえるかもしれません。いつセックスするか、しないか、子どもをどう育てるか、いつどこに食事に出かけるか、どの映画を見るか、どこに絵を掛けるかなど、それは日常生活の細部にまで及びます。こうした管理欲求が明白なときもあれば、気まぐれや没頭といった形をとるため、見えにくい時もあります。

これらはすべて、サバイバーにとって不可欠だった生存のためのメカニズムであり、堅固にでき上がった習慣です。二人の間のバランスを変えたいなら、まずは、彼女の管理欲求がいかに根本的なものかを認識しましょう。自己制御のきかない大人に虐待されて育った彼女にとって、現在の生活を管理することは何よりも大事なのです。彼女にとってこれがどれほど大事かをパートナーが理解したと知ったとき初めて、少しずつ他者に

自殺の怖れがある場合

サバイバーが自殺したいと言ったり、自殺未遂をしたり、大量の薬物やアルコールを飲んだり、自分を傷つけたり、無茶な運転をしているとしたら、それは命に関わる危険な状態です。このような事態に一人で対処しようとしないで、すぐ助けを求めましょう。

こういうときは『いのちの電話』にかけましょう。あるいは、サバイバーが通うセラピストやサポート・グループの電話番号を控えておいて、そこに電話しましょう。サバイバーが孤立している場合は、熟練した支援者を見つけるよう積極的に動きましょう。自殺しないと約束させましょう。自殺を試みる前に、あなたやセラピストに接触して欲しいと伝えましょう。本人の決意が固い場合、自殺は阻止できませんが、こうした対応は、極度の絶望状態にあるサバイバーを支える一助となるでしょう。（自殺阻止に関しては、p215『自殺はしないで』参照）

も任せられるようになるでしょう。

　変化はゆっくりと起きることを心に留めた上で、自分の要求を口にしましょう。何かを変えたいとしても、すぐに条件をつきつけてはいけません。パートナーともっと一緒にいたければ、「エアロビクスの教室をやめれば？　夜の外出が多すぎるよ」と不平を言うかわり「もっと長く一緒にいたいんだけど、どうしたらいい？」と聞いてみましょう。

　パートナーの管理欲求が極度に強い場合は、いまどんな気持ちか聞いてみましょう。生活の別な面で自分を無力に感じていたり、何かに脅えていたり、危機に直面していると、管理欲求に火がつくことがあります。彼女の怖れに気づいて話し合うだけで、ずいぶん助けになるでしょう。

信頼

　子どもが性的に虐待されると、人への信頼感が破壊されます。この信頼感は意識的に再建されなくてはなりません。「さあ私を信頼して」と言うだけで、パートナーがいきなり信頼の領域に飛び込んできて、自分を信頼するようになるなどと思わないことです。そんなに簡単なことなら、とっくにしているはずです。不信から信頼への移行には、きちんと段階を踏む必要があります。（p242『信頼することを学ぶ』参照）
　一方で、自分が信頼されるときと、そうでないときを意識する必要があります。正直に考えましょう。彼女があなたを安心して信頼できるのは、どんなときですか。どんな点が配慮に欠け、信頼できないところですか。どんなところで気配りに欠け、怖がっていますか。絶対に信頼される自信があり、最後まで取り組めると思える領域がありますか。例えば、時間を守ると決めたら、五分遅れるよりは一〇分早めに着こうとする意思がありますか。
　信頼関係を築くためには、共に努力しなくてはなりません。「いない間、植物に水をやるから、どの鉢植をどう世話したらいいか教えて」とか、「マッサージをするときは、そのままセックスに移行しないと約束する」とか、「君が仕事で遅くなる月曜と水曜は必ず夕食を作る。ご馳走というわけにはいかないけど、簡単なものは用意しておく」など、具体的なことを申し出て、一言つけ加えてみましょう。「これだけは信頼して、思い切って任せてほしい」
　言ったことを実行すれば、それは印象に残ります。この繰返しによって、信頼は必ず築けます。

真の虐待者は誰？

　自分と関係を持つ人が虐待者に見えてしまうことが、サバイバーにはよくあります。似たような仕草、親密感の高まり、性的欲求、怒りなど、きっかけはさまざまです。サバイバーがあなたではなく、過去の虐待者を見ているようだと感じたら、立ち止まって気持ちを確認しましょう。「どうしたの。何か怖いの。何か思い出したの？」あるいはもっと単純に「今どこにいるの」と聞いてみましょう。

問題を認識し、それを名づけ、そのもとを辿ることは、現在と過去を区別する助けになります。妻に対してどう接したかを、フィルが話してくれました。

バーブに、あご髭をはやすよう長いこと頼まれていた。彼女は、僕に髭があればどんなに魅力的かを何度も力説した。僕自身はあまり好きではなかったけど、とにかく伸ばし始めた。

半年後、髭を剃ろうかと言ったら、彼女はいきなり泣き出した。セックスの最中に父親に虐待された時のフラッシュバックに襲われても、この髭のおかげで、僕と父親を混同せずに済むと言うのだ（バーブの父はいつもきれいに髭を剃っていたのだ）。それまでは、彼女自身も僕のあご髭の意味をはっきり理解していなかった。もちろん僕は知る由もなかった。以来、髭は僕にとってまったく違った意味合いを持つことになった。今では、伸ばし方や剃り具合をいろいろ変えて楽しんでいる。大事なのは、バーブのために僕ができることがもう一つ増えたということだ。

夫との性愛を、父親の性的虐待と区別しようという彼女の決意は、最初は二人の気づかない形で表われていたのでした。

話に思い当たるなら

パートナー向けの集まりで、エレンはサバイバーがしばしばパートナーを虐待者と同一視する傾向があることを説明しました。すると一人の男性が、自分も同じことを経験していると語りました。エレンは、それを自分のせいにしないで、区別がつくまでサバイバーを支えるように話しましたが、そこでは、時にパートナーが本当に虐待している場合があるという事実には言及しませんでした。

一年後、この男性の妻から話を聞いたところ、彼女が夫の虐待的な行動を指摘するたびに、夫は「サバイバーはしばしばパートナーと虐待者を混同する」というエレンの説明を引き合いに出し、自分の態度を正当化していたそうです。その後、彼も次第に彼女の言い分に耳を貸すようになり、暴力をふるう男性の自助グループに入ったことから、二人の関係は劇的に改善されました。

この男性は他の多くの男性同様、あからさまな暴力をふるっていたわけではありません。しかし彼のさりげない振る舞いが脅威となり、そうした力の行使が二人の関係に破壊的な影響を及ぼしていたのです。

異性関係においては、力の不均衡がそのひだに組み込まれています。この社会では、男性の女性に対するある程度の優位性や力の行使は、当然のこととされています。男性があからさまに虐待的でなくても、家族の中で平等な力関係を保つのは難しいのです。しかし、これは良い関係を築くには不可欠なことです。

一般的に女性どうしのカップルの力関係は比較的平等だと言えますが、それでも脅威や暴力行為はあります。二人の関係が少しでも虐待的であれば、すぐに助けを求めましょう。(3)

サバイバーの家族

サバイバーは自分の家族に対して複雑な感情を持つものです。虐待から娘を守れなかったとはいえ、寝る時に毛布を掛け、子守歌を唄ってくれた母親。加害者である兄は一方で親に虐待されていたという現実。こうしたことを考えると、家族に対する感情がもつれるのは当然です。このような感情は癒しの過程において再三変化するかもしれません。

あなたもまた複雑な気持ちになるでしょう。サバイバーの家族に対して忠義心や愛情を感じるかもしれません。虐待者がこれまで尊敬してきた人だとしたら、急に見方を変えるのは難しいでしょう。信じたくなかったり、サバイバーが虐待者や他の親族を許せばいいのにと思ったり、何事もなかったようにつき合いたい、と願うかもしれません。

しかしこれは無理なことです。加害者の過去や現在の行動は、どのような形でも弁護してはなりません。虐待者を始め、彼女を守ってくれなかった人々や、現在の彼女の癒しに敬意を表さない家族と、どんな関係を持ちたいかを決めるのは、彼女自身です。

もしあなたが虐待者に忠誠心を感じているなら、自分の感情について誰かに話す必要があります。この場合、話相手にはサバイバー以外の人を選びましょう。さもないと、虐待の責任は加害者にあり、サバイバーは怒っていいといった説明を、サバイバー自身がしなくてはならなくなります。

反対に、あなたが虐待者を殺したいくらい憎んでいる場合は、サバイバーの複雑な感情を受け止めるゆとりがないかもしれません。サバイバーが自分に起きたことを過小評価しないのは大事ですが、当事者が怒りを実感するには時間がかかるものです。

虐待者やその家族に腹を立ててはいけないと思っているパートナーもいます。これは特にサバイバーがまだ怒りを表明していない場合にみられます。しかしパートナーの怒りは、サバイバーの怒りを呼び覚ます触媒ともなります。誰にでも怒る権利があり、安心して怒ってよいこと、そして自分は彼女を傷つけた人に対して怒っている、と伝えましょう。

自分の反応でサバイバーを圧迫しないことは大切ですが、その怒りは正当で、当然の反応であり、究極的にはサバイバーのためになります。本人があなたの怒りを聞きたくないというなら、それを尊重して、誰かほかの人に話しましょう。彼女のことを思っているからこそ怒りを感じるのであり、それは愛情の表われなのです。

家族とどうつき合うか

サバイバーが、自分を虐待したり、放置した人々となぜ関係を維持したいのか、ときとして理解に苦しむでしょう。しかし家族とつき合い続けるか否か、もしそうならどんな関係を望むかを決めるのは最終的には本人だけです。

いずれにせよ、あなたは自分なりの関わり方を決めましょう。無理して仲よく見せかけたり、自分を屈辱や危険にさらす必要はありません。彼女を虐待した親と週一度夕食を共にして欲しいとか、何事もなかったように団らんして欲しいと頼まれても、食事が喉を通らなくなるようなら、そうした依頼は断わりましょう。サバイバーが、自分を虐待した兄に週末に遊びにきて欲しいと望むなら、例えば、訪問は昼間にしてもらい宿泊は断わるとか、子どもたちがキャンプに行って留守の時にしてもらう、家に来るなら言いたいことは言わせてもらうなど、条件をつけましょう。

一方、サバイバーが虐待者や家族と関係を絶ちたいと望むなら、たとえあなたが望まなくてもその決断に沿いましょう。彼女を虐待した者や、虐待を否定したり、軽く扱う家族と仲良くすること自体が、裏切り行為となるからです。

積極的支援

サバイバーが家族と接するとき、彼女を積極的に支えるにはさまざまな手段があります。恋人のために親戚からくる手紙を代読し、大事なことだけを伝え、その手紙を捨てる人もいます。こうすれば彼女も望まない接触を避けられます。一歩進んで、恋人の父親からの電話に出ることにしたパートナーもいます。

私の恋人は父親に虐待された。その後、何年も彼に会っていなかったが、ちょうど彼女が留守の時、父親から電話があった。またかけ直す、という伝言を伝えると、彼女はいきなり侵入されたと感じたのか、強く動揺し、父親と話すのを嫌がった。代わりに私が電話に出ようかとも思ったが、出しゃばりすぎるのではないかと不安だった。でも、思い切って尋ねてみたら、誰かが自分のために申し出てくれたのは初めてだと、とても感謝されてうれしかった。

フィルは妻の両親と親戚宛てに、定期的に手紙を書きます。

僕は自分の怒りや欲求不満のはけ口として、バーブの両親や親族に対決の手紙を書いた。何時間もワープロの前に座って、手紙の文を練ったものだ。

何か積極的な支援の方法を思いついたら、まずそれが本人の助けになるかどうか尋ねましょう。たとえ断わられても、傷つけられたとか拒絶されたと思うことはありません。あなたは進んで何かやってみようとする優しい人であり、彼女もあなたの気持ちを嬉しく思っていることでしょう。

恋人の父への手紙

キャロル・アン・ドワイトは自分の怒りを放出するため、恋人の加害者と対決する手紙を書きました。

ロイド・エドワーズへ

話があるので、こっちへきてほしい。別の部屋に行く必要はない、ここで結構。娘さんのロンダのことだ。

ロイド・エドワーズ、おまえは私の恋人を八歳の時に強姦した。

そして嘘で巧みに隠蔽した。ロンダにも医者にも嘘をつき、後にこの事について話すのを拒否した。そのうえロンダの子ども時代の大きな心の傷を一笑に付した。彼女が健やかに子ども時代を送ることと、安心して大人の世界に入ることを阻んだあの重大事を軽視したのだ。彼女から長い歳月と多くの幸福を奪ったおまえは、厚かましくも娘を勘当した。自分が犯した性的虐待の結果、彼女が問題行動を起こしたことを理由に。

ロイド・エドワーズ、すべてはおまえの責任だ。彼女の薬物乱用も売春行動も、セックスの問題も親密感の欠如も。おまえは彼女の子ども時代を奪い、大人になってからの生活の大半を破壊し、結果的に私をも苦しめる。私は彼女の恋人として、人生のパートナーとして、おまえの行為の「後遺症」を受け継いだ。

言いたいことはまだある。十分屈辱を味わえ、この性犯罪者め。

私はおまえを憎む。恋人が私に信頼を寄せるのを邪魔するのはおまえだ。無防備で幼い彼女を傷つけ、侵害し、嘘をつきまくったおまえを憎む。そして何よりも、おまえが私も法の手も届かない死者であることを恨む。おまえに審判を下せないなんて！　無罪放免のまま、暴かれることも、辱められることも、償いも、謝罪も弁明さえもしないで死ぬなんて！

私はおまえを憎む。何とかロンダを傷つけまいとしながら、やはり罪悪感を抱いてしまうのはおまえのせいだ。恋人と官能的な性愛を交わしたいのに、これほど用心深くなるのはおまえのせいだ。恋人に自分をいたわるよう言い聞かせるのがこれほど大変なのはおまえのせいだ。

私たちの関係にこれほどの重荷を課したおまえを憎む。

　私はけっしておまえを許したり哀れんだりしない。どんな善行をもってしても、ロンダを侵害した償いはできない。たとえおまえが子どもの頃虐待されていたとしても、それは変わらない。もし今おまえが生きていれば、ロンダはおまえの謝罪、説明、補償、そして愛を受け入れるかもしれない。それは彼女次第だ。私だったら、おまえを告訴するが。

　これで私の話は終わりだがロンダはまだ気が済んでない。彼女にも言いたいことがあるはずだ。

性的感性

旅立ち——エレンの場合

「もう二度と無理してセックスしないで。したい振りも絶対しないでほしい」私は恋人に自分の気持ちを精一杯伝えた。一緒になって一年以上。サバイバーである彼女にとって、望まないセックスをするのがどんなに痛手か、私は知っていた。

　彼女は震えながら、こう叫んだ。「そんなことできない。あなただってきっと耐えられない」

「ノーと言いたい時は言わなくちゃ。自分自身と私に対して正直になってよ」

　彼女はまっすぐ私の目を見た。「あなたは自分が何を言っているのかわかってない」

　その通り、私には何もわかっていなかった。

　仮にわかっていたとしても、同じ事を言ったろう。ただし、もっと沈んだ口調で。二人が選んだ旅路は、それほどつらく、苦しく、困難なものだったが、同時に価値ある旅立ちだった。

セックスにまつわる問題

カップルの片方、あるいは双方が性的虐待からの癒しに取り組んでいる場合、セックスは極めて難しい問題です。性的な手段で虐待されたわけですから、性の領域が葛藤に満ちているのは当然です。

　性的領域における癒しの過程を理解している人なら、サバイバーの味方になれます。サバイバーの多くが性的に解離しています。つまり気持ちと行動が一致しないのです。自分を癒すためには、気持ちに沿わない行動は一切やめなければなりません。

　性的領域における癒しには意識的に時間をかけましょう。立ち止まって、ペースを落とし、すべてを再点検する必要があります。そうすることで、内面から湧き出る感情、記憶、そこからの連想を一つに統合するゆとりが持てるようになります。

二人の性生活はたぶん多大な影響を受けるでしょう。サバイバーはセックスをまったく望まなくなるかもしれません。すべて自分の思い通りの状況でしかセックスしなかったり、特定の性行為に限定したがるかもしれません。触れるのは平気でも、触れられるのは嫌だったり、その逆もあり得ます。彼女がその気になるときだけとか、お互いにまずマッサージしてからとか、セックスの前後に会話するなどの条件をつけるかもしれません。彼女がセックスを望むのは、新月で、雪が降っていて、しかも子どもたちが夏のキャンプで留守の時だけ、つまり、とうていあり得ないとしか思えないときもあります。

サバイバーは、性行為の間も集中できないかもしれません。あるパートナーはこう説明します。「二人でキスしたりセックスしていても、独りぼっちのような気分になる」過去の虐待のフラッシュバックに襲われることもあります。突然、性行為を中断したり、感覚が麻痺して一切の性欲が失せるかもしれません。かつては得られたオーガズムさえ、味わえなくなるかもしれません。オーガズムに達した時、強烈な怒りや恐怖や哀しみに襲われて、急に激しく泣き出したり、セックスに対して怖れや嫌悪を示したり、大きく動揺するかもしれません。あるパートナーはこう表現します。「まるで、ついたり消えたりするオーブンを前に、どう操作していいのかわからずおろおろしているみたいです」

欲求不満――ロジャーの場合

僕らは長い間、どうしたら性的に安全かを探って試行錯誤していた。カレンがやっても良いことを規定するようになり、僕はそれに従っていた。彼女の成長の助けになりたかったからだ。

石の塀の上に小さな箱が置いてあり、その中で決められたルールに従うなら愛を交わしてもいい、そんな感じだった。しばらくは絶望的に思えた。箱は段々小さくなっていった。彼女が回復のどの地点にいるのか予想もつかず、ひたすら我慢するのは辛かった。まるで、「この問題に取り組むから、その間セックスについて完全に忘れてちょうだい。終わったら私の方から電話するわ」って言われたみたいだ。何年かかるかわからない。永久に終わらないかもしれない、そう思った。

僕に残された道は、心を閉ざすか、別れるかだった。別れたくはなかったが、彼女がようやく自分の問題を解決したとき、僕が完全に心を閉ざしていたら、どうやって関係をとり戻すのか？　当初は自分の要求にふたをして、「自分の番が巡ってくるのを待とう」と思ったものだ。でも、いつも相手の要求を優先して、自分の番が一度も来ないことに気づいた。じっと辛抱強く、彼女が回復するまで自分のペニスを引き出しにしまい込んで、忘れた振りをするなんて不可能だと、ようやく気づいた。

セックスの前にコミュニケーション

カップルがセックスの問題を初めて認めたときは、たいてい二つの選択肢しか見えません。何も問題はないふりをしてセックスを続けるか、あるいは自分に正直になって中断するか。正直になろうと決意したサバイバーは、セックスをしなくなります。このときパートナーは傷ついたり怒ったりして、たいていは心を閉ざします。そしてサバイバーは、虐待の問題に加えて、こうしたパートナーの反応に、さらに罪の意識と孤独を感じるようになります。

この時こそコミュニケーションが必要です。話し合い、相手に尋ねましょう。何に動揺しているのか。いつ感覚が麻痺したか。いつ怖くなったのか。フラッシュバックを経験したのか。ただし質問攻めは避けましょう。サバイバーに話す準備ができていないこともあります。感情を味わいながら静かにしていたいかもしれません。少し待って欲しい場合もあれば、何もかも吐き出したい時もあります。大事なのは二人に起きたことを話し合う何らかの方法を見出すことです。

あるパートナーは恋人とのやりとりを語ります。

ジェシーは言った。自分がセックスをしたがらない時や、セックスの最中に注意散漫になった時、背中を向けて欲しくないって。話しかけて、どうしたのか見極め、言葉にするのを助けて欲しいって。それを聞いて私はその場のコミュニケーションがとても大事だと気づいた。

ジェシーは次第に自分の感情をしっかりと把握し始めた。以前は「その気にならないの」とつっぱねていたのに、最近は「今とても気持ちが閉じていて、心を開いてあなたを受け入れるのが怖い」と言葉にする。怖いのはセックスそのものより、むしろ親密感や信頼感であることに気づいたという。

何をして欲しいのかサバイバーに尋ねましょう。本人もわからないなら、一緒にあれこれ試してみましょう。何を怖れているかは一人一人異なるものです。コミュニケーションによってそれを知れば、乗り切る手段が見つかります。

親密感を創り出す

多くの人は親密になりたいという欲求を、セックスによって満たすことに慣れています。セックスが、愛されていると感じる唯一の手段なので、そのセックスが選択肢から無くなると困惑します。でも、ちょっとした抱擁や優しい言葉に慰められ、親密さを感じることもあります。一日が終わりクタクタになったときは、無理して情熱的な性愛を交わすより、優しいいたわり合いの方がいいかもしれません。二人の親密さを表現するさまざまな回路を模索するにつれ、もっと自然に、自由に充足を感じられるようになるでしょう。

自分はセックスによって何を満たしているのか考えてみましょう。人は誰しも、親密さ、触れ合い、認め合い、暖かさや思いやり、快楽や情熱、解放感や愛情を求めるものです。これらのうちセックス以外の手段で満たされるものはどれでしょう。

セックスがだめなら、これはどう?――エレンの場合

恋人が毎回セックスを拒むようになって、私はすぐに気づいた。ただノーと言われて、背中を向けられて眠るのはいやだ。たとえセックスが駄目でも、何か欲しかった。その何かはセックスに近いほど良かった。彼女が愛を交わすのがいやでも、私がマスタベーションする間抱きしめてもらえないだろうか。それも駄目なら、一緒にお風呂に入りたい。それも怖いなら、マッサージしてもらえないだろうか。それも無理なら、手をつないで散歩するだけでもいい。

でも、こういったことを彼女に頼みたくなかった。頼んで断わられるのは辛い。彼女の方から行動してもらいたかった。

私はこう言った。「できることでいいから、私のために何かしてほしい。たとえば、こう言って欲しい。『セックスはしたくないけど、少しキスしてあげる』『ノー、でもあなたをとても愛してる』『ノー、でも背中を撫でてあげる』どんなことでもいいの」

ノーと言うたびに、私に済まないと感じていた彼女にとって、これは大変なことだった。私が内心切望している実際のセックスに比べたら、それは申し訳ないほど些細なことに思えたからだ。ノーと言うときは、ただでさえ気持ちが混乱しているのに、そのうえ私の気持ちにまでつき合えない、と彼女は憤慨した。そんな彼女に私は、たとえ気持ちがなくても何かしてほしい、と頼んだのだ。関係は二人で作るものだということを忘れないで欲しいと。

最初からうまく行ったわけではないが、彼女は徐々に、セックスをしたくない時には何かほかのことを申し出るようになった。とても辛い夜が明けると、彼女は言った。「私が朝食を作ろうか?」内心、私は彼女の朝食など食べたくなかった。私が欲しいのは性愛だった。でも、彼女は自分に出来る精一杯のことを申し出たのだ。その誠実な気持ちが伝わったので、私は「ええ」と答えた。ラジオから流れるティナ・ターナーの『レッツ・ステイ・トゥギャザー』を聞きながら、二人でオムレツを食べながら泣いた。そして私は、性愛以外の形でも、親密になり、いたわり合い、愛されていると感じられることを知ったのだ。

やるだけのことはやった

中には性愛以外では満たされない欲求もあります。セックスは肉体的存在として相手と交わりたいという欲求であり、足をさするだけではその代わりになりません。欲求不満と怒りがつのるようであれば、この際、そういった感情を味わうことを自分に許しましょう。

すぐに叶えられなくても、自分の欲求をはっきりと自覚するのは大事です。本音を隠して満足した振りをしてはいけません。欲しいもの、必要なものは率直に認めましょう。あるパートナーは、自分の妻が虐待を思い出せないでいる頃のことを、こう語ります。

結婚して間もなく、妻はまるでガンジーのように禁欲的になった。私も自分のことをよくわかっていなかったので、彼女が望むならすべて受け入れようと思った。愛してるから、大事なのは彼女の方だから、関係の質は二の次だ、と自分に言い聞かせた。

よく頑張ったが、完敗だった。結局、私は傷ついて、怒りと欲求不満で一杯になった。こんな事なら、君を愛しているけど禁欲生活はごめんだ、って正直に言えば良かったと思う。でも、当時は自分の欲求や望みは口にしてはいけないと思っていた。

サバイバーは、自分自身の欲求を模索しているのです。この時こそ、あなたが二人の関係に何を求めているのか考えてみましょう。すぐに実現できなくても、二人の理想的な関係のあり方を心に描き続けましょう。

性的な癒しには時間がかかりますが、あるパートナーが言うように、「まったく進まないより、ゆっくりとでも前進するほうがいい」ことは確かです。

癒し合う関係

完全に健康で、喜びに満ちあふれ、統合され、自由な人間はまずいません。パートナーへのアドバイスは、「自分の痛みを見つめること」この社会では、子どもの頃の性教育がどうであろうとも、誰もが性的に傷ついています。自分の性的な痛みを率直に見つめることで、サバイバーもそのパートナーも、どちらも性的癒しの機会を得られます。

恋人の癒しに共に取り組むようになって、私自身の性的感性は驚くほど高まった。形ばかりのセックスなんてもうできない。二人とも今までよりずっと意識を集中していられる。自分の怖れや弱さに意識的に取り組むことで、性的抑圧や緊張、麻痺していた部分も減っていった。彼女を助けることが、十分自分のためにもなっているのだ。

この関係を続けたいか

今の関係に働きかける気持ちがどれだけ自分にあるか、現実的に考えましょう。歯を食いしばって、来たるべき苦難を乗り切る覚悟がありますか。二人の絆は、これから直面する問題に耐えられるほど強いものですか。

もし「パートナーが性的虐待からの癒しに取り組んでいる最中ですが、私はどうすればいいのでしょう」といま聞かれたら、こう答える。「二人の関係を真剣にみつめ、見返りを期待せず、どれだけ相手に与えられるか考えること。そして、パートナーのために専門的な援助を探し、自分のためのセラピーも考えること。パートナーもまたさまざまな感情が引き出されることになるから。まずは二人の関係をよく見極めること。深い苦しみに立ち向かうには、強さと忍耐が必要だ。必ず怒りを感じるようになるから」

＊　＊　＊

二人の間に徐々に亀裂が広がっていくのを感じていたあの頃、私を支えていたのは、関係を信じる気持ちと決意だけだった。どんな事があっても諦めないと約束したからには、何としてでもやり遂げよう、そんな思いだった。二人で交わした「人生におけるいかなる変化も共に生き抜く」という結婚の誓いを何度も思い出した。当時は、その誓いを破るか証明するかの瀬戸際だった。

性的虐待のサバイバーのパートナーとしてなすべきことを書き連ねたリストを、前もって見せられていたら、この役は絶対引き受けなかったろう。

＊　＊　＊

結婚していたり、人生を誓い合った仲でも、その関係を続けるか否かを決めるのはあくまで自分自身です。何があっても別れないと決意することもできれば、当初の誓いを見直すこともできます。「この関係から逃れられない」と自分を追い詰めると、その怒りは毒となって二人の関係を蝕むでしょう。

彼女は癒しを選んだ――エレンの場合

二人の性的関係を何とか変えたいとイライラしていた時期があった。恋人に情熱的に求めてほしかった。セックスの回数が少なすぎて私としては不満だったが、たまにでも存分に愛し合えれば、かまわないと相手に伝えた。彼女は、「なんて鈍感な人」といわんばかりに私を見つめ、辛抱強く説明した。「エレン、たとえたまにでも、存分に愛し合えるなら問題ないの。そう感じられないから問題なのよ。なりたくても、ひとっ飛びにそうなれないわ。一歩ずつ進むしかないのよ」

今でもはっきりと覚えている。私たちは向かい合い、ソファに座っていた。私はようやく、彼女もまた懸命に前進していることに気づいた。彼女はセラピーを受け、自分の問題に取り組んでいた。無為に過ごしているのではなかったのだ。

「私もあなたと同じくらい変わりたい」彼女は続けた。「たぶんあなた以上にね。あなたはその気になればいつでも別の恋人を見つけられるけど、私は、自分が変わるしかない。もうごまかせない。たとえあなたを失うことになっても、自分の癒しを優先しなくちゃならないの」

それは物事の優先順位を明確にした、大事な瞬間だった。彼女の言うとおりだ。癒しの旅路に出ているのは彼女であり、ついて行くかどうかは私次第だった。

その会話の中で、彼女は私が別れたくなる気持ちもわかると話してくれた。「無理ないわ」と彼女は言った。

その通りだった。私が彼女にしがみつく必要はなかった。別の恋人を見つけることもできた。一緒にいるのが辛ければ、それも一つの道だ。別れるのは、私が弱くてだめな女だからでも、不誠実だからでもない。私は、誰も選ばないような、本当に困難な状況に進んで身を置いているのだ。この会話で、私は自分のしていることが認められたと感じた。私が去ってゆく可能性を恋人が考えていることを知って、完全な選択権を手にしたように感じた。この事で私たち二人がさらに親密になったのは言うまでもない。私はその後も彼女のもとに留まることを選んだ。

疑問を認める

たいていのパートナーは、自分が正しいことをしているのか、サバイバーの助けになっているのか疑ったり、関係そのものを問い返す時期を通過します。いったいサバイバーは本当に癒されるのか、二人の関係が安定する日が来るのか。彼女の癒しに伴う深い痛みに、果たして自分は対処できるのか自問するのです。あるパートナーは恋人の日記について語りました。「もし私が日記の内容を知ったらきっと出ていく、と彼女は言う。本当にそうかもしれない」

自分が自虐的な行動パターンを繰り返しているのではと疑うこともあるでしょう。例えば、要求が叶うはずのない状況や危機に留まり続けること、自分の問題はさておいて他人の事に心を奪われること。アルコール依存者を親に持つパートナーはこう言います。「相手が変わるのをじっと待っている自分は健全とは思えない。子どもの頃と同じだから」

迷いがあるなら、その気持ちを認めて言葉にしましょう。サバイバーに自分の思いを知ってもらうことは大切ですが、負担をかけすぎないよう、ほかに話を聞いてくれる人を探しましょう。

パートナーは、別れる、という考えにしばしば罪悪感を抱きます。パートナーのワークショップで、ある女性がエレンに言いました。「別れたいけれど、いけないことのような気がして。だって、あんなに頑張っているんですもの」

エレンはこう答えました。「誰かが頑張っているからといって、その人と一緒に完走しなければならないわけではありません。彼女の幸運を祈って別れることもできます。自分が本当に望んでこそ共に旅立つことができます。相手のために、と無理して留まっても助けにはなりません。あなたを愛し、必要としている人でも、無理にそばにいる必要はないのです」

別れないからいい人だとか、別れる決心をしたから我がままで冷たい人間だとは限りません。肝心なのは正直であることです。たとえ真実が味気なく惨めなものであっても、虐待を受けた人に対して正直であることは大事です。多くのサバイバーがあまりにも多くの嘘につき合わされて来たからです。

自分の許容範囲や絆の限界を認めましょう。この苦境は共に成長するまたとない機会ですが、二人が互いの要求に応えられない、あるいは応えたくないとはっきりしたら、たとえ辛くても、互いを尊重して別れることです。

離別

二人で最善を尽くしてもうまくいかないときがあります。互いの要求が相入れず、いつも言い合いばかり。堂々めぐりで関係が行き詰まってしまうのです。

一時的な行き詰まりを感じることは誰しもあります。癒しの航路を何の支障もなくスムーズに滑走できるカップルはいません。しかし辛い思いが先行し、助け合う友人どうしというよりむしろ互いの道を邪魔していると感じるなら、別れを考えたほうがいいでしょう。

それは永遠の別れとは限りません。一週間、一カ月、半年、あるいは一年間離れることで二人にとって必要な時間と空間を作り出し、結果として決裂を防ぐこともあります。別れは辛いものですが、いくらかの安堵も伴うでしょう。互いの足を引っ張り合うのではなく、自分自身の要求に応え、自分の生活を営む機会を得るのです。

別れという人生の大きな決断を実行するには、両者の合意が必要です。危機の真っただ中にいるときに別れを告げられるのは、相手にとっても大変です。サバイバーが記憶を取り戻し始め、フラッシュバックに悩まされ、独りになるのを怖れている時、あなたから冷静な別れの言葉を聞かされるのは辛いものです。しかし、あらゆる努力をした上で、やはり別れた方がいいと二人が合意すれば、それはお互いにとっても、二人の関係にとっても新たな一歩となります。

別れることなく、関係が危機に直面しているのを認めるには、居住形態を変えてはどうでしょう。「これから四カ月、暗闇ですれ違う二隻の船のように、完全に独立した同居生活をしよう。

あなたは癒しのための空間を持てるし、私もつきまとわない。これまでの関係を変えよう」と取り決めてもいいでしょう。

訣別する

子どもの頃の性的虐待からの癒しが、二人の関係に耐え難いストレスをもたらすこともあります。つきあい始めて間もなく、まだ関係の基盤が弱い場合、そのストレスに耐えられないかもしれません。これまでの二人三脚でとってきたサバイバル行動は、今さら解きほぐせないかもしれません。どちらかの、あるいは二人の心境が変化して、もう一緒に暮らしたくなくなるかもしれません。決定的な別れや離婚は辛いものですが、互いに支え合えず、成長できず、心穏やかでいられないのに、無理して一緒に暮らすのは、どちらにとっても望ましくありません。

別れないとしたら

癒しにどれだけ時間がかかるかは誰にも言えません。しかし二人とも意識的に取り組んでいれば、変化は必ず訪れます。いま直面している問題と、半年後、一年後に取り組んでいる問題は同じではありません。状況は流動的であり、変化は訪れます。ある時期になれば彼女が完全に癒されるというものではありませんが、これはあなた自身にも言えることです。

大きなストレスを受けながら、忍耐強くあるのは大変です。仕事や子育てをしながら、彼女や自分自身の問題に対応し、変化を経験し、正気を保ちつつ毎日を送ろうとしているのです。サバイバーは自分なりのペースで自分を癒す必要があるため、相手を励ますことはできても、急かすことはできません。自分に何が必要かを伝え、彼女に何ができるか聞いても、ただ待つしかない場合もあります。

休憩も大事です。「成長しろと言われるのはウンザリだ」とあるサバイバーの夫は言いますが、もしそんな気持ちになったら、一時休憩しましょう。週末に釣りに行ったり、音楽に合わせて踊ったり、この時だけは「成長」なんか忘れ、楽しみましょう。

それは価値あること

互いの怖れや不安を知り、相手や自分に細やかな配慮を持って、共に窮地を切り抜ける作業は、一生続くでしょう。この関係を長きにわたるパートナーシップと見なすなら、数年間の葛藤は充分に価値あることです。

いま思えば、二人の関係は以前よりずっと豊かで刺激的になり、親密さも高まった。ぬるま湯の中ではこうはいかなかったろう。窮地を一緒に乗り越えてこそ絆は強まる。最初は問題が山積みに見えたが、実際に取り組み始めるとずいぶん少なくなった。振り返るとそんなに長い間ではなく、たかが二、三年のことだ。

あるパートナーの明言どおり、物事は変化します。

性的虐待を受けたこと自体は稀なことじゃない。むしろ、ショックなのは、それが特別な経験ではなくなっていることだ。虐待されたことより、人生でどうそれに取り組んで来たかが肝心だ。彼女は犠牲者ではなく、生還者だ。一緒に暮らすようになったのは、彼女が癒しに取り組んでしばらくしてからだった。彼女は健やかな女性で、私はこのままの彼女が大好きだ。

強くてすてきな絆

深刻な問題が持ち上がると、そのことばかりに心を奪われ、二人の関係の良さや強みを見落としがちです。現在の二人の関係で気に入っている部分を楽しむ時間を持ちましょう。プラス面を互いに確認し合い、一連の成長と変化の合間にも、二人の良いところを祝福し合いましょう。

当面は相手の力強さを信じ、犠牲者扱いするのはやめましょう。サバイバーをひ弱で病的で、一生の傷を持つ人間と見てはなりません。逆に、難題に取り組んでいる健全な人間として接しましょう。勇敢で固い決意を持った人として彼女の強さと精神力に目を向けましょう。

彼女の強さを鏡に映して見せることは、癒しの過程であなたにできる贈物の一つです。たとえ彼女が直接助けを望まなくても、二人が物理的に、または気持ちの上で離れていても、心の中ではいつも健康で活気に満ちた彼女の姿を思い描くことができます。

子どもの頃の性的虐待から自分を癒すというのは素晴らしい業績です。彼女の努力は、敬意と信頼、そして賞賛に値するのです。

(1)　パートナーのための詳しい情報は、Davis, Laura, *Allies in Healing: When the Person You Love Was Sexually Abused as a Child.*(New York: Harper Collins, 1991.) 参照。自分自身と、愛するサバイバーのケアをしようと苦闘するパートナーのための包括的ガイドとして、元気づけられる逸話、実践的な提案、力強い体験談などが満載され、読みやすく、支えになる。(巻末資料参照)

(2)　アラノンはアルコール依存者のパートナーのためのサポート・グループ。たとえ自分たちの関係がアルコール問題と直接関わりなくても、この集会に出席してよかったというパートナーは多い。〔日本での連絡先は巻末資料を参照〕

(3)　Lobel, Kerry, ed. *Naming the Violence: Speaking Out About Lesbian Battering*(Seattle: Seal Press, 1986.) レスビアン関係に起きる暴力について沈黙を破る優れた文献。手記掲載、各種サービス紹介。レスビアンが援助を求めるのを阻む同性愛嫌悪を見据える。

第五章　真実を見すえる——サバイバー攻撃に応えて

本章は、子どもの頃に性的虐待を受けたサバイバーに向けられる、昨今のさまざまな攻撃に応えるために書かれました。この数年間、テレビやラジオ、新聞、雑誌などで「偽りの記憶症候群」という言葉を見聞きしたり、サバイバーの記憶やその信憑性が攻撃されるのを目にした方も多いでしょう。ここで私たちが応えようとしているのはこういった一連のサバイバー攻撃（バックラッシュ）です。

本章では、他の章同様、自助活動のための実践的情報やサバイバーの体験を盛り込んでいますが、それに加えてセラピストや研究者、その他の専門家たちの文献、そして一〇〇項目以上の脚注によって、このサバイバー攻撃を歴史的、政治的な文脈で見直しました(1)。

多くのサバイバーや専門家に本章を読んでもらったところ、ほとんどの人がサバイバー攻撃に関する情報や分析の明確さを評価してくれました。あるサバイバーは「読んでみてこの問題に関する霧が晴れるのを感じ、安心し、肯定された気がした」と書いています。「もう、サバイバー攻撃の作り出す不安や怖れに巻き込まれることはないと思う」と語ったサバイバーは、後に、これを読むのは思ったよりずっと辛かった、ともらしました。

癒しに取り組み始めたばかりの一九八八年にこれを読んでいたら、威圧されて怖くなっていただろう。五年たった今でも、まだ脅威だ。私自身と私の癒しに真っ向から反対する組織があると聞かされるのは辛い。私にとって、癒しのワークは基本的に自分でやることであり、政治的な問題でも、社会的責任の問題でもない。これは死活問題なのだ。とはいえ、いかに深刻な状況かはわかった。これを読んで、今までのように孤立していていいものか考えさせられた。

本章にはきわめて不快な引用も少なくありません。虐待者の行動形態についての情報を盛り込み、サバイバーに向けられた広汎な攻撃の様相も記しました。これを読んで憂鬱になったり、脅威に感じる人もいるでしょう。過去の虐待の記憶や感情が甦ることもあります。ここでは、本章を読むことが癒しに不可欠ではないことを強調したいと思います。どう読むか、まったく読まないかは読者次第です。平常心を保つのに精一杯のときは、さらなる混乱に引き込まれるような情報は望まないでしょう。一方、すでにサバイバー攻撃によって動揺しているなら、その背後にある陰の力の正体を知ったほうが脅威が少なくなるかもしれません。

サバイバー攻撃のせいで混乱したり、不安や怒りに駆られている人は、p439以降の『サバイバー攻撃への対応』、p440の『レイチェルの場合』に記された提案を先に読み、社会的、政治的、歴史的背景を知りたい人は、初めから読むことを薦めます。全編を通して、性的虐待、記憶、心の傷のもたらす影響、そして癒しについての正確な情報が記されています。
他の章と同様、自分の気持ちを確認しながら読みましょう。もし心が離れたり呆然としたら、一休みして読むのをやめるか他の項に移り、必要以上の情報が載ったページは飛ばしましょう。ゆっくり読み進み、必要なら日を改めましょう。どう読むかはあなた次第です。

---

(1) 本書初版執筆にあたっては、子どもの頃、性的侵害を受けたサバイバーの話を聞き、私たちが学びとったことを、サバイバーに対する敬意をもって平易に紹介した。本章を書くにあたっても、まずサバイバーに、そして共にこの問題に取り組んでいるセラピスト、研究者、その他の専門家、そして活動家に話を聞いた。それぞれの見解が私たちの考えをまとめるうえでの拠り所となったことに深く感謝したい。またさまざまな情報や意見を本章に寄せてくれた皆さんにも感謝する。

サバイバー攻撃の出現

一九九二年以来、子どもの頃に性的虐待を受けたサバイバーやその支援者、そしてこの問題の社会的解決に向けた進展に対する反動的な攻撃の高まりを、憂慮しながら見守ってきました。矢つぎばやに現われる記事、誌上対談、ラジオ、テレビのトークショーなどの攻撃目標は、性的虐待のサバイバーの信憑性やセラピスト、本書のような癒しの手引きです。「抑圧された記憶が人生を破壊する」、「性的虐待サバイバー製造機にご用心」、「記憶が家族を人質にする時」といったセンセーショナルな見出しが全国の新聞に現われ始めたのです(1)。代表的な記事を紹介すると、

　このシリーズは、虐待しなかったと主張する人々の特集である。すでに成人した彼らの子どもたちは、セラピーやカウンセリングを受けてから、実は子どもの頃家族に虐待されていた、と親を糾弾し始めた。中には悪魔的儀式による虐待容疑をかけられた親もいる。かつては慈しみ合った家族がばらばらに切り裂かれたのは、今日の歪みきった治療法、つまり記憶回復セラピーのせいだと、こうした親たちは確信している(2)。

もっと露骨な記事もあります。

　誉めたたえ、涙や鼻水を拭って慰め、ようやく育て上げ、成人していった子どもたち。そんな彼らが戻ってきて…あなたを強姦罪で告訴すると言うのです(3)。

サバイバーの話の信憑性を疑う人の多くは、呼び戻された性的虐待の記憶は偽りであり、多くの人が身に覚えのない非難を受けている、自称サバイバーたちはセラピストや執筆者、出版社などの思い込みや策略によって誤った方向に導かれ、洗脳されている、と主張します。

　こうした攻撃は取り合わないのが一番、いずれ真実が勝利するだろう、初めはそう考えていました。ところが予想に反して、歴史的根拠もなく、政治的分析を欠き、偏見に満ちた記事が全国各地の新聞を賑わせ始めたのです。次から次へと、似たような引用や歪曲された情報を載せた記事が、もっともらしく掲載されました。本書を始めさまざまな書籍が、まったく文脈を無視して引用され、記憶に関する研究が間違った形で引き合いに出されました。極度に残忍な虐待のケースが、あたかもよくある告発であるかのように語られ、子どもの頃の性的虐待に関す

る、世間の不信を煽りました。そして家族の葛藤の話は、たいてい加害者の視点で語られました。

マスコミの取り扱いの大部分は極度に敵意に満ちたもので、サバイバーを軽視し、愚かな犠牲者、復讐心の強い子ども、または狂人として描き出しました。残念ながら、これはサバイバーがよく耳にする台詞です。

マスメディアによるサバイバー攻撃が拡大するとともに、自分たちの存在を根幹から揺るがすこの全国規模の攻撃に危機感を抱くサバイバーの声が、私たちに届き始めました。ある人はこう言います。

> サバイバーとその支援者に対する攻撃にショックと怒りを隠しきれません。一連の記事が攻撃しているのは、私が力を得たまさにその源泉なのです。

サバイバー攻撃が持つむきだしの敵意に深く傷つけられた人がいる一方で、癒しの進んでいる人は、動揺も少なかったようです。中には、こうした攻撃のもたらす脅威の深刻さを感じつつ、嵐の中でも心を平静に保っている人もいます。

しかし、癒しを始めて間もない人、過去を見つめ始めたばかりの人にとって、一連の攻撃は致命的です。突然のフラッシュバックに悩まされ、恐ろしい記憶に脅えている最中に、家族だけでなく全国規模のメディアから、虐待は作り話だと言われたら、四面楚歌の気分になります。「自分を攻撃する社会の中で記憶を掘り起こすのは、恐ろしい作業です」とあるサバイバーは言います。

サバイバー攻撃が提起する疑問は、癒しの過程で当然起きてくる自己懐疑に拍車をかけます。多くのサバイバーは過去に虐待などなかったふりをし、虐待が嘘であればと願い、また人によっては家族に変わり者扱いされながら生きてきました。ですから虐待が本当に起きたと受け入れること自体、大変なことです。[4]「偽りの記憶」と題するニュースに責められたら、サバイバーが自分自身を信頼するのはさらに難しくなります。

この論議がサバイバーにとって苦しいのは、それが自分の家族を思い出させるからです。ある女性はこう語ります。「何とか家族に知らせようとしても誰も信じてくれなかった」また別の女性は言います。

> これは私の家族の病歴の新たな一ページだ。父は敏感にこれをかぎつけた。家族会議を招集したいとか、嘘発見機にかかりたいと言い出したのだ。冗談でしょ、この三〇年間、家族会議なんて開いたこともなかったのに。家族らしい時なんて一度もなかったのに。

多くのサバイバーにとって、これは虐待が再現されるようなものです。違うのは、家族だけではなく、ラジオのトークショー、テレビ、新聞記事、隣人、そして時には友人までが虐待に加担していることです。心の傷がまた疼き、もとの虐待にまつわる感情が浮上してきます。ある人はこう言います。

これじゃまるで頭上に剣が吊るされ、ロープが擦り減って刃が落下して来るのを待つようなものだ。危険に怯え、恐怖感に苛まれている。最初の虐待の時のように。

この公然たる否認の波が癒しに及ぼす影響を、多くのサバイバーが懸念しています。彼女たちはこれまで自分が癒しと文化的変革に注いできた努力を踏みにじられる辛さを語ります。ある女性は言います。

サバイバーやその支援者に対する攻撃を脅威に感じる。支援者やセラピストたちが、合法、非合法の圧力をかけられ、これ以上サバイバーを支援できなくなるなんて、これはまるで戦争だ。

また別の女性は言います。

最近の攻撃の高まりは、結果として多くのサバイバーを沈黙させ、虐待者を守り、…この国における野放図な虐待の悪循環を助長させるでしょう。

強い怒りを感じ、どう反撃したらよいか尋ねる人もいれば、著者である私たちに援助や指南を求めるサバイバーもいます。

土曜日に父から手紙が届き、そこには「怒りと偏見をひとまず脇に置いて、同封の『偽りの記憶』に関する切り抜きを読むよう」書いてありました。私からみれば、そんなものを受け取ること自体が一種の侵害です。このくだらない記事に、公に反論していただければ幸いです。

私たちは、こうした手紙に応えたいという思いと、すべてのサバイバーに対する攻撃の影響を懸念して、反論することにしました。

本章のねらいは四つあります。まず、自分自身の感覚、身体そして記憶を信頼していいこと、そして、あなた独りではないことを再確認し、そのための支援を提供します。二つ目に、一連の攻撃の意味合いをより深く理解するために、いくつかの具体例を分析し、サバイバー攻撃の本質を歴史的文脈の中で見直します。三つ目に、サバイバー攻撃が個々人の感情に及ぼす影響に対処できるよう支援し、混乱して自分を疑ったり、怒りを感じて何かしたい人に、具体的な提案をします。最後に、積極的に、敬意を持って前進するための指針を示します。

歴史を振り返って

一八六〇年に子どもへの性的虐待が明るみに出されて以来、三五年ごとに最も先駆的な臨床医たちによって否認されてきた。彼らは皆、その発見を公然と攻撃しなければ、軽蔑と不名誉に甘んじるはめになることに気づいていたのだ。[5]

――ローランド・サミット

子どもの頃に性虐待を受けたと言う者は嘘をついている、洗脳されている、恨み深い、妄想に耽っている、虐待を望んでいた、狂っている、などと言われたのは、今回が初めてではありません。

若き日のジークムント・フロイトは、成人してからの精神的、情緒的疾患の多くの原因を、子どもの頃の性的虐待と見なしていました。患者の話に耳を傾けるという革新的な考えで、彼の治療する男女の多くが性的な傷を負っていることに気づきました。[6]

患者の多くが当初その記憶を喪失していましたが、思い出して話をすると、その時患っていた症状が軽くなりました。フロイトのこの発見は同僚たちの批判と揶揄の対象となり、結局彼はこの説を取り下げ、代わりに、そうしたセックスは患者たちの空想や願望にすぎないと結論づけたのです。[7] こうして科学的知識はまたたく間に闇に葬られ、性的虐待を受けた子どもたちや、子どもの頃虐待を受けた大人たちは、取り残されていったのです。[8]

子どもへの性的虐待を取り上げたことで拒絶を受けたのは、フロイトばかりではありません。時代を遡って一八六〇年、フランス人法医学者アンブロワーズ・タルドューが、子どもへの身体的虐待を告発し、後に強姦および子どもへの性的虐待に関する著作も出版しましたが、同時代の人々にすぐさま糾弾されました。

フランスではピエール・ジャネも、独自にフロイトと同じ結論に達していました。患者に見られる深刻な身体的、心理的、情緒的症状が、若い頃の心の傷に起因することに気づいたのです。彼は持論を撤回こそしませんでしたが、医療関係者たちを説得することはできませんでした。

フロイトの教え子シャンドール・フェレンツィは、子ども時代の性的虐待が激しい精神的苦痛の原因となるばかりではなく、話を聞いてもらい、慰められることが癒しとなることを確認しました。一九三三年に世を去るまで、彼は患者に代わってこれを訴え続けましたが、彼の明晰な洞察は受け入れられませんでした。

一八七〇年にはジョゼフィン・バトラーが、少女の人身売買を奴隷売買になぞらえて、子どもの性的売買に反対する運動を起こしましたが、ロンドン警察から脅しを受け、売春宿の経営者にも襲撃されました。彼女の運動はヨーロッパやアメリカの著名人に支持されましたが、性的搾取を目的として、女性や子どもを州境を越えて商取引きすることを禁止するマン法(Mann Act)がアメリカ議会を通過したのは、一九一〇年になってからでした。[9]

一九四六年にジョン・キャフィがX線検査によって、子どもへの身体的虐待の証拠を発見した時も、誰も実際に虐待があったとは信じませんでした。人々は、子どもたちが殴られている現実を直視するより、骨に先天性の障害があると思いたかったのです。子どもへの身体的虐待がようやく認められたのは、一九六二年に『被虐待児症候群』が出版されてからのことです。[10]

性的虐待の歴史もこれと同じくらい強い抵抗にあっています。たとえ明らかに近親者から性的被害を受けた身体的症状があっても、医者はそれが性的虐待であると認めず、代わりに「被害者のふしだら、処女膜欠損などの先天性疾患、過度の自慰行為の結果」などといった説明を付与していたのです。[11]

一九八〇年代になるまで、子どもへの性的虐待は否定され、軽視され、常に犠牲者が責められてきました。そして一九七〇年代半ばまでは、性的虐待の責任はまず子どもにあるとされていました。一九〇七年にカール・エイブラムは、九歳の女の子が隣人に森に連れて行かれ、強姦されそうになった話をしました。その少女は男をふりきり、何とか逃げ帰ったのですが、エイブラムはその子が「誘拐されるような状況を作り、目的を遂げるよう男を誘いこんでおいて、直前に逃げた。どうりで彼女はそれを秘密にしたわけだ」と書いています。[12]

一九三七年に、ロレッタ・ベンダーとアダム・ブラウは「こうした子どもたちは、道徳者や社会改革者、立法者によって与えられた純粋無垢の仮面にふさわしくない」と書き、子どもたちの「稀にみる魅力的な…性格」に言及して「何も知らずに誘惑されたというより、むしろ子どもが自ら誘惑した可能性もある」と結んでいます。[13]

さらに一九五三年には、アルフレッド・キンゼイとその研究仲間が、子どもへの性的虐待の蔓延を報告していますが、その長期的影響は重視されませんでした。一〇〇〇人以上の女性に聞いたところ、四人に一人が性的虐待を受けたと報告し、その八割が怖かったと答えましたが、キンゼイらはそれを軽視し、「文化的条件づけ以外に、性器に触られたぐらいで子どもたちがなぜそこまで心を乱すのか理解し難い」と書いています。更に、加害者に対する罰が厳しすぎると発言し、「往々にして法律は、加害者を罰する過程で、個人が不法な性行動によって加えた害をはるかに上回る被害を多くの人にもたらしている」と書いています。[14]

一九六二年、ユージン・レヴィッチとロザリー・ワイスは、「子どもを性的対象にする人（ペドファイル）のほとんどは無害な人間であり、彼らの犠牲者はたいてい攻撃的で誘惑的な子どもだとされている」と書いています。[15]

性的侵害が起きたのが被害者のせいだとされなければ、母親が非難の的になります。一九六六年、ノエル・ラスティグらは、家庭内の性的虐待は被害者の母親にこそ責任がある、と発言しています。「彼女は夫とのセックスを拒み、緊張と性的欲求不満を生じさせる一方で、夫の性的エネルギーを娘にむけるのに一役かっているのだ」[16]

母親は娘に自分の性的義務を肩代わりさせたがっている、と結論づけた研究者もおおぜいます。一九七九年、ブレアとリタ・ジャスティスは、「母親は自分の役割を引き継がせることで、娘もまた夫の性的パートナーになるべきだと示唆するのだ」と結論づけました。さらに「母親の弱さ、依存性、無関心、不在、抑鬱、もしくはふしだら」が家庭内の性的虐待の原因であり、よって責任は母親にある、と述べています。[17]

近年は、家族全員が加害者の行動の責任を問われるようになりました。一九八三年になっても、依然としてアデル・メイヤーが、「父による娘の性的虐待においては、家族全員が何らかの関わりを持っており、一人一人が虐待に加担している」と結んでいます。[18]

一部の専門家集団が、加害者以外のあらゆる人々を責める一方で、子どもへの性的虐待など全く起きていない、あったとしてもごく稀だと主張する人々もいました。一九七〇年代になっても、多くの臨床医たちは、家庭内の性的侵害はきわめて稀で、一〇〇万人に一人の子どもにしか影響を与えていないと教わっていました。[19]

こうした歴史を振り返ると、現在、私たちが子ども時代の性的侵害を認識し、それに立ち向かっていることは驚嘆すべきことです。

この二〇年間の進歩は、七〇年代に力を得た女性解放運動が育てたものと言えるでしょう。女性たちは、勇敢に性的侵害や暴力を告発し、こうした暴力を大目に見る社会を分析して出版し、家庭内で夫から暴力を受けた女性のための避難所や性暴力救援センターの設立に貢献してきました。同時に、少数の先駆的な臨床医や研究者が子どもへの性的虐待の研究を手がけ、治療方法を確立しはじめました。こうした未来を見据えた考察と草の根運動のおかげで、今日のような、子どもへの性的虐待に終止符を打つための運動が築かれたのです。[20]

こうして私たちは、子どもの保護、サバイバーの支援、虐待者の責任の追及を主張するようになりました。虐待に気づき、支援し合い、状況に対応するという画期的な意識の高まりは、まだ二〇年足らずのことで、こうした変化が目に見えるようになったのは一〇年ほど前からです。そして今ようやく人々が、性的虐待を受けた子どもや大人の話に耳を傾け、それを尊重し、信じる時代になったのです。

子ども時代に性的虐待を受けたサバイバーは、自分の声と集団の力を持つようになりました。サバイバーは、医師や精神医療従事者、教師、警察官、そしてマスメディアを教育しています。法律も変わりつつあります。膨大な数の子どもたちが傷つけられていることを知り、国全体が驚愕しています。私たちは、ベルリンの壁と同じぐらい分厚い、否認という社会の壁を壊し始めたばかりです。これは革命的な変化であり、そうした変化には反発がつきものです。

歴史をみても、権利を剝奪されたり抑圧された人々の状況を是正する進歩的な運動には、いつも大衆の反発があったことが記されています。意義ある前進には必ず社会的反発がつきまといます。子ども時代の性的虐待のサバイバーに対する攻撃には強い憤りを覚えますが、一方でそれは、どれだけ意味ある社会的進歩を成し遂げたかの指標でもあります。私たちの運動はこうした反発をかうほど勢いよく、注目され、威力があるのです。

現在起きているサバイバー攻撃は、サバイバーたちの積極的な活動に直接反応したものです。「偽りの記憶症候群」(false memory syndrome) という言葉が現れたのは（詳細はp402参照）、サバイバーが虐待者の責任を問えるよう法律を改正し始め、虐待者を告訴するようになってからのことです。

名前と顔こそ違え、この否認の中味は今までとまったく変わりません。ハーバード大学の医学部精神科臨床の準教授、ジュディス・ハーマンはこう言います。

過去二〇年間、女性たちが性暴力に反対の声をあげるたびに、男たちは否認、言い逃れ、弁解を重ねてきた。私たちは、女は嘘つきだ、大げさに事を荒立てる、妄想に耽る、などと言われてきた。この期に及んで、女たちが洗脳されていると言うのか…社会の公然たる否認と闘ってきた私たちは、またもや被害者の信憑性論議に出くわしている。[21] いったいどれだけ議論を繰り返さねばならないのだろうか。

サバイバー攻撃を推進するのは誰か

サバイバー攻撃を推進する人々はさまざまです。なかには本当に潔白なのに濡れ衣を着せられ、この運動に関わる人もいますが、多くの人々にとってこうした運動は都合のよい隠れ蓑です。加害者が、虐待容疑者の擁護団体をうまく利用しようとしているのは明らかです。同様にルネ・ガイヨン・ソサエティ、NAMBLAといった子どもを性的対象にする者の擁護団体や個人も、サバイバーが沈黙することで利益を得ます。[22]

自分の夫が子どもを性的に虐待したという事実に直面できない配偶者たちも、性的虐待の告発の多くが偽りだ、という主張に飛びつきます。加害者の家族やよき友人たちは、自分の知り合いや愛する人が子どもを虐待したとは信じたくないのです。「偽りの記憶」説を受け入れる専門家の多くは、サバイバーの臨床経験が皆無か、仮にあってもごくわずかです。まったく専門外だったり、虐待による心の傷の影響や虐待者の行動パターンを知らない者もいます。虐待の真偽はさておいて、目の前の苦しそうな親の姿に心を動かされる人もいます。さらに、被暗示性への過剰な関心から、大人になって虐待を思い出したサバイバーすべての信憑性を疑う、という間違った結論を出す専門家もいます。最後に、専門家が被告の弁護側証人となる場合、サバイバーの信用を落とすことで職業的にも金銭的にも利益を得るのは明らかです。

虐待者への告発をセンセーショナルに取りあげ、歪曲し、不信を煽ることで、マスメディアもまたサバイバー攻撃に一役かってきました。ダートマス大学医学部小児科の準教授アナ・ソルターは、性的虐待を受けた子どもの証人を務めましたが、後に見たテレビ報道に愕然としたと言います。

> 自分が証人として出廷した裁判を後にテレビで見ても、とても同じものとは思えないことがある。あれは昨年のこと。画面に映し出された裁判について。レポーターは、被告に子どもへの強制猥褻の前歴があることは一切触れず、この一件は検察側の勇み足であり、父親は無実の罪を着せられた、と決め込んでいた。その映像を見たら誰でもこの父親に代わって憤慨しただろうが、この報道は明らかに事実とかけ離れていた。[23]

なぜ多くの報道が、一面的で誤った報道をするのでしょう。一つには、この問題がドラマティックで、論議を呼ぶからです。それは新聞の売上げやテレビの視聴率を引き上げ、日頃ニュースに飽きあきしている読者を確実にとらえます。

しかしながら、一連の話は、セックス、暴力、家族崩壊に関する国民的強迫観念を遥かに越える訴求力をもっています。サバイバー攻撃は、一般大衆の同情をつかみました。「偽りの記憶症候群」について読んだ人々が、なぜたやすく説得されてしまうのか。それは子どもへの性的虐待という現実を否認することが、人間の残虐性から目を逸らしたい、という人々の基本的な欲求を満たすからです。

過去も現在も、多くの子どもたちが深刻な虐待を受けている、という現実に目を向けるのは辛いことです。聞かされた話があまりに残酷で、嘘だと思いたくなることもあります。単なる妄想や心理操作や作り話として片づけるほうがよほど楽です。子どもの頃、こうした拷問に耐えた人がいたと思うより、この人は洗脳された結果、虐待されたと思い込んだのだ、と断定するほうがずっと楽なのです。

しかし歴史が示すように、残虐行為は至る所で現実に起きています。近年の歴史を振り返っただけでも、ナチスの大量殺戮（ホロコースト）、毒ガスによるクルド人殺戮、米軍によるベトナムの村ミ・ライの虐殺、ボスニア女性への集団強姦と、枚挙にいとまがありません。どれを見ても人間の残虐性と、それに逃げ腰になる私たちの姿を反映しています。

今日、ナチスによるユダヤ人らの大量虐殺などなかったと主張する団体があります。『アンネの日記』は捏造されたものだとか、アウシュビッツやダッハウ、ベルゲン＝ベルゼンなどの強制収容所は実在しなかったと言うのです。[24] この論理からすれば、一人の人間の過去の真実を封じるぐらい何でもありません。

もちろん、私たちの運動に問題がないわけではありません。大きな社会的進歩がある一方では、必ず深刻な過ちが起きます。子どもたちは法廷で二次被害に遭い、聞き取りの手順も悪く、家族は時期尚早に和解を迫られます。大人になったサバイバーを担当するセラピストの中には、強引に虐待を認めさせたり、依頼人の問題を、起きてもいない虐待のせいにする者もいます。虚偽の申し立ても確かに存在し、こうした過ちはきちんと問い正さねばなりません。しかし、このことが、性的虐待を告発する多くの男女の苦しみと、それを支える献身的な専門家の努力を矮小化する言い訳にはなりません。

（1）*The San Jose News*, October 11, 1992, p.21; *The New York Times Book Review*, January 3, 1993, p.1; *The San Francisco Examiner*, April 4, 1993, p.A-15.

（2）*San Francisco Examiner*, April 4, 1993, p.A-15.

（3）*The Cleveland Plain Dealer*, May 17, 1992.

（4）癒しの過程で起きる概念についてはｐ97『それは本当に起きたこと』参照。また自分の記憶を疑っている人は、ｐ78　参照。

（5）Roland Summit, "The Centrality of Victimization: Regaining the Focal Point of Recovery for Survivors of Child Sexual Abuse", *Psychiatric Clinics of North America* 12, no.2 (June 1989), p.427. ローランド・サミットは現在ＵＣＬＡ医学部にて精神科臨床の準教授を務めている。

（6）フロイトはこの発見を一八九六年の論文 "The Aetiology of Hysteria" で発表している。この理論は、十二人の女性と六人の男性の症例に基づいている。

（7）Jean Goodwin は *Credibility Problems in Multiple Personality Disorder Patients and Abused Children――Childhood Antecedents of Multiple Personality*, ed. Richard P.Kluft (Washington, D.C.: American Psychiatric Perss, 1985) p.6 で次のように指摘する。「フロイトの論文は、患者が語る過去の性的虐待が、別の被害者、目撃者、または虐待に関わった大人によって裏づけられた話をいくつか紹介しており、虚偽だったと判明した事例は一つも発表されていない。それでもフロイトは、子ども時代の性的誘惑の話を簡単に信じた自分が恥ずかしい、と後に洩らしている」

（8）フロイトの持論撤回に関する最初の出版物は、一九七七年にフェミニスト・ジャーナル "Chrysalis" に掲載された Florence Rush, *Freud and the Sexual Abuse of Children* である。続いて同著者の *The Best Kept Secret: Sexual Abuse of Children*（究極の秘密――子どもへの性的虐待，Englewood Cliffs: Prentice Hall, 1980）, Geoffrey Masson, *The Assault on Truth: Freud's Suppression of the Seduction Theory*（真実への攻撃――フロイトによる誘惑理論の抑圧，New York: Farrar, Straus, Giroux, 1984）。Judith L. Herman, *Trauma and Recovery* New York: Basic Books, 1992) ジュディス・L・ハーマン著『心的

外傷と回復』（みすず書房、一九九六年）は初期の文献を掘り起こしている。

（9）ローランド・サミットは *Lasting Effects of Child Sexual Abuse*, eds. Gail Elizabeth Wyatt and Gloria Johnson Powell, (Newbury Park, CA: Sage, 1988)に収められた *Hidden Victims, Hidden Pain: Societal Avoidance of Child Sexual Abuse*（隠された犠牲者、隠された痛み——子どもへの性的虐待の社会的回避）でバトラー、タルドュー、フェレンツィの文献をたどっている。バトラーの研究に関する詳細は、Florence Rush, *The Best Kept Secret'* フェレンツィについては Geoffrey Masson, *The Assault on Truth,* ジャネに関してはジュディス・ハーマン『心的外傷と回復』（いずれも前掲）参照。

（10）C.H. Kempe, F.N. Silverman, B.F. Steele, W.Droegmuller, and H. Silver, "The Battered Child Syndrome", *Journal of the American Medical Association* 181 (1962), pp.17-24.

（11）Jean Goodwin, "Rediscovering Sadism", in *Rediscovering Childhood Trauma* (Washington D.C.: American Psychiatric Press, 1993), pp.90-91.

（12）Karl Abraham, "The Experiecing of Sexual Traumas as a Form of Sexual Activity," in *Selected Papers* (London: Hogarth, 1927), pp.50-53. このケースと次の事例は Anna C. Salter, *Treating Child Sex Offenders and Victims: A Practical Guide* (Newbury Park, CA: Sage Publications, 1988), pp.22-40より引用。ここでは否認と、被害者やその母親を責めるこれまでの歴史が考察されている。

（13）Loretta Bender and Adam, Blau, "The Reaction of Children to Sexual Relations with Adults," *The American Journal of Orthopsychiatry* (October 1937), p.514. Anna Salter の引用による。

（14）Alfred C. Kinsey, et al., *Sexual Behavior in the Human Female* (Philadelphia: Saunders, 1953) pp.121 and 20. Anna Salter の引用。

（15）Eugene Revitch and Rosalie G.Weiss, "The Pedophiliac Offender," *Diseases of the Nervous System* 23 (1962), p.78. Anna Salter の引用による。

（16）Noel Lustig, et al., "Incest: A Family Group Survival Pattern," *Archives of General Psychiatry* 14, (1966), p.34. Anna Salter の引用による。

（17）Blair Justice and Rita Justice, *The Broken Taboo* (New York: Human Services, 1979), p.34. Anna Salter の引用による。

（18）Adele Mayer, *Incest: A Treatment Manual for Therapy with Victims, Spouses and Offenders* (Holmes Beach, FL: Learning Publications, 1983), p.22. Anna Salter の引用による。

（19）I.B. Weiner, "Father-Daughter Incest: A Clinical Report," *Psychiatric Quarterly* 36, no.1 (1962), pp.607-632.及び S.K.Weinberg, *Incest Behavior* (New York: Citadel, 1955, 1976). Anna Salter の引用による。

（20）私たちの運動に大きく寄与した先駆者をいく人か挙げると、Diana Russell *(The Politics of Rape, 1975)*, Susan Brownmiller *(Against Our Will, 1975)*, Suzanne Sgroi, ("Sexual Molestation of Children: The Last Frontier in Child Abuse," 1975), Ann Burgess and Lynda Holmstrom ("Sexual Trauma of Children and Adolescents," 1975), A Nicholas Groth（前出の三人との共著 "Sexual Assault of Children and Adolescents", 1978), Sandra Butler ("The Conspiracy of Silence", 1978), Kee McFarlane *(Sexual Abuse of Children,* 1978), Karen Meiselman ("Incest", 1978), Louise Armstrong, ("Kiss, Daddy Goodnight", 1978), David Finkelhor *(Sexually Victimized Children,*

1979), Florence Rush(*The Best Kept Secret,* 1980), Linda Sanford (*The Silenced Children,* 1980), Judith Herman *(Father-Daughter Incest,* 1981), Susan Griffin *(Pornography and Silence,* 1981), Jean Goodwin *(Sexual Abuse: Incest Victims and Their Families,* 1982), Roland Summit ("The Child Sexual Abuse Accommodation Syndrome," 1983), 一九七二年にサバイバーの親たちの会, Parents United を創設した Henry Giarretto,研究者であり、開業医でもある Lucy Berliner.

（21） Judith Herman, "Backtalk," *Mother Jones* (March / April 1993), p.3.

（22） René Guyon Society とは、大人と子どもの間のセックスを奨励する団体。「セックスは八歳過ぎたら遅すぎる」というのが、彼らのモットーだ。ＮＡＭＢＬＡは North American Man-Body Love Association（北アメリカ男性―少年愛協会）の略。反動攻撃全体が子どもを性的対象にすることを推奨しているわけではないが、この境界線はときに曖昧になる。p401参照。

（23） 一九九三年九月二六日、ローラ・デイビスによるアナ・ソルターへのインタヴュー。

（24） U.S. Holocaust Memorial Council（米国ホロコースト追悼協議会）、及び B'nai B'rith Anti-Defamation League（ブネイブリス・ユダヤ人誹謗中傷反対連盟）の後援により行なわれた Roper 世論調査によると、成人の二二%、高校生の二〇%が、ホロコーストは実際に起きなかった可能性があると答えている。ホロコースト否認に関する詳しい分析は、Deborah Lipstadt, *Denying the Holocaust: The Growing Assault on Truth and Memory*（New York: The Free Press, 1993）参照。

サバイバー攻撃の真相

「偽りの記憶」についてテレビ番組や新聞記事を目にするたびに、怒りが込み上げ、裏切られた気分に襲われるけれど、どう反応していいかわからないという人もいるでしょう。著名な専門家へのインタビュー、告発された親たちに同情的な報道、記憶の性質に関する一見科学的な証拠を見せつけられれば、気持ちが動揺するのも当然です。ここでは、こういった攻撃に個人が効果的に対応できるよう、「偽りの記憶」論議とサバイバー攻撃の背後にある組織を分析します。

「偽りの記憶症候群」など存在しない

現在のサバイバー攻撃運動の核心は、「偽りの記憶症候群」という概念を広めることです。しかし、そのような症候群は存在しない、と心理療法士カレン・オリオは断言します。

「症候群」とは普通、ある特定の異常にまつわる一群の症状を指す言葉である。しかし「偽りの記憶症候群」の場合、臨床試験も、科学的サンプルの比較も、そうした現象の資料化も数量化も一切されていない。「症候群」という言葉は、単に科学的な響きを与えるために使われているにすぎない…一見「医学用語」のようなレッテルを貼ることで、まずその言葉を通用させ、実証されてもいない事柄を現象として認知させようという試みである。[1]

ケンブリッジ病院の暴力被害者向けプログラムの責任者メアリー・ハーベイもこれに同意します。

「偽りの記憶症候群」など存在しない。精神異常、幻覚や妄想、虚言や仮病はたしかに実在するし、臨床現場での悪質な誘導もある。しかし「偽りの記憶症候群」やその存在を実証する資料は皆無であり、それが「偽りの記憶」であろうと「真実の記憶」であろうと、「○○記憶症候群」という言葉を、精神科の診断基準であるＤＳＭ-Ⅳの専門用語に加えるべきだという主張には何の根拠もない。[2]

記憶と心的外傷（トラウマ）の分野で著名な学術研究者一七名が「偽りの記憶症候群」という言葉の使い方を憂慮し、『ＡＰＳ（アメリカ心理学会）オブザーバー』に次のような手紙を送りました。

私たちは、心理学の果たす科学的責任に共通の関心を持つ、多様な学問分野の研究者の集まりである。…　私たちは、記憶の真実性に関する理解促進の研究を強く支持する一方で、より公平なアプローチを要求する。なかでも「偽りの記憶症候群」という言葉に異議を唱える。この言葉は、告発された親の擁護を目的とする民間団体が考案した非心理学的な造語である。(3)

精神科医ジュディス・ハーマンはこう語ります。

「偽りの記憶症候群」という言葉自体が偏見に満ち、誤解を招くものだ。そのような症候群は存在しないし、報告された記憶が間違っているという証拠はない。明らかなのは、それが論争となっているという事実だけだ。(4)

「偽りの記憶症候群」とは、科学的研究の産物ではなく、きわめて感情的な逸話報道と巧みな広報活動によって作り出されたものです。

専門誌『Treating Abuse Today』（現代の虐待治療）のデビッド・キャロフのインタビューを受けたＦＭＳ基金（False Memory Syndrome Foundation—偽りの記憶症候群基金）の理事長パメラ・フレイドは、自分は臨床医ではないと言い訳し、「偽りの記憶症候群」の基本的定義すら語れませんでした。全国規模の組織の理事であれば、そのくらいの知識は持ってほしい、と言葉を返すキャロフとの間に次のようなやりとりがありました。

キャロフ——筋萎縮症協会の会長であれば、臨床医でなくても筋萎縮症の特徴や症状を説明できるはずです。ところが「偽りの記憶症候群」に関しては、これまでのところ、説明できる人がいないようですね。

フレイド——おっしゃる通り、まだ曖昧な部分はたしかにあります。(5)

＊ＦＭＳ基金は、子どもを虐待したという虚偽の告発を受けたと主張する人々の擁護団体である

「偽りの記憶」の主張で最もよく知られる団体は、ＦＭＳ（偽りの記憶症候群）基金です。堅苦しい名称をもつこの組織は、科学的研究機関ではなく、身に覚えのない子どもへの性的虐待で告発されたと主張する人々の擁護団体です。(6)

ＦＭＳ基金は、反倫理的で無能なセラピストに誤った治療を受けた、と訴える女性たちのセンセーショナルな体験談を活字にし、それがあたかもサバイバーに対するカウンセラーの一般的な対応法であるかのように紹介していますが、それはこの問題に関するサバイバーと援助者双方の貢献を踏みにじるものです。新聞や雑誌やテレビで意見を求められるたびに、この組織の会員や顧問たちは、サバイバーの証言を再三否定してきました。

FMS基金は、断片的で歪められた情報を提供しています。精神科医で、多重人格と解離性障害に関する国際学会の会長を務めたこともあるリチャード・ローエンスタインは次のように説明します。

> FMS基金の活字資料は、子ども時代の心の傷に関する文献の断片的評論であり、一面的かつ偏見に満ち、不完全である。彼らのねらいは客観性を装ったマスコミ操作にあるのだ。[7]

FMS基金には、著名な大学の信用のある専門家で構成される顧問団がついています。しかしながら、ある創立メンバー（後に辞任）は、セラピストを脅したり、学問的論争をつぶそうとするような、いぶかしい行動をとっていました。[8]

FMS基金は、告発された親にアンケートを配布し、成人した子どもたちのセラピストについて情報を求めました。[9] そしてこれらのセラピストに対する苦情申し立てを、州の資格審査委員会、各種専門学会、そしてカリフォルニアでは犯罪被害者プログラムにまで提出するよう、親たちに文書で促しました。[10]

そこでは「親が子どものセラピストを訴える理由はないように見えるが、誹謗や中傷、そして家族関係への不当な干渉に対して訴えを起こすことはできる」とし、さらに、セラピストへの挑戦だけでは手ぬるいと言うかのように「最後に、可能性は少ないだろうが、親を訴える子どもたちは未熟であり、保護監督権の手続きを必要とする、という法的立場をとることもできる」として、親に、成人した子どもの法的監督権を奪いとるよう示唆しています。[11] こうした立場をとることは、FMS基金の信用を落とすことに繋がる、と精神科医リチャード・クラフトは指摘します。

> 私は、FMS基金の視点自体に反対ではないが、彼らが自分たちの尊厳回復のために提唱している、人を傷つけるような手段には反対である。…　このグループは結局、虐待の問題に取り組む者をこう脅迫している。「虐待を認めていなかった患者が、セラピーを受けた後に、虐待があったと結論を出せば、我々は黙っていない。人生の大半を訴訟に煩わされたいかね」…　これが、私がこの団体に断固反対する理由だ。[12]

＊FMS基金とは、性的虐待を受けた、と娘に告発された両親が始めた組織である

FMS基金は、パメラとピーター・フレイドという一組の夫婦によって始められた組織だと言えます。成人した娘ジェニファー・フレイドから性的虐待で告発された彼らは、それは虚偽だと主張し続けています。心理療法士デビッド・キャロフは

「この組織は、一家族の確執から生まれ、それが境界線を超えて大衆文化にまで浸透したものだ」と語っています。[13]

一九九〇年、セラピーを受け始めて一週間後、オレゴン大学心理学科の教員ジェニファー・フレイドは、父ピーター・フレイドから受けた性的虐待の記憶を取り戻し、家庭内の性虐待について両親に問いただしましたが、否認されました。半年後、母親であるパメラ・フレイドは『なぜこんなことが？　性虐待とレイプの虚偽告発に立ち向かう』[14]と題した記事を、ジェーン・ドウという筆名で出版しました。その記事には、間違ったものも含めて、ジェニファー個人の情報が載せられており、多くは彼女の誹謗中傷でした。さらにパメラ・フレイドは、自分が著者であるとの手紙を添えて、そのコピーを娘の同僚に送りつけました。受取人の中にはジェニファーの勤務する同じ学部の教員も含まれており、折しもそこではジェニファーの教授昇進が審議されていたのです。[15]

翌年の冬、パメラ・フレイドはFMS基金を創設し、それ以来「偽りの記憶」という概念を普及するために国内を奔走し、虚偽の訴えによる家族崩壊の話を講演して回りました。

一方、当時まだ個人的な問題解決を望んでいたジェニファーは、子どもの頃の虐待や母親のFMS基金創設について、公の場では話さないと決めていました。しかし一九九三年、とうとう彼女は沈黙を破り、事のいきさつを自分の言葉で語り始めました。「私はすでにプライバシーの大半を失った、それもこんなに曖昧な、歪曲された形で。こうなったら、ガラス張りにして真実を明らかにするしかない、そう思ったのだ」

ジェニファー・フレイドは三、四歳頃から十六歳になるまで、父親から性的虐待を受けていたと打ち明けました。虐待行為は一〇代で止んだものの、父親はその後も、何かと性的言動を繰り返し、境界線を侵害し、彼女を侮蔑し、それは彼女が大人になってからも続いたこと、父親が居間に自分のペニスと睾丸の模型を飾っていたこと、また客の前で過剰な性的コメントをされた屈辱など、細かに証言しました。性的虐待の記憶を両親に話すたびに、「嘘だ、そんなことがあったら犬が吠えるはずだ」というのが母親の反応でした。その犬は常に人間の性行為に騒々しく加わっていたというのです。

家族はいつも否認と矮小化と歪曲に終始した、とジェニファーは言います。彼女が若い頃、父親は重いアルコール依存症で八〇年代初めには入院していました。[16]「父は、自分が一一歳の頃性的行為をされた体験を話した。しかしその体験を『虐待』とは見なしておらず、むしろ自分は性的に早熟な『囲われ坊や』だった、と語っていた」[17]

フレイド一家は、お馴染みの手口で、あらゆる手段を駆使して彼女の証言の信用を失くそうとしました。

成人するまでに何度か私が脳障害の症状を見せたことがあると、父はいろいろな人に話していた。家族の友人の一人は、私が国立科学院の奨学生としてスタンフォード大学院にいた当時、この話を父から聞いたそうだ。[18]

父親がなぜそのような行動をとるのか、またどうして人が父親の話を信じるのか、ジェニファーは理解に苦しむと言います。

私の記憶が「偽り」で、アルコール依存である父の話のほうが正当で正気だと思われることには啞然とする。…私が嘘つきで、現実をしっかり把握できないと思われているからか。いや、私は科学者であり、私の実証的研究は全米、そしてヨーロッパ各地の実験室で応用されている。両親に邪魔される数年前まで、私は何の問題もなく優良な職業的名声を得ていた…

人が私を信じないのは、女だからか。いくつかの新聞記事が強調するように、「しょうもないヒステリーの三〇女」だからか。…それにしても、なぜ彼らの否認が信用されるのだろう。私生活も仕事も順調な私が信用されないのは、まさに私が虐待を受けた本人だからではないのか。

ジェニファーにとって最も不可解だったのは、まさに彼女の現実の否認を使命とするＦＭＳ基金の顧問団に、彼女も加わるように、両親が声をかけてきたことです。彼女がその申し入れを断わったことに遺憾を表明する手紙の中で、父親は「それでも私は、ＦＭＳ基金の会報、いや、この組織全体が、娘との何よりの交流手段であると思いたい」とコメントしています。[19]

ＦＭＳ基金の創始者がこの組織を、娘との交流手段とみなしていることは、大きな脅威だと、ジェニファーは語ります。

母が私に起きた現実を必死に否認する背後には、組織ぐるみの圧力がある。自分たち自身のためにも、両親が全国的な闘争を展開する代わりに、内面を見つめ、自分たちの癒しに取り組む方法を見つけてほしいと願っている。

＊これまでも、子ども時代の性的虐待のサバイバーに対して、数々の攻撃があった。ＦＭＳ基金は、その一つにすぎない

ＦＭＳ基金は、直接的にはある家族の苦しみと機能不全から生まれたものですが、それを受け入れる社会的土壌があったのも事実です。これまでにも、サバイバー攻撃の巻き返しはありました。一九八四年、ＶＯＣＡＬ（Victims of Child Abuse Laws—子どもへの虐待取締り法被害者の会）が、子どもへの虐待容疑をかけられた人々の権利擁護を目的として、ミネアポリスで結成されました。子どもによる性的虐待の訴えは虚偽であることが多く、子どもは信頼できる証人とはなりえない、との主張によるものです。[20]ＶＯＣＡＬはミネソタ州ジョーダンで注目を集めた子どもへの性的虐待裁判の余波を受けて生まれたものです。その裁判では、何十人もの子どもたちが加虐的儀式による虐待を受けていたとの告発により、一人が有罪、二人が無罪、その他二一人の被告が起訴猶予となりました。これほどの人数を巻き込んだ、この種の性的虐待容疑の裁判は前例がなく、捜査方法に不備が多かったため疑問は残りますが、子どもたちが虐待されていたことは明らかでした。[21]

デビッド・ヘックラーは自著『性的虐待の告発と反動』の中で、こうした巻き返しの発端をこのジョーダン判決に求めています。なかでも、自分たちの息子の他、四人の子どもを虐待した容疑で訴えられたロイスとロバート・ベンツに無罪判決が出た一九八四年九月一九日に遡る、と記しています。[22]

その一カ月後、VOCALはミネアポリスで最初の組織結成委員会を開き、ロバートとロイス・ベンツ、そしてジョーダン事件の被告の一人が、VOCALの初代理事に就任しました。[23]ベンツ裁判の専門家証言をした心理学者ラルフ・アンダーウェイジャーは、VOCALの結成当初の集会に参加し、最初のスポークスマンとなり、[24]VOCALが開催した四回の全国大会で講演しています。[25]

アンダーウェイジャーと彼の妻ホリダ・ウェイクフィールドの発行する刊行物、『子どもへの虐待告発の争点』(Issues in Child Abuse Accusations) は、性的虐待告発のほとんどは虚偽である、との前提で書かれた記事ばかりを掲載しています。アンダーウェイジャーはまたFMS基金設立の中核ともなりました。発足当初、FMS基金は、彼の心理療法研究所に問い合わせた二〇二家族のリストをもとに会員を募ったのです。[26]彼は、一九九三年夏までFMS基金の顧問を務めました。

VOCALとFMS基金は、ほぼ同じような立場をとっています。VOCALは、子どもは幼すぎるし、よく空想に耽るから信用できないと主張し、一方FMS基金のほうは、成人サバイバーはセラピストに心理操作されているからとても信用できない、と唱えます。VOCALは、調査員が子どもたちに誘導尋問して、起きてもいない虐待を認めさせていると非難し、FMS基金は、セラピストが成人クライエントを洗脳していると主張します。VOCALは子どもの権利擁護者を「子どもの救世主たち」と揶揄して、その無能ぶりを非難し、家族崩壊の責任は彼らにあると主張します。FMS基金も同じ理由で、セラピストや癒しの手引き書などを非難します。どちらのグループも「魔女狩り」や「子ども虐待ヒステリー」という言葉を使い、「性虐待訴訟では、初めから被告は有罪であるとの予断があり、公正な裁判は期待できない」と訴えます。両者とも、無実の者が罪を着せられることだけでなく、有罪の者が放免されることにも心を痛めている、と言いながら、発表するのは偽りの告発に関する資料だけです。またどちらのグループも、会員の誰が偽りの告発を受け、誰が有罪なのかは区別できないままです。[27]

VOCALとFMS基金の主張がすべておかしいと言っているわけではありません。偽りの告発は確かに起きており、誘導尋問をした調査員もいれば、セラピストがクライエントの過去を誤って解釈することもあります。しかし両グループは、こうした問題を極度に誇張して歪曲した結論を出し、それを使って世論を操作します。

VOCALやFMS基金のような特定の組織はいずれは衰退するでしょうが、サバイバーへの攻撃自体は存続し、新たな支持者を見つけては別の姿で出現するでしょう。私たちが、この文化全体の問題として性的虐待の現実に立ち向かうまで、この「社会ぐるみ」の否認は新たなグループを醸成し、その出現に備えるのです。(28)

*VOCALとFMS基金はともに、子どもへの性的虐待について有害な考えをもつ人々と繋がりがある

VOCALが開いた最初の二つの全国大会で講演し、ラルフ・アンダーウェイジャーの発行する『子どもへの虐待告発の争点』の編集委員でもあるリロイ・シュルツは、(29)大人と子どもの間にセックスの合意はありうる、と書いています。子どもの被害者について言えば、「行為の完遂にまでとは言わないが、少なくとも性行為を始めるにあたっては、通常、子ども側の協力が必要となる」とシュルツは語っています。さらに「警察などの報告書は、被害者側がどの程度、罪に加担したかについての説明が不十分だ」と続け、最後に「性犯罪における被害者の役割はきわめて大きく、その多くはむしろ加害者と呼べるくらいだ」と断言します。(30)

コロンビア大学で小児精神医学を教え、子どもへの虐待裁判でよく被告側の専門家証人として出廷するリチャード・ガードナーは、頻繁にテレビ出演し「偽りの記憶症候群」の考えを普及させてきました。彼は、アンダーウェイジャーの雑誌『子どもへの虐待告発の争点』に次のように書いています。

大人と子どもの間の性行為はどの世界にも存在する普遍的現象である。…そうした接触は必ずしも精神的衝撃となるとは限らない。その体験が子どもの心の傷となるかどうかは、社会の反応が決める。ハムレットの言葉どおり「この世に善悪など存在しない。思考がそれを決めるのだ」

これらのセラピストの多くが、大人と子どもの間の性的な接触が、たとえどんなに短くても、どんなに優しく、愛情あふれ、痛みのないものであっても、自動的に子どもの心に傷を残す、と思い込んでいる。この思い込みのおかげで、長期にわたる継続的なセラピーの必要が説かれる…当然、この立場をとらないセラピストは、それに伴う金銭的恩恵を享受できないのである。(31)

ラルフ・アンダーウェイジャーとその妻は、オランダで発行されているPaidika（ペドフィリア・ジャーナル）誌のインタビューで、「子どもを性的対象にすることは、個人の責任ある選択だと思いますか」という問いかけにこう答えています。

もちろん責任ある選択だ。子どもを性的対象として選択した人々に出会い、彼らをよりよく理解するにつれ、彼らがあまりにも他人の定義に無抵抗に甘んじていることに驚く。それらは決まって否定的な定義だ。子どもを性的対象にする者は、自分の選択擁護に多くの時間と労力を費やすが、そこまでする必要はないと思う。自分の選んだことを大胆に、勇気をもって肯定していいのだ。自分たちは、愛するための最高の道を探っているのだと言えばいい。私は神学者でもあり、人々の間に近しさや親密さや肉体的結合があるのは神の意志だと信じる。子どもを性的対象にする者も、この親密さは自分の選択で実現したものだ、…親密さと愛を追求しているのだ、と宣言すればよい。「これこそが神の意志なのだ」と開き直っていいのだ。(32)

一九九三年の夏、このインタビューの内容がサバイバー、その支援者、そしてその後マスコミの注目を集め、アンダーウェイジャーはＦＭＳ基金の顧問を辞任しました。しかし彼の妻は現在も顧問として活動しています。

＊サバイバー攻撃の第一の狙いは、子どもへの性的虐待容疑をかけられた者の法的擁護である

この一〇年間、サバイバーは、成人してからでも、子どもの頃の虐待に関する民事訴訟が起こせるよう、全米各州で請願運動を展開しました。(33)「偽りの記憶症候群」という言葉が出回り始めたのは、法律面や司法面での改革が実現し始めた、ここ数年のことです。ジュディス・ハーマンは、この一連の訴訟とその背景にあるサバイバー擁護の政治運動が、今日の記憶論争のきっかけであると考えています。

この問題に関する一般大衆と専門家の関心の高まりは、記憶の学術的研究が突然注目を集めたからではない。むしろ、法医学的審理が引き金となっている。これは信憑《ぴょう》性をめぐる論争である。

かつて性的攻撃全般、なかでも子どもへの性的虐待は、完全犯罪だった。…被害者は公正な法制度から締め出される一方で、加害者は実質的に無罪放免だった。フェミニストによる意識高揚運動と法律改正の結果、被害者の中に加害者の犯罪責任を問い始める動きが出てきた。…これは加害者の力や特権を根底から脅やかすものだ。彼らが反撃するのも当然だろう。(34)

虐待の被害者の信用性をめぐる論争は今に始まったことではありません。事実、サバイバー攻撃の歴史は、子どもへの性的虐待裁判における被告側の議論の展開を見れば明らかです。全米子どもへの虐待訴追センター（National Center for the Prosecution of Child Abuse）の所長パトリシア・トスはこう語ります。

二〇年前には、身体的、性的虐待とも、刑事事件として起訴されるケースは少なく、あってもまばらだった。虐待者が家族の一員である場合、子どもを安全な場所に保護するかどうかは民事制度に任されていた。子どもの養育権を失うことはあっても親に有罪判決が出ることはなかった。(35)

性暴力救援センターの出現や、成人被害者の起こす性暴力裁判への関心の高まりによって、子どもへの性的虐待も注目を浴びるようになった、とトスはいいます。

子どもの虐待被害が寄せられるようになり、一〇～一五年くらい前から、ようやく警察や検察に子どもへの虐待専門部署が設置されるようになった。被害者証言の聴取法も工夫され、被害者としての子どもへの関心が集約されていった。子どもへの虐待が深刻な問題として受けとめられるようになったのだ。訴訟の数と有罪判決が増えてくると、告発される立場の人々が真剣に反撃するようになった。

初期の性的虐待裁判における被告側の弁論は、「私は善良な人間だ。そんなことするわけがない」という単純なものでした。しかし、外見で見分けがつくわけではないという意識が定着するにつれ、被告側は別の議論に移行しました。

子どもの集団への虐待容疑が増えるにつれ、反駁の形も進化してきました。「複数の子どもが、同じ容疑者の似たような行為を告発し始めると、もはや『この子はこの人が嫌いだから、作り話をしているんだ』とは言えなくなる。そこで、『これは子どもたちの頭に植えこまれた考えだ』と言い始めたのだ。『子どもは暗示にかかりやすい』という主張は、こうした被告側の巻き返しとともに強まってきたといえる」

夫のジョセフ・ブラガとともに全米子ども基金を運営するローリー・ブラガは、「偽りの記憶」論議やＦＭＳ基金の活動拡大は、性的虐待裁判における子どもの証言の信憑《ぴょう》性論争の延長線上にある、と説明します。

成人したサバイバーが次々に沈黙を破り始めたとき、法廷での子どもの証言の信憑《ぴょう》性を確立しようと努力してきた者は皆、これを歓迎したものだ。彼女たちの証言が、子どもたちの証言の信憑《ぴょう》性を高めると期待した。被告側も同じことを感じたのだろう。彼らが、証言する子どもたちばかりでなく、成人したサバイバーまで攻撃するのは、当然の成り行きだ(36)。

虐待裁判では、加害者を無罪にするために多くの法律操作が行なわれてきましたが、中には正当なものもある、とパトリシア・トスは語ります。

反駁のすべてが偽り、というわけではない。勢いのあまり安易な調査をしたり、充分な裁判準備のない場合もあった。しかし「専門家」なら、子どもが虐待されたかどうか「一目でわかる」はずだから、彼らの証言さえあればいいのだ、という姿勢は間違っている。私たちは一歩下がって、「ちょっと待て、何か変だ、どう改善すればいいのだろうか」と自問すべきである。そして、専門家が間違っている場合、単に感情的に反応するだけでなく、事実の積み重ねと裏づけ調査と確かな証拠をもって、それを明らかにすべきなのだ(37)。

被告の正当な権利は守られるべきですが、そのために子どもたちを犠牲にすべきではありません。「一人の無実の男を有罪にするより、一〇〇人の犯罪者を放免したほうがいい」という考えに賛同する被告側専門家証人の哲学に、私たちは真っ向から反対します(38)。

一人の人間が誤って有罪になるのは、悲劇的なことです。しかし一〇〇人の加害者が放免されて虐待を継続すれば、何千人の子どもたちに被害を及ぼす、という悲劇もけっして軽視できません(39)。子どもの権利侵害は、少なくとも大人の権利侵害と同じ深刻さで捉えられるべきです。より傷つきやすい立場にある子どもには、最大限の保護が必要なのです。

子どもの人権擁護と、成人したサバイバーの法的選択肢を確立するという面では、確実な進歩がありました。「こうした行為を深刻な犯罪として扱わなければ、被告側の巻き返しなどなかっただろう。これは私たちの成功の証でもある」とパトリシア・トスは結論します。

＊現実には、性的虐待の虚偽の申し立ては少ない

他の犯罪と同様、虚偽の犯行否認の方が、虚偽の訴えよりははるかに多いのが現実です。悲劇的なことに、現実の子どもへの性的虐待はあまりに頻繁に起きています。

信頼できる統計によると、少女の三人に一人、少年の六人に一人が、子ども時代に性的虐待を受けています。サンフランシスコで無作為に抽出した九〇〇人以上の女性を対象にした、ダイアナ・ラッセルの調査では、三八パーセントが一八歳以前に性的虐待を受けていることが判明しました。その内二八パーセントは、一四歳以前に深刻な被害を受けています(40)。

ロサンゼルス・タイムズ紙は、バッド・ルイスの指揮下、二

六二七人の男女を対象に世論調査を行い、その結果二二パーセント（女性二七パーセント、男性一六パーセント）が子ども時代に性的虐待を受けた、と答えています[41]。この割合を世界人口に当てはめると、子ども時代に性的虐待を受け、後に成人したサバイバーは、現在三八〇〇万人もいることになります[42]。

多くの進歩があった一方、依然として虐待のほとんどが報告されないまま放置されています。子ども保護局や警察に通報された子どもへの性的虐待の件数は、全体の一割以下にすぎません[43]。にもかかわらず、あたかも虚偽の訴えが激増しているかのような主張がまかり通っています。これは、子どもへの虐待に関して「虚偽の訴え」を割り出す場合、「根拠不十分」または「立証されていない」件数を含めるためです。しかし、「根拠不十分」または「立証されていない」からといって、必ずしもその訴えが虚偽だとは限りません。パトリシア・トスによると、「根拠不十分」とは、単に何らかの理由により虐待が証明できなかった、ということなのです。

「根拠不十分」、あるいは「立証されず」というケースのなかには、訴え自体が虚偽だった場合もあるだろうが、それ以外にも多くの可能性がある。通常、子ども保護機関がのりだすのは、家族内、または保育者による虐待のときだけである。虐待者がこの範囲外だと、保護機関の目的からいえば、それだけで根拠不十分となる。もし淋菌性咽頭炎の乳児がいたら、たとえ話が聞けず、証人や虐待の告白がなくても、その子が性的虐待を受けたと確信できるだろう。しかし、加害者が特定できなければ、根拠不十分となる。あるいは、一カ月五〇件の調査を課せられ、仕事に忙殺されるケースワーカーが、「あなたがお子さんを虐待しているという通報を受けていますが、本当ですか」と電話を入れ、「とんでもない」との返答があれば、「ああ、そうですか」となるかもしれない。適切な調査技術や態勢がないため、根拠不十分とされてしまうわけだ。通報が入り、その家族を探したらすでに別の管轄区に引っ越していた、という場合も「根拠不十分」に分類されるのである[44]。

根拠不十分となった件数から、虚偽の容疑をかけられた者の割合を導き出すのは、明らかに間違いです。成人したサバイバーの裁判でも似たような状況があります。法廷でうまく立証できなかったから、あるいは検察が不起訴にしたからといって、虐待がなかったとは言えません。ただ法廷で虐待行為を証明するだけの十分な証拠がなかっただけなのです（p411『法的原則は癒しにそぐわない』参照）。

もちろん、虚偽の訴えはありますが、決して一般的ではありません。南カリフォルニア大学医学部精神医学科の準教授ジョン・ブライアーはこう書いています。

確かに、心の傷や混乱や絶望のせいで、事実に反する訴えを起こす者も少数はいるだろう。[45]

抑圧された記憶が甦った人に限らず、精神疾患、混乱、絶望、嘘言など、人類共通の苦悩に陥る可能性は、誰にでもある。[46]

サバイバーの言い分を過小評価したり、信じない人々は、実際は数少ない記憶違いの訴えに飛びつき、「だからサバイバーは信用できない」と喧伝するために使うのだ。[47]

偽りの訴えは確かに存在しますが、実際に性的虐待を受けたサバイバーの天文学的数字に比べれば、その率はごくわずかです。たとえFMS基金に連絡してきた五〇〇〇家族に対する訴えがすべて虚偽だとしても、その比率は、アメリカで子ども時代に性的虐待を受けた成人サバイバーの推定数の〇・〇一パーセントにすぎません。[48]

＊加害者は自分の行為についてめったに真実を語らない

虚偽の容疑をかけられたと訴える人の中には、潔白な人もいるでしょうが、子どもを性的対象にする者や虐待者の多くにとって、サバイバーが真実を語らないほうが有利なのも事実です。ある人が無実か否かは見た目ではわかりません。オハイオ州ボーリング・グリーンのウッド郡精神衛生センターの臨床責任者ローレンス・クラインは、こう説明します。

性犯罪者の一番の特徴は、とりたてて特徴のないことだ。我々の予想に反して、彼らには、外見上識別できるような特徴は何もない。身近な隣人や家族と変わらないのだ。……一見ごく普通で平凡な毎日を過ごしている人間が、恐ろしいほど無感覚で、自己中心的で、破壊的な行為の常習犯でもあるのだ。[49]

ジアレット研究所の所長ブライアン・アボットは、子ども虐待の加害者はあらゆる経歴の持ち主に及ぶ、と言います。[50]

加害者は、あらゆる社会階層、人種・民族・文化に遍く存在する。日雇い工夫や失業者もいれば、弁護士や医師など、きわめて裕福な生活を送っている地域の要人もいる。[51]

私たちが会った加害者の多くは、感じがよく、親しみやすい人たちでした。[52] 何も知らなければ、私たちもきっと「あの人に限ってそんなことをするはずはない」と口にしたでしょう。ほとんどの加害者は一見普通の人です。残虐な虐待を犯した人のなかには、一歩世間に出れば、人望もあり順調な生活を送っている人もいる、と心理学者アナ・ソルターは指摘します。

誤認逮捕であるとして地域住民が警察に抗議文を書いた

り、署名を集めたものの、その後、加害者が自白した例をいくつか見てきた(53)。

六二歳の元ニューヨーク州上訴裁判所首席判事ソル・ワトラーのケースは有名です。一九九三年四月、彼は、共和党の有力な資金調達者である元恋人の一四歳の娘を誘拐する、と脅迫した容疑を認めました。FBI調査の中で、電話や手紙の内容から、その少女に対するワトラーの性犯罪計画の詳細が明らかになりました。この間、彼は権威ある判事として仕事を続け(54)、さらに上院議員候補の指名獲得に向けてキャンペーン中でした。

判事として名声を得て、議会に立候補までする一方で、性的脅迫とテロリズムを計画するなどということが可能なのでしょうか。精神科医であり医学史研究者のロバート・J・リフトンは、このような二重生活を送る能力を「二重性」の概念で説明します。

リフトンは、ユダヤ人らの絶滅計画に関与したナチスの医師たちを研究しました。「医学実験」と称して人間を拷問し、虐殺し、彼らの生死を決定する傍ら、家に帰り、教会に出かけ、我が子と遊ぶ人間の心理を解明したかったのです。医師たちが忌まわしい実験に携わりながら、自分の社会的立場を維持するという、この信じ難い行動を、リフトンは「二重性」という解離性防衛反応によって説明しています(55)。

ローレンス・クラインは、性犯罪者が二重生活を送る能力を同じように説明します。彼によると、すべての加害者は心の中に独自の「王国」を持ち、そこで虐待のライセンスを得る、と言います。

> 端的に言って「王国」は加害者の心の中にあり、そこでは「王」である当人が思いのままに振る舞える。いつ、どこで、どうやって、誰と楽しむかを決めるのだ。現実を決めるのは「王」である。「王」は自分のルールを作り、…すべては王の所有物となり、悦びの対象として存在する…その「王国」にいる限り、加害者は自分の欲求以外は視野に入らない…。加害者は二重生活を送る。一つは「現実世界」。そこでは加害者は長い間、真の人間的なふれあいを奪われている。そしてその「改訂版」ともいえる「王国」の世界があるのだ。長年の経験を通して、加害者はこの二つの領域をさりげなく行き来することを学ぶ。そのため、加害者はよく、目立たない善良な市民に見えるのである…。
>
> 加害者が自分の「王国」を棄て、人間性を取り戻そうとし始めないかぎり、この虐待パターンをやめることはない…そのきっかけはたいてい、刑事起訴である。人間関係不信に陥った個人にとって、孤独な快楽の誘惑に対抗できるのは、投獄されるかもしれないという危機感だけだ(56)。

心理学者ブライアン・アボットは、多くの性犯罪者、とりわけ家庭内における性的虐待の加害者と関わっています。彼のプログラムに参加する加害者の九〇パーセントは、執行猶予や保釈の条件として裁判所から参加を命じられています。まだ有罪が確定していない容疑者が多いものの、経験上、容疑が誤認であることは稀で、むしろ自分の犯した行為を否認するほうが一般的だと、アボットは言います。

一口に否認と言っても「俺はやってない」、「虐待はあったが、やったのは私じゃない」という完全否定から、「たいしたことじゃなかった」という軽視、「子どもの方が私を誘ったんだ」「あの時は酔っていた、ハイだった」という言い訳までさまざまだ。否認の定義をこのように広げれば、私の診療室を訪れるすべての加害者にあてはまる。(57)

明らかに反論の余地のない証拠を突きつけられても、多くの加害者は、強い憤りと確信をもって虐待行為を否認し続けます。(58)有罪判決を受け、投獄された後も、否認が続くことさえ珍しくありません。(59)

加害者はしばしば否認を維持することに心理的に没頭し、そこから脱けだせなくなる、とアボットは言います。

彼らは、「自分は虐待していない」と妻、祖父母や孫、雇用主、牧師など、自分の生活上重要な人々を説得しているかもしれない。そのため、周囲は「彼はやっていない」と口をそろえる。こうした強い周囲の支持を得ると、自分がしたことを認めるのはずっと難しくなる。「彼はやっていない」という大合唱のために、それを現実だと思い込む加害者も出てくるのだ。(60)

虐待者が自分の行為を否定する理由は、自分の行為に直面できない、恥ずかしい、責任を取りたくない、悪いことだとは思えない、単に怖がっている、などさまざまです。あるサバイバーはこう語ります。

私は一一歳の時、父から性的虐待を受けた。初めてこのことを父に問いただした時、父はそれを認めなかった。でも数年後、父は自分の行為を認め、私が知らなかった事実関係を話してくれた。それは、私たちの関係における癒しの始まりだった。カウンセリングの場で父に、どうして初めは否認したのかと尋ねると、父はただ「怖かったんだ」と答えた。

*サバイバー攻撃は加害者の否認に拍車をかける

イリノイ州スコーキー、Center for Contexual Change の教育部長メアリー・ジョー・バレットは、加害者が虐待したことをきちんと認め、これ以上の加害行為を重ねないためには、四つの否認段階を乗り越える必要があると言います。

第一段階は「私はやっていない、あれは嘘だ」という事実の否認。第二段階は、「何かあったかもしれないが、よく覚えていない」という認識の否認。第三段階は「あの子を傷つけた訳じゃない」という衝撃の否認。そして最後は「確かにそういうことはあったが、そうさせたのは彼女だ」という責任の否認である。[61]

家族全体を対象にして徐々に進められるこのセラピーの過程で、バレットとその同僚たちは、加害者が個々の否認段階を突破できるよう手助けします。

否認とは、常に現実をより居心地良いものにし、自分自身の行為を認識することに伴う苦痛から、自分を守ろうとするものだ。セラピーでは、加害者が事実を否定している時は、そこに焦点はあてない。むしろ、加害者の社会的、政治的、文化的、経済的、そして宗教的背景に目を向けて、「生まれ育った家族の中で、心の傷を負うような体験をしたか。情緒的に見捨てられていたか。女性や子どもを卑しめるような家父長制的考えをもっているか?」といった点を中心に尋ねる。基本的に、「この人物には性的加害行為をしやすい要素があるか否か」を見極めるのだ。そして加害者に「話を聞くと、あなたには子どもに向かう要素があったかもしれない」と言う。こうしたプロセスを経て、本人も、虐待したかもしれない、と徐々に認めるようになる。

認識段階の否認の場合、バレットは「もし自分が本当に虐待したと知ったらどうなると思うか。思い出すことで、失うものは何か。得るものはあるか」と尋ねます。ここで「得るもの」こそが真の力になる、とバレットは言います。

…真の力とは、人を傷つけることで得る力ではなく、真の人間的な結びつきからくる力。初めて自分の子どもを助ける喜び、これ以上人から切り離され、孤立しなくてすむという安心感、墓場まで秘密を持って行かなくてよいという安堵だ。

またこうも尋ねる。「あなたのお子さんがこうした作り話をすることで何を得るのか。娘さんが夢を見ただけなら、目覚めてからも性的虐待を受けたと信じるのはなぜか。私なら目をこすって『なんていやな夢だ』と思うだけだろうに」

加害者がサバイバーの話に耳を傾け、その苦痛を認める準備ができたら、第三段階である衝撃の否定と取り組むため被害者と対面します。いったん被害者に共感できるようになると、たいていはその後まもなくして、自分の責任を認められるようになります。

「たしかに時間はかかるが、あきらめずに続けることで、加害者が実際に変貌を遂げる姿を見てきた」とバレットは語ります。成功率は半々ですが、自分が過去に傷つけられたのを承知で、何とか自分自身を保ち、断片的であれ家族との関係を維持してゆくサバイバーもいます。このような結果は、バレットにとっても喜ばしいことです。「成人したサバイバーとその家族が共に変貌する姿は、まるで奇蹟を見るようだ」

しかし、昨年バレットが面会した家族の中には、すでに「偽りの記憶」の考え方にどっぷり浸かっている親たちもいて、セラピーを進めるのが大変だったと語ります。

> 以前なら親たちの話の内容は、家族のことこれまでの人生についてだった。でも今は最初から「おまえは洗脳されてる」などと子どもを病気扱いし、「セラピストの影響だ、一二ステップ・プログラムの影響だ、あの本（本書）の影響だ。こんなことになるまでは、あんなに幸せな子だったのに」と口を揃えて言う。彼らは、特定の信条を鵜呑みにしたと子どもを非難するが、それとまったく同じことを、自分たちもしているのだ。こうした二極化は癒しを阻むため、仕事が大変やりづらくなった。

バレットによると、「偽りの記憶」論議の一番の問題点は、被害者を再び傷つけることです。こうした「サバイバーへの共感の欠如」こそが、そもそも虐待が起きた主な原因の一つなのです[62]。

「マスターズ&ジョンソン性的トラウマと強迫症プログラム」の所長マーク・シュワルツも、「偽りの記憶論」の普及が虐待者の否認を強化すると指摘します。

> 我々の加害者向けプログラムでも、かつては虐待したことを認めていた者の多くが、今では「偽りの記憶」の記事に影響されて加害を否認するようになり、結果として加害行為が増えている[63]。

虐待者が、否認を補強するような論調に煽られることなく、自らの行為を認め、その責任をとれるような環境を作り出さねばなりません。

＊「偽りの記憶による家族破壊」の報道は一面的である

「偽りの記憶」の描き出すサバイバー像の典型は、比較的幸福な子ども時代を送った三〇代の高学歴女性が、現在自分が直面している問題は性的虐待が原因だとして、個人史を捏造し、親に仕返ししようとしている、というものです。

こういう場合、その子ども時代がどんなに幸福だったかを喧伝するのは常に親のほうです[64]。彼らは昔のアルバムを取り出して、幼い娘や息子の幸せな笑顔を懐かしみ、彼らがいかがわしいセラピストに影響されて「まさに青天の霹靂《へきれき》のように」親に虐待容疑をかけたと嘆きます。セラピストの悪しき心理操作のせいにすることで、こうした親たちは、自分の直面する家族間の問題を都合よく第三者のせいにし、自分たちは問題の原因どころかむしろ被害者なのだ、と主張するのです。「あんなに幸せだったかわいいあの子が、なぜ私にこんな深刻な容疑をかけるのだろうか」という当初の疑問は、未解決のままとなります。

一方、もう一人の当事者である成人した子どもの話が報道されることは稀です。私たちのもとに届いた多くの手紙や電話の中で、サバイバーの多くは子ども時代に、幸福どころか、心身ともに衝撃を受けて育っており、その多くは証明することができる、と語っています。さらに、親の主張に反して、記憶を取り戻したのはセラピーに行ったからではない、あるいは、虐待を忘れたことは一度もない、と語ります。

> サバイバー・グループに通ううちに、こんな考えを植えつけられたのだ、と親が触れ回るのを聞くと、頭がおかしくなりそうだ。虐待されてもいないのに、サバイバー・グループに行くはずがない。虐待があったとセラピストに説得される必要はない。虐待されたからセラピストに援助を求めたのだ。私がどんなに幸せだったか聞かされるたびに、哀しくなる。私はいつも要領のいい子だった。何の問題もなく見えた。でも、死にたいと日記に書いたのは一〇歳の時。そしてその翌年、初めて自殺を試みた。

＊法的原則は癒しにそぐわない

サバイバーは十分な証拠がないまま虐待されたと訴える、とよく非難されます。訴訟を勝ち取るための十分な証拠がないというだけで、サバイバーが虐待されたと打ち明けたり、家族との接触を減らしたり、これから起こりうる虐待から自分の子どもを守ろうとすることが、非難されるのです。

怒った親や彼らを擁護する専門家は、「疑わしきは罰せず」という法的原則に寄りかかり、サバイバーの選択を検閲しにかかります。こういった親たちは、成人した自分の子がどんな理由で自分を訴えているのかわからない、子どもの受けるセラピーに同席できない、自分に会わなくなった、などと不平を言います。しかしどう生きるかの選択は、法的原則に規定されるものではありません。誰もが自分に合った人生を生きることができ、誰にもその選択を正当化する根拠など示す必要はないのです。

自分を癒すこと、そして自分の人生を生きることは、法廷訴訟とはまったく別のものです。しかし、マスコミのサバイバー攻撃報道、そして専門家の集まりでさえ、ときにこの明らかな違いが曖昧になります。

訴訟では、厳密な規準に基づく証拠が必要となります。私たちは、すべての当事者の権利を擁護しながら、正義を追求する法体系を持っています。もちろんそれが理想です。しかし法の領域外では、大人が自分の人生を振り返り、今後の生き方を決めるのは当然で、そのためには何の証明や証拠提出や釈明の必要もありません。健全な人間関係であれば、他人に影響を及ぼす変革をする際は、自然にその動機や気持ちを話したくなるものです。しかし虐待によって関係が歪められていると、そんな正直な交流は難しくなるのです。

たいていのサバイバーは、癒しや和解を望み、何度も家族に働きかけようとします。サバイバーが家族に別れを告げるという辛い決心をするのは、否認、軽視、そしてさらなる虐待という、どうしようもないパターンに直面してからのことです。

家族の中に修復できない亀裂がある場合、それは常に辛い喪失感をもたらします。しかし、親族と接触を続けることが、精神衛生上も、充実した前向きな人生を送るためにも、かえって害になると見極めるサバイバーもいるのです。

＊家族による性的虐待のサバイバーであることは、他人に「便乗」を勧めるほどの特権をもたらさない

サバイバーの信用を失墜させようとする者は、「家族による性的虐待のサバイバーを名乗るのは、格好の集いの場を得たり、セラピストの関心や同情を買い、受け入れてもらうため、あるいは現在抱えている問題の言い訳に使うためだ」と主張します。現実には、虐待を捏造したり誇張するより、むしろ過小評価し、何も起きなかったとする人の方が一般的です。愛し、信頼していた人が自分を裏切ったことを認めるのは、それだけで辛いことなのです。

自分の体験を「虐待」と呼びたがるサバイバーはほとんどいません。癒しのためとはいえ、なるべくなら厳しい現実に向き合いたくないものです。ジュディス・ハーマンとメアリー・ハーベイが指摘するように、記憶の回復には大変な苦痛を伴うことから、むしろ、できるだけ長く否認し続けようとするのです。

> 心の傷となった衝撃的記憶が戻ってくるにつれ、どうしようもない絶望感が襲ってくる。サバイバーは…　客観的な第三者を説得するに充分な確証があっても、なおかつ自分の感覚に疑いを持つものだ。だからこそ、多くのセラピストや自助の手引き書は、虐待があったのでは、と疑念をもつサバイバーに対して、自分に自信を持つよう奨励するのだ。[65]

実際、心理学者クリスティーヌ・クルトワが指摘するように、子ども時代の虐待を覚えているサバイバーの多くが、できれば忘れてしまいたいと望んでいます。

虐待を覚えているサバイバーは、たいていその記憶を忘れるか、抑圧するか、過小評価しようとする。おぼろげで断片的な記憶しかないうちは、必死で記憶を取り戻そうとするが、いったん記憶が戻ると、途端に忘れたいと望むのだ。[66]

性的虐待のサバイバーを名乗ることで得る特権は、ほとんどありません。たしかにそれは、次々と起きる複雑で目の回る問題に、一つの説明を与えますが、根本的原因をつきとめることは、長い癒しの過程の最初の一歩にすぎません。自分を癒す責任は、必然的にサバイバーの側にあります。癒しという大変な作業を達成し、それに伴う感情を味わい、快適な生活に向けた変革をすることは、他の誰にも代行できません。癒しは究極的には充分報われ、価値あるものですが、差し迫った必然性なしに敢えて選択したいものではありません。

子ども時代の虐待からの癒しに何年も取り組んできたあるサバイバーは、作り話だという反論を聞いて感じた不条理と苦痛をこう語ります。「できれば消えて欲しいと思うことに、どうして闘ってまでしがみつく必要があろうか」

＊「偽りの記憶」理論を流布することで、昔からある、性別、階級、人種にまつわる強固な固定観念が強まる

第一の固定観念は「女性は将棋の駒のようなもの。弱々しく、騙されやすく、あまりに影響されやすいため、性的虐待の本を読んだり、セラピストが虐待された可能性をほのめかすと、現実に起きていなくても鵜呑みにしてしまう」というものです。これは誤りであるばかりか、自分に何が起きたかを知る力や感覚が女性には無いとする、あからさまな侮辱です。そんなに単純に誘導・操作される女性はほとんどいない、と私たちは考えます。

サバイバー攻撃を支持する人々は、「これは子どもへの性的虐待ヒステリーだ」と頻繁に口にします。フロイトの時代においては「ヒステリー」とは極度の情緒的、精神的混乱を指す専門用語でしたが、その後あまりに否定的な意味を帯び、女性を侮辱する際に使われたことから、今さらこの言葉を使って女性の証言を形容するのは、きわめて不適切だと私たちは考えます。サバイバー攻撃の支援者たちが好んでこの言葉を使うのは、明らかに扇動的な効果を狙ってのことでしょう。

もう一つの誤った固定観念は、裕福な白人家庭には虐待は起きないというものです。一九九二年六月、FMS基金発表のデータによると、この組織に加わっている親の平均収入は六万ドル以上。半数以上が大学卒で、二五パーセントがそれ以上の学

位の保有者です[67]。その会報で、FMS基金の創設者パメラ・フレイドは、自分のグループが虐待者を庇っているのではないかという質問に、こう答えています。

　FMS基金は子どもを性的対象にする人のたまり場ではない、と反論できるか――この問いは常に発せられてきた。これは会のイメージや運営上、きわめて重要なことだ。…会員の一人が、集会にいつもカメラを持っていき、公の場に出るときは、最も写真映りの良い人物を送りだそう、と提案した…。

　ここフィラデルフィアで開かれた三つの会合にカメラを持参していたら、どの人を撮ろうか悩んだことだろう。この会員は本当に皆、風貌がいい。上品な白髪、きちんとした身なり、健康的な笑顔。私たちの話は驚くほど似ており、まるで何かの台本のように同じ展開を見せる。二、三の家族とちょっと喋るだけで、疑惑は解ける。会の出席者は誰もが話題豊富で、友人にしたくなる人たちばかりだ[68]。

　裕福で身なりの良い人間が子どもを虐待するわけがない、と言いたいのでしょうが、これは、虐待者について立証されている事実に反します[69]。

「偽りの記憶症候群」の犠牲者としてマスコミに登場する家族は、よく見ると白人ばかりです。つまりここには、本当の虐待はアフリカ系、ラテン系、アジア系、先住民系などの貧しい家族で起きており、「偽りの記憶」によって破壊されているのは裕福な白人家庭である、という前提があるのです。これは人種差別的であり、偽りです。虐待は人種、階級、そして性別を越えて起きているからです[70]。

＊ありもしないのに、セラピストが「あなたは虐待された」とクライエント（依頼人）を説得することは稀である

　子ども時代に性的虐待を受けたという作り話が、心理操作にたけた貪欲なセラピストによって影響されやすい患者の心に植え付けられている、強制的なマインドコントロールが行なわれている、というのが「偽りの記憶」論議の核心です。

　責任あるセラピストはそんなやり方はしません。良いセラピーの基盤は、セラピストが安全な場と深い心配り、そして支えを提供する、敬意ある関係です。良きセラピストであればあるほど、指導的態度はとりません。むしろ、サバイバーが通らねばならない、困難で辛い場所へついていくのです。そうすることで、クライエントは自分自身の癒しに取り組み、過去を掘り起こし、真実を見つける力を得ます。「心理療法は協同作業であり、全体主義的教化ではない」とジュディス・ハーマンは語ります[71]。

　過去の記憶を新たに植えつけることが現実に可能だとしたら、真っ先にそれを望むのは、子ども時代に性的虐待を受けたサバイバー自身かもしれません。あるサバイバーは皮肉を込めて言います。「記憶を変えたり、植えつけるのがそんなに簡単なら、私もどこかで新しい記憶が欲しいくらいだ。今の記憶はどれもあまりに生々しく、もううんざりしているからだ」

悪質で、ときには虐待的なセラピストがいないわけではありません。非倫理的なセラピストは入院を強制したり、患者を薬漬けにしたり、クライエントに性的行為をするなど、さまざまな虐待をしてきました。しかしそのような人物が、精神医療に携わる人々の代表ではありません。

どんなによきセラピストでも、ときには過ちをおかします。少なくともサバイバーに関する限り、これまでの過ちは、起きてもいない虐待を「起きた」と言うより、むしろ虐待の事実を軽く見たり否定するほうが多かったといえます。今でもセラピストの多くは、クライエントが受けた過去の虐待への取り組みに消極的です[72]。

しかし、性的虐待の存在が広く認識されるにつれ、逆の過ちも起きるようになりました。つまり、クライエント自身が、過去における虐待体験の可能性を探る間もなく、セラピストのほうで、クライエントが虐待されたと結論づけてしまう場合です。それでも、クライエントがセラピストの言葉を鵜呑みにすることは極めて稀です。暴力的でアルコール依存の家庭で育ったもののの、性的虐待は一度も受けていないというある女性は、次のように語ります。

セラピーで、私には性的虐待を受けた者に特徴的な症状がすべて見られる、とカウンセラーに言われたことが二度もある。そのうちの一人は特に強引にそう主張して、本当に頭に来た。いくら考えても、それが事実でないことはわかっていた。たしかに色々な出来事があったが、性的虐待はなかった。もうほっといて欲しい、と言うと、ようやく彼女は自分の主張を撤回した。

セラピストが、自分のクライエントは子ども時代に性的虐待を受けた、と誤った推測をするとしたら、きわめて憂慮すべき深刻な事態であり、クライエントとその家族の双方を打ちのめしかねません。この種の苦痛を被った家族は、それなりの認知と同情を受けて当然です。

セラピーで誤った誘導をされた、以前に告白した虐待が実はなかった、と改める女性たちは、自らを「撤回者」と呼びます。こうした女性の多くは、入院や過剰で不適切な投薬を受け、「子どもの頃、性的虐待を受けましたか」と言う単純な質問や、「性的虐待のあらゆる影響が見られますが、虐待されたようですね」といった誘導的な所見を遥かに越えた、権威的な強引さで誤った治療を施された、と訴えています。単に虐待されたと認めるだけでなく、虐待の具体的内容を話すようセラピストに強制された感じだった、と「撤回者」たちは口々に語ります。

セラピストやグループのメンバーに合わせた自分の作り話を、しだいに自分でも信じるようになった、という報告もあります。

　自分はマインドコントロールを受けていたとか、まるでカルト教団から脱け出したようだ、と言う人もいます。興味深いことに、撤回者たちは少なからず、過去にカルト教団やカルトまがいのグループに関わっていた経験があります。撤回者向けのニュースレターに掲載されたある記事は、多くの購読者の個人史にあるこの共通点を探っています。

> 私たちの多くは、高い理想主義、依存傾向、変化への強い抵抗感、精神的飢餓、という共通の危うさを持っている。カルト信仰は、敵意に満ちた現実世界からの逃避、黒白はっきりした回答、敵味方のはっきりした正義の対決などの誘惑を提供してくれる。目先の「加害者」や「虐待者」に理想の闘いを挑むことで、追いつめられた内面構造を支えていたのだ。[73]

　こうした女性の体験の痛ましさは、それなりに認識されるべきですが、これが、セラピーの中で性的虐待の記憶を取り戻す人々の大多数に当てはまるわけではありません。

　ＦＭＳ基金は一九九三年七月発行の会報で、当初発表した性的虐待が実は起きていなかった、と前言を撤回した女性が六〇人いる、と報告しています。この六〇人すべてが間違いだとしても、その数は現実にいる何百万人というサバイバーのほんの一部に過ぎません。

　虐待者や家族と対決するのは、サバイバーが直面する最も辛く怖いことの一つです。子どもたちの場合と同様、訴えを撤回した人の中には、間違った訴えというより、家族の圧力に屈した人もいるでしょう。多くの撤回者は、性的虐待を受けたこと自体は認めています。ただ、その訴えが真実を越えて雪だるま式に膨らみ、実際には虐待しなかった人の名まで出してしまった、というのが彼女たちの言い分です。

　これによってサバイバーと撤回者の間に亀裂が生じるわけではありません。撤回者が声を上げて自分を語るのは大事なことです。しかしその際は、性的虐待のサバイバー全員や、その記憶の有効性、そしてこれまで勝ち取ってきた重要な社会的前進まで攻撃しないよう、留意すべきです。

＊セラピーが唯一の要因で、子ども時代の性的虐待を思い出すことはめったにない

「偽りの記憶症候群」の提唱者は、成人したサバイバーが、たいていはセラピストに促されて虐待の記憶を取り戻すのだ、と言いますが、これは真実ではありません。セラピストに一度もかからないサバイバーもおおぜいいます。虐待があったことを認めずに、自分にとって最善の形で生き抜く人もいれば、カウンセラーの支援なしに切り抜ける人もいます。セラピーに来る

人の多くは、自分が虐待を受けたと既に認識しています。ずっと覚えていて、ようやく援助を求める用意ができた人もいれば、何らかの刺激で記憶が甦り、その後の衝撃に対処しようとセラピーにかかる人もいます。

大人（または思春期の若者）が押し込めてきた虐待の記憶を取り戻すには、三つの要素があります。問題となった虐待との隔たり、通常の自己防衛機能がいくらか和らぐ生活環境、そして記憶を再刺激する出来事です[74]。これらは、良きセラピー関係に存在する要素であるため、セラピー中に虐待体験を思い出すサバイバーがいるのもうなずけます。しかし、他の状況で虐待を思い出すほうが、遥かに一般的でしょう。

たとえば思春期、出産、親密な関係の始まり、親の死、退職、引っ越し、閉経、加齢、離婚、何らかの喪失など、人生の節目に記憶を刺激されることはよくあります。禁酒もその一つです。歯科医への通院、婦人科や泌尿器科の検診、手術や内視鏡検査などの医療処置が、埋もれていた感情やイメージを揺さぶることもあります。さらに性暴力、強盗、強制解雇など、大人になってからの被害体験が、子どもの頃の侵害の記憶をかき立てることもあります。親である場合、自分の子どもが虐待された時、あるいは子どもの年齢が、かつて自分が虐待された年齢に近づいたとき、自分の体験を思い出す人もいます。セックスや運動、マッサージなど、いつもと違う形で身体を使ったときに虐待を思い出すこともあります。

もちろん、こうした出来事がセラピー期間中に起きることもあれば、サバイバー自身が、それらに対処するためにセラピーに通うこともあります。しかし、たとえセラピストが性的虐待に関する質問をしたり、何らかの示唆を与えたとしても、それが記憶を呼び覚ます唯一の、または決定的な要素となることは稀です。

＊自分が性的虐待のサバイバーであるかどうかを決める要因は、一つの記憶だけではない

「偽りの記憶」論議では、子どもへの性的虐待の認定が、唯一または第一に、本人の記憶に基づいていると仮定していますが、これも真実ではありません。長期的な心の傷は、多くのサバイバーの日常生活に反映されます。その傷が顕著で、激しい症状が何年も続き、消耗しきっていたり、明らかに虐待によると見られる身体的な障害を負っている場合もあります。その一方、社会的にはすっかり順応していながら、心の中では自己嫌悪が渦巻き、苦渋に満ちている人もいます。こうした影響は、性的虐待に気づく何年も前から現われるもので、セラピストの診療室で造られるものではありません。

子どもの頃の性的虐待の自己史を復元する試みは、虐待の徴候を拠り所にした複雑なプロセスであり、記憶はそのほんの一要素にすぎません。恐怖症、フラッシュバック、突如割り込んでくるイメージ、否認と解離の絶え間ない繰り返し、感情の洪水、自発的退行、驚愕反応、身体感覚の麻痺、セックスへの恐怖などは、どれをとっても子どもの頃の衝撃的体験を示唆するものといえます。(75)

性的虐待の記憶はセラピストが植えつけるものだ、という人は、これらの徴候の出現を説明できません。背後から人が近づくたびに心臓が飛び出すようだ、といった強烈な驚愕反応は、セラピストには誘発できません。なぜオーガズムに達すると虐待者の顔が見えるのか（p440『レイチェルの場合』参照）、なぜ地下鉄の車両を怖がるのか、なぜ自分の肉体を切り刻むのか、なぜ毎朝四時に恐怖で目が覚めるのか、何百というこうした疑問がまったく説明されず、「偽りの記憶」理論の隙間からこぼれ落ちます。そして残念なことに、こうした苦しみの症状は、子どもへの性的虐待という悲しむべき現実によって説明がつく場合が多いのです。

＊記憶の研究が歪曲されて「偽りの記憶症候群」の裏付けに使われている

「偽りの記憶症候群」を証明するための引用文献は、通常の記憶の多様性を調べたり、自動車事故のような事件の目撃証言の精度を測る研究がほとんどです。こうした研究は、記憶とは必ずしも正確ではなく、起きた事を語るとき人はよく誤りを犯す、と結論づけています。しかしこれは、心の傷に起因する記憶喪失には当てはまりません。通常の記憶に誤りがつきものだからといって、子どもの頃の性的虐待の記憶をセラピストが植えつけていると結論づけるのは、科学的原則に反します。Aの状況下の特定集団の調査結果が、Bの状況下の別の集団に当てはまるとは限らないのです。(76)

「偽りの記憶症候群」の裏付けに最も頻繁に引用されるのが、ワシントン大学心理学教授であり、FMS基金顧問団の一員であるエリザベス・ロフタスの研究です。ロフタスは、被験者の家族の協力を得て、ある虚偽の出来事が本当にあったと主張してもらい、子どもの頃ショッピング・センターで迷子になった、と五人の被験者に思わせることに成功しました。

しかし、短時間迷子になることは、子どもの頃の日常体験の一つであり、性的虐待のように異質で衝撃的で、しかも嫌悪感を伴う記憶を、同様に植えつけられるかどうかはきわめて疑問です。精神科医リチャード・クラフトはこの問いに思いを巡らせます。

一見、学者の勝利に見えるが…「性的虐待容疑への疑念」に疑いをはさむ根拠がいくつかある。ロフタスの実験室は家族の寝室に相当するか。自動車事故の写真と、目前に迫るペニスのイメージは同義か。空調の効いた快適な教室に座ることは、強姦されることと、果たして同意義なのか。一口に記憶と言っても、種類によってその性質も違ってくるのではないだろうか。(77)

ロフタス自身、カレン・オリオへの書簡で、子どもの頃の性的虐待にこの研究結果を当てはめることの妥当性について、こう書いています。「ショッピング・センターで迷子になることは、性的虐待を受けることとはまったく違う…両者が同じだと示唆したことは一度もない[78]」。「偽りの記憶症候群」の裏付けとして引用されるほかの研究同様、ロフタスの研究も、子どもの頃の性的虐待という衝撃的記憶にはほとんど当てはまりません。

性的虐待裁判における被告側の専門家証人もまた、記憶の研究に関して誤解に満ちた証言をしてきました。アナ・ソルターは、ウェイクフィールドとアンダーウェイジャーの共著『子どもへの虐待告発の争点』及びアンダーウェイジャーの法廷証言の筆記録を考察しました。

私は彼の筆記録を読んでぞっとした。彼は私がよく知っている研究や書物に言及し、こんな発言をしていたのだ。「この本に収められた研究調査はすべて、子どもがとても暗示にかかりやすいことを証明している」事実、その本ではいくつもの研究が被暗示性に言及していたが、子どもは大人より暗示にかかりやすいという調査結果もあれば、両者の間に差はないという結果もあった。大人のほうが暗示にかかりやすいという調査結果も少なくとも一件はあった。ある著者は「年齢と被暗示性との系統だった関係は、一貫した形では見られなかった」と結論しており、これはアンダーウェイジャーの発言に真っ向から対立するものである。

そのとき私は初めて、彼の証言内容の学問的基盤を誰も確認していないことに気づいたのだ[79]。

ニューイングランド児童福祉所長・監督官協会のもとでソルターは、『子どもへの性的虐待事例における専門家証言の精度――ラルフ・アンダーウェイジャーとホリダ・ウェイクフィールドの事例研究』と題する研究論文を書き、その中でアンダーウェイジャーが彼の本や法廷証言で参考文献として取り上げた五〇〇以上の文献を検証しました[80]。そして、些細なものから深刻な誤りまで、多数の事実誤認を発見しました。

アンダーウェイジャーとウェイクフィールドが、その共著で、幼児から年長の子どもまでを調査対象とした研究として引用しているものは、実際は大学生を対象としたものだった。子どもの生活の安全がかかっている法廷証言でのこうした誤りには寒気がする…性的虐待裁判の勝敗の行方が、この専門家証言にかかっている場合さえあるからだ[81]。

専門家証人は、しばしば、その場に持参していない研究調査を法廷で引用します。反対側がその主張の正確さを確かめるために資料を探しあてた頃には、もう裁判は終わっていることもあります。ソルターは続けます。

　被告が不正確な専門家証言のおかげで無罪放免となれば、もう控訴はできない。有罪判決の場合、弁護側は控訴できるが、無罪判決だと、検察側は控訴できないのだ。このため心理学者、精神科医、福祉職員らはこれらの裁判で可能な限り正確な証言を求められる。正義は専門家にかかっていると言っても過言ではない[82]。

（1）Karen Olio, "The Truth Behind the False Memory Syndrome," *Minneapolis Papers: Selections from the 31st Annual ITAA Conference* (October 15, 1993), ed. Norman L.James, p. 295.（入手先はFamily Violence Sexual Assault Institute, 1310 Clinic Drive, Tyler, TX　75701）

（2）Mary R. Harvey, "Principles of Practice with Remembering Adults"（記憶を回復している成人の診療原則）一九九三年四月、ボストン小児病院とハーバード大学医学部家族暴力研究所の共催で開かれた、第九回「虐待と犠牲」年次大会における基調講演より。

　ＤＳＭ－Ⅳとは、American Psychiatric Association発行Diagnostic and Statistical Manual 第四号（近刊）のこと。

（3）*Letters to the Editor* APS Observer（March, 1993）, p.23.

（4）Judith L.Herman, "Adult Memories of Childhood Trauma: Current Controversies"アメリカ精神医学会年次大会での政策発表。一九九三年五月二六日。

（5）David L.Calof, "A Conversation with Pamela Freyd, Ph.D., Co-founder and Executive Director, False Memory Syndrome Foundation, Inc. Part I," *Treating Abuse Today* 3, no.3, 39.

（6）ＦＭＳ基金はその活動目的に、「偽りの記憶症候群」の存在と原因を探る科学的、医学的研究を財政支援すると謳っているが、これまで発表されたのは会員調査のみであり、そこにあるのは会員が語る家族史、社会・経済的地位、最近の出来事、そして子どものかかっているセラピストに関する情報だけである。臨床心理士パメラ・ビレルはこの調査の客観性に疑問を投げかける。「虐待の記憶が偽りであることの証明を使命とする組織が、はたして科学的客観性を維持できるだろうか。たとえば、全米たばこ協会が喫煙の影響に関する研究発表をしても、中立的な大学の助成金を得て実施される研究と同等の信憑性はとても得られないだろう」（Pamela J. Birrell, September, 1. 1993、ＦＭＳ基金理事への公開質問状）

（7）Richard Lowenstein, ISSMP & D News volume 10, no.6 (December, 1992) p.1-2.

（8）心理学者アナ・ソルターは、元ＦＭＳ基金顧問のラルフ・アンダーウェイジャーを批判したとして、カリフォルニア州とウィスコンシン州で告訴された。いずれも裁判にならずに棄却されたが、アンダーウェイジャーは控訴している。弁護士パトリシア・トス他数名もまた、アンダーウェイジャーに批判的なＴＶ番組に関わったとして、イリノイ州、バージニア州、メリーランド州で告訴された。現在これらは控訴審待ちである。法廷証言によると、アンダーウェイジャーは私立探偵を雇い、アナ・ソルターが執筆中だった論文に関する情報を得ようとした。その私立探偵は、性的虐待容疑にからむ親権訴訟を請け負った弁護士を装って、アナ・ソルターに電話を入れた。彼がその時録音した電話での会話記録は、後にアンダーウェイジャーが彼女を名誉毀損罪で訴える際の証拠として使われた。

（9）　一九九二年一〇月にFMS基金によって配布された調査No.92 1　パートC「セラピストに関する情報」。

（10）　苦情申し立ての奨励記事は、カリフォルニアのFMS支部会員からの要望として、FMS基金ニュースレター一九九三年四月号に匿名で掲載された。

（11）　FMS基金発行「偽りの記憶症候群の法的側面」（一九九二年六月）P3

（12）　リチャード・P・クラフト講演、"Advanced Treatment of Multiple Personality Disorder"（多重人格障害治療の先端）一九九二年一二月四—五日、カリフォルニア州オークランド市ウエストワード研究所にて。

（13）　デビット・キャロフ講演、The Fifth Anniversary Eastern Regional Conference on Abuse and Multiple Personalities, June 3-8,1993, Alexandria, VA.

（14）　Jane Doe, "How Could This Happen? Coping with a False Accusation of Incest and Rape," *Issues in Child Abuse Accusations*［アンダーウェイジャーの機関誌］3,　no.3　(Summer 1991), pp.154-165.

（15）　ジェーン・ドウの話に創作が含まれていることを、ピーター・フレイドはジェニファーに対して認めている。彼は電子メールで、「知り合いのレポーターが、ジェーン・ドウの記事とダリル・シフォードのコラムを組み合わせれば何か書けるだろうと考えた。いずれの場合も作り話が意図的に盛り込まれた」と書いている。ジェニファー・フレイド発表論文"Theoretical and Personal Perspectives on the Delayed Memory Debate," August 7, 1993, Ann Arbor, MI. ここで紹介されたジェニファーの話は、この論文と、*The Oregonian* (August 8, 1993)に掲載された彼女へのインタビューに基づいている。*Philadelphia* (January 1994) 掲載の、Steven Fried 著"War of Remembrance,"からも情報を得た。ジェニファー・フレイドの講演の完全原稿入手先は Moving Forward, P.O.Box 4426, Arlington, VA 22204.

（16）　ピーターとパメラ・フレイド夫妻は、ピーターが一九八二年にアルコール依存症で入院したことを公に認めている。しかしピーターは、自分の飲酒が家族に影響を及ぼしたことはないという。"Memories of A Disputed Past," *The Oregonian* (August 8, 1993), p.L6.

（17）　ピーター・フレイドは自ら、九歳のときに子どもを性的対象にする人と性関係を持ったことを認めている。ちょうどそのころ彼は、将来の妻パメラに出会っている。パメラの母親がピーターの父親と結婚し、二人は義理のきょうだいになったのだ。Steven Fried, "War of Remembrance," *Philadelphia* (January 1994), p.151.

（18）　ジェニファー・フレイドの知性や精神状態を中傷したのは、父親だけではない。ジェニファーが虐待を受けたことを公表した翌日（一九九三年八月八日）、ポートランドの新聞『オレゴニアン』に掲載された記事で、パメラ・フレイドはこう語っている。「娘が一時的に狂ったと思うことで、なんとか愛情を保っています」

（19）　ピーター・フレイドからジェニファー・フレイドへの電子メール、一九九二年一一月一一日。

（20）　VOCALの会報には、裁判事例、弁護士、書評、会議報告などの情報とともに、子どもの虐待容疑で有罪となった人々の、時には刑務所から送られた手記が掲載される。VOCALは、服役者に無料で定期的に会報を送っている。David Hechler, *The Battle and the Backlash: The Child Sexual Abuse War* (Lexington, MA:D.C. Heath, 1988), pp.118-119.

(21)　この事件を調査した州委員会は、容疑の中には、途中で断念しなければ起訴できたものも何件かあると結論づけた。委員会の報告書によると、「罪を犯した被告たちが放免となり、潔白だった者は無実を晴らす機会を得られず、被害者である子どもたちが再び犠牲となった。当委員会としては、二一件の起訴の一斉取り下げは根拠不十分である、と結論づける」(Report to Governor Rudy Perpich, Commission Established by Executive Order No. 85-10 Concerning Kathleen Morris, Scott County Attorney, pp.52-53.) David Hechler, p.115.

(22)　デイビッド・ヘックラーの報告によると、ベンツ家の六歳の息子は法廷で、両親から性的な虐待を受けていた、と証言している。被告側の弁護士に「父親からの性的行為を怖れているか」と尋ねられたその少年は、父親に向かって「もうあんなことしないよね」と聞いた。Hechler, Battle, p.111.

(23)　Hechler, Battle, p.119.

(24)　"Defense Advocates Visit", *Update*, American Prosecutors Research Institute, National Center for the Prosecution of Child Abuse, vol.1, no.4 (August 1988).

(25)　Glenn Cooly, "Disavowing Memory," *NOW: Toronto's Weekly News and Entertainment Voice 12*, no.5 (October 1-7, 1992), p.18.

(26)　ＦＭＳ *Foundation Newsletter*, February 29, 1992.

(27)　デイビッド・ヘックラーの報告によると、ＶＯＣＡＬのカリフォルニア支部長レスリー・ウィンバリーは、自分たちが裁判で支援した人の中には、後に子どもへの強制猥褻罪で有罪判決を受けた者がいることを認めている。一方、子どもの虐待で有罪が確定した前歴をもつ会員を除名した、とも語っている。さらに、ＶＯＣＡＬとして会員が有罪か無罪か識別できるのかと追及され、「ボーイスカウトや教会員、一般大衆の中だって、そんなこと不可能です。ひょっとしたらあなただって子どもの暴行犯かもしれない。なんてくだらない質問だ」と答えている。

ヘックラーによると、ＶＯＣＡＬのワシントン州支部長を務めたジェラルド・マロニーは刑の確定した子ども暴行犯だった。Hechler, *Battle*, pp.124-125（前掲書）

ＦＭＳ基金の創始者の一人であり理事長を務めるパメラ・フレイドも、個々の会員が本当に偽りの容疑をかけられたのかを識別する術はないと認めている。あるインタビューで、ＦＭＳ基金の会員が性的虐待の加害者である可能性もあるのではと尋ねられた彼女は、こう答えている。「もちろんです。我々だって透視能力があるわけではありませんから」(Lana Lawrence, "Backlash: A Look at the Abuse Related Amnesia and Delayed Memory Controversy," *Moving Forward* 2, no.4, p.14)

専門誌『現代の虐待への対応』(Treating Abuse Today, 略称ＴＡＴ）のインタビューで、フレイドはこう発言している。「私は初めから、それぞれの証言の真偽は不明であると言い続けています…ある出来事の真偽など、当事者以外にわかりっこありません」

後に同じインタビューでは、「偽りの記憶」の被害を受けたとされる二千家族の匿名リストに関して、次のような対談があった。

ＴＡＴ　：今の時点では、このリストに加害者がいるかどうか判定不可能なわけですね。
フレイド：そういう表現は使いたくありません。
ＴＡＴ　：では、彼らが性犯罪を犯したかどうか、これにも答えられませんか。
フレイド：裏付けがない限りね。
ＴＡＴ　：その通り。つまりこの時点では不明なわけですね。
フレイド：いったい、どうしろって言うんですか。たとえば、あなたが自分の祖母を殴るのをやめたかどうか、私に分かるはずがないでしょ。やってないことを証明する手段はないんです。

ＴＡＴ：やってないことの証明ではなく、たとえば会員が飲酒による一時的記憶喪失、解離性障害、その他の社会病理を患っていないか調べるのです。それは「やってないこと」ではありません。

フレイド：なるほどね。

(David Calof, "A Conversation with Pamela Freyd, Ph.D. Co-Founder and Executive Director, False Memory Syndrome Foundation, Inc. Part I," *Treating Abuse Today* 3, no. 3, pp. 34-39.)

(28)「偽りの容疑」をかけられた人々を擁護するさらに過激なグループは、シアトルの The Coalition of Concerned Citizens である。その創始者マリリン・ガンサーはヘックラーのインタビューにこう答えている。「私たちの第一の使命は、有罪か無罪かを決めることではなく、それぞれのケースが正当な法手続きを踏んでいるか見極めることです」これまで彼女が調べた八〇〇件のうち、容疑をかけられた人が嘘をついていたケースは一つもない、と言うが、それが起こりうることも認めている。性犯罪者について聞かれたガンサーはこう答える。「彼らだって素晴らしい親である場合もあります。自分の子どもに性犯罪を働く人の中には、その一点を除いては、親として申し分ない人がたくさんいます。常に虐待しているわけではなく、週に二、三回だったり、ずいぶん間のあくこともあります」さらに彼女は、その体験によって子どもたちが必ずしも傷つくわけではないと弁護する。「たいていは『あなたのせいじゃない。二度と起きないよう気をつけるから、早く忘れなさい』と言ってやれば済みます」デイビッド・ヘックラー報告。*Battle*, pp. 125-126.

(29) Hechler, *Battle*, pp. 126-127.

(30) Leroy G. Schultz, "Interviewing the sex offender's victim," *The Journal of Criminal Law, Criminology and Police Science* 50, pp.448-452. Anna Salter, *Accuracy of Expert Testimony in Child Sexual Abuse Cases: A Case Study of Ralph Underwager and Hollida Wakefield*, p.8

(31) Richard A.Gardner, "Belated Realization of Child Sexual Abuse by an Adult," *Issues in Child Abuse Accusations*, 4, no. 4 (Fall 1992), p.191.

(32) "Interview: Hollida Wakefield and Ralph Underwager," 一九九一年六月アムステルダムにて Joseph Geraci によって行われたもの。*Paidika: The Journal of Paedophilia* 3, no. 1 (Winter 1993)に掲載。また、*Moving Forward: A News-journal for Survivors of Sexual Abuse and Those Who Care for Them* 2, no. 4, p.13 には、他にも同インタビューからの実に腹立たしい引用が記され、この記事が掲載された当初のＦＭＳ基金の反応も掲載されている。また後続の号には、その後の進展が報道されている。

(33) これらの訴訟についての詳細は本書ｐ334『訴訟を起こすべきか』参照。

(34) Herman, "Adult Memories of Childhood Trauma," p. 7.

(35) 一九九三年九月一六日、ローラ・デイビスによるパトリシア・トスへのインタビュー。

(36) 一九九三年九月一三日、ローラ・デイビスによるローリー・ブラガへのインタビュー。

(37) ある被告側の専門家証言の入念な分析については、ｐ419参照。

(38) Richard A. Gardner, *The Parental Alienation Syndrome and the Differentiation Between Fabricated and Genuine Child*

Sex Abuse (Cresskill, N.J.: Creative Therapeutics, 1987), pp. 175-176. リチャード・ガードナーは、次の二つの理由からこの方針を支持している。「まず、私は前述のアメリカの法原理に賛成するからである。第二に、…虐待者の多くは、自分の性行為が取り調べの対象にされることで激しく動揺し神妙になるため、仮に無罪となっても、これ以上子どもの虐待をしなくなるからだ」。しかし、取り調べをするだけで加害者が虐待をやめる、という仮説は、加害者を扱う人々の大半には支持されていない。逆に、刑法の介入や裁判所による強制的なセラピーの受診命令なしに、加害者が虐待をやめることは稀である。最も成功率の高い治療プログラムですら、累犯率は依然として高い。

ロサンゼルス・タイムズ紙の引用によると、ラルフ・アンダーウェイジャーは、容疑者を守るというこの考え方をさらに一歩進めている。「一人の無実の人間が誤って有罪判決を受けるより、一〇〇〇人の子どもの虐待が発覚しないほうがましだ」

（39）　一人の強制猥褻犯の被害を受ける子どもの数については、本書ｐ425注（59）参照。

（40）　Diana E.H. Russell, "The Incidence and Prevalence of Intrafamilial and Extrafamilial Sexual Abuse of Female Children," *Child Abuse and Neglect: The International Journal* 7, no.2, pp. 133-139. *Sexual Exploitation: Rape, Child Sexual Abuse and Workplace Harassment* (Beverly Hills: Sage Publications, 1984)に再録。

（41）　一九八五年八月二五日付ロサンゼルス・タイムズ紙、ｐ１。虐待を受けたと答えた人の三分の一は、調査の時点で、虐待について誰にも話さなかったと答えている。また話したことのある者の七割は、効果的な対応は何もなかったと言う。

（42）　子どもの性的虐待の広がりについての詳細な研究は以下の文献参照。David Finkelhor, *A Sourcebook on Child Sexual Abuse* (Newbury Park, CA: Sage Publications, 1986); Anna Salter, *Treating Child Sex Offenders and Victims*; D. G. Kilpatrick, C. M. Edmunds, and A. K. Seymour, *Rape in America: A Report to the Nation*, (National Victim Center, Arlington, VA, 1992); John Crewdson, *By Silence Betrayed: Sexual Abuse of Children in America* (Boston: Little, Brown, 1988).

（43）　ロサンゼルス・タイムズ紙の世論調査によると、虐待を警察などの公共機関に通報したのは、わずか三％にすぎなかった。一九八四年のダイアナ・ラッセルの調査では、性的虐待の通報は五％以下だった。

（44）　トスへのインタビュー、一九九三年九月一六日。

（45）　Margo Silk Forest, "An Interview with John Briere, Ph.D.," *Treating Abuse Today*, 3, no. 1, p.22.

（46）　John Briere, "Adult Memories of Childhood Trauma: Current Controversies," 一九九三年五月二六日、サンフランシスコで開かれたアメリカ心理学会での発表原稿の要約、改訂版、ｐ３。

（47）　フォレスト、ジョン・ブライアーへのインタビュー。

（48）　一九九三年八月の時点で、五千家族がＦＭＳ基金へ電話をかけている。（一九九三年九月二一日付ＦＭＳ基金の資金要請の手紙）

（49）　Lawrence R. Klein, "Perpetration Issues in the Treatment of Survivors of Child Sexual Abuse," The 8th Regional Conference on Trauma, Dissociation, and Multiple Personality, Cuyahoga Falls, Ohio, April 1993, p.6.

（50）　この研究所には、性的虐待の加害者近親者、その配偶者や子どもたちと、子ども時代に性的侵害にあった大人で構成される全国組織 Parents United の本部がある。Parents United International, 232 Gish Rd., San Jose, CA 95112,は個人セラピー、グループセラピー、指導付きの自助部門などから成り、子どもの頃被害にあった成人、被害にあった子ども、加害者、加害者でない親向けに癒しのプログラムを提供している。

(51) ブライアン・アボット、一九九三年九月九日、ローラ・デイビスによるインタビュー。

(52) FMS基金が加害者の温床になっているのでは、と質問を受けた創設者パメラ・フレイドの反論の一部。p 414参照。

(53) Anna Salter, *Transforming Trauma: A Guide to Treating Sexual Abuse* (Newbury Park: Sage Publications, 1994,現在印刷中)、第1章。

(54) Lawrence Klein "When In Doubt", Center for Mental Health at Foote Hospital's Continuing Education Conference "Controversies Around Recovered Memories of Incest and Ritualistic Abuse," (August 7, 1993, Ann Arbor, MI) Lucinda Franks, "To Catch a Judge: How the F.B.I Tracked Sol Wachtler," *The New Yorker* (December 21, 1992), pp.58-66.

(55) Klein, "When In Doubt."この現象に関する詳細は、リフトンの著書 *The Nazi Doctors* (New York: Basic Books, 1986)参照。

(56) Lawrence Klein, "Therapists' Page," *Many Voices* (December 1989), pp. 3-4.

(57) 一九九三年九月九日、アボットへのインタビュー。

(58) 著書 *Transforming Trauma* においてアナ・ソルターは、一四歳の性犯罪者が、明白な証拠があるにもかかわらず、少女への虐待を完全に否認した例を紹介している。この少年は、下校途中クラスメートである女子生徒に襲いかかり、殴り倒し、ナイフを突きつけて脅した性的暴行罪で告発された。加害者の友人が事件の一部始終を目撃しており、原告側の証人となった。ほかにも同じ加害者による同様の被害にあった複数の子どもたちから通報があった。ソルターによると、「検査官の机の上には被告の過去の異常な性行為とナイフへの執着を証明する三四篇にも及ぶ書類が積まれていた。この少年は散弾銃を所有していることまで認めた」が、「下校途中にクラスメートを襲ったこと、過去に人に暴行したり、脅した事実、その他一切の性的異常行為を否認し、さらに異常な性幻想を持つこと、また通常の性的思考や幻想、そして自慰行為すらも、一切覚えがないと完全否認した。排尿中ですら自分の性器を持ったことはないとまで言いきったのだ」

(59) 一九八三年の研究で、J.S. Wormith が調査した二〇五人の性犯罪者の内、三分の一が子どもを狙っていた。起訴され、投獄された後でさえ、罪を認めたのは三分の二に過ぎず、その時でも彼らが認めるのはたいてい訴えられた犯罪だけで、その他一切の性的虐待を否認している。

まだ露見していない性犯罪に対して、暴行犯が免責を認められると、自らの犯罪を告白する度合いが著しく上がる。一九九一年、Mark Weinrott と Maureen Saylor は、投獄中の強姦犯と子どもへの性犯罪者に面接調査した。面接した六七人の子ども暴行犯は、一三六人の子どもを性的に暴行したとされていたが、免責保証の上で行った質問に対して、約一〇〇〇人の子どもたちに八〇〇〇件以上の性的暴行を行なっていることを認めた。

さらに、加害者が匿名性と秘守義務を保証されると、性犯罪の自己申告件数は著しい伸びを示す。一九八七年、Gene Abel と同僚たちが五〇〇人以上の性犯罪者について調査した際、前回の調査をはるかに上回る保護を提示した。調査対象となった家族以外の子どもへの暴行犯三七七人は、計四万八二九七件の加害行為を犯し、計二万七四一六人の被害者を出していた。また二〇三人の家庭内性犯罪者は一万五六六八件の加害行為を犯し、三六一人の被害者を出していた。Abel の調査結果では、子どもへの性犯罪で捕まる割合は三%足らずである。アナ・ソルター著 *Transforming Trauma* の第一章に、この調査の詳細が他の調査研究と並んで、報告されている。

(60) 一九九三年九月九日、アボットへのインタビュー。

(61) 一九九三年一一月一一日、ローラ・デイビスによるメアリー・ジョー・バレットへのインタビュー。こういった否認段階は、加害者だけでなく、家族の構成員全員に共通して見られる、とバレットは指摘する。サバイバー本人でさえ、虐待が起きたことを否認したり、忘れたり、意識が解離したり、虐待が自分の人生に与えた影響を過小視していたり、責任を正当に加害者に置くことなく、自分のせいにしているかもしれないのだ。

(62) Mary Jo Barrett, Terry S. Trepper 共著, *Systemic Treatment of Incest: A Therapeutic Handbook* (New York: Brunner/Mazel, 1989)は、家庭内虐待を受けたクライエントをもつセラピストへの有効な指針となろう。ここには、虐待者やその配偶者たちを援助して、否認を打ち破り、必要とされる変化を遂げ、性的虐待をやめさせる積極的かつ効果的な方法が紹介されている。しかし、前後の文脈に沿って読まないと誤解を招く記述がいくつかあるため、この本は総合的にとらえる必要がある。

(63) Mark F. Schwartz, "False Memory Blues," *Masters and Johnson Report* 2, no. 1 (Summer 1993), p.3.

(64) たとえばｐ398、ジェニファー・フレイドの話を参照。

(65) Judith L. Herman and Mary R. Harvey, "The False Memory Debate: Social Science or Social Backlash?," *The Harvard Mental Health Letter* 9, no.10 (April 1993), p.5.

(66) Christine A. Courtois, "The Memory Retrieval Process in Incest Survivor Therapy," *Journal of Child Sexual Abuse* 1, no. 1 (1992), pp.15-16.

(67) ＦＭＳ協会が行った親への家族調査によると、告発者である子どもの九二・二%が「中流」、「中流の上」または「上流」階級の家庭で育った、と答えている。社会経済的階層区分から言って、「中流の下」と答えたのは七・二%、「下層階級」と答えたのはわずか〇・七%である。(*FMS Foundation Newsletter*, May 3, 1993, p.9)

(68) *FMS Foundation Newsletter*, February, 29, 1992.

(69) ｐ406参照。*Transforming Trauma* 第一章で、アナ・ソルターはＦＭＳ基金の会員について、この点をさらに論じている。

(70) 子どもへの性的虐待の広がりに関する資料は、David Finkelhor and Larry Baron, "High-Risk Children" in Finkelhor, *Sourcebook on Child Sexual Abuse*, pp.60-88。

(71) Herman, "Backtalk," p.4.

(72) この消極的傾向は拡がっている。専門的診断に対する攻撃や、法的訴訟の脅威、そしてセラピストの倫理を問う親たちの怒りの告発に直面したセラピストの間では、自己防衛とクライエントへの最善の対応の板挟みとなる者が増えている。

(73) *The Retractor: Newsletter for Survivors of Recovered Memory Therapy* (Fall 1993), p.2.

(74) "Therapeutic Relationship as the Foundation for Treatment with Adult Survivors of Sexual Abuse," *Psychotherapy* 30, no. 3 の中で、カレン・オリオとウィリアム・コーネルによって討論されている。(Family Violence Sexual Assault Institute, 1310 Clinic Drive, Tyler TX 75701) Christine Courtois,

Healing the Incest Wound (New York: W.W. Norton, 1988)も参照。

（75） Karen Olio, "The Truth Behind the False Memory Syndrome," p.299.

（76） Karen Olio,William Cornell "Making Meaning, Not Monsters: Reflections on the Delayed Memory Controversy,"で討論されている。

（77） Kluft, "Advanced Treatment of Multiple Personality Disorder."

（78） 一九九二年一一月一日付、Elizabeth LoftusからKaren Olioへの私信。Olio and Cornell, "Making Meaning, Not Monsters."の中で引用。

（79） 一九九三年九月一六日、ソルターへのインタビュー。

（80） Anna Salter, "Accuracy of Expert Testimony in Child Sexual Abuse Cases: A Case Study of Ralph Underwager and Hollida Wakefield."

（81） 一九九三年九月一六日、ソルターへのインタビュー。ラルフ・アンダーウェイジャーの証言は少なくとも九件の裁判で、部分的、または全面的に除外されている。State v. Deloch 裁判、WL 48536（一九九〇年、ミネソタ州、挿入意見）で、控訴院は次のような裁定を下している。「この記録では（アンダーウェイジャー博士の記憶）理論の科学的基盤が広く支持されているとは立証できない」。また Oregon v. Herrick 予審判決は次のとおり。「アンダーウェイジャー博士の調査は不適当である。下調べが不十分で、科学的根拠に欠ける」また People v. Chuck（一九八八年四月二六日、ニューヨーク州）予審判決では、アンダーウェイジャー博士は「（被害者が）性的侵害を受けたか否かに関して、いかなる意見を提出する資格もない」としている。

（82） Salter, *Accuracy of Expert Testimony*, p.3.

記憶の解明

心の傷（トラウマ）や記憶については未解明な部分が多いものの、トラウマ性健忘症が存在することは明らかです。心に深い傷を残す出来事が原因で記憶が一部失われることは、もはや疑問の余地がありません。これは性的虐待を受けた子どものみならず、身体的虐待を受けた女性、退役軍人、戦争捕虜など、継続的に過酷な苦痛を受けた人々に共通して見られる症状です(1)。四〇〇〇人以上のサバイバーと関わる心理療法士デビッド・キャロフは、こう説明します。

こうした事例の中で目立ったのは、性的虐待以外のトラウマを受けた被害者たちとの症状の共通性である。ドレスデンの爆破事件、アウシュビッツの強制収容所、ベトナム、グアテマラ、ボスニア、カンボジアなどでの大量虐殺、ブラジルの拷問部屋を始め、多くの歴史的惨劇の生存者と同様、私のクライエントにも、夢遊や記憶の混乱などといった解離症状や、フラッシュバック、不眠、悪夢などといった心的外傷後ストレス（PTS）の症状が見られた。彼女たちは身元を明かしたがらず、引きこもりがちで、抑鬱気味か、情緒不安定だった。そして目の前の辛い現実を過小視したり、正当化する傾向が見られ、その多くが無感覚や空虚感、現実感の欠如などを訴えていた。

しかし歴史的惨劇の生証人との違いは、本人ですらその原因がわからないことだった。彼女たちの心の傷の記憶は、しばしばモザイクのかけらのように断片的で、完全に消えていることもあった。こうした人々はしばしば、物置や屋根裏部屋、あるいは閑静な住宅街にあるブラインドの降ろされた一室で繰り広げられた、ごく私的な戦闘の生存者だったのだ。負わされた傷の深さが新聞で報道されることもなければ、家族の話題にものぼらず、虐待者以外に証人がいることも稀だ。彼らが子ども時代に受けた性暴力や虐待は、アドレナリンが心身を駆けめぐる極度の恐怖状態の中で、暗号化されて記憶の奥底に刻まれたのだ。だから、公園で散歩した日のことを思い出すようには当時を思い出せないし、やっと呼び起こした自分の記憶の断片すら疑ってかかるのである(2)。

子ども時代に性的虐待を受けたサバイバー特有のトラウマ性健忘症に関しては、多くの文献が出版されています。マスコミをにぎわせたジェームズ・ポーター神父事件では、カトリックの神父が五〇人から一〇〇人の子どもを性的に虐待したことを認めました。この件に関しては、最初に事件を訴えたフランク・フィッツパトリックを始め、多くの成人サバイバーが記憶喪失を経験していました(3)。

心理学者ジョン・ブライアーとセラピストのジョン・コンティは四五〇人のサバイバー（内女性四二〇人、男性三〇人）を対象に、性的虐待を受けてからの記憶喪失について調査しました。その調査では、五九パーセントのサバイバーが、一八歳以前に虐待をまったく思い出せない期間があったと答えました。記憶喪失が最もよく起きるのは、幼くして虐待された、虐待期間が長かった、加害者が複数だった、暴力的だった、といった場合でした(4)。

ニューハンプシャー大学家族間暴力研究所の準教授、リンダ・マイヤー・ウイリアムズは、トラウマ性健忘の研究のため、子どもの頃、性的虐待を通報し、治療や法的証拠集めのために救急病院に運ばれた女性一二九人に聞き取り調査をしました。虐待の発生当時、被害者および家族全員が事情聴取を受け、虐待についての詳しい報告書が作られていました。しかしその一七年後には、三八パーセント、つまり三人に一人以上が、虐待を覚えていないか、それについて何も明かさないことを選んだのです(5)。

精神科医ジュディス・ハーマンと心理療法士エミリー・シャツォーが、子ども時代の性的虐待の記憶を取り戻したクライエント五三人を対象に調査したところ、その七四パーセントが裏づけとなる証拠を見つけていました。その裏づけとは、たいていは、虐待があったことを知っていた家族の証言ですが、中には日記や写真を見つけた人、同じ加害者に被害を受けた人と話した女性、加害者が真実を認めたケースもありました。（加害者が再びセックスをしようとした場合さえあったのです！）ほかにも、九パーセントは性虐待の疑いの濃い証拠を見つけましたが、いずれも決定的とは言えず、一一パーセントは敢えて記憶の真偽を確かめようとしませんでした。探しても何の裏付けも発見できなかったのはわずか六パーセントでした(6)。虐待をずっと覚えていた人と、記憶を封じ込めていた人を比較しても、その裏づけ能力に差は見られませんでした(7)。

残念ながら、別の子どもが同一人物に虐待されていることが発覚して初めて、成人したサバイバーの記憶が裏づけられることも、多々あります(8)。家族がサバイバーの言葉を信じるのは、こうした悲劇的な展開があってから、という状況が頻繁にあるのです。あるサバイバーはこう語ります。

母にも、兄にも、義理の妹にも話した。私の姪や甥をおじいちゃんに近づけないように、と幾度声をからしたことか。でも、狂人扱いされるのが落ちだった。二週間ぐらいは信じてくれた母も、その後倒れてしまった。とても事実に直面できなかったのだ。そして誰も策を講じなかった。でももう遅すぎる。子どもたちがみな虐待されるに及んで、

> 家族はようやく私の言うことを信じた。

記憶が常に一〇〇パーセント正しいと言うつもりはありません。そうでないことは事実です。宇宙船チャレンジャー号墜落時の記憶調査をしたユーリック・ナイサーとニコル・ハーシュは、多くの人が、事故当時どこにいて何をしていたか記憶違いをしていたといいます。しかしチャレンジャーが墜落して宇宙飛行士が死んだ、という事実自体を誤認していた人は皆無でした。[9]

子どもの頃の性的虐待についても同じことが言えます。サバイバーが虐待を思い出す時、事の詳細について、やや正確さに欠けるのは避けられません。時間の流れが前後したり、複数の出来事が短縮されて一つの出来事になる場合もあるでしょう。また部分的に忘れていたり、虐待の前後が曖昧なこともあります。しかし記憶の核心部分と、それについての感覚自体には信憑《ぴょう》性があります（詳細はp91『記憶に宿る真実』参照）。あるサバイバーはこう説明します。

> これから先もまだ思い出せないことがたくさんあるだろう。なんといっても、私が記憶をもつ以前に始まった事だ。私にとって「虐待以前」などない。だから曖昧な記憶が山ほどあり、いずれ甦るとはとても思えない。しかし肝心な点、つまり、癒しに取り組み、自分の人生を生きるために最低限必要なことは見えてきた。加害者の顔ぶれや、被害の重大さがわかった。時が経てばまた違った手がかりが見つかるだろうが、そうでなくてもかまわない。手の内が見えてずいぶんホッとした。

あれほどひどい出来事を忘れるなんて

性的虐待と心の傷による記憶喪失との関係を頭では理解できても、性虐待という一大事を何十年も「忘れている」なんてとても理解できない、と思う人もいるでしょう。家族から受けた虐待を鮮明に覚えていたあるサバイバーは、大人になるまで虐待体験を思い出せなかったという女性の話を、なかなか受け入れられませんでした。

> 家族から性的虐待を受けたサバイバーのためのサポート・グループに何年も関わりながら、記憶を取り戻す過程にあるという女性たちのことが不思議でならなかった。私は受けた被害を逐一覚えているのに、どうして彼女たちの記憶は曖昧なのか？　私なら、祖父にベッドに押し倒された時、九歳の自分が着ていたワンピースの模様まで鮮明に思い出せるのに。こういった女性たちを信じたいと思っても、それは難しかった。
>
> ところが、祖父と対決した翌日、五歳の時に起きたある

出来事を思い出した。これまで忘れることのなかった他の出来事とまったく同じように、それはまざまざと甦ったのだ。以来、抑圧された記憶があることを信じるようになった。この現象は、体験しないとなかなか理解できないだろう。

虐待者の記憶

これら一連の記憶論争の多くはサバイバーの記憶に集中し、虐待者の記憶にはほとんど触れません。記憶については未知の部分がこんなに多い中で、「偽りの告発を受けた」と主張する人たちは、なぜ自分たちの過去の記憶を再検討しないのでしょうか。あるサバイバーはこう記します。

虐待した親がその記憶を抑圧し、それを否定するのも無理はない。こうした親たちの怒りの証言を聞いていると、無実の罪をきせられた怒りというより、露見したことへの怒りのように聞こえる(10)。

加害者には、自分のしたことを葬ろうとする明らかな動機があります。心理学者ジョン・リードは、ＦＭＳ基金の理事長宛ての手紙でこう言及します。

最近クライエントの一人が、自分が加害者となっていたある出来事を思い出しました。虐待者が、自分の記憶を偽らねばならない動機がどれだけ強いかを再認識させられています。我が子を虐待した者の苦悶を想像するだけで、胸が締めつけられる思いです。裏切者の苦痛は、裏切られた苦痛に勝るとも劣らないのではないでしょうか…。

自分の子に深く強い愛情を感じる親であるほど、その子を裏切ったという意識を同時に保つことは、容易ではないでしょう。そういう親ほど、虐待や裏切りの記憶は棚上げして、子どもとの優しく愛情に満ちた関係のみを思い出す傾向にあるのです(11)。

加害者の多くが子どもの頃、性的虐待を受けています。子どもへの加害行為は、彼ら自身が過去に受けた体験の再演にすぎない場合もあります。子ども時代のトラウマに気づいているか否か、現在の加害行為を過去の被害体験と結びつけているか否かは、まちまちです。自分の受けた侵害への有効な対処法だったはずの否認や抑圧、記憶の完全な喪失などが、自分の加害行為に向き合う力を著しく低下させるのです。

加害者の治療に取り組むセラピストたちの観察によると、子どもの虐待に関しては、記憶喪失よりむしろ否認機能のほうがより強く働くそうです。しかし、時には加害者の意識の抑圧があまりにも強く、本当に自分は潔白だと思い込んでいる場合もあります。心理学者ブライアン・アボットはこう説明します。

たいていの加害者は性虐待を犯している間、自分の行為に気づいているが、そこには嫌悪、恥辱、そして罪の意識が同居している。少しでも自尊心を保つため、加害者は自分の犯したことを忘れようとする。忘れてしまえば、自分の行為の忌まわしさ、恥ずかしさと向き合う必要がないからだ。そして文字どおり、記憶を心の底に封じ込め、まったく覚えていない者すら出てくるのである。(12)

だとすれば、加害が証明されても、なお執拗に自分の身の潔白を信じ、主張する加害者がいる理由が納得できます。

残忍な儀式による虐待

儀式虐待の訴えが真実である可能性が一つでもあるなら、私たちは、被害に遭うかもしれないすべての人のために、この問題をもっと深く究明せねばならない。

――マーガレット・スミス(13)

拷問を伴う加虐的儀式を使った虐待など、極度に残忍な虐待の訴えをとりあげ、その荒唐無稽さを嘲り、サバイバーの証言への不信を煽るのも、サバイバー攻撃の一環です(14)。社会としても個人としても、できればこうした残虐行為を直視したくないと思いがちですが、私たちが否認する限り、被害者は守られず、サバイバーは共感どころか、認知さえ得られません。人気TVショーをもつオプラ・ウィンフリーと対談した著名な作家エリ・ウィーゼルは、ホロコーストのサバイバーである自分の体験を聞いて「信じ難いことね」と驚く彼女にこう答えています。「敵は、その信じ難さにつけこんだのです」(15)

これが今の社会の現状であり、私たちの集団的否認は深刻な危険をもたらします。心理学者スーザン・ヴァン・ベンショーテンは言います。

当初は否定されながら、後に事実と判明した残虐行為の数々を思い返せば、悪魔信仰の儀式による虐待を受けた、との訴えを信じないことは明らかに危険である。ガイアナのジョーンズタウンやホロコーストの悲劇は、今でも鮮明に記憶に残る今世紀の二大惨事だが、どちらも長い間、多くの訴えにもかかわらず、誰もそれを信じなかったのだ。(16)

残忍な儀式による虐待の証言を聞くたびに、虐待の凄惨さと異常性に戦慄を覚えますが、日常的な犯罪報道をみれば、さほど信じ難いことではありません。その著書『癒しへの安全な道のり――儀式による虐待のサバイバーのための手引き』で、クリスティーヌ・オクサナはこう説明します。

> 儀式による虐待には、身体的・情緒的・性的虐待、親族による性虐待、拷問、殺人、薬物、背信、心理操作、罰による条件づけ、止めどなき権力崇拝など、すべての要素が凝縮されている。しかし、これらは現に、日常社会で個別に起きていることだ。また、権力を追求して止まない人々が、他者を虐待するために組織を作るという悲劇は、（ネオ・ナチやＫＫＫなどを思い起こせば）この社会では決して稀なことではない。儀式による虐待とは、これらすべての結合であり、権力に餓えた集団による組織的行為である。虐待によって相手の魂を破壊し、他者の絶対的支配という、究極の権力を獲得しようとする試みだ。[17]

サバイバー証言の詳細がすべて正確なわけではありません。実際、このような極度の衝撃的体験を扱っていると、話の混乱や歪曲、とうていあり得ない内容の報告などにも接します。

あるサバイバーは、自分が虐待されている間に、一人の女性が殺された、とセラピストに話しました。セラピストはその真偽を知る由もありませんでしたが、彼女が真剣であることは明らかでした。その後記憶を取り戻すにつれ、加害者が、ある女性の殺人を実写した「スナフ・フィルム」を見せていたことが判明したのです。極度の恐怖と苦痛に曝された子どもの心には、スクリーンの映像が実際にその部屋で起きたことのように映ったのでした。

こうした歪曲は、極度の苦痛や恐怖に曝された記憶の特徴ともいえますが、加害者によって意図的に創り出されることもあります。残忍な儀式による虐待では、よく幻覚が利用されますが、それは被害者を怖がらせ、沈黙させ、支配するためであり、万一外部に助けを求めた際、その証言の信憑性をなくすためでもあります。あるサバイバーは、手術して胃に爆弾を詰めると言われました。もし誰かに喋ったら、胃の中の爆弾が炸裂しておまえは死ぬ、と脅され、喋ろうと思っただけで吐き気がするぞ、と言われたそうです。それから麻酔をかけられて皮膚の表面を切られた彼女は、目覚めた時に血を見て、実際に手術があったと信じたのです。

心理学者マーク・シュワルツはこう説明します。

> 子どもは子どもの目で物事を見る。現実に「何が起きたか」より、子どもの認識や記憶にどうインプットされたかが、心の傷となる体験を定義づけるのだ。たとえば、誰かが殺された、と子どもが信じれば、たとえその人物が生きのびていたとしても、死んだも同然の強烈な心の傷となるわけである。[18]

拷問や恐怖に曝された人間は、意識を身体から切り離し、目前の恐怖を実感しないことで、自分の精神状態を保とうとします。こういった痛み、恐怖、心と身体の分離が、薬物、意図的洗脳、幻覚の利用などと相まって、ある程度記憶を歪曲するのは避けられないことです。しかし、それでサバイバーの苦痛、打ち明けられた真実、そして虐待の凶悪さが軽減されるわけではない、とスーザン・ヴァン・ベンショーテンは語ります。

現実と完全に一致しないからといって、その分、被害者の衝撃が減るわけではないし、幻覚や他人への虐待を強制的に見せる、といった手法を取り入れることで、加害行為の残忍性や非人間性が緩和されるわけでもない。[19]

サディスティックな儀式虐待の報道には、この点で甚だしい誤解があります。たとえばマクマーティン保育園裁判で、地下のトンネルに連れ込まれ、性的虐待を受けた、と園児たちが証言したものの、マスコミ報道は、トンネルがみつからなかったことを強調し、何百万ドルもの公費をかけた挙句、虐待の証拠は何も発見されなかった、と結論づけたため、虐待容疑をかけられた保育者たちは無罪放免となりました。裁判が終結し、保育園も売却されてかなり経った一九九〇年、元園児の親たちの依頼により、当時の虐待現場を発掘したUCLAの考古学者ゲーリー・スティッケルは子ども二人の指示に従って、証言通りの場所にトンネルを発見したのです。発見されたトンネルは二つの教室を繋ぎ、保育園が開設された一九六七年以降に掘られたもので、その後、瓦礫で埋められていました。[20]

このトンネル発見によって、裁判と子どもたちの訴えに違った光が当てられました。スティッケルによると「被告側は、子どもたちの証言に疑いを挟む大きな要因として、トンネルが発見されなかったことを強調した。つまり、トンネルの発見は、子どもたちの証言の信憑性を裏づけるものだ。トンネル証言が真実なら、他の証言もすべて正しい可能性がある」。[21]しかしトンネルの発見はほとんど報道されず、事実を否認したいあまり、あれは兎の穴ではないか、と言う人まで現われたのです。

サディスティックな儀式による虐待に懐疑的な人々は、証拠がないと主張しますが、証拠はちゃんと見つかっています。大鍋や瓦礫で一杯のトンネルが、兎の穴でないことは明白です。動物を切り刻んだり生贄にする慣習は存在し、最高裁判所は最近、宗教的慣習の一つとしての生贄供養は合法であるという判決を下しました。[22]子どもを巻き込んだポルノや売買春は年商二五億ドルの巨大産業となり、[23]暴力的で加虐的な行為を受ける子どもたちの姿が映画や写真に撮られています。[24]

子どもたちへの恐ろしい加害行為の存在を知りながらも、大人たちはこのあまりに残酷な事実を受け止めきれず、何とか言い訳を探そうとします。アイダホ州ルパートの農村地帯で乳児の遺体が発見されたときも、ロサンゼルス・タイムズ紙の報道によると、「手足を切断され、内臓をえぐられ、おそらくは皮を剥がれた上で、焼かれていた」といいます。地元の九歳の少年が、赤ん坊が生贄に供されて焼かれるところを目撃したこと、自分が性虐待を受けた際、頻繁に悪魔の話を聞かされたと証言した時、加虐的儀式による虐待の可能性は大でした。しかし権威者たちは少年の話を作り話と結論づけ、「赤ん坊の死因は肺炎。不法季節労働者の一家が発覚を怖れて、死体を焼き捨てた」という眉唾ものの筋書きを示したのです。「肉食動物が遺体を食い散らしたのかもしれない」とまで言う警官もいました[25]。

しかし、悪魔信仰を含め、加虐的な性虐待は実在します。アイダホ州ボイジで警部補を務めるラリー・ジョーンズはこう語ります。

悪魔崇拝から殺人を犯したと告白した死刑囚は、全米の至る所にいる。子どもを狙う性犯罪者のなかには、自ら信奉する悪魔信仰が、子どもの拷問に特別な価値を与えていると証言した者もいる…未解決殺人事件のない地区は全米でどこにもないというのが、刑事の常識だ[26]。

アイダホ、イリノイ両州は子どもの儀式的虐待を法律的に定義し、その捜査と訴追のための要件を定めており[27]、実際、加虐的な性虐待事件は確実に起訴されています。ジャン・ホリングワースの著書『口にできない行為』にとり上げられたカントリーウォーク託児所事件では、フランクとイリアナ・フスターが有罪判決を受けました。フランク・フスターは獄中にいる間も、自分の犯罪を示す大量の証拠を否認し続けましたが、妻のイリアナは、子どもたちが口腔や肛門への性的侵害を受けたことを認めました。子どもたちは薬物を投与され、放尿され、糞便を食べさせられ、縛られ、倒錯した性的儀式を強要されました。子どもたちの訴えのいくつかは、当初、信じてもらえませんでしたが、すべてが恐ろしいほどの一貫性を持っていました。たとえば、フランクの尻に「銅貨」が入れられた、と語る子どもが何人かいましたが、イリアナは法廷で、自分がフランクの性器に白粉をつけ、シーツをオシメ代わりにあてて、銅色のアルミホイルで包んだ座薬を肛門に挿入したと証言しました[28]。

誰しもこうした証言を信じたくはありませんが、サバイバーのために、私たちはその言葉を信用しなくてはなりません。残忍な拷問や虐待を長期間受け、その痛みを抱えたまま大人になったサバイバーもいます。その後遺症があまりに深刻で、治療にあたる医師たちも困惑し、その被害の大きさに愕然とします。情緒、精神、そして魂の荒廃があまりに深刻だからです。

加虐的な儀式による虐待はたしかに存在しますが、その広がりの程度も報告の信憑《ぴょう》性もいまだ明らかではありません。わかっているのは、サバイバーがその影響に苦しんでいるということです。この現実に直面することは、痛ましくやりきれないことですが、私たちがそれを避けている限り、虐待は続きます。タルムードは問いかけます。「悪から目を背けること——これがすべての善良な人々の罪ではなかろうか」

(1) Joel Osler Brende and Erwin Randolph Parson, *Vietnam Veterans: The Road to Recovery* (New York: Plenum Press, 1985);ジュディス・L・ハーマン『心的外傷と回復』(前掲) Bessel A. van der Kolk, *Psychological Trauma* (Washington, D.C.: American Psychiatric Press, 1987); Jean Goodwin, "Rediscovering Sadism," in *Rediscovering Childhood Trauma* (Washington, D.C.: American Psychiatric Press, 1993), and "Credibility Problems in Multiple Personality Disorder Patients and Abused Children," in *Childhood Antecedents of Multiple Personality Disorder*, ed. Richard Kluft (Washington, D.C.: American Psychiatric Press, 1985); Frank W. Putnam, Jr., "Dissociation as a Response to Extreme Trauma," also in *Childhood Antecedents of Multiple Personality Disorder*.

(2) David Calof, "Facing the Truth About False Memory," *The Family Therapy Networker* 17, no. 5 (September / October 1993), pp.40-41.

(3) ジェームズ・ポーター神父事件の詳細はElinor Burkett and Frank Bruni, *A Gospel of Shame: Child Sexual Abuse and The Catholic Church* 参照。

(4) John Briere and Jon Conte, "Self-Reported Amnesia for Abuse in Adults Molested as Children," *Journal of Traumatic Stress* 6, no. 1 (1993), pp.21-31.

(5) Linda Meyer Williams, "Recall of Childhood Trauma: A Prospective Study of Women's Memories of Child Sexual Abuse," 一九九三年一〇月二七日、アリゾナ州フェニックスで開催されたアメリカ犯罪学会年次大会発表論文。この中で著者は、虐待を打ち明けなかった女性のほとんどは、それを記憶していなかったと述べている。「その女性たちのほとんどが、子どもの頃体験したその他の性的、身体的そして情緒的虐待といった、きわめて個人的な事柄を、面接者に語っている…とすると、彼女たちの多くが羞恥心から『通報済みの虐待』について語らなかった、という可能性は低い。調査対象となった子どもの頃の性的虐待を覚えていなかった女性のうち、六八%は明らかに加害者や状況の異なる子ども時代の性的被害について語っている」Linda Meyer Williams, Family Research Laboratory, University of New Hampshire, 126 Horton Social Science Center, Durham, NH 03824.

(6) Judith Herman and Emily Schatzow, "Recovery and Verification of Memories of Childhood Sexual Trauma," *Psychoanalytic Psychology* 4, no. 1 (1987), pp.1-14. The Women's Mental Health Collective, 61 Roseland St., Somerville, MA 02143.

この研究の紹介の際、ジュディス・ハーマンは次のような警告を加えている。「裏づけを得るか否かの判断は、セラピストでも研究者でもなく、当然サバイバー本人にかかっていることを強調したい。単に確証が欲しいというセラピスト自身の願望を満たすために、患者に証拠探しを課している、という指摘があったが、それは絶対にあってはならない」

(7) Judith Herman, "Adult Memories of Childhood Trauma," p.5.

(8) 認知されていない性的虐待が家族全体をいかに破壊するかは、Barbara Smith Hamilton, *The Hidden Legacy: Uncovering, Confronting and Healing Three Generations of Incest* (Fort Bragg, CA: Cypress House, 1992) 参照。この研究で興味深いのは、サバイバーの中には（すでに孫がいる年代である筆者をは

じめ）ずっと虐待を忘れなかった者もいれば、癒しを進めながら記憶を取り戻した者、またどうしても記憶が途切れている者もいることだ。

（9）Ulric Neisser and Nicole Harsch, "Phantom Flashbulbs: False Recollections on Hearing News About Challenger," in *Affect and Accuracy in Recall: Studies of "Flashbulb" Memories*, eds. Eugene Winograd and Ulric Neisser (New York: Cambridge University Press, 1992).

巻き返しの高まりの中、何十年も前の虐待の記憶の正確さが疑われているが、これを覆す調査も存在する。Fran H. Norris and Krysztof Kaniasty ("Reliability of Delayed Self-Reports in Disaster Research," *Journal of Traumatic Stress* 5, no.4 (1992), p.586) は、日常の出来事の記憶は、常に新たな体験によって歪曲されたり、時に完全に忘れられたりするが、自分の人生に大きな影響を残す出来事は、驚くほどの正確さで記憶される、と証言している。

（10）Mairi Mc Fall, *Mama Bears News and Notes*, vol. 10, no. 3, April/May 1993.

（11）John Rhead, FMS基金、パメラ・フレイドへの書簡（一九九二年六月一日付）。

（12）一九九三年九月九日、アボットへのインタビュー。

（13）Margaret Smith,*Ritual Abuse: What It Is, Why It Happens, and How to Help*(San Francisco: Harper San Francisco, 1993), p. vii..

（14）その著書 *Rediscovering Childhood Trauma*(pp.95-111) の中で、ジーン・グッドウィンは「八〇年代にいわゆる『儀式による虐待』と呼ばれるようになった、極度に苛酷な対人暴力行為を、"sadistic abuse"（加虐性の強い虐待）と呼ぶよう提唱している。グッドウィンはサディズムの歴史を振り返り、より包括的な「加虐性の強い虐待」という言葉によって、儀式による虐待をすでに認知された虐待の範ちゅうに位置づけることができる、という。「儀式による虐待が、数ある加虐性の強い虐待の一形態にすぎないと考えれば、加虐嗜好の犯罪者、SMポルノグラフィーの利用者、戦争犯罪者、凶悪な家庭内暴力の加害者などに関する調査をはじめ、より多くの身近なデータベースが意味を持ってくる」

（15）*Oprah*, July 16, 1993.

（16）Susan C. Van Benschoten, "Multiple Personality Disorder and Satanic Ritual Abuse: The Issue of Credibility," *Dissociation* 3, no. 1 (March 1990), p.25.

（17）Chrystine Oksana, *Safe Passage to Healing: A Guide for Survivors of Ritual Abuse* (New York: Harper Collins, 1994), Preface.

（18）Schwartz, "False Memory Blues," p.3.

（19）Van Benschoten, "Multiple Personality Disorder and Satanic Ritual Abuse," p. 27.

（20）そのトンネルは、保育園の北側の第四教室と第三教室の間を通り、建物の西壁の下を抜けて玄関まで続いており、見つかった時は板やコンクリート片、空缶などのがらくたや瓦礫で一杯だった。スティッケルによると、トンネルの中の一番奇妙な発見物は、深さ五〇―六〇センチの大きな容器四つだった。一つは籐製、二つは金属製、そしてもう一つは「まるでハロウィーンの小道具のような」真黒な鉄の大鍋だった。四つともきちんと上向きに置かれ、明らかに何者かによってトンネルの中央に運ばれたものだった。

（21）一九九三年九月一七日、ローラ・デイビスによるGary Stickelへのインタビュー。

（22）Church of the Lukumi Babalu Aye, Inc. et al vs. City of

Hialeah. 一九九三年六月一一日判決。(93 Daily Journal D.A.R. 7368).

(23)　加虐的な儀式的虐待は、売買春やポルノグラフィーなど子どもたちを搾取しやすいように、手なずけ、意のままに操る最も効果的な手段である。

(24)　Kenneth J. Herrmann, Jr. and M. J. Jupp, “A Request for Concern: The Sexual Exploitation of Children,” 一九八五年一一月二〇日、アメリカ合衆国連邦政府司法長官管轄のポルノグラフィー諮問委員会での証言より。また Kenneth Herrmann “Children Sexually Exploited for Profit: A Plea for a New Social Work Priority,” *Social Work* (November-December 1987), p.523 では、次のように報告している。「合衆国では、およそ一〇万から三〇万人の子どもが売買春に従事しており、さらに何千人もの子どもがポルノ製作者の犠牲になっている。…［世界的に］子どもたちは誘拐され、親や保護者によって売られ、路上生活者となり、性的搾取目当ての合法、非合法の養子にされている。こうして子どもたちはポルノや売買春の道具にされ、虐待され、拷問され、殺されるのだ…」

(25)　Leslie Bennetts, “Nightmares on Main Street,” *Vanity Fair* (June 1993), p.62 で報告されている。

(26)　前掲書。「骨が見つかってないじゃないか」というのは、加虐的儀式による虐待の存在を否定する人たちが、決まって口にする台詞だ。P. E. Dietz, R. R. Hazelwood, and J. Warren “The Sexuality of Sadistic Criminal and His Offenses”と題する加虐嗜好の犯罪者の研究に言及して、Jean Goodwin は *Rediscovering Childhood Trauma* (p.106-7) でこう述べている。「儀式による虐待では、遺体発見は難しいと言われるが、［加虐的犯罪の］加害者三〇名中二〇名が、被害者の遺体を隠匿したことを認めている」「これら三〇名の暴行犯の危険性は計り知れない。殺人を犯したのは三〇人中二二人だが、判明しただけでも、この二二人は一八七人もの被害者を殺害してバラバラに切り刻んでいる…うち五人は一二二件の殺人を犯しており…四三%が子どもを犠牲にしていた。拷問の方法は、武器の使用、苦痛を伴う挿入、殴打、電気ショック、火傷、切断、刺傷、動物を使った脅やかしなど広汎に及んでいる」子どもを持つ性犯罪者の六〇%は、自分の子どもまで性的に虐待していたことを認めた。また、三〇%は「申し分ない堅実な市民」だった。

(27)　一九九〇年に下院法案第八一七号が、アイダホ州で通過した。また一九九二年九月一八日に Public Act No.87-1167 がイリノイ州で立法化され、ルイジアナ州とミズーリ州でも儀式的虐待条例が通過している。現在カリフォルニア州で法制化を検討中。

(28)　Jan Hollingsworth, *Unspeakable Acts* (New York: Congdon & Weed, 1986)

サバイバー攻撃への対応

サバイバー攻撃の真相を明らかにする情報を得ることは、貴重であり、大きな力となりますが、怒りや怖れ、苦痛、裏切りを感じているなら、何らかの支援を得て、敵意の中でも自分を大切にしましょう。

他の癒しの過程と同様、一番大事なのは自分の気持ち、要求、そして選択です。ここでは、混乱したり、自分の記憶に疑念が湧いたとき、気持ちを整理するための指針を示します。怒りで一杯で、闘いたい人にも、有効な対処法をいくつか提案します。まずは心の均衡を維持するための一般的な指針を挙げます。

＊動揺したら、何らかの支援を求める

サバイバー攻撃で喧伝されるさまざまな見解や考え方によって、過去の虐待を思い出すこともあるでしょう。癒しのかなり進んだサバイバーでさえ、こうした記事に動揺し、刺激されます。そのときは何らかの支援を求めましょう。

＊自分を守る

「偽りの記憶」を報じる新聞やテレビに逐一目を通す必要はありません。報道内容が苦痛ならそれを避け、自分を休ませましょう。

＊愛し、信頼できる人に自分のことを話し続ける

沈黙させられないように。自分の人生体験は本物であり、それは敬意と思いやりをもった聞き手を必要としています。

自分を疑うなら

心の中の未解決のすべてに辛抱強くあり…汝のその疑問までも愛せよ。

——レイナ・マリア・リルケ(1)

これまでずっと、おまえはどうかしてる、悪い子だ、間違っていると言われ続けた挙げ句に、こんどは新聞までもが、過去を思い出しそれを定義する力に疑問を投げかけてくる。これでは、自分の体験を確信できないばかりか、真実を究明する権利があるとすら思えなくなるでしょう。

自分史を探り、理解することは、誰にとっても極めて重要な権利です。自分の体験を知り、定義する力は誰にでもあります。そして自分の人生を一番よく知っているのは、それを生きてきた当人です。いかなる学者や書物、セラピスト、専門家、心理学者、サバイバー攻撃の支持団体、新聞記事、そして家族さえも、虐待の有無や、記憶の真偽を決めることはできません。あなたこそ自分の人生の専門家なのです。自分の真実を大事にしましょう。

自分の記憶を疑っている場合は、以下の指針が役立ちます。

＊疑いの念が湧くのは癒しの一環であることを忘れずに

否認の扉を開け閉めするのは、癒しの過程の一環でもあります[2]。周期的に疑いを抱くからといって、自分の記憶があてにならないとか、虐待が起きなかったわけではありません。外的証拠によって記憶が裏づけされたサバイバーでさえ、本当に虐待にあったとは思えなくなる時があります。性虐待を受けたと確信があったのに、後に違っていたと判明することは稀です。虐待が起きなかった可能性もたしかにありますが、そうした疑念は癒しの一段階であるのが普通です。

＊疑いが湧く時期に注意する

中傷記事を読んだ後や、両親に会ったとき、または強烈な記憶が蘇った直後に、記憶に対する疑念が湧いてくるなら、それらの影響が考えられるでしょう。心が穏やかで統合されている時にも疑念が尾を引くなら、記憶の一部が間違っている可能性もあります。しかし、記憶の一部が事実でないとしても、すべてが信頼できないとは限りません。一つの出来事を誤認しても、それ以外は正確に覚えていることがあるからです。（詳細はp91『記憶に宿る真実』参照）

サバイバー攻撃の影響――レイチェルの場合

（本人は実名掲載を希望したが、法律上の理由で仮名となった）

三〇歳のレイチェルは、父親に性虐待を受けました。部分的にはずっと虐待のことを覚えていましたが、六年前に禁酒して以来、新たな記憶が甦ってきました。一連のサバイバー攻撃に抑え難い怒りを感じたレイチェルは、公に声をあげようと決意しました。

本当に長い間、父からの虐待に打ちのめされていた。まるで人生に大きな染みができたようで、漂白しようと躍起になったが、にじんだペンキのようにとれなかった。

一二歳で飲酒を始め、コカイン、クランク、スピードなど手に入る薬物は何でもやった。マリファナを吸い、LSDをやり、親の処方薬を盗んだ。親元を離れるため、一七歳で軍隊に入り、酒場に入り浸りだった。

私はまるでカメレオン、どんな状況に置かれても適応できた。自分が誰かわからなかったので、周囲に合わせるのは容易だった。セックスに溺れたが、気持ちの上で誰かと親密になると、身体が反応しなくなった。セックスした後で吐いてしまうか、オーガズムの時、父の顔を思い浮かべたが、それがなぜだか分からなかった。

父はポルノにとり憑かれており、ポルノ雑誌を読んで聞かせたり、写真を見せつけられたのを覚えている。ポルノテープを聞かされたこともあった。父がタオルと雑誌を手に浴室へ向かうときは、何をしに行くのかわかっていた。しかし、ときには私も父と浴室に入っていたことは何年も忘れていた。

二四歳の時、酒も薬物も断った。自分の世界を変えたのだ。一年後、父とのある出来事をまざまざと思い出した。私の乳房に触っている父、その手を見ている私。ひび割れた爪、毛深い指と腕。すべてはとても鮮明だった。

その後、半年間ほとんど絶え間なくフラッシュバックに悩まされた。身体はたくさんのことを記憶していた。それらが真実であることには絶対の自信があった。

数年後、父に会いに行った。虐待のことは家族の誰にも告げていなかったが、父は私の様子が普段と違うことを察したようだった。父は台所に座って、子どもの頃どんな虐待を受けたか、話し始めた。祖父に殴られ、両手を火にかざされたことや、祖母の死後、祖父と同じ布団に寝かされたことなど、虐待の様子を延々と話した。性的虐待とは言わなくとも、言いたいことはそれだった。父はまるで別人だった。生まれてこのかた、父とは一度も会話らしい会話はなかったのだ。

同じ頃、姉が感謝祭の夕食に行くかどうか電話してきた。父とのことは何も話していなかったので、「父さんに会いたくないから、行かない」とだけ答えた。父が感情的にも、言葉でも、私たちをひどく虐待していたのは周知の事実であり、私たちの誰もがある時点で自殺を考えたと思う。「どうしようもない親ね」と姉は言った。私は泣きながら言った。「父さんとの間に起きたことで、誰にも話してないことがあるの」「あなたを性的に虐待したの？」姉の質問が信じられなかった。「ええ」と泣きながら答えると、受話器の向こうで姉の声が聞こえた、「私も被害者なの」

癒しを奪わないで

「偽りの記憶症候群」という言葉を初めて聞いた時、とても他人事ではなかった。私の体験をこうと決めつけ、そのうえ話に根拠が無いとか、真実ではないと言い切る他人の無神経ぶりを疑い、怒りが溢れてきた。そして恐怖を感じた。今でも怒りと不安が交錯している。基本的には「この人たちは責任逃れのため、私を嘘つきに仕立ててあげようとしている」というのが私の感想だ。

過去九カ月間、何度も八歳の頃に戻ったような気がした。それほどの衝撃を受けたのだ。誰も取り合ってくれないので、何度も同じことを言い続ける幼い子どもになったようだった。毎日そんな自分をなだめながら生きるのは、とても大変だ。気持ちは子どもに戻っても、大人の生活を送らねばならないのだから。

サバイバーの私はこれにうんざりして、何が何でも彼らと対決して言い返し、現実を世間に暴露してやろうと息巻いていた。しかし傷ついた子どもの私は怯え切って、保護を求めてうろたえ、身を隠す安全な場所を探し求めていた。本当にどうしていいかわからなかった。

サバイバー攻撃が始まるまで、私の癒しは順調に進んでいた。もう自分を卑下しなくなり、心と身体が分離しなくなって、自分の感情と繋がっていられた。内なる自分に怯えなくなり、そろそろセラピーを終わらせようかと考えていたところだ。それはやっと癒えかけた傷跡をえぐられるようだった。時間をかけてやっときれいに治っていたのに。ＦＭＳ基金がらみの一連の話題と煽動でまた傷口が開いたのだ。

家族の責任を問う

私の家族の力関係を一言で言えば、分断支配だ。父は私たちを分断し、互いの関係を希薄にした。今回のサバイバー攻撃も同じ原理で動いている。家庭内にしろ家庭外にしろ、性的虐待を受けたサバイバーは一つの大きな家族のように、互いのことを語り合ってきた。真実には力がある。誰もが自分の事実を語れば、秘密などありえない。我々が真実に迫れば迫るほど、彼らは煙幕を張ってそれを偽ろうとする。私は彼らの徹底した執念深さが怖い。

私の場合は癒しを深めていたので、サバイバー攻撃にそれほど打撃を受けないで済んだ。だからこそ、告白したばかりの姉や、言いたくても言えない他のサバイバーに語りかけたい。母もかつて家族から虐待を受けた、と九ヵ月前に姉に告白した。他の誰にも話したことがないし、今後も話すかどうかわからない。母の沈黙の責任は、今回のサバイバー攻撃に加わっている人々にある。

もちろん中には本当に無実の罪をきせられた人もいるだろう。統計的には起きても不思議のないことだ。しかし道徳的に見て、彼らは自分の行動を問い直して見るべきだ。隣にいる人物が加害者でないと、どうやって判断できるのか。グループの指導者が実は無実だと、どうしてわかるのか。少しでも良心を持ち合わせているなら、「私は無実だが、もし隣に座っている人が本当に自分の子を虐待していたら？」と疑って当然だ。

特定の個人が無実か否かにかかわらず、ＦＭＳ基金のようなサバイバー攻撃団体と同盟を組むことで、彼らは虐待を永続させている。これらの団体は余りある憎しみを振りまいている。どうして「中には無実の罪を着せられる人もいるが、そのことで運動全体を非難するつもりはない」と言えないのだろう。

サバイバー攻撃は子どもを危険にさらす

自分の記憶を疑って「やはり何も起きなかった」と思うことはなくても「言わないほうがよかった」と考えることはある。姉は鮮明な記憶があるにもかかわらず、その真実性を疑っている。アルコール依存である彼女の夫は、姉を信じていない。母はすぐそばに住む姉に、「セラピストのせいで頭が混乱することがあるらしい」と吹き込んでいる。

姉は母を必要としている。子どもたちを世話してもらいたいからだ。私はこう忠告する。「私たちを守ってくれなかった母さんが、どうして姉さんの子を守れると思うの」そんなある日、両親の家に寄った姉は、食卓で孫娘たちと『プレイボーイ』を読んでいる父の姿を見たそうだ。娘たちを守りたいと思いながら、姉は苦しんでいる。

今、サバイバーの記憶に疑いを向ける一連の報道に乗じて、父は姉の疑念を煽っている。そして姪たちが危険にさらされている。三人とも、子どもを性的対象にする傾向のある父が好む年齢だ。サバイバー攻撃が父に格好の言い訳を与えていると思うと、ぞっとする。私の家族を見れば、サバイバー攻撃がいかに子どもを危険にさらすかわかるだろう。

この文化で子どもは使い捨て、紙屑同然だ。サバイバー攻撃は根深く刻み込まれた虐待構造を温存するものだ。だからこそ、サバイバーは、自分たちのためにも、社会全体のためにも動きだす必要がある。私たちは強くならなくては。用心しないと、それは私たちの過去に留まらず、子どもたちの時代にまで及んでくるからだ。

＊苦しみには理由がある

性的虐待のサバイバーに似た苦しみを感じているなら、それなりの理由があるのでしょう。性的虐待が原因とは限りませんが、真実を突きとめ、声にする必要があります。苦しいのはあなたがおかしいからではありません。

＊確信をもてる部分から癒し始めよう

情緒的虐待を受けたことは確かでも、性的虐待があったかわからないときは、確かなほうの癒しに集中しましょう。細かい事実を突きとめなくても、癒しを進められます。

＊確信がなくてもいい

起きたことを正確に把握したいと思うかもしれませんが、真実を発見するには時間がかかります。自分に時間を与えましょう。すぐに全貌がわからなくてもいいのです。

＊未確定のことは断言しない

性的虐待を受けたかどうか迷っているなら、焦って決めることはありません。自分なりにはっきりさせるには、時間と空間が必要です。セラピストであれ、性的虐待のサポート・グループであれ、家族であれ、プレッシャーをかけて急かす人は助けになりません。代わりにあなたの疑問に耳を傾け、葛藤を受け止め、充分時間をくれる人に話しましょう。一方のみを強調したがる人との接触はなるべく控えましょう。

＊セラピー関係を再評価する

セラピーを受けているなら、自分の迷いをセラピストに話しましょう。支えを提供し、迷いを受け入れ、答えを押しつけないセラピストなら、自分史を探るための手助けを、倫理的な形で示してくれるでしょう。

グループ・セラピーは、自分の体験をありのままに話せる空間です。事実を誇張したり、人の話を出し抜くことで認められねば、と感じる場であってはなりません。子どもの頃の体験がどんなものであれ、敬意を持ってきちんと受け止められる場であるべきです。確信がないのに、サバイバーだと名乗らないといけないような圧力があってはいけません。

もし自分は虐待されたと思っていないのに、セラピストが、虐待を認めるよう押しつけてきたり、作り話をする圧力を感じて混乱している場合は、別の専門家に相談することで、状況を見極めましょう。その場合、あなたの記憶の正しさや、セラピストの誘導があったか否かを証明することで、何らかの利益を得る人は避け、あなたの過去がはっきりするまで柔軟な姿勢でいられる人を選びましょう。

「偽りの記憶」論を流す一連の新聞記事に憤りを感じたある女性は、自分なりの真実究明の試みを語ってくれました。

「頭が変になりそう。ここにいてもいいのかどうかわからない。性的虐待を受けたかどうかもわからないんです」私は、家庭内性虐待のサバイバー・グループでこう漏らした。グループをやめたかったが、まだフラッシュバックに悩まされていたので、はっきりするまで続けることにした。私は貝殻のように固く心を閉ざし、この気持ちをどうしていいのか分からなかった。ただ目を閉じて、この自己矛盾と向き合うしかなかった。

そのうち、自分で何とかしなくては、と思えるようになったので、新しいセラピストを探し、面接でこう伝えた。

「心の傷の原因を知りたくて、この四年間あれこれ探ってきました。性虐待のような感じがするのですが、偽りの記憶論にも動揺しています。私が抱えている大きな矛盾を理解し、本当に性虐待を受けたか確かめるための助けがほしいのです。今より深い混沌に分け入るために。虐待の白黒をつけたいわけでも、判断を仰ぎたいのでもなく、ただ自分の体験と記憶を取り戻す助けがほしいのです」このセラピストとなら、長い旅路に出られるような気がする。

＊裏づけを探すのは、自分が望む時だけ

記憶を確証づける明らかな証拠がなくても、何らかの裏づけは得られるかもしれません。たとえばレイチェルの家族の場合（p440参照）、父親が情緒的な虐待をしており、子どもたちにポルノを見せていたのは周知の事実でした。これだけでは娘に性的暴行を加えた証拠にはなりませんが、レイチェルの記憶と一貫しており、その輪郭を裏づけることは確かです。

虐待の証明は簡単にはいきません。自分のしたことを認める虐待者は少なく、他の家族は虐待に気づかなかったり、今さら認めたがらないことがあります。それでも、ていねいに記憶をたどると、過去の出来事を明らかにする情報が得られるかもしれません。家族のアルバムや昔の日記をひもといたり、家族から思い出話を聞くことで、過去の謎を解く鍵が見つかることもあります。家族、旧友、先生、学校のカウンセラー、隣人など、当時周囲にいた人々と話をすることで、貴重な洞察が得られることもあります。学校や医師の記録が意外な情報源になるかもしれません。

しかし、こういった情報収集にはリスクが伴います。何ら具体的な情報が見つからない時もあるでしょうし、子どもの頃の家に戻ったり、当時の自分を知る人々に会うことで、気持ちが根底から揺さぶられることもあります。こうした調査は、十分な心の準備があり、心底望んでいなければ無意味です。「証拠探し[3]」という義務感からの究明では、とても癒されるとはいえません。

虐待者を告発する場合を除き、裏づけは自分を満足させる程度で充分であり、法廷で有罪宣告を勝ち取るような厳密さは要求されません。（詳細はp411参照）

＊家族が「偽りの記憶」を話題にし続ける時は、境界線を引く

家族が、セラピストに洗脳されたかわいそうな女性の記事を送りつけたり、記憶の真偽を議論したがるときは、自分を守りましょう。読みたくない記事は捨てればいいし、記憶について議論したくなければ、話題を変えたり会話をやめていいのです。選ぶのはあなたです。自分で選択するのは、癒しの重要な一部です。

何が起きたのか確信がなくても、必要なら家族との接触を減らしたり、絶ったりできます。それは自分にとっても、家族にとっても辛いことかもしれませんが、接触を減らしたり、別れるからといって、誰かを犠牲にするわけではありません。あなたにとって最善の策を考え、必要なだけ時間をとりましょう。(4)

(家族との離別については、p411『法的原則は癒しにそぐわない』参照)

＊虐待者や家族の極端な動揺が予想される場合、虐待に関する話し合いや対決は延期する

自分に十分準備ができるまで、虐待を家族に打ち明けるのはやめましょう。何が起きたか不確かだったり、他の可能性があるなら、直接対決は延期したほうがいいでしょう。話し合いや対決が自分のためになるかどうかは、もう少し状況がはっきりしてから判断しましょう。(5)

虐待を家族に打ち明けたり、対決した後で自信がなくなっても、正直になることはけっして恥ではありません。自分に確信がなくなったとき、そう告げるか、確認できるまで待つかは状況次第です。その間接触を保つか否かはあなたの判断です。事実が明らかになったら、信頼できる人に話してみて、もし勘違いや間違いがあれば、それを認めましょう。難しいことではありますが、癒しの核心は正直に気持ちを伝えることなのです。

＊サバイバー運動が、あなた一人の肩にかかっているわけではない

過去をとことん探った結果、性的虐待を受けていないとはっきりしたら、その事実を告げてかまいません。特定の心の傷を共有しないからといって、誰かを落胆させるわけではありません。自分一人がサバイバー運動を背負っているのではないのです。

また、あなたの体験が他のサバイバーの体験を無効にするわけではありません。自分が間違っていたから、みんながそうとは限りません。人それぞれ、独自の体験があるのです。サバイバーの勇気や誠実さに敬意を表し、自分自身に対しても同様の態度をとりましょう。

＊自分への信頼を忘れずに

大切なのは、自分は誰か、どのような体験をしたのか、自分の感覚を信頼することです。癒しとは、自分自身、自分の感情、自分なりの現実への信頼を学ぶ過程なのです。自分に起きたことは自分が一番良く判断できます。癒しが進むにつれて認識が変化しても、常に自分の感覚を尊重しましょう。

闘いたいのなら

昨今のサバイバー不信の風潮が、サバイバーや現に虐待されている子どもに悪影響を与えるのではないかと、多くの人が憂慮しています。マスコミで報道されるサバイバーの否定的イメージを打破したい人のために、以下にいくつかの提案をします。

情報を得る

自分自身の体験はそれだけで大きな意味を持ちますが、マス・メディアに対応する場合、ほかからの情報が特に役に立ちます。サバイバー攻撃派の主張を論破するのに使える調査や研究報告はかなりあります。本章末の注に載せた論文、著作、記事の多くは貴重な情報源です。

ペンをとる

サバイバー攻撃団体のメンバーは、手紙や電話を有効利用して組織化し、マスコミとつながり、電話網を拡げ、機関誌を発行しています。サバイバーや支援者たちも同じように団結し、多くの声を上げましょう。新聞に誤解や偏見に満ちた記事が載るたびに、真実を伝える手紙が雪崩となって編集者に届くよう、手書きやワープロで抗議文を作ったり、葉書を書いて誤りを正しましょう。

不快に感じた番組に抗議するだけでなく、虐待の真実を伝える番組に声援を送るため、全国ネットのみならず、地元のラジオ局やテレビ局にも電話で支持を伝えましょう。

声を上げる

サバイバー攻撃の支持者たちの一番の狙いは、サバイバーを沈黙させることです。従って、サバイバーの存在を顕在化させ、人生の真実を語り続けることが不可欠となります。気持ちが安定しているなら、公の場で反論することも力強い反撃法の一つですが、したくないと思ったら、けっして自分に無理を課す必要はありません。

地域でグループを作る

地元で、他のサバイバーや支援者たちとグループを作り、具体的な記事やラジオ・テレビ番組への対策を練りましょう。地域のサバイバー攻撃団体の活動を辿り、彼らの狙いを見極め、その対策を出し合いましょう。単独で活動するより、グループの後ろ盾があったほうが、心強く、より大きな力を出せます。

サバイバー攻撃に対抗できるグループに加わる

地域や全国レベルでサバイバー攻撃に対抗する取り組みをしているグループはたくさんあります。サバイバーのためのサービス、情報、資料などを提供する団体、法改正へ向けて働きかける組織、子どもへの性的虐待に関する認識を広め、その防止活動を進める支援グループなどは、どれも現在のサバイバー攻撃に対抗する足掛かりとなります。こうした活動に貢献したり、エネルギーを注ぎたいなら、連絡をとってみましょう。

何もしなくてもいいことを忘れずに

「何かしなくては」と感じても、今は自分自身の癒しで精一杯、というサバイバーもおおぜいいます。それで充分です。第一の責任は自分自身の癒しです。力がついてきたら分かち合えばいいのであり、まずは自分をいたわることが先決です。作家であり、活動家でもあるサンドラ・バトラーはこう語っています。「この文化に生きる女性にとって、自分自身と自分の生活を真剣に受け止めることこそが、第一の政治行動である[6]」

（1）　Rainer Maria Rilke, *Letters to a Young Poet* (New York: Random House, 1984)
（2）　p97『それは本当に起きたこと』参照
（3）　以下の文献参照。Lana Lawrence and Mary Anne Reilly, "Corroboration and Evaluation of Delayed Memories of Abuse," *Moving Forward* 2, no. 4, pp.15-16; "Research Your Childhood," *The Courage to Heal Workbook*, pp. 228-30 どちらも、自分史を調べることで得る恩恵と危険性の双方をどう評価するか、準備の方法、支援の受け方、自分自身の守り方、情報の収集法などについて具体的な助言を提供している。
（4）　本書p146『打ち明け、対決すること』とp313『実家との関係』では *The Courage to Heal Workbook* と同様、自分の親族とつきあう際の情報を豊富に提供している。
（5）　万一子どもが危険にさらされている時は、自分の要求とともに子どもを守ることも考えねばならない。（詳細はp155参照）
（6）　個人的会話、一九九三年一〇月一〇日。

将来の展望

子どもへの性的虐待に取り組み、この問題の認識を深めてきた私たちの歩みは、この一五年間で大きく前進しました。子どもが殴られたり、情緒的虐待を受けたり、性的恐怖にさらされることなく、安心して成長する社会的権利が主張されるようになったのです。私たちは、子どもを所有物として扱う社会的現状に挑戦してきましたが、やっとの思いで勝ち取ったものが、また攻撃されています。子ども時代に性的虐待を受けたサバイバーに対する攻撃は破壊的で悪質であり、そこには明らかな悪意がうかがえます。

社会がすべての子どもの安全とすべてのサバイバーの癒しに向けて闘い続けるか、それとも集団的否認に屈し、再び真実を葬るか。私たちは今、その岐路に立たされています。

虐待された子どもや大人のために、そして現在進行中の虐待をくい止めるためにも、私たちの責任を再確認しましょう。私たちは、沈黙から意識化へと歩みを進めてきましたが、まだ大変な作業が残されています。恐るべき数の子どもたちが今も虐待され、成人したサバイバーは苦しみ続け、家族はこうした侵害に対応できないでいます。この攻撃に立ち向かうため、セラピスト、法取締官、裁判所はさらなる教育と訓練を積まねばなりません。

学術機関は、子どもへの性的虐待を深刻な社会問題として認め、正面から取り組む必要があります。(1) カウンセラーをはじめ専門家たちも、敬意と共感を持ってサバイバーの癒しを援助する確実な方法を学ばねばなりません。

子ども時代に性的虐待を受けたサバイバーが、声を上げたら信じてもらえるような環境、子どもを守ることが最優先の環境作りが必要です。虐待者が否認を強化するために組織化するような社会ではなく、加害者が自分の行為を認め、責任をとる社会、自己防衛より誠実さを尊重する風潮を作り上げねばなりません。また虐待者の癒しを助け、子どもへの虐待をやめさせる手だてを講じる取り組みも不可欠です。社会の啓発、サバイバーの癒し、加害者の告訴などはどれも重要ですが、虐待自体をなくす必要もあります。加害者が未成年である場合の取り扱いは、特に重要です。(2)

法廷では、専門家証言の正確さを確認する手段、子どもへの虐待を判定、調査、訴追する公正な基準が保証されなくてはなりません。

法的領域と、セラピーや癒しといった個人領域の区別も明確化する必要があります。癒しの過程には独自の進め方があり、法的基準を適用できるものではありません。

記憶や精神的打撃による記憶喪失について、そして心の傷に苦しむ人への接し方についての研究はさらに進められるべきです。またその研究が純粋な真実探究をめざし、政治目的に利用されないよう、監視する必要があります。

子ども時代の性的虐待のサバイバーは、こと自分の体験に関しては一番の専門家であることを再確認しましょう。サバイバーの立場に立って声を上げてきた専門家たちがいる一方、サバイバーを侮辱し、病人扱いし、無視してきた専門家もおおぜいいます。しかし、サバイバーに関する一方的論争の渦中にあっても、専門家ではなくサバイバー自身の話を聞くことで、理解が深まってきたことは確かです。精神科医ローランド・サミットはこう語ります。

こちらにその気さえあれば、サバイバーは我々を、一歩一歩忘却の過去へと導いてくれる。たとえ歪められていても、長い旅路を生き抜いた者の記憶の方が、陸に閉じ込められた地理学者の美しい造形よりも信頼に値することを、我々は心に止めねばならない。(3)

世界が二つに裂けるとき

一度真実が明らかになると、どんなにそれを覆い隠そうとしても、元には戻りません。サバイバーはこれまで言葉にできなかったことを声に出す勇気を持ちました。詩人ミュリエル・ルカイザーは書いています。「一人の女がその人生の真実を語ったらどうなるか…世界は二つに裂けてしまうだろう」(4)その通りです。世界は真っ二つに裂け、何万人もの子どもたちが性的虐待を受けてきたこと、それを生き抜いた者が成長してからも苦しんでいること、にもかかわらず計り知れない強さと尊厳を保っていることが、世に明らかになったのです。もう沈黙させることはできません。心理学者ジョン・ブライアーはこう語ります。

女性が参政権を勝ち取ったとき、奴隷が読み書きを覚えたとき、その他、力を奪われていた者が新たな手段を獲得したとき、その文化が元の無知または否認の状態に戻ることは二度とない…膨大な数のサバイバーが声を得たからには、どれだけ不信が煽られようとも、これを沈黙させることはできない。(5)

私たちは今、記憶しておくこと、証人となること、記念することの価値を学びつつあります。悲劇を認め、悼み、そこから学ぶための記念碑が立てられています。ベトナム帰還兵記念館やエイズ・メモリアル・キルトなどはその一環です。一九九三年四月二二日、合衆国ホロコースト記念博物館の記念式典で、エリ・ウィーゼルはこう演説しました。

この悲劇の本質は、どんなに語ってもけっして十分に伝えられないという点だ…それでも、これを伝えるのは我々の義務である。何もしないことは忘れることであり、忘れることは、犠牲者たちを二度殺すことだ…記憶することは、時間に勝つことであり、正義の勝利でもあるのだ。(6)

詩人マージ・ピアシーは「記憶は祈りの最も簡潔な形である」と書いています。(7)

記憶を攻撃されることで、私たちがこれほど深く動揺するのは、記憶が人間の存在、癒し、社会変革、そして祈りに不可欠な要素であるからかもしれません。

前進に逆風はつき物です。環境保護、差別撤廃、平和と正義の実現、子どもへの性的虐待防止など、どんな意義深い社会運動も、多くの人々の時間と労力を必要とします。苦しい闘いの最中で、教育者であり非暴力活動家であるダニロ・ドルチの言葉を思い出しましょう。

> 物事がすべてうまく行き、元気づけられるときがある。障害ばかりで、茫然とするときもある。しかし、楽観主義か悲観主義かは問題ではない。大切なのは、きちんと耕せば作物は必ず育つと知っていることだ。人間同士がきちんと向き合って働きかければ人は育つ、それが現実だ。あとは煙のようなもの。言葉は山を動かさない。誠実な働きかけこそが山を動かすのだ。

子どもの頃の性的虐待のサバイバーとその支援者たちは、進んでその働きかけをする用意があります。ここまで来たら、もう立ち止まりはしません。

（1）ここ数年間、ようやく大学がこの分野の教育にとり組み始めている。一九八九年にカウンセラー向けの講演会を開いた際、私たちは参加者にこう尋ねた。「大学の授業で、子ども時代に性的虐待を受けた人への対応に関する講義を受けた人はいますか」参加者の構成は、たいてい心理学者、結婚・家族・子ども専門カウンセラー、ソーシャルワーカー、医師、看護師、そして数人の精神科医だったが、四〇〇人中四名の手が挙がればいいほうだった。

（2）The Safer Society Program (SSP), P.O. Box 340, Brandon, VT 05733, (802) 247-3132 は、ニューヨーク州の教会協議会のプロジェクト。虐待者への対応に関する優れた資料や書物を出版し、性的虐待の防止に関する全国的な調査、支援、照会を行う。性犯罪者向けの指導付きワークブック・シリーズなど、先駆的で優れた出版物、テープ、ビデオなどを刊行。

（3）Roland Summit, "Hidden Victims, Hidden Pain: Societal Avoidance of Child Sexual Abuse," *Lasting Effects of Child Sexual Abuse*, eds. Gail Elizabeth Wyatt and Gloria Johnson Powell (Newbury Park, CA: Sage Publications, 1988), p.52.

（4）"Kathe Kollwitz," *The Collected Poems of Muriel Rukeyser* (New York: McGraw-Hill, 1982) より。

（5）Forest, "Interview with John Briere," p. 21.

（6）Elie Wiesel, "For the Dead and the Living, We Must Bear Witness," *Bostonia*, 2 (Summer 1993), p.15.

（7）Marge Piercy, "Black Mountain," in *Available Light* (New York: Knopf, 1988)

日本語版刊行にあたって

二見れい子

本書との出会いは、かれこれ七年前の一九九〇年。この年は、私たち訳者にとって心の拠り所であり、ある時は活動の拠点ともなっているSCSA会の前身となった女性サバイバー四人による小グループができた年です。SCSAとは、Stop Child Sexual Abuse（「ストップ！子どもへの性的虐待」の意）という四語の頭文字をつなげた言葉ですが、子どもを対象にして虐待防止教育や活動を行うグループではなく、大人になった女性が、子どもの頃からこれまでに受けた性的虐待や心の傷について語り、自分を癒すために集う自助グループで、この七年間安全な癒しの場づくりを目指して東京で活動してきました。

七年前の一九九〇年の一二月、「女性への暴力」と題するあるシンポジウムが埼玉で開かれ、その席で前述した女性四人の内の一人と出会ったのが、このグループとの出会いでした。そのとき初めて声をかけた私に、この女性からまず聞かされたのが、日本での本書出版に向けて翻訳メンバーを募っているという話だったのです。しかし、後で分かったことですが、実際にはこの段階では、具体的な作業はほとんど始まっておらず、子どもへの性的虐待に対する理解を日本の社会に広めるために本書の出版を切望するという、この女性の熱い想いにとどまっていました。いずれにせよ、これをきっかけに私はSCSA会のメンバーとなり、その中で活動の一環として本書を読み始めることになったのです。「性的虐待を受けた被害者が、家族により隠蔽され、社会の中で闇から闇へと葬られることのないように、息ながく活動していきたいと思います。」対外的には初めての会としての活動となった、九一年三月の集会呼びかけ文の一節ですが、今読み返しても発足メンバーのこの会にかける切実な想いが伝わってきます。

こうして、これまで誰にもきちんと受けとめてもらえなかった心の傷を語り、聞いてもらえる場を、専門家に頼るのではなく、女たちの繋がりの中で作り出そうと志したわけですが、そんな私たちの手元に本書があったことは本当に幸運でした。文中に溢れる著者の鋭い洞察と共感に満ちたメッセージは、具体的な癒しの方法を知る上で貴重な情報源となったばかりでなく、サバイバーとして自分の感覚を信頼していいのだという、はかり知れない安堵感と、外の世界に対応する際の自信を与えてくれました。

当初は、しばらく出版の話は脇に置いて、特に大事だと思う箇所を部分的に翻訳しては、会の読書会や内部のワークショップ資料として使っていましたが、次第にこの貴重な情報をより多くのサバイバーに読んでもらいたい、と私自身も願うようになりました。会の活動を重ねる中で、精神科医やカウンセラーなどの専門家によって治療の場で再び傷つけられたという、多くの女性の体験談を聞いたり、サバイバーの感情にどう対応していいかわからないと途方に暮れる、親やきょうだい、心ある現場の人たちと出会う中で、本書がこの社会でどれほど求められているかを、強く認識するようになったのです。

こうして、SCSA会が発足して二年目の九一年、身近な有志を募って出版に向けての作業に入りました。本格的な翻訳作業がどれほど大変かという見通しもなく、熱意のままのゴーサインでしたが、ある程度下訳が進んで、自信を持って交渉に臨んだ出版社から次々に断られるという不測の事態には、正直なところかなり動揺したものです。どこも出版する意義は充分理解できるが、これだけの分量の本は経済的に無理だという理由で、編集会議にかかることすらなく、担当者レベルでのノーの返事でした。五〇〇頁にも及ぶ分厚い原書を自費で翻訳出版することは不可能で、マスコミで名の通った専門家の名前でも借りなければ、出版社は本腰を入れてくれないのかと、悲観的になり始めた九三年の春、SCSA会のメンバーからの紹介で連絡をとった三一書房から声がかかり、ここでようやく出版に向けての快諾を得たのです。交渉先としては一三社めでした。その後版権を取るにあたって著者側との交渉が長びき、正式に日本での出版が決まったのがその年の夏。そして翌九四年に原書の大幅な改訂があり、本書第五章にあたる「サバイバー攻撃」の章が新たに加えられて、翻訳作業は予想外に骨の折れるものになりました。版権を取れてから数えてもまる四年、作業が進行していることを身近で知っていた友人たちにとっては七年近くに及ぶ一大プロジェクトとなったのもこうした事情が手伝ってのことです。

ところで、翻訳に取り組んでいたこの間、私たちを取り巻く状況に変化はあったでしょうか。確かに九〇年当初に比べると、「子どもへの虐待」や「心の傷」といった言葉がマスコミや関係機関で取りざたされるようになり、書店には、宗教、心理、教育、生活などあらゆる分野の書架に、「癒し」を謳う書が並ぶようになりました。阪神大震災のような自然災害、地下鉄サリン事件に始まる一連のオウム事件、弱者を狙った凶悪な犯罪の続出など、社会不安はその度合いを増すばかりで、何かしないではいられない人々のあせりや苛立ちが巷に渦巻く中、あらゆる方面でさまざまな言説が飛び交い始めました。虐待の影響ははかり知れず、心の傷は積極的に癒す必要があるという現実に、もはや社会が背を向けられない段階に来たと言えるでしょう。

しかし、一見被害者のために打ち出されているはずのこれらの言説も、一つ一つの中身を見ると、既成の価値基準の下で、被害者への一方的な治療や介入の必要性を訴えるものばかりが目立ち、当人や身近な人々の不安を煽りこそすれ、人間の癒しや生の営みを根本から問い返す姿勢には程遠いものがほとんどです。ましてや性的虐待に至っては、特定の事件のみがマスコミで興味本位に取り上げられ一時的に話題に上るものの、問題の本質を私たちの周りに溢れている身近な性的侵害とつなげて長期的に究明しようとする姿勢はどの方面にも希薄な現状です。真の癒しとは何か、性的な癒しとは何を意味するか、本気で理解しようとするなら、誰もが性的自由や自己決定権といった問題の出発点に立ち返り、ゼロから再スタートを切る必要に迫られるでしょう。

しかしこういった中でも、私たちの周辺をていねいに見ていくと、小さいながらも意味ある変化があちこちに芽吹いていることに気づきます。身近なところで見ても、七年前にはたった一つだったサバイバーによる自助グループが今では各地に生まれ、そのいくつかと交流したり、情報交換ができるようになりました。また、看板は違ってもさまざまな形で癒しと向き合うグループの存在を知るようになり、そのメッセージに多くの共通点があることを発見しています。これまで一部の専門家や職業人に委ねられていた情報や決定権を、九〇年代は徐々にそれぞれの当事者が自らに取り戻していく過程に入っていると実感できますし、これから先はこの流れにもっと加速度がついてくるでしょう。本書の中で著者が折りに触れ読者に語りかけているように、どんなに弱い立場にあっても、「誰もが自分の人生の専門家」であり、いかなる人も他人の生き方を評価したり代弁できない、という基本線を日常の生活の中で、常に確認し合っていきたいものです。

少し話を本書に向けましょう。この本には多くのサバイバーや支える人たちの言葉が引用として紹介されています。これらの言葉は、著者たちが本書の構成に合わせて、数多くのインタビューの中から選び抜いて、それぞれの章に配置したものですが、時に本文の一部となっているはずの引用文がフワッと浮き出てきて、読み手である私に、直に語りかけてくるような錯覚を、翻訳しながら抱きました。本文中にちりばめられたサバイバーたちの言葉が、著者の論旨を裏付けるための兵士としてではなく、独自にそれぞれのページに息づいているように感じられるのです。そう思って読み返すと、たまに引用の言葉と著者のメッセージの間に微妙なズレを発見したりして、思わずほくそえんだものです。本書を通して、著者たちの豊かな見識に触れるばかりでなく、この本の向こう側にある、膨大な数のサバイバーたちの「生」を垣間見、彼女たちとも貴重な出会いを重ねている、そんな気にさせられるからかもしれません。アメリカでは癒しのバイブルとまで呼ばれた本書ですが、日本ではどのように受けとめられるでしょうか。他の国の人の言葉とは思えないほど、共感できる語りかけに深い感銘を受けながらも、ひたすら癒しに向き合い、より豊かな生を求めて「前進」する価値を繰り返し強調する著者の口調に、多少の息苦しさを感じるときもあるでしょう。いずれにしても、読者の一人ひとりが自分自身の感覚を信頼し、時には著者たちの言葉を批判したり、そうかなあ、と問い返しながら、自分にとっていい形でつき合っていくことが大切だと思います。

私たちがこの気の遠くなるような翻訳作業を放棄することなく続けられたのは、会を通して直接的、間接的に日本語版の出版を待ち望んでいる人たちの声を聞き続けてきたおかげです。発足当時本書に支えられた会の活動の延長として、翻訳作業が遂行できたことを何よりもうれしく思います。

最後になりましたが、私たちの意図をいち早く理解して、出版に向けて働きかけて下さった三一書房の鎌田幸子さんと古屋文人さんに感謝の気持ちを伝えます。

そして、今日まで一連の作業を共にした原美奈子さん、すばらしいパートナーシップをありがとう。本書にもあるように、来た道を振り返りつつ、成し遂げたことを祝福し合いましょう。

傷ついている自分の肯定――あとがきにかえて

原　美奈子

自分が確かに経験したにもかかわらず、いつの間にか葬り去られた恐怖や心の傷の全貌を改めて語るには、どんな場があればいいのだろうか。そうした傷、いわば「異物」を自身の中核に取り込んで育った私にできることはいったい何なのだろうか。

通訳として出会ったアメリカ人の医療人類学者デイナ・ラファエルさんに『The Courage to Heal』を送られたのが一九九〇年の春。この本を手に取った私は、こんなにもおおぜいの「私」がいたのか、と愕然とした。どこを開いても、誰にも理解されないはずだった私の胸の内を、誰かが語っている。それもとても正直に。女どうしのカップルが自然な形で登場するのも、身近に思えた。

でも、私がこの本を好きになった一番の理由は、著者たちが、従来の心理学にありがちな被害者の安易な病理化にも、それとは裏腹の加害者告発の偏重にも流されず、被害に遭った者の持てる力を信頼し、心の葛藤を見守っている、と感じたからだ。

医療ケアを求めると、たいていは「人並みに回復すること」が目標となる。取り除けない苦しみが問題視され、あれこれ分類され、やれ○○症だ、○○症候群だと病名をつけられるが、そもそもこの苦しみを引き起こした加害者やそれを黙認する社会構造は不問のままだ。

かといって、加害者の法的処罰という形で社会正義を追求することが即、被害に遭った者のケアに繋がるわけではない。むしろ、そういうときは周囲の気が加害者に行くため、被害に遭った人自身のケアはおろそかになりがちだ。また、頼みの綱であるはずの司法に至っては、権威ばかりが肥大し、ケアワークとしての位置づけがないため、警察や弁護士などが援助職としてあるまじき心ない言動をしても何の問題にもされず、訴えた者は黙って耐えるしかない。

でも、医療や司法の権威に頼らないと、今度は「泣き寝入りする無力な被害者」として片づけられ、社会的認知さえ得られない。実は、これが一番心にこたえるのだ。これ以上傷つけられたり、レッテルを貼られることなく、自分の存在を認知し、癒す場はないのか？　そう思っていた私は、この本を読んで初めて「傷ついている自分」の存在が肯定されたと感じた。泣くことや眠ることの価値にも気づいたし、自分の中には、被害に遭ったからこそ生まれた直感や感覚や知識など、貴重な資源が詰まっている、と思えてきた。それまでどこか心の奥底で「いっそ殺されればよかった」と思っていたのだが、「やっぱり生きててよかったかな…」に転じたのだ。自分の中の「犠牲者」が「生還者」に変わるというのはこのことか、と私は独りで合点した。それをきっかけに、負の体験を生き抜いた自分に対して小さな誇りが芽吹き、昔の記憶はみるみる鮮明になってきた。

〈孤独でない翻訳作業もある〉

自分自身をひも解くための自助グループを作りたい、という願いから、この本の翻訳を始めてはみたものの、それは想像以上につらい作業だった。次々と出てくる性的虐待の具体的描写や、傷ついた子どもの心に去来する混乱した想いを読むうちに、英文とはいえ、自分自身が二重写しになる。ましてや、それを日本語に置き換えるのは、言語を絶する苦行だった。

それまで、共訳の仕事はやりにくい、どんな膨大な本でも独りでまるごと訳したほうがいい、と確信していた私だが、今回ほど翻訳仲間に感謝したことはない。「孤独でない翻訳作業」もあり得ることを実感したのだ。一九九一年に四名で始まったこの翻訳チームは、自然発生的な自助グループとしてしっかり機能していた。私たちは、訳語の検討、スケジュールの調整などと称してはよく集まり、そのつど個人的な迷い、悩み、怒り、歓びなどを分かち合った。今日この翻訳が陽の目を見たのは、一見仕事とは無関係なこうしたお喋りのおかげである。この共同作業に関わった高橋りりすさんの熱意と労力、白崎順子さん、小野京子さんの協力にこの場を借りて心から感謝したい。そして、最後まで共に歩んだ二見さんとは、この間に二人で共有できたものの大きさを噛みしめ、互いの信念を称え合いたいと思う。

自助グループの中で、自分や他者の感情をありのままに深く受けとめる経験も、この翻訳を進めるうえで不可欠だった。これは翻訳の仕事のみならず、現在の私自身の生活全般を支えている。深夜、独り自宅で訳している最中、さまざまなフラッシュバックに襲われ、この翻訳は完成しないのではないか、と何度思ったことか。しかし、自分の頭が大渋滞を起こすたびに、SCSA会で知り合った仲間たちに話を聞いてもらい、ちょっとした一言に励まされた。和英の語感の違いに悩むときは、言葉への違和感について深い洞察を与えられた。人の心ない言葉に苦しんだり、言葉にならない自分の経験を、人にわかる言葉に「翻訳」する作業を繰り返してきた人々の集まりだけあって、自助グループに来る人たちの言葉に対する感性は、人一倍研ぎ澄まされている。翻訳作業の最中にこうした仲間と出逢えたのは、限りなく幸運だった。

〈訳語について〉

ガイドブックという本書の性格上、何よりも使える本をと、できるだけ平易でこなれた日本語にするよう苦心した。原書の英文がまさにそうだからだ。自助グループで声を出して読むことを想定して、話し言葉を使い、聞き分けにくい漢語はなるべく避けようと、翻訳書に多用される精神医学や心理学の専門用語は最低限に抑えた。ただし索引には、同義の専門用語をいくつか併記してある。

訳語の決定の際も自助の視点から一番役に立つと思われる言

葉を選んで使っている。例をあげると“survivor”の訳語としては、文脈でわかる場合は単に「人」「女性」とし、それ以外は「性的虐待を受けた人」「サバイバー」「被害を受けた人」などを混用。一般的に通用する「被害者」という語はここでは使わず、“victim”の訳語に限定した。また、第5章に登場する“backlash”という言葉は、本来「反動勢力の巻き返し」「後戻り」などの政治的意味あいを持つが、アメリカの女性をとりまく政治状況の解説抜きでは、そう訳しても抽象的でピンとこないため、今回は「サバイバーの証言の信憑《ぴょう》性に対する攻撃」という文脈の場合は「サバイバー攻撃」、カウンセラーなど援助者への攻撃が主な場合は「反動攻撃」とした。このほか「姦」という字が「よこしま」や「みだら」を意味し、女をおとしめる形で通用していることから、「強かん」とひらがな表記にするかどうか迷ったが、漢字をひらがなに変えることで、現に起きている酷い行為の印象が弱まるのも不本意なので、今回はあえて不快な漢字表記の方を選んだ。たとえば「森」や「晶」のように、いつかは「姦」という字も、女たちの力強い叫びを表わす美しい文字へと作り変えたいものだ。

また、原書では第四章にあたる一四名の手記と、各章に散りばめられた詩は、残念ながらスペースの都合で日本語版では訳出できなかった。その代わり巻末に、近年日本のサバイバーたちによって書かれた力強い手記や詩の掲載された出版物をいくつか挙げたので、ぜひ読んでいただきたい。

長かった翻訳作業を終えて、ホッとしていると同時に、寂しくもある。これから何をして生きていこうかと途方に暮れるかもしれない。そんなとき、私の足は自然に、自助グループや、そこで出会った友人たちのもとへと向かうだろう。孤立や絶望を知ったからこそ育める深い共感がある。七年前の私が欲しかったのは、そのための場だったし、これからもそれは変わらない。生きていくには、これさえあれば十分だと思っている。

一九九七年八月

被害者を支えるまなざしとは
——新装改訂版へのあとがきにかえて

原　美奈子

ついこの間まで海底に沈んでいた船が浮上し、再び航海を始めるように、『生きる勇気と癒す力』がようやく息を吹き返した。出版にこぎつけるまでに七年かかったこの翻訳の初版刊行は一九九七年一〇月。九五年に起きた阪神淡路大震災で大勢の方が被災したことからPTSD（心的外傷後ストレス障害）という略語がマスメディアに頻繁に登場するようになり、自助グループの有効性が癒しの一形態として認知され始めた頃である。

しかし、刊行後わずか一年足らずで、本書は入手困難となる。出版元で労使紛争が起き、業務が凍結されたためだ。それを耳にした私は、両親の不和に悩み、自室にこもる子どもさながら（当事者のたいへんさはさておき）、果たして自分たちの本が再び陽の目をみるのかという危惧と、自分ではどうすることもできないという無力感でいっぱいになった。

そんな経緯で、すっかり出版界に幻滅していた私のもとに、思わぬ復刊決定のメールが舞い込んできたのは半年前のこと。心ある人々の後押しによって、一度は遮られた陽光が再び差しこんだのだ。本棚の隅にあった本書を久々に開いたとき、私は出版という活動の息の長さに敬服した。三一書房の岡部社長をはじめ、本書の価値を深く理解し、応援してくださったすべての方々に心より感謝したい。

「二次被害」から「二次加害」への転換

いっぽう、年月の流れとともに、女性による加害、男性の性被害、同性愛者やトランスジェンダー差別と性的虐待、高齢者への虐待など、本書がカバーしきれなかった新たな気づきや問題も数多く浮上してきた。今回は、なかでも加害者と被害者をとりまく周囲の対応が加害の構造にいかに深く関わっているかについて考えてみた。

《二次加害その一》虐待を助長する周囲の「社会的ネグレクト」

周囲の人々による「加害行為の看過や軽視」は〈身体的、心理的、性的虐待、ネグレクト（養育放棄）〉という虐待分類法に当てはめれば、さしずめ「社会的ネグレクト＝関心の放棄」にあたる。虐待を見知っても、周囲が制止しなかったり無反応のままだったりすると、加害者は暗黙のうちに承認されたと思い、虐待はさらに勢いを増す。つまり第一次被害とネグレクトは、社会的にも相互補完的な関係にあるわけだ。被害にあった者が、話を聞いてもらえなかったり、十分にケアを受けられないと、心の傷が増幅するのは知られてきたが、それと同じことが、社会レベルでも起きているのである。周囲の無関心や問題放置を「二次加害」と表現する由縁はここにある。

特に性暴力の場合、こうした周囲の非介入、傍観視、関心の放棄、問題放置は、長い間さしたる問題とされてこなかった。現代のような車社会で、もし信号も横断歩道も保険もなく、歩行者が事故にあっても誰もかけつけなかったら…と想像してほしい。女性の被る性被害は、いわば社会的なネグレクト状態にあったわけだ。よく夜道にある「チカンに注意」という立て看板は、「チカンにあうのは、そんな夜道を歩くオマエが不注意だからだ、オマエが悪い」という正当化の材料にさえなった。たとえ虐待や性暴力をはたらく者の大多数が男性であったとしても、それはごく一部の不届き者が散発的に犯す加害行為であるとみなされ、男性社会の性に関する常識を変える必要があるとまではみなされなかった。

そんななか、一九七〇年代から性暴力を告発し、抗議の声をあげ、被害にあった女性を一貫して支援してきたのは欧米のフェミニスト女性たちだ。暗い夜道にどうして街灯をつけないのか、危険箇所をどうして放置しておくのか、被害者の証言をなぜ信じないのか。レイプ裁判においては、加害行為の有無に関する立証責任が、被害者側でなく加害者側に移され、職場でのセクハラを規制する法律が制定された。女性たちが声をあげるたびに性暴力にまつわる様々な〈俗説〉が覆されていき、とても大きな社会的うねりとなって、世界に広がった。

日本においても、八〇年代半ばから、性暴力被害の救援活動が徐々に広がり始め、性暴力にまつわる俗説が否定されていった。しかし当時、その矛先はまだ、主に加害当事者への怒りに向けられており、「闘う被害者」出現への期待と相まって、支援者を含む周囲の人々の役割分析には至らなかった。まだ社会運動としては不完全だったということになる。

私たちが性虐待サバイバーの自助グループを始めた一九九〇年当時も、司法、医療、カウンセリングの場や家族、友人を含め、周囲の人々による被害の矮小化や隠蔽、被害者への侮辱などはさほど問題視されておらず、「加害者も悪いが、訴え出ない（無力な）被害者も困り者」というニュアンスで語られることが多々あった。それは、性暴力を告発する女性運動のなかでも例外ではなかった。あれから十余年、多くのサバイバーが異議を唱え続け、ＰＴＳＤという概念がサバイバーの心理状態を多少なりとも説明してくれたことで、今ではこうした周囲の態度は、対応の不備による「二次被害」と称されるようになった。しかしこの「二次被害」という言葉も、サバイバーの側に重くのしかかる表現であることに変わりない。サバイバーからみれば、これらはむしろ加害側に荷担する「二次加害」といったほうがすっきり理解できるし、解決の道筋もずっとつけやすくなる。

《二次加害その二》被害の矮小化と隠蔽という心理的虐待

虐待やいじめが長期化または深刻化する背後には、加害行為の軽視、つまり被害の矮小化がつきものだ。

性暴力や性的虐待を「いたずら」と称するのはその古典的な例だが、これは加害者自身がよく使う「いたずらしてやろうと思った」という言い訳がそのまま独り歩きした結果であろう。近年学校で行なわれている「失神ゲーム」というのも、この類に属する言葉だ。集団で暴力行為を強要し、それを「ゲーム」と言い換えることで、深刻さを上手に隠蔽しているに他ならない。加害者としては、自分の行為を正当化するためにも「とるに足らないこと」と思いたい。本来被害にあったほうの声も聞き、それを実態に即した言葉に置き換えるのは、周囲の責任であるはずだが、現状ではかえってそれに同調し、ご丁寧にもそれを広めている報道機関まである。

こうしたケースは翻訳の現場でも続々出現するが、個々の言葉狩りでは「いたちごっこ」となるだけなので、加害側の論理に巻かれることなく、被害者の目線から力関係をきちんと検証するというステップを踏んで、言葉を吟味する作業が必要であろう。とくに報道媒体による二次加害は広範に及び、悪しき前例として後々まで尾を引くので、これを防ぐには、報道人の人権感覚を磨く教育体制が不可欠となる。

加害行為の軽視が、サバイバーに近い人々の根拠なき楽観主義から来る錯誤だとすれば、「加害の隠蔽」というのは、さらに立場の強い者が行う、より意図的な二次加害といえるだろう。例えば、セクハラ教師を転勤させたり、しかるべきところに報告しなかったりして、問題をなかったことにするわけだから、意図的に加害者に荷担したともみえる。

いずれにしても、二次加害というのは、未だ癒えない傷に塩を擦り込むようなもの。何度も起きては、助けを必要とするサバイバーを落胆させる仕打ちであり、れっきとした心理的虐待である。すでにダメージを被ったサバイバーは、こうした周囲の心ない対応によって、さらに孤立する。しかし密室で発生しがちな一次加害と異なり、二次加害は多くの人の眼に触れることから、互いに啓発し合うことで十分防げるものである。

虐待や性暴力をとりまく「加害者優位」の構図はいたるところにある

やはり虐待の一種であり、あきらかな性的虐待事例も多い「学校でのいじめ」。これが相次ぐ被害者の自殺で、最近再び表面化してきた。

世間はいつの時代も加害者に甘く被害者に厳しい。なかでもいじめや虐待は、立場や力、数において強い者から弱い者へと向けられる攻撃であるため、この傾向はことさら顕著となる。いじめをなくす活動をする民間団体が、小中高生を対象に「いじめるほうと、いじめられるほう、どっちが悪いと思うか」というアンケートを実施したところ、「いじめるほうが悪い」と答えた生徒は半数以下だったそうだ。いじめたり、いじめられたりと、いずれの立場も経験する生徒が多いなか、これが世の価値観を敏感に嗅ぎとる子どもや若者たちの、ある種の本音であろう。また、一口に「いじめ」といってもその程度は様々。このように加害者対被害者の関係を並列に置いた質問だと、答える側は比較的軽微なものを想定しがちである。

しかし、そもそもこうしたアンケートを実施するのは、いじめが虐待の域までエスカレートする事態を憂慮してのことだろう。子どもたちの感覚をとやかく論評する以前に、この設問自体にギクリとしたのは私だけであろうか。この質問を「差別するほうと差別されるほう、どっちが悪い？」あるいは「殺すほうと殺されるほう、どっちが悪い？」と言い換えてみれば、加害者対被害者という本来非対称な関係を、あたかも対等であるごとく扱うことがいかに不公平かは明白だ。

このように、一見中立公正に見えても、いつのまにかすべてのベクトルが「加害者有利」に傾斜する現実がある以上、この力関係のバランス回復が先決である。それには何よりも、しっかりと被害者の視点に立った方策が求められる。加害者（たち）が自発的に加害行為をやめられない以上、加害行為のエスカレートを防ぐのは周囲の抑止力であり、自分を制御できなくなった加害者にとって、周囲の制止は頼みの綱でもある。こう考えると、たとえ周囲が加害者に甘くても、それはけっして加害者本人のことを考えてのことではなく、単なる自己保身の結果であるのはあきらかだ。

本当に自分を守れるようになれば、周囲も自ずと守られる

自分を守ることはけっして悪いことではないし、むしろそれが必要な場合もある。しかし、気持ちが凍りついたままでどれだけ自分が守れるのか。「頭隠して尻隠さず」という古い格言のとおり、過剰な自己保身のツケは、社会全体の病理として、思いのほか早く自分と自分の大切な人にまわってくる。本当の意味で自分を守るには、心しなやかに生き、周囲の環境にもしっかり目配りをしていかねばなるまい。

私自身、性被害とネグレクトを常にセットで喰らってきたサバイバーの一人であるが、被害者にも加害者にもなりたくないすべての人々に向けて、いま声を大にして言いたい。たとえ隣の人を救えなくても、関心をもつこと自体に大きな価値があると。人を救えないかもしれないが、自分ができる限り手を尽くすことで、無力感から身を振りほどいて生きていこうよと。それがサバイバーにとって何よりの希望となるのだから。それは、自分のしたことに誇りをもてるかどうかの問題である。

癒しはなぜ必要か

最近、「癒しのエステ」とか、「癒しのリゾート」など商業主義的乱発で、「癒し」という言葉にもずいぶん手垢がついてしまったようだ。

それでも、である。一度でも心から癒される経験をした人なら、世界がそれまでとどれほど違って見えるか、教えてくれるだろう。

ついさっきまで、黒と白の強烈なコントラストの世界に生きていて、強い刺激にしか反応しなかった自分が、やっと聞こえるほどの小さな頷きや囁きにいつしか涙している。じんわりとしたやさしい気持ちが広がり、霜柱のくずれる音さえ聞こえてきそうだ。春の訪れ、いや、恋にも似た感覚。

「生きている」というのはこういうことだったのか。

そして、気持ちが楽になるにつれて、苦しんでいる人の発信する微かな信号にも目が向くようになるのだ。

そういう意味で本書はまぎれもなく、丹念に織りあげられた癒しの書であり、書籍の姿を借りた自助グループである。この本の一番の贈り物は、なんと言っても大勢のサバイバーの紡ぐ言葉。そして底流には、他者と共感する豊かな想像力と、分かち合いの心、見ず知らずの私に対する信頼がある。大勢の他者が心を開いて自分の痛みを語ることで、初めて自分自身の物語が紡げるようになるというこの不思議な「呼び水効果」は、時代を超えた有効性を発揮する。

最後に、サバイバーという言葉は、被害にあった者の強靱さに焦点をあてた呼称だが、それと同時に、その影で命を落とした無数の人々への哀悼の意味も込められていることを今回改めて実感して、筆を置く。

本書からほとばしる自助の精神が、傷を抱えて生きる、できる限り多くの人々に届くことを願って。

二〇〇六年一一月

被害当事者が語る意味——解説にかえて

ウィメンズカウンセリング京都代表　井上　摩耶子

はじめに

二〇〇六年七月一四日、N地裁で行われた性暴力事件の加害者尋問を仲間たちと一緒に傍聴していた。この事件は職場の上司からアルバイト女性へのセクハラであり、ストーキング・強姦である。私は被害者のカウンセラーとして意見書を提出した。もう一〇年以上、このような法廷でのアドヴォケイト（擁護・代弁）活動を続けてきたが、はたして性暴力やドメスティックバイオレンス（以下、DVと略記）に対する法廷や社会一般の意識は変わったのだろうか、被害者理解は進み被害者救済は発展したのだろうかと思った。

本書『生きる勇気と癒す力』は、サバイバーによって書かれ、またサバイバーによって翻訳されたというユニークな特徴をもつ。サバイバーたちによる言葉の宝石箱といった趣があるが、その言葉にサバイバーたちは「そう！　そう！」とうなずき、カウンセラーなどのサポーターは「そうなんだ！」と深く納得する。本書の存在意義は、今もその点にあると思う。そして、サバイバーのアドヴォケイト活動はなによりも当事者を尊重するという当事者主義に貫かれていなければならないが、その意味において、私も本書に助けられてきた。

二〇年以上も遅れている！――京大・矢野事件にかかわって

一九九一年にフェミニストカウンセラーを名乗って以来、私は、多くの性暴力やDV被害者と出会い、カウンセリングをし、アドヴォケイト活動をしてきた。一九九三年に起こった京大・矢野事件は、とりわけ印象深い裁判ケースとなった。この裁判は、セクハラ加害者矢野元京大教授からの提訴という異例の裁判であったが（詳細は『京大・矢野事件――キャンパス・セクハラ裁判の問うたもの』〔小野和子編・著、インパクト出版会、一九九八年〕を参照）、日本初の本格的なキャンパス・セクハラ裁判といえるだろう。

私も、被害者甲野乙子さん（仮名）のカウンセラーとして意見書を書くことになり、長期継続して性暴力被害を受けながら逃げることのできなかった被害者心理、また長らく被害を告発できなかった被害者心理、長期反復して受けた性暴力による深刻な心理的影響や後遺症などについて説明しなければならなかった。甲野乙子さんと私は、二人の共同作業として甲野さんの性暴力被害者としての現実を整理し、まとめた。しかしながら、その当時、彼女の現実が性暴力被害者として一般的、普遍的なものであることを主張するための参考文献はほとんどなかった。私の意見書提出は一九九六年一一月で、ジュディス・L・ハーマンの『心的外傷と回復』日本語版（中井久夫訳、みすず書房）の出版は一九九六年一二月であり、本書の出版はその翌年の一九九七年一〇月である。

私は、一九九四年の夏、偶然に訪ねたシドニーのフェミニスト・ブックストアで、店員さんにハーマンの『心的外傷と回復』を紹介され、その本のなかに「（心理的）監禁状態」という概念を見つけ、これで被害者甲野乙子さんの心理状態や行動を説明することができると確信した。と同時に、日本における性暴力被害者救済は、その心理学的・精神医学的理論構築においても、アドヴォケイト活動においても、アメリカやオーストラリアからゆうに二〇年も遅れていることを知りショックを受けた。この時点で、私は、日本におけるフェミニストカウンセリングの存在意義をはっきりと悟ったように思う。

「女性に対する暴力」の根絶とフェミニストカウンセリング

一九九五年夏、第四回世界女性会議が北京で開催された。この北京会議において、「女性のエンパワーメント」をキイワードに、「女性に対する暴力」をはじめとする一二のテーマが各国政府の取り組むべき重点課題として提起された。私たちフェミニストカウンセラーも総勢三〇名くらいで参加し、フェミニストカウンセリングに関する分科会を開催した。その分科会において、アメリカのシンポジストから「偽りの記憶症候群」（本書、第五章参照）やフェミニストカウンセリングへのバックラッシュやバッシングについて問題提起があったが、正直なところ日本のフェミニストカウンセラーは誰も話された事実とその重大性を十分には理解できなかったように思う。

北京会議から帰るやいなや、私は仲間一六人とともに「ウィメンズカウンセリング京都」を開設した。北京会議の熱気さめやらぬままに、この伝統的な古都京都の地でフェミニストカウンセリングを実践するのだという意気込みだけは強かった。フェミニストカウンセリングの根本理念である「パーソナル　イズ　ポリティカル」（個人的な問題は政治的な問題である）を、「あなたの問題は私たち女性全体の問題です」という言葉に託し、ウィメンズカウンセリング京都のキャッチフレーズとした。

日本における「女性に対する暴力」をめぐる動き

日本における「女性に対する暴力」防止活動をふり返ってみよう。一九八〇年代中頃に、民間の女たちの手によって「東京・強姦救援センター」や「性暴力を許さない女の会」(大阪)などが設立され、草の根のレベルでの性暴力被害者への救済活動が誕生した。私も「性暴力を許さない女の会」に参加していた時期がある。そして、一九八八年、日本のセクハラ裁判第一号が、福岡地裁に提訴された。出版社の編集者が上司の言葉によるセクハラを訴えたものだったが、一九九二年に被害者側が勝訴し、セクハラという言葉が社会的認知を得る契機となった。それ以来、性暴力を訴える女性が増加し、二〇〇〇年までに全国で一〇〇件以上のセクハラ裁判が起こされたという。また、子どもへの暴力防止として、一九八五年、CAP(Child Assault Prevention＝子どもへの暴力防止プログラム)の活動が開始された。

その後、一九九七年に改正男女雇用機会均等法が制定され、雇用主のセクハラへの配慮義務が規定された。続いて一九九九年には男女共同参画社会基本法、二〇〇〇年ストーカー規制法、二〇〇一年配偶者暴力防止法、二〇〇四年改正配偶者暴力防止法が施行されたが、これらの法律は「女性の人権」の擁護と、とくに「女性に対する暴力」の根絶を目的とするものであった。こうして、やっと国も積極的に性暴力の防止に取り組むこととなり、行政、会社、大学などにもセクハラ相談窓口などが設置されるようになった。

私たちフェミニストカウンセラーも、これらの動向に後押しされ、行政や大学のセクハラ相談員として数々の性暴力事件にかかわることによって、徐々に性暴力にかかわるカウンセラーとしての力量をつけてきた。もちろん、そこで出会ったサバイバーたちとともに、「性的自由とは何か」「性的自己決定権の侵害とは何か」について、具体的にともに学ぶことができたからである。

一九九一年、フェミニストカウンセラーの全国大会が開催され、二〇〇一年には特定非営利活動法人日本フェミニストカウンセリング学会が誕生し、カウンセリング部門とフェミニスト運動部門をそれぞれに充実発展させることとなった。二〇〇二年、学会認定のフェミニストカウンセラー制度をつくり、フェミニストカウンセリングの理論や技法の確立、フェミニストカウンセラーの質の向上を目指すこととなった。

このようにして、日本でも、アメリカから二、三〇年遅れで、草の根のレベルのサポーターやフェミニストカウンセラーを中心に性暴力・DV被害者のための活動が活発になっていった。

「あなたは悪くない!」

フェミニストカウンセリングは、「パーソナル　イズ　ポリティカル」を根本理念とすることによって、伝統的な心理カウンセリングとは一線を画している。フェミニストカウンセリングにおいては、女性クライエントの心理的葛藤や低い自己評価、非力感は、その女性個人の心理的欠陥ではなく、また単なる生育歴だけに還元されるものでもなく、むしろ男性中心社会における女性差別、性別役割の強制、女性が「二級市民」(second citizen) の地位に甘んじざるをえなかったことなどに由来すると考えている。

そして、フェミニストカウンセリングと伝統的カウンセリングの違いが歴然と表われるのが、まさに性暴力・DV被害者へのカウンセリング・アプローチにおいてなのである。フェミニストカウンセリングにおいては、被害者の訴えに、たとえばDV防止法や各大学などが制定しているセクハラ・ガイドラインなどを適用し、さらにDV・セクハラとはどのような暴力なのか、DV・セクハラ被害者の心理や行動や心理的後遺症、DV・セクハラ加害者の心理や行動の特徴といった解釈枠組を補助線として適用する。そして、フェミニストカウンセラーが「彼女はまぎれもなくDV被害者あるいはセクハラ被害者である」と判断したときには、躊躇なく「あなたは悪くない」と明言する。

クライエントの問題解決や自己探求を側面的に援助する伝統的な心理カウンセリングから見ると、カウンセラーが「良い」「悪い」といった価値判断を下すこと自体が奇異にうつるかもしれない。しかし、フェミニストカウンセリングにおいては、DVやセクハラ被害を被害者側の内在的・内面的な問題としては扱わない。たとえば、被害者の人格が弱いから、被害者が性的にふしだらだから性暴力被害に遭うとは考えない。DVやセクハラは被害者の個人的問題ではなく、むしろ社会的問題として捉えられる。こうして、「あなたは悪くない。悪いのは加害者だ」という言葉が使用されるのだ。

被害者側の内面的問題を探求しようとするからなのか、伝統的カウンセラーからは「なぜノーと言わなかったのですか?」「そんなに嫌ならなぜ逃げなかったのですか?」「長い間告発しなかったのは、セクハラではなく合意だったからでしょう?」などといった質問が発せられることがあるが、これは被害者のほうを責める二次加害(セカンド・レイプ)に他ならない。

「支配的物語《ドミナント・ストーリー》」としての「強姦神話」

伝統的カウンセリングにはジェンダーの視点が希薄なので、社会一般に流布されている「強姦神話」的解釈を完全には払拭していない。「強姦神話」とは、男性あるいは男性加害者が自分たちに都合よくつくり上げた神話である。「女性のノーはイエスのサインである。嫌だと言いながら心のなかでは強姦されたがっている」「男の性欲はコントロールできないのだから、挑発した、スキを見せた女性のほうが悪い——短いスカートや透けるブラウスの着用、誘われるままに車に乗った、一緒に酒を飲んだのが悪い」といったものである。そして、「今頃、まさか!」と思われるかもしれないが、伝統的カウンセリングや現行の裁判が依拠する解釈図式は、いまだにこの「女が悪い」という古典的な強姦神話から自由ではない。言い換えれば、「強姦神話」は、社会一般の大多数の人たちに信奉されている「支配的物語」(dominant story)であり、たとえばセクハラ被害者の訴えは少数者の語る「もうひとつの物語」(alternative story)にすぎないのである。

また、フェミニストカウンセリングは「クライエントこそが専門家である」という当事者主義に立つが、伝統的カウンセリングは「専門家こそが科学者としての治療者である」という専門家中心の治療論に立つ。それ故に、フェミニストカウンセリングにおいては、たとえば近親姦があったのかどうかは、被害者と加害者とが一番よく知っているのであって、その点に関してカウンセラーは無知（not-knowing）であり、被害者の話を傾聴する以外にアプローチする方法はないと考える。そして、先述したように、DV防止法、児童虐待防止法やセクハラ・ガイドラインなどを適用して訴えられた被害を認定すれば、被害者に対しては「あなたは悪くない」と明言するのである。

京大・矢野事件の甲野乙子さんが「何度でも『あなたは悪くない』と言われたい」と話した日のことを、昨日のことのように思い出す。

児童期の性虐待――近親姦被害

児童期の性虐待は、女性被害者（男性も児童期に被害に遭っているが、圧倒的多数は女性だとされている）に深刻な心の傷を与える。

私がそのことを思い知った事件があった。簡単に紹介しよう（プライバシー保護のため、細部は省略する）。A子さんは職場の上司から夕食に誘われ、その後ドライブに行き、あやうく強姦されそうになった。お酒を飲まない彼女が車を運転していたのだが、一度目の被害は、加害者がいきなり助手席から手を伸ばしてハンドルを切り、ラブ・ホテルに車を乗り入れようとしたことだった。A子さんはなんとかそれを阻止することができた。その事件後、職場でのセクハラ言動が一気にエスカレートしたので、彼女は提訴を決意した。

一審はA子さんの敗訴に終わり、私は控訴審で意見書を書くように頼まれ、A子さんにかかわるようになった。

一審のA子さんの本人尋問の最後の最後に、不思議なことが起こった。A子さんは突然「私は義父にレイプされました……」と泣き崩れ、本人尋問はここで打ち切られた。この話は、彼女の弁護士も、彼女の母親でさえはじめて聞く話だったという。この事態をいったいどう考えたらいいのかわからないということで、彼女の弁護士経由で、私が彼女のカウンセリングを担当することになった。

彼女は、思春期まで続いた義父との強姦事件を抑圧していたので、裁判まで一度も思い出すことはなかったという。私は、まず義父との事件についての話を聞くことにした。すでに義父は母と離婚し、その後亡くなっていた。

義父とのことを話している間に、彼女は唐突に、二度目のセクハラ現場と被害を思い出した。ラブ・ホテルに連れ込まれそうになった後、泣きながら運転を続けた彼女は、帰り道の途中で無理矢理停車を命じられ、車中で強姦されそうになった。あらん限りの力でなんとか抵抗して、強姦されることだけは免れ、加害者をJRの駅近くで降ろし、わあわあ声を上げて泣きながら深夜近く家にたどり着いた。どこをどう走ったのか覚えはないという。

控訴審が始まり、彼女は二度目のセクハラ現場と被害を陳述し、私は児童期からの近親姦被害、その記憶の抑圧、裁判中に突然記憶が蘇ったこと、それに伴い二度目のセクハラを思い出したことなどについて意見書を書いた。PTSDの説明だった。控訴審では、彼女が勝利した。

A子さんに出会い、「近親姦などあり得ない」とする社会的認知を覆すことの困難を改めて知った。A子さん自身が、「そんなことはあり得ないこと」として、長い間、自分の記憶のほうを抹殺しようと努めてきたのだ。近親姦を含む児童虐待被害者の声は、「家族のなかに家族成員を虐げる加害者など存在するはずがない。家族こそが安全で幸せな場所だ」とする「家族神話」としての「支配的物語」に阻まれ、かき消されてしまう。いまだに日本では、被害者が近親姦や児童虐待被害という「もうひとつの物語」を語るためには、二次被害を受ける危険を覚悟しなければならない現実がある。その意味で、本書は、勇気ある女性たちによる強力な「もうひとつの物語」なのである。

PTSD（心的外傷後ストレス障害）

一九九五年の阪神淡路大震災を契機にして、日本の精神医学界においてもPTSDという診断名が使われるようになった。翌九六年、ジュディス・L・ハーマン著『心的外傷と回復』日本語版（前出）が出版され、PTSDは地震や津波といった自然災害被災者に対してだけではなく、性暴力・DV被害者の心理状態や心理的後遺症を説明するのにも適切な診断概念であることが知られるようになった。それまでも、性暴力被害者の心の傷は「レイプ・トラウマ・シンドローム」（強姦後遺症）といった言葉で説明されていたが、PTSDという言葉を適用することによって、災害被災者や戦争からの帰還兵の心の傷と同様に性暴力被害者の心の傷も深刻なものであることを、社会一般に納得させることができるようになった。また、PTSDは「トラウマへの正常な反応である」と定義されることによって、たとえば強姦被害者がPTSDを発症しているのは、その人が人格的に弱い（脆弱性）からではないことが示され、また、フラッシュバックといったPTSD症状は、出来事（強姦事件）との因果関係を示すものとして理解されるようになった。

本書では、PTSDという言葉は使われていないが、性的虐待の影響としての心の傷を認める作業を、わかりやすく丁寧に、今自分がどの地点にいるかを確かめながら一歩一歩進めていくことを読者に促している（「第一章　心の棚おろし作業」）。本書の随所に見られるユニークな手法は、読者に発想の転換と日常的な生き方の工夫を提案する点だが、それらは間違いなくサバイバーたちをエンパワーすることにつながる。ここではPTSD症状をはっきりと自分の「サバイバル行動として再評価」しようと言い切る発想の転換が素晴らしい。「サバイバーの多くは自分自身のサバイバル行動に批判的です。生き延びるためにとらざるを得なかった行為の中には、否定したいものもあるでしょうが、それ自体はけっして恥ではありません。むしろ、生き延びるための手段を知っていた自分を讃えていいのです」(四四頁)と述べ、サバイバー自身が被害の矮小化、過小評価、合理化、否認といった自分の無意識の反応、また、解離（感情の遮断などによりトラウマから自己を守ること）や過覚醒（常にびくびくして過剰に警戒していること）といったPTSD症状をはっきりと認識し、それらを徐々にセルフ・コントロールしていく術を伝授している。多くのサバイバーが、「症状は生き延び策だったのだ」と自覚し、今はもはやその術を使用する必要はないという現実検討を進めることができれば、症状コントロール能力は飛躍的に増大するだろう。

ジュディス・L・ハーマンは、PTSDからの心理的回復の三段階——安全感の獲得、外傷ストーリーの再構築（想起と服喪追悼）、再結合——を詳述し、サバイバーに回復の道筋を示し、カウンセラーに対しては、トラウマ・カウンセリングのプロセスと目標を明確にした。本書は、専門家ではない当事者によるPTSDからの回復過程の書といってもいいと思うが、サバイバーに対するきめ細かな配慮と具体的な提案は、当事者でない専門家によっては決して書かれ得ない「生き延び策」であり、サバイバーに「すぐにやってみよう」とか、「これは役立つ」と思わせるところがさすがである。

PTSDと「バックラッシュ」

私たちがやっと性暴力被害者の救済に立ち上がった頃、アメリカではすでに「サバイバー攻撃」が開始されていたという。本書では、「第五章　真実を見すえる——サバイバー攻撃に応えて」において、「偽りの記憶症候群」というサバイバー攻撃に対して、活き活きと闘う著者たちとジュディス・L・ハーマンの姿が描かれている。「偽りの記憶症候群」とは症状名でもなんでもない。それは、一九九二年、児童期の性的虐待のかどで訴えられた加害者（父、義父、祖父、兄弟など）たちによってつくられた、「被害者が主張する近親姦があったという記憶は誤りであり、その偽記憶はセラピストなどに植えつけられたものにすぎない」と主張する「偽りの記憶症候群対策財団」が用いた言葉にすぎない。

日本では、二〇〇三年、矢幡洋著『危ない精神分析——マインドハッカーたちの詐術』（亜紀書房）によって、アメリカでの「偽りの記憶症候群」問題が紹介された。臨床心理士である矢幡氏は、この問題を、ジュディス・L・ハーマンと心理学者エリザベス・ロフタスの「記憶論争」に収斂させ、結論としては、「ロフタス女史は、ハーマンを撃破したことですっかり『女をあげた』」（一四三頁）とし、数々の学会受賞を列挙して熱烈にロフタスを支持し、ハーマンおよび本書『生きる勇気と癒す力』を偽りの記憶を植え付けた元凶としてこき下ろしている。矢幡氏の本が出版された直後には、多少マスコミにも取り上げられ、私がかかわっていた実父からの近親姦事件においても、さっそく相手方代理人が「子どもたち（当時七歳と五歳）に母親が偽記憶を植え付けたのだ」と的外れな反論をしてきたことがあった（もちろん、すぐに反論を返した）。しかし、今やマインドハッカーたちの詐術話はあまり話題にもならず、一方ハーマンの『心的外傷と回復』は、多くの専門家やサバイバーに読み継がれている。

「偽りの記憶」やPTSDへのバックラッシュは、ハーマンや本書の著者たちが言うように、歴史的、政治的な文脈において考えなければならない問題である。権利を剥奪され、社会的抑圧を受けている人々を救済する革新的な運動には、いつも社会的反発がつきものであった。ハーマンは「過去二〇年間、女性たちが性暴力に反対の声をあげるたびに、男たちは否認、言い逃れ、弁解を重ねてきた。私たちは、女は嘘つきだ、大げさに事を荒立てる、妄想に耽る、などと言われてきた。この期に及んで、女たちが洗脳されていると言うのか…社会の公然たる否認と闘ってきた私たちは、またもや信憑性論議に出くわしている。いったいどれだけ議論を繰り返さねばならないのだろうか」（本書三九〇頁）と嘆く。

しかし、この「社会の公然たる否認」は、日本の現行の性暴力・DV裁判においては、ごく当たり前に見られるものであり、まだ私たちはがっちりと四つに組んだ議論さえ一度も行っていない段階にあるように思える。専門家レベルでも大衆的なレベルにおいても。そのような状況のなかでの矢幡発言は、この社会的否認に加担し、それを強化するものであり、日本における近親姦や性暴力サバイバーからの声を聞く前にあらかじめ牽制し、封印するものでしかないように思われる。

当事者が語ることの意味

前進に対するバックラッシュを打破するために、即効性のある簡単な戦略はない。なにより当事者の語ることの意味がもっと尊重されるような社会を目指す地道な努力が重ねられるべきだろう。一〇年前に、本書のタイトル『生きる勇気と癒す力』を見て、「癒す」という言葉に違和感をもったことを思い出す。「癒す」という語感に、個人的作業というイメージを抱いたからである。しかし、本書を読み、現在までの私とサバイバーとの実際の共同作業を省みて、癒すという作業がすぐれて社会的、政治的な営みであることを知った。

先に述べたように、性暴力・DV被害者が癒される道筋は、当事者が語る「もうひとつの物語」（alternative story）を社会的に構築する過程のなかにしかない。私たちは、被害当事者の語りを傾聴し、社会に流布されている「支配的物語」（dominant story）と闘いながら、もうひとつの新しい物語をともにつくらなければならない。本書の著者エレン・バスとローラ・デイビスは、「癒しにつながる精神世界とは、こうした孤立感とは正反対のものです。それは生への情熱であり、他と繋がっているという感覚、つまり、自分が世界の一部であると感じることです」（一六九頁）と述べる。

また、癒しに終わりはないとしながらも、過去と折り合う地点に必ず到達できるとし、「過去との折り合いをつけ、前進できるところまでくると、自分が成し遂げた癒しの深さを実感できるようになります。癒しとは痛みを軽減することだけでなく、生涯続く自己成長の始まりなのだ、と思えるようになるでしょう」（一八〇頁）と語りかける。果てしなく続くように思える癒しプロセスの途上にあるサバイバーとカウンセラーの双方にとって、これほど励まされる言葉はないだろう。

癒しが自己成長の始まりだという観点は、カウンセラーとしても納得できる。「性暴力被害に遭ったからこそ、今の自分がある。今の自分はそれ以前の自分よりずっと好きだと断言できる」というあるサバイバーの言葉を聞いて、私も癒されることの喜びを知った。そして、他人が癒されることから得られる私の喜びもまた、サポーターとしての「生への情熱や他と繋がっているという感覚」を掻き立てるものであると実感した。

本書の活用方法

本書は、アメリカで一九九四年に、日本では一九九七年に出版されたものだが、今回あらためて読み返してみて、まったく古さを感じなかった。それどころか本書の有効性は一〇年前よりもむしろ高いかもしれないと思った。現在、沈黙を破って被害を語り、提訴中のサバイバーたちをみると、一〇年前のサバイバーたちよりも本書を活用する準備が整っているように思えるからだ。本書を使って、セルフヘルプ・グループを形成したり、サバイバーとサポーターのネットワークの構築、さらにはＤＶ防止法や犯罪被害者基本法などに対してサバイバーからの声を反映させる運動をつくることもできるかもしれない。

ウィメンズカウンセリング京都では、二人のカウンセラーがファシリテーター（促進役）となり、本書をテキストとして長らく「サバイバー・グループ」活動を実施していた。彼女たちから、本書をテキストに使うことの意義について話を聞いた。

① まず、カウンセラー側（というかグループを主催する側）の問題として、カウンセラーとしての経験も浅く、性暴力とは何か、サバイバーへの性暴力の影響、サバイバーとして生きることの困難などをグループメンバーに伝える自信がなかったので、本書のもつ「自助グループの力」を頼みとした。

② その結果、本書は多くのサバイバーの生の声によって構成されているので、専門家としてのカウンセラーや精神科医に説明され分析されるのとは違って、グループメンバーは必要以上に自己防衛的に構えることなく、自分の現実を受け止め、語ることができた。

③ また、自分の体験や感情などをどう表現したらいいのかわからなかったサバイバーたちが、「本書には、自分の体験や気持がそのまま書かれている」という経験を通して、自分の被害やその後遺症に対して適切な言葉を獲得した。

④ 自分の困難を表現する言葉を獲得することによって、自分の困難や症状が性暴力の影響や後遺症であることを確信し、自分の個人的な問題ではなかったことを知ることになる。このように名づけることや言葉を獲得することは、サバイバーのエンパワーメントの第一歩である。

⑤ 本書は、癒しのプロセスを積極的な自己変革のプロセスと位置づけている。サバイバー自身が自分の力を信じ、人との繋がりのなかで、性暴力や性的虐待を受けた自分の人生を自分に引き受けるように提言し、その糸口を当事者の言葉で丁寧に、押しつけがましくなく提案している。グループメンバーはこの真摯な態度に勇気づけられて、自分の問題に直面することができる。ここに、専門家によるものではない、自助と当事者性に裏づけ

られた癒しのプロセスが展開される可能性がある。

⑥　本書をひとりで読むのは辛いし苦しいという意見もあったので、自助グループで一緒に読むというのが安全な読み方かもしれない。

グループに参加したメンバーのひとりで、部落解放運動と取り組んできた友人は、「自分たちは十分に自立的であり、意識変革と社会変革への問題意識ももっていた。でも、自分の身に起きた『辛くて恥ずかしいこと』（性暴力被害）については誰にも話せなかった。本書を使った自助グループで一番印象的だったことは、『沈黙を破る』プロセスが言語化されていたことだった。沈黙を破ることは癒しのための強力な道具だけれども、このことがサバイバーにとっては一番難しい」と語ってくれた。

このような読まれ方をすることが、原著者のエレン・バス、ローラ・デイビス、そして翻訳者の原美奈子、二見れい子さんたちの望みだろう。私も、再版された本書が、サバイバーやサバイバーのパートナーや友人たち、性暴力やＤＶ被害者のサポーターの方々に広く読まれ、役立つことを祈っている。

百人百話 第1集——故郷《ふくしま》にとどまる　故郷《ふくしま》を離れる　それぞれの選択

岩上安身◎四六判　12000-8　1700円（税別）

2011年3月11日、東日本を襲った未曽有の大地震と津波。そして福島第一原発事故……。

事故から3年近くが経過した今も何も変わらない現実。東北、福島の地で暮らしてきた 百人、一人ひとりの思いを、ＩＷＪ代表 岩上安身がインタビューで紡ぎだす一人語り全百話。第1集発売中。以下続刊。

◎第1集　収録インタビュー（全29話）

佐藤 早苗 —何でこんなに避難することが難しくなっているのか
長野 寛 —失ってわかった、豊かな土地・福島
トシユキ —父ちゃん、なんで福島なの？　俺、結婚できるかな
アンナ —自分が夢を捨てられないんです
紋波 幸太郎 —妻の出産、情報に翻弄されて……
鹿目 久美 —福島と神奈川、娘と往き来する中で
島村 守彦 —とにかく南に逃げろ！　１００㎞以上逃げろ！
有馬 克子 —なんでこんなに無防備なの？
遠藤 浩二 —気がついたら20㎞圏内にいた（DJ mambow）
志田 守 —なんでもないことを奪われている
サチコ —メルトダウンて、今さら言われても
種市 靖行 —僕だったらヨウ素剤を配っていた
比佐 千春 —マスコミと同じく、私自身もなぜか自主規制してしまう
小堀 健太郎 —同じサーファーでも、意見も行動も分かれる
齋藤 英子 —ママは帰っていわき守って
吉田 幸洋 —三代にわたらないと、復興は成しえないんじゃなかろうか
佐々木 慶子 —シニアが頑張るしかないんじゃないかな
植木 宏 —僕たちは無力じゃない、微力なだけだ
千葉 由美 —孤立している人をつなげたい
手塚 雅孔 —故郷を廃墟にしたくない
渡部 信一郎 —お山というのは自分の命と同じなんだ
佐藤 幸子 —戦場の中に子どもを置いてはいけない
宍戸 慈 —朝7時、放送が終わった瞬間で泣いているんです
阿部 留美子 —「故郷を捨てるのか」と言われながら、避難して……
田口 葉子 —３・11まで原発のことは何も知らなかった
高村 美春 —お墓は警戒区域内に……、今はお墓参りすらできず
黒田 節子 —映像は嘘をつかない、本当に怒ったようには映りませんね
武藤 類子 —「見えない柵」が張られている
大塚 愛 —つながって生きていればいい

わがこころの犬たち

――セラピードッグを目指す被災犬たち

大木トオル 著

身も心も傷ついた被災地に置き去りにされた犬たち。救助され人への信頼を回復した犬たちには、孤独な傷ついた心に寄り添う「セラピードッグ」となる素質がある。犬を心から愛するブルースマンが犬たちとの日々を綴る。

四六判　13014-4　1500円（税別）

もうひとつの国鉄闘争

――非正規差別、女性差別と闘って

和田弘子 著

一人の自覚、差別への怒りから始まった和田闘争。和田さんの闘いは、たった一人の人間としての自覚、差別への怒りから始まった。それは、女性差別と非正規職員への差別という、二重の差別との闘いであり、その過程を通して、人びとの権利意識・運動の広がりをもたらした。戦後の情況の中でこの闘いを振り返り、その持つ意味を考えることは重要だ。【早稲田大学名誉教授　佐藤昭夫】

A5判　13013-7　2500円（税別）

新装改訂版
生きる勇気と癒す力
―性暴力の時代を生きる女性のためのガイドブック―

1997年10月31日　第1版第1刷発行
2007年　2月19日　改訂版第1刷発行
2014年　1月18日　新装改訂版第1刷発行

著　者　エレン・バス　ローラ・デイビス
訳　者　原　美奈子　　二見　れい子
発行者　小番　伊佐夫
発行所　株式会社 三一書房
〒101-0051 東京都千代田区神田神保町3-1-6
電話：03-6268-9714　FAX：03-6268-9754
メール：info@31shobo.com
ホームページ：http://31shobo.com/
装　丁　野本卓司
印刷製本　シナノ印刷株式会社
乱丁・落丁本はお取替えいたします。

ISBN978-4-380-13012-0　C0036
Printed in Japan
定価はカバーに表示しています。
乱丁・落丁本はお取替えいたします。

著者紹介

エレン・バス　Ellen Bass

カウンセラー。講演者、カウンセラー養成者として全米で広く知られており、この25年間、性的虐待のサバイバーとともに活動してきた。『誰にも言えなかった』共同編集、『Free Your Mind: The Book for Gays, Lesbian and Bisexual Youth — And Their Allies（心を解き放とう～ゲイ、レズビアン、バイセクシュアルの若者とその味方へ）』共同執筆。詩集も数冊出版している。また女性のための文章創作教室も開いている。

ローラ・デイビス　Laura Davis

ワークショップ・リーダー。子ども時代の性的虐待からの癒しの専門家として全米で広く知られている。著作には『The Courage to Heal Workbook』、『Allies in Healing』（邦訳あり、参考図書参照）、『Becoming the Parent You Want to Be: A Sourcebook of Strategies for the First Five Years（こんな親になりたい～5歳までの子育て戦略）』のほか、新聞紙上で「親業」のコラムを執筆。

訳者紹介

原　美奈子

翻訳業の傍ら、日本における女性のセクシュアリティのあり方を問い直すための翻訳、執筆、自助活動に携わる。1987年、レズビアンのためのサポートグループ『れ組スタジオ東京』、1990年、性的虐待のサバイバーによる自助グループ（後のSCSA会）を共同結成。現在は性別概念を問い直すトランスジェンダーとの関わりを模索中。共訳書に『サフィストリー』（太陽社）、『ウーマン・ラヴィング』（現代書館、共訳）、『ガウディ・アフタヌーン』（パンドラ）、『レスビアンの歴史』（筑摩書房）他。

二見　れい子（本名：清水　れい子）

英語教師。1990年代、サバイバーによる自助グループ活動、女性学研究活動を経て、2004年より、アメリカ合衆国ワシントン州の大自然の中で、子どもや若者たちのための日米交流キャンプ企画・運営を開始。すべての人たちに、遊ぶ心と夢を再発見する機会を提供するため、国際交流と地球環境保護教育の実践に携わる。現在、ＮＰＯワイルドアース・プロジェクト代表。

翻訳協力

高橋りりす（第三章前半ほか）

役者・翻訳業。アメリカの大学院留学中に指導教授からセクハラを受けた経験を題材にした一人芝居『私は生き残った』（日本語版・英語版）を国内外で上演。著書に『サバイバー・フェミニズム』（インパクト出版会）。

白崎順子（序章、第一章前半ほか）

個人的な問題からSCSA会に参加。「見えざる女たちの会」を設立。

小野京子（第二章部分）

サイコセラピスト、アートセラピスト。

事項索引

あ 行

愛　Love
〜と怒り　anger, 140
〜と精神世界　spirituality, 171-172
〜への怖れ　fear of, 246
諦める　Giving up, 62
アフリカ系アメリカ人　African-Americans 36
歩くこと　Walking 228-229
アルコール依存（症）　Alcoholism 42, 54-55, 213, 230
安心感,身の安全　Safety, Security
摂食強迫と〜　compulsive eating and, 231-232
対決と〜　confrontations and, 149-154
対処行動と〜　coping and, 57-59
安全な接触　Safe touch 224
子どもとの〜　with children, 297
安全な場作り　Creating safe spot 215-216
怒り　Anger 39, 64, 134-145
愛情と〜　love and, 140
〜の感情解放ワーク　emotional release exercises for, 209-211
〜の肯定的表現　positive expressions of, 143
〜の行動徴候　behavior signs of, 212
〜の身体的徴候　physical signs of, 211
〜の力　power of, 141-143
〜の否認　denying, 135
〜への怖れ　fear of, 139-140
〜を感じることと，表現すること　feeling vs. expressing, 136-138
〜をぶつける　lashing out, 135-136
〜を向ける　directing, 136, 138-139, 210
虐待に繋がる〜　abusive, 211-212
行動と〜　action and, 144-145
健全な反応としての〜　as healthy response, 134
支えとなる怒り　supportive anger 143-144
自己虐待と〜　self-abuse and, 233
自己破壊と〜　self-destruction, 135
自殺衝動と〜　suicidal feelings and, 215-217
自分の〜を知る　getting in touch with, 136-139
宗教と〜　religion and, 170-171
親密感と〜　intimacy and, 249
セックスと〜　sex and, 274
日常の中での〜　as part of everyday life, 144
パートナーの〜　of partners, 360, 375
母親への〜　at mother, 138-139
暴力と〜　violence and, 134, 136, 139-141, 211-213
抑鬱状態　depression 135
意識と身体の分裂　splitting　→解離
意識の離脱　leaving your body　→解離
依存（症），嗜癖行動　Addictions 230-231
記憶と〜　remembering and, 84
恋人関係への〜　to relationship, 247
セックス〜　to sex, 279
対処行動としての〜　as coping behavior, 54-57
偽りの記憶（症候群）
False memory (syndrome) 386, 390-392
〜だとする告発　accusations of, 148
カウンセラー（セラピスト）と〜
counselors and, 396, 411, 414-418
記憶の研究　memory research 418-420
虐待者の否認を強化する〜
denial of abusers reinforced by, 410
個々の反応　personal reactions to, 440-443
固定観念　stereotypes and, 413-414
人種問題　racial issues and, 413-414
イメージ想起　Visualizations 197
〜を手放す　letting go of, 178-179
親密な関係と〜
intimate relationships and, 250
インナーチャイルド　→内なる子ども

受け取ること　Receiving　249–250
嘘をつく　Lying
　虐待者の嘘　by abuser(s)　406–408
　対処行動としての嘘　as coping behavior,　56
打ち明けること（開示），虐待を語る
　Disclosure, Telling　64, 103–113
　打ち明け方　how to tell　110–111
　～ができる状況　context for,　110–111
　～がもたらす変化　as transformative,　106
　～への反応　response to,　103, 104
　子どもが～　telling by,　37, 104–105, 307
　誰に打ち明けるか　whom to tell,　109–110
　どの程度打ち明けるか　levels of,　107
　人間関係の整理と　weeding and,　111–112
打ち明け，対決すること
　Disclosing and confronting　64, 146–162
　～と子ども　to children,　297–299
　～と子どもたちを守る　protecting other children,　146, 155–156, 302–304
　～の準備　preparing for,　150–152
　～の動機　motives for,　146
　～の理由　reasons for,　146
　～への怖れ　fear of,　146, 147
　～への反応　reactions to,　148–149, 153–154
　～を選ばない　choosing against,　156
　～を決断する　deciding for,　147
　家族外で～　outside the family,　149
　危険と～　danger and,　153
　虐待者が死亡か，行方知れずの場合
　　dead or gone abuser　157
　サバイバー攻撃と～　backlash and,　386, 446
　自分に焦点をあてること～
　　staying centered and,　152
　象徴的対決　symbolic,　157
　対決の方法　ways of,　152
　撤回と～　recanting and,　415–416
　パートナーが～　by partners,　368–370
　初めての対決～
　initial confrontation,　152–153
訴えの撤回　Recanters　415–416
内なる子ども（インナーチャイルド）
　Child within　64, 121–126
　～と折り合う　coming to terms with,　121
　～と繋がる　making contact with,　123–125
　～のために哀しむ　grieving for,　130
　～への怒り　anger at,　135
　～を安心させる　reassuring,　177
　～を知る　getting to know,　124–125
内なる声　Inner voice　128
内なる力　Personal power　38
　～に過剰な幻想を抱く　unrealistic sense of,　147
裏づけ証拠　Corroboration　445
エクササイズ　Exercises　221
　愛情深い親になるための～
　　nurturing parent,　200
　身体と繋がる～
　　for connecting with your body,　228
　感情の解放　emotional release　210–211
　呼吸法　breathing　223
　自己虐待と～　self-abuse and,　234–235
　地に足をつける～　grounding,　228–229
　リラクゼーション　relaxation　228
絵を描く　Drawing　205, 221–222
オーガズム，マスターベーションと
　Orgasm, masturbation and,　259–260
殴打　→身体的暴力
公の場で話す　Speaking publicly　118–119
思い出すこと（想起）
　Remembering　→記憶
親として，親業
　Parenting, parenthood　292–312
　慈しむ親のエクササイズ
　　nurturing parent exercise　200
　内なる子ども　child within　121–126
　思い出すこと　remembering　84–85
　親のための実践講座
　　Parent Effectiveness Training　295
　親業を学ぶ　learning　294–295
　親になることを選ぶ　choosing　292–293
　親の支え　support　350–351
　限界設定と～　setting boundaries and,　299–301
　子どもとの交流　communicating with your children　297–299
　子どもを守る　protecting your children　302–304
　自分が受けた虐待について子どもに話す
　　telling children about your own abuse　297–299
　自分の子を虐待する　abusing your children　309–311
　強さと弱さ　strengths and weaknesses　296–297

母親を責める　mother-blame　138–139

か　行

解離　Dissociation　81–82
意識と身体の分裂　splitting　222–223, 266–267
意識の離脱　leaving your body　48
～に関心を払う　paying attention to,　223
～を防ぐ体操　exercises for,　229
感情と～　feelings and,　223–224
虐待者　abusers　406–408
呼吸と～　breathing and,　223
性愛の最中の～　during love making,　266–267
対処行動としての～　as coping behavior,　45–46
二重性　doubling　407
人と繋がることと～　reaching out and,　223
ボディ・イメージと～　body image and,　222–223
カウンセラー，カウンセリング
Counselors, counseling　338–345
偽りの記憶とカウンセリング
false memories and　396–397, 410–411
カウンセラー（セラピスト）攻撃
backlash to,　414–417, 444–445
カウンセラーとの問題　problems with,　342–343
カウンセラーに打ち明ける　telling,　106, 109, 110
カウンセラーを選ぶ　choosing,　339–341
カウンセリングの回避　avoiding,　341
カウンセリングの評価　assessing,　444–445
記憶の回復と～　recovered memory,　384
信頼と～　trust and,　339
旅路の共有　as mutual journey,　344–345
加害者　→虐待者
鏡をみつめる　Mirror, looking in　221
加虐的儀式（悪魔信仰）による虐待
Sadistic ritual (Satanic) abuse　432–435
～に関する法律　laws concerning,　435
サバイバー攻撃　backlash　399–401
確証を得る　Validation　100–101
過小評価（矮小化，軽視）対処行動としての～
Minimizing as coping behavior,　44–45
過食（症）　Bulimia　55, 232–233
家族（原家族，実家）　Families of origin
～愛　love of,　326–327
～からの分離　separating from,　329–330
～からの離反　estrangement from,　316–318
～関係の再評価
assessing relationship with,　315–316
～史の再構築　reconstructing history of,　168
～との限界設定　setting limits with,　317–321
～内の味方　allies in,　314–315
～の代わり　substitutes for,　334
～の反応　reaction of,　327–328
～の変化を期待する　hope for change in,　329
～訪問　visiting,　322
虐待者の告訴と～　suing the abuser and,　334–337
支えとしての～　as supporters,　350–352
自分の子と～　your children and,　305
祝祭日と～　holidays and,　325–326
パートナーと～　partners and,　367–370
仮名使用について　using pseudonyms　30
身体《からだ》，ボディ・イメージ
Body (image)　39–40, 220–237
エクササイズ　exercise　221, 226, 228–230
～からの離脱　leaving the,　46–48
～の記憶　body memories,　83
～の声を聞く　listening to,　225–226
～と意識の分裂～　splitting and,　222–223
～を愛することを学ぶ　learning to love,　220–221
～を無視する　ignoring,　225
感情解放ワークと～
emotional release work and,　210–211
感情と～　feelings and,　202
護身術　self defense　235–236
自己肯定の言葉　affirmations and,　221
自傷行為　self-mutilation　233–235
自分の～を描く　drawing yourself and,　221–222
自分の～を鏡に映す
looking in the mirror and,　221
身体疾患　physical illness　227
摂食障害と～
eating difficulties and,　55–56, 231–233
不眠（症）　insomnia　226–227
マッサージ　massage　224
カルト　Cults　416
感情，情緒　Feelings
怒り　anger　210, 211–212
絵を描く　drawing,　205

思い出すことと～ remembering and, 86–87
解離と～ splitting and, 223–224
～的支え support for, 208
～に対する怖れ fear of, 210–211, 218–219
～の抑圧 suppression of, 202
～はセットで as package deal, 203
～を名づける identifying, 206
～を表現する expressing, 208–209
緊張と～ tension, 210
肯定的～ positive, 218–219
対思考 thinking vs. 206
自殺衝動 suicidal 215–217, 345注
自分の気持ちを知る getting in touch with, 203–206
身体感覚 physical sensations 202, 211–212
嘆き grief 210
～に注意を向ける paying attention to, 204–205
パニック panic 212–218
無感覚，感覚麻痺 numbness 202, 220, 223–224
感情解放ワーク Emotional release work 209–212
怒りと～ anger and, 210, 211
自己虐待と～ self-abuse and, 234
管理欲求（コントロール） Control 48–51
記憶（思い出すこと，想起） Memories, remembering 63, 78–96, 428–436
偽りの記憶の告発と～ false memory accusations, 148
思い出すための要素 factors enabling 417
加害者の～ by abusers, 431–432
身体《からだ》の記憶 body memories 83
感情と～ feelings and, 86–87
記憶回復セラピー recovered memory therapy 384
～の裏付け証拠 corroboration of, 445
～の過程 process of, 79–80, 84
～の欠如 lack of, 27, 92–95
～の真実 truth of, 91–92
～の正確性 accuracy of, 429
～を制御（コントロール）する control of, 89
～のタイプ types of, 79–80
～を信じる believing, 97–102
時間をかけて overtime 89–90
死と～ death and, 85
嗜癖と～ addictions and, 84
トラウマ性健忘 traumatic amnesia and, 428
母親業と～ motherhood and, 84–85
フラッシュバック flashbacks 82–83
危機的段階 Emergency stage 63, 72–77
癒しに繋がる～ healing crises, 76
危機を乗りきる surviving 75–76
パートナーと～ partners and, 363–364
儀式 Rituals
怒りと～ anger and, 143
～による虐待 Ritual abuse, 432–435
喪失を嘆く grief and mourning 132–133
（原）家族との分離と～ separating from family of origin and, 333
虐待 Abuse
加虐的儀式による虐待 sadistic ritual abuse 432–436
言葉による虐待 verbal abuse 136
子どもの虐待 child abuse 307, 309–311
情緒的侵害，虐待 emotional abuse 37, 252–253
虐待者，加害者 Abuser(s), Offender(s)
解離と～ dissociation and, 406–408
～が女性の場合 women as, 25, 108–109, 113注
～が未成年の場合 children as, 449
～との現在の関係 current relationship with, 320–322
～の嘘 lying by, 406–410
～の記憶 memory of, 431–432
～の死 death of, 85, 157
～の治療 treating, 408
～の否認 denial of, 408–410, 431–432
～の横顔 profile of, 406–407
～への怒り anger at, 135, 136, 139–140
～への同情 sympathizing with, 165–167
～への法的措置 legal action against, 397, 402–404
～を告訴する suing your abuser, 334–337
サバイバー攻撃と～ backlash and, 390–392
サバイバーとどう接するか advice for interacting with survivors, 323–325
被害者としての～ as victims, 431–432
ギャンブル，対処行動としての Gambling as coping behavior 56

休憩，暴力と～
Time-outs, violence and, *212*
共依存
Co-dependency
247, *250–251*, *255* 注, *359–360*
きょうだい（兄弟姉妹，同胞）　Siblings,
351–352
恐怖（怖れ）　Fear
愛情への～　of love, *246*
感情への～　of feelings, *210–211*, *218–219*
虐待してしまう～　of being abusive,
300–301, *309–311*
幸せへの～　of happiness, *218–219*
セックスへの～　of sex, *274–276*
対立への～　of confrontation1, *147*, *153*
変化への～　of change, *186*
境界線　Boundaries *38*, *195–196*
子どもとの～　with children, *299–301*
～の融合　merging, *247*
親密な関係の～　intimate relationships,
247–248
強迫（症）　compulsions
性的～　sexual, *59*
摂食～　Compulsive eating, *55*, *231–232*
拒食（症）　Anorexia *55*, *232–233*
距離を置く　Distancing *245*
気を静める　Calming down *214*
禁煙　Quitting smoking *230–231*
金銭的補償　Monetary compensation *336*
緊張を解くエクササイズ　Tension, emotional
release exercises for, *210*
限界設定　Setting limits *195–196*
家族との～　with families of origin,
317–318, *319–320*
子どもの～　with children, *299–301*
親密な関係における～
in intimate relationships, *247–248*
パートナーによる～　by partners, *362*
原家族　family of origin　→家族
合理化，対処行動として
Rationalizing as coping behavior, *45*
呼吸　Breathing
解離と　splitting and, *223*
パニックしたとき　panic and, *214*
腹式～　belly, *228*
無感覚なとき　numbness and, *223*
心の決着と前進
Resolution and moving on *65*, *174–182*
安定することと～　stabilizing and, *175*
内なる子どもと～　the child within and,
177
危機的状態からの解放
letting go of the crisis *178–179*
虐待者や家族との関係と～　relationships
with abusers and family and, *175–176*
現在の生活と～　life in the present and,
179
宙ぶらりんと～　limbo and, *179*
統合と～　integration and, *177–178*
被害を手放す　letting go of the damage
176–178
護身術　Self-defense *235–236*
襲撃を想定した～　simulated-assault, *236*
固定観念　Stereotypes
サバイバー攻撃と～　backlash and,
413–414
性別（ジェンダー）にもとづく～　gender,
413–414
子ども　Children
（原）家族と～　family of origin and,
304–305
～が虐待を知らせる　telling by,
37, *304*, *307*
～が証人の場合　child witnesses, *112* 注
～と自分の受けた虐待について話す　talking
about your abuse with, *297–299*
～との安全な接触　safe touch and,
301–302
～との境界線を引く
setting boundaries with, *299–301*
～とのコミュニケーション
communication with, *297*
～と忘却　forgetting by, *80–81*
～に教えられる　as teachers, *293–294*
～に自己防衛を教える
teaching to protect themselves, *304*
～に対する大人の責任
adults' responsibility for,
117–118, *182*, *450–451*
～に対する感情　feelings about, *42*
～の過保護　overprotection of children,
303–304
～の純真さ　innocence of,
115–120, *123*, *388*
～に目を向ける　observing, *119–120*
～を性欲の対象とすること（対小児性欲，ペドフィリア）　paedophilia, *401–402*
～を標的とする買売春　child prostitution,

387, 434
～を守る　protecting, 146, 155–156, 302–304
サバイバー攻撃と～　backlash and, 443
自分が虐待した～　abused by yourself, 309–311
パートナーと～　partners and, 363
子ども虐待防止プログラム　Child assault prevention programs　118, 128, 312注
コーピング　Coping　→サバイバル行動
コミュニケーション　Communication
子どもとの～　with your children, 297–299
セックスと～　sex and, 264, 372
パートナーとの～　partners, 360–362
孤立　Isolation　54–57, 343
コントロール（管理，操作，制御）　Control　48–51
セックスと～　sex and, 277
パートナーと～　partners and, 364–365
混沌（カオス）　Chaos　49

さ　行

罪悪感　Guilt　→自責の念　Blaming yourself
虐待を受けていないきょうだいの～ of nonabused siblings, 351–352
再誕生療法（リバージング）　Rebirthing　210
サドマゾヒズム（SM）　Sado-masochism　283–284
サバイバー（生還者，生存者）　Survivor
性的虐待の～としてのアイデンティティ（自己認識）　identity as survivor of sexual abuse, 176
～の支援者　supporters of survivors →支援者
～のパートナー　partners of survivors →パートナー
サバイバー攻撃（バックラッシュ，巻き返し）　Backlash　381–420
打ち明け，対決することと～ disclosing and confront-ing and, 446
カウンセラー（セラピスト），カウンセリング（セラピー）と～ counselors, counseling and, 414–417, 444–445
加虐的儀式による虐待～ sadistic ritual abuse and, 432–435
近年における～の出現 recent emergence of, 384–386
子どもへの性的虐待の統計　statistics on child sexual abuse　404–405
～が子どもに及ぼす危険 children endangered by, 443
～と階級問題　class issues, 413–414
～とメディア　and media, 385, 391
～に対抗する　fighting back against, 447–448
～の意味　meaning of, 390–391
～の歴史的背景　historical background, 387–390
～の支援者　supporters of, 390–392, 399–401
～への個々の反応　personal reactions to, 442–443
～への個々の対策 personal strategies for dealing with, 439–448
サバイバーという地位の魅力と～ attraction of survivor status and, 412–413
否認と～　denial and, 408–410
法律問題と～　legal issues and, 397, 402–406, 411–412
サバイバル行動（対処行動，コーピング） Coping　44–60
安心感，身の安全と～　security and, 57–59
意識の空白　spacing out　49–50
意識の離脱　leaving your body　48
依存，嗜癖　addiction　54–57
嘘　lying　56
解離する　splitting　46–47
過剰覚醒状態　hyper-awareness　50–51
ギャンブル　gambling　56
合理化　rationalizing　45
孤立　isolation　54–57
コントロール　control　48–51
混沌　chaos　49
仕事中毒　workaholism　56–57
自己変革と～　change and, 59–60
自殺未遂　suicide attempts　53
自傷行為　self-mutilation　53
宗教と～　religion and, 58–59
身体と意識の分裂　splitting　46–51
親密さの回避　avoiding intimacy　57–58
精神疾患　mental illness　52–53
セクシュアリティと～　sexuality and, 59
摂食障害　eating difficulties　55–56
多忙　busyness　51

統合感の欠如 lack of integration 46–47
逃避行動 escape 51–52
盗み stealing 56
否認 denying 45
忘却 forgetting 45–46
ユーモア humor 51
矮小化，過小評価，軽視 minimizing 44
サポート・グループ Support groups 343–344
打ち明けることと～ telling and, 107, 109–111
羞恥心の克服と～ overcoming shame and, 118–120
～のための規準 standards for, 344
支援，支えの重要性 Support, importance of, 27
支援者 Supporters of survivors
打ち明ける telling 107, 109–110
サポート・グループ support groups 343–344
～としての親 parents as, 350–351
～としてのきょうだい siblings as, 351–352
～としてのパートナー partners as, 357–358
羞恥心を克服する overcoming shame 118–120
～のためのガイドライン standards for, 344
～へのアドバイス advice for, 348–349
思考対感情 Thinking, feeling vs. 206
自己肯定の言葉 Affirmations 197, 221
自己虐待と～ self-abuse and, 234
パートナーと～ partners and, 378–379
自己懐疑 Self-doubt 97, 99, 439–440, 443–444
自己嫌悪 Self-hatred 190–193, 198
自己像 Self-image 192–193
自己破壊 Self-destruction 135
自己破壊性 Self-destructiveness 191
自己評価 Self-esteem 38, 190–201
休憩することと～ taking breaks and, 198–199
限界設定と～ setting limits, 195–196
恋人関係における～ in relationships, 199–200
自己肯定の言葉とイメージ想起 affirmations and visualizations and, 197
自分のために生きることと～ living for yourself and, 199–201
自分を慈しむことと～ nurturing yourself and, 200–201
内面化されたメッセージと～ internalized messages and, 191–193
自己変革 Change, process of,
安全性と支え safety and support and, 132
危機的段階 emergency stage 63, 72–77
基本的段階 basic steps in 185
休憩と～ taking breaks and, 198
行動パターン patterns and, 186–187
自己評価と self-esteem and, 187–188
～の過程 process of, 184–189
～の期間 length of, 62, 180
～の障壁 obstacles to, 185–187
～の最も困難で怖い部分 hardest and scariest parts of, 160–162
～への怖れ fear of, 186
自分を信頼する trusting yourself 64, 127–129
生涯つづく～ as lifelong, 180–181
親密な関係と～ intimate relationships and, 240–241, 250
成果を認める acknowledging accomplishments 187–188
性的 sexual 284–285
対処行動と～ coping behaviors and, 59–60
忍耐と patience and, 187
否認と denial and, 98–99
より広い視野と broader commitments and, 181–182
自己マッサージ Self-massage 224
仕事中毒，対処行動としての～ Workaholism, as coping behavior, 56–57
自殺 Suicide 215–217
対処行動 coping 53
カウンセラー counselors 345n
パートナー partners 364
～したい気分 suicidal, 215–217, 345n
～未遂 suicide attempts, 53
自傷行為 Self-mutilation 53, 233–235
自責の念 Blaming yourself 64, 114–120
怒りと～ anger and, 135
虐待への性的反応と～ sexual response to abuse and, 116
虐待を受けていないきょうだい of nonabused siblings 351–352
自分への没頭 Self-absorption 250

自分を慈しむ　Nurturing yourself　*200*
　摂食脅迫と～　compulsive eating and,　*231-232*
　ボディ・イメージと～　body image and,　*221*
自分を癒す決意　Deciding to heal　*63,66-71*
嗜癖行動，依存（症）　Addictions　*230-231*
　ギャンブル　gambling　*56*
　恋人関係　to relationship　*254*
　セックス　to sex　*279-280*
　対処行動としての～　as coping behavior,　*54-57*
社会的責任　Social responsibility　*182,449-451*
宗教　Religion　*58,171*
羞恥心，恥　Shame　*114-116,343*
　～の克服　overcoming,　*118-120*
　パートナーのもつ～　of partners,　*357*
証言　Testimony
　子どもの～　child witnesses,　*112注*
　～の撤回　recanting,　*415-416*
　専門家の～　expert,　*401,419,449*
初源療法（プライマルセラピー）
　Primal therapy　*210*
女性　Women　*108-109,309*
　怒りと～　anger and,　*134*
　～解放運動
　　Women's liberation movement　*389*
　～による虐待　abuse by,　*20,25*
　年配の女性が自分を癒す決断
　　decision to heal and,　*70-71*
侵害の定義　Violation, definition of,　*25-26*
身体感覚　Physical sensations　*203-204,211-212*
　怒り　anger　*211-212*
　パニック　panic　*218*
　無感覚になる　numbness　*202,220,223-224*
身体疾患　Physical illness　*227*
身体的虐待，大人になってからの～
　Physical abuse in adulthood　*251*
身体的傷害　Physical damage　*417*
身体的暴力，殴打　Battering　*235-236,388*
親密感　親密な関係　Intimacy　*40-41,238-255,356*
　与えることと受け取ること～
　　giving and receiving and,　*249-250*
　怒りと～　anger and,　*135-136,248-249*
　依存（症），嗜癖行動と～　addiction and,　*247*
　過去と現在　past and present　*244*
　虐待的な～　abusive,　*251-253*
　距離をおくこと　distancing and,　*245-246*
　計算されたリスクと～
　　calculated risks and,　*241-242*
　限界の設定と　setting limits and,　*247-248*
　子どもとの～　with your children,　*299-300*
　自己変革と～　change and,　*240-241*
　～から離れる　separating from,　*252-253*
　～の回避　avoiding,　*57-58*
　～の質　quality of,　*239-240*
　～のパターン　patterns in,　*251-252*
　～を作る努力　working on,　*254*
　信頼と～　trust and,　*238,242-243*
　対処行動と～　coping and,　*57-58*
　対立と～　conflict and,　*248-249*
　人間関係の衝突～　and conflict,　*248-249*
　非性的な～　nonsexual,　*372-373*
　人と繋がること　reaching out and,　*217*
　融合と～　merging and,　*247*
　友情　friendships as,　*239-240*
信じる　Belief
　虐待が起きたと～　belief that it happened,　*64,97-102*
　自然な目覚めとして
　　as gradual awakening,　*101*
信頼　Trust　*238,242-243*
　カウンセラーへの～　of counselors,　*339*
　実験と～　testing and,　*243-244*
　自分への～　yourself,　*64,127-129,242*
　セックスと～　sex and,　*276*
　パートナーと～　and partners,　*353*
　人と繋がる　reaching out,　*217,223*
心理劇（サイコドラマ）　Psychodrama　*157,210*
心理的虐待　Psychological abuse　*26*
ステレオタイプ　Stereotypes　→固定観念
ストリッパー　Strippers　*281*
精神世界　Spirituality　*65,169-173*
　愛情と～　love and,　*171-172*
　視野を広げることと～
　　gaining perspectives and,　*170*
　信仰と～　faith and,　*171*
　～の世界に触れる　getting in touch with,　*171,172*
　～の定義　defining,　*169-170*
　逃避と～　escape and,　*172*
　個人的な体験としての～　as personal,

172–173
摂食障害 Eating disorders 55–56, 231–233
セックス，セクシュアリティ（性的感性）
Sex, Sexuality 41, 256–291
新しい恋人関係と～
new relationships and, 264
甘い囁きと～ pillow talk and, 265–266
怒りと～ anger and, 274
意思 willingness, 273
～依存 addiction to, 279–280
虐待的な～ abusive, 280–285
強迫的～ compulsive, 59
子どもとの境界線を引くことと～
setting boundaries with your children
and, 299–301
コミュニケーションと～
communication and, 264–266, 372–373
コントロールと～ control and, 277
サドマゾヒズム sado-masochism, 283–285
親密さと～ intimacy and, 276, 372–374
信頼 trust 276
性幻想 fantasies and, 282–283
性的癒し sexual healing, 286–288
性的感性（セクシュアリティ）を選ぶ
choosing～ 284–285
性的反応の目覚め response awakening,
268–269
セクシュアリティの定義 definition of, 256
～しないことと celibacy and, 258
～中の意識の空白，解離
spacing out or splitting during,
266–267
～にノーと言うこと saying no to, 258
～の休憩 taking a break from, 258, 272
～の最中のフラッシュバック
flashbacks during, 267
～の問題と取組む理由
reasons to work on, 261–262
～への恐怖 fear of, 274–276
創造性と～ creativity and, 268–269
パートナーの気持ちと～ partner's feelings
and, 266–267, 270–271, 356–357
非性的ニーズと～ nonsexual needs and,
279–280
暴力 violence 281–283
欲望と～ desire and, 271–273
ゆっくり進む going slow 266
性的虐待，性的侵害 Sexual abuse
大人になってからの in adulthood 251–252
虐待行為への性的反応
sexual response to abuse
116, 257, 274–276
身体接触を伴わない～ nonphysical, 26
心理的 psychological, 26
～に関する啓発教育
education about, 451注
～の近代史的視点
history of modern perspective on,
387–390
～の定義 definition of violation, 25
～の統計 statistics on, 404–405
～の擁護 defense of, 402–404
～の矮小化，軽視 minimizing of, 26
～を受けたときの年齢 age at, 117
～を繰り返す repeating, 280–283
性的虐待・侵害の影響，徴候 Effects,
symptoms of sexual abuse
36–43, 417–418
親業 parenting 42–43
家族関係
relationship with family of origin 42–43
自己評価 self-esteem 38
情緒的徴候 emotional, 39
身体的徴候 physical, 40
親密な関係 intimate relationships 40–41
セックス，性的感性 sexuality 41
セラピー Therapy →カウンセリング
セラピスト Therapists →カウンセラー
喪失を嘆く（哀悼し，喪に服する） Grieving
and mourning 64, 130–133, 209–210
埋もれた哀しみ buried grief 131–132
虐待を受けていないきょうだいが～
of nonabused siblings, 351–352
～儀式 rituals and, 132–133
～ことのもたらす自己変革
as transformative, 130–133
～の感情解放ワーク emotional release
exercises for, 209–211
創造性 Creativity 205
セックスにおける～ sex and, 268–269

た 行

対小児性欲（子どもを性欲の対象とすること，ペドフィリア） Paedophilia 401–402
多重人格 Multiple personalities 47–48
楽しみの大切さ Importance of fun 254–255
多忙状態 Busyness 51
『誰にも言えなかった』ワークショップ

I Never Told Anyone workshop 12, 13, 30, 31
男性サバイバー　Male survivors　20
男性性器への怖れ　Fear of male genitals　275–276
ティーンエージャー　Teenagers　293–294
沈黙を破る　Breaking silence　103–113
統合感　Integration　177–178
　対処行動と〜　coping and,　46
　〜の欠如　lack of,　46
逃避　Escape
　先へ進むことで〜する　moving on as,　174–175
　精神世界と〜　spirituality and,　172
　対処行動としての〜　coping and,　51–52
盗癖，対処行動としての〜
　Stealing, as coping behavior　56
トラウマ性健忘（症）　Traumatic amnesia　428
とり憑かれる（強迫観念）　Obsessing　72, 170

な　行

内面化されたメッセージ
　Internalized messages　192–194
二重性　Doubling　407
人間関係の整理　Weeding　111–112
年齢　Age
　癒しを決意する〜　decision to heal,　70–71
　虐待当時の〜　at time of abuse,　117
ノーということ　Saying no　38, 195–196, 251 , 254

は　行

バイオエネルギー療法　Bioenergetics　210
買売春　Prostitution　26, 281
　子ども〜　child,　387, 434
バイブレーター　Vibrators　259
パニック　Panic　212–218
　安全な場所　safe spot　215–216
　感覚的想起　physical sensations　216
　呼吸　breathing　214
　自己虐待　self-abuse　233–235
　〜中に避けるべきこと
　　what to avoid during,　218
　〜の原因を探る　determining causes of,　216–217
　〜を静める　calming down,　214
　人と繋がる　reaching out and,　217
パートナー　Partners　353–379
　怒りと〜　anger and,　135–136, 360, 369–370
　癒しの休憩　taking a break from healing process　378
　管理と〜　control and,　364–365
　危機　crisis periods　250, 363–364
　虐待者と〜　abuser and,　366
　共依存者としての〜　as co-dependents,　358
　（原）家族　family of origin　367–369
　子どもと〜　children and,　363
　コミュニケーションと，
　　communication and,　360–362
　支えとしての　as supports,　368–369
　サバイバーの痛みと〜
　　pain of survivor and,　362–364
　自殺と　suicide and,　364
　自分の世話をする
　　taking care of themselves　358–359
　真剣な関わりと〜　commitment and,　375–377
　親密さと〜　intimacy and,　356
　信頼　trust　365
　セックスと　sex and,　256, 261–271, 364, 370–374
　対立と　confrontation by,　368–370
　〜が打ち明け，対決する
　　disclosing and confronting,　368–370
　〜と加害者の同一化
　　identified with abuser,　366–367
　〜に打ち明ける　telling,　110–111
　〜による虐待　abuse by,　366–367
　〜による限界設定　setting limits by,　362
　〜の依存性　dependency of,　358–359
　〜の疑念　doubts of,　376–377
　〜の羞恥心　shame of,　357
　〜のニーズ　needs of,　361–362, 371–374
　〜の欲求不満　frustration of,　371–372
　プラス面を確認し合う　affirmations and,　378–379
　〜への恩恵と癒しのプロセス
　　benefits of healing process for,　354 356, 374, 379
　〜を加害者と重ね合わせる
　　identified with abuser,　366–367
　〜を支える　support for,　357–358
　別離と〜　separating and,　377–379
　味方としての〜　as allies,　359–360
母親　Mother(s)
　〜による性的侵害　abuse by,　108–109
　〜を責める　blaming,　138–139

～を許す　forgiving, 165
否認　Denial 98-99
怒りの～　of anger, 135
内なる子どもと～　child within and, 123
虐待者の～　of abusers, 406-410, 431-432
サバイバー攻撃と～ backlash and, 408-410
対処行動と～　coping and, 45
ヒステリー症状　Hysteria 413
人と繋がる　Reaching out 217, 223
身体と意識の分裂　splitting and, 220
パニック状態のとき～　panic attacks and, 217
人を試す　Testing 243-244
不安　Anxiety →パニック　Panic
不眠（症）Insomnia 226-227
フラッシュバック　Flashbacks 82-83, 260, 267
文章を書く　Writing exercises 31-33
打ち明け，対決することと～ disclosing and confronting and, 162
内なる子どもと～　child within and, 125-126
思い出すことと～ remembering and, 95-96
自己変革の過程と～　change process and, 188-189
基本的手法　basic method 32-33
虐待の影響と～　effects of abuse and, 43
（原）家族と～　family of origin and, 334
喪失を嘆く～ grieving and mourning and, 133
対処行動と～　coping behaviors and, 60
人と共有する　sharing 32
～のための時間と場所　time and place for, 32
許しと～　forgiveness and, 168
ペドフィリア（対小児性欲，子どもを性欲の対象とすること） Paedophilia 401-402
変化　Change →自己変革
弁護士　Lawyers
成人したサバイバーの訴訟を扱う～ handling cases for adult survivors, 334-337
忘却　Forgetting 45-46, 80-81
報復　Revenge 140-141
暴力　Violence
アルコール　alcohol 213
怒り anger 134, 139-141, 211-212
休憩　time-outs 212
セックス　sex 281-283
ドラッグ　drugs 213
非～を生きる　learning to live without, 211-213
法律的課題　Legal issues
裏づけ証拠　corroboration 445
儀式による虐待　ritual abuse 432-435
虐待者を訴える　suing your abuser 334-337
子どもの証人　child witnesses 112n
サバイバー攻撃　backlash 397, 402-404, 411-412, 449
専門家証言　expert testimony 401, 419-420, 449
ポルノグラフィ　Pornography 29, 434
ホロコースト　Holocaust 391

ま　行

マイノリティ　Minorities 36-37
偽りの記憶（症候群）と～ false memories (syndrome) and, 413-414
マクマーティン保育園裁判 McMartin day-care trial 434-435
マージング，境界線の融合　Merging 247
マスターベーション　Masturbation 259-260
オーガズムと～　orgasm and, 260
～中のフラッシュバック flashbacks during, 260
マッサージ　Massage 224
マン法　Mann Act 388
無感覚，感覚麻痺　Numbness 202, 220, 223-224
呼吸と～　breathing and, 223
自分を慈《いつく》しむ　nurturing yourself 200-201
摂食脅迫と～　compulsive eating and, 231-233
ボディ・イメージ　body image and, 221
メディア　Media
サバイバー攻撃と～　backlash and, 385, 391
性虐待報道　coverage of sexual abuse 85-86

や　行

薬物濫用　Drug abuse 213, 230
やつ当たり　Lashing out 135-136
友情　Friendships 217, 223, 239-240
ユダヤ主義　Judaism 69-70

許し　Forgiving　64, 163-168
　自分を許す　yourself　163, 165, 168
　宗教と～　religion and,　172
　自由を感じることと～
　　sense of freedom and,　166
　～の定義　definition of,　163-164
　～への圧力　pressure to,　164-165
　母親を許す　your mother,　165
抑鬱　Depression　135

ら　行

リバージング療法　Rebirthing　→再誕生療法　210
離反　Estrangement　316
離別（別れること）　Separation (separating)　252-253
　（原）家族からの～　from family of origin,　329-330
リラックスするためのエクササイズ
　Relaxation exercises　228
レスビアンであること（レスビアン関係）
　Lesbianism (lesbian relationships)　288-290
　双方ともサバイバーの場合
　　where both are survivors　354
　～における虐待　abuse in,　367
　～を選ぶ　choosing,　288-290
ロールプレイ　Role playing
　怒りと～　anger and,　137
　限界設定と～　setting limits and,　195

わ　行

矮小化，対処行動としての～
　Minimizing as coping behavior　44-45

人名・団体名索引

人 名

アシュラ，カレン Asherah, Karen 24
アボット，ブライアン Abbott, Brian 406, 407, 408, 432
アンダーウェイジャー，ラルフ Underwager, Ralph 400, 401-402, 419, 420注, 424注, 427
ウィーゼル，エリ Wiesel, Elie 432, 450
ウィリアムズ，メアリー Williams, Mary R. 334-336
ウィンバリー，レスリー Wimberly, Leslie 422
ウィンフリー，オプラ Winfrey, Oprah 432
ウェイクフィールド，ホリダ Wakefield, Hollida 400, 401-402, 419
オリオ，カレン Olio, Karen 395, 419
ガードナー，リチャード Gardner, Richard 401, 424注
ギブズ，エクスピリエンス Gibbs, Experience 24
キンゼイ，アルフレッド Kinsey, Alfred 388
グッドウィン，ジーン Goodwin, Jeane 437注
クライン，ローレンス Klein, Lawrence 406, 407
クラフト，リチャード Kluft, Richard 397, 418
クルトワ，クリスティーヌ Courtois, Christine 412-413
サニー Sunny 54-55
サファイア Saphyre 116, 174, 184, 238, 285-286, 338
サミット，ローランド Summit, Roland 387, 393注, 450
ジゼル（仮名） Gizelle (pseud.) 124, 275
ジャネ，ピエール Janet, Pierre 387
シュルツ，リロイ Schultz, LeRoy 401
シュワルツ，マーク Schwartz, Mark 410, 433
スミス，エバ（仮名） Smith, Eva (pseud.) 137-138
ソルター，アナ Salter, Anna 391, 394注, 406, 419, 420注, 425注, 426注, 427注
デイナ Dana 84-85, 308, 318-319
トス，パトリシア Toth, Patricia 403, 404, 405, 420注
ニカーシー，ジニー NiCarthy, Ginny 251-253, 255注, 280
パイン，エイミー Pine, Amy 205, 210
ハーベイ，メアリー Harvey, Mary 395, 412
バトラー，サンドラ Butler, Sandra 161, 221, 448
ハーマン，ジュディス Herman, Judith 390, 396, 402, 412, 414, 429, 436注
ハミルトン，バーバラ Hamilton, Barbara 70-71, 141-142, 307
バット・オア，レイチェル Bat Or, Rachel 69-70, 220
バレット，メアリー・ジョー Barrett, Mary Jo 408-410
ヘックラー，デイビッド Hechler, David 422注
ピアシー，マージ Piercy, Marge 451
フェレンツィ，シャンドール Ferenczi, Sandor 387, 393注
フォーチュン，マリー Fortune, Marie 168注
フラー，エリー Fuller, Elly 66, 238
ブライアー，ジョン Briere, John 405-406, 429, 450
フレイド，ジェニファー Freyd, Jennifer 397-399, 421注, 426注
フレイド，パメラ Freyd, Pamela 396, 397-399, 414, 421注, 425注, 437注
フレイド，ピーター Freyd, Peter 397-399
フロイト，ジークムント Freud, Sigmund 387, 392注
ポーター神父，ジェームズ Porter, Father James 428, 436注
ホーニング，イーデス Horning, Edith 11, 142, 319-321

ホーヤル，マギー　Hoyal, Maggie　18注，24
ラッセル，ダイアナ　Russell, Diana　404，424注
ラベンダー，ジェニローズ　Lavender, Jennierose　36，119，311-312，343-344
リルケ，レイナ・マリア　Rilke, Rainer Maria　439
ルカイザー，ミュリエル　Rukeyser, Muriel　450
ロー，ドリアン　Laux Dorianne　110
ローラン，ジョアン　Loulan, JoAnn　272，291注
ワトラー，ソル　Wachtler, Sol　407
ワーミス，J.S.　Wormith, J. S.　425注

団体名

Al-Anon（アラノン）　169，379注
Alcoholics Anonymous（AA）アルコホリックス・アノニマス　169
C.A.P.（Child Assault Prevention Project）子ども虐待防止プロジェクト　312注
C.O.Y.O.T.E（Call Off Your Old Tired Ethics）コヨーテ　291注
ETR Associates，ETRアソシエーツ　312注
False Memory Syndrome Foundation FMS基金　396-402
　～会員の経歴　profile of members of，413
　～の設立　founding of，397-399
　～の方策　tactics of，396-397
Giarretto Institute　ジアレット研究所　406
Kidpower　キッドパワー　236
Parents United　ペアレンツ・ユナイテド（サバイバーの家族の会）　425注
12ステップ・プログラム　Twelve-step programs　169
VOCAL（Victims Of Child Abuse Laws）子どもへの虐待取締り法被害者の会　399-402，421注
W.A.R.（Women Against Rape）性暴力と闘う女たちの会　152
W.H.I.S.P.E.R.（Women Hurt in Systems of Prostitu-tion Engaged in Revolt）ウィスパー（売買春制度に傷つけられ、叛乱する女性たち）　291注
Writing as Healing Workshops 癒しの文章創作ワークショップ　161，221

巻 末 資 料

今回の新装改訂版では、原書第三版改訂版に加えられた50ページにも上る巻末資料を基に、その日本語版を再編成しました。作成にあたっては前回同様、日本で十分に活用できるものを掲載することを念頭に、まずは原書巻末資料の項目建てが窺える目次を訳出しました。

参考図書については、初版刊行以降に翻訳された本を独自に検索し、判明したものはその邦題、翻訳者、そして簡単な紹介文を加えました。このなかで、著者が必読書として推薦している文献は、原書と同じく太字で示してあります。日本で独自に出版された関連図書のリストも、可能な範囲で更新しました。このリストの作成にあたっては、稲邑恭子さん（『くらしと教育をつなぐWe』編集長)、河野和代さん（フェミニストカウンセラー）の的確な助言に感謝いたします。

また時勢を反映し、原書に掲載された性被害や癒し関連のインターネット・サイトのリストのなかから、2006年10月現在アクセス可能なものを抽出しました。以上の情報はいずれも、性被害のサバイバーを取り巻く社会状況を映し出す格好の鏡です。興味のある方は、原書と合わせてご参照ください。なお、北アメリカで活動する団体名、ミニコミ誌等は割愛しました。

掲載団体の情報更新と索引の改訂に尽力された杉村和美さんに、感謝の辞を述べたいと思います。

原　美奈子

●もくじ●

巻末資料改訂にあたって

以下のとおり巻末資料を再び更新し、数多くの新刊本やビデオ、出版物、団体を新たに加えました。また、必要な情報をみつけやすくするため、見出しも再編成しました。一つの分類に収まらないものが多いため、お探しの資料が見当たらない場合は、他項目にも目を通してください。

今回の更新は、コミュニケーション手段の更なる進化を反映し、FAX 番号、E-mail アドレス、インターネット・サイトのアドレスを新たな連絡先として加えました。

サバイバーにとって特に有用なのは「偽りの記憶問題」に対処するための資料、インターネット上での支援検索、そしてサバイバーの文通相手を探す場合のアドバイスでしょう。法律関連資料、〈聖職者による虐待〉、〈虐待を受けた子どもを持つ親〉、〈他の子を虐待する子ども〉の項目も拡大し、カウンセラーなどの専門家向けの参考資料も充実させました。全体を通して必読書と思えるものは太字にしてあります。

掲載書籍のほとんどは一般の書店で入手可能です、店頭にない場合は取り寄せできます。

書籍の販路はさまざまですが、著者としては、地元の独立系本屋で購入することをお薦めします。価格的に多少安く買える店は他にもありますが、売れ筋の本だけでなく、異なった視点を提供してくれるのは、なんといっても独立系書店であり、こうした本屋の経営存続は、読書の幅を広げる上で不可欠です。

なかには絶版となった本もありますが、図書館で読むことができるものは、いくつかそのまま掲載しました。また、数多くの全国組織も、推薦団体としてではなく、あくまでも支援情報の一つとして掲載してあります。情報源、支援団体、支援プログラムなどの選択にあたっては、セラピストを選ぶときと同様、慎重に選びましょう。

情報は瞬く間に旧くなります。これを読む頃には既に閉鎖された

出版社、絶版となった本、団体の名称変更、引っ越し、閉鎖などがあることでしょう。私たちもこの巻末資料を2年に一度は更新したいと思いますが、それには皆さんの手助けが必要です。

本が絶版になった、電話番号が使われていなかった、ネット上のサイトが閉鎖された、団体があまり役に立たなかった（または応対が悪かった）、こんな時は一筆ご連絡ください。もしあなたの愛読書がこのリストから漏れていたら、その本のどこが好きなのかお教えください。

また、次の改訂時にぜひ巻末資料に加えてほしい、という情報がありましたら、その情報、もしくは書評をお送りください。連絡先は以下のとおりです。

Courage to Heal Resources、P.O.Box 5296,
Santa Cruz, CA 95063

個別にお返事できなくて残念ですが、頂戴したご提案はじっくり検討させていただきます。

癒しの気持ちを込めて
エレン・バス　&　ローラ・デイビス

原書第三版改訂版巻末資料の目次

今すぐできるセルフケア
健康
自傷行為
女性の仕事と虐待の関係
ドメスティック・バイオレンス（家庭内暴力）、強姦、セクハラ（性的嫌がらせ）
セクシャリティ

サバイバー支援者のために
パートナーとカップルのために
大人になったサバイバーの家族のために
カウンセラー、その他援助職従事者のために
医療関係者のために

安全　自信　自由――子どもへの虐待防止プログラム
親としての役目
子どもたちのために
十代の若者たちのために
親のための防止教育資料
もしあなたの子どもが虐待にあったら
性的加害者になった子どもへの援助
教師、その他子どもの権利擁護者のための資料
障害をもつ者への性暴力防止

こころを揺さぶる読みもの

小規模出版社リスト

性的虐待と癒し関連の主なインターネット・サイト

原書に掲載されているインターネット・サイトトップ19を中心に、現在アクセスできるサイトを以下に列挙しました。これらのドメインは頻繁に変更されるため、表示されない場合は、英文タイトルで検索してみてください。

1. The Survivors Page (サバイバーのページ)
   http://www.sehlat.com/survs.html
   キーワード：self-injury (自傷行為)、pregnancy (妊娠)、sexual harassment in schools (学校でのセクハラ)

2. M.A.L.E. Men Assisting Leading & Educating (指導者・教育者・援助職の男性たち)
   http://www.malesurvivor.org/
   男性の性被害、性加害に関するサイト。男性のためのみならず、読みもの、虐待関係のリンク多数。
   キーワード：male survivors (男性の性被害)

3. Jim Hopper (ジム・ホッパー)
   http://www.jimhopper.com
   セラピストのサイト。取り戻された記憶に関する科学的研究と学術資料。
   キーワード：recovered memory issues (取り戻された記憶)

4. Recovered Memory Page (取り戻された記憶のページ)
   http://cgi - user.brown.edu/Departments/Taubman_Center/Recovmem/Archive.html
   キーワード：recovered memory (取り戻された記憶)、corroborated cases (記憶回復が証明されている事例)、traumatic amnesia (外傷性健忘)

5. Susan K. Smith, Attorney at Law —— Civil Litigation and Claims for Victims of Sexual Abuse (スーザン・K・スミス、弁護士、性虐待の被害者のための民事訴訟と請求)
   http://www.smith-lawfirm.com/resources.html
   弁護士による法的助言、民事訴訟を考えているサバイバーと、その弁護士のための資料。

6. Help the Children (Pandora's Box) ヘルプ・ザ・チルドレン (パンドラの箱)
http://www.prevent-abuse-now.com/
キーワード：child abuse prevention (子どもへの虐待防止)、resources for protective parents (子どもを守る親のための資料)

7. N.O.M.S.V.—— The National Organization on Male Sexual Victimization (男性の性被害者全国組織)
http://www.NOMSV.org
記事、文献、ミニコミ、会議など、男性サバイバー向けの情報とリンク。
キーワード：male sexual victimization (男性の性被害)

8. The Santa Cruz Ritual Abuse Task Force (サンタクルーズ・カルト虐待タスクフォース)
http://web.archive.org/web/20010404045131/members.cruzio.com/~ratf/
カルト虐待に対抗する民間団体。
キーワード：ritual abuse (カルト虐待)

9. S.A.D.M.—— Sexual Abuse, Dissociation & Multiple Personality Disorder Group
http://members.tripod.com/DID_survivors/
プライバシー厳守のメーリングリスト。性虐待に伴う解離または多重人格性症状を体験した人なら誰でも参加して、他のサバイバーと交流できる。パートナーや援助職のためのリンクも。
キーワード：child sexual abuse associated with dissociation or multiple personality (性虐待に伴う解離または多重人格性症状)

10. RAINN - The Rape, Abuse & Incest National Network (性暴力・性虐待被害に関する全国組織)
http://www.rainn.org/
性虐待、レイプ、ドメスティック・バイオレンスなど、性暴力全般を扱う無料の24時間性暴力ホットラインを運営。ウェブサイトもある。1000人のカウンセラーを擁し、電話は自動的に最寄りの救援センターにつながる。秘密厳守で、電話料金もかからない。

参 考 図 書

〔編集部注〕

◎■は、原書第三版改訂版に掲載されているもので、太字になっているものは、特にお薦めの本。

◎□は、原書第三版改訂版では削除されているが、旧版に掲載されていた本のうち邦訳のあるもの。

◎＊は、日本で独自に出版された本。

＜性的虐待と癒し＞

●性的虐待について

■**『心的外傷と回復』** Trauma and Recovery

ジュディス・L.ハーマン著、中井久夫訳、みすず書房、2004年（増補版）

暴力的関係に追い込まれた女性、性的虐待を受けた女性や子ども、戦争帰還兵、戦争捕虜などの体験を盛り込んだ、心的外傷の影響を理解するための、聡明で共感に満ちた包括的研究。カウンセラーほか、援助専門家向けにも最適。

同じ著者による『父—娘 近親姦——「家族」の闇を照らす』（斎藤学訳、誠信書房、2000年）は、父親による娘の性的虐待をフェミニスト的視点から研究した初期の代表作。

■『禁じられた知——精神分析と子どもの真実』 Thou Shalt Not be Aware: Society's betrayal of the Child

アリス・ミラー著、山下公子訳、新曜社、1985年

エディプス説を徹底的に解体し、性的虐待が現実であることを証明する、セラピスト必読の書。

この他、アリス・ミラーの著作で邦訳のあるもの（原書はドイツ語）：

『魂の殺人——親は子どもに何をしたか』 山下公子訳、新曜社、1983年、英題：For Your Own Good

『沈黙の壁を打ち砕く——子どもの魂を殺さないために』 山下公子訳、新曜社、1994年（新版）、英題：Breaking Down the Wall of Silence

『才能ある子のドラマ』 山下公子訳、新曜社、1996年、英題：The Drama of the Gifted Child

『真実をとく鍵——作品がうつしだす幼児体験』 山下公子訳、新曜社、2004年英題：The Untouched Key

『闇からの目覚め——虐待の連鎖を断つ』 山下公子訳、新曜社、2004年、英題：

The Truth Will Set You Free

＊『性虐待を生きる力に変えて』（全6巻）
グループ・ウィズネス編、明石書店、2004～2005年
性虐待を受けても、その影響を癒し自分本来の力につながり、いのちの全体性を恢復することは可能である。自分や身近な人に性暴力が起きたときに、安全を取り戻すための具体的なアイデアや提案がなされている。当事者の持つ強さ・勇気・しなやかさが感じられる本。

＊『知っていますか？　子どもの性的虐待一問一答』
田上時子、エクパットジャパン関西編、解放出版社、2001年
商業的性的搾取を含めて、子どもの性的虐待について一問一答形式でわかりやすく解説。

＊『サバイバーズ・ハンドブック――性暴力被害回復への手がかり』
性暴力を許さない女の会編著、新水社、2002年（改訂版）
性暴力から立ち直り、回復するために役立つアドヴァイスと実践情報を掲載。2000年のDV法、ストーカー規制法などの法改正に対応した改訂版。

●沈黙を破るサバイバー

■**『誰にも言えなかった――子ども時代に性暴力を受けた女性たちの体験記』** I Never Told Anyone
エレン・バス、ルイーズ・ソーントン共編、森田ゆり訳、築地書館、1991年
自分が一人ぼっちではないことを教えてくれる個人体験集。

■**『メモリー・スリップ』** Memory Slips
リンダ・キャサリン・カッティング著、田栗美奈子訳、青山出版社、2000年
ピアニストであるリンダ・カッティングは、虐待の記憶を思い出したことで曲を覚える力を失う。本書は、著者が自分、そして自分の音楽を取り戻そうとする日々の記録。心をつかんで離さない美しき回顧録。

□『朝のこない夜』 If I Should Die Before I Wake
ミッシェル・モーリス著、中山伸子訳、集英社、1984年
一人の子どもの苦痛に満ちた家庭内性虐待の体験を綴ったフィクション。

□『ディープ・スロートの日々――リンダ・ラブレイス自伝』 Ordeal: An Autobiography

リンダ・ラブレイス著、小川静訳、徳間書店、1980年

実際に起きた性的虐待についての悪夢のような話。性労働従事者の生活の実態を鋭く洞察している。

＊『沈黙をやぶって——子ども時代に性暴力を受けた女性たちの証言＋心を癒す教本』

森田ゆり編、築地書館、1992年

沈黙せざるを得なかった人たちが声を上げた日本で最初の証言集。終章の「心を癒す教本」では、「癒しのビルディング・ブロックス」の概要やCAPの暴力防止プログラムなども紹介。

＊『甦える魂——性暴力の後遺症を生きぬいて』

穂積純著、高文研、1994年

家庭内で虐待を受けた少女がたどった半生の魂の記録。傷ついた子ども時代をもつ人に、「回復」への勇気を問いかける。同じ著者による『解き放たれる魂——性虐待の後遺症を生きぬいて』（高文研、1999年）もある。

＊『性虐待の父に育てられた少女——蘇生への道』

川平那木著、解放出版社、2005年

長い間ゆがめられ、封印されてきた感覚を呼び戻し、自らを蘇生させた女性がその歩みを綴った手記。

＊『御直披——レイプ被害者が闘った、勇気の記録』

板谷利加子著、角川書店、2000年（文庫）

「御直披」（あなただけに読んでいただきたいのです、の意）と記され、性犯罪捜査係長のもとに届いた一通の手紙から始まる、性犯罪捜査官である著者とレイプにあった女性との間に交わされた真摯な往復書簡が心を打つ。

＊『サバイバー・フェミニズム』

高橋りりす著、インパクト出版会、2001年

一人芝居『私は生き残った』を各地で上演する著者が、「性暴力被害にあったら勇気を出して裁判を」などと言う一部フェミニスト運動の「正論」を舌鋒鋭く批判するエッセイ集。

●癒しの書

■ *Beginning to Heal : A First Book for Survivors of Child Sexual Abuse.* Ellen Bass, and Laura Davis, New York: HarperCollins, 1933.

本書に基づいて書かれた、癒しの過程についての読みやすい入門書。初めて読む人、英語を習い始めたばかりの人、ティーンエイジャー、また短めで、ゆっくり始めたい人向け。録音テープあり。(邦訳未刊)

■ *The Courage to Heal Workbook.* Laura Davis, New York: HarperCollins, 1990.

女性と男性のための多様で、掘り下げたワーク。サバイバー個人でも、グループでも使えるよう構成されている。支援ネットワークを築くため、自分をいたわる手段を身につけることに重点を置いている。内容は本書で概説した癒しの各段階に取り組むためのエクササイズ、性的癒しなど。(邦訳未刊)

■ *Free Your Mind: The Book for Gay, Lesbian and Bisexual Youth —— and Their Allies.* Ellen Bass and Kate Kaufman, New York: HarperCollins, 1996.

『生きる勇気と癒す力』の共著者エレン・バスの共著。レズビアン、ゲイ、バイセクシュアルの若者の絶望と苦悩を扱った本が大勢を占める中で、爽やかな読後感を与える一冊。若者が立ち上がり、声をあげ、自分自身の価値を知るためのガイドブック。ゲイ男性のサバイバーにも役立つ本。(邦訳未刊)

●書くこと、描くことは癒しの道具

■『ずっとやりたかったことを、やりなさい。』 The Artist's Way

ジュリア・キャメロン著、菅靖彦訳、サンマーク出版、2001年

長らく埋もれていた自分の創作意欲を取り戻す12週間のシンプルなプログラム。出版以来、この本を使ってつくられた自助グループは数多い。

■『脳の右側で描け』 The New Drawing on the Right Side of the Brain

ベティ・エドワーズ著、北村孝一訳、エルテ出版、1994年

創造力開発の古典であるこの本はとても読みやすく、常に傍らに置きたい一冊。“描く”とはいかなる行為かを徹底的に解明。この続編も興味深い。

関連書籍:『脳の右側で描けワークブック』 ベティ・エドワーズ著、北村孝一訳、エルテ出版、2003年

■『魂の文章術——書くことから始めよう』 Writing Down the Bones. Expanded ed.

ナタリー・ゴールドバーグ著、小谷啓子訳、春秋社、2006年(『クリエイティブ・ライティング』の新装版)

文章創作のひらめきを取りあげた、禅の影響色濃い「アンダーグラウンドの古

典」。

●ヒーリングミュージック／癒しの音楽

■『ブレイキング・サイレンス――再会』（1992年作品） Breaking Silence

ジャニス・イアン（アーティスト）、CD（通常プラケース仕様）、レーベル：ビクターエンタテインメント、2004年

同名のタイトルカットはこのテーマを扱った曲の中でも秀逸で、心を打つ一曲。

●カルトによる虐待

■『ジェニーのなかの400人』 Suffer the Child

ジュディス・スペンサー著、小林宏明訳、早川書房、2001年（文庫）

カルト虐待の結果、多重人格障害を負った子ども、ジェニーの話。同著者は1997年にも、実際にあったカルトの事例で被害者である子どもに現れる解離症状と記憶喪失を取りあげている。

□『マインド・コントロールの恐怖』 Combatting Cult Mind Control

スティーヴン・ハッサン著、浅見定雄訳、恒友出版、1993年

カルトで用いられているマインド・コントロールを語り、癒しの方法を検討している。

●援助専門家による虐待

□『女性と狂気』 Women and Madness

フィリス・チェスラー著、河野貴代美訳、ユック舎、1984年

この分野の代表作。

●解離、解離性同一性障害（多重人格性障害）

■『多重人格者の心の内側の世界――154人の当事者の手記』 Multiple Personality Disorder From The Inside Out

バリー・M. コーエン、エスター・ギラー、リン・W 編著、安克昌、宮地尚子監訳、作品社、2003年

セラピストと一人のサバイバー、そしてその家族の一員によって描かれたユニークな本。多重人格性障害 MPD（DID）をこの症状を抱える当事者の視点から取りあげる本書には、そう診断された150人、およびそのパートナーが寄稿している。（中略）役に立ち、希望に満ちた実用的な一冊。多重人格に関わる全ての人たち必携の書。邦訳は日本人当事者の手記、日本における治療活動の実際の解説も付す。

<訳者註>：DSM-IV（1994）では、多重人格の各々の「分身」が必ずしも「人格」と

しての統合性を持たず、人格の断片にすぎない場合もあるとの認識をもとに、多重人格性障害（Multiple Personality Disorder 略称 MPD）という診断名が、解離性同一性障害（Dissociative Identity Disorder：略称 DID）に変更された。

■『多重人格性障害――その診断と治療』 Diagnosis And Treatment Of Multiple Personality Disorder
フランク・W.パトナム著、安克昌、中井久夫訳、岩崎学術出版社、2000年
専門書ではあるが一般の読者にも役に立つ本。明確な指針と多くの実践的な戦略が記されている。同著者のその後の新刊本も、多岐にわたるテーマをカバーしている。

●嗜癖
■『私は親のようにならない――嗜癖問題とその子どもたちへの影響』 It Will Never Happen To Me
クラウディア・ブラック著、斎藤学監訳、誠信書房、2004年（改訂版）
アダルトチルドレンの苦難を検証した画期的な本。

*『ともにつくる物語――アルコール依存症回復女性とフェミニストカウンセラーとの対話』
井上摩耶子著、松下美江子語り、ユック舎、2000年
アルコール依存症の女性が、回復するまでの過程を、カウンセラーに対して語る。二人でともに物語をつくりながら、なぜ女性がアルコール依存症になるのかを読み解いていく。

<今すぐできるセルフケア>

●セルフケア
■『自分でできる こころのセルフ診療室』 The Relaxation and Stress Reduction Workbook
マーサ・デービス、マシュー・マッケイ、エリザベス・エシェルマン著、高橋宏訳、河野友信監修、創元社、1999年
リラクセーション、自己催眠、瞑想、想像力、喚起、栄養、処世の技術、アサーティブトレーニング、バイオフィードバック、呼吸法、時間の管理、エクササイズなどをステップごとに解説した実用書。

*『癒しのエンパワメント――性虐待からの回復ガイド』
森田ゆり著、築地書館、2002年
虐待による心的外傷の癒しとは、ばらばらになった自己を再統合すること。その

癒しの旅を描く。

＊『傷ついたあなたへ――わたしがわたしを大切にするということ DVトラウマからの回復ワークブック』
レジリエンス著、梨の木舎、2005年
さまざまな理由で傷ついた多くの人に向けて、自分らしく生きるための方法を紹介した本。パートナーや相手を変えることはできないが、「わたしがわたしを大切にする」ことは誰もができる回復の方法となる。

●摂食障害

■『食べ過ぎることの意味――過食症からの解放』 Breaking Free from Compulsive Eating
ジェニーン・ロス著、斎藤学監訳、誠信書房、2000年
強迫的に食べることをやめるための有効なガイドラインを提供。

■『食べすぎてしまう女たち――「愛」の依存症』 When Food is Love
ジェニーン・ロス著、斎藤学訳、講談社、2000年（文庫）
親密さと摂食障害の関係を取りあげた本。絶えず何かを口にしていたい、空腹感、ボディイメージ、そして栄養は、単なる食べ物を超えたとても深いテーマであることの視点を提供。

□『拒食症――女たちの誇り高い抗議と苦悩』 Hunger Strike
スージー・オーバック著、鈴木二郎他訳、新曜社、1992年

■『ハングリー・セルフ――食べるのが怖いあなたに』 The Hungry Self
キム・チャーニン著、小野寺敦子、馬場礼子訳、協同出版、1989年
女性の体重と体型へのこだわりに斬り込んで調査、分析した本。

□『美の陰謀――女たちの見えない敵』 The Beauty Myth
ナオミ・ウルフ著、曽田和子訳、ティビーエス・ブリタニカ、1994年

●ドメスティック・バイオレンス（家庭内暴力）、強姦、セクシュアル・ハラスメント（性的いやがらせ）

■**『夫・恋人の暴力から自由になるために』** You Can End Abuse And Take Back Your Life
ジニー・ニッキャーシー、スー・ディヴィドソン著、むらさき工房訳、パンドラ、2000年（新装版）

パートナーの虐待から逃れたいと思っている女性必読の書。実践的な情報と心の葛藤の両方を取りあげている。新装版ではレズビアン、十代の若者に特有の問題も加筆され、心理的虐待も取りあげられている。

■**『脱暴力のプログラム――男のためのハンドブック』** Learning to Live Without Violence

ダニエル・J. ソンキン、マイケル・ダーフィ著、中野瑠美子訳、青木書店、2003年

暴力を振るう男たちのための脱暴力支援ハンドブック。この優れて実践的なガイドは自分の怒りとより上手につきあいたい人の手助けとなる。

■『レイプ・踏みにじられた意思』 Against Our Will : Women, and Rape

スーザン・ブラウンミラー著、幾島幸子訳、勁草書房、2000年

レイプの歴史とその分析に関する「古典」。

□『バタードウーマン――虐待される妻たち』 The Battered Woman

レノア・E・ウォーカー著、穂積由利子訳、金剛出版、1997年

ドメスティック・バイオレンスに関する「古典」の一つ。

＊『ドメスティック・バイオレンス――愛が暴力に変わるとき』

森田ゆり著、小学館、2001年

ドメスティック・バイオレンスとは何か、なぜ普段やさしい人が突然暴力を振るうのか。また、なぜ彼女は彼の（暴力を振るう）もとを去れないのか、について語る。

＊『愛する、愛される――デートDVをなくす・若者のためのレッスン7』

山口のり子著、海里真弓漫画、梨の木舎、2004年

DV加害者男性たちのためのプログラムを実施している著者が、若い人に向けて『デートDV』について書いた本。お互いを認め合い、尊重しあって「愛し、愛される」ためには何が必要かを考える。

＊『ドメスティック・バイオレンス――サバイバーのためのハンドブック』

原田恵理子編著、明石書店、2000年

夫や恋人からの暴力を受けていた女性のインタビューをもとに、経験豊かな婦人相談員がまとめたサバイバーのための本。最初の第一歩が踏み出せないでいる女性たちにヒントを与えてくれる。

＊『セクシュアル・ハラスメント』

宮淑子著、朝日新聞社、2000年（新版、文庫）

企業や大学でのセクハラの実態、報道に伴う二次被害の問題、裁判だけでは癒されない被害者たちの心理など、被害者への取材をもとにその犯罪の深刻さを浮き彫りにする。

＊『悔やむことも恥じることもなく――京大・矢野教授事件の告発』

甲野乙子著、解放出版社、2001年

日本で初めてキャンパス・セクハラを告発したサバイバーの手記。裁判終結後5年の年月を経て言葉にした魂の記録。サバイバーだけでなく支援者の力にもなる一冊。

＊『〔改訂増補版〕キャンパス・セクシュアル・ハラスメント対応ガイド――あなたにできること、あなたがすべきこと』

沼崎一郎著、嵯峨野書院、2005年（改訂増補版）

セクシュアル・ハラスメントとは何か、なぜ大学で頻繁に発生するのか、問題に直面したらどうするのか、などをわかりやすく解説。

＊『セクシュアル・ハラスメントのない世界へ――理解・対策・解決』

大谷恭子、樹村みのり他著、東京女性財団編、東京女性財団、2000年

マンガ、解説、情報で考えるセクシュアル・ハラスメント防止のための入門書。

●自分の身体、セクシュアリティ

■『私が私を愛するとき』 Sex for One

ベティー・ドッドソン著、中村三千恵訳、二見書房、1995年

美しいイラストつきのマスターベーションガイド。

□『からだ・私たち自身』 The New Our Bodies, Ourselves

「ボストン女の健康の本集団」編著、『からだ・私たち自身』日本語翻訳グループ訳、松香堂書店、1988年

出産から老い、女性への暴力から職業病まで、女性の健康上の諸問題を幅広く扱った完全情報。

□『女になりたい』 Rubyfruit Jungle

リタ・マエ・ブラウン著、中田えりか訳、二見書房、1980年

アメリカでレズビアンとして育った主人公が幸せな人生をつかむという、ハッピーエンドのレズビアン小説の古典。ティーンエイジャー向けにも最適。

□『ゲイ・カップルズ――ゲイの子供を持つすべての親たちに』 Now That You Know
B・フェアチャイルド、N・ヘイワード著、前田絢子訳、太陽社、1992年

●女性と老い
□『私の目を見て――レズビアンが語るエイジズム』 Look Me in the Eye
バーバラ・マクドナルド、シンシア・リッチ著、寺沢恵美子ほか訳、原柳舎、1994年
年老いた女性たちが、自分の強さ、叡知、そして哀しみを取り戻すための挑戦。

<サバイバー支援者のために>

●パートナーとのカップルのために
■『もし大切な人が子どもの頃に性虐待にあっていたら――ともに眠りともに笑う』 Allies in Healing
ローラ・デイヴィス著、麻鳥澄江、鈴木隆文訳、青木書店、2004年
自分自身と、愛するサバイバーのケアをしようと苦闘するパートナーに向けた、読みやすく、支えになる包括的ガイド。元気づけられる逸話、実用的な提案、力強い当事者の体験談満載。

■『100万人が癒された愛と結婚のカタチ』 Getting the Love You Want
ハーヴィル・ヘンドリクス著、加藤洋子訳、アーティストハウス、2002年
人はみなパートナーを選ぶ際、子ども時代を生き直し、それに対処していくものであるとの認識が本書の前提である。このガイドは、カップルが互いにパートナーとしての自覚をもって古傷を癒すことができるよう、その一助となる。

■『怒りのダンス――人間関係のパターンを変えるには』 The Dance of Anger
ハリエット・ゴールダー・レーナー著、園田雅代訳、誠信書房、1993年
怒りに上手に対処し、パートナーとの関係によい変化をもたらすための提案書。

●カウンセラー、医療関係者、その他援助職のために
■『トラウマからの解放：EMDR』 EMDR: The Breakthrough Therapy for Overcoming Anxiety, Stress, and Trauma
フランシーン・シャピロ、マーゴット・シルク・フォレスト著、市井雅哉監訳、二瓶社、2006年
「EMDR（眼球運動による脱感作と再処理法）」を使った自己変革の事例が興味深い。

■『トラウマティック・ストレス――PTSDおよびトラウマ反応の臨床と研究のすべて』Traumatic Stress: The Effects of Overwhelming Experience on Mind, Body, and Society.
ベセル・A.ヴァン・デア・コルク、ラース・ウェイゼス、アレキサンダー・C.マクファーレン編、西沢哲訳、誠信書房、2001年
世界中の専門家がトラウマに関する現在の知識レベルを提示した教育書。読むだけでためになる一冊。

＊『Working with Women――性暴力被害者支援のためのガイドブック』
フェミニストセラピィ研究会編、フェミックス、1999年
性暴力被害者支援のためのガイドブック。ミネソタ州の性暴力被害者支援センターのボランティア養成講座のマニュアルをもとに作成された。

＊『犯罪被害者の心の傷』
小西聖子著、白水社、2006年（増補新版）
被害者カウンセリングの現場から、被害の具体的事例を紹介しながら、援助の実践方法を示す。増補新版ではPTSD、解離症状等について加筆。

＊『あなたが悪いのではない――子ども時代に性的虐待を受けた女性たちをカウンセリングする』
リンダ・ジンガロ著、田上時子監訳、ビデオ・ドック、1994年
これからカウンセラーを目指す人に向けて、サバイバーへのカウンセリング倫理と実践の講義録をまとめたもの。

＊『シェルターから考えるドメスティック・バイオレンス――被害女性と子どもの自立支援のために』
かながわ女のスペースみずら編、明石書店、2006年
DV被害者のためのシェルター活動を行う「みずら」の記録。また、DV被害者の保護と自立支援に取り組む専門家を招き「DV最前線」について語り合う。

＊『シェルター――女が暴力から逃れるために』
波田あい子、平川和子編、青木書店、1998年
日本のシェルターづくりの創生期を担った支援者たちと研究者によって編まれた。DV被害者の女性たちがシェルターという場を用いて現状からいかに脱出するか、回復への道程はどういうものかを記す。巻末には諸外国の調査研究レビューも収められている。

＊『ドメスティック・バイオレンス――援助とは何か　援助者はどう考え行動すべきか』

鈴木隆文・麻鳥澄江著　教育史料出版会、2003年（改訂版）

法律や医学界の専門知識、これまで当たり前とされてきたカウンセリングや指導のあり方、婚姻・男女の愛・健全な家庭といった社会常識が、DV 被害の当事者を苦しめることがある。当事者への援助に何が必要で、援助者は何に気をつけるべきかを問う。

＜自由、自信（強さ）、安全――子どもへの虐待防止＞

●親のための資料

■『子どもが聴いてくれる話し方と子どもが話してくれる聴き方』 How to Talk So Kids Will Listen & Listen So Kids Will Talk

アデル・フェイバ、エレイン・マズリッシュ共著、中野 早苗、三津乃・リーディ共訳、騎虎書房、2006年

優れて敬意と知性にあふれた本。どれだけ怒鳴っても頼んでも耳を貸さない子どもからも、これを読めば協力が得られる。

■『言うことを聞かないのはどうしてなの？――スピリッツ・チャイルドの育て方』 Raising Your Spirited Child

メアリー・シーディ著、菅靖彦訳、サンマーク出版、2002年

活動的、感情が豊か、その他強烈な個性を持つ子どもの育て方について、親に対して価値ある資料を提供。これを一読すれば、自分に反抗する子どもが全く違った視点から見られるようになるオススメの一冊。

□『親業――新しい親子関係の創造』 P. E. T　Parent Effectiveness Training

トマス・ゴードン著、近藤千恵訳、サイマル出版会刊拡大写本、1984年

何百万もの親たちを助けた一冊。よき親であるための基本原則。

＊『子どもと性被害』

吉田タカコ著、集英社新書、2001年

子どもが性被害にあう事件が増えている。深刻な後遺症を被害者に与え続けるこの犯罪から、私たちは子どもを守れるのか⁉　具体的提案に満ちた保護者のための書。

●子どもたちのために

■**『親と子で語る性のはなし――体の成育・変化と望ましい性』** Let's Talk About Sex

ロビー・H.ハリス著、マイケル・エムバリー絵、おきたげん訳、ほるぷ出版、1996年
明快で読みやすいカラダの本。大人になること、セックスのこと、そして性と健康について、美しいイラストをふんだんに取り入れて解説。思春期前の子どもをはじめ、ヒトの身体のしくみを知りたい人、教えたい人のための教本。

□『わたしのからだよ！——いやなふれあいだいきらい』 It's My Body
ロリー・フリーマン作、キャロル・ディーチ絵、田上時子訳、ビデオ・ドック、1990年
就学前の子どもに最適な絵本。
『「わたしのからだよ！」教則本——子どもを性的虐待から守るための入門書』もある。

□『ライオンさんにはなそう——いやなことがあったけど、はなすのがこわいの　性的虐待を受けた子どものために』 Something Happened and I'm Scared to Tell
パトリシア・キーホー著、キャロル・ディーチ絵、田上時子訳、ビデオ・ドック、1991年
『ライオンさんにはなそう——いやなことがあったことを話すことから　性的虐待を受けた子どもを助けるための入門書　教則本』もある。

□『ママにもいえなかった…』 Den Lilla drakflickan
ミカエル・ルンドグレン文、ウルフ・グスタフソン絵、きたざわきょうこ、はまこ・ペーション訳、アーニ出版、1995年

□『こんなときはノー！といおう』 No More Secrets For Me
オラリー・ワッチャー文、ジェーン・アローン絵、北沢杏子、染嶋いずみ訳、アーニ出版、1995年

□『「ノー」をいえる子どもに—— CAP／子どもが暴力から自分を守るための教育プログラム』 New Strategies for Free Children
サリー・J.クーパー著、砂川真澄訳、童話館出版、1995年

＜心を揺さぶる読み物＞
■**『ろくでなしボーン』** Bastard Out Of Carolina
ドロシー・アリスン著、亀井よし子訳、早川書房、1997年
エネルギーの源泉となる一冊。アメリカ南部のノースキャロライナのとある片田

舎で起きる貧困と虐待が、痛みとともに流麗な文章で語られる。

■**『歌え、翔べない鳥たちよ――マヤ・アンジェロウ自伝』** I Know Why The Caged Bird Sings

マヤ・アンジェロウ著、矢島 翠訳、立風書房、1998年

近親者からの性的虐待とその影響を綴った自伝、生きていることを祝福する感動の書。

■**『フライド・グリーン・トマト』** Fried Green Tomatoes At The Whistle Stop Cafe

ファニー・フラッグ著、和泉晶子訳、二見書房、1992年

人生で一番大切なことは何かを教えてくれる、ユーモアと叡知のつまった作品。年齢を問わず女性読者を魅了する。

■**『うそつきくらぶ』** The Liar's Club

メアリー・カー著、永坂田津子訳、青土社、1999年

鮮やかで強烈な回顧録。大胆でユーモアがあり愛にあふれた文章が素晴らしい。

■**『ゲド戦記 1　影との戦い』** A Wizard of Earthsea (Earthsea #1)

アーシュラ・K.ル・グウィン著、清水真砂子訳、岩波書店、2006年（ソフトカバー版）

自分を追いかける恐怖の影を探り当て、征服しようと旅に出る若者を描いたファンタジー。サバイバーなら誰しも彼の自己探求、そして自己回復をわがことのように感じるだろう。

■**『青い眼がほしい』** The Bluest Eye

トニ・モリスン著、大社淑子訳、早川書房、2001年（文庫）

才能ある小説家が綴った若いサバイバーの美しい話。

■**『大農場』** A Thousand Acres

ジェーン・スマイリー著、橘雅子訳、中央公論社、1998年（文庫）

大農場で暮らす家族の複雑な人間関係と、その基盤を浸食する性虐待の存在を描いた小説。1992年度ピューリッツァー賞受賞。

■**『カラーパープル』** The Color Purple

アリス・ウォーカー著、柳沢由実子訳、集英社　1986年（文庫）

ある若い女性が書いた、神さまへの手紙。逆境における情熱と人間性の勝利を綴

る物語。

■**『追憶のスモールタウン』** Montana 1948

ラリイ・ワトスン著、松本みどり訳、早川書房、1998年

家族の一人が性的虐待の加害者であることが判明したことで、ある家族が直面する苦難が、思春期の少年の視点で語られる。小さな町の日常生活と、白人とアメリカ先住民との間にある人種と階級の亀裂が描かれる。

■『総決算のとき』 A Reckoning

メイ・サートン著、幾島幸子訳、みすず書房、1998年

死の間際に、一人の女性が自分の人生を振り返り、生きることの原点を味わう。サートンの作品には、年とった女性の生きざまを追求した秀作が多い。

□『ジョイ・ラック・クラブ』 The Joy Luck Club

エィミ・タン著、小沢瑞穂訳、角川書店、1992年（文庫）

四人の中国女性と、それぞれが母親と築いてきた、複雑で、多彩で、強烈な関係を描いた、情感豊かな小説。

□『フレデリック――ちょっとかわったのねずみのはなし』 Frederick

レオ・レオニ著、好学社、1969年

字の記憶を蓄えた小ねずみが、冬ごもりの間に他のねずみたちに聞かせる話。楽しかった日々の記憶がいかに支えとなるか、言葉の力を教えてくれる本。